Karel van Oosten 1994

«apocrief / de analphabetische naam»

Anja de Feijter

«APOCRIEF / DE ANALPHABETISCHE NAAM»

Het historisch debuut van Lucebert
in het licht van de intertekst van Joodse mystiek en Hölderlin

1994
UITGEVERIJ DE BEZIGE BIJ
AMSTERDAM

Dit onderzoek is mede mogelijk gemaakt door subsidie van de
Nederlandse Organisatie voor Wetenschappelijk Onderzoek N.W.O.

Copyright © 1994 Anja de Feijter Amsterdam
Omslag Lucebert / Leendert Stofbergen
Druk Groenevelt Landgraaf
ISBN 90 234 3426 9 CIP
NUGI 320

*Aan mijn ouders
in memoriam*

VOORWOORD

Dit boek is de handelseditie van het proefschrift waarop ik begin maart 1994 promoveerde aan de Vrije Universiteit te Amsterdam. De tekst is op enkele punten gewijzigd en de index heb ik naar vermogen trachten te vervolmaken. Deze editie wordt verder verrijkt door een katern met illustraties in kleur. Voor toestemming tot publikatie van een aantal voorbeelden van het werk van de beeldend kunstenaar Lucebert ben ik zeer erkentelijk. De keuze van de illustraties is van mij, maar die is wel aan de dichter-schilder voorgelegd.

De vroegste poëzie van Lucebert vormt een soms weerbarstig, maar altijd dankbaar onderwerp. Ik heb voor mijn onderzoek van deze poëzie twee leermeesters nodig gehad, op wie ik een lang en intensief beroep heb gedaan. Mijn promotor Margaretha H. Schenkeveld en copromotor Elrud Ibsch hebben beide zoveel in mij geïnvesteerd, dat zij voor mij onlosmakelijk met dit boek verbonden blijven. Van de vele anderen die met hun professionele en persoonlijke aandacht aan dit boek hebben bijgedragen, noem ik slechts Ad Zuiderent, die steeds waardevolle kanttekeningen bij mijn analyses van de gedichten heeft geplaatst, en Adri Offenberg, die onmisbare hulp bij de transcriptie van het Hebreeuws heeft geboden en mij vele jaren gastvrij ontvangen heeft in de Bibliotheca Rosenthaliana waarvan hij conservator is.

Het is voor mij een grote eer en vreugde geweest dat ik op de dag van de promotie ook Lucebert en Tony tot mijn gehoor mocht rekenen. Het plotselinge overlijden van Lucebert in mei van dit jaar is ook een persoonlijk verlies. Eerder, in de proefschrift-editie van dit boek, heb ik mijn dank betuigd voor een altijd inspirerende correspondentie en voor de tijd die Lucebert aan het einde van mijn onderzoek in november 1993 heeft vrijgemaakt voor een lang en indringend gesprek. Hier wil ik mijn erkentelijkheid betuigen voor het geschenk van het omslag dat hij voor dit boek heeft gemaakt. Ik ben er des te dankbaarder voor, omdat Lucebert er de dialoog over mijn onderzoek mee voortzet op een wijze, die mij ook doet beseffen dat de wetenschap nooit de bondigheid en de kracht kan bereiken van de kunst.

Amsterdam, juli 1994   Anja de Feijter

INHOUDSOPGAVE

I	INLEIDING	1
§1	afbakening van het corpus	1
1	het historisch debuut	1
2	de ongebundelde gedichten 1949-1951	10
§2	verantwoording van de methode	15
1	poëzie-analyse sinds Jakobson	16
2	intertekstualiteit	25
§3	eerdere aanzetten tot onderzoek in de richting van mystiek	34
1	Walrecht over 'as alles'	35
2	Van de Watering over 'ik ben met de man en de macht'	37
3	Rodenko over de explosie van Vijftig	41
§4	de Kabala als intertekst voor 'ik ben met de man en de macht'	49
II	LUCEBERT EN DE KABALA	57
§1	wat is kabalistiek?	57
§2	historisch overzicht van de Kabala	61
§3	Luceberts boekomslag voor *Het boek ik* van Bert Schierbeek	68
§4	*Sefer Jetsira*	75
1	inleiding	75
2	het verhaal van het *Sefer Jetsira*	77
3	Lucebert en het *Sefer Jetsira*	81
4	'waar ben ik'	90
§5	*Sefer Habahir*	100
1	inleiding	100
2	enkele paragrafen uit de *Bahir* in verband met Lucebert	101
3	de openingsparagraaf van de *Bahir* in verband met het pseudoniem *lucebert*	110
§6	*Sefer Hazohar*	113
1	inleiding	113
2	edities	116
3	kabalistische theosofie	119
4	de mystieke opvatting van de Tora en de equivalentie van *naam* en *lichaam*	121
5	de verschillende voorstellingen van de sefirot: boom, mens en lijst van namen	124
6	de verschillende voorstellingen van emanatie: 'exodus', 'vrolijk babylon waarin ik', 'ik ben met de man en de macht' en 'het proefondervindelijk gedicht'	126

III	DE INTRODUCTIE BIJ DE LENTE-SUITE VOOR LILITH	145
§1	inleiding	146
§2	aanknopingspunten voor intertekstuele analyse	146
§3	de tegenstelling van 'donker' en 'licht'	150
§4	poeticale implicaties	159
§5	*dovenetels*	161
§6	*dichters*	169
§7	voorlopige conclusies met betrekking tot de poetica van de lichamelijke taal	174
IV	DE LENTE-SUITE VOOR LILITH	179
§1	etymologisch onderzoek naar aanleiding van *dovenetels*	179
§2	de 'introductie' en 'een wijze vrouw beleerde een wijsgeer'	182
§3	het kwaad	190
1	de opvatting van het kwaad in de Kabala	190
2	het kwaad als afval: 'ballade van de goede gang', 'verdediging van de 50-ers'	191
3	het kwaad van Jodenvervolging en nationalisme: 'as alles' en 'vaalt'	198
4	het kwaad als afval van goud: 'ballade van de goede gang', 'de aarde is het paradijs', 'horror'	220
§4	Lilith	226
1	Cornets de Groot over Luceberts Lilith	226
2	rudimentaire trekken van Lilith	228
3	de kabalistische Lilith	231
4	het portret van Lilith, getekend door A.E. Waite	243
§5	de drie teksten van de 'lente-suite'	249
1	inleiding	249
2	'o-o-oh'	252
3	'geleerden zeggen dat mijn liefde beffen moet dragen'	265
4	'lilith'	279

V		HÖLDERLIN NAAST DE KABALA	285
§1		inleiding	285
§2		een tweede impuls achter de poetica van de 'introductie'	289
	1	Hölderlins roman *Hyperion oder der Eremit in Griechenland*	289
	2	de gestalte van Diotima	296
§3		een tweede impuls achter de 'nieuwe taal' van *apocrief* / *de analphabetische naam*	310
	1	de brede dictie van Hölderlin	312
	2	voegwoordgebruik	316
	3	de twee gezichten van dominantie van parataxis	328
§4		de bundelafdeling *de analphabetische naam*	340
	1	'de schoonheid van een meisje'	340
	2	'dit is mijn poppenpak'	349
	3	Diotima of de zwaan	352
§5		het verband tussen Hölderlin en de Kabala in het werk van Lucebert	354
	1	'de schoonheid van een meisje' naast de 'introductie'	354
	2	de opvatting van Christus als betrokken in de problematiek van de nieuwe taal	355
	3	het antwoord van *de analphabetische naam*	364

BESLUIT 365

LIJST van illustraties 367

LIJST van sefirotnamen,
met verantwoording van de transcriptie van het Hebreeuws 369

BIBLIOGRAFIE 371

INDEX 385

HOOFDSTUK I INLEIDING

In deze inleiding verantwoord ik eerst de samenstelling van het corpus teksten van Lucebert dat ik tot het object van mijn onderzoek heb gemaakt, en vervolgens de methode van analyse en interpretatie. Omdat in het geval van het 'historisch debuut' van Lucebert de afbakening van het corpus niet geheel zonder problemen is, dient deze apart verantwoord te worden. Voor mijn methode van analyse en interpretatie baseer ik mij in hoofdzaak op het werk van Jakobson, de grondlegger van de twintigste-eeuwse theorie van de poëzie-analyse. Om aan de verregaande verbondenheid van het corpus met andere teksten, die deels van literaire, deels van mystiek-filosofische aard zijn, recht te kunnen doen, heb ik mij verder gebaseerd op het werk van Riffaterre, die er expliciter dan zijn voorganger op insisteert, dat voor de interpretatie van poëzie een 'omweg' door de intertekst noodzakelijk is. Tenslotte schets ik de stand van het onderzoek van Lucebert, waarbij het accent ligt op werk waarin eerder aandacht is geschonken aan het belang van een mystieke intertekst. De slotparagraaf laat aan de hand van een concreet voorbeeld van analyse de relevantie van de kabalistische intertekst zien en dient zo als overgang naar het volgende hoofdstuk.

§1 afbakening van het corpus

Object van onderzoek zijn de negenenzestig gedichten van Lucebert die als zijn oudste werk mogen worden beschouwd. De kern bestaat uit negenendertig gedichten die afkomstig zijn uit de oudste bundel van Lucebert. Om deze kern van het corpus vormt zich een periferie. Deze periferie bestaat uit dertig ongebundelde gedichten, die in de vroegste jaren van Luceberts dichterschap zijn gepubliceerd.

Doel van mijn onderzoek is de wortels van Luceberts poetica bloot te leggen. De ratio voor de keuze van het oudste werk als object van onderzoek is gelegen in de hypothese dat de fundamenten voor de poetica die ten grondslag ligt aan het werk van Lucebert, nog het gemakkelijkst achterhaald kunnen worden aan de hand van de vroegste voorbeelden van zijn poëzie.

1 het historisch debuut

Rodenko's aanduiding van de stroom van werk van een groep jonge dichters die binnen vijf jaar na het einde van de Tweede Wereldoorlog het aanzien van de Nederlandse poëzie verandert, als 'de explosie van Vijftig'[1] kan uitstekend dienen als uitgangspunt ter karakterisering van het vroege werk van Lucebert. De hoeveelheid poëzie die rond 1950 in deze dichter samengebald is geweest, treedt in de vorm van een ware explosie aan het licht. De jaren 1951 en 1952 laten de verschijning van maar liefst drie bundels poëzie zien. Eerst verschijnt, in november 1951, *triangel in de jungle* gevolgd door *de dieren der democratie*[2]; hierop volgt, in juni 1952, *apocrief / de analphabetische naam*[3], waarna de reeks in november van datzelfde jaar wordt besloten met *de amsterdamse school*[4]. Naast deze binnen twee jaar gerealiseerde bundels met een reeks van titels, die bevreemdt en boeit tegelijk, en direct een thematisch repertoire van aanzienlijke omvang suggereert, hebben ook nog andere titels in ieder geval op het programma gestaan. In een brief van Lucebert aan Gerrit Borgers uit de eerste helft van het jaar 1950 valt niet alleen de titel *apocrief*, maar komen ook de niet minder intrigerende titels "gaya en chaos" en "die schwarzen Erotikern" voor[5].

De uitzonderlijke opeenhoping van drie bundels poëzie in twee jaren tijd laat daarnaast nog iets anders zien. De dichter heeft in eerste instantie problemen ondervonden bij het vinden van een uitgever, een omstandigheid waardoor veroorzaakt is, dat er met betrekking tot Lucebert zowel over een debuut als over een historisch debuut gesproken moet worden. De Amsterdamse uitgeverij De Bezige Bij is de eerste aan wie de dichter werk aanbiedt, maar de Haagse uitgever Stols is de eerste die zijn werk uitgeeft. Wanneer Lucebert vele jaren later herinneringen ophaalt aan zijn kennismaking met Stols, stelt hij de Haagse uitgever voor als degene die de aanvankelijke impasse rond de uitgave van zijn werk heeft doorbroken[6].

Lucebert komt in april 1951 met Stols in contact naar aanleiding van de uitgave van *Atonaal*, de bloemlezing uit de experimentele poëzie die samengesteld zal worden door Simon Vinkenoog en die bij de Haagse uitgever op het programma staat. Lucebert heeft zich tegen opname in deze bloemlezing verzet. Hij schrijft Stols, dat hij het onjuist acht om uit zijn nog 'nagenoeg onuitgegeven' werk te bloemlezen. Stols legt zich niet bij deze weigering neer en reageert per kerende post. Hij stelt de voorgenomen

---

[1] In de titel van de studie 'De experimentele explosie in Nederland. Context en achtergronden van de experimentele poëzie', in: Paul Rodenko, *Verzamelde essays en kritieken deel 2. Over Gerrit Achterberg en over de 'experimentele poëzie'*. Bezorgd door Koen Hilberdink. Meulenhoff Amsterdam 1991, p. 352-434 (1977-1978¹).
[2] Lucebert, *triangel in de jungle* gevolgd door *de dieren der democratie*. A.A.M. Stols 's-Gravenhage 1951.
[3] Lucebert, *apocrief / de analphabetische naam*. De Bezige Bij Amsterdam 1952.
[4] Lucebert, *de amsterdamse school*. A.A.M. Stols 's-Gravenhage 1952.
[5] De brief is gepubliceerd in *De beweging van vijftig*. Schrijvers Prentenboek deel 10. Samengesteld door Gerrit Borgers, Jurriaan Schrofer, Simon Vinkenoog e.a. Uitgave van het Nederlands Letterkundig Museum en Documentatiecentrum te 's-Gravenhage. De Bezige Bij Amsterdam 1972, p. 36. Door Fokkema, die onderzoek naar de ontstaansgeschiedenis van Vijftig heeft gedaan, wordt eruit geciteerd. Zie hiervoor: R.L.K. Fokkema, *Het Komplot der Vijftigers. Een literair-historische documentaire*. De Bezige Bij Amsterdam 1979, p. 216.
[6] In een interview uit 1985 met Roggeman, geciteerd in: C. van Dijk, *Alexandre A.M. Stols 1900-1973. Uitgever / Typograaf. Een documentatie. Met een lijst van door Stols uitgegeven en / of typografisch verzorgde boeken* door C. van Dijk en H.J. Duijzer. Walburg Pers Zutphen 1992, p. 390-391.

bloemlezing voor als een 'kostbaar prospectus' voor de nieuwe generatie dichters, en spreekt de hoop uit dat Lucebert toch zal meewerken. Hij wil een afspraak maken en geeft de dichter te kennen, dat hij ook overigens voor de uitgave van zijn werk belangstelling heeft. Nog in dezelfde maand april komt het tot een ontmoeting[7]. In reactie op de mededeling van Lucebert dat zijn oudste bundel nog in 1951 zal verschijnen bij De Bezige Bij, toont Stols zich bereid om de uitgave door zijn Amsterdamse collega even af te wachten, en hij stelt de dichter voor om diens tweede bundel begin 1952 te laten verschijnen[8]. Maar wanneer in de loop van het jaar 1951 blijkt dat er bij De Bezige Bij problemen gerezen zijn - door een scherp verschil van mening tussen twee redacteuren wordt de uitgave geblokkeerd (zie p. 8) -, geeft Stols zonder tijd te verliezen de aan hem toevertrouwde bundel uit, zodat in november 1951 *triangel in de jungle* gevolgd door *de dieren der democratie* verschijnt. Korte tijd daarna wordt ook door De Bezige Bij, die door deze uitgave als het ware over de streep is gehaald, positief over uitgave beslist, en in juni 1952 verschijnt dan *apocrief / de analphabetische naam*. Zo komt het dat de oudste, eigenlijk eerste bundel als tweede verschijnt, en dat de bundel die eigenlijk de tweede is, als eerste het licht ziet.

De volgorde tussen de twee eerste bundels van Lucebert is dus omgekeerd. De aarzeling bij De Bezige Bij en het ontbreken daarvan bij Stols maken dat aan *triangel in de jungle* gevolgd door *de dieren der democratie* de eer van de kwalificatie 'debuut' vergund moet worden, en dat over *apocrief / de analphabetische naam* gesproken moet worden als 'historisch debuut'.

De aanduiding van *apocrief / de analphabetische naam* als 'historisch debuut' kan met name ook berusten op uitlatingen van Lucebert zelf. Voordat ik de dichter in dezen citeer, dient de aandacht gevestigd te worden op een opmerkelijke omstandigheid.

Op het omslag van de bundel prijken, zoals te doen gebruikelijk, twee namen: die van de dichter en die van de bundel. Minder gebruikelijk is de vormgeving. Rechts onderaan verschijnen beide namen, op één regel gezet en met een dubbele punt ertussen: *Lucebert: Apocrief*[9]. Pas voor wie het boek openslaat, verschijnt op de titelpagina de volledige titel *apocrief / de analphabetische naam*. Wanneer Lucebert zelf over zijn bundel spreekt, duidt hij deze steeds kortweg als *apocrief* aan, een aanduiding dus in overeenstemming met het omslag. Het gebruik van de dichter om zijn eerste

---

[7] Zie voor de briefwisseling van Lucebert en Stols: Fokkema, *Het Komplot der Vijftigers. cit.*, p. 118-121.
[8] ibidem, p. 217-218.
[9] Het omslag is van de hand van Lucebert zelf. Vergelijking met de catalogus van werken van Lucebert in het bezit van het Stedelijk Museum leert, dat het omslag een collage is van twee tekeningen van circa 1951. Zie hiervoor: Lucebert, *Lucebert in het Stedelijk. Catalogus van alle schilderijen, tekeningen, gouaches, aquarellen en prenten in de verzameling*. Samengesteld door Ad Petersen. Stedelijk Museum Amsterdam 1987, p. 81 foto nummer 2 (het omslag) en catalogusnummers 68-G en 97-G (de twee voor de collage gebruikte tekeningen). De bundel, verschenen als derde deel in de *Ultimatumreeks* van De Bezige Bij, is in zijn geheel bijzonder mooi verzorgd, waarvoor behalve Lucebert de typograaf B.C. van Bercum verantwoordelijk is. Lucebert verzorgde het omslag en twee illustraties. Afbeeldingen hiervan zijn te vinden in: Lucebert, *Lucebert schilder - dichter*. Met bijdragen van Jan G. Elburg, Paul Hefting, Mabel Hoogendonk e.a. Meulenhoff Amsterdam / Frans Halsmuseum Haarlem 1991, p. 129-130.

bundel kortweg *apocrief* te noemen, zal hier niet gevolgd worden, omdat er de tweede helft van een titel door verduisterd wordt, dankzij welke de eerste helft van de titel pas haar volle betekenis verwerft (zie p. 115)[10].

In de brief aan Stols waarin de dichter zich kant tegen opname in *Atonaal*, gedateerd 5 april 1951, omschrijft Lucebert *apocrief* als "reeds 2 à 3 jaren oud"[11]. Naast deze opmerkelijke datering, die betekent dat *apocrief / de analphabetische naam* tenminste ten dele in de jaren 1949 en 1948 is geschreven, valt op hoe consequent de dichter in latere jaren *apocrief* aanduidt als "mijn eerste bundel"[12].

Ook de eerdere beslissing van tekstbezorgers van het verzameld werk van Lucebert, die de reeks van bundelpublikaties laten beginnen met de bundel *apocrief / de analphabetische naam*, kan de aanduiding 'historisch debuut' ondersteunen. In de uitgave van de *verzamelde gedichten* uit 1974, die in nauwe samenwerking met de dichter door de zogeheten Werkgroep Lucebert is verzorgd, maar waaraan vooral C.W. van de Watering zijn naam verbonden heeft[13], wordt aan de bundel *apocrief / de analphabetische naam* de eerste plaats verleend[14]. De plaatsing van het historisch debuut vóór het debuut wordt op de bijzondere editiegeschiedenis gefundeerd, waarbij erop gewezen wordt dat door de samensteller van de eerdere verzamelbundel *Gedichten 1948-1963*, Simon Vinkenoog, hetzelfde besluit op dezelfde gronden is genomen[15].

De beslissing om *apocrief / de analphabetische naam* als historisch debuut te laten gelden doet recht aan de geschiedenis, maar niet volledig. De verschillende delen van de bundel zijn namelijk niet allemaal even oud. Wanneer de uitgave van een bundel forse vertraging oploopt, is het denkbaar dat een auteur er als het ware aan blijft

---

[10] Jaren geleden heb ik Lucebert gevraagd om een onderhoud aan het eind van mijn onderzoek, om hem bepaalde daaruit geresulteerde vragen voor te leggen. Op 5 november 1993 was ik zover en heb ik hem in Bergen opgezocht. Ik heb hem onder andere de vraag naar de discrepantie tussen omslag en titelpagina voorgelegd, die hem duidelijk verraste. Hoezeer de bundel voor hemzelf alleen *apocrief* heet, bleek uit een mijns inziens opzienbarende mededeling. Lucebert vertelde dat hij de titel *apocrief* dankt aan Hans Andreus. Dit gegeven plaatst de opdracht van de bundel "voor f.d. en hans andreus" in een bijzonder licht.

[11] Zie: Fokkema, *Het Komplot der Vijftigers. cit.*, p. 119 en 217.

[12] In het interview met Jessurun d'Oliveira, gedateerd mei 1959, en in het ruim vijfentwintig jaar later door Roggeman afgenomen interview. Zie hiervoor: H.U. Jessurun d'Oliveira, *Scheppen riep hij gaat van Au*. Polak & Van Gennep Amsterdam 1965, p. 42, en: Willem M. Roggeman, *Beroepsgeheim 5*. Facet Antwerpen 1986, p. 124.

[13] Lucebert, *verzamelde gedichten*. Met een omslag en 30 illustraties van Lucebert, 560 p. Verzorgd door de Werkgroep Lucebert. Met een *apparaat* als afzonderlijk, tweede deel: *verzamelde gedichten. Verantwoording, varianten, dokumentatie, bibliografie en registers*. Met afbeelding in facsimile van 37 tekening-gedichten, 256 p., genummerd van 561-816. Verzorgd door C.W. van de Watering, in samenwerking met Lucebert, C.A. Groenendijk en Aldert Walrecht. De Bezige Bij Amsterdam 1974.

[14] Lucebert, *verzamelde gedichten. cit.*, p. 13-74. Overal hierna wordt naar deze uitgave geciteerd. De titel *verzamelde gedichten* wordt aangehaald als *vg*, waarop een getal volgt, dat naar de pagina van deze uitgave verwijst. De gedichten van de bundel *apocrief / de analphabetische naam* worden dus aangehaald als (*vg 13-74*). Citaten uit het deel *varianten en dokumentatie* zijn op dezelfde manier aangegeven met dien verstande, dat hieraan steeds de aanduiding *apparaat* voorafgaat.

[15] *apparaat* (vg 589).

schrijven. In het geval van *apocrief / de analphabetische naam* is dit ook inderdaad gebeurd, en uit deze omstandigheid zijn dateringsproblemen voortgevloeid. De kwestie van de datering hangt samen met de kwestie van de indeling van de bundel, die voor aanzienlijke problemen heeft gesteld. Ik stel eerst het indelingsprobleem, dan het dateringsprobleem aan de orde.

De bundel is opgebouwd uit drie afdelingen, respectievelijk getiteld 'apocrief', 'de analphabetische naam' en 'de getekende naam'. Een typografische bijzonderheid van de bundelafdeling 'de analphabetische naam' heeft Simon Vinkenoog ertoe gebracht de bundel te presenteren als een uit vier delen samengesteld geheel. Op het vierde gedicht van de bundelafdeling 'de analphabetische naam' volgen de woorden *de welbespraakte slaap* (vg 49). De grens tussen het einde van het gedicht enerzijds en deze woorden anderzijds is onmiskenbaar: de laatste regel van het gedicht 'nu na twee volle ogen vlammen', dat op de voorgaande pagina begonnen is, staat op de negende regel van de volgende, terwijl de woordgroep *de welbespraakte slaap* op de onderste regel van die pagina staat. Door deze bijzondere typografie misleid, heeft Vinkenoog aan de drie genoemde bundelafdelingen een vierde met de titel 'de welbespraakte slaap' toegevoegd[16].

De bundel *apocrief / de analphabetische naam* heeft drie drukken beleefd in de jaren vijftig en beleeft zijn vierde tot en met zevende druk in de vier drukken van de verzamelbundel die door Simon Vinkenoog is verzorgd. De kwestie van de indeling van de bundel is dan ook voor de redactie van de *verzamelde gedichten* aan het begin van de jaren zeventig een probleem:

> Verdeling en onderverdeling van de bundel zijn vanaf de eerste druk problematisch, hetgeen in latere uitgaven en in bibliografische beschrijvingen tot - groter wordende - misverstanden heeft geleid. De moeilijkheden, waardoor de bundel nu eens uit twee, dan weer uit drie, in vb [dat is: de verzamelbundel *Lucebert. Gedichten 1948-1963*, verzorgd door Simon Vinkenoog] zelfs uit vier afdelingen lijkt te zijn samengesteld, worden vooral - maar niet alleen - veroorzaakt door de tussentitel *de welbespraakte slaap*, die in de drie drukken van de bundel, evenals nu in vg (p. 49), onderaan de pagina staat. Volgens mededelingen van Lucebert (in een brief d.d. 21 jan. 1971 aan C. van de Watering) bestaat de bundel uit drie afdelingen: *apocrief*, *de analphabetische naam* en *de getekende naam*; 'zo is ie ook "histories" gegroeid.' Binnen de tweede afdeling kondigen de woorden *de welbespraakte slaap* een wending of omslag aan, reden waarom ze - volgens de auteur - 'beschouwd kunnen worden als ondertiteling of als de "kleine kopjes" in een artikel.'
> Daarvoor ontbreekt - deze opmerking is niet meer van Lucebert - ook in de oorspronkelijke bundel nu juist één, minimaal, typografisch gegeven. Doordat onmiddellijk na de tussentitel de tekst *bed in mijn hand* begint zónder het typografisch middel dat in deze bundel het begin van een titelloos gedicht aangeeft, kan het erop lijken dat het vóórgaande gedicht

---

[16] Lucebert. *Gedichten 1948-1963*. Verzameld door Simon Vinkenoog, met tekeningen van Lucebert. De Bezige Bij Amsterdam 1971⁴, p. 6 en 80 (1965¹).

met de beginregel *nu na twee volle ogen vlammen* over de tussentitel heen nog drie pagina's doorloopt.

Luceberts omschrijvingen duiden echter onmiskenbaar op een wending in de afdeling, niet op een wending binnen een gedicht. Vandaar dat in *vg bed in mijn hand* beschouwd is als begin van een titelloos gedicht en typografisch als zodanig is gekenmerkt.[17]

De brief van Lucebert neemt alle ruimte voor twijfel over het aantal afdelingen van de bundel weg, maar de overwegingen van de redactie van de *verzamelde gedichten* maken de problemen die met de 'tussentitel' verbonden zijn, nog niet voldoende duidelijk. Het is waar dat het typografisch teken voor 'titelloos gedicht' boven 'bed in mijn hand' (vg 50-52) in de eerste druk van de bundel ontbreekt, maar deze constatering alleen is onvoldoende. Doordat alle gewicht is gelegd op het ontbreken van dit typografisch teken, blijven andere typografische gegevens buiten beschouwing. Er zijn namelijk ándere typografische gegevens die aan Luceberts aanduiding van *de welbespraakte slaap* als 'ondertiteling' of als 'kleine kopjes' nader inhoud kunnen geven.

De woorden *de welbespraakte slaap* (vg 49) zijn gezet zoals overal elders in de bundel titels zijn gezet, gedichttitels én titels van bundelafdelingen, in een iets grotere en iets vettere letter namelijk dan die welke voor de gedichten is gebruikt. In dezelfde afwijkende letter staat ook de tussentitel. Verder verschijnen de titels op de rechterhelft van de pagina, zo ook de tussentitel. De tussentitel bezit dus alle kenmerken van de overige titels, behalve één. Het kenmerk waardoor *de welbespraakte slaap* zich onderscheidt, is een kenmerk van positie: terwijl de overige titels bovenaan de pagina staan, verschijnt de tussentitel onderaan de pagina.

Het ontbreken van het typografisch teken voor 'titelloos gedicht' boven 'bed in mijn hand' maakt attent op het feit dat alle gedichten van de bundelafdeling 'de analphabetische naam' - het zijn er dertien - titelloos zijn. Terwijl twaalf gedichten ook typografisch als zodanig gekenmerkt zijn door een apart teken hiervoor, is één gedicht, in casu het gedicht dat volgt op de tussentitel, dat niet. Gezien de grote zorg die aan de vormgeving is besteed, kan naar mijn mening de conclusie getrokken worden, dat de tussentitel het typografisch teken voor 'titelloos gedicht' boven 'bed in mijn hand' onderdrukt of verdrongen heeft. Het feit dat de tussentitel een bepaald teken verdrongen heeft en is gezet zoals een titel, maakt tenslotte een verdergaande conclusie mogelijk. De tussentitel onderscheidt zich niet alleen door zijn positie, maar ook als de enige titel in de bundelafdeling. De bundelafdeling 'de analphabetische naam' heeft maar twee titels: de titel *de analphabetische naam* die de dertien gedichten als geheel overkoepelt, en de tussentitel *de welbespraakte slaap*. De omschrijving van Lucebert, dat de tussentitel duidt op een omslag in de afdeling, en vergeleken kan worden met een ondertiteling of met kleine kopjes krijgt hierdoor aanzienlijk meer reliëf. In de bundelafdeling 'de analphabetische naam' is slechts plaats voor één titel, die bovendien verschijnt op een plek die niet anders dan als omkering van de gebruikelijke positie begrepen kan worden. Ik interpreteer deze 'omkering' in het licht van de omkering die in de schepping *de analphabetische naam* te bespeuren is (zie p. 273).

De kwestie van de indeling van de bundelafdeling 'de analphabetische naam'

---

[17] *apparaat* (vg 589).

is verder gecompliceerd door toedoen van Kousbroek, die in een artikel in *NRC Handelsblad* uit 1971 vertelt, dat hij indertijd in Parijs de beschikking heeft gehad over een afwijkende versie. Met het oog op publikatie in een nimmer gerealiseerde *Braak*-reeks, genoemd naar het door Rudy Kousbroek en Remco Campert geredigeerde tijdschrift *Braak*, heeft Lucebert in het voorjaar van 1951 een exemplaar van de bundelafdeling naar Kousbroek verzonden. Kousbroek herinnert zich dat het manuscript van Lucebert ook inderdaad gedrukt is, maar bij gebrek aan geld bij de drukker is blijven liggen:

> Een paar jaar later ben ik nog eens gaan informeren wat er van geworden was, maar er was toen al geen spoor meer van terug te vinden. Het enige dat er nog van bestaat is het titelblad, voorzien van een illustratie van de hand van Lucebert. Waar het om gaat is dat de oorspronkelijke samenstelling verschilde van de nu gangbare versie, en enkele gedichten bevatte die ik daarna nooit meer heb gezien.[18]

Misschien komt deze vroegere versie ooit nog boven water, wat met het oog op de compositie van de bundel als geheel buitengewoon interessant zou zijn. Kousbroek vermeldt niet of de versie van 'de analphabetische naam' die hij onder ogen heeft gehad, meer of minder gedichten dan de definitieve versie bevatte. Het zou dan gaan om een vroegere versie die ook afwijkend is in die zin, dat het aantal gedichten anders dan dat van de definitieve versie is. De kwestie is zo intrigerend, omdat de definitieve versie van de bundelafdelingen 'apocrief' en 'de analphabetische naam' een hoge graad van compositie vertoont[19], die berust op een getalsprincipe. De twee bundelafdelingen 'apocrief' en 'de analphabetische naam' bevatten een aantal gedichten, dat naar het aantal letters van het alfabet verwijst: 'apocrief' telt zesentwintig gedichten, 'de analphabetische naam' dertien. Bij de bijzonderheid van het uiterst spaarzaam gebruik van titels dat met betrekking tot de bundelafdeling 'de analphabetische naam' is geconstateerd, voegt zich dus de bijzonderheid, dat deze afdeling niet slechts 'een klein aantal' gedichten bevat, maar heel in het bijzonder een klein aantal dat zich met de helft van het alfabet laat associëren. Het is nog veel te vroeg voor interpretatie, maar duidelijk is wel, dat met deze gegevens een eerste bres in de hermetische woorden *de analphabetische naam* wordt geslagen. Een betekenis daarvan zou kunnen zijn '13 of analphabetisch in plaats van 26 of alphabetisch'. De kwestie van Luceberts fascinatie voor het alfabet en van zijn associatie van letters met getallen - twee zaken die in de richting van de Joodse mystiek wijzen - zal hieronder nog herhaaldelijk aan de orde komen.

Wat er van de vroegere versie van *de analphabetische naam* waarop Kousbroek

---

[18] Geciteerd in: Fokkema, *Het Komplot der Vijftigers.* cit., p. 217.
[19] Uit een brief van Ad den Besten, d.d. 29 april 1978, aan Fokkema blijkt, hoe belangrijk de compositie van een bundel voor Lucebert is geweest. Den Besten schrijft: "Hans Andreus heeft me eens een heel pak gedichten van Lucebert laten lezen, waarin ik, zonder me al te veel om cyclische samenhangen of andere relaties te bekommeren, heb aangetekend, welke gedichten ik wel voor een Windroos-bundel zou willen hebben. Lucebert moet daar heel negatief op gereageerd hebben, - en waarschijnlijk had hij gelijk." Zie voor de redigeerpolitiek van Den Besten in zijn hoedanigheid van redacteur van de reeks *De Windroos*: Fokkema, *Het Komplot der Vijftigers.* cit., p. 183, en voor het citaat: ibidem, p. 243 noot 9.

gewezen heeft ook zij, de dateringsproblemen met betrekking tot de bundel *apocrief / de analphabetische naam* concentreren zich op de derde afdeling van de bundel 'de getekende naam'. Deze dankt haar bestaan als het ware aan de vertraging bij de uitgeverij. Ze is in haar geheel van latere datum en is pas aan de bundel toegevoegd toen bij De Bezige Bij positief over uitgave was beslist:

> De bundel zoals die oorspronkelijk aan De Bezige bij werd aangeboden, bevatte alleen het eerste en het tweede gedeelte: *apocrief* (dat eerder afzonderlijk zonder succes was ingezonden voor de Reina Prinsen Geerligsprijs) en *de analphabetische naam* (inklusief *de welbespraakte slaap*). Wegens de diametraal tegenover elkaar staande meningen van twee 'lezers' van deze uitgeverij bleef het manuscript lange tijd in de la liggen en kwam er pas weer uit nadat bij uitgeverij Stols *Triangel in de jungle* (enz.) was verschenen. Pas toen daarna bij De Bezige bij tot uitgave was besloten, is de bundel gekompleteerd met een derde afdeling, de serie beeldende gedichten *de getekende naam*.[20]

Onmiskenbaar is, dat Lucebert de nieuwe bundelafdeling heeft laten aansluiten bij het oude geheel door de titel: de titel *de getekende naam* sluit zowel grammaticaal als lexicaal bij de titel *de analphabetische naam* aan. Over een mogelijke betekenis van het aantal gedichten kan ik slechts een hypothese formuleren. Het zijn er elf. Elf is de helft van tweeëntwintig en het Hebreeuwse alfabet telt tweeëntwintig letters. Indien de compositie van de bundel als geheel op een alfabetisch getalsprincipe zou berusten, dan zou 'de getekende naam' analphabetisch zijn zoals 'de analphabetische naam' in díe zin, dat het aantal gedichten ervan slechts tot de helft van het alfabet reikt.

De bundelafdeling 'de getekende naam' sluit dus bij het oorspronkelijk geheel aan door de titel en mógelijk door het aantal gedichten. Hier staat tegenover dat de nieuwe bundelafdeling een duidelijk op zichzelf staand geheel is. Een serie van vier poeticale of programmatische gedichten gaat vooraf aan een serie van zeven gedichten over beeldend kunstenaars. Van de eerste serie zijn het eerste en het vierde gedicht titelloos, terwijl de twee gedichten mét titel daartussenin, 'de kleine wind' (vg 65) en 'de grote wind' (vg 66), duidelijk een paar vormen. Van de tweede serie van zeven gedichten draagt ieder gedicht de naam van de beeldend kunstenaar over wie het gaat, als titel. Deze onder de titel 'de getekende naam' verzamelde reeks, maakt duidelijk wat de dichter bij dit type gedicht voor ogen staat: de essentie van een beeldend kunstenaar zodanig te verwoorden, dat het gedicht als een soort naam van die kunstenaar begrepen kan worden[21].

---

[20] *apparaat* (vg 589).
[21] De schepping van 'de getekende naam' in de zin van een gedicht over een beeldend kunstenaar is een constante in Luceberts œuvre gebleken. Dat de scheiding tussen persoon en werk hierbij uiteindelijk komt te vervallen, blijkt uit uitspraken die Lucebert in verschillende interviews uit de jaren tachtig heeft gedaan. Terwijl hij tegenover Roggeman het accent legt op de mens die achter het werk staat, en het aan een beeldend kunstenaar gewijd gedicht karakteriseert als portret, zegt hij over hetzelfde type gedicht tegen Rothuizen, dat het de essentie van het œuvre moet verwoorden. Zie hiervoor: Roggeman, *Beroepsgeheim. cit.*, p. 123, en: William Rothuizen, 'Lucebert', in: *Kunstschrift* jg. 28 (1984) nr.2 (maart/april), p. 48.

Het is alsof de complexe ontstaansgeschiedenis van Luceberts historisch debuut nog altijd in de volledige bundeltitel *apocrief / de analphabetische naam* beluisterd kan worden. Alleen in de door Simon Vinkenoog verzorgde edities dringt de afdeling 'de getekende naam' door in de titel, waarbij echter wel aangetekend moet worden, dat *de getekende naam* deze nieuw verworven status moet delen met *de welbespraakte slaap*[22]. Wat in ieder geval geconstateerd kan worden is, dat de latere bundelafdeling 'de getekende naam' nooit een plaats op het omslag van de bundel heeft gekregen.

Als afzonderlijke bundel beleeft *apocrief / de analphabetische naam* drie drukken in de jaren vijftig. Bij al deze uitgaven, in respectievelijk 1952, 1953 en 1957, herhaalt zich de bijzonderheid, dat op het omslag slechts de titel *apocrief* verschijnt, terwijl de volledige titel *apocrief / de analphabetische naam* pas op het titelblad zichtbaar wordt. Hierop volgen vijf drukken in verzamelbundels. De vierde tot en met zevende druk in de vier edities van *Gedichten 1948-1963* en de achtste druk in de uitgave van de *verzamelde gedichten* uit 1974. In deze laatste editie wordt de oorspronkelijke indeling hersteld en verschijnt de volledige titel *apocrief / de analphabetische naam* in de inhoudsopgave en op de titelpagina. In de vorm van een fotografische herdruk van de uitgave in de *verzamelde gedichten* verschijnen hierna nog twee drukken: de negende in 1978 en de tiende in 1980. Voor deze nieuwe edities wordt een nieuw omslag ontworpen en dan pas verschijnt voor het eerst de volledige titel *apocrief / de analphabetische naam* ook op het omslag.

Op grond van deze verzamelde gegevens heb ik de gedichten van de bundelafdelingen 'apocrief' en 'de analphabetische naam' tot het object van mijn onderzoek gemaakt en de gedichten van de afdeling 'de getekende naam' van het onderzoek uitgesloten. Deze afbakening van het corpus is conform de overweging, dat de oudste gedichten het interessantst zijn voor het onderzoek naar de wortels van de poetica van Lucebert. De kern van het corpus wordt gevormd door de groep gedichten die de staat van de oorspronkelijk bedoelde bundel het dichtst benadert[23].

---

[22] Op de achterkant van *Lucebert. Gedichten 1948-1963*, een uitgave die vier drukken heeft beleefd in respectievelijk 1965, 1966, 1968 en 1971, wordt aan de bundel de titel *Apocrief, De analphabetische naam, De welbespraakte slaap, De getekende naam* verleend. In de inhoudsopgave komt helemaal geen synthetische titel voor, en volgen de vier deeltitels elkaar zonder nader onderscheid op.

[23] De uitsluiting van 'de getekende naam' op historische gronden wordt nog enigszins begunstigd door de omstandigheid, dat over een aantal van de gedichten over beeldend kunstenaars in deze afdeling een reeks artikelen van de hand van Lieve Scheer is verschenen, waarin de component van het beeld opweegt tegen die van het woord. De artikelen van Lieve Scheer, handelend over de gedichten 'brancusi' (vg 69), 'moore' (vg 70), 'rousseau le douanier' (vg 72), 'miró' (vg 73) en 'klee' (vg 74), zijn achtereenvolgens verschenen in: *Nieuw Vlaams Tijdschrift* jg. 32 (1979) nr.2 (febr.), p. 102-115; *Spiegel der Letteren* jg. 16 (1974) nr.1, p. 22-42; *Streven* (Vl.) jg. 32 (1978-1979) nr.10 (juli 1979), p. 920-927; *Dietsche Warande & Belfort* jg. 121 (1976) nr.4 (mei), p. 272-280 en *Dietsche Warande & Belfort* jg. 123 (1978) nr.3 (maart-april), p. 175-188. Van het artikel over 'miró' (vg 73) is een bewerkte versie verschenen in: Piet Thomas (red.), *Woord en Beeld. Drie strekkingen in de Nederlandse poëzie en de schilderkunst na 1945*. Lannoo Tielt 1980, p. 105-111.

2 de ongebundelde gedichten 1949-1951

Wanneer ter ontsluiting van de poetica van Lucebert het onderzoek wordt geconcentreerd op het oudste werk, is het niet goed mogelijk om niet ook de oudste ongebundelde gedichten in de beschouwing te betrekken. Beroemde en uitermate belangrijke gedichten als 'minnebrief aan onze gemartelde bruid indonesia' (vg 401-403), 'verdediging van de 50-ers' (vg 406-407), 'poëziezo easy job' (vg 417-418), 'vrolijk babylon waarin ik' (vg 428) en 'het proefondervindelijk gedicht' (vg 432), die nooit gebundeld zijn, maar wel behoren tot Luceberts oudste werk, vallen in deze, voor het onderzoek onontbeerlijke categorie. Ik wil het begrip 'intertekst' hier nog niet problematiseren, maar heel in het algemeen poneren, dat deze oudste ongebundelde gedichten zich aandienen als een soort 'eerste context' voor de oudste gebundelde gedichten, en gegevens bevatten die voor de analyse en interpretatie van *apocrief / de analphabetische naam* onmisbaar zijn. De oudste ongebundelde gedichten zijn daarom gerekend tot het object van onderzoek.

In de uitgave van de *verzamelde gedichten* hebben de ongebundelde gedichten een plaats gekregen in vier chronologisch geordende afdelingen. De oudste hiervan, de afdeling 'ongebundelde gedichten 1949-1951', vormt de periferie van het corpus[24]. Het voortreffelijke *apparaat* van de *verzamelde gedichten* maakt per gedicht duidelijk, waar het voor het eerst verschenen is. Wie bladert door de pagina's van het *apparaat* die op de oudste afdeling ongebundelde gedichten betrekking hebben, wordt op een bonte reeks van bronnen getrakteerd[25]. Wie in één oogopslag wil zien waar deze gedichten verschenen zijn, kan terecht bij de nummers van de bibliografie van de verspreide publikaties, die op de jaren 1949 tot 1951 betrekking hebben[26]. Met slechts één uitzondering zijn alle teksten uit de oudste afdeling 'ongebundelde gedichten' op deze lijst terug te vinden. De uitzondering betreft 'imagine those caesares' (vg 409), de tekst van een uit 1949 daterend tekening-gedicht, dat pas in 1969 voor het eerst is gepubliceerd[27].

De lijst van verspreide publikaties laat onmiddellijk zien, dat de tijdschriften *Braak* en *Podium* voor de vroege publikatie van werk van Lucebert het belangrijkst zijn geweest. Met een eerste publikatie in *Braak*[28] is meer dan eens een bijzondere verschijningsvorm verbonden. In nummer 3, gedateerd juli 1950, verschijnt 'poëziezo easy job' (vg 417-418) als tekening-gedicht; in nummer 4, gedateerd augustus 1950, verschijnen 'Diep onder de kath. kerk in de ichtus-lärm' (vg 419-420) en 'zie de 4 mm.

---

[24] (vg 401-433).
[25] *apparaat* (vg 728-749).
[26] *apparaat* (vg 784-785).
[27] Zie hiervoor: *apparaat* (vg 736).
[28] Het door Remco Campert en Rudy Kousbroek begonnen tijdschrift, waarvan tussen voorjaar 1950 en voorjaar 1951 in totaal zeven nummers verschenen zijn. Lucebert werkte mee aan *Braak* vanaf het tweede nummer. Vanaf het derde nummer maken Schierbeek en hij deel uit van de redactie. Zie hiervoor: *apparaat* (vg 797).

fantasiegerstekorrelpatronen die ik afschiet' (vg 421) beide in handschrift[29]. Verder figureert *Atonaal* op deze lijst[30]. De bloemlezing verschijnt in oktober 1951[31], slechts één maand dus voordat Lucebert in november 1951 met zijn tweede bundel bij Stols debuteert. Bovenaan de chronologisch geordende lijst staan de tijdschriften *Reflex* en *Cobra*.

Van *Reflex*, het tijdschrift met de ondertitel 'orgaan van de Experimentele Groep in Holland', zijn slechts twee nummers verschenen, het eerste in september-oktober 1948, het tweede in februari 1949. Hierna gaat het Nederlandse *Reflex* in het internationale *Cobra* op[32]. Aan het tweede nummer van *Reflex* draagt Lucebert bij met zijn 'minnebrief aan onze gemartelde bruid indonesia' (vg 401-403); aan het vierde nummer van *Cobra*, uitgegeven ter gelegenheid van de grote Cobra-tentoonstelling in november 1949 in het Stedelijk Museum te Amsterdam[33], draagt hij bij met 'verdediging van de 50-ers' (vg 406-407).

Tussen *Reflex* nummer 2 en *Cobra* nummer 4 staat er nog een uniek exemplaar van het tweede nummer van *Reflex* uit het bezit van de Lucebert-verzamelaar Groenendijk op de lijst[34]. Het betreft een exemplaar waarin Lucebert zijn dichtershand over twee litho's heeft laten gaan, om deze als het ware uit te breiden met zijn poëzie. Het gaat hierbij dus niet om 'gemeenschappelijke werken' in de zin die Stokvis typisch voor Cobra acht: het zijn geen produkten van 'het spontane samenwerken van een dichter en een schilder op één doek of één papier'[35], maar ingrepen in of modificaties van in principe voltooid beeldend werk van anderen, waaraan Lucebert als het ware verder werkt door er zijn poëzie aan toe te voegen. Uit 'het grote aantal reprodukties van werken van de experimentele schilders en vier litho's' waarmee *Reflex 2* is verlucht[36], kiest Lucebert er twee voor deze ingreep uit. In een litho van 'waarschijnlijk Jan Nieuwenhuis'[37] schrijft hij in dikke oostindische inkt de drieregelige tekst 'baars van de smaad' (vg 404), en in een litho van Corneille het gedicht 'de boom! bom' (vg 405)[38].

Siem Bakker heeft ervoor gepleit om de bibliografie van de verspreide publikaties

---

[29] Zie voor afbeeldingen in facsimile van deze drie 'eerste publikaties' in *Braak: apparaat* (vg 739-741, 743 en 744).

[30] In de vermelding van de gedichten waarmee Lucebert aan *Atonaal* heeft bijgedragen, is een kleine onvolledigheid geslopen. Van Lucebert waren niet alleen 'het proefondervindelijk gedicht' (vg 432), 'romeinse elehymne III' (vg 32), 'wambos' (vg 433) en 'ik a classic' (vg 97) opgenomen, maar ook 'vrolijk babylon waarin ik' (vg 428). Zie hiervoor: *apparaat* (vg 785 en 747).

[31] *Atonaal*. Bloemlezing uit de gedichten van hans andreus, remco campert, hugo claus, jan g. elburg, jan hanlo, gerrit kouwenaar, hans lodeizen, lucebert, paul rodenko, koos schuur, simon vinkenoog. Samengesteld en ingeleid door simon vinkenoog. Stols 's-Gravenhage 1951.

[32] Zie hiervoor: Willemijn Stokvis, *Cobra. Geschiedenis, voorspel en betekenis van een beweging in de kunst van na de tweede wereldoorlog*. De Bezige Bij Amsterdam 1980^2, p. 69-74 (1974^1).

[33] ibidem, p. 91-94.

[34] *apparaat* (vg 784).

[35] Stokvis, *Cobra. cit.*, p. 162.

[36] ibidem, p. 74.

[37] *apparaat* (vg 730).

[38] Afbeeldingen in facsimile van beide tekening-gedichten of modificaties zijn te vinden in het *apparaat* (vg 729 en 731).

niet door *Reflex* te laten aanvoeren, maar door *Het Woord*. Over het algemeen wordt het uit februari 1949 daterende tweede nummer van *Reflex*, waarin de 'minnebrief' wordt gepubliceerd, beschouwd als de bron voor het debuut van Lucebert als dichter. Vlak hiervoor echter is in het laatste nummer van *Het Woord* (Winter 1948-'49) een reeks van tien vignetten van de hand van Lucebert verschenen. Omdat in sommige hiervan 'flarden taal' doordringen, vat Bakker deze vignetten op als voorbeelden van het tekening-gedicht op minuskuul formaat, op grond waarvan hij concludeert, dat in het laatste nummer van *Het Woord* Lucebert niet alleen als tekenaar, maar ook als dichter heeft gedebuteerd[39].

Ongeveer tegelijk met de dissertatie van Siem Bakker over het tijdschrift *Het Woord* verschenen de herinneringen aan de voorgeschiedenis van Vijftig van Jan Elburg. Elburg is eind 1948 lid van de redactie van *Het Woord* en heeft zich vergeefs ingespannen voor publikatie van gedichten van Lucebert in 'zijn' tijdschrift. Hij ziet het als niet meer dan een 'troostprijs', wanneer hij uit de redactievergadering wél een illustratie-opdracht voor zijn vriend weet te slepen:

> 'We hebben niet meer dan zes vignetten nodig', polste ik mijn makker, 'maar als je er nou bijvoorbeeld acht zou maken, dan kunnen ze uitzoeken.' De volgende dag schudde hij uit een oude envelop maar liefst veertig, op crèmekleurig briefpapier gemaakte, kleine pentekeningen op mijn tafel. Aan één ruk door op de avond van de bestelling gemaakt. Weliswaar in een verscheidenheid van stijlen ('Voor het uitzoeken'), maar stuk voor stuk het bekijken dubbel en dwars waard. Voor het eerst van mijn leven was ik erachter hoe ik me zo ongeveer een hoorn des overvloeds moest voorstellen, terwijl mijn mederedacteuren zich redelijk tevreden toonden over de geboden keus. In plaats van de beoogde zes werden het tien vignetten die het allerlaatste nummer van het kwartaaltijdschrift opluisterden.[40]

Elburgs tekst wordt verlucht door een zestal voorbeelden van de dertig vignetten, die overbleven nadat de redactie van *Het Woord* haar keuze had gemaakt. Deze reeks van zes maakt de visie van Siem Bakker alleen maar overtuigender, omdat ook hier voorbeelden verschijnen van tekeningen, waarin taal is doorgedrongen. Het betoog van Bakker spitst zich toe op het tiende vignet, waarin rechts bovenaan de regel *dat maakt de maan* verschijnt[41]. Zijn observaties, dat hier een meer uitgewerkt voorbeeld van de combinatie van een tekening met tekst aan de orde is, en dat de bewuste regel

---

[39] Siem Bakker, *Het literaire tijdschrift HET WOORD. 1945-1949*. De Bezige Bij 1987, p. 484-488 (reproduktie van de volledige reeks van in het tijdschrift verschenen vignetten op p. 485-488).
[40] Jan G. Elburg, *Geen letterheren. Uit de voorgeschiedenis van de vijftigers*. Meulenhoff Amsterdam 1987, p. 42-44.
[41] In 1988 is, ter gelegenheid van de oprichting van Cobra in 1948, een eerstedagenveloppe uitgegeven door de PTT, met daarop drie zegels van Appel, Corneille en Constant. De envelop zelf is gesierd met het vignet van Lucebert. Zie voor een afbeelding van deze envelop: Graham Birtwistle, 'Terug naar Cobra. Polemiek en problemen in de historiografie van Cobra',in: *Jong Holland* jg.4 (1988) nr.5, p. 10.

als een versregel gekwalificeerd moet worden, lijken mij niet voor weerlegging vatbaar[42]. De regel vertoont met zijn herhaling van de /m/ en de /d/ en het overwicht van de lange /a:/ onmiskenbaar equivalentie (zie p. 16). Maar er is nog een argument om *dat maakt de maan* als eerste gepubliceerde versregel van Lucebert te laten gelden, en dat is het gebruik van het woord *maan*, één van de kernwoorden van Luceberts vroege lexicon (zie p. 19 en 149).

Op de lijst van verspreide publikaties verschijnt verder een aantal dagbladen. Het gaat hierbij om krante-artikelen die ofwel naar aanleiding van de Cobra-tentoonstelling van november 1949 zelf, ofwel naar aanleiding van de beruchte dichteravond die in het kader van die tentoonstelling werd georganiseerd, verschenen zijn. De tentoonstelling in het Stedelijk Museum liep van 3 tot 28 november, de dichteravond vond op 5 november plaats. Aan de hand van verschillende artikelen in de krant is een viertal teksten van Lucebert gereconstrueerd, die onder de verzameltitel 'cobra-souvenirs' een plaats in de afdeling 'ongebundelde gedichten 1949-1951' hebben gekregen[43]. Het gaat om voorbeelden van teksten die Lucebert op de bewuste avond heeft voorgedragen, of die als tekening-gedichten in de zogeheten 'dichterkooi' hebben gehangen.

Verantwoordelijk voor de inrichting van de tentoonstelling was de architect Aldo van Eyck. Voor de dichters reserveerde hij een kleine zaal, die werd ingericht als 'dichterkooi'. Dit was een bouwsel van smalle zwarte latten die van de vloer tot het plafond reikten, en waarin verschillende panelen met 'peinture-mots' of tekening-gedichten waren opgehangen. De constructie was bevestigd aan een helemaal zwart gemaakte wand, met daarop de beroemde regel van Kouwenaar "er is een lyriek die wij afschaffen"[44]. Van onschatbare waarde voor de reconstructie van de gang van zaken rond de inrichting van de dichterkooi zijn opnieuw de memoires van Elburg, waaruit blijkt dat er verschillen van mening hebben bestaan tussen Aldo van Eyck en de dichters. Deze werpen een bijzonder licht op de door de experimentelen slechts met moeite (zie n. 48) verdedigde stelling, dat Vijftig geen volledige breuk met de traditie inhield, maar integendeel stond voor een eigen selectie uit het verleden.

De dichterfractie van de Experimentele Groep in Holland bestaat op het moment van de tentoonstelling uit Kouwenaar, Elburg, Lucebert en Schierbeek. Elburg vertelt dat een soort beeldengalerij van bewonderde voorgangers van de experimentelen, die juist beschouwd moet worden als een tegenhanger van de regel "er is een lyriek die wij afschaffen", onderwerp van controverse is geweest. Met de hem typerende

---

[42] In een latere publikatie, waarin het vignet 'dat maakt de maan' opnieuw is gereproduceerd, gaat Elburg in op de kwestie van een debuut als tekenaar èn dichter in *Het Woord*. Nadat hij van zijn aanvankelijke scepsis blijk heeft gegeven, geeft hij Bakker bij nader inzien gelijk. Zie hiervoor: Jan G. Elburg, 'Begint de pen die krast opeens te zingen. Over aanschouwelijkheid en uiting in Luceberts werk', in: Lucebert, *Lucebert schilder - dichter. cit.*, p. 56.
[43] (vg 408). Nadat de pagina op deze manier vorm had gekregen, is een geluidsopname aan het licht gekomen, waaruit blijkt dat het tweede van de vier gedichten met de openingsregel *molukken van ruk-ruk-ruk elevator!* slechts de eerste strofe van een langer gedicht met de titel 'zonnerijzendans' is. De volledige versie van (vg 408) tekst 2 is door Lucebert in 1974 op basis van de geluidsopname gereconstrueerd, en alsnog, maar dan in het *apparaat*, afgedrukt. Zie hiervoor: *apparaat* (vg 734).
[44] Zie hiervoor: Stokvis, *Cobra. cit.*, p. 114-117.

mengeling van bewondering voor en verbazing over een creatieve explosie van Lucebert zoals hij die al eerder heeft meegemaakt (zie p. 12), schrijft Elburg over Luceberts bijdrage aan de inrichting van de dichterkooi. Het plan voor een reeks voorouderportretten was van de dichters gezamenlijk, maar de uitvoering ervan werd toevertrouwd aan Lucebert. In een paar dagen tijd tekende hij in oostindische inkt op een formaat van 50 bij 65 centimeter beeltenissen van "Rimbaud, Gorter, Jarry, Majakovski, Tzara, Van Ostayen, Eluard, Arp..."[45]. De reeks schrijversportretten heeft de drempel van de tentoonstelling echter niet gehaald, omdat "de naar gelijkenis neigende afbeeldingen een inbreuk zouden vormen op de eenheid van stijl van de 'experimentele' tentoonstelling"[46]. Elburg vertelt verder, dat de portrettenreeks door Lucebert 'naar het scheen onverdroten' werd opgeborgen. Hierna werd een ander register bespeeld en vervaardigde hij verschillende panelen met tekening-gedichten, die wél met meerderheid van stemmen werden goedgekeurd en aan de smalle latten van de dichterkooi vulling gaven[47]. De anecdote is zo waardevol, omdat er een besef van traditie bij de experimentelen uit spreekt dat volledig in overeenstemming is met de ook door Lucebert herhaalde betuiging van verplichting aan het verleden[48]. De nooit geëxposeerde reeks voorouderportretten uit november 1949 zou hier een bevestiging van zijn geweest op een uitzonderlijk vroeg moment.

Zoals er ná 1974 op basis van de uitgave van de *verzamelde gedichten* fotografische herdrukken van de verschillende bundels van Lucebert zijn verschenen, is later ook een fotografische herdruk van de gehele sectie met 'ongebundelde gedichten' gemaakt[49]. Juist uit de oudste afdeling ongebundelde gedichten is een aantal teksten verdwenen. Niet alleen de twee tekening-gedichten uit het unieke exemplaar van *Reflex* zijn niet opgenomen, maar ook de tekst van het tekening-gedicht 'imagine those caesares' keert niet terug. Verder zijn de teksten met een uitgesproken gelegenheidskarakter verdwenen. Dit betreft de 'cobra-souvenirs' die met het bijzondere gebeuren van de

---

[45] Elburg, *Geen letterheren. cit.*, p. 143.
[46] ibidem, p. 146.
[47] ibidem, p. 151-153.
[48] In de interviews door d'Oliveira en Roggeman. In 1959 zegt hij tegen d'Oliveira, dat 'revolutionair zijn in absolute zin nooit door Vijftig is geclaimd, zeker niet door mij'. Wanneer Roggeman hem in 1985 nog eens met deze woorden confronteert, zegt hij verder dat hij vooral in zijn programmatische gedichten heeft uitgesproken, "dat wij alles te danken hebben aan onze voorlopers, de dadaïsten, aan de Stijlmensen, aan het surrealisme natuurlijk en ook aan Van Ostaijen en Gorter. Ik heb mezelf dus nooit gezien als iemand, die iets volslagen nieuws bracht in de Nederlandse poëzie." Daar gaat hij ook in op de moeite die het de experimentelen gekost heeft, om begrip voor deze stelling ingang te doen vinden: "Nog verwijt ik het menig Nederlands criticus dat hij niet in staat was te relativeren omdat zijn geestelijke bagage zo licht was, maar gelukkig waren er ook in dat opzicht goed toegeruste critici, een Paul Rodenko, een Cees Buddingh' en zo langzamerhand zal het provincialisme in onze literaire kritiek wel helemaal verdwijnen." Zie hiervoor: Jessurun d'Oliveira, *Scheppen riep hij gaat van Au. cit.*, p. 42, en: Roggeman, *Beroepsgeheim. cit.*, p. 128-129.
[49] Lucebert, *ongebundelde gedichten*. De Bezige Bij Amsterdam 1983.

Cobra-tentoonstelling zijn verbonden[50], en verder een viertal teksten die hun bestaan danken aan de *Podium*-manifestatie in het Stedelijk Museum te Amsterdam van maart 1951[51]. De weglating van elf van de dertig teksten uit de afdeling 'ongebundelde gedichten 1949 - 1951' in de fotografische herdruk is van de hand van de dichter[52]. Voor het onderhavige onderzoek is het fundament van de uitgave van de *verzamelde gedichten* onontbeerlijk. Een deel van de onmisbaarheid van wat ik als de periferie van het corpus heb aangeduid, wordt namelijk juist door de gelegenheidsgedichten op de pagina's met *Cobra*- en *Podium*-souvenirs (vg 408 en 431) gedragen (zie p. 81 en 254 e.v.).

§2 verantwoording van de methode

Voor mijn methode van analyse baseer ik mij op het werk van Roman Jakobson, de linguïst die in belangrijke mate het gezicht van taalkunde en literatuurwetenschap in onze eeuw heeft bepaald. Ik stel mij hier ten doel om die lijnen van zijn portret te tekenen, die hem naar voren doen komen als grondlegger van de twintigste-eeuwse theorie van de poëzie-analyse. De schakels die latere onderzoekers met Jakobson verbinden, staan hier niet ter discussie[53]. Het gaat mij in deze paragraaf om de verantwoording en explicatie van de wijze waarop ik het vroege werk van Lucebert benaderd heb. Aan de hand van twee kardinale studies van Jakobson zal de methode van analyse worden toegelicht. Voorts zal verantwoording worden afgelegd van het feit dat de tekstinterne of tekstuele component van analyse uitgebreid diende te worden met een intertekstuele component.

---

[50] Uit Elburgs memoires is inmiddels gebleken dat het eerste van de vier 'cobra-souvenirs', 'het prozamimosa leproza' (vg 408) tekst 1, afkomstig is van een dichterkooipaneel, dat Lucebert met een tekst van Bert Schierbeek heeft beschilderd. Zie hiervoor: Elburg, *Geen letterheren. cit.*, p. 152.

[51] Aan een 'gesproken nummer' van het tijdschrift *Podium* droeg Lucebert een viertal teksten bij, die in de *verzamelde gedichten* een plaats hebben gekregen in de afdeling 'ongebundelde gedichten 1949 - 1951' (vg 431). Zie voorts: *apparaat* (vg 749).

[52] Lucebert deelde mij bij onze ontmoeting in november '93 mee, dat hij zelf verantwoordelijk is voor de weglating van genoemde gedichten. Zonder het *apparaat* vond hij deze gedichten met een uitgesproken gelegenheidskarakter al te zeer 'verdwaald'. Voor de overzichtelijkheid som ik de betreffende teksten hier nog eens op: 'baars van de smaad' (vg 404), 'de boom! bom' (vg 405), 'cobra-souvenirs' (vg 408, tekst 1 tot en met 4), 'imagine those caesares' (vg 409) en de vier teksten die naar analogie van de 'cobra-souvenirs' aangeduid zouden kunnen worden als 'podium-souvenirs' (vg 431, tekst 1 tot en met 4).

[53] Zie voor een historisch overzicht over de ontwikkeling op het terrein van de theorie van de poëzie-analyse in de twintigste eeuw: F.J.M. de Feijter, 'Poëzie-analyse', in: P. Zeeman (red.), *Literatuur en Context. Een inleiding in de literatuurwetenschap*. SUN Nijmegen 1991, p. 59-96.

1   poëzie-analyse sinds Jakobson

Zoals Rodenko in het midden van deze eeuw in Nederland de explosie van Vijftig essayistisch begeleidt, zo vervult Jakobson deze functie voor de dichters van het Russisch Futurisme in het Rusland van het begin van de twintigste eeuw. De linguïst en literatuurwetenschapper Roman Jakobson (1896-1982) doet voor het eerst van zich spreken met de voordracht voor de Moskouse Linguïstische Kring uit 1919 over de dan nieuwste Russische poëzie en in het bijzonder over Velimir Chlebnikov. Deze omvangrijke studie wordt in 1921 in Praag voor het eerst gepubliceerd. Voor lezers die het Russisch niet machtig zijn, is de tekst pas in 1972 beschikbaar gekomen in een Duitse vertaling[54].

Ik vestig de aandacht op dit late moment van vertaling, omdat de receptie van Jakobsons werk in West-Europa erdoor is gekleurd. De veel beroemder studie *Linguistics and Poetics*, die is gebaseerd op de voordracht waarmee Jakobson in 1958 de conferentie over stijl aan de universiteit van Indiana besluit, is in 1960 in het Engels gepubliceerd en heeft direct een veel groter publiek bereikt[55]. Nu er sinds het begin van de jaren zeventig beschikt kan worden over beide fundamentele studies, is het van belang om bij de oudste te beginnen, omdat men daardoor wordt behoed voor een aantal misvattingen omtrent het begrip 'equivalentie', het centrale begrip van Jakobsons theorie.

De lange afstand in de tijd tussen *Die neueste Russische Poesie* en *Linguistics and Poetics* mag op het eerste gezicht bevreemdend lijken, maar is dat bij nader inzien toch niet. Jakobson is Chlebnikov heel zijn leven trouw gebleven[56] en onderzoek van poëzie is een constante geweest in zijn veelomvattende werk.

De carrière van Jakobson omspant meer dan een halve eeuw en speelt zich af op twee continenten. De beginjaren in Moskou zijn de jaren van het Russisch Formalisme. In 1920 verlaat hij Moskou om zich te vestigen in Praag. Hij wordt één van de belangrijkste vertegenwoordigers van het Tsjechisch Structuralisme en doceert vanaf 1933 aan de Masaryk Universiteit in Brno. In de jaren twintig en dertig houdt hij zich bezig met metriek en spitst zijn werk zich toe op fonologisch onderzoek ten

---

[54] Roman Jakobson, 'Novejsjaja Roesskaja Poezija / Die neueste Russische Poesie', in: W.-D. Stempel (Hrsg.), *Texte der Russischen Formalisten Band II. Texte zur Theorie des Verses und der poetischen Sprache*. Fink München 1972, p. 18-135 (1921[1]).
[55] Roman Jakobson, 'Closing Statement: Linguistics and Poetics', in: Thomas A. Sebeok (ed.), *Style in Language*. Massachusetts Institute of Technology Press Cambridge, Massachusetts 1960, p. 350-377. Hieronder wordt geciteerd naar: Roman Jakobson, 'Linguistics and Poetics', in: idem, *Selected Writings Part III. Poetry of Grammar and Grammar of Poetry*. Edited, with a preface, by Stephen Rudy. Mouton The Hague Paris New York 1981, p. 18-51.
[56] Zie hiervoor: Vjaceslav V. Ivanov, 'Roman Jakobson: The Future', in: Roman Jakobson, *A Tribute to Roman Jakobson, 1896-1982*. Proceedings of a Tribute which was held at the Massachusetts Institute of Technology in Cambridge on November 12, 1982. Mouton Berlin New York Amsterdam 1983, p. 50.

behoeve van de opbouw van een universele versleer[57]. Bij de nadering van de Tweede Wereldoorlog ziet hij zich genoodzaakt om andermaal van woon- en werkplaats te veranderen. Hij brengt een aantal jaren door in Scandinavië, waar hij zich bezighoudt met kindertaal en afasie, en steekt in 1941 over naar Amerika. In de oorlogsjaren vindt hij onderdak bij de École Libre des Hautes Études, de Frans-Belgische uitbreiding van de 'University in Exile' of 'Graduate Faculty' van de New School for Social Research in New York. Hier maakt hij kennis met Claude Lévi-Strauss, via wie hij een belangrijke invloed zal uitoefenen op het Franse Structuralisme. In 1946 wordt hij benoemd als hoogleraar aan de universiteit van Columbia, in 1949 aan Harvard. Bij die gelegenheid manifesteert zich voor het eerst in Amerika de magnetische aantrekkingskracht die uitging van zijn persoon en werk. Morris Halle herinnert zich hoe in 1949 het hele insitituut voor Slavistiek met Jakobson mee naar Harvard verhuisde[58]. Tot zijn emeritaat in 1967 doceert Jakobson aan Harvard. Daarnaast aanvaardt hij in 1957 het hoogleraarsambt aan het Massachusetts Institute of Technology, de benoeming waarmee zijn carrière wordt bekroond. In 1960 verschijnt *Linguistics and Poetics*. Hierin houdt hij een vurig pleidooi voor interdisciplinaire samenwerking tussen linguïstiek en literatuurwetenschap en vat hij het resultaat van zijn jarenlange onderzoek van die bijzondere vorm van taalgebruik die poëzie is, samen in de definitie van de poëtische functie[59]. In de jaren zestig en zeventig legt hij de schat van zijn ervaring neer in een indrukwekkende reeks van analyses van gedichten[60]. Aan het begin van deze reeks staat de beroemde analyse uit 1962 die hij in samenwerking met Lévi-Strauss geschreven heeft, de analyse van 'Les Chats' van Baudelaire[61].

In vergelijking met *Linguistics and Poetics* is *Die neueste Russische Poesie* opvallend lang en nog weinig systematisch, maar desondanks kan de kiem van de latere definitie van de poëtische functie erin ontdekt worden. Jakobson benadert het werk van Chlebnikov als linguïst. Hij kijkt naar diens gedichten door de lens van het taalkundig onderscheid in fonologie, grammatica en semantiek en onderscheidt, in aansluiting bij Sklovsky's beroemde essay *Die Kunst als Verfahren*[62], procédés op fonologisch, morfologisch, syntactisch en semantisch niveau. Chlebnikov wordt

---

[57] Zie voor een verwerking in het Nederlands taalgebied van dit aspect van Jakobsons werk: A.W. de Groot, *Algemene Versleer*. Servire Den Haag 1946.
[58] In: *A Tribute to Roman Jakobson. cit.*, p. 74.
[59] In zijn meest recente boek noemt Bronzwaer de definitie van de poëtische functie weliswaar 'cryptisch', maar komt hij desondanks tot de conclusie dat "Jakobsons theorie van de poëtische functie de sterkste is die ooit is geformuleerd en beter rekenschap aflegt van de taalkundige bijzonderheden van het poëtisch taalgebruik dan welke andere ook." Zie hiervoor: W.J.M. Bronzwaer, *Lessen in lyriek. Nieuwe Nederlandse poëtica*. SUN Nijmegen 1993, p. 37 en 44.
[60] Zie hiervoor: Roman Jakobson, *Selected Writings Part III. cit.*, p. 157-676. Het gaat om een verzameling van vierendertig analyses. De gedichten die in deze analyses of 'readings' aan de orde zijn, dateren van de achtste tot de twintigste eeuw en zijn in veertien verschillende talen geschreven.
[61] ibidem, p. 447-464.
[62] Viktor Sklovskij, 'Die Kunst als Verfahren', in: Jurij Striedter (Hrsg.), *Russischer Formalismus. Texte zur allgemeinen Literaturtheorie und zur Theorie der Prosa*. Fink München 1971², p. 3-35 (1969¹) [1917¹].

gepresenteerd als een dichter die procédés als het ware blootlegt, deze naakt en als zodanig te kennen geeft. Jakobson wijst op het overwicht van consonanten over vocalen, de experimenten met woordvorming, de doorbreking van syntactische regels en de vervanging van logische bindmiddelen voor het handelingsverloop van een tekst door talige. Al deze procédés leiden tot die typische gerichtheid op de uitdrukking of "Ausrichtung auf den Ausdruck"[63] die Jakobson essentieel acht voor poëzie en die hij later met de formule "focus on the message"[64] zal aanduiden. Zijn taalkundige lens veroorzaakt dat hij een reservoir van poëtische procédés zichtbaar weet te maken, dat aanzienlijk omvangrijker is dan vanouds vertrouwde vormkenmerken van poëzie als metrum en rijm of beeldspraak zouden doen vermoeden. Vooral het brede terrein van de grammatica heeft Jakobson voor de analyse van poëzie ontsloten, een terrein waarvoor Chlebnikov hem een uitstekend aanknopingspunt geboden heeft.

Aan de hand van het werk van Chlebnikov kan Jakobson zijn unificerende visie op poëtische procédés een eerste maal uiteenzetten. Het fundamentele procédé in poëzie is, aldus Jakobson, "die Annäherung zweier Einheiten"[65], het tot stand brengen van toenadering tussen verschillende eenheden of gedichtelementen. Alle talige niveaus lenen zich voor dit voor poëzie fundamentele procédé, waarin de voorloper van het begrip 'equivalentie' herkend kan worden. Zoals door rijm toenadering tot stand gebracht wordt tussen verschillende eenheden op fonologisch niveau, zo wordt door herhaling van de stam van een werkwoord in Chlebnikovs beroemde 'Ode aan het lachen' of 'Bezwering door lachen'[66], toenadering tot stand gebracht tussen eenheden op morfologisch niveau. Sterk uiteenlopende procédés op de verschillende talige niveaus, zoals assonance, alliteratie, rijm, morfeemherhaling, syntactische parallellie en vergelijking, laten zich dus samenvatten onder de éne noemer van het fundamentele procédé van het tot stand brengen van toenadering tussen twee of meer eenheden.

Dat het Jakobson niet alleen te doen is om een algemene noemer voor de verscheidenheid van procédés, blijkt wanneer hij voorts aandacht vraagt voor het semantisch effect van het fundamentele poëtische procédé. Uit de toenadering tussen eenheden resulteert wat Jakobson 'approximatieve overeenkomst' noemt. Het procédé van het tot stand brengen van toenadering tussen verschillende eenheden mondt weliswaar uit in overeenkomst, maar het gaat hierbij om een overeenkomst die zich aftekent tegen een achtergrond van contrast. Jakobson poneert dat overeenkomst in poëzie altijd een kwestie van benadering blijft en daarom aangeduid moet worden als 'approximatief'[67]. Door herhaling van een klank, een werkwoordstam, een bepaald syntactisch patroon of een semantisch kenmerk, kortom: door herhaling van een eenheid op fonologisch, morfologisch, syntactisch of semantisch niveau, wordt toenadering tussen verschillende eenheden of gedichtelementen tot stand gebracht, op basis waarvan zich een proces op het terrein van de betekenis ontwikkelt, dat door Jakobson voorzichtig omschreven wordt als een krachtenspel van overeenkomst en contrast.

---

[63] Jakobson, *Die neueste Russische Poesie. cit.*, p. 31.
[64] Jakobson, *Linguistics and Poetics. cit.*, p. 25.
[65] Jakobson, *Die neueste Russische Poesie. cit.*, p. 95.
[66] Zie voor een reeks van vertalingen van het gedicht: Velimir Chlebnikov, *Zaoem*. Samengesteld door Jan H. Mysjkin. Vertaald in samenwerking met Miriam Van hee. Kritak Leuven 1989, p. 54-59.
[67] Jakobson, *Die neueste Russische Poesie. cit.*, p. 121.

Wat dit krachtenspel inhoudt, kan aan een eerste voorbeeld uit het corpus worden gedemonstreerd. Aan het eind van het lange gedicht 'exodus' herhaalt Lucebert een bepaald syntactisch patroon. Op een paar van hoofdzinnen die zonder voegwoord aaneengeregen zijn, volgt een paar van bijzinnen met *als* in de zin van 'alsof' (vg 23-27):

> als was de verminkte maan hun moeder
> was de volwassen zon hun voedster

Door herhaling van de syntactische structuur wordt het krachtenspel van overeenkomst en contrast in gang gezet. Twee groepen woorden worden paarsgewijs tegenover elkaar gesteld. De groep achterin het regelpaar laat opvallende verdere voorbeelden van herhaling zien. Niet alleen het bezittelijk voornaamwoord, maar ook een bepaalde klank keert terug. De basisovereenkomst op syntactisch niveau wordt dus aangevuld door lexicale en fonologische overeenkomst. Hierdoor komen de *moeder* en *voedster* zo dicht bij elkaar te liggen, dat de vraag rijst of hiermee misschien op één en dezelfde grootheid geduid zou kunnen zijn. Daarmee zou de groep een betekenis verwerven die dicht bij de gebruikelijke verhoudingen uit de ons bekende werkelijkheid zou komen, waarin de moeder vaak tegelijk ook voedster is. De groep in het midden van het regelpaar lijkt zich hiertegen te verzetten. De tegenstelling tussen zon en maan, dag en nacht, licht en duisternis is een zo fundamenteel gegeven, dat het niet direct mogelijk lijkt om achter de woorden *maan* en *zon* dezelfde grootheid te vermoeden. Desalniettemin tekent zich ook hier tegen een achtergrond van contrast overeenkomst af. De syntagmata *de verminkte maan* en *de volwassen zon* zijn op dezelfde wijze gebouwd. Het paar van bepalingen kan de doorslag geven. Omdat in *volwassen* het met de maan verbonden proces van groeien of wassen kan worden beluisterd, moet rekening gehouden worden met de mogelijkheid dat met het regelpaar als geheel inderdaad op één en dezelfde grootheid gedoeld zou kunnen zijn, namelijk op de beurtelings afnemende en wassende maan. In deze regels zou de maan dan niet alleen én als moeder én als voedster zijn aangeduid, maar ook - en dat is het paradoxale - als zon. Deze 'volle maan'-betekenis van *de volwassen zon*, die vanzelfsprekend nog verdere interpretatie behoeft, is een creatie, een betekenis die is gecreëerd door het krachtenspel van overeenkomst en contrast, dat op zijn beurt berust op het fundamentele procédé in poëzie van het tot stand brengen van toenadering tussen verschillende gedichtelementen.

De genuanceerde omschrijving in de vroege studie over Chlebnikov van het krachtenspel op het terrein van de betekenis als een proces dat 'approximatieve overeenkomst' tot stand brengt, staat in de weg aan iedere opvatting van het latere begrip 'equivalentie' als een begrip dat louter op overeenkomst zou duiden. De formule 'approximatieve overeenkomst' doelt op overeenkomst die contrast in zich draagt. In één van de vroegste bijdragen aan het debat over 'Les Chats' heeft Posner erop gewezen, dat het begrip 'oppositie' besloten ligt in het begrip 'equivalentie'. Hij demonstreert dit aan de hand van de verdeling van het sonnet van Baudelaire in de drie strofische eenheden van eerste kwatrijn, tweede kwatrijn en het afsluitend sextet als geheel, een driedeling die Jakobson en Lévi-Strauss onder andere op het rijmschema baseren. Deze strofische equivalentie draagt de oppositie in zich van eerste en tweede kwatrijn als twee strofische eenheden met twee rijmparen, tegenover het sextet als een strofische eenheid met drie rijmparen[68].

Dit voorbeeld is gebonden aan de praktijk van analyse van 'Les Chats' en beweegt zich dan ook op het macroniveau van de teksteenheid van de strofe, het niveau van analyse waarnaar bijna alle aandacht van Jakobson en Lévi-Strauss uitgaat met het oog op de bijzondere geleding van de tekst die zij uiteindelijk zullen voorstellen[69]. Het voorbeeld op macroniveau dat Posner geeft, kan echter zonder problemen door voorbeelden van equivalentie op microniveau worden aangevuld. In het geval van de syntactische equivalentie uit 'exodus' wordt de uiteindelijk zeer verregaande overeenkomst van het paar van bijzinnen met *als* altijd nog doorkruist door het contrast tussen het wassen en afnemen van de maan. Zelfs in het uiterste geval van woordherhaling moet vastgehouden worden aan de stelling dat equivalentie altijd oppositie in zich draagt. In een extreem voorbeeld als dat van de regel *de stenen stenen dieren dieren vogels vogels weg* uit 'ik tracht op poëtische wijze' (vg 47) wordt lexicale equivalentie genuanceerd of getemperd door oppositie van positie.

In 1960 wordt het oude begrippenpaar van 'toenadering tussen twee eenheden' en 'approximatieve overeenkomst' door het nieuwe begrip 'equivalentie' vervangen. Equivalentie wordt omschreven als het principe waarop de opbouw van een sequentie in poëzie is gebaseerd, het constructieprincipe op de combinatie-as: "Equivalence is promoted to the constitutive device of the sequence."[70]. Voor het krachtenspel van overeenkomst en contrast grijpt Jakobson terug op Gerard Manley Hopkins, de dichter uit wiens essayistische werk hij meer dan eens inspiratie heeft geput[71]. In dezelfde context wordt door Jakobson zonder veel omhaal van woorden gewezen op het feit, dat ieder concreet voorbeeld van equivalentie implicaties voor de betekenis heeft:

> Briefly, equivalence in sound, projected into the sequence as its constitutive principle, inevitably involves semantic equivalence, and on any linguistic level any constituent of such a sequence prompts one of the two correlative experiences which Hopkins neatly defines as "comparison for likeness' sake" and "comparison for unlikeness' sake".[72]

---

[68] Roland Posner, 'Strukturalismus in der Gedichtinterpretation. Textdeskription und Rezeptionsanalyse am Beispiel von Baudelaires »Les Chats«', in: Heinz Blumensath (Hrsg.), *Strukturalismus in der Literaturwissenschaft*. Kiepenheuer & Witsch Köln 1972, p. 213 (1969¹).
[69] Zij stellen een afwijkende geleding in drieën voor. Het sonnet zou draaien om de spil van een centraal distichon, en zou niet alleen besloten worden door een sextet, maar ook door een 'quasi-sextet' worden geopend. Voor de schat aan argumenten en tegenargumenten die verzameld zijn in de analyse zelf en in het dossier dat over de analyse is aangelegd, verwijs ik naar: Maurice Delcroix, Walter Geerts (eds.), *«Les Chats» de Baudelaire: Une confrontation de méthodes*. Presses Universitaires de Namur / Presses Universitaires de France Namur 1980.
[70] Jakobson, *Linguistics and Poetics. cit.*, p. 27.
[71] Zie hiervoor: Stephen Rudy, 'Preface', in: Jakobson, *Selected Writings III. cit.*, p. XVI. Zie voorts: W.J.M. Bronzwaer, 'Inleiding', in: Gerard Manley Hopkins, *Gedichten*. Keuze uit zijn poëzie met vertalingen en commentaren samengesteld door W.J.M. Bronzwaer. Ambo Baarn 1984, p. 9.
[72] Jakobson, *Linguistics and Poetics. cit.*, p. 40.

Aan het begin van het citaat kan het er nog even op lijken dat de positie van fonologische equivalentie uitzonderlijk zou zijn, maar het vervolg maakt onmiskenbaar duidelijk dat de strekking algemeen is. Ook de eerdere studie over Chlebnikov, de voorbeelden uit *Linguistics and Poetics* die aan Shakespeare en Poe zijn ontleend, en verschillende voorbeelden uit de analyse van 'Les Chats' laten er geen twijfel over bestaan, dat de stelling van de semantische implicaties van equivalentie algemeen geldig is en dus van kracht is voor ieder concreet voorbeeld van equivalentie van welk talig niveau dan ook.

De essentiële kwestie van het semantisch effect van equivalentie heeft Jakobson in zijn definitie van de poëtische functie geïntegreerd. Naar mijn mening laat zich alleen in dit licht begrijpen, dat Jakobson herhaaldelijk insisteert op het feit dat het equivalentieprincipe "gepromoveerd" (zie p. 20) of "geprojecteerd" wordt. Equivalentie is normaal gesproken in een andere functie of op een andere plaats werkzaam, maar wordt in poëzie gepromoveerd of naar elders geprojecteerd. De twee functies en locaties waarom het gaat, zijn die van de twee taalassen, de paradigmatische en de syntagmatische as. Equivalentie hoort op de paradigmatische taalas thuis, maar wordt in poëzie geprojecteerd op de as van combinatie. Als ik Jakobson goed begrijp, wordt het semantisch effect van equivalenties op de combinatie-as gefundeerd door de plaats van herkomst van het equivalentieprincipe. Op de paradigmatische taalas of de as van selectie is equivalentie werkzaam als het principe dat taalelementen ordent naar overeenkomst en contrast. Paradigmata worden gestructureerd door relaties van similariteit en dissimilariteit, synonimie en antonimie. Jakobson heeft zo op de promotie of projectie van het equivalentieprincipe gehamerd, omdat hij daarmee aan heeft willen geven dat het equivalentieprincipe bij zijn opwaardering of verplaatsing zijn eigenheid niet verliest maar als het ware meeneemt. Met dát feit is het semantisch effect van equivalenties gegeven. Jakobsons definitie van de poëtische functie luidt als volgt:

> The poetic function projects the principle of equivalence from the axis of selection into the axis of combination.[73]

Deze verbluffend geserreerde formule laat Jakobson in de eerste plaats naar voren komen als de onderzoeker met wortels in het Russisch Formalisme, dat absolute prioriteit verleende aan het onderzoek naar het onderscheidend kenmerk van literatuur en poëzie in vergelijking met natuurlijke taal. Jakobsons definitie van de poëtische taalfunctie laat zich begrijpen als formulering van de differentia specifica van poëtische taal. In de tweede plaats geeft de definitie Jakobson te kennen als de generalist met een unificerende visie op de schat van poëtische procédés of vormkenmerken door de eeuwen heen. Zo uiteenlopende procédés als metrum of rijm, de variatie op een werkwoordstam van Chlebnikov of de extreme herhaling van drie dezelfde woorden in één regel van Lucebert, laten zich allemaal in termen van de definitie van de poëtische functie beschrijven. De definitie is dus zo geformuleerd, dat de band met het verleden niet wordt doorgesneden en de vrucht van vroeger onderzoek zich erin laat integreren.

---

[73] ibidem, p. 27.

Bronzwaer spreekt zich bijzonder duidelijk uit over het semantisch effect van equivalenties als de essentie van Jakobsons theorie:

> de poëtische functie dwingt ons woorden met elkaar in een semantisch verband te brengen dat op grond van de primaire code niet bestaat of hoeft te bestaan.[74]

Semantisering is het kernpunt, waar het bij de definitie van de poëtische functie om draait. Doel van de analyse van een gedicht is het blootleggen van het netwerk van equivalentie-relaties en van de betekenis die daardoor geschapen wordt. Door het netwerk van equivalentie-relaties van een gedicht worden unieke of occasionele betekenissen geschapen. Bij 'exodus' zou hierbij gedacht kunnen worden aan een betekenis 'zonnige of zon-achtige, als moeder gehuldigde maan'. Hoewel het hierbij gaat om geschapen betekenissen, is de band met bestaande betekenissen onmiskenbaar. De regels van Lucebert werken met of baseren zich op de tegenstelling van 'zon versus maan', die gegeven is in de bestaande semantiek.

Jakobson insisteert op semantisering, op schepping van betekenis door equivalentie, maar heeft geen duidelijk terminologisch onderscheid getroffen tussen gegeven en geschapen betekenissen of, zoals Lotman het noemt, tussen de semantiek van het primaire systeem en die van het secundaire systeem. Lotman heeft literatuur gedefinieerd als een secundair modelvormend systeem[75].

Lotman gaat net als Jakobson uit van het verschil tussen natuurlijke taal en poëtische taal. Hij vat de natuurlijke taal op als het primaire linguïstische systeem en omschrijft literatuur als een secundaire taal die zich weliswaar opbouwt op basis van het primaire systeem, maar zich daarvan onderscheidt door de systematische toepassing van semantisering. Zoals Jakobson spreekt over het semantisch effect van krachtens de poëtische functie optredende equivalenties, zo spreekt Lotman over semantisering van formele elementen. Het onderscheid tussen primaire en secundaire taal geeft Lotman het onderscheid tussen primaire en secundaire semantiek in handen.

Hoe nauw de relatie tussen literatuur als het secundaire systeem en de natuurlijke taal als het primaire systeem is, moge blijken uit het voorbeeld van het regelpaar uit 'exodus'. Weliswaar dient scherp onderscheiden te worden tussen de primaire semantiek als de bestaande semantiek en de secundaire semantiek als de door de syntactische equivalentie geschapen semantiek, maar desalniettemin is duidelijk dat het regelpaar van Lucebert gebruik maakt van de natuurlijke taal als zijn materiaal, en put uit de bestaande semantiek. De bestaande semantiek stelt zon en maan op één lijn als hemellichten, maar onderscheidt deze als constant en wisselvallig en als de lichten van dag en nacht. Hiertegenover geeft de door Lucebert gecreëerde semantiek de beurtelings afnemende en wassende maan te kennen als een zonnige of zon-achtige moeder en voedster.

Het begrip 'secundaire semantiek' krijgt nog aanzienlijk meer reliëf aan de hand van voorbeelden, die deze nauwe relatie tussen primaire en secundaire semantiek níet

---

[74] Bronzwaer, *Lessen in lyriek. cit.*, p. 39.
[75] Jurij M. Lotman, *Die Struktur literarischer Texte*. Übersetzt von Rolf-Dietrich Keil. Fink München 1972, p. 39 (1970¹).

vertonen. In de vierde strofe van 'er is ik en er is' komt een voorbeeld van syntactische equivalentie voor, dat door lexicale en morfologische equivalentie wordt gesteund (vg 57):

> dat nog talloos is
> dat nog taalloos praat

Het netwerk van equivalentie-relaties legt zich als een lus om het woordpaar *talloos - taalloos*. Hun verregaande overeenkomst wordt door het contrast van slechts één letter verschil gekleurd. Equivalentie noopt tot semantisering. Door het krachtenspel van overeenkomst en contrast rijst de vraag naar de inhoud van het verband tussen *tal* en *taal* of getal en taal. Hier wordt het modellerend aspect uit Lotmans definitie van literatuur grijpbaar. Door het paar *talloos - taalloos* wordt een verband geschapen tussen twee zaken, die op het niveau van de primaire semantiek niet verbonden zijn of tenminste niet direct. De eerder aangehaalde woorden van Bronzwaer, dat de poëtische functie dwingt tot het aannemen van een semantisch verband dat op het niveau van de primaire semantiek niet bestaat, zijn hier volledig van toepassing (zie p. 22). Uit de syntactische equivalentie van 'er is ik en er is' komt een voorbeeld van equivalentie naar voren, dat de kloof tussen de bestaande semantiek en de door een gedicht gecreëerde semantiek doet voelen.

Het voorbeeld *talloos - taalloos* kan aangeduid worden als een secundaire semantische equivalentie. Het gaat om een semantische equivalentie, die zich bevindt op het niveau van de secundaire, door het gedicht geschapen semantiek, en die in de primaire semantiek niet gegeven is. Ook het woordpaar *maan - zon* uit de syntactische equivalentie van 'exodus' is een secundaire semantische equivalentie, een equivalentie op het niveau van de secundaire, door het gedicht geschapen semantiek, die in de primaire semantiek niet gegeven is. Tussen deze beide voorbeelden bestaat 'alleen' het verschil van een meer of minder duidelijk verband met de primaire semantiek.

Het onderscheid tussen primaire en secundaire semantiek maakt verder duidelijk, dat er onderscheiden moet worden tussen secundaire semantische equivalenties en primaire semantische equivalenties. Tegenover secundaire semantische equivalenties, waarvan *talloos - taalloos* een voorbeeld is, dat natuurlijk nog nader geïnterpreteerd zal moeten worden (zie p. 81), staan primaire semantische equivalenties. Omdat de 'toenadering tussen twee eenheden' zich op alle talige niveaus voordoet, en dus ook op het semantisch niveau, moet geconcludeerd worden dat equivalentie zich in een gedicht ook zal manifesteren op het niveau van de primaire semantiek. Een woordpaar als *moeder - voedster* is hier een eerste voorbeeld van.

Meer dan eens laten zich in een gedicht als geheel uitgebreidere reeksen van gedichtelementen die op het niveau van de primaire semantiek equivalent zijn, aanwijzen. Zo treedt bijvoorbeeld in 'het vlees is woord geworden' een intrigerende reeks van woorden op, die zich onder de noemer 'bouwsel' laten samenvatten: 1 *kooien* - 3 *lekkerkerker* - 5 *droomkadaster* - 5 *vatikaan* - 6 *terrarium* - 8 *bankgebouwen* - 14 *stulpen* -15 *het geraamte van de kerststal* (vg 20). Om de enigszins omslachtige term 'primaire semantische equivalentie' te vermijden, kan in het geval van een reeks van semantisch verwante termen zoals deze, die optreedt binnen de grenzen van één gedicht, gesproken worden van isotopie. Overal hierna waar van 'isotopie' sprake is, wordt steeds gedoeld op primaire semantische equivalentie.

Tot slot wil ik aan twee voorbeelden uit het corpus demonstreren, hoe krachtig het instrument van analyse is, dat door Jakobsons definitie van de poëtische functie wordt verschaft. Het openingsgedicht van de bundelafdeling 'de analphabetische naam', 'de schoonheid van een meisje' (vg 46), is een gedicht dat met eindrijm niet rijk is bedeeld, maar met andere voorbeelden van fonologische equivalentie wel. Het enige voorbeeld van rijm wordt geboden door het paar van woorden, dat de laatste regel van de tweede strofe aan de eerste regel van de derde strofe verbindt, het rijm *naam - lichaam*. Op basis van de stelling van Jakobson dat ieder voorbeeld van equivalentie semantische implicaties heeft, kan ik de vraag naar het semantisch verband van de twee woorden *naam* en *lichaam* stellen, een verband waarin overeenkomst en contrast beide een rol zullen spelen, maar één van deze twee noties zal domineren. Dit betekent dat rekening gehouden mag worden met de mogelijkheid, dat in tenminste één gedicht van Lucebert een naam wordt gelijkgesteld aan een lichaam. Het voorbeeld van fonologische equivalentie uit 'de schoonheid van een meisje' voert dus rechtstreeks naar het hart van de poetica van Vijftig, namelijk naar het concept van de 'lichamelijke taal', dat is ontleend aan één van de titelloze gedichten uit de bundelafdeling 'de analphabetische naam', het gedicht met de openingsregel 'nu na twee volle ogen vlammen' (vg 49):

> niemand is gezonden
> woorden te wegen en te bezien
> men strompelt vrijwillig
> van letter naar letter
> roept oe en a
> in de schaduw der schaamte
> de lichamelijke taal
> maakt licht ons en schande
> gaat sprakeloos schuil

De 'introductie' bij de 'lente-suite voor lilith' is een uit vier strofen van vier regels bestaand gedicht, waarin met bezwerende kracht herhaaldelijk de woorden *duisternis* en *licht* worden gebezigd. Hun oppositie wordt door syntactische equivalentie op de spits gedreven. Tweemaal komt de constructie 'om te + infinitief' voor, maar de verhoudingen zoals die in de openingsstrofe gelden, worden in de slotstrofe omgekeerd: tegenover *om in duisternis haar licht* staat *om in licht haar duisternis*. De implicaties op het niveau van de betekenis zijn hier dat er een paradoxaal spel met tegendelen wordt gespeeld, waaruit de behoefte om duisternis en licht niet apart, maar ineen te zien kan worden afgeleid. Met de synthese van licht en duisternis waarop gedoeld wordt, zijn, getuige het noemen van dichters, poeticale consequenties gemoeid (vg 42):

> als babies zijn de dichters niet genezen
> van een eenzaam zoekend achterhoofd
> velen hebben liefde uitgedoofd
> om in duisternis haar licht te lezen

Deze eerste interpretatieve noties zullen in het verloop van dit boek nader onderbouwd en verder uitgewerkt worden. Zowel 'de schoonheid van een meisje' als de 'introductie' bij de 'lente-suite voor lilith' zullen aan een uitvoerige analyse onderworpen worden (zie p. 340 e.v. en 145 e.v.).

2 intertekstualiteit

Onmisbare instrumenten van analyse zijn het woordveld en het semantisch veld. Met het eerste instrument wordt de frequentie van een woord vastgelegd, waarbij opgemerkt dient te worden dat zowel het veelvuldig als het zeldzaam voorkomen van een bepaald woord significant kan zijn. Met het tweede kunnen bepaalde themata worden blootgelegd, die zich ofwel over het corpus als geheel ofwel over een deel daarvan uitbreiden. Het grote belang van deze beide instrumenten van analyse in de praktijk van het onderzoek heeft mij ingegeven, dat ik aan het begrip 'intertekst' een eerste, conventionele inhoud diende te verlenen. Vanzelfsprekend laat het belang van een bepaald woord of een bepaald thema zich per gedicht vaststellen, maar dit resultaat van analyse krijgt pas reliëf tegen de achtergrond van het corpus als geheel. Deze praktijk van analyse betekent, dat ik in feite het corpus heb opgevat als 'eerste intertekst'. De plaats van een gedicht in een bundelafdeling, in de bundel, of in de nog iets ruimere context van de oudste poëzie van Lucebert zoals die hierboven is afgebakend, maakt het corpus tot de eerste of meest natuurlijke intertekst voor ieder afzonderlijk gedicht daarvan[76]. Slechts bij wijze van uitzondering ben ik op sommige plaatsen nog een stap verder gegaan en heb ik daar waar een rechte lijn getrokken kon worden vanuit het corpus naar later werk, het œuvre aangemerkt als eerste intertekst.

Overal hierna wordt het begrip 'intertekst' gebruikt in een zin die minder conventioneel is. Ik baseer mij voor mijn opvatting van de intertekst op Michael Riffaterre, die voor het antwoord op de vraag waarvan literatuur gemaakt is, dieper graaft dan het onderscheid tussen natuurlijke taal als het primaire linguïstische syteem en literatuur als een secundaire taal:

> there is no norm that is language as grammars and dictionaries may represent it: the poem is made up of texts, of fragments of texts, integrated with or without conversion into a new system. This material (rather than norm) is not the raw stuff of language; it is already a stylistic structure, hot with intensified connotations, overloaded discourse.[77]

---

[76] In het interview met d'Oliveira bepleit Lucebert deze wijze van analyse. Voor alle literatuur geldt, aldus de dichter, dat "de beelden, de zinnen onderling samenhangen. (...) De methode zou moeten zijn dat het gedicht vergeleken werd met het œuvre waarin het ingebed is. Een zgn. niet geslaagd gedicht zou dan wel eens veelzeggender kunnen zijn dan dat fraaie vers waarop men bij ons, gezien de heersende anthologitis, blijkbaar zo verzot is." Zie hiervoor: Jessurun d'Oliveira, *Scheppen riep hij gaat van Au. cit.*, p. 43.

[77] Michael Riffaterre, *Semiotics of Poetry*. Methuen London 1980, p. 164 (1978¹).

Omdat een gedicht is opgetrokken uit teksten of fragmenten van teksten, is de omweg via de intertekst een conditio sine qua non voor de interpretatie van poëzie. De omweg door de intertekst maakt het verband tussen verschillende tekens zichtbaar: de eerdere tekens in de tekst en de andere tekens in de intertekst. De andere tekens die afkomstig zijn uit de intertekst, dragen een uitzonderlijk betekenispotentieel in zich, geladen als ze zijn door hun vroeger gebruik. Tenslotte brengt de confrontatie van tekst en intertekst aan het licht of de andere tekens uit de intertekst al dan niet veranderd of omgekeerd zijn geïntegreerd in het nieuwe systeem van de tekst.

Intertekstualiteit maakt de introductie van een nieuw semiotisch begrip noodzakelijk. Intertekstualiteit involveert interpretanten. Riffaterre baseert zich voor dit van Peirce afkomstige begrip op een definitie van Eco. De interpretant is een ander teken, dat een eerder teken vertaalt of verklaart[78]. Het eerdere teken is het teken in de tekst die object van onderzoek is, het andere teken is het teken dat uit de intertekst afkomstig is. Hieronder zullen de andere tekens uit de intertekst die om de 'tekst' van het corpus van de vroege poëzie van Lucebert opgebouwd moet worden, steeds kortweg als interpretanten worden aangeduid.

Riffaterre poogt het wezen van poëzie vast te leggen met behulp van de notie dat poëzie zich indirect uitdrukt en de referentiële taalfunctie frustreert. Kort en bondig wordt op de indirecte wijze van zeggen gedoeld in de formule "a poem says one thing and means another."[79] Dat hij hierbij in het bijzonder ook aan semantisering denkt, blijkt wanneer hij spreekt over de mogelijkheid van poëzie om betekenis te scheppen op basis van equivalentierelaties. In een gedicht kan *zon* worden gezegd, maar 'maan' worden bedoeld (zie p. 19). Terwijl Jakobson de problematisering van de referentiële functie in poëzie verklaart door de dominantie van de poëtische functie, gaat Riffaterre een stap verder. Hij wijst op het anti-referentiële karakter van poëzie zélfs in het geval van descriptie, en verklaart wat hij de mimesis-ondergravende praktijk van poëzie noemt, niet slechts door de poëtische functie, maar ook door intertekstualiteit. Poëzie dringt de ervaring van een 'verbal detour' op, noopt tot de conclusie, "that beneath the words there is nothing but more words."[80]

Riffaterre onderscheidt twee verschillende soorten intertekstualiteit. Hij gaat uit van het algemene begrip 'hypogram'. Intertekstualiteit is aan de orde bij hypogrammatische derivatie, dat wil zeggen afleiding van een preëxistente woordgroep. Wanneer er in een gedicht sprake is van allusie aan of variatie op een bestaande uitdrukking of een bekende zegswijze, kan gesproken worden van derivatie van een preëxistente woordgroep die in de taal besloten ligt. Een sterk voorbeeld uit het corpus is de eerste regel van het titelloze gedicht 'ik ben met de man en de macht' (vg 53), waarin Lucebert varieert op de zegswijze "met man en macht". Met dit type intertekstualiteit is 'alleen' de taal gemoeid. Het hypogram waarop gevarieerd wordt, ligt besloten in de taal. Literaire intertekstualiteit is aan de orde, wanneer de hypogrammatische derivatie zich bedient van hypogrammen die besloten liggen in literatuur. Deze literaire hypogrammen zijn interpretanten in de boven omschreven zin van het woord. Zij zijn de andere tekens

---

[78] Umberto Eco, *A Theory of Semiotics*. Indiana University Press Bloomington & London 1979, p. 15 (1976¹).
[79] Riffaterre, *Semiotics of Poetry. cit.*, p. 1.
[80] ibidem, p. 141.

die afkomstig zijn uit een intertekst die op basis van gegevens van analyse en gegevens van literair-historische aard bij de tekst betrokken dient te worden; de andere tekens die de eerdere tekens uit de tekst die object van onderzoek is, helpen verklaren[81].

Het is moeilijk om van interpretanten die van direct belang voor de interpretatie van een gedicht zijn, sprekende voorbeelden te geven zonder onmiddellijk te belanden in een uitweiding over de intertekst waaruit zij afkomstig zijn. Dat die uitweiding noodzakelijk is, een kwestie waarop ik zodadelijk in zal gaan, mag afgeleid worden uit het feit, dat Riffaterre met nadruk spreekt over het rijke betekenispotentieel van tekens uit de intertekst (zie p. 25).

In de bundelafdeling 'apocrief' komt een reeks van drie genummerde gedichten voor, die verzameld zijn onder de titel *romeinse elehymnen* (vg 30-32). Van het opmerkelijke neologisme uit deze titel, dat op een lyrisch genre duidt en is samengesteld uit de twee termen *elegie* en *hymne*, mag aangenomen worden, dat het naar Hölderlin verwijst, in het bijzonder naar diens late werk, dat in hoofdzaak uit de twee genres van elegie en hymne is samengesteld. Met het neologisme *elehymne* van Lucebert is een voorbeeld van intertekstualiteit gemoeid, dat al vroeg door de dichter zelf in een interview is geëxpliciteerd (zie p. 31). Hiernaast kan een voorbeeld van intertekstualiteit geplaatst worden dat duidt op een mystieke intertekst. Van de secundaire semantische equivalentie *naam - lichaam* (zie p. 24) uit 'de schoonheid van een meisje' (vg 46) mag vermoed worden, dat deze berust op een kabalistische interpretant, op een bepaalde gelijkstelling van naam en lichaam in de traditie van de Joodse mystiek (zie p. 121).

De toegang tot hermetische poëzie wordt door problemen op twee verschillende niveaus bemoeilijkt. Niet alleen de formele analyse van een gedicht brengt meer dan eens grote problemen met zich mee, maar ook de intertekstuele analyse. Het vaststellen van de intertekst is een probleem op zichzelf. Toch is daarmee het werk nog maar 'half' gedaan. Riffaterre stelt dat de tekens uit de intertekst in het nieuwe systeem van de tekst optreden "with or without conversion" (zie p. 25). Interpretanten laten zich van hun oude vertrouwde òf van een nieuwe en onvermoede kant zien. Ze zijn al dan niet door verandering in welke zin dan ook of sterker nog door omkering aangeraakt en kunnen zich laten kennen als tekens die op hun kop zijn gezet. De kernvraag waar het bij intertekstuele analyse uiteindelijk om gaat, is de vraag wat een dichter met de intertekst heeft gedaan, aan welke bewerking of manipulatie de interpretanten uit de intertekst zijn onderworpen.

Een interpretant kan als een moker een bres in de muur van een hermetisch gedicht slaan, maar altijd herstelt het voeg- en metselwerk zich ook weer. De omweg door de intertekst berooft de tekst niet van zijn autonomie. Dit lijkt mij in overeenstemming met Rifaterre's indicatie dat interpretanten, met de uitermate belangrijke kanttekening dat zij al dan niet 'veranderd' zijn, in het nieuwe systeem van de tekst worden geïntegreerd. Het is ook in overeenstemming met het feit, dat Riffaterre ondanks zijn insisteren op de noodzaak van de omweg door de intertekst, vasthoudt aan de eenheid van het gedicht, aan de opvatting van het gedicht als gesloten entiteit.

---

[81] Zie voor de positie van Riffaterre als voorstander van een gemotiveerde of 'noodzakelijke' intertekstualiteit: F.J.M. de Feijter, 'Over Michael Riffaterre «Semiotics of Poetry»', in: *Spektator* jg.17 (1987-1988) nr.1, p. 51-59.

Riffaterre trekt de uiterste consequentie uit de inzichten van Jakobson en Lotman, wanneer hij de notie van een 'verbal detour' ook op het gedicht zelf betrekt en dit opvat als een paradigma. Meer dan eens spreekt hij over een gedicht als een paradigma. De werking van de projectie van equivalentie van de selectie-as op de combinatie-as is zo sterk, dat een gedicht opgevat kan worden als een reeks van door similariteit verbonden eenheden of gedichtelementen, zodat gesproken kan worden van een paradigma. Op het eerste gezicht is deze rigoureuze terminologie mogelijk bevreemdend, maar toch bereikt Riffaterre er in de praktijk van analyse verrassende resultaten mee, bijvoorbeeld wanneer hij met betrekking tot 'Fêtes de la faim' van Rimbaud opmerkt, dat het hele paradigma van 'oneetbare zaken' in dit gedicht aanwezig is, terwijl in normaal taalgebruik de keuze voor één van de elementen uit het paradigma de overige zou uitsluiten[82]. Aan het corpus kan een voorbeeld ontleend worden, dat zo mogelijk nog sprekender is. Het gaat om het gedicht waarmee Lucebert zijn bundel opent, het beroemde 'sonnet' (vg 13):

ik
mij
ik
mij

mij
ik
mij
ik

ik
ik
mijn

mijn
mijn
ik

Hier is, zoals Riffaterre zou zeggen, het hele paradigma aanwezig. Het gedicht bestaat uit de complete lijst van persoonlijke en bezittelijke voornaamwoorden van de eerste persoon enkelvoud, zodat het zelf tot een paradigma wordt.

---

[82] Riffaterre, *Semiotics of Poetry. cit.*, p. 78.

De intertekst die hier op het vroege werk van Lucebert wordt betrokken, bestaat uit een literaire en een mystiek-filosofische component. De literaire component wordt gevuld door Hölderlin. Hierin is ook een plaats voor Rilke ingeruimd, maar Hölderlin staat centraal. De mystieke intertekst wordt gevuld door de Kabala[83], de mystiek van de Joodse religie. Er kunnen zes gedichten in het corpus aangewezen worden, die direct aanleiding geven tot onderzoek van deze twee interteksten. Ik laat eerst de teksten die naar Hölderlin verwijzen de revue passeren, dan die welke duiden op de Joodse mystiek.

Het blijk van waardering voor vakgenoten is voor Lucebert zo vanzelfsprekend, dat het tot een inhoud van zijn poëzie wordt[84]. In 'het proefondervindelijk gedicht' noemt Lucebert de namen van Hölderlin en Arp (vg 432):

mijn gedichten zijn gevormd
door mijn gehoor
en door de bewondering voor
en de verwantschap met
friedrich hölderlin* & hans arp*

De sterretjes verwijzen naar een voetnoot onderaan de pagina (zie p. 327).

In een tweede tekst uit de oudste ongebundelde gedichten komen de volgende regels voor (vg 419-420):

Boos als bij Bordeaux waar
de muren spraakloos staan (...)

De laatste is een vertaling van anderhalf vers uit de tweede strofe van Hölderlins beroemde gedicht 'Hälfte des Lebens', dat ik hier, mede met het oog op het vervolg (zie p. 176 en 353), in zijn geheel citeer:

Mit gelben Birnen hänget
Und voll mit wilden Rosen
Das Land in den See,
Ihr holden Schwäne,
Und trunken von Küssen
Tunkt ihr das Haupt
Ins heilignüchterne Wasser.

---

[83] Hier valt voor het eerst het woord dat ik in de rest van dit boek frequent zal gebruiken. Het heeft drie korte klinkers, zoals in de Nederlandse woorden *kam* en *kaf*, en de klemtoon ligt op de laatste lettergreep. In het Nederlands en in de moderne vreemde talen bestaat een variëteit van spellingen. Zie de Lijst met namen van de sefirot en verantwoording van de transcriptie van het Hebreeuws.
[84] Op grond van het feit, dat hij 'zich bewust is van de vele invloeden die hij heeft ondergaan', en aan 'een hele stoet eigentijdse en vroegere kunstenaars een plaats in zijn gedichten geeft', is Lucebert treffend gekarakteriseerd als "een bijzonder sociaal dichter". Zie hiervoor: H.U. Jessurun d'Oliveira, 'Lucebert: Nimrod en prikkebeen', in: Kees Fens, H.U. Jessurun d'Oliveira en J.J. Oversteegen (red.), *Literair Lustrum 1. Een overzicht van vijf jaar Nederlandse literatuur 1961-1966*. Polak & Van Gennep Amsterdam 1967, p. 191.

> Weh mir, wo nehm' ich, wenn
> Es Winter ist, die Blumen, und wo
> Den Sonnenschein,
> Und Schatten der Erde?
> Die Mauern stehn
> Sprachlos und kalt, im Winde
> Klirren die Fahnen.[85]

Naast deze twee gedichten uit de afdeling 'ongebundelde gedichten 1949 - 1951' scharen zich twee gedichten uit de bundel die eveneens direct naar Hölderlin verwijzen. In 'er is ik en er is' is opnieuw vertaling aan de orde, zij het niet letterlijk. Hölderlin schrijft in 'Da ich ein Knabe war ...' *Ich verstand die Stille des Aethers / Der Menschen Worte verstand ich nie.*[86] Lucebert neemt de oppositie van een sprekende maar onverstaanbare mens versus een stille maar verstaanbare lucht over. Zijn gedicht eindigt met een strofe, die ten opzichte van de eerste strofe slechts één variant bevat, zodat onder meer de volgende twee regels, waarin hij Hölderlin vertaalt, herhaald voorkomen (vg 57):

> de lucht verstaat men
> maar de mens niet

In 'anders anders bekend maar herkend toen,' gebruikt Lucebert tweemaal de naam *diotima*. Verschillende gegevens uit de context maken het mogelijk om deze naam te interpreteren als verwijzing naar de vrouwelijke hoofdfiguur van Hölderlins roman *Hyperion*. Ik wijs in het bijzonder op de lange regel die met de kracht van een spreuk de tweede strofe besluit *de dichter verdrijft men met spot van de akkers der aarde* (vg 16). Deze regel roept het lot van Hyperion voor de geest en verwijst naar het voor Hölderlins werk centrale thema van de functie van het dichterschap (zie p. 355).

Terwijl de gedichten die direct naar Hölderlin verwijzen, gelijkelijk over kern en periferie van het corpus zijn verdeeld, zijn de gedichten die rechtstreeks op de Kabala duiden, alleen in de afdeling 'ongebundelde gedichten 1949 - 1951' te vinden. In 'het proefondervindelijk gedicht' dragen niet alleen de namen van Hölderlin en Arp een sterretje dat naar een voetnoot verwijst, maar ook de naam van Dada. Bij het gedichtelement *dada*** (vg 432) uit de vierde en laatste strofe hoort de noot ***het tegenovergestelde van zimzoum (zie zohar)*. Met *zimzoum* gebruikt Lucebert een technische term die naar een bepaalde, dramatisch getinte opvatting van de emanatie van God uit de geschiedenis van de Joodse mystiek verwijst. Met *zohar* noemt hij de titel van het hoofdwerk van de Kabala, de aan het eind van de dertiende eeuw geschreven *Zohar*.

Bij deze onmiskenbare verwijzingen naar de kabalistiek voegt zich het gedichtelement *sephiroth* uit 'as alles' (vg 429). Hiermee gebruikt Lucebert dé terminus technicus van de Kabala, het meervoud *sefirot* van het begrip 'sefira', dat de kern vormt

---

[85] Friedrich Hölderlin, *Sämtliche Werke*. Große Stuttgarter Ausgabe. Herausgegeben von Friedrich Beißner und Adolf Beck. 8 Bände. Kohlhammer Stuttgart 1943-1985, Band 2, p. 117. Hierna zal Hölderlin naar deel en pagina van deze uitgave, aangehaald als *StA*, worden geciteerd.
[86] *StA* 1, 267.

van de uitgebreide leer van emanatie en schepping, die de Kabala in de loop van eeuwen op het fundament van de tekst van de Bijbel heeft opgebouwd.

Tenslotte wijs ik op het gedicht 'een wijze vrouw beleerde een wijsgeer', waarin de regel *zij opent haar kabbelend boek* (vg 413) voorkomt. Van deze regel kan het woord *kabbelend* geïnterpreteerd worden als allusie aan de Kabala.

Luceberts expliciete verwoording van bewondering voor Hölderlin en Arp in 'het proefondervindelijk gedicht' wordt ondersteund door uitspraken die hij buiten zijn poëzie om heeft gedaan. Wanneer d'Oliveira hem in 1959 vraagt door wie hij beïnvloed denkt te zijn, antwoordt Lucebert als volgt:

> In *Apocrief*, mijn eerste bundel, heb ik dit al aangegeven, Arp om zijn metamorfose-gedachte, en Hölderlin om dat wat zowel Rilke als Trakl in hem vonden. Niet eens zozeer door het werk geïsoleerd als wel door het hele poëzieklimaat. Als jongetje van 14, 15, 16 las ik enorm veel duits, de klassicisten voorop, waartoe Hölderlin ook net nog behoort. Zie weer de *Romeinse elehymnen*.[87]

Deze uitspraak is van essentieel belang, omdat zij specifiek aan het historisch debuut gerelateerd is. Hölderlin en Arp worden op één lijn gesteld, zoals in 'het proefondervindelijk gedicht'. Nieuw zijn de namen van Rilke en Trakl, wier werk als een soort kijker op het werk van Hölderlin wordt gepresenteerd.

Indien de tweede regel van 'bed in mijn hand', *bed in mijn oor* (vg 50-52), als vertaling van de tweede helft van een regel uit de *Sonette an Orpheus* wordt opgevat, *und machte sich ein Bett in meinem Ohr*[88], en indien aan de uitzonderlijke lexicale equivalentie van de regel uit 'ik tracht op poëtische wijze' *de stenen stenen dieren dieren vogels vogels weg* de waarde van een allusie aan Rilke's Orpheus wordt gehecht, geldt ook voor Luceberts waardering voor Rilke, dat deze zowel in als buiten zijn poëzie is verwoord, ook al is dat niet even expliciet als in het geval van Hölderlin gebeurd. Opvallend is de motivering die Lucebert voor Arp geeft. Naar mijn mening kan de met betrekking tot Arp genoemde 'metamorfose-gedachte' verbonden worden met Rilke's concept van 'Verwandlung'.

De esthetica van Arp richt zich op de overwinning van de tegenstelling tussen natuur en kunst. Kunstwerken moeten zo gemaakt zijn, dat zij zich als het ware verliezen in de natuur[89]. Voor Rilke's poetica is een paradoxale vorm van *verdwijnen* van groot belang, een werkwoord dat door Lucebert wordt gebruikt in het

---

[87] Jessurun d'Oliveira, *Scheppen riep hij gaat van Au. cit.*, p. 42.
[88] Rainer Maria Rilke, *Sämtliche Werke*. Herausgeben vom Rilke-Archiv in Verbindung mit Ruth Sieber-Rilke. Besorgt durch Ernst Zinn. 6 Bände. Insel Verlag Frankfurt am Main 1955-1966, Bd I, p. 731. Hierna wordt geciteerd naar deel en pagina van deze editie, die aangehaald wordt als *SW*.
[89] Hans Arp, *Unsern Täglichen Traum... Erinnerungen, Dichtungen und Betrachtungen aus den Jahren 1914-1954*. Die Arche Zürich 1955, p. 84.

openingsgedicht van de bundelafdeling 'de analphabetische naam'[90]. De poetica van Rilke cirkelt om de tegenstelling van het zichtbare versus het onzichtbare. Hij wijst in de *Duineser Elegien* de taal aan als het medium, waarmee 'Verwandlung' voltrokken kan worden. De mens dient de aardse zaken te zeggen, ze hierdoor van 'zichtbaar' in 'onzichtbaar' te veranderen, om ze aldus aan de tegenstellingen van aarde en hemel, vergankelijkheid en eeuwigheid of dood en leven te onttrekken. Het Verwandlungsconcept[91] mag aangemerkt worden als de kern van Rilke's poetica, die ook voor Lucebert van groot belang is (zie p. 343), maar toch de hiërarchie zoals die door Lucebert tussen Hölderlin en Rilke is aangebracht, niet wegneemt.

In een interview dat van een paar jaar eerder dateert, heeft Lucebert al vrijwel dezelfde reeks van namen genoemd als in 1959. In een interview uit 1953 met Manuel van Loggem spreekt Lucebert over de verhouding tot de traditie en relativeert hij de vernieuwing van Vijftig:

> deze vormen die men modernistisch of experimenteel noemt, (zijn) helemaal niet nieuw. In de Bijbel, in de profetieën van Exechiël komt bv. een dergelijke vergelijking voor: 'hun knieën zullen wegvloeien als water' en met de aard van deze dichtkunst voel ik me verwant. Persoonlijk heb ik de invloed ondergaan van Hölderlin, de late Rilke en Trakl.[92]

Naast de verwijzing naar de Bijbel vallen hier dus dezelfde namen van Hölderlin, Rilke en Trakl. Er is geen sprake van een zekere ordening van de dichters onderling, hoewel Hölderlin wel als eerste wordt genoemd, en verder ontbreekt de naam van Arp.

De uitsluiting van Arp uit de intertekst is problematisch, omdat Arp mét Hölderlin in 'het proefondervindelijk gedicht' voorkomt. Ik kan mij echter niet aan de indruk onttrekken dat Arp voor Lucebert primair als dubbelkunstenaar van belang is geweest, en niet primair als dichter. De uitspraak in het interview uit 1959 laat zich ook interpreteren als een uitspraak die de kunstenaar Arp plaatst tegenover de dichter Hölderlin. Lucebert heeft aan de verbinding van Hölderlin en Arp in zijn gedicht ook een uitzonderlijke vorm gegeven. In het &-teken tussen hun beider namen, waarop al vroeg door Gerrit Borgers de aandacht is gevestigd[93], laat zich ook de eigenzinnige vormgeving van de traditie lezen, de samenstelling of schepping van een eigen traditie. Slechts bij wijze van hypothese wijs ik op een mogelijk grammaticale basis voor het door Lucebert gelegde verband. Ik acht het niet onmogelijk dat Luceberts appreciatie

---

[90] Het gedicht 'de schoonheid van een meisje' (vg 46), de vindplaats voor de creatie *de analphabetische naam*, die aan de bundelafdeling haar titel heeft gegeven.
[91] Rilke schrijft in de *Sonette an Orpheus* (SW I, 758): "Wolle die Wandlung. O sei für die Flamme begeistert, / drin sich ein Ding dir entzieht, das mit Verwandlungen prunkt".
[92] Geciteerd naar: Fokkema, *Het Komplot der Vijftigers. cit.*, p. 107-108.
[93] In een recensie d.d. 4 april 1953: "het &-teken dunkt mij toch ook wel meer dan alleen maar een grapje. Hölderlins 'Wahnsinn', zijn romantisch classicisme ('De dichters verdrijft men met spot van de akkers der aarde', *Apocrief*) wordt als het ware vastgehaakt, verlengd aan Arps magie van het simpele woord, de 'Unsinn', die tot 'Ursinn' wordt gemaakt, Dada. Daar ergens tussenin ligt Luceberts klimaat, vermoed ik." Geciteerd naar: Fokkema, *Het Komplot der Vijftigers. cit.*, p. 107.

van Hölderlins grammatica[94], hem de nauwe, door dat merkwaardige &-teken uitgedrukte, relatie heeft ingegeven tussen Hölderlin als de dichter van een poëzie waarin nevenschikking allengs belangrijker is geworden (zie p. 316), en Arp als de dichter van een poëzie waarin nevenschikking overheerst. Mogelijk wordt de uitsluiting van Arp uit de intertekst nog enigszins verzacht door de spectaculaire editiegeschiedenis van het gedicht 'arp' (vg 68), die recent door Aldert Walrecht aan de orde is gesteld. 'Arp' is het eerste van de reeks van zeven kunstenaarsgedichten uit de bundelafdeling 'de getekende naam'. Walrecht heeft ontdekt, dat het geen oorspronkelijk gedicht van Lucebert is, maar een vertaling van een gedicht van Arp[95].

Hoewel aan een interview uit het midden van de jaren tachtig niet dezelfde heuristische waarde mag worden toegekend als aan een vroeg interview uit de jaren vijftig, wil ik toch de dichter over Hölderlin en Rilke in 1985 laten horen. In het interview met Roggeman geeft Lucebert zeer veel verdergaand inhoud aan zijn al zo vroeg beleden bewondering. Hij stelt dat zijn eigen benadrukking van het lichamelijke zich laat vergelijken met Rilke's poging om het ding te redden. Nadat hij met betrekking tot Rilke heeft gewezen op het 'dinghaft' maken of de 'Verdinglichung' van diens poëzie, creëert hij in het thema religie het aanknopingspunt om vervolgens ook Hölderlin aan de orde te stellen:

> Zo zegt Rilke: "Wagt zu sagen, was Ihr Apfel nennt" en "tanzt den Geschmack der erfahrenen Frucht!" Vandaar zijn grote bewondering voor Rodin, maar nog meer voor Cézanne. Want hij zei: "Cézanne heeft de appel gered door zo te schilderen". Zulke denkbeelden vind je ook terug in mijn poëzie, in een wat andere toonzetting. Er zijn wel meer overeenkomsten. Ook mijn preoccupatie met het christendom en de heidense wereld. Daar klinkt ook navolging van Hölderlin. Het meergodendom. Christus als laatste der Olympiërs maar ook het afwijzen van zijn middelaarschap.[96]

Wat de mystieke component van de intertekst betreft moet erop gewezen worden, dat er in verband met Lucebert niet alleen aan kabalistiek gedacht kan worden, maar ook aan taoïsme. Ad Zuiderent heeft erop gewezen dat de titel van één van de ongebundelde gedichten uit de periode 1949 tot 1951 *woe wei* (vg 411-12) een taoïstische term is,

---

[94] Kousbroek heeft in een artikel uit 1969 geponeerd, dat 'vooral wat de zinskonstrukties betreft, Hölderlin de sleutel is tot bijna alle poëzie van Lucebert uit de beginperiode'. Geciteerd naar: Ad Zuiderent, 'Lucebert in het Duits', in: *Spektator* jg.5 (1975-1976) nr.2 (sept.), p. 87.

[95] 'Arp' is voor het eerst gepubliceerd in *Braak* in juni 1950 en is in het Duits vertaald door Ludwig Kunz. Deze vertaling is voor het eerst verschenen in 1960, in de catalogus bij een tentoonstelling van Lucebert in galerie Der Spiegel in Keulen. Zie hiervoor: *apparaat* (vg 606-607). Walrecht ontdekte dat het gedicht in *Braak* verschenen is zonder vermelding van het feit dat het een vertaling betrof. In 1986 publiceert Mark van Duijn in een artikel over Arp zíjn vertaling van hetzelfde, zesendertig jaar eerder door Lucebert vertaalde gedicht. In het artikel van Walrecht worden de twee Nederlandse vertalingen, het Duitse origineel en de Duitse vertaling naar het Nederlands van Lucebert naast elkaar gezet. Zie hiervoor: Aldert Walrecht, 'Lucebert en Hans Arp', in: *Mededelingen. Bulletin van de Vereniging van Vrienden van het Frans Halsmuseum*, nr.8 (augustus 1991), zonder paginering (p. 3-6).

[96] Roggeman, *Beroepsgeheim. cit.*, p. 122.

die hij overigens vervolgens met het kabalistische *zimzoum* uit de voetnoot onder 'het proefondervindelijk gedicht' (vg 432) in verband brengt[97]. Omdat Lilith haar sporen heeft nagelaten in 'woe wei' (zie p. 234 en 284), neig ik tot de conclusie dat de kabalistische intertekst overweegt in dit gedicht[98].

Tot slot wil ik met nadruk stellen dat ik niet op volledigheid kan bogen, en dat Arp, Trakl en het taoïsme niet van belang voor het vroege werk van Lucebert uitgesloten kunnen worden. Twee belangrijke onderzoeksresultaten hebben mij de gelegenheid geboden om de grenzen van de intertekst te trekken in de boven beschreven zin. Hoe complex Luceberts verhouding tot de Joodse mystiek ook geweest is - zijn receptie van de Kabala beweegt zich tussen de extremen van exploitatie en verwerping -, hij heeft zijn poetica opgebouwd uit kernbegrippen van de Kabala, en heeft voorts in deze uit kabalistische bouwstenen opgetrokken poetica Hölderlin geïntegreerd. Deze beide conclusies hebben mij in staat gesteld het intertekstueel onderzoek op Hölderlin en de Kabala toe te spitsen en de aandacht in laatste instantie te richten op het hoe en waarom van de verbinding tussen Joodse mystiek en Hölderlin.

Een belangrijke indicatie voor een verband tussen beide interteksten wordt geboden door 'het proefondervindelijk gedicht'. De lijst van zes gedichten die de aanleiding tot het intertekstueel onderzoek hebben gevormd, wordt in de ware zin van het woord aangevoerd door 'het proefondervindelijk gedicht'. Dit gedicht staat namelijk zowel bovenaan de lijst van gedichten die op Hölderlin duiden, als bovenaan de lijst van gedichten die in de richting van de Kabala wijzen. In 'het proefondervindelijk gedicht' vallen de namen van *Hölderlin* en *Zohar*. Deze tekst bevat dus de combinatie van Hölderlin en Joodse mystiek in zich. Bij nader toezien blijkt voor 'er is ik en er is' (vg 57) hetzelfde te gelden. Terwijl voor de equivalentie *talloos - taalloos* een kabalistische interpretant aangewezen kan worden, is Hölderlin aanwezig door een citaat (zie p. 30). Deze visie op beide gedichten, die ondubbelzinnig als poeticale gedichten gekwalificeerd kunnen worden, is in het licht van mijn doelstelling onthullend. Kennelijk vertonen twee poeticale gedichten uit het corpus een verband tussen Joodse mystiek en Hölderlin, wat met het oog op het blootleggen van de wortels van de poetica van Lucebert in hoge mate significant is.

§3   eerdere aanzetten tot onderzoek in de richting van mystiek

In deze paragraaf is het werk aan de orde van die auteurs, die eerder hebben geponeerd dat mystiek van belang zou kunnen zijn voor de interpretatie van poëzie van Lucebert.

---

[97] Ad Zuiderent, 'Boekbeoordeling van C.W. van de Watering «Met de ogen dicht»', in: *Tijdschrift voor Nederlandse Taal- en Letterkunde* jg.98 (1982) nr.1, p. 72.
[98] Ook met betrekking tot 'visser van ma yuan' (vg 205), het beroemde laatste gedicht van de bundel *van de afgrond en de luchtmens* (1953), is op taoïsme gewezen. Zie hiervoor: Erik van Ruysbeek, 'Van Ostaijen-Lucebert en de metafysika', in: *Nieuw Vlaams Tijdschrift* jg.32 (1979) nr.2 (febr.), p. 176.

Terwijl Walrecht en Van de Watering deze stelling poneren met betrekking tot gedichten van Lucebert die ook tot mijn corpus behoren, wijst Rodenko in de richting van mystiek met betrekking tot de poëzie van Vijftig en de moderne poëzie in het algemeen. Cornets de Groot, die eigenlijk ook onder de noemer van onderzoekers in de richting van mystiek zou passen, concludeert tot het belang van de figuur van Lilith voor het werk van Lucebert. Hiermee levert hij een zo gespecialiseerd resultaat van onderzoek, dat aan zijn bijdrage aan het onderzoek van Lucebert beter in een later stadium recht gedaan kan worden (zie p. 226).

1 Walrecht over 'as alles'

In een artikel uit 1969 plaatst Aldert Walrecht het titelloze gedicht met de beginregel *as alles* in kabalistische context[99]. De waarde van dit vroege signalement van een verband tussen het werk van Lucebert en de Joodse mystiek, kan niet genoeg benadrukt worden. Lucebert reageerde er destijds op met een bijzondere versie van het gedicht. Op de vraag van Walrecht om een handschrift van de tekst[100], kwam het antwoord van een versie als tekening-gedicht, die eerst het artikel van Walrecht sierde en later in de *verzamelde gedichten* werd opgenomen[101].

Walrecht bespreekt twee belangrijke semantische equivalenties die het geheel van het gedicht structureren. Hij wijst op de equivalentie van *as* en *melasse* als reststoffen. Zoals as de reststof van vuur is, zo is melasse de stof die overblijft na de winning van suiker. Verder signaleert hij de tegenstelling tussen 'bitter' en 'zoet', die is verweven met een omvangrijke reeks van eigennamen.

De isotopie van eigennamen is het opvallendste formele kenmerk van het gedicht. Eén van de in totaal vijftien regels bestaat louter uit namen, en in het gedicht als geheel komt dertien maal een eigennaam voor 4 *mara - moab* - 5 *kaïn - naphtali - barrabas - rothschild - reich* - 6 *noömi - mara* - 12 *mara - moab* - 13 *noömi - mara*. 'As alles' zou opgevat kunnen worden als een namenlijst, in het bijzonder als een lijst van in hoofdzaak bijbelse namen. Een fragment van deze isotopie wil ik iets nader toelichten.

Het gaat om de twee prachtig allitererende regels die naast de bijbelse eigennamen een vreemde taal in het gedicht introduceren. Deze regels komen zowel in de eerste als in de tweede strofe van het gedicht voor (vg 429):

 mara made in moab
 noömi made in mara

De regels zijn bijna volledig equivalent. Alleen de namen *moab* en *noömi* zijn verschillend, en de naam *mara* verandert in de tweede regel van positie.

---

[99] Aldert Walrecht, 'Ruimtevrees', in: *Raam* 53 (1969), p. 3-20.
[100] ibidem, p. 20.
[101] *apparaat* (vg 748).

Achter deze verregaande equivalentie verbergt zich de identiteit van één en dezelfde persoon. De twee naamregels vatten de geschiedenis van Noömi samen. Noömi of Naomi is de schoonmoeder van Ruth. Naomi komt uit Juda, Ruth uit Moab. De schoondochter Ruth wordt in de Bijbel als "de Moabietische" aangeduid. Nadat Naomi in den vreemde, in Moab, haar man en haar twee zonen heeft verloren, keert zij terug naar haar vaderland. Hierbij wijzigt zij haar naam (Ruth 1:20): "Noemt mij niet Naomi: noemt mij Mara, want de Almachtige heeft mij groote bitterheid aangedaan." De regel *mara made in moab* verwijst dus naar het eerste deel van de geschiedenis van Naomi. Door de gebeurtenissen in Moab werd Naomi, 'de lieflijke', tot Mara, 'de bittere', gemaakt. De regel *noömi made in mara* zinspeelt op het vervolg. Ruth vergezelt haar schoonmoeder naar Bethlehem en trouwt daar met Boaz. Uit dit huwelijk wordt een kind geboren, dat voor Naomi (Ruth 4:15) "tot eenen verkwikker der ziel" is, zodat ze haar oude naam herwint. Zoon van Ruth en Boaz is Obed, de vader van Isaï of Jesse, wiens oude stam generaties later met de geboorte van Jezus zal opbloeien.

De tegenstelling tussen 'bitter' en 'zoet' ligt dus besloten in de geschiedenis van Naomi en wordt in het gedicht gedragen door zowel *mara - noömi* als *mara - melasse*. Het gedichtelement *sephiroth* geeft Walrecht aanleiding tot een uiteenzetting over de Kabala. Zoals de naamregels over Naomi het bijbelboek Ruth van belang maken, zo brengt deze kabalistische uitweiding Walrecht ertoe, de poëzie van Lucebert in de bredere context van de Bijbel te plaatsen. Niet alleen Ruth, maar ook de bijbelboeken Genesis, Exodus en Jesaja worden door de auteur in de bespreking van het gedicht betrokken. Als de belangrijkste resultaten van zijn analyse noem ik de interpretatie van de *maten van de metaphoon* als "de maten van de Stem die achter alles klinkt, de maten van God"[102], en die van de *meethand* als "de (meet)hand des Heren, Gods scheppingshand"[103]. Met deze beide interpretaties, die mijns inziens bewijzen hoe vruchtbaar plaatsing van de poëzie van Lucebert in bijbelse, en specifieker, kabalistische context is, kan ik volledig instemmen. Voor mijn instemming met de interpretatie van de *metaphoon* moet ik naar de bespreking van 'meditatie op een mond vol builenbal' (vg 415) en het laatste hoofdstuk van dit boek verwijzen (zie p. 364). Over de *meethand* wil ik hier al iets naders zeggen.

Voor de zinspeling op Jezus die met de samenvatting van de geschiedenis van Naomi in het gedicht gegeven is, verwijst Walrecht naar woorden van de profeet Jesaja (Jes. 11:1): "Want daar zal een rijsje voortkomen uit den afgehouwen tronk van Isaï, en eene scheut uit zijne wortelen zal vrucht voortbrengen." Indien hij enkele tientallen hoofdstukken verder in Jesaja had gezocht, had hij de kabalistische interpretant van de *meethand* gevonden.

In het veertigste hoofdstuk van Jesaja wordt de scheppende hand van God beschreven als een vuist of hand die de schepping de maat neemt (Jes. 40:12): "Wie heeft de wateren met zijne vuist gemeten en van de hemelen met de span de maat genomen?". Ik duid deze woorden uit Jesaja aan als een kabalistische interpretant voor Luceberts *meethand*, omdat het hele veertigste hoofdstuk van de profeet Jesaja behoort tot die selectie van teksten uit de Bijbel, die de kabalistiek tot haar fundament heeft gemaakt. Kabalistiek is bij uitstek exegese (zie p. 58) en Jesaja 40 is een tekst die

---

[102] Walrecht, *Ruimtevrees. cit.*, p. 16.
[103] ibidem, p. 10.

in de *Zohar* aan uitvoerige exegese onderworpen wordt en op basis waarvan verschillende belangrijke onderdelen van het gebouw van de sefirot-leer worden opgetrokken. Ter interpretatie van de poëzie van Lucebert zal nog verschillende malen een beroep worden gedaan op kabalistische interpretanten die stoelen op dit hoofdstuk uit Jesaja.

2 Van de Watering over 'ik ben met de man en de macht'

De dissertatie van C.W. van de Watering uit 1979[104] is het eerste, meer uitgebreide onderzoek naar de poëzie van Lucebert. Het boek behandelt vijf gedichten, alle afkomstig uit de bundelafdeling 'de analphabetische naam'. Centraal staat het gedicht 'ik ben met de man en de macht', dat aan uitvoerige analyse onderworpen wordt. Het gaat om een gedicht van negen strofen, die in de analyse stap voor stap aan de orde worden gesteld. Hiernaast worden vier gedichten meer globaal besproken. Dit zijn 'de schoonheid van een meisje', 'ik tracht op poëtische wijze', 'wij zijn gezichten' en 'nu na twee volle ogen vlammen', de eerste vier gedichten van de bundelafdeling, die de auteur in hun onderlinge samenhang behandelt. De beide hoofdstukken die over de genoemde gedichten gaan, nemen het leeuwedeel van het boek in beslag. Ertussen schuift Van de Watering een hoofdstuk over literatuur en mystiek, waarin hij een aanzet geeft tot comparatistisch onderzoek met betrekking tot Lucebert.

Ik beperk mijn bespreking van Van de Waterings dissertatie tot de analyse van het centraal gestelde gedicht en het voorstel voor comparatistisch onderzoek. De belangrijkste bevindingen van Van de Watering met betrekking tot 'ik ben met de man en de macht' laten zich in twee hoofdpunten samenvatten. Ten eerste onderscheidt de auteur in de loop van zijn analyse drie aspecten aan het gedicht: "a. een specifieke psychosomatische ervaring; b. de eigen waarneming daarvan; c. de weergave, het vastleggen ervan"[105]. Van de Watering is van mening dat in het gedicht een bijzondere ervaring aan de orde is, die hij onder andere als overrompelend en overweldigend kwalificeert. Gegeven deze proporties van de ervaring, zijn de zintuiglijke instrumenten ter registratie daarvan, in het bijzonder oor en oog, zo nietig en gebrekkig, dat de conclusie wel moet luiden dat ervaring en waarneming reeds essentieel van elkaar verschillen. Wanneer er tussen deze beide aspecten al afstand bestaat, dan kan het niet anders of de discrepantie tussen ervaring en weergave moet nog veel groter zijn. Uit deze discrepantie leidt Van de Watering af, dat het hoofdthema van 'ik ben met de man en de macht' het echec van de poëtische uitdrukking is.

Ten tweede concludeert Van de Watering dat het gedicht gelezen moet worden in het kader van de mystiek. Deze conclusie wordt getrokken in de nabeschouwing bij de analyse, waar ook al de hypothese geformuleerd wordt, dat het poëtisch echec uiteindelijk samenvalt met het mystieke echec. De auteur zet uiteen hoe de verschillende

---

[104] C.W. van de Watering, *Met de ogen dicht. Een interpretatie van enkele gedichten van Lucebert als toegang tot diens poëzie en poetica*. Coutinho Muiderberg 1979.
[105] Van de Watering, *Met de ogen dicht. cit.*, p. 56.

brokstukken van analyse, die tot dan toe nog betrekkelijk los naast elkaar zijn blijven staan, coherentie verwerven in het kader van de mystiek, en concludeert dat "deze mystieke dimensie de eenheidsconstituerende factor in het gedicht is"[106].

In de loop van zijn uitgebreide analyse doet Van de Watering veel boeiende observaties, maar er zijn fundamentele bezwaren in te brengen tegen zijn werkwijze en de resultaten daarvan. De methode van 'close reading' leidt niet diep genoeg en het mystieke kader dat Van de Watering ter verklaring van de poëzie van Lucebert aanwijst, is niet specifiek genoeg.

De close reading die Van de Watering in de praktijk brengt, richt zich in hoofdzaak op de syntaxis. De auteur wijst tal van voorbeelden van syntactische ambiguïteit aan. Sommige hiervan worden niet alleen helder en overtuigend beschreven, maar ook op hun semantische implicaties doorgelicht. Andere doen vermoeden, dat de nadruk op de syntaxis ook een averechts effect kan hebben. Er zijn voorbeelden van syntactische ambiguïteit in Van de Waterings analyse die de indruk wekken dat de interpretator de dichter in ongrammaticaliteit heeft willen overtreffen[107]. Belangrijker is, dat het zware accent op de syntaxis veroorzaakt dat er te weinig aandacht overblijft voor fonologie en morfologie. Deze beide talige niveaus laat Van de Watering niet tot hun recht komen. Zowel op fonologisch als op morfologisch niveau vertoont het gedicht equivalenties, die het hunne bijdragen aan de secundaire semantiek. Deze formele elementen worden door Van de Watering of niet opgemerkt, of te licht bevonden. Dit laatste wil zeggen dat de auteur aan de equivalenties op fonologisch of morfologisch niveau die hij nog wel noteert, weinig waarde hecht. Een consequentie van deze benadering is, dat sommige vormkenmerken van het gedicht als 'een aardigheidje' of als 'sierwerk' worden afgedaan[108].

Het mystieke kader waarin Van de Watering de poëzie van Lucebert wil inbedden, is niet specifiek genoeg. In het intermezzo over literatuur en mystiek maakt Van de Watering een bepaalde constatering over het gebruik van de term 'mystiek' in literaire aangelegenheden tot zijn uitgangspunt. Hij merkt op dat de term frequent gebruikt

---

[106] ibidem, p. 76.

[107] Vooral een zeer gekunstelde ontleding van de vierde strofe wekt deze indruk; ibidem, p. 33-35.

[108] ibidem, p. 63. Hiermee neemt Van de Watering dezelfde positie in als Cornelis Verhoeven, wanneer deze het gedicht 'de zeer oude zingt:' (vg 439) bespreekt. Het is op zichzelf een verheugend feit dat een filosoof zijn licht wil laten schijnen over een gedicht. Maar een goed deel van deze interdisciplinaire vreugde wordt door de auteur in de kiem gesmoord, doordat hij meent te moeten stellen dat hij over "alliteratie en ander literair raffinement (niets kan zeggen), behalve dat het leuk is en dat weinige is gauw gezegd." Overigens moet hieraan toegevoegd worden, dat Verhoeven zich in de loop van zijn artikel niet al te strict aan zijn uitgangspositie blijkt te houden -hij stelt bijvoorbeeld de strofenbouw en het rijm van het gedicht aan de orde-, en dat hij wellicht zo scherp is uitgevallen, omdat hij zich boos maakt over het feit dat aan Heidegger duisterheid wordt verweten, terwijl Lucebert zich deze mag veroorloven: "Er zouden teksten van Heidegger te citeren zijn die, vergeleken bij dit gedicht, parels van helderheid zijn, en waarvan toch hilarisch en hautain wordt geconstateerd dat ze puur gezoem en woordenbrij zijn." Zie hiervoor: Cornelis Verhoeven, 'Wat zong de oude? Bij een gedicht van Lucebert', in: idem, *Een velijnen blad. Essays over aandacht en achterdocht.* Ambo Baarn 1989, p. 24 en 25.

wordt, maar over het algemeen zonder duidelijk omschreven inhoud. Aan deze onbevredigende situatie zou een einde gemaakt kunnen worden door de term 'mystiek' te herijken. Bij deze nieuwe begripsbepaling zou algemeenheid nagestreefd moeten worden. Van de Watering stelt met nadruk, dat het nieuwe begrip 'mystiek' zowel de mystiek van de verschillende religies, als de verschillende vormen van a-religieuze mystiek zou moeten behelzen. Indien de onderzoeker daarnaast zou kunnen beschikken over een lexicon waarin het taaleigen van de mystiek was vastgelegd, dan zou er bij de kwalificatie van bepaalde literatuur als 'mystieke literatuur' beschikt kunnen worden over een objectieve maatstaf.

Zolang een dergelijk lexicon nog een desideratum is, moet de auteur zich behelpen met "zelfgevonden parallelplaatsen uit erkend mystieke auteurs"[109]. Als het belangrijkste bezwaar tegen dit beroep op mystieke auteurs ziet Van de Watering het feit dat Lucebert hierdoor geassocieerd zou kunnen worden met auteurs met wie hij, althans naar de mening van Van de Watering, eigenlijk niet geassocieerd zou horen te worden.

Naar mijn mening rijst hier een aantal problemen. Ten eerste is het de vraag, wat er gewonnen zou zijn met de kwalificatie van bijvoorbeeld de poëzie van Lucebert als 'mystieke literatuur' op grond van een herijkt begrip 'mystiek' zoals door Van de Watering bedoeld. Ten tweede is het de vraag, hoe een lexicon dat als een super-uittreksel van 'de mystiek' opgebouwd zou moeten worden, recht zou kunnen doen aan een specifieke mystiek. Het lijkt mij dat voorts de vraag gesteld kan worden, of een autonome opvatting van mystiek, waarvan Van de Watering een voorstander lijkt te zijn, eigenlijk wel mogelijk is. Zelfs indien er in het concrete geval van een bepaald dichterschap sprake zou zijn van inspiratie door a-religieuze mystiek, dan nog kan de band van dit type mystiek met religieuze mystiek misschien niet zomaar verbroken worden. Hierna zal in ieder geval blijken, dat iemand als Rodenko noch de reden, noch de mogelijkheid ziet om de band tussen a-religieuze en religieuze mystiek te verbreken (zie p. 44).

Overigens geeft ook Van de Watering er indirect blijk van dat de band tussen mystiek en religie verre van gemakkelijk door te snijden is. Zo althans begrijp ik zijn merkwaardige verzet tegen de associatie van Lucebert met Hadewijch en Ruusbroec, waarbij vooral Hadewijch het moet ontgelden. Hoewel de vergelijking met Hadewijch toch moeilijk als nadelig voor een dichter uitgelegd kan worden, acht Van de Watering het bij zijn herhaalde beroep op (literatuur over) Hadewijch en Ruusbroec steeds opnieuw noodzakelijk expliciet te stellen, dat hij deze relatie eigenlijk 'zonder het te willen' en slechts 'bij gebrek aan beter' legt[110]. Hij geeft met dit verzet te kennen, dat mystiek hecht met religie verbonden is. Van de Watering wil Lucebert eigenlijk niet met bijvoorbeeld Hadewijch in verband brengen, omdat dit verband onontkoombaar inhoudt dat hij Lucebert met religie in verband zou brengen.

Uit deze bezwaren tegen Van de Waterings werkwijze, vloeien bezwaren tegen zijn resultaten voort. De basis van de echec-interpretatie is wankel. De notie van 'onmacht' wordt in de analyse geïntroduceerd aan de hand van het hypogram "in den blinde". Dit hypogram is mijns inziens onvoldoende gemotiveerd, zodat het fundament

---

[109] ibidem, p. 89.
[110] ibidem, p. 89-90, 121, 124 en 148 noot 47.

van de echec-interpretatie wordt aangetast.

Na de voortreffelijke analyse van de openingsregel van het gedicht, waarin Van de Watering laat zien dat er betekenis geschapen wordt door de spanning tussen de dichtregel *ik ben met de man en de macht* enerzijds en het hypogram van de zegswijze "met man en macht" anderzijds[111], neemt Van de Watering ook een hypogram aan voor het vervolg. Hij bespeurt achter de woorden *in de blinde muur / met de ogen dicht* het hypogram "in den blinde".

De lezer van Lucebert dient inderdaad voortdurend bedacht te zijn op zegswijzen en spreekwoorden, die soms zeer diep in de gedichten verborgen zijn. Elders omschrijft Lucebert de dichter als *dief van de volksmond*[112]. Voor een hypogram "in den blinde" is echter onvoldoende reden. Het grootste probleem bij "in den blinde" is de onmiddellijke nabijheid van "met man en macht". Omdat het tweede hypogram verbleekt naast het eerste, is "in den blinde" direct minder overtuigend. De kracht van het hypogram "met man en macht" is, dat het volledig terugkeert in de dichtregel die erop varieert. In het geval van "in den blinde" naast *in de blinde muur* is het raakvlak tussen hypogram en gedichtelementen te klein, waardoor het effect van spanning op basis van variatie uitblijft. Schepping van betekenis door spanning tussen gedicht en hypogram is hier niet aan de orde. Het is zelfs de vraag of "in den blinde" in zijn algemeenheid geen afbreuk doet aan de gedichtelementen, met name aan *de ... muur*, die in de regel als geheel *die een karkas hakken in de blinde muur*, zo hecht door semantische equivalentie met *hakken* is verbonden. Aan dit verband tussen *muur*, een bouwwerk van steen, en *hakken*, een handeling die op steen van toepassing is, kan "in den blinde" geen recht doen, zodat het hypogram in plaats van betekenis toe te voegen, betekenis reduceert. In het geval van "in den blinde" naast *met de ogen dicht* is louter sprake van semantische overeenkomst, terwijl er geen spoor van lexicale equivalentie te bekennen valt.

Van de Watering parafraseert het hypogram "in den blinde" als 'in het wilde weg' en 'op goed geluk'. Dit doet hem onvermijdelijk uitkomen bij de betekenissen 'onmogelijkheid', 'uitzichtloosheid', 'mislukking' en 'niet-slagen'[113]. In *met de ogen dicht* leest de auteur voorts een toespeling op mystiek. Hoewel hij zich hierbij in hoofdzaak op de etymologie van *mystiek* baseert, laat hij niet na ter versteviging van deze interpretatie ook op uitspraken van Lucebert te wijzen[114]. Wat hier verder ook

---

[111] ibidem, p. 20.
[112] In 'topkonferentie' (vg 395), uit de bundel *mooi uitzicht & andere kurioziteiten* (1965).
[113] Van de Watering, *Met de ogen dicht. cit.*, p. 21.
[114] Bij de regel *met de ogen dicht* tekent Van de Watering het volgende aan (ibidem, p. 22): "Zoals in bijna alle beschouwingen over mystiek wordt aangehaald, is "mystiek" afgeleid van het griekse werkwoord μυειν, dat 'de ogen (en de lippen) sluiten" betekent. In het algemeen heb ook ik bezwaar tegen interpretaties op grond van etymologiserende verklaringen, omdat men er bijna nooit zeker van kan zijn, en het meestal zelfs onwaarschijnlijk is, dat zo'n etymologische betekenis ook werkelijk aanwezig en actief is. Het wordt anders, als vaststaat dat de gebruiker van het woord, in casu de auteur, van de etymologie op de hoogte is. Uit correspondentie die ik met Lucebert had, blijkt dit met betrekking tot "mystiek" inderdaad het geval te zijn. Sterker nog: in de correspondentie (die uiteraard wel over mystiek handelde, maar niet over het onderhavige gedicht), geeft Lucebert er bij herhaling blijk van, het woord "mystiek" spontaan te verbinden met de etymologische betekenis ervan." Het lijkt er hier op, dat de

van zij, de combinatie van beide interpretaties, die op grond van het hypogram en die op grond van etymologische gegevens, komt neer op de associatie van 'onmacht' met 'mystiek', en dus op het mystieke echec.

Tot het poëtisch echec concludeert Van de Watering bij zijn bespreking van de laatste strofe, in het bijzonder van *kunst*, het slotwoord van het gedicht, dat de hele laatste regel vult. Summier samengevat komt de vergelijking tussen dichter en mysticus op het volgende neer. Zoals de mysticus, die in zijn streven naar vereniging met God of het goddelijke hoog inzet, altijd minder krijgt dan hij wenst, zodat hij uiteindelijk ontgoocheld achterblijft, zo krijgt de 'ik' van het gedicht, die blijkens *met de man en de macht* de krachten van alles en iedereen bundelde voor een onderneming met een even hoge inzet, uiteindelijk 'niet meer dan' kunst. De doem van mislukking rust zo onontkoombaar op de dichterlijke onderneming, dat de 'ik' over het eindresultaat niet anders dan in spottend-denigrerende of spottend-relativerende zin, *kunst*, kan spreken[115].

Naar mijn mening kan de echec-interpretatie geen stand houden. Ten eerste wordt aan het esthetisch of poëtisch echec tekort gedaan, wanneer het geïnterpreteerd wordt vanuit de visie, dat het echec alleen als nederlaag kan worden begrepen. Om dat toe te lichten, zal ik bij een ander auteur over het poëtisch echec te rade gaan. Ten tweede is twijfelachtig, of in dit gedicht van Lucebert wel een echec aan de orde is. Hieronder zal ik een voorstel voor interpretatie van *in de blinde muur / met de ogen dicht* doen, dat het hypogram "in den blinde" niet nodig heeft (zie p. 49 e.v.). Daarbij hoop ik verder aan te tonen, dat het specifiekere mystieke kader dat ter interpretatie van 'ik ben met de man en de macht' vereist is, geput kan worden uit de Joodse mystiek.

3   Rodenko over de explosie van Vijftig

Van de Watering acht de notie van 'onmacht' van toepassing op het esthetisch of poëtisch bedrijf en stelt uiteindelijk het poëtisch echec gelijk aan het mystieke echec[116]. Het is mij niet duidelijk waarom hij in dit verband niet ook van "de poëzie

---

onderzoeker de twijfels die hij zelf koestert, laat wegnemen door de dichter. Deze vorm van steun zoeken bij uitspraken van de dichter is niet zonder problemen. Enerzijds is er geen enkele reden om aan te nemen, dat Lucebert Van de Watering op het verkeerde been zou hebben willen zetten. Anderzijds is er, zoals ik hieronder hoop aan te tonen, ook een interpretatie van *met de ogen dicht* mogelijk, die geenszins strijdig is met de door Lucebert tegenover Van de Watering gedane uitspraken en toch anders dan die van Van de Watering. Het probleem in een geval als het onderhavige is, dat de dichter eenvoudig niet kan weten, ter adstructie van welke redenering de onderzoeker zijn uitspraken zal gebruiken, reden waarom een ongetwijfeld zonder bijbedoelingen en naar waarheid gedane uitspraak toch nog kan verkeren in een verkeerd begrepen of verkeerd gebruikt argument.

[115] ibidem, p. 72 en 77.
[116] ibidem, p. 129-130.

van het echec" gesproken heeft of hier niet tenminste naar heeft verwezen. De woorden zijn van Paul Rodenko en hij duidt er een veel genuanceerder opvatting van de poëzie van Vijftig en van de moderne poëzie in het algemeen mee aan dan die van Van de Watering. Weliswaar was de wellicht belangrijkste studie van Rodenko, *De experimentele explosie in Nederland*, op het moment van verschijnen van Van de Waterings dissertatie nog maar net en nog maar ten dele gepubliceerd[117], maar dat neemt niet weg dat Rodenko, de voortreffelijke essayistische begeleider van Vijftig, het begrip al in de jaren vijftig heeft geïntroduceerd.

'De poëzie van het echec' is aan de orde in het essay *Met twee maten*, het theoretisch fundament onder Rodenko's bloemlezing van dezelfde naam[118]. De genuanceerde, dialectische inhoud van het begrip blijkt uit de synthese van macht en onmacht die de auteur ter omschrijving ervan ontwerpt. Het *echec* is 'de triomf van de sterke'. Onder verwijzing naar 'Het stenen kindje' van Nijhoff en 'Thebe' van Achterberg constateert Rodenko dat de moderne poëzie gekenmerkt wordt door een schrijnend besef van voorlopigheid en ontoereikendheid, om daar onmiddellijk aan toe te voegen dat het bij genoemde gedichten merkwaardig genoeg niet om 'inzinkingen' gaat, maar integendeel om hoogtepunten uit het œuvre van beide dichters:

> Het besef van onmacht gaat samen met - of misschien moeten we zelfs zeggen: is het gevolg van - een uiterste aan dichterlijke machtsontplooiing[119]

Het besef van een tekort is, bezien in het licht van de eisen die hier aan de poëzie gesteld worden, alleen maar logisch. Of het nu gaat om het baren van het gedicht als kind, zoals bij Nijhoff, of om het tot leven wekken van de doden, zoals bij Achterberg, de eis die hier aan poëzie gesteld wordt, komt er kort en bondig geformuleerd op neer 'het *onmogelijke* tot stand te brengen':

> Tegenover zulk een eis moet ieder gedicht natuurlijk tekortschieten; vandaar dat deze poëzie wezenlijk een *poëzie van het echec* is. Maar een poëzie van het echec in deze zin is iets wezenlijk anders dan een poëzie van de mislukking, de gemiste kansen, de berusting in het onvolmaakte. [...] De poëzie van het echec blijft een poëzie van kracht en gespannenheid; het echec kan met allerlei nuances van gevoelens en gestemdheden samengaan, maar paradoxalerwijze liggen deze nuances doorgaans aanmerkelijk dichter bij de pool van de triomf dan bij die van de nederlaag. [...] In 'Het stenen kindje' is het eigenlijke moment van echec, hoe schrijnend ook verbeeld, tevens (dat is nu eenmaal de wonderlijke dubbelzinnigheid van de lyriek) lyrisch hoogtepunt van het gedicht en gaat -de opeenhoping van o's wijst

---

[117] Paul Rodenko, 'De experimentele explosie in Nederland. Context en achtergronden van de experimentele poëzie', in: *De Gids* jg.140 (1977) p. 468-477, 568-579, 721-740, jg.141 (1978) p. 37-48. In de bibliografie van Van de Watering, *Met de ogen dicht. cit.*, p. 152 komt het laatste deel van de studie, in 1978 gepubliceerd, niet voor.
[118] Paul Rodenko, *Met twee maten. De kern van vijftig jaar poëzie, geïsoleerd en experimenteel gesplitst door -*. Bert Bakker Den Haag 1974³, p. 97-139 (1956¹, 1969²). Hieronder wordt geciteerd naar: Paul Rodenko, *Verzamelde essays en kritieken 2. cit.*, p. 224-262.
[119] ibidem, p. 229.

er al op- met een verhoogd lyrisch machtsbewustzijn gepaard: het echec is tevens finale, paukenslag, apotheose (men zou kunnen zeggen: de *gedachte* van het tekort zet zich lyrisch-muzikaal in een plus om) - en wel omdat het echec voor de dichter betekent dat hij een uiterste grens heeft bereikt, de grens waar hij oog in oog staat met het Onnoemelijke, Onnoembare. Zo schrijft Achterberg in 'Thebe': "Een taal waarvoor geen teken is / in dit heelal, / verstond ik voor de laatste maal." De keerzijde van het echec is dat de dichter deze 'taal' in ieder geval éven, in een flits en op de uiterste rand van de menselijke mogelijkheden, 'verstaan' heeft. Het echec, in deze existentiële zin opgevat, is de triomf van de sterke; de nederlaag tegenover het Onzegbare, het Onnoemelijke of 'het Ontzaglijke' - zoals Pierre Kemp het noemt in zijn gedicht 'Bedromerij'- houdt de triomf in, in ieder geval een ogenblik tegenover dit Ontzaglijke gestaan te hebben, zich met dit Ontzaglijke gemeten te hebben, het Ontzaglijke te hebben *herkend*.[120]

Het lijkt mij dat de geciteerde passages geen twijfel over de genuanceerde inhoud van Rodenko's begrip 'echec' kunnen laten bestaan. Daarmee kan ook de controverse die indertijd onmiddellijk over de formule *poëzie van het echec* ontstaan is[121], als achterhaald beschouwd worden, te meer omdat inmiddels ook Rodenko's laatste, postuum gepubliceerde studie *De experimentele explosie in Nederland*[122] beschikbaar is.

Alleen al de wijze waarop Rodenko zijn werkterrein in dit essay afbakent, is indrukwekkend. Weliswaar kan in het algemeen gesteld worden dat de moderne poëzie begint met Baudelaire, maar de wortels ervan liggen volgens de auteur verder terug in de tijd, en wel in het begin van de negentiende eeuw. Coleridge, Blake, Hölderlin en Novalis wijst Rodenko aan als de vier 'aartsvaders van de moderne poëzie'. Weliswaar noemt hij Coleridge de echte eersteling[123], maar met grote stelligheid beweert hij hiernaast, dat Hölderlin 'als dichter verreweg de belangrijkste van de vier'[124] is.

In zijn laatste essay tracht Rodenko vat te krijgen op de ontwikkeling van de moderne poëzie met behulp van een nieuw begrippenpaar, dat eveneens dialectisch is en even genuanceerd als het vroegere 'echec'. Een vloed van tegenstellingen, waar die van macht versus onmacht er slechts één van is, krijgt onderdak in het nieuwe begrippenpaar van *katabasis en anabasis*. De fundamentele tegenstellingen die onder dit begrippenpaar worden gevangen, zijn die van chaos versus schepping, duister versus

---

[120] ibidem, p. 230-231.
[121] De sporen hiervan zijn te vinden in: 'Bij de tweede druk van «Met twee maten»' uit 1969, waarin Rodenko een aantal passages van zijn repliek op de aanval die Buddingh' en Vinkenoog op zijn bloemlezing lanceerden, opnieuw publiceert. Zie hiervoor: Rodenko, *Verzamelde essays en kritieken 2. cit.*, p. 217-223 en 262-273. Buddingh' en Vinkenoog worden hierin omschreven als 'procuratiehouders van de succespoëzie'. De polemiek dateert uit 1957 en speelt zich af in de tijdschriften *Podium* en *Maatstaf*. Van de Watering zet de controverse impliciet voort, doordat hij nergens verwijst naar Rodenko's opvatting van het echec.
[122] Hieronder wordt geciteerd naar: Rodenko, *Verzamelde essays en kritieken 2. cit.*, p. 352-434.
[123] ibidem, p. 361.
[124] ibidem, p. 368.

licht en dood versus leven. *Katabasis* staat voor de weg omlaag, de weg naar onderwereld, hel en dood, de weg van verzinking in duister en onderbewuste. *Anabasis* staat voor ontworsteling aan de chaos door reflectie en constructie, voor leven en schepping; het is de weg omhoog terug naar het licht, de weg van wedergeboorte.

Moderne poëzie is "een poëzie van *methodische bezinning*"[125]. Het feit dat moderne poëzie zich op zichzelf bezint, dat de dichter zich de vraag stelt: 'wat doe ik wanneer ik poëzie schrijf?', lost de schijnbare tegenstrijdigheid op tussen 'chaos, droom, onbewuste enerzijds en analyse en rationele constructie anderzijds'. Moderne poëzie is poëzie, gesproken door *een mond die helder noemt wat donker opkomt*. In deze regel van Lucebert[126] acht Rodenko de tegenstellingen van donker versus licht, onderbewuste versus bewustzijn en chaos versus schepping verzoend. In het onmiddellijke vervolg, waar de auteur opnieuw 'Thebe' aanhaalt, wordt Lucebert vergeleken met Achterberg:

> Naar mijn weten is nergens in de moderne poëzie (of het moest zijn bij de zojuist aangehaalde Lucebert, maar dan toch minder pregnant, minder maniakaal zou ik bijna zeggen) deze problematiek van de twee wegen, de weg omlaag en de weg omhoog, scherper tot uitdrukking gebracht dan bij Gerrit Achterberg, bij wie het tot het centrale thema van zijn hele poëzie is geworden (het Orpheus-Eurydicemotief is er één van de vermommingen van). Men leze het gedicht 'Thebe' [...]: katabasis naar de onderwereld en haastige vlucht naar het daglicht, het vers dat het toch niet helemaal haalt: 'noodtrappen naar het morgenlicht / vervaald en veel te vroeg'.[127]

Het voorbehoud dat Rodenko bij zijn vergelijking van Lucebert met Achterberg maakt, lijkt mij niet eens nodig. In de 'introductie' bij de 'lente-suite voor lilith' nodigt Lucebert zijn lezer uit tot een tocht door duister en licht, die heel goed met behulp van Rodenko's begrippenpaar beschreven kan worden (zie p. 150 e.v.).

De paradoxale gelijkstelling van dood en leven die de verzoening van de weg omlaag met die omhoog inhoudt, heeft een religieuze kern die Rodenko nadrukkelijk onder de aandacht brengt. Christus overwint de dood. De begrippen 'kruisdood', 'herrijzenis', 'heil' en 'verlossing' nemen hun plaats in onder de begrippen die Rodenko in de polariteit van katabasis en anabasis samenvat. In een interview uit 1975 stelt hij dat de moderne poëzie berust op een "mythische structuur, en wel de oude vruchtbaarheidsmythe van marteling of kruisiging, dood, afdaling in de onderwereld en wedergeboorte"[128]. Ook dan haalt hij ter adstructie Lucebert aan: "Hergeboorte als kind dus - waar ik het daarstraks al over had in verband met Luceberts 'poëzie is kinderspel'"[129]. In zijn laatste essay spreekt hij over 'een mystiek schema', dat hij aanwijst als het fundament onder de moderne poëzie[130].

---

[125] ibidem, p. 363.
[126] Uit 'gewonde aarde, water & lucht / 2' (vg 230), een gedicht uit *alfabel* (1955).
[127] Rodenko, *Verzamelde essays en kritieken 2. cit.*, p. 363-364.
[128] T. van Deel, R.L.K. Fokkema, 'Echte poëzie is spelen met vuur. In gesprek met Paul Rodenko', in: *De Revisor* jg.2 (1975) nr.2 (mei), p. 27.
[129] ibidem.
[130] Rodenko, *Verzamelde essays en kritieken 2. cit.*, p. 391.

Het is hier niet de plaats voor een diepgaande analyse van Rodenko's laatste, grote essay[131]. Het is helaas onvoltooid gebleven en bevat bepaalde onduidelijkheden, waarvan misschien niet meer achterhaald kan worden of zij door de auteur al dan niet als zodanig bedoeld zijn geweest. Zo kan ik bijvoorbeeld niet beoordelen waarom hij in een cruciale passage uit zijn betoog nu juist naar Jacob Böhme verwijst[132], een auteur van het zuiverste kabalistische water, die echter het moderne onderzoek van de Kabala voor problemen stelt, omdat er geen historisch verband tussen zijn theosofisch systeem en dat van de Kabala aangewezen lijkt te kunnen worden. Wat ik echter, na mijn eigen onderzoek van de Kabala, wel kan beoordelen, is op welk mystiek schema Rodenko doelt.

Het mystieke schema dat Rodenko in gedachten heeft, is een kabalistisch schema. De essentie ervan is een paradoxale omkering van de verhouding tussen God en mens. Het gaat om een schema waarin niet God, maar de mens als drijvende kracht achter het draaiend houden van de schepping wordt aangewezen. Misschien moet dit schema zelfs als hét schema van de Kabala worden aangeduid (zie p. 261).

Rodenko doet de naar mijn mening cruciale uitspraak over een mystiek schema onder de moderne poëzie in de context van een uiteenzetting over de relatie tussen moderne poëzie en marxisme. Hij is uitvoerig over het marxisme als heilsleer. Door het werk van Marx, die het 'rijk der vrijheid' tegenover het 'rijk der noodzaak' stelde, loopt een onmiskenbaar religieuze, messianistische draad. Het rijk der vrijheid is "een oord dat *nog* nergens is, een *nog* onbekende eindtoestand, waar niettemin een zeer reële en werkzame *gloed* van uitgaat, de bezieling die het revolutionaire vuur brandende houdt. Het bekende socialistische 'morgenrood'."[133] Het streven van de moderne poëzie als een streven naar het 'nog niet bestaande' of 'nieuwe' plaatst Rodenko hier direct naast.

Moderne poëzie en marxisme komen naar de mening van Rodenko uit dezelfde wortel voort. Die wortel is het mystieke schema waarin het initiatief aan God uit handen genomen en in handen van de mens gelegd wordt. Als ik Rodenko goed begrijp, beschouwt hij het werk van Mallarmé als het uitgelezen vertrekpunt voor de these dat de moderne poëzie op een mystiek schema berust. In de paragraaf die hij de titel "Alles verrilt naar een niets" meegeeft[134], stelt Rodenko Mallarmé centraal. Mallarmé's 'mystiek van het Niets' houdt op het vlak van de poëtische procédés een radicale betekenisvervreemding in. De dichter vervreemdt de woorden van hun gangbare betekenis om ze 'un sens plus pur' te geven, niet zozeer een 'zuiverder betekenis', maar veeleer een 'zuivere richting' die een gerichtheid op niets is. Eén van de voorbeelden die Rodenko noemt is *aboli bibelot*, woorden die ook door Riffaterre besproken

---

[131] Naar mijn mening zou het de moeite waard zijn in het verder onderzoek van Rodenko's laatste essay ook de vergelijking met een recente publikatie van Brigitte Peucker te betrekken. Deze auteur stelt dezelfde tocht door onderwereld, hel en dood aan de orde als Rodenko. Zie hiervoor: B. Peucker, *Lyric Descent in the German Romantic Tradition*. Yale University Press New Haven and London 1987.
[132] Rodenko, *Verzamelde essays en kritieken 2. cit.*, p. 419.
[133] ibidem, p. 390.
[134] ibidem, p. 378, naar het gedicht 'Avondstemming' van Pierre Kemp dat op p. 382 in zijn geheel geciteerd wordt.

worden[135]. Zoals deze laatste spreekt over de mimesis-ondergravende praktijk van poëzie, zo spreekt Rodenko met betrekking tot Mallarmé over 'ondermijning van de werkelijkheid via het vers':

> Poëzie is voor Mallarmé een woord-*techniek* (of woordmagie, maar dan als bewuste techniek verstaan) die erop gericht is via het vers de werkelijkheid zozeer te ondermijnen, zoveel *niet*-aan-betekenis binnen te smokkelen tot het uitgangspunt van het gedicht - een reële zintuiglijke ervaring - op een Niets uitloopt; het gedicht is een nietigingsproces, waarin de zintuiglijke werkelijkheid alleen zichtbaar wordt 'en sa presque disparition vibratoire'.[136]

Dat deze onderneming verre van gratuit is, blijkt uit het feit dat het complement van Mallarmé's 'vernietigingsdrang' is wat hij zijn 'laboratorium' noemt. In dit laboratorium wordt een titanenstrijd uitgevochten, die ook op Mallarmé het echec in de zin van 'de triomf van de sterke' van toepassing maakt. Wat bij deze dichter aan de orde is, is volgens Rodenko:

> de titanische worsteling om met woorden een Niets te creëren. Een Niets: ligt daar niet óók ergens de kans dat alles opnieuw kan beginnen, een tabula rasa...?[137]

De 'titanische worsteling' is een worsteling om een tabula rasa, een gevecht om de woorden, waaruit de dichter de kans dat alles opnieuw zou kunnen beginnen wil slepen. Destructie en creatie gaan hier hand in hand. De poëzie van Mallarmé laat 'de creatieve betrokkenheid op een Niets zien', die destructie pleegt ter wille van creatie. Vernietiging van het bestaande geschiedt ter wille van het 'nog niet bestaande' of 'nieuwe'. De titanenstrijd is een gevecht om de woorden of, algemener, om de taal, zodat in plaats van het morgenrood aan de horizon de dichterlijke utopie verschijnt, de utopie van de nieuwe taal.

Onder verwijzing naar de dichters Rimbaud en Hölderlin enerzijds en de auteur van *Das Prinzip Hoffnung* Ernst Bloch anderzijds, een auteur die 'de positief-utopische kant van het marxisme filosofisch heeft uitgebouwd', poneert Rodenko de these dat zowel de moderne poëzie als het marxisme op een schema uit de Joodse mystiek berusten. Hij adstrueert zijn these aan de hand van een begrip uit de latere Kabala, de 'bovenste wortel':

> dit is de uitstroming van energie, die weliswaar uit het 'niets van de goddelijke gedachte' [...] voortkomt, maar dóór het handelen van de produktieve mens (onderste wortel). Met andere woorden: in de produktiviteit maakt de mens het Niets - of het Onnoembare - tot het *nog-niet*-bewuste, dat wil zeggen een positivum, een energiebron (de bovenste wortel,

---

[135] Riffaterre, *Semiotics of Poetry. cit.*, p. 16-19.
[136] Rodenko, *Verzamelde essays en kritieken 2. cit.*, p. 381.
[137] ibidem.

bron van boven), die hij vervolgens moet 'definiëren', *benoemen*: bewust maken. De creatieve betrokkenheid op een Niets (Mallarmé), die drang tot vernietiging (van de bestaande orde) is uit naam van een nog-niet, het *nieuwe*, en als *definitie* van het nieuwe tegelijk schepping, stelt een mystiek schema voor, dat zowel in de moderne poëzie als in het revolutionaire marxisme werkzaam is. Van hieruit is de tijdelijke 'officiële' aansluiting van de surrealistische beweging bij de communistische partij (in de jaren dertig) te begrijpen. Niet dat de P.C. er bijzonder gelukkig mee was, en de alliantie duurde ook niet lang. Maar dàt de alliantie mogelijk was berust op het feit dat beide bewegingen, die van de nieuwe dichtkunst en die van het nieuwe maatschappelijke bewustzijn, al lijken hun directe belangen radicaal verschillend, niettemin eenzelfde wortel hebben en in laatste instantie aan dezelfde zaak werken: de wedergeboorte van mens en wereld.[138]

Rodenko begrijpt de creatieve betrokkenheid op een Niets als geïnspireerd door het kabalistisch schema dat de mens als protagonist in de wisselwerking tussen hemel en aarde voorstelt. De 'bovenste wortel' is de energiebron van boven, die aan het 'niets van de goddelijke gedachte' ontlokt wordt door de mens die als 'onderste wortel' wordt voorgesteld. De kracht van onderaf brengt de stroom van boven naar beneden op gang. Het is de mens die het op gang komen van de stroming van de energiebron van boven naar beneden bewerkstelligt.

De woorden waarin Rodenko de diverse transformaties die met de mystiek van het Niets gemoeid zijn, vervat, - het proces als geheel verloopt van het 'onnoembare' naar het 'benoemde' - wijzen ondubbelzinnig in de richting van de kabalistische opvatting van schepping als benoeming. Doordat hij het schema van de Kabala waarbij het initiatief in handen van de mens ligt, onder zowel 'de nieuwe dichtkunst' als 'het nieuwe maatschappelijk bewustzijn' aanwijst, maakt hij bovendien dit mystieke schema als in essentie emancipatoir zichtbaar. Naast de nieuwe mens die een actief aandeel neemt in de inrichting van de samenleving of schepping van de werkelijkheid, staat de nieuwe dichter die een actief aandeel neemt in gebruik, hergebruik, reconstructie en schepping van de taal.

Ik kom tot de slotsom dat Rodenko's echec niets heeft van het spottend-denigrerende of spottend-relativerende dat met een uitroep "kunst" verbonden zou kunnen worden. De poëzie waarop Rodenko doelt, doet een gooi naar het hoogste goed, naar taal, naar schepping of naar de combinatie van beide, schepping van de taal. Iedere dichter die deze confrontatie aandurft, lijdt het echec in de zin van de triomf van de sterke.

---

[138] ibidem, p. 391-392.

illustratie 1
Lucebert, *zonder titel*, 1945. Zou ik de tekening een titel mogen geven, dan zou deze luiden 'het leem dat zijn wij zelf.' Deze woorden zijn afkomstig uit de tekst rechtsonder die in zijn volledige vorm luidt: "Ik werk alleen voor den toekomst, voor onze jeugd. wij mogen niet moe worden; da's wat de Europeesche jeugd van 1914-1919 niet volbrengen kon, dat moeten wij, jonge mannen en vrouwen van dezen tijd, wèl volbrengen, een nieuwen mensch hebben wij te vormen, hebben wij te kneden en het vormenmateriaal, het leem dat zijn wij zelf! Heftig handelen èn wandelen! Ik ben niet veel maar ik doe mee!" De woorden 'een nieuwe mens' sluiten nauw aan bij Rodenko's visie op de 'explosie' van de beweging van Vijftig.

§4   de Kabala als intertekst voor 'ik ben met de man en de macht'

Semantische equivalenties die zich tot een lint aaneenrijgen, creëren isotopieën. In de eerste strofe van 'ik ben met de man en de macht' ligt het begin van drie isotopieën die zich door het geheel van het gedicht ontwikkelen. Het betreft een isotopie waarvan de betekenis 'steen' de gemeenschappelijke noemer is, en voorts een visuele en een lichamelijke isotopie.

Onder de 'steen'-isotopie vat ik de volgende gedichtelementen samen: 2 *hakken*, 2 *muur*, 5 *stukslaat*, 27 *trappen*, 31 *verstenen*. Mogelijk hoort ook 27 *weg* nog in deze isotopie thuis. De twee werkwoorden *hakken* en *stukslaan* laten een vergelijkbare kracht op hun object los en de twee substantiva *muur* en *trappen* zijn als (delen van) bouwwerken equivalent. In het werkwoord *verstenen* schuilt *steen*, een materiaal dat niet alleen aan krachtige bewerking onderworpen kan worden, maar ook als stof voor bouwwerken kan dienen. Een nevenargument voor de opname van 5 *stukslaat* in de 'steen'-isotopie is de fonologische equivalentie die het woord verbindt met 31 *verstenen*. Dat deze gedichtelementen geenszins te ver van elkaar verwijderd zijn voor een dergelijke observatie, bewijst een veel uitgebreidere fonologische equivalentie die door de /st/-combinatie wordt geconstitueerd. In het gedicht wordt niet alleen gespeeld met de plaatsing van deze combinatie aan begin of eind van een woord of een morfeem, maar ook met de spiegeling ervan. Naast 5 *stukslaat*, 6 *pygmeeënstammen*, 12 *zeester* en 31 *verstenen* staan 10,13,29,35 *kunst*, 18 *angstig*, 23 *nestharen* en 30 *dorstig*. Van spiegeling van de /st/-combinatie is de regel: 29 *dit is kunst* wellicht het indringendste voorbeeld.

De lichamelijke isotopie wordt gevormd door de gedichtelementen 2 *karkas*, 3 *ogen*, 11 *voorhoofd*, 16 *pagehaar*, 21 *oor*, 23 *nestharen*, 24 *oog*, 26 *lichaam*, 32 *oog* en 33 *oor*. Het eerste opmerkelijke aan deze isotopie is de centrale plaats die het hoofd erin inneemt. Niet alleen wordt het woord *voorhoofd* gebruikt, maar ook wordt plaats geboden aan diverse zaken die deel uitmaken van het grotere geheel dat het hoofd is, namelijk ogen, oren en verschillende soorten haar. Het tweede opvallende kenmerk van de lichamelijke isotopie is dat de woorden die betrekking hebben op het grotere geheel waarvan het hoofd op zijn beurt deel uitmaakt, een onmiskenbare ontwikkeling te zien geven. Tussen begin en eind van de isotopie wordt de stap van *karkas* naar *lichaam* gezet, dat is de stap van 'geraamte' naar het met vlees beklede beendergestel.

Onder de visuele isotopie, de derde isotopie die in de eerste strofe start, kunnen de volgende gedichtelementen samengevat worden: 2 *blinde*, 3 *met de ogen dicht*, 9 *machine van gezichtsindrukken*, 15 *omzichtige naaktopnamen*, 24 *dat is een oog*, 32 *dat is een oog*. Wellicht breidt deze visuele isotopie zich nog verder uit tot twee natuurverschijnselen die met 'licht' verbonden kunnen worden, 6 *bliksem* en 12 *zeester*, en tot de tegenstelling van zwart en wit, 7 *zwarte wereld*, 9 *ijswitte machine van gezichtsindrukken*.

De ontwikkeling in de lichamelijke isotopie correspondeert met een ontwikkeling in de visuele isotopie. Zoals in de eerste de stap van karkas naar lichaam wordt gezet, zo gaan in de laatste de dichte ogen open. De zin *dat is een oog* ligt minder voor de hand ter beschrijving van een geloken oog. Daarbij zou eerder een zin als 'dat is een ooglid' of 'dat is een wimper over een wang' passen. De ontwikkeling verloopt van blindheid en gesloten ogen die als aanvangsstadia begrepen kunnen worden, via de *machine van gezichtsindrukken* en *omzichtige naaktopnamen*, naar het herhaalde *dat is een oog*. Terwijl aan het begin van het proces *de ogen dicht* zijn, staan ze aan het einde ervan, blijkens *dat is een oog*, open.

Door het feit dat *blinde* vrijwel onmiddellijk gevolgd wordt door *met de ogen dicht* en door de verregaande semantische equivalentie van deze gedichtelementen, worden zij enigszins onttrokken aan het geheel van de visuele isotopie. In ieder geval wordt er een fors accent gelegd op de toestand in visueel opzicht aan het begin van de ontwikkeling. *Met de ogen dicht* is niets meer en niets minder dan een herhaling in andere woorden van *blinde*. Zo gezien ontpopt het adjectief zich als een prelude op het produkt zoals dat aan het begin van het proces tot stand wordt gebracht. *Blinde* laat de *muur* niet alleen letterlijk blind zijn, in de zin van een muur zonder openingen, maar biedt ook de verklaring voor het voorlopig eindresultaat. De stof waaruit het karkas gehakt wordt, de blinde muur, brengt de blindheid van het karkas met zich mee, die met de woorden *met de ogen dicht* wordt beschreven.

De relaties die tussen de verschillende isotopieën bestaan, worden uit de doeken gedaan in de tweede regel van het gedicht *die een karkas hakken in de blinde muur*. De nadrukkelijke fonologische equivalentie *een karkas hakken* betrekt het object van het proces van steenbewerking in de 'steen'-isotopie. Deze equivalentie wijst erop dat het *karkas* niet alleen een geraamte van botten of een benen geraamte zou kunnen zijn, maar ook een stenen geraamte. Na het hakken in de muur dat in de eerste strofe plaatsvindt, is dan in de tweede strofe, met 5 *de wind die mij stukslaat*, de wind die mij of dit stenen geraamte stukslaat, aan de orde. Terwijl in *een karkas hakken* de 'steen'-isotopie gekruist wordt met de lichamelijke isotopie, wordt in de woorden *in de blinde muur* de 'steen'-isotopie gekruist met de visuele isotopie. Wanneer de lichamelijke isotopie als de algemene beschouwd wordt, en de visuele als een verbijzondering daarvan, dan laat de regel *een karkas hakken in de blinde muur* dus tweemaal dezelfde kruising van isotopieën zien.

Het is hier nog niet de plaats voor een interpretatie van deze kruising van isotopieën. De kruising van de 'steen'-isotopie met het lichamelijke, in algemene of bijzondere zin opgevat, hangt samen met het poeticale begrip *de lichamelijke taal* (vg 49) en is een onderwerp dat pas na onderzoek van de frequente *steen*-plaatsen in Luceberts poëzie aan de orde kan komen (zie p. 85 e.v.). Mijn stelling hier betreft slechts één van de bij deze kruising betrokken isotopieën, de lichamelijke isotopie van *karkas* tot *lichaam*. Op basis hiervan poneer ik, dat 'ik ben met de man en de macht' in verband gebracht moet worden met de intertekst van de Kabala.

Achter 'ik ben met de man en de macht' gaat de symboliek schuil die de Kabala ontwikkeld heeft ter omschrijving van de openbaring van God. Dat Lucebert deze symboliek systematisch exploiteert, zal hierna in de loop van het volgende hoofdstuk blijken. Slechts één detail van de kern van deze symboliek stel ik hier aan de orde en dit ook alleen nog maar voorlopig. Het betreft het haar van God, dat, zoals alles wat God aangaat, beschouwd wordt als van het allergrootste belang voor mens en wereld.

Volgens de Kabala is niet de schepping, maar de openbaring van God de fundamentele scheppingsdaad. Overigens zijn goddelijke openbaring en goddelijke schepping geen twee verschillende handelingen van schepping, maar twee aspecten van hetzelfde.

Met zijn openbaring brengt God tegelijk de schepping op gang. De openbaring van God wordt voorts begrepen als blauwdruk voor de schepping. Zoals de mens, naar de opvatting uit Genesis, geschapen is naar het beeld Gods, zo weerspiegelt de wereld het goddelijke.

De openbaring van God wordt in de Kabala nadrukkelijk fysiek opgevat. God openbaart zich door zich lichamelijk te ontplooien. De Kabala verschaft hiermee als het ware een extra grond aan de opvatting uit Genesis. God ontplooit zich lichamelijk, hij ontvouwt zich van hoofd tot voeten en geeft naar dit perfecte lichamelijke model vorm aan de mens.

In de schier onuitputtelijke, fysieke symboliek ter omschrijving van de openbaring van God, is een belangrijke rol weggelegd voor het haar. Zoals het haar van de kruin golft, zo ontwikkelt zich het lichaam. Hierbij ontsnapt letterlijk geen enkele haarvorm aan de aandacht. Naast het kapsel in engere zin, wordt ook het haar van wenkbrauw, snor en baard in de beschouwing betrokken, en aan speculaties over kleur, vorm en beweging van al dit haar worden de meest verstrekkende conclusies verbonden. Het is deze kabalistische interpretant die de bijzondere samenhang kan helpen verklaren van de drie middelste strofen van 'ik ben met de man en de macht', de strofen vier, vijf en zes (vg 53):

    ik tril
15 mijn omzichtige naaktopnamen
    in de zomer zijn pagehaar
    arm en bang

    arm en angstig
    sluipen de holle golven
20 die een schuwe schelp bergen en
    dat is een oor

    draven de bejaarde wolken
    die nog nestharen dauwdroppels torsen en
    dat is een oog

De strofen vijf en zes laten een bijzondere vermenging van het natuurlijke met het lichamelijke zien, die zich laat verklaren door de fundamentele correspondentie die de Kabala waarneemt tussen de schepping van de wereld en die van de mens. Omdat wereld en mens naar hetzelfde model geschapen zijn, kunnen *golven die een (...) schelp bergen (...) een oor* blijken en *wolken die (...) dauwdroppels torsen (...) een oog*. Het model dat aan de schepping als geheel ten grondslag ligt, is de openbaring van God. Lucebert ondersteunt de verstrengeling van het natuurlijke met het lichamelijke daarom met twee woorden die in deze context bijzonder op hun plaats zijn vanwege hun effectieve ambiguïteit. *Schelp* is bij uitstek geschikt vanwege *oorschelp*; *torsen* vanwege *torso* of *tors*. Dit laatste woord roept het beeld op van de opgerichte tors van het menselijk lichaam, die het hoofd met daarin de ogen draagt of torst[139].

---

[139] Op basis van de lichamelijke isotopie in het gedicht is eerder door Zuiderent gewezen op het zelfstandig naamwoord *tors* in het werkwoord *torsen*. Zie hiervoor: Ad Zuiderent, 'Boekbeoordeling van C.W. van de Watering «Met de ogen dicht»'. cit., p. 75.

Een iets andere rol is weggelegd voor *nestharen*. Weliswaar laat ook de woordgroep *nog nestharen dauwdroppels* de combinatie van het natuurlijke met het lichamelijke zien, maar hiernaast vormt *nestharen* met *pagehaar* het 'haar'-fragment van de lichamelijke isotopie. Bij nadere analyse blijkt dit fragment van de isotopie het produktiefst op het vlak van de secundaire semantiek.

Syntactische, lexicale en semantische equivalentie zijn de formele middelen waarmee de verbinding tussen de strofen vier en vijf wordt gelegd. Strofe vier besluit met *arm en bang*, strofe vijf begint met *arm en angstig*. Door de samentrekking van *arm en angstig*, woorden die aan het begin van strofe zes herhaald moeten worden, en door de parallellie van de strofen vijf en zes, vindt strofe zes aansluiting aan het geheel. Deze syntactische structuur kan gelden als eerste indicatie voor het feit dat het geheel van de strofen vier, vijf en zes geïnterpreteerd moet worden in het licht van een kabalistische 'haar'-isotopie. Dit houdt in dat niet alleen de *naaktopnamen* haar zijn - *mijn (...) naaktopnamen (...) zijn pagehaar* -, maar ook de *golven* en *wolken*.

De stap van *golven* naar haar kan gemakkelijk gezet worden[140]. De berging van de schuwe schelp in *de holle golven* zou dan duiden op naar binnen krullende golven in het haar, in de holte waarvan het oor geborgen wordt. De verwijzing naar een bepaald soort kapsel in *pagehaar* vult het beeld aan. Bij een pagekopje wordt het haar vanuit de kruin rond geknipt. Al het haar krijgt ongeveer dezelfde lengte, zodat nek en oren maar net bedekt zijn, terwijl het voorhoofd volledig bedekt wordt. Bij een krul naar binnen aan het uiteinde van het haar, wordt het gezicht als door een krans omsloten.

Hoewel de stap van *wolken* naar haar moeilijker is, wijst de parallellie onmiskenbaar in deze richting. In het geval van het paar *golven - wolken* wordt equivalentie van positie aangevuld met fonologische equivalentie. Gezien de scheppingscontext liggen beide woorden ook semantisch niet ver uiteen. Ze worden alleen gescheiden door de tegenstelling van laag en hoog, die ook in het paar *sluipen - draven* bespeurd kan worden. Zoals golven zich over de aarde voortbewegen, zo bewegen wolken zich door de hemel voort. Op grond van deze stapeling van equivalenties kan de conclusie dat *wolken* zoals golven haar zijn, eigenlijk al getrokken worden.

Een laatste equivalentie maakt deze conclusie noodzakelijk. Lucebert buit de parallellie namelijk nog verder uit. Twee opmerkelijke paren die uit de parallellie voortvloeien, zijn *holle - bejaarde* en *schuwe - nog nestharen*. Het verband tussen de holte van de golven en de schuwheid van de schelp is zo onmiskenbaar, dat het de vraag naar het verband tussen *bejaarde* en *nog nestharen* des te dwingender oproept. Bejaardheid, de last van jaren, blijkt onder meer uit de kleur van haar. Het enige woord in de zesde strofe dat haar noemt, is nu juist *nestharen*, een woord dat dus niet alleen met *pagehaar* verbonden is, maar ook semantisch verband aangaat met *bejaarde* vanwege de tegenstelling van jong en oud. Ik concludeer dat *de bejaarde wolken* wolken van haar zijn, die de tegenstelling tussen ouderdom en jeugd onderuit halen. Het getorst worden van de *nog nestharen dauwdroppels* door *de bejaarde wolken* duidt op een massa van wellicht grijze of witte haren die getekend is door ouderdom, maar waar

---

[140] Een variant bij 'het licht is dichter dan' (vg 38) duidt op 'behaarde golven'. De vroege variant voor de regel *in golven vervaard en hard* luidt: *met golven behaard en hard*. Zie hiervoor: *apparaat* (vg 598).

desondanks de jeugd van afstraalt, in de vorm van een nestharen dauw die zich als een parelende glans over deze oude haren uitbreidt en ervan afdruppelt.

Wat het natuurlijke betreft kan bij bejaarde wolken die de tegenstelling tussen ouderdom en jeugd oplossen, gedacht worden aan het moment van overgang van een wolk in regen, dat begrepen kan worden als een moment waarbij 'oud' in 'nieuw' wordt omgezet. Wat het fysieke betreft kan bij bejaarde wolken van haar *die nog nestharen dauwdroppels torsen* zeker gedacht worden aan het haar dat zich bij een pagekopje over het voorhoofd krult of welft, zodat de nog nestharen dauw die hiervan afdruppelt, duidt op de ogen direct onder het haar. Dauwdruppels en ogen hebben verschillende kenmerken gemeen. Ze hebben een vergelijkbare, ronde of bolle vorm, en komen verder in vochtigheid en glans overeen. De bepaling *nog nestharen* bij *dauwdroppels*, die een mooie verdubbeling van alliteratie in de woordgroep als geheel creëert, kan bij lezing van de *dauwdroppels* als ogen begrepen worden als 'voorzien van nog jeugdig haar'. Hierdoor wordt de parallel tussen hoofd en oog zichtbaar. Zoals het hoofd omkranst wordt door het haar van het pagekapsel, zo wordt het oog omgeven door het haar van de wimpers. Misschien zijn wimperhaartjes alleen al op grond van hun formaat als *nesthaar* te kwalificeren.

Eén gedichtelement lijkt zich enigszins te verzetten tegen deze interpretatie van de verstrengeling van het natuurlijke met het fysieke in het geval van de strofe over het oog. Dit is *draven*, een werkwoord dat één van de gangen van het paard aanduidt en daarmee verwijst naar een dier dat op het vlak van de beweging zeker kan concurreren met de natuur. Dit werkwoord heeft een betekenispotentieel dat zich niet volledig in het beeld zoals dat tot nu toe geschetst is, laat integreren.

De tegenstelling tussen laag en hoog die aangeboden wordt door het paar *golven - wolken* en zich voortzet in het paar *sluipen - draven*, is duidelijk genoeg. Het haar dat zich opzij van het hoofd over het oor welft, is 'laag' ten opzichte van het haar dat zich 'hoog' over het voorhoofd welft. Hiernaast is 'beweging' in de zin van 'beweging van hoog naar laag' aan de orde. De sluipende golven haar staan voor het haar dat van de kruin over de zijkant van het hoofd neervalt. De dravende wolken haar staan voor het haar dat zich bovenop het hoofd uitbreidt om zich vervolgens over het voorhoofd te welven. De kern van de tegenstelling tussen *sluipen* en *draven* schuilt echter in het feit dat in het éne werkwoord beweging onderdrukt wordt, terwijl in het andere werkwoord beweging op de voorgrond geschoven wordt: *sluipen* betekent 'zich behoedzaam of stil en geleidelijk voortbewegen', *draven* betekent 'in draf gaan', één van de gangen van het paard, de gang tussen stap en galop in, of 'hard lopen'. Het paar *sluipen - draven* komt alleen tot zijn recht, wanneer in het totaalbeeld van het hoofd zoals dat uit het geheel van de onderhavige strofen naar voren komt, niet alleen plaats geboden wordt aan 'beweging van boven naar beneden', een semantisch kenmerk waarin *sluipen* en *draven* overeen zouden komen, maar ook aan de tegenstelling tussen deze beweging en beweging in een plat vlak, met andere woorden aan de tegenstelling tussen verticaal en horizontaal.

Integratie van deze tegenstelling in de betekenis van het paar *sluipen - draven* levert een ingrijpend ander beeld op van het hoofd zoals dat uit de strofen vier, vijf en zes naar voren komt. Bij zich verticaal voortbewegende golven die sluipen, kan nog steeds gedacht worden aan het haar dat opzij van het hoofd over het oor valt. Maar voor zich horizontaal voortbewegende wolken die draven, komt inmiddels een andere vorm van haar dan die van het kapsel in aanmerking, namelijk het haar van de wenkbrauw. De wenkbrauwbogen zijn dan de *bejaarde wolken* van haar die dwars over het voorhoofd *draven* en de *nog nestharen dauwdroppels torsen*. Omdat in het geval van de wenkbrauw de relatie tussen *bejaarde wolken* en *nog nestharen dauwdroppels* nauwer is dan in het geval van het haar van het pagekapsel over het voorhoofd, geef ik aan deze laatste interpretatie de voorkeur. In de strofe over het oog is het haar van wenkbrauw en wimper aan de orde. De wenkbrauwen zijn de door ouderdom getekende wolken van haar die zich welven boven het oog, met daartussen de van het oog en van jeugd parelende wimperhaartjes.

Ter ondersteuning van de interpretatie van *draven* kan nog gewezen worden op een veel later gedicht van Lucebert. Hierboven is uiteengezet dat slechts in uitzonderlijke gevallen, waarin de lijn van het vroegste naar later werk direct doorgetrokken kan worden, de stap buiten het corpus gezet zal worden (zie p. 25). Hier doet zich zo'n geval voor in de vorm van verregaande correspondentie van de context waarin dezelfde woorden *wolken* en *draven* optreden. De wolken die draven uit 'ik ben met de man en de macht' staan in een 'haar'-context, waarin voorts sprake is van *naaktopnamen* en een *voorhoofd*. In 'illusies onder de theemuts' uit *val voor vliegengod* (1959) treden dezelfde woorden *wolken* en *draven* op in een context waarin eveneens 'haar' aan de orde is, hier in de negatieve zin van 'kaalheid' en 'naaktheid'. De tweede strofe van het gedicht opent als volgt (vg 323):

en roep dan toch die wolken weg uit die dreunende film
die maar deinende voortdraaft dwars over uw voorhoofd
maak al zijn vergezichten naakter

De horizontale beweging is hier expliciet gemaakt: *voortdraaft dwars over* uw voorhoofd. Ik beschouw deze explicitering van de horizontale beweging in *draven* in een zo verregaand overeenkomstige context, als nevenargument voor de horizontale betekenis van *draven* in 'ik ben met de man en de macht' en daarmee als steun voor de wenkbrauw-interpretatie.

Afrondend concludeer ik dat de interpretatie van het gedicht verder gevoerd kan worden, indien niet alleen op een hypogram, in casu de zegswijze "met man en macht", wordt gesteund, maar ook op interpretanten uit de kabalistische intertekst. Langs de lijn van de lichamelijke isotopie zet het gedicht 'ik ben met de man en de macht' de stap van *karkas* naar *lichaam*. In het midden van het gedicht wordt het ontstaan van oor en oog beschreven. Deze beschrijving is gesteld in termen die een bijzondere vermenging van het lichamelijke met het natuurlijke laten zien, en stelt het ontstaan van oor en oog voor als afgeleid uit het ontstaan van haar. Deze gegevens maken plaatsing van het gedicht in de kabalistische intertekst noodzakelijk.

Ter beschrijving van de openbaring van God heeft de Kabala het fysieke geëxploreerd. Het haar is slechts één van de bijzondere onderdelen van het menselijk lichaam, die door de Joodse mystiek zijn onderzocht op hun relevantie voor de symboliek ter omschrijving van de openbaring van God. Van deze symboliek maakt Lucebert gebruik bij de beschrijving van het proces dat de 'ik' van 'ik ben met de man en de macht' doorloopt.

De kabalistische intertekst helpt de samenhang tussen de strofen vier, vijf en zes verklaren. In het midden van het proces van karkas tot lichaam stelt Lucebert het haar centraal. Nadat de *naaktopnamen* van de 'ik' als *pagehaar* zijn aangeduid, zet dit haar zich voort in *golven* en *wolken*, die zich op hun beurt ontwikkelen tot *een oor* en *een oog*. Het beeld dat hiermee geschapen is, in een zestal regels waarin een macht van tegenstellingen is samengebald, is niet alleen een indrukwekkend voorbeeld van de visie op natuur en mens als in wezen één. Het maakt ook attent op een mogelijke associatie van het proces dat de 'ik' van 'ik ben met de man en de macht' doorloopt, met het proces van de openbaring van God, en roept in het verlengde daarvan de vraag naar de inhoud van die associatie op.

Tal van vragen blijven nog onbeantwoord. Zo zijn bijvoorbeeld de woorden *voorhoofd* en *naaktopnamen* nog onvoldoende toegelicht en is de opening van de vierde strofe met *ik tril* nog helemaal niet aan de orde gekomen. Verder heeft het woord *pagehaar* nog slechts een deel van zijn raadselachtigheid verloren. Indien de conclusie gerechtvaardigd is, dat het 'haar'-fragment van de lichamelijke isotopie het geheel van de strofen vier, vijf en zes tot een geheel smeedt, dan dient rekening gehouden te worden met de mogelijkheid van demontage van *pagehaar*, zodat naast 'haar' een uitermate dubbelzinnig woord *page* vrijkomt, dat wel eens niet alleen op een bepaald kapsel zou kunnen duiden, maar ook op een poeticale problematiek. Voor het op het eerste gezicht bevreemdende verband tussen haar en taal biedt de intertekst van de Kabala voortreffelijke aanknopingspunten.

HOOFDSTUK II   LUCEBERT EN DE KABALA

In dit hoofdstuk stel ik mij ten doel het belang van de intertekst van de Kabala aan te tonen. Na een bescheiden inleiding in de materie stel ik als overgang naar het onderzoek van de intertekst een beeldend werk van Lucebert aan de orde. Hoewel ik hiervoor de grenzen van het corpus moet overschrijden, mag het boekomslag voor Bert Schierbeeks eerste experimentele roman in dit kader niet ontbreken, omdat Lucebert er een verdere, krachtige indicatie mee geeft voor zijn geverseerdheid in de Joodse mystiek. Vervolgens doorloop ik de intertekst van de Kabala aan de hand van de drie hoofdwerken van de kabalistische literatuur.

Om de relevantie van de Kabala aan te tonen, moet de lijst van drie gedichten uit de oudste afdeling ongebundelde gedichten die tot het onderzoek van de intertekst aanleiding hebben gegeven, aanzienlijk uitgebreid worden, met name ook door gedichten uit de bundel. Op sommige plaatsen kan ik kabalistische interpretanten slechts aanwijzen, maar op andere plaatsen kan ik deze verkennende fase van onderzoek ook al achter mij laten en een begin maken met het eigenlijke werk van de integratie van een interpretant in analyse en interpretatie van een gedicht.

§1   Wat is kabalistiek?

Kabalistiek is de leer van de Kabala. *Kabala* is de naam van de mystiek die zich op basis van de Joodse religie ontwikkeld heeft, en waarvan de geschiedenis ongeveer even oud is als onze jaartelling.

Ik heb mij toegang verschaft tot de wereld van de Joodse mystiek aan de hand van Gershom Scholem. Door zijn werk als geschiedschrijver en als uitgever en vertaler van teksten kan hij beschouwd worden als de grondlegger van het moderne wetenschappelijk onderzoek van de kabalistiek.

De Kabala bleef een gesloten boek voor het rationalisme dat prevaleerde in het Jodendom van de negentiende eeuw. De meerderheid van de toenmalige Joodse geleerden stond afwijzend tegenover de Kabala en liet de mystieke traditie liever in het duister. Eén van de gevolgen hiervan was dat allerlei occultisten zich meester maakten van dit terrein en interpretaties van de Kabala leverden zonder historisch of filologisch fundament. Aan het begin van de twintigste eeuw eist de Joodse wetenschappelijke wereld het eerder verwaarloosde terrein weer voor zich op.

Deze en de volgende paragraaf van dit hoofdstuk zijn voornamelijk op basis van twee standaardwerken van Scholem geschreven: *Major Trends in Jewish Mysticism*[1]

---

[1] Gershom G. Scholem, *Major Trends in Jewish Mysticism*. Schocken Books New York 1961[4] [1941[1]; 1946[2], herziene druk; 1954[3]].

en *Kabbalah*². Het eerste werk is gebaseerd op een serie colleges die Scholem in 1938 aan het Jewish Institute of Religion in New York gegeven heeft en is voor het eerst in 1941 verschenen. Het tweede werk is van veel recenter datum en is samengesteld uit de artikelen die Scholem voor de *Encyclopaedia Judaïca* geschreven heeft.

Major Trends in Jewish Mysticism is vroeg genoeg verschenen om ook vanuit ander gezichtspunt interessant te zijn: het zou een bron van Lucebert geweest kunnen zijn³. Op grond van een aantal bijzondere sporen in de poëzie (zie p. 67 en 196) vermoed ik dat Lucebert het boek gekend heeft⁴.

Bij het paradoxale karakter dat alle mystiek eigen is, legt Scholem in het bijzondere voorbeeld van de Joodse mystiek de vinger, wanneer hij de naam Kabala toelicht. Het woord *kabala* betekent 'traditie'. Wanneer mystiek met Thomas van Aquino omschreven wordt als: *cognitio dei experimentalis*, kennis van God door ervaring, een omschrijving die steunt op de woorden (Ps. 34:9) "Smaakt en ziet, dat de Heere goed is", dan is het paradoxale van de Joodse mystiek dat hier de doctrine over de directe, persoonlijke ervaring van het goddelijke zich tooit met de naam Kabala. In deze naam voor deze zaak vallen ware intuïtie en ware traditie samen. In de naam Kabala is het persoonlijke tot een eenheid met het traditionele versmolten.

Wanneer deze paradox vanuit andere gezichtshoek wordt beschouwd, kan gesteld worden dat de Joodse mystici het recht op de naam Kabala inderdaad verdiend hebben.

Een groot deel van de kabalistische literatuur is geschreven in de vorm van een commentaar op de Tora, de eerste vijf boeken van het Oude Testament, de vijf boeken van Mozes, die samen de Mozaïsche Wet of kortweg de wet of de leer vormen. Kabalisten zijn exegeten die het bouwwerk van hun mystieke speculatie oprichten op het fundament van de Tora.

Meer nog wellicht verdienen de kabalisten het om te worden beschouwd als doorgevers van de traditie vanwege hun opstelling tegenover het erfgoed van het rabbijnse Jodendom, in het bijzonder tegenover dat deel ervan dat door de geboden wordt gevormd.

De bijdrage van de Kabala aan de praktijk van het Joodse religieuze leven is groot geweest. De filosofen van de Middeleeuwen trachtten de redenen voor de geboden langs rationele weg te achterhalen. De verklaring van een gebod door de reconstructie

---

² Gershom G. Scholem, *Kabbalah*. Meridian New American Library New York Ontario 1978 (1974¹).
³ De Universiteits-Bibliotheek van de Universiteit van Amsterdam beschikt over een exemplaar van de eerste druk uit 1941. Overigens vertoont deze eerste druk niet al te veel verschillen met de latere, die alle gebaseerd zijn op de tweede, herziene druk van 1946. De Bibliotheca Rosenthaliana bezit een exemplaar van de tweede druk. De geschiedenis van dit exemplaar is bijzonder. In het Aankopen-journaal van de bibliotheek is, in het handschrift van de interim-bibliothecaris I.L. Seeligmann, ruim één pagina gewijd aan het jaar 1946. De heropening van de bibliotheek vond plaats in het najaar van 1946. Deze pagina is een historisch document. Zij bevat een lijst van zesentwintig, voor het merendeel als geschenk verworven boeken. Als bijdrage van Seeligmann zelf komt op deze lijst het boek *Major Trends* voor, met bij de auteursnaam Scholem de aantekening = *Schalom*.
⁴ In het gesprek dat ik op 5 november met Lucebert had (zie p. 4), heeft hij bevestigd dat hij het boek gekend heeft. Hij heeft het geleend en 'ingekeken' op de Universiteits-Bibliotheek van de Universiteit van Amsterdam.

van een bepaalde historische context maakt de naleving ervan, in een nieuwe tijd en onder veranderde omstandigheden, er echter niet gemakkelijker op. De kabalisten profileren zich hier als de ware erflaters. Zij interesseren zich niet voor de historische omstandigheden die een verklaring zouden kunnen leveren voor een bepaald gebod. Zij redden de geboden van de tand des tijds door ze met hun alomvattende symbolische interpretatie nieuw leven in te blazen. De geboden zijn een mysterie en de naleving ervan is rechtstreeks van invloed op het universum, zodat de gelovige tot protagonist in het drama van de wereld wordt verheven.

In de ogen van de kabalist is de wereld van fundamenteel symbolisch karakter. Onder het zichtbare, uiterlijke aspect van al wat bestaat verschuilt zich een verborgen, innerlijk aspect. Deze 'transparantie' van alle dingen is het gevolg van het feit dat deze wereld slechts een afspiegeling is van een wereld die van hogere orde is, en dat is de wereld van God.

Als een algemeen kenmerk dat alle Joodse mystici bindt, kan de speculatie over deze wereld van God genoemd worden, die tot een systeem wordt uitgewerkt in de doctrine der *sefirot*.

Joodse mystiek concentreert zich op de idee van een levende God die zich manifesteert in de handelingen van schepping, openbaring en verlossing. Tot haar uiterste gedreven geeft de mystieke meditatie over deze idee van een zich manifesterende God aanleiding tot de conceptie van een sfeer, of van een heel rijk van goddelijkheid, dat ten grondslag ligt aan de voor de mens waarneembare wereld en dat aanwezig en actief is in al wat bestaat. Dit is de wereld van God of de wereld der *sefirot*.

De boeken van het Oude Testament zijn documenten van de geopenbaarde, met tal van namen benoemde God. De verborgen God kan alleen metaforisch worden benoemd en wordt door de kabalisten aangeduid als *En-Sof*, het oneindige. Met dit postulaat van een onpersoonlijk fundament in God, die alleen in schepping en openbaring een persoon wordt, verlaat de kabalistiek de personalistische basis van de bijbelse conceptie van God.

Hoewel er een historisch verband bestaat met het gnosticisme, dat schepper en verborgen god als tegengestelde principes opvat, begrijpt de Kabala verborgen en levende God als één en dezelfde: de 'orthodoxe' kabalistische speculatie wijdt alle energie aan het vermijden van dualistische consequenties. Anders had men zich ook niet binnen de Joodse gemeenschap kunnen handhaven.

Over de relatie tot het gnosticisme schrijft Scholem niet zonder kleur. Hij spreekt in dit verband over de 'wraak van de mythe op haar overwinnaar'. Via de *Bahir* heeft de hele Kabala mythen en metaforen van de gnostici geërfd. Dat deze omstandigheid paradoxaal is, wordt duidelijk wanneer in aanmerking genomen wordt dat het gnosticisme, één van de laatste grote manifestaties van mythologisch denken in de religie, ontstaan is in de strijd tegen het Jodendom als overwinnaar van mythologie.

Als tweede algemeen kenmerk van de Joodse mystiek kan de visie op de Tora genoemd worden. Voor de kabalisten is de Tora een levend organisme, bezield door een geheim leven dat klopt onder de oppervlakte van de letterlijke betekenis. De Tora is de levende incarnatie van de wijsheid van God. Zij is de historische wet van het uitverkoren volk, maar ook de kosmische wet van het universum, zoals dat door Gods wijsheid werd ontworpen. Elke configuratie van letters erin, of die in de gewone taal nu wel of niet zinvol is, symboliseert een aspect van Gods scheppende kracht.

Alle mystici klagen over de taal die tekort schiet wanneer zij hun ervaring erin willen uitdrukken. Joodse mystici vormen geen uitzondering op deze regel, maar vertonen hiernaast een opvallend kenmerk, dat hun opstelling tegenover de taal veel positiever kleurt. Taal is van eminente mystieke waarde, omdat taal het scheppingsinstrument van God is. Alle schepping is niets anders dan Gods expressie van zijn verborgen zelf, zijn zichzelf een naam geven. De openbaring onthult in laatste instantie niets anders dan de naam van God. Taal vormt een zekere weg tot God. De mystieke analyse van taal legt de geheimen van schepper en schepping bloot. Taal bereikt God, omdat zij komt van God.

Deze bijzondere waardering van taal - Scholem spreekt in dit verband over de "enthusiastic appreciation of the faculty of speech"[5] - is naar mijn mening één van de specifieke kenmerken van de Kabala geweest die Luceberts belangstelling gaande gemaakt hebben. Genot in het spraakvermogen blijkt met name uit de drie gedichten die samen de titel 'romeinse elehymnen' (vg 30-32) dragen. Hier is sprake van een (vg 30) *verrukte stem* en van de taal, die (vg 32) *van de donkere kolom mijner tong (kraait)*.

Scholem maakt zijn inleidende opmerkingen over Joodse mystiek niet zonder tegelijk te steunen op algemene definities van mystiek. De omschrijving van Thomas van Aquino hierboven heb ik op mijn beurt aan hem ontleend, en ook het begrip *unio mystica*, één van de centrale begrippen met behulp waarvan mystiek gedefinieerd kan worden, komt bij Scholem aan de orde. Maar hij waarschuwt tegen een a-historische benadering van mystiek:

> there is no such thing as mysticism in the abstract, that is to say, a phenomenon or experience which has no particular relation to other religious phenomena. There is no mysticism as such, there is only the mysticism of a particular religious system, Christian, Islamic, Jewish mysticism and so on.[6]

Mystiek bestaat niet autonoom, maar is gebonden aan een bepaalde religie. Kabala is de mystiek van de Joodse religie. Eén van de hoofdvragen waarop dit boek een antwoord tracht te geven, is, wat deze specifieke mystiek voor de poëzie die het object van onderzoek is, betekent. Voor de wat kortere termijn kan een iets concreter doelstelling geformuleerd worden. In dit hoofdstuk stel ik mij ten doel uiteen te zetten hoe ernstig Luceberts woorden *zie zohar* genomen moeten worden, de speels rijmende verwijzing naar het hoofdwerk van de Kabala in een voetnoot bij 'het proefonder- vindelijk gedicht' (vg 432).

---

[5] Scholem, *Major Trends in Jewish Mysticism. cit.*, p. 17.
[6] ibidem, p. 5-6.

§2 Historisch overzicht van de Kabala

Scholem beschrijft de lange periode van de eerste eeuw voor Christus tot de tiende eeuw na Christus als één ontwikkelingsfase van de Joodse mystiek. Deze mystiek heet Merkava-mystiek, naar de *merkava*, troonwagen, uit het visioen van Ezechiël.

De voornaamste documenten van de Merkava-mystiek zijn de *hechalot*-boeken. Deze boeken beschrijven de *hechalot*, de hemelhallen of -paleizen, waar de ziel op weg naar de troon van God doorheen reist. Het exegetisch element ontbreekt nog geheel in deze teksten. Ze beschrijven een religieuze ervaring waarvoor geen sanctie in de Bijbel wordt gezocht.

Elementen van magie spelen een rol bij de door beproeving en gevaar gekenmerkte reis naar de *Merkava*. Om door de poortwachters van de hemelhallen doorgelaten te worden, moet de ziel over een 'pas' beschikken: een magisch zegel, gemaakt uit een geheime naam, waarmee de reiziger zichzelf zegelt ter bescherming en dat daarnaast dient als magisch wapen ter opening van de poort.

De Merkava-mystiek is 'basileomorf': God is koning, en als zijn meest benadrukte eigenschappen komen zijn majesteit en verhevenheid naar voren. Ieder gevoel van goddelijke immanentie ontbreekt. Zelfs op het hoogtepunt van de mystieke ervaring wordt de kloof tussen ziel en koning niet overbrugd. De reiziger staat voor de troon, ziet en hoort, maar dat is alles.

In astronomische getallen wordt het object van het visioen: de verschijning op de troon, de goddelijke glorie of tegenwoordigheid, beschreven in de tekst *Shiur Koma*, maat van het lichaam.

Een deel van de Merkava-mystiek handelt over de figuur van Metatron. Alle reizigers moeten de transformatie 'van vlees in vuur' ondergaan en velen dreigen door dit vuur verteerd te worden. De mysticus moet, zo heet het, kunnen staan zonder handen en voeten. Een metamorfose in deze zin ondergaat de patriarch Enoch: zijn lichaam verandert in vuur, zijn wimpers veranderen in bliksemschichten en zijn ogen in vlammende toortsen. Na deze transformatie ontvangt Enoch de naam *Metatron* en de rang van eerste der engelen. Hij wordt geïdentificeerd met de engel Jahoël of Joël, wiens kracht ligt in het feit dat zijn naam de naam van God bevat: *Jaho* is een afkorting van het tetragrammaton JHWH.

Messiaanse belangstelling blijkt uit de beschrijving van het gordijn voor de troon: een doek waarin al wat voor de aarde bestemd is staat geweven, en waarop dus ook de daden van de Messias staan afgebeeld. Belangstelling voor de schepping blijkt uit een uniek document van bescheiden omvang: het *Sefer Jetsira*, Boek van de Schepping. Dit is het eerste hoofdwerk van de kabalistische literatuur, dat hierna apart besproken zal worden (zie p. 75 e.v.).

Van het midden van de twaalfde tot het midden van de dertiende eeuw bloeit in Duitsland het Chasidisme. Hoofdwerk van deze moralistische volksbeweging is het *Sefer Chasidim*, Boek der Vromen, de literaire nalatenschap van Jehuda Hechasid.

De beweging ontwikkelde een nieuw concept van vroomheid, waarin de intellectuele waarden geheel ontbreken. Religieus ideaal is de *chasid*, die zich onderscheidt door ascese, geestelijke sereniteit en extreem altruïsme. De doofheid voor spot en hoon, waaraan de chasidim door hun uitzonderlijke leefwijze blootstaan, is de ware navolging van God. Het radicale element blijkt uit een credo als: beter heel het leven trouw zijn aan één gebod, dan steeds tussen verschillende geboden aarzelen. Omdat niet ieder geroepen is tot dit ideaal, achtten de chasidim op zichzelf een hogere dan de gewone wet van toepassing.

In tegenstelling tot de mystici van de Merkava streven de chasidim niet naar nadering tot de troon door de mysticus zelf, maar door diens gebed. Een extreme zorg voor de 'juiste' tekst blijkt uit hun gebedsmystiek, die met behulp van de speculatieve analysetechnieken *gematria*, *notarikon* en *temura* voor de vorm van de gebeden een reden zocht in de Tora.

De drie genoemde analysemethoden, die in de christelijke receptie van de Kabala grote aandacht hebben gekregen en in de populaire visie op Joodse mystiek zelfs de kern van de Kabala zouden vormen, komen alle neer op een verzelfstandiging van de constituerende elementen van woorden: de letters. Gematria steunt daarnaast op het feit, dat de letters van het Hebreeuwse alfabet, tweeëntwintig in getal, corresponderen met de getallen 1 tot 9, de tientallen 10 tot 90 en de honderdtallen 100 tot 400. Gematria vervangt een woord door een ander woord met dezelfde getalswaarde. Notarikon vat een woord als afkorting op en ziet de letters ervan als de beginletters van een reeks van woorden of van een reeks van zinnen. Door temura worden de letters van een woord verplaatst, zodat een nieuw woord ontstaat.

Eveneens nieuw in vergelijking met de Merkava-mystiek is het steun zoeken in mystieke exegese. In deze methode van uitleg wordt wél een kern van de Kabala geraakt. Bijvoorbeeld de omschrijving van God als de 'ziel van de ziel' wordt uitgelegd in de zin dat God de ziel bewoont, en als het fundament voor deze uitleg wordt een vers uit de Bijbel aangewezen, in casu (Deut.7:21): "want de Heere uw God, is in het midden van u".

Tendensen naar een soort logos-doctrine, die herinnert aan Philo van Alexandrië, zijn waar te nemen in de speculatie over *kavod*, de naam die de chasidim geven aan de goddelijke glorie of *shechina*. Alleen de goddelijke glorie wordt geopenbaard; de oneindige schepper zelf openbaart zich niet, maar 'houdt zijn stilte vol en draagt het universum'.

Het begrip *shechina* speelt een belangrijke rol in de latere ontwikkeling van de Kabala. Het krijgt hier zijn eerste mystieke duiding als 'dat wat zich in het visioen openbaart'. In de Talmud wordt de term *shechina* gebruikt ter aanduiding van Gods alomtegenwoordigheid.

De bloeiperiode van de Kabala loopt van het begin van de dertiende tot het einde van de veertiende eeuw. Begin en eind van deze periode worden gemarkeerd door twee boeken, de *Bahir* en de *Zohar*, die hierna in aparte paragrafen aan de orde zullen komen. In de twaalfde eeuw wordt in de Provence het boek *Bahir* uitgegeven, waarvan een nieuwe impuls uitgaat. De leer van de sefirot krijgt hier haar eerste contouren. Aan het begin van de dertiende eeuw verplaatst het centrum van de beweging zich naar Noord-Spanje. Eveneens in Spanje ontstaat aan het eind van de dertiende eeuw de *Zohar*, het hoofdwerk van de Kabala. In een rijke en zeer gevarieerde symboliek wordt de leer der sefirot hier tot een systeem uitgewerkt.

Aan deze bloei komt een ruw einde met de exodus uit Spanje in 1492. Deze gebeurtenis, één van de meest ingrijpende uit de Joodse geschiedenis, leidt volgens Scholem tot een transformatie van de Kabala.

Men nam aan dat met deze uittocht de messiaanse era was begonnen. De nieuwe Kabala die aan het begin van de zestiende eeuw in Safed in Palestina ontstaat, is doordrongen van het gebeuren van de exodus. De verschrikkingen van de ballingschap werden weerspiegeld in de nieuwe leer van de zielsverhuizing. Absolute ballingschap was het ergste lot dat de ziel kon treffen, een toestand die zowel wedergeboorte als toelating tot de hel uitsloot.

De nieuwe Kabala is de leer van Isaäc Luria, die is overgeleverd door verschillende werken van zijn leerlingen, waarvan het boek *Ets Chajim*, Boom des levens, van Chajim Vital het belangrijkste is. Luria bouwt voort op de leer van de *Zohar*, maar zijn kosmogonie is aanzienlijk dramatischer.

Centraal in die kosmogonie staat het concept *tsimtsum*. De term *tsimtsum* komt voor in de Talmud en betekent daar 'de concentratie van God op een bepaald punt'. Luria keert dit om en hecht aan *tsimtsum* de betekenis 'terugtrekking van God van een bepaald punt'. Een antwoord gevend op de vraag, hoe de wereld kan bestaan als God overal en alles is, ontwerpt Luria het concept van een mystieke oerruimte, waaruit God zich terugtrok om er in de daad van schepping naar terug te keren. De eerste daad van En-Sof is dus niet een stap naar buiten, maar een stap naar binnen: samentrekking in plaats van emanatie. *Tsimtsum* als verbanning van God in zichzelf is het diepst denkbare symbool van de ballingschap.

Het *tsimtsum*-concept maakt het kosmisch proces tweevoudig: een proces van terugtrekking en uitstroming, eb en vloed, in- en uitademing. De grens tussen theïsme en pantheïsme kon hierdoor vaag gemaakt worden. Het was enerzijds mogelijk te benadrukken dat, omdat God zich terugtrok, datgene wat vervolgens ontstond buiten hem moest staan. Anderzijds kon geponeerd worden dat, hoewel God zich terugtrok, er toch een residu van En-Sof in de oerruimte overbleef, als een bodempje wijn in een fles.

Het goddelijk licht dat na de tsimtsum in de oerruimte stroomt, emaneert als *Adam Kadmon*, de oermens. Uit zijn ogen, mond, oren en neus stroomt het licht van de sefirot naar buiten, dat opgevangen wordt in speciaal voor dit doel geëmaneerde vaten. De vaten die met de drie eerste sefirot corresponderen, geven op de bedoelde wijze bescherming aan hun deel van het licht, maar daarna barst dit zo krachtig naar buiten, dat de volgende vaten breken.

De reden van *shevirat hakelim*, het breken van de vaten, is katharsis: met de lichten der sefirot zijn machten van het kwaad vermengd, die daarvan gescheiden moeten worden. De organische symboliek van de *Zohar* wordt hier verder ontwikkeld: de *shevira* wordt vergeleken met de doorbraak van de geboorte, een proces dat eveneens gepaard gaat met het naar buiten treden van wat als afval of als bijproduct moet worden beschouwd.

Het gnostische karakter van de doctrine is duidelijk zichtbaar. De mythologie van het gnosticisme kent eveneens dramatische processen in het pleroma, het domein van goddelijke 'volheid', waarbij lichtpartikels worden uitgedreven en in de leegte vallen. Op dezelfde wijze verantwoordt Luria de val van goddelijke lichtvonken in de diepte. Het breken van de vaten is het keerpunt in het kosmologisch proces: het licht werd diffuus, stroomde terug naar zijn bron of vloeide naar beneden. Een aantal vonken viel op de onderwereld van het kwaad, waardoor goed en kwaad met elkaar vermengd raakten. Doel van het bestaan is wat Luria aanduidt als *tikun*, het herstel van de ideale orde, die het oorspronkelijk doel van de schepping was.

Luria's leer betekent het hoogtepunt van antropomorf denken in de geschiedenis van de Joodse mystiek. Terwijl in de *Zohar* het totaal der sefirot nog op uiteenlopende wijze wordt gesymboliseerd, leert Luria een antropomorfe emanatie van En-Sof. Na de *shevira* ontspringt een nieuwe stroom licht aan En-Sof, die uit het voorhoofd van *Adam Kadmon* barst en een nieuwe richting geeft aan de wanordelijke elementen. De uitstromende lichten worden georganiseerd in nieuwe configuraties, elk een *partsuf*, gelaat, van God. Luria onderscheidt vijf van deze goddelijke *partsufim*. De eerste sefira leidt tot het *partsuf* van Arich Anpin, God de lang-lijdende en genadige. De tweede en derde sefira leiden tot de *partsufim* Aba en *Ima*, vader en moeder. De zes volgende resulteren in Zeïr Anpin, God de ongeduldige, in tegenstelling tot Arich Anpin. De laatste sefira, die Luria net zoals de *Zohar* opvat als de Shechina, resulteert in het *partsuf Rachel*.

De symboliek van de partsufim wordt gerelateerd aan de leer van *tikun*. Zolang de *tikun* nog niet voltooid is, vormen Zeïr Anpin en Rachel twee *partsufim*. Luria wordt gedreven tot iets dat sterk lijkt op een mythe van God die zichzelf baart. De ontwikkeling van de mens door de stadia van verwekking, zwangerschap, geboorte en jeugd tot aan de volwassenheid, dit totale proces verschijnt als een vermetel symbool van de *tikun*, waarin God zijn eigen persoonlijkheid ontwikkelt.

Luria's *tikun*-doctrine verbindt humane en goddelijke geschiedenis: door religieus handelen helpt de mens 'het gelaat van God te vervolmaken'. Groot belang verwierf de *kawana*: elk gebed werd begeleid door de formule, dat het diende 'ter hereniging van de Shechina in ballingschap met God'.

Op simpele en effectieve wijze omschrijft Luria de taak van de mens als de restauratie van zijn 'oerstructuur'. Omdat Adams ziel alle zielen bevatte, zijn wij allen door de zondeval aangeraakt. Door de *tikun* moet de mens zijn spirituele aard herstellen.

Luria's opvatting van de *gilgul*, zielsverhuizing, verschilt volledig van die van de *Zohar*. Als Adams ziel alle zielen bevatte, dan zijn alle zielsverhuizingen in laatste instantie verhuizingen van de éne ziel, die met haar ballingschap boete doet voor de zondeval. *Gilgul* functioneert hier dus als algemeen geldige wet.

Zolang de ziel haar spirituele herstel nog niet voltooid heeft, blijft zij onderworpen aan zielsverhuizing. Zielsverhuizing wordt dus opgevat als een de mens geboden kans om de eigen emancipatie te voltooien. Ieder draagt het spoor van zielsverhuizingen in de lijnen van voorhoofd en handen en grote mystici, die dit schrift van de ziel kunnen ontcijferen, kunnen hulp bieden bij haar zwerftocht.

Het grote en snelle succes van de *gilgul*-leer wordt niet alleen verklaard doordat deze appelleert aan een primitief, mythisch geloof, maar ook door de historische situatie van de Joden. De *gilgul*-leer transformeerde de ballingschap. Deze was niet meer alleen straf voor Israëls zonden of beproeving van Israëls geloof, maar ook de noodzakelijke voorwaarde om de overal gevallen, verspreide vonken op te tillen. Hierom moest Israël wel over de vier windstreken worden verspreid.

De Luriaanse doctrine combineerde een mystieke interpretatie van het historisch feit van ballingschap met een mystieke theorie over de weg naar verlossing. In de Kabala van Luria werd de mystieke contemplatie verrijkt met messiaanse gloed. Er was maar weinig meer voor nodig om de laatste stap naar het messianisme te zetten, en die stap kwam in 1665 met de proclamatie door Nathan van Gaza van Shabbetai Tsevi als Messias. Aan zijn voornaam *Shabbetai* dankt de beweging van het Sabbatianisme haar naam.

Tsevi was een manisch-depressief man, die messias dacht te zijn en die zich bij vlagen van maniakale euforie gedwongen zag tot het verrichten van handelingen die indruisen tegen de wet. De sabbatianen geven hieraan later de terughoudende maar veelzeggende naam: *maäsim zarim*, vreemde of paradoxale handelingen. Deze eigenaardigheid van het quasi-sacramentele karakter van onwettige daden gaf de beweging haar specifieke karakter.

Het was Nathan van Gaza die de kwaliteit van 'heilig zondaar' in Tsevi ontdekte en deze in kabalistische zin duidde. Onder de vonken die bij het breken van de vaten gevallen waren, was de ziel van de Messias. Deze ziel wordt sindsdien gevangen gehouden in het rijk der duisternis en wordt gekweld en verleid door de daar wonende slangen. De 'heilige slang' die de Messias is - de woorden voor 'messias' en 'slang' hebben dezelfde getalswaarde - zal zich pas bevrijden uit haar kluisters als de tikun voltooid is. Metafysica en psychologie komen samen in de duiding, dat Tsevi bij vlagen ten prooi valt aan de slangen en bij vlagen de verlichting beleeft. Deze vroege mythe van het Sabbatianisme vertoont frappante overeenkomst met de gnostische school van de Ophiten of Naässenen[7]; toch is de stof ervoor te vinden in de *Zohar* en in de Luriaanse Kabala.

Als volslagen verrassing komt dan in 1666 de afvalligheid van Shabbetai Tsevi: voor de sultan geleid, treedt hij toe tot de Islam. De weg naar ketterij ligt dan open. Direct na 1666 tonen grote groepen Joden zich vatbaar voor de huldiging van afvalligheid als mysterie. De propaganda hiervoor werd eerst ook openlijk gevoerd. Toen na verloop van jaren de verwachte terugkeer van Tsevi uitbleef, veranderde het Sabbatianisme van karakter. De aanvankelijk populaire beweging wordt sectarisch, de messias wordt uit de doctrine geweerd en andere onderwerpen treden op de voorgrond.

De ervaring van bevrijding bleek sterker dan de feitelijke loop van de geschiedenis. Er ontstonden doctrines die de kloof, ontstaan tussen innerlijke en uiterlijke realiteit, moesten overbruggen.

In historisch perspectief wordt het Sabbatianisme zichtbaar als de eerste serieuze revolte in het Jodendom. Het religieus anarchisme van het Sabbatianisme speelde een belangrijke rol in het ontstaan van een morele en intellectuele atmosfeer die de hervormingsbeweging van de negentiende eeuw begunstigde. Tweemaal in de geschiedenis van het Sabbatianisme heeft zich een massale, georganiseerde afvalligheid voorgedaan: in 1683 in Tessaloniki, waar de "Doenmeh" - de 'afvalligen', zoals zij door de Turken genoemd werden - overgingen tot de Islam; en in 1759 in Oost-Galicië, waar de Frankisten onder leiding van Jacob Frank overgingen tot het katholicisme. Deze wel en niet van het Jodendom losgesneden kernen worden de haarden van hervorming in het begin van de negentiende eeuw.

De grote invloed van het Sabbatianisme is mede begunstigd door de marranen, de nakomelingen van de Sefardische Joden die bij de vervolgingen tussen 1391 en 1498 massaal tot het Christendom waren overgegaan. Zij vonden in een afvallige messias de uitlaatklep voor hun eigen frustratie en gewetenswroeging. De voornaamste propagandist van de beweging naast Nathan van Gaza, Abraham Miguel Cardozo, was een marraan.

---

[7] Beide namen zijn afgeleid van de woorden in het Grieks en Hebreeuws voor 'slang', respectievelijk: *ofis* en *nachash*.

Vanaf 1670 schrijft Cardozo een reeks van werken over de nieuwe leer. Hij leert dat allen gedoemd zijn marraan te worden, maar dat God redt van deze straf door dit offer aan de messias op te leggen. Het moeilijkste deel van zijn taak vervult de messias door af te dalen in de hel om daar de laatste gevallen vonken te bevrijden.

Als de voltooiing van tikun de wereld verandert, dan moet op dat moment ook de Tora in een nieuw licht verschijnen. De 'vreemde daden' van de messias lopen vooruit op deze nieuwe wet.

Deze hypothese moet de emotionele verhouding tot de wet ingrijpend veranderd hebben. Er is een gematigde vleugel geweest, die desondanks heeft kunnen leven met de paradox van naleving van een oude wet, die mettertijd door een nieuwe zou worden vervangen. Anderzijds waren er erupties van opstand tegen de wet. De kwestie of de handelingen van de nieuwe messias al dan niet dienden als voorbeeld ter navolging voor de gelovigen, vormde het breekpunt waarop de wegen van gematigd en radicaal Sabbatianisme scheidden.

De gevolgen van de visie dat het een plicht was het voorbeeld van de messias te volgen, waren zuiver nihilistisch. In diverse vermommingen werd het nihilisme gepredikt: kwaad moet met kwaad bestreden worden en het kleed van de schaamte dient met de voeten getreden te worden. De Talmud zegt dat Davids zoon alleen komt in een tijd die of volledig schuldig, of volledig onschuldig is. Omdat niet ieder heilig kan zijn, is een zekerder weg naar de verlossing allemaal zondaars te zijn.

Elke sfeer van existentie, en dus ook het proces van verlossing, gehoorzaamt aan de wetten van organische ontwikkeling. De Tora wordt de zaadkorrel van de verlossing genoemd, en zoals het zaad moet rotten in de aarde om te ontspruiten en vrucht te dragen, zo moet de Tora omvergeworpen worden om in haar ware messiaanse glorie te verschijnen.

In deze zin schept Jacob Frank, de leider van de achttiende-eeuwse Frankistische beweging, de doctrine van de heiligheid der zonde, een religieuze mythe van nihilisme. De gedachte dat het juist is om te zondigen, om zo het kwaad van binnenuit te bestrijden, bestaat naast de gedachte dat diegenen die al in de nieuwe wereld wonen, helemaal niet kunnen zondigen, omdat het kwaad voor hen iedere betekenis verloren heeft.

Het wetenschappelijk onderzoek van de Joodse mystiek is gestart bij de laatste fase van het Russisch-Pools Chasidisme, dat een bloeiperiode beleefde van circa 1750 tot 1850. De beweging van Frank en het Chasidisme overlappen elkaar nog net: in het Chasidisme treden diverse cryptosabbatianen op. Een wezenlijk punt van overeenkomst ligt in het concept van de ideale leider, die niet door geleerdheid maar door charisma op die titel aanspraak kon maken.

Het Chasidisme streefde ernaar een volksbeweging te zijn, maar wilde het gevaarlijk gebleken messianisme vermijden. De volgelingen van Israël Baäl Shem, meester van de heilige naam, de stichter van de beweging, voelden zich als 'vrienden van God' en toonden in hun optreden een enthousiasme dat gerechtvaardigd werd door de oude idee van goddelijke immanentie in al het bestaande. Het Chasidisme was niet het produkt van theorie, maar van spontane religieuze ervaring, en in vergelijking met vroegere kabalisten drukken de chasidim zich veel toegankelijker uit.

Niet op de theosofie, maar op de psychologie ligt de nadruk. Doordat het Chasidisme de diverse stadia van de goddelijke wereld liet corresponderen met een bepaalde zielstoestand, werd de Kabala in deze fase tot instrument van psychologische analyse. Door af te dalen in de diepten van het eigen ik wandelt de mens door alle dimensies van de wereld; zonder één stap buiten zichzelf te doen, ontdekt de mens dat God 'alles in alles' is en dat er niets dan God is.

Buber heeft het Chasidisme 'in ethiek omgezette Kabala' genoemd. De chasidim verbonden kabalistische ideeën met waarden van het individuele leven en als mystieke moralisten spoorden zij de gelovigen aan de belichaming te worden van een ethische kwaliteit. Zo had de gelovige de Kabala niet langer nodig: hij had de *tsadik*, de rechtvaardige, het chasidistisch concept van de geestelijk leider.

In de plaats van de theoretische uiteenzetting komt het verhaal. Rond het leven van de grote *tsadikim* werden legenden gesponnen, en de grote rijkdom aan verhalen speelt een belangrijke rol in het leven van de Chasidim. Een verhaal vertellen over de daden van de heiligen is een nieuwe religieuze waarde geworden, een soort religieuze rite. Vele *tsadikim* hebben de hele schat van hun ideeën in zulke verhalen neergelegd. Hun Tora nam de vorm aan van een onuitputtelijke bron van verhalen. Niets is theorie gebleven, alles is verhaal geworden.

Hierna zal geconcludeerd kunnen worden, dat sporen van het Sabbatianisme terug te vinden zijn in Luceberts poëzie (zie p. 196), met name in de gedichten 'ballade van de goede gang' (vg 18-19) en 'school der poëzie' (vg 14). In de tweede strofe van dit laatste gedicht komen verschillende elementen voor, die in sabbatianistische zin gelezen kunnen worden. Ik doel op *oproer, leugen* en *deugd*, en *uitzieken* (vg 14):

> lyriek is de moeder der politiek,
> ik ben niets dan omroeper van oproer
> en mijn mystiek is het bedorven voer
> van leugen waarmee de deugd zich uitziekt

Over de uitloper van het Sabbatianisme die het Frankisme is, schrijft Gershom Scholem onder meer het volgende:

> Certain more or less paradoxical utterances from the Talmud and other sources, as well as certain mystical symbols, became after 1700 the slogans of a religious nihilism in which the ideational content of a depraved mysticism comes into open conflict with every tenet of the traditional religion.[8]

Scholems woorden *depraved mysticism* komen opvallend dicht in de buurt van de regel *en mijn mystiek is het bedorven voer* uit 'school der poëzie'.

---

[8] Scholem, *Major Trends in Jewish Mysticism. cit.*, p. 317.

§3 Luceberts boekomslag voor *Het boek ik* van Bert Schierbeek

Als opstap naar de bespreking van de drie hoofdwerken van de primaire kabalistische literatuur in verband met Lucebert wil ik een beeldend kunstwerk van de dichter-schilder aan de orde stellen waaruit zijn vertrouwdheid met de kabalistiek duidelijk blijkt. In 1951 verschijnt de eerste experimentele roman van Bert Schierbeek, *Het boek ik*, voorzien van een omslag dat is gemaakt door Lucebert[9]. Dit omslag is een kabalistisch kunstwerk, dat niet zonder reden voor juist deze roman is gemaakt.

Voor zijn omslag heeft Lucebert gebruik gemaakt van de eerste pagina van de zogeheten *Praagse Hagada*. Van onderdelen van deze pagina is een collage gemaakt die links onderaan op het omslag verschijnt, in de vorm van drie kolommen. Deze drie kolommen zijn gevangen in en tussen de lijnen van de letters van het woord *IK* uit de titel, die de totale lengte van het omslag beslaan (zie de illustraties 2 en 3).

Het woord *agada* betekent 'verhaal'. De twee vormen *agada* en *hagada* bestaan naast elkaar, maar tenminste tegenwoordig wordt om praktische redenen van onderscheid vrij algemeen het woord *hagada* gebruikt ter aanduiding van de Paasliturgie.

Met het Paasfeest wordt de bevrijding van het volk van Israël uit de Egyptische slavernij gevierd. Het verhaal van de uittocht uit Egypte wordt verteld in het bijbelboek Exodus. Het Paasfeest begint met de in huiselijke kring gevierde seideravond, de vooravond van Pasen, die valt op de veertiende dag van de maand nisan. Het boek dat de liturgie voor de seideravond bevat en alle voorgeschreven gebruiken, heet *Hagada*.

De door Lucebert voor zijn ontwerp gebruikte pagina is afkomstig uit de *Praagse Hagada*. Natuurlijk hebben er in de loop van de tijd tal van edities bestaan, maar in een moderne Engelse vertaling wordt desondanks opgemerkt, dat de diverse teksten over het algemeen opmerkelijk uniform zijn[10]. De *Praagse Hagada*, in 1526 in Praag gedrukt, is één van de pronkstukken van de Hebreeuwse boekdrukkunst. Van het boek zijn in de twintigste eeuw twee facsimile-uitgaven verschenen, één in 1926[11] en één in 1964.

Lucebert bewerkt het blad door middel van een collage-techniek. Langs een rechte lijn is het doormidden geknipt. Van de onderste helft zijn vervolgens de sierranden afgeknipt. Deze verschijnen als aparte, losstaande zuilen links en rechts in de collage. De lijn waarlangs het blad doormidden gesneden is, lijkt ingegeven door de motieven in de sierranden. De snede loopt namelijk door de tekst en beschadigt met name het

---

[9] Bert Schierbeek, *Het boek ik*. Met een omslag van Lucebert. De Bezige Bij 1951. Op de binnenzijde van het omslag staat de vermelding: "de dichter lucebert tekende het omslag". Zie voor een fotografische herdruk van de eerste druk: Bert Schierbeek, *Het boek ik, De andere namen, De derde persoon*. [Verzameld Werk dl.2]. De Bezige Bij Amsterdam 1978, p. 9-178.
[10] Chaim Raphael, *A Feast of History. The drama of Passover through the ages.* With a new translation of the Haggadah for use at the Seder. Weidenfeld and Nicolson London / Jerusalem 1972, p. 157.
[11] *Die Pessach Haggadah des Gerschom Kohen 5287 / 1527*. Monumenta Hebraica et Judaica Vol.I. Ediderunt Benzion Katz et Heinrich Loewe. Josef Altmann Berlin 5686 / 1926.

in een groter lettertype gezette woord *baruch*, gezegend, dat het begin vormt van de zegenspreuk. De derde kolom of zuil van de collage is een compositie van twee knipsels. Uit de bovenste helft van het blad is eerst de afbeelding met het daaronder staande woord *baruch* geknipt, vervolgens is een fragment van de ernaast afgedrukte tekst uitgesneden. Voor dit laatste segment van zijn collage snijdt Lucebert door de tekst die direct naast de afbeelding met het in kapitalen gezette woord *or*, licht, begint. Kennelijk is het de bedoeling geweest om een fragment van het blad uit te snijden, dat ongeveer even groot was als het eerder afgezonderde segment met het plaatje, en dat daarmee gecombineerd een zuil van dezelfde hoogte als die van de twee sierranden zou opleveren. Gevolg hiervan is geweest, dat de snede dwars door de beginregels van de tekst loopt. Uit de twee segmenten die uit de bovenste helft van het blad zijn afgezonderd, wordt het nieuwe geheel van de derde kolom van de collage gesmeed. Het tekstfragment wordt omgekeerd en zo, op zijn kop, onder het beeldfragment geplaatst.

Vervolgens dient de vraag naar de inhoud van het blad dat aldus bewerkt is, gesteld te worden. Tijdens het zeven dagen durend Paasfeest wordt ongedesemd brood gegeten ter herinnering aan het feit, dat de Israëlieten op het moment van de uittocht het nog ongezuurde deeg in de baktroggen met zich meenamen (Exod.12:34 en 39). De wet bepaalt echter niet alleen dat er tijdens het Paasfeest geen gedesemd brood gegeten mag worden, maar ook dat vóór het Paasfeest uit het hele huis al het gedesemde verwijderd moet worden. Met déze specifieke bepaling betreffende *bedikat chamets*, het inspecteren van het gedesemde, begint de tekst van de *Praagse Hagada*.

De eerste regel van de tekst is een citaat uit de *Mishna*; het betreft immers een specifieke bepaling, een gebod. Het vervolg, doorlopend tot de bodem van de afbeelding, geeft nadere aanwijzingen met betrekking tot de geciteerde bepaling. Deze beide fragmenten zijn als niet-sacrale tekst ongevocaliseerd. De hierop volgende vierregelige tekst in een groter lettertype is de bij het gebod horende zegenspreuk. Dit tekstfragment is onderdeel van de liturgie en daarom wel gevocaliseerd. De vertaling luidt als volgt:

> 's Avonds op de veertiende van de maand nisan moet men zoeken naar het gedesemde. Men mag hiernaar niet zoeken bij het licht van de zon, en niet bij het licht van de maan, en niet bij het licht van een toorts, maar alleen bij het licht van een kaars van was. Je moet zoeken in spleten en in holen en op alle plaatsen waar je het gebruikt zou kunnen hebben. Geen enkel werk mag je beginnen tot het moment van het inspecteren, zelfs niet de studie van de leer. En voordat men begint met het inspecteren, spreekt men een zegenspreuk uit:
> Gezegend zijt Gij, Heer onze God, koning van het universum, die ons geheiligd hebt met Uw geboden en ons hebt aangezet tot de verwijdering van het gedesemde.[12]

---

[12] Voor deze vertaling dank ik dr. A.K. Offenberg, conservator van de Bibliotheca Rosenthaliana.

illustratie 2
Pagina 1 van de zogeheten *Praagse Hagada*, in 1526 uitgegeven door Gerschom Kohen.

illustratie 3
Lucebert, omslag van Bert Schierbeek, *Het boek ik*. Van de eerste pagina van de *Praagse Hagada* maakte Lucebert een collage die hij links onderaan op het omslag een plaats geeft. De drie kolommen of 'zuilen' zijn geplaatst in de lijnen van de letters van het woord IK.

De feestdag begint bij het vallen van de avond[13]. Daarom mag men ook noch bij het licht van de dag, de zon, noch bij het licht van de nacht, de maan, zoeken naar het gedesemde. Verder is bepaald dat er ook geen toorts gebruikt mag worden, maar alleen een kaars van was.

Deze nadere bepaling wordt in beeld gebracht door het plaatje, waarover in een de tweede facsimile-editie begeleidend boek het volgende wordt opgemerkt:

> a Jew about to embark on a search for *hametz* through the house on the evening before Passover, in accordance with the instructions at the left. In his right hand he holds a candle to search by, and in his left is a bowl bearing a feather-duster, or perhaps the feathered wing of a chicken. (Upon finding a piece of bread, etc. he would sweep it with the feathers into the bowl, to be burnt the next morning.)[14]

Dit commentaar verklaart niet alleen de kaars, maar ook de kom met veren. Dat de verzamelde kruimels brood de volgende morgen worden verbrand, wordt eveneens vermeld in de hierboven genoemde Engelse vertaling[15].

Twee auteurs hebben over het onderwerp van het boekomslag geschreven, Cornets de Groot en De Vos. De eerste lijkt Luceberts ontwerp vooral als een poging tot misleiding op te vatten:

> Lucebert verzorgde het omslag voor de eerste druk van *Het boek ik*; hij verknipte het titelblad van de *Prager Haggada* van 1527, en schiep die door een collagetechniek om tot een nieuwe prent, die ongetwijfeld 'Joods-mystiek' aandoet, hoewel het kenners van het Hebreeuwse schrift niet ontgaan zal, dat het teken voor 'God' er op de kop werd gezet - volkomen toevallig.[16]

Ook De Vos buigt zich over het woordbeeld en constateert dat 'enige lettertekens foutief' zijn[17]. Beiden hebben niet zorgvuldig genoeg naar de collage gekeken. De middelste kolom uit Luceberts collage is een compositie. Het tekstfragment is omgekeerd onder het beeldfragment geplaatst, waarvan een sterk effect uitgaat. De middelste kolom verwerft hierdoor gewicht en evenwicht, zoals de twee kolommen links en rechts die 'van nature' hebben. De derde kolom wordt tot een evenwichtig geheel doordat er drie accenten of zwaartepunten in zijn aangebracht: bovenaan het plaatje, in het midden

---

[13] Het eerste woord van de tekst, *or*, licht, is met *'s avonds* vertaald. Het woord *or* wordt hier gebruikt ter aanduiding van een bepaalde 'maat van licht', en wordt dienovereenkomstig met de temporele aanduiding *'s avonds* vertaald.

[14] Rabbi Charles Wengrov, *Haggadah and Woodcut. An introduction to the Passover Haggadah completed by Gershom Cohen in Prague Sunday, 26 Teveth, 5287 / December 30, 1526.* Published, to accompany its facsimile edition, by Shulsinger Brothers New York 1967, p. 35-36.

[15] Chaim Raphael, *A Feast of History. cit.*, p. 12 [245].

[16] R.A. Cornets de Groot, *Met de gnostische lamp. Krimi-essay over de dichtkunst van Lucebert.* BZZTôH 's-Gravenhage 1979, p. 32.

[17] Luk de Vos, 'Lilith. Mythologie en de vroege levensopvatting van Lucebert', in: *Revue des Langues Vivantes / Tijdschrift voor Levende Talen* jg.44 (1978) nr.3, p. 223.

het éne in kapitalen gezette woord, *baruch*, en onderaan het andere in kapitalen gezette woord, *or*.

De Vos laat het niet bij letter-waarneming alleen, maar bespreekt ook de relatie tussen omslag en boek. Daarbij laat hij zich verleiden tot verstrekkende conclusies:

> ... het omslagontwerp van *Het Boek Ik*, dat o.m. bestaat uit een sigel, voorstellende de Baruch-figuur, die vóór de Paasnacht met de kaars de kruimels bijeenzoekt en er dan afstand van doet. Ongetwijfeld verwijst dit symbolisch naar de methode in de samenstelling van *Het Boek Ik* toegepast, en naar het opgeven van het ik.[18]

Wat hier met een *sigel* bedoeld wordt, kan met enige goede wil nog wel geraden worden. De eigen vinding van de 'Baruch-figuur' echter moet wellicht toegeschreven worden aan de misvatting dat de in kapitalen gezette letters onder de afbeelding het onderschrift daarbij zouden vormen. De suggestie omtrent de betekenis van de in het plaatje verbeelde handeling - de Baruch-figuur zou 'afstand doen' van de verzamelde kruimels - is pertinent onjuist.

Over de relatie tussen omslag en boek zou ik allereerst willen opmerken dat één van de centrale thema's in de roman het lot van de Joden in de Tweede Wereldoorlog is. Door de herkomst van het door Lucebert gebruikte blad wordt een contrast gecreëerd tussen de oudste geschiedenis van de Joden, de bevrijding uit Egyptische slavernij, en de nieuwste Joodse geschiedenis, die van de twintigste eeuw. De afbeelding die verwijst naar het ritueel van het inspecteren van het gedesemde, zou symbolisch kunnen verwijzen naar de in concentratiekampen bijeengeveegde Joden die, na de vergassingsdood gestorven te zijn, werden verbrand.

De mogelijkheid van een dergelijke symboliek roept onmiddellijk een regel uit 'ik tracht op poëtische wijze' in het bewustzijn, Luceberts kenschets van de mens als *een broodkruimel ... op de rok van het universum* (vg 47). Ook de tekst van *Het boek ik* bevat op één plaats het woord *kruimel*[19].

Verder lijkt mij het eerste woord van het door Lucebert gebruikte blad van belang, het naast de afbeelding in kapitalen gezette *or*, licht, dat omgekeerd onderaan de middelste kolom van zijn collage terugkeert. Zonder moeite kan in *Het boek ik* een licht-thema gesignaleerd worden. De licht / donker-tegenstelling komt tot uitdrukking in zinnen als: *de duisternis die het licht baadt, om te treden het licht met de voet van het duister* en *Het licht der ene duisternis?*[20] Maar vooral het noteren waard is, dat Schierbeeks tekst het woord *or* bevat: *je hi oor wa je hi oor*, citaat van (Gen.1:3) "daar zij licht en daar werd licht"[21].

Dit Genesis-citaat zou op zich al opgevat kunnen worden als indicatie voor de kabalistische inslag van de roman. De hechte band tussen boek en omslag wordt

---

[18] ibidem.
[19] Bert Schierbeek, *Het boek ik.*, in: idem, *Het boek ik, De andere namen, De derde persoon. cit.*, p. 151.
[20] ibidem, p. 91, 121, 144.
[21] ibidem, p. 61 en 77. *Or*, licht, wordt met een lange /o./ uitgesproken, in overeenstemming waarmee Schierbeek *oor* schrijft.

gevormd door het feit dat beide kabalistisch zijn. Lucebert heeft voor een kabalistisch boek een kabalistisch omslag gemaakt. Bakker en Stassen hebben gewezen op de vermoedelijk kabalistische achtergrond van de getallensymboliek in *Het boek ik*[22]. Inmiddels treft mij de grote hoeveelheid kabalistische toespelingen in de roman, die zich uitbreidt over een veel groter aantal thema's dan alleen dat van de getallen[23]. Het omslag sluit hier naadloos bij aan.

De collage op het omslag van Lucebert is kabalistisch. Dit wordt niet zozeer veroorzaakt door het blad dat hij gebruikt heeft, als wel door het beeld dat hij ervan geschapen heeft. Het omslag van *Het boek ik* is kabalistisch in die zin, dat met het beeld van de drie naast elkaar staande kolommen wordt gezinspeeld op één van de belangrijkste ordeningsprincipes met behulp waarvan de wereld der sefirot wordt voorgesteld (zie p. 125). Dat is het ordeningsprincipe van de zuil. Het geheel van de tien sefirot wordt voorgesteld als bestaand uit drie zuilen, waarbij vier sefirot de centrale zuil vormen, drie de zuil van de rechterhand, en nog eens drie de zuil van de linkerhand. Naar deze zuilenvoorstelling van de sefirot is met de collage die is samengesteld uit fragmenten van de eerste pagina van de *Praagse Hagada*, verwezen.

Hierboven is erop gewezen, dat de drie kolommen van de collage gevangen zijn in en tussen de lijnen van het woord *IK* uit de titel. Ook op dit punt bestaat er tussen boek en omslag verband. Zoals Lucebert het teken van de drie zuilen, dat staat voor de sefirot, plaatst in *IK*, zo vormt Schierbeek een lange reeks van zinnen waarin *god* en *ik* samenvallen. Door tal van procédé's bereikt de auteur dit effect, door de syntaxis geweld aan te doen in *Ik weet dat ik god zal vergaan mij*, door lexicale equivalentie in *god staat stil: gebundene hände sta ik stil glimlacht god ... ik sta me de glimlach stil*, of door de speelse herschikking van letters in *ALLE GODEN [...] ALL EGO [...]*[24]. Het zijn slechts een paar voorbeelden uit vele.

---

[22] Zie hiervoor: Siem Bakker, Jan Stassen, *Bert Schierbeek en het onbegrensde. Een inleidende studie over de experimentele romans*. De Bezige Bij Amsterdam 1980, p. 86.
[23] Elders hoop ik de stelling dat *Het boek ik* een kabalistische roman is, nader uit te werken. Hier zal ik op een tweetal van de duidelijkste voorbeelden van Schierbeeks toespelingen op de Kabala nog terugkomen (zie p. 105 en 281).
[24] Bert Schierbeek, *Het boek ik.*, in: idem, *Het boek ik, De andere namen, De derde persoon. cit.*, p. 93, 117, 127.

§4   *Sefer Jetsira*

1   inleiding

Het *Sefer Jetsira* is een speculatief document over kosmogonie en kosmologie. Het werk, dat gedateerd wordt tussen derde en zesde eeuw, is op grond van stilistische kenmerken en magische elementen wel degelijk te verbinden met de Merkava-mystiek, maar wijkt van de hoofdlijn daarvan af door expliciete aandacht voor *maāse bereshit*, het werk der schepping.

Het boek is verdeeld in zes hoofdstukken, ieder onderverdeeld in paragrafen, die bestaan uit korte beweringen zonder enige uitleg of aanvulling. De tekst begint met de verklaring dat God de wereld schiep door middel van "tweeëndertig geheime paden van wijsheid". Deze tweeëndertig paden zijn de tien *sefirot*, getallen, en de tweeëntwintig letters van het Hebreeuwse alfabet.

De kabalisten leggen de term *sefirot* later uit als verwijzend naar een emanatietheorie, maar het *Sefer Jetsira* zegt alleen expliciet dat de eerste vier sefirot uit elkaar emaneren. Anderzijds wordt wel benadrukt dat de tien sefirot een eenheid vormen. De eerste vier sefirot worden achtereenvolgens voorgesteld als de geest van de levende God, lucht, water en vuur. Hier wordt een secundaire schepping aan gekoppeld. Uit de lucht schiep God de tweeëntwintig letters, uit het water de kosmische chaos, uit het vuur de troon en de engelen. De laatste zes sefirot stellen de dimensies van de ruimte voor: hoog, laag, noord, zuid, oost en west. Deze worden verzegeld met de zes verschillende combinaties van de letters uit de godsnaam JHW (jod-he-waw).

De auteur lijkt een zeker verband aan te brengen tussen de *sefirot* en de *chajot*, levende wezens, de wezens uit Ezechiël 1 die de troon dragen. De sefirot worden beschreven als dienaren van de koning die zijn bevelen opvolgen en zich uitstrekken voor zijn troon. Tegelijkertijd zijn zij de dimensies van alle bestaan: begin en eind, goed en kwaad, hoog en laag, oost en west, noord en zuid.

De tekst gaat voort met de functie der letters te beschrijven en de *sefirot* worden dan niet meer genoemd. Dit wekt een zekere inconsistentie tussen het begin van de tekst en het vervolg, want nu worden drie letters aangewezen als de bron van de eerst in de getalscontext genoemde elementen lucht, water en vuur.

Al wat bestaat in de drie strata van de kosmos, "wereld, tijd en mens", kwam tot stand door de combinatie van de tweeëntwintig letters, in het bijzonder door de "231 poorten", dat zijn de combinaties van de letters tot paren van twee. Deze combinaties van de *otijot jesod*, basisletters, dat wil zeggen: letters die ook elementen zijn, bevatten de wortels van alle dingen en ook het contrast tussen goed en kwaad, *oneg wenega*. Eén naam vormt het fundament van deze combinaties, misschien het tetragrammaton, misschien ook de alfabetische volgorde die in haar geheel wordt beschouwd als één mystieke naam[25].

---

[25] Zo bij: Scholem, *Kabbalah. cit.*, p. 25.

Deze taalmystieke kosmogonie houdt duidelijk verband met magie die gebaseerd is op de creatieve kracht van letters en woorden. Zo werd de golem bijvoorbeeld geschapen door geordende recitatie van alle mogelijke creatieve lettercombinaties. In elk geval werden de vroegste teksten van het *Sefer Jetsira* begeleid door inleidende hoofdstukken over magische praktijken, die werden gepresenteerd als een soort feestelijk ritueel, dat na beëindiging van de bestudering van het boek voltrokken diende te worden. Scholem begint zijn uiteenzetting over het *Sefer Jetsira* als volgt:

> Speculation on the "work of creation" was given a unique form in a book, small in size but enormous in influence, the *Sefer Yetsirah* ("Book of Creation"), the earliest extant Hebrew text of systematic, speculative thought. Its brevity - less than 2,000 words altogether even in its longer version - allied to its obscure and at the same time laconic and enigmatic style, as well as its terminology, have no parallel in other works on related subjects. The result of all these factors was that for over 1,000 years the book was expounded in a great many different ways, and not even the scientific investigations conducted during the 19th and 20th centuries succeeded in arriving at unambiguous and final results.[26]

De editio princeps, Mantua 1562, is een editie van de tekst met diverse commentaren. Scholem noemt zeventien vertalingen van het boek. Een aantal hiervan heb ik onmiddellijk terzijde kunnen schuiven, ofwel omdat ze niet in één van de moderne vreemde talen, Engels, Frans of Duits, zijn gesteld, ofwel omdat ze van na 1952 dateren. Maar dan bleef er nog een tiental over.

Ik heb geprobeerd mij een zo getrouw mogelijk beeld van de tekst te vormen door de vergelijkende bestudering van vier vertalingen. Elk van deze heeft een eigen bijzonderheid. Die van Meyer[27] is een vertaling van een vertaling in het Latijn uit het midden van de zeventiende eeuw en is aanmerkelijk korter dan de overige drie. De uitgave van Goldschmidt[28], waaruit hieronder geciteerd zal worden, is tweetalig en geeft een Duitse vertaling naast een Hebreeuwse tekst. De vertaling van Bischoff[29] onderscheidt zich door de poging bepaalde relaties tussen letters en geschapen dingen verregaand te interpreteren, maar hij houdt deze interpretaties gescheiden van de tekst

---

[26] ibidem, p. 23.
[27] Joh. Friedrich von Meyer, *Das Buch Jezira, die älteste kabalistische Urkunde der Hebräer*. Nebst den zweyunddreyßig Wegen der Weisheit. Hebräisch und Teutsch, mit Einl., erläuternden Anmerkungen und einem punktirten Glossarium der rabbinischen Wörter. Hrsg. von -. Reclam Leipzig 1830.
[28] Lazarus Goldschmidt, *Sepher Jesirah, Das Buch der Schöpfung*. Nach den sämtlichen Recensionen möglichst kritisch redigirter und vocalisirter Text, nebst Uebersetzung, Varianten, Anmerkungen, Erklärungen und einer ausführlichen Einleitung von -. In Commission bei J. Kauffmann Frankfurt am Main 1894.
[29] Erich Bischoff, 'Das Buch Jezirah', in: idem, *Die Elemente der Kabbalah*. 2 Tle. Hermann Barsdorf Verlag Berlin 1913-1914, I.Teil, p. 63-80 en 174-221.

en plaatst ze in een uitgebreid notenapparaat. Dit kan niet gezegd worden van Stenring[30] die een vertaling levert waarin ingegrepen is in de tekst. Deze auteur vat de tweeëntwintig letters van het Hebreeuwse alfabet op als symbolen voor de tweeëntwintig troefkaarten van het Tarot-spel en 'herordent' de relaties zoals het *Sefer Jetsira* die legt tussen letters en geschapen dingen, navenant.

2   het verhaal van het *Sefer Jetsira*

Voor een iets scherper indruk van de inhoud van de tekst, geef ik hieronder het verhaal van het *Sefer Jetsira* in grote lijnen weer. In het eerste hoofdstuk wordt het aandeel van de getallen in de schepping besproken. De tien getallen worden omschreven als grenzeloos:

> ihr Ende ist in ihrem Anfang gesteckt und ebenso ihr Anfang in ihrem Ende, wie die Flamme an die Kohle gebunden ist[31]

Eén is: 'de geest van de levende God', *ruach*. Het *Sefer Jetsira* gebruikt het woord *ruach* in de dubbele zin van abstracte geest en lucht of ether. Goldschmidt spreekt over *Geist* of *Luft*. De eerste vier sefirot emaneren uit elkaar:

> één, de geest van de levende God
> twee, geest uit geest
>   of: lucht uit geest
> drie, water uit lucht
> vier, vuur uit water

Aan deze schepping der elementen wordt een secundaire schepping gekoppeld waarvan de aard niet geheel duidelijk is, omdat de door de auteur gebruikte verba: *graveren*, *houwen*, *scheppen*, op verschillende wijze geïnterpreteerd kunnen worden[32]. De tekst over de sefirot twee, drie en vier luidt als volgt:

> Zwei, Geist aus Geist, er zeichnete und hieb darin zweiundzwanzig Grundbuchstaben [...].
> Drei, Wasser aus Geist (Luft), er zeichnete und hieb darin zweiundzwanzig Buchstaben aus Wüste, Leere, Schlamm und Lehm; er zeichnete sie nach

---

[30] Knut Stenring, *The Book of Formation (Sepher Yetzirah)* by Rabbi Akiba ben Joseph. Translated from the Hebrew, with annotations, by -. Including The 32 Paths of Wisdom, their correspondence with the Hebrew alphabet and the Tarot symbols. With an Introduction by Arthur Edward Waite. William Rider & Son London 1923.
[31] Goldschmidt, *Sepher Jesirah, Das Buch der Schöpfung. cit.*, p. 51.
[32] Aldus Scholem, *Kabbalah. cit.*, p. 24.

> Art eines Beets, er bemeisselte sie nach Art einer Mauer, er bedeckte sie
> nach Art eines Baues, er goss über sie Schnee und es wurde daraus Erde
> [...].
> Vier, Feuer aus Wasser, und er zeichnete und schnitt daraus den Thron,
> die Ophannim und Seraphim die heiligen Thiere und die Dienstengel.[33]

Zoveel is duidelijk dat de band tussen elementen en letters nauw is en dat God, wanneer hij de letters schept, de gedaante van een tekenaar, een etser of een steenhouwer aanneemt.

In het tweede hoofdstuk worden de getallen niet meer genoemd en worden de letters aangewezen als het instrument van de gehele schepping:

> Zweiundzwanzig Buchstaben; er zeichnete sie, er hieb sie, er läuterte
> (vereinigte, verband) sie, er wog sie und er wechselte sie einen jeden mit
> allen, er bildete durch sie die ganze Schöpfung und alles was geschaffen
> werden sollte.[34]

Deze tekst over de creatie der letters komt, met kleine varianten[35], in totaal vier maal voor.

Als volgt wordt de relatie van de uit de lucht gehouwen letters met stem en mond geschetst:

> Zweiundzwanzig Grundbuchstaben; [...] sie sind gezeichnet in der Stimme,
> gehauen im Geiste und geheftet im Munde [...].[36]

Voorts wordt beschreven hoe ze een soort kring vormen en hoe ze met elkaar verbonden worden:

> Zweiundzwanzig Grundbuchstaben; sie sind in der Art einer Mauer im Kreis
> geheftet, an zweihunderteinunddreissig Pforten; es dreht sich der Kreis
> vorwärts und rückwärts [...].
> Wie verband wog und versetzte er sie? A mit allen, und alle mit A; B mit
> allen, und alle mit B; G mit allen und alle mit G; und sie alle wenden sich
> rückwärts. So ergiebt es sich, dass sie durch zweihunderteinunddreissig
> Pforten hinausgehen, und so findet es sich, dass die ganze Schöpfung, und
> die ganze Sprache aus einem Namen hervorgeht.[37]

---

[33] Goldschmidt, *Sepher Jesirah, Das Buch der Schöpfung. cit.*, p. 52.
[34] ibidem, p. 54. Scholem, *Major Trends in Jewish Mysticism. cit.*, p. 76, geeft: "[God] drew them, hewed them, combined them, weighed them, interchanged them, and through them produced the whole creation and everything that is destined to be created."
[35] Eén maal wordt in plaats van *läuterte* de vorm *schmelzte* gebruikt. De vertaler annoteert dat het hier optredende verbum in de Bijbel 'smelten', 'louteren' betekent, en in de Talmud 'verenigen', 'verbinden'. Goldschmidt, *Sepher Jesirah, Das Buch der Schöpfung. cit.*, p. 65 en 89 noot 71.
[36] ibidem, p. 54.
[37] ibidem, p. 55.

Het tweede hoofdstuk besluit met een paragraaf die nog eens terugkomt op het houwen uit lucht:

> Er schuf aus Leere Etwas und machte das Nichtsein zu einem Seienden; und er hieb grosse Säulen aus unabfassbarer Luft.[38]

De volgende drie hoofdstukken behandelen de tweeëntwintig letters zoals zij worden verdeeld in de drie groepen van 'moeders', 'dubbele' en 'enkele'. Hierbij wordt enerzijds hun 'grond' aangegeven, anderzijds dat wat door hen geschapen werd. De drie 'moeders', alef, mem en shin, hebben als grond 'een weegschaal van verdienste en schuld waar de tong tussen schommelt: mem is zwijgend, shin sissend en alef schommelt daar tussen in'. Goldschmidt annoteert dat zich uit dezelfde letters zowel goede als kwade begrippen laten samenstellen en dat alleen de tong van de mens de doorslag geeft[39]. Uit de drie moeders ontstaan lucht, water en vuur. God schiep voorts door hen drie moeders op de wereld, wind, hemel en aarde, drie moeders in het jaar, de drie seizoenen, en drie moeders in het lichaam, de drie hoofddelen van het lichaam. De relaties tussen letters en dat wat door hen geschapen werd, laten zich schematisch als volgt voorstellen:

letter	schepping	wereld	jaar	lichaam
alef	lucht	wind	gematigde	tors
mem	water	aarde	koude	buik
shin	vuur	hemel	warmte	hoofd

De zeven 'dubbele' letters zijn letters met een dubbele uitspraak, zacht of hard, en met een dubbele of omkeerbare grond. De basis-opposities die als grond van de dubbele letters bet, gimel, dalet, kaf, pe, resh en taw worden aangewezen, zijn respectievelijk die van wijsheid versus dwaasheid, rijkdom versus armoede, zaad versus verwoesting, leven versus dood, heerschappij versus knechtschap, vrede versus onheil en bevalligheid versus lelijkheid. Door deze dubbele letters zijn de zeven planeten, de zeven weekdagen en de zeven 'poorten in het lichaam' geschapen. Schematisch voorgesteld:

---

[38] ibidem.
[39] ibidem, p. 82 noot 26. Bischoff, *Die Elemente der Kabbalah. cit.*, I, p. 195-196, duidt in dialectische zin: "Das Prinzip des dialektischen Ausgleichs wird an dem geläufigen Bilde der Wage klar gemacht, mittels welcher Verdienst und Schuld der Menschen abgewogen wird. Beides sind Gegensätze. Die gerechte Abwägung beider und damit die Vermittelung ihres Widerstreites geschieht durch die Norm der Wagezunge. Ebenso vermittelt die Synthesis zwischen Thesis und Antithesis, die ausgleichende Mittelidee zwischen Satz und Gegensatz."

letter	schepping		
	wereld	jaar	lichaam
bet	Saturnus	zondag	rechteroog
gimel	Jupiter	maandag	linkeroog
dalet	Mars	dinsdag	rechteroor
kaf	Zon	woensdag	linkeroor
pe	Venus	donderdag	rechterneusgat
resh	Mercurius	vrijdag	linkerneusgat
taw	Maan	zaterdag	mond

Als grond van de resterende twaalf 'enkele' letters wordt een reeks van basishandelingen aangewezen. In de schepping zorgen de enkele letters voor de twaalf tekens van de dierenriem, de twaalf maanden en de twaalf voornaamste lichaamsdelen of organen. Schematisch:

letter	grond	schepping		
		wereld	jaar	lichaam
he	spraak	-	-	rechterhand
waw	denken	-	-	linkerhand
zajin	gaan	-	-	rechtervoet
chet	gezicht	-	-	linkervoet
tet	gehoor	-	-	rechternier
jod	bezigheid	-	-	linkernier
lamed	bijslaap	-	-	lever
nun	reuk	-	-	milt
samech	slaap	-	-	gal
ajin	toorn	-	-	darm
tsade	eten	-	-	maag
kof	lachen	-	-	endeldarm[40]

De lichaamsdelen worden opgesteld als voor een gevecht, 'het éne tegenover het andere'. Tegenover de morrende lever en gal staan de lachende maag en milt; tegenover de raadgevende nieren staan de raad ontvangende darmen; tegenover de rovende handen staan de jagende voeten[41].

Het zesde en laatste hoofdstuk acht de schepping met de tweeëntwintig letters bewezen door het feit dat in wereld, jaar en lichaam de wetten van het drie-, het zeven- en het twaalftal heersen. In de wereld doet de wet van het drietal zich gelden in vuur,

---

[40] Er zijn vertaalproblemen bij de laatste drie lichaamsdelen. Bischoff, *Die Elemente der Kabbalah. cit.*, I, p. 74 geeft: "Speiseröhre, Magen und Darm". Goldschmidt, *Sepher Jesirah, Das Buch der Schöpfung. cit.*, p. 90 noot 76 annoteert, dat het eerste woord eigenlijk 'maag (van de mens)' betekent, het tweede 'vogelmaag, krop, darm' en het derde 'darm, in het bijzonder van het rund'.

[41] Goldschmidt, *Sepher Jesirah, Das Buch der Schöpfung. cit.*, p. 90 noot 77.

lucht en water; die van het zevental in de zeven planeten en die van het twaalftal in de twaalf sterrenbeelden. In het jaar gelden als bewijs: koude, hitte en het gematigde, de zeven dagen en de twaalf maanden; en in het lichaam: hoofd, tors en buik, de zeven poorten en de twaalf hoofdorganen.

De slotparagraaf voert Abraham ten tonele die de schepping onderzoekt en daarbij dezelfde handelingen van het tekenen en houwen verricht als God bij zijn scheppingswerk. Wanneer Abraham tot inzicht in de aard der schepping is gekomen, openbaart God zich aan hem om met hem een verbond te sluiten.

3   Lucebert en het *Sefer Jetsira*

Aan de *Podium*-avond die op 1 maart 1951 gehouden werd in het Stedelijk Museum te Amsterdam, draagt Lucebert onder meer bij door voordracht van het abc, onder de titel 'de analfabeet'[42]. Geplaatst tegen de achtergrond van het *Sefer Jetsira* kan deze voordracht van het alfabet beschouwd worden als pleidooi voor een nieuwe schepping in een andere taal. Ik zie dit "action-poem", zoals de verzorgers van de *verzamelde gedichten* het noemen, als sterke aanwijzing voor het belang van het *Sefer Jetsira* voor Luceberts werk en formuleer hier alvast de hypothese dat in ieder geval de tweede helft van de titel van zijn debuut, maar mogelijk ook de gehele titel *apocrief / de analphabetische naam* geplaatst zal moeten worden in een kabalistische context.

De sporen van het *Sefer Jetsira* zijn diep in Luceberts poëzie gegrift. In 'er is ik en er is' komt de strofe voor, waarin sprake is van *taalloos praten* (vg 57):

>   wij zijn leeg
>   er laait geen taal
>   maar donker licht er vaart
>   dat nog talloos is
>   dat nog taalloos praat
>   mij versta ik niet

De equivalentie van *talloos* en *taalloos* verwijst naar de opvatting van het *Sefer Jetsira*, dat God voor de schepping zowel getallen als letters heeft gebruikt. Er wordt in deze strofe gezinspeeld op een moment buiten de tijd of op een moment van voor de schepping, waarop *talloos* gelijkstaat aan *taalloos*, omdat er zolang de getallen één en twee nog niet gevallen zijn, ook nog geen letters zijn.

Speelse experimenten met getallen en letters, zoals in 'ballade van de goede gang' *ik ben een keizerpijpje / en geef niet 7 maar sla 8 / sla 8erover* (vg 18-19), in 'Diep onder de kath. kerk in de ichtus-lärm' *pijlsnel jaargetijde op 1-s* (vg 419-420) of in 'zie de 4 mm. fantasiegerstekorrelpatronen die ik afschiet' *wie die steekt 3 drie / ∆ stormen in zijn mond* (vg 421), wijzen eveneens in de richting van de equatie van getal

---

[42] (vg 431). Zie voorts: *apparaat* (vg 749).

en letter of van *tal* en *taal*[43].

Verder is de nauwe band tussen letters en elementen van belang. De letters worden uit lucht geschapen. Zij worden op de lucht gegraveerd of uit de lucht gehouwen. Hiernaast staat de emanatie-reeks: 'geest, lucht uit geest, water uit lucht, vuur uit water'. Enerzijds komen dus de letters uit lucht, anderzijds komt water uit lucht. Op grond hiervan zou taal gelijkgesteld kunnen worden aan water. De implicatie van het *Sefer Jetsira* is dat taal gelijk is aan water in die zin, dat beide afkomstig zijn uit lucht.

De verwantschap tussen taal, water en lucht schemert door een aantal regels van 'bed in mijn hand', waarin eerst taal vergeleken wordt met water en vervolgens water getransformeerd wordt in lucht (vg 50-52):

ik ben een taal
die als water wegzwemt naar een tuil
lucht

Twee strofen verder wordt nog eens op hetzelfde patroon van relaties geïnsisteerd. Eerst worden taal en water vrijwel onontwarbaar vervlochten; hierop volgt het alleenstaande woord *aetherwende*, dat ofwel een bijzonder vormgegeven strofe op zich vormt, ofwel de strofenscheiding in bijzondere zin markeert; vervolgens wordt een verbinding tot stand gebracht met *de frisse lucht*, die blijkt te kunnen *zingen*:

waar het water was als een vloek of als eden voor de
trechter die ossegoed vloeiend rechtspreekt

                                                                                aetherwende

het is nu precies 3 minuten over negen, wij verbinden u
met de frisse lucht, zij zal vanavond voor u zingen:

De gelijkstelling van taal en water kan beluisterd worden in 'toen wij met een witte motor vlees sneden', een gedicht waarin een 'ik'-geboorte wordt beschreven. Eerst wordt de geboorte nader bepaald *als een plas*, vervolgens wordt het op gang komen van een hartslag gesuggereerd. De centrale equivalentie van het gedicht is (vg 56):

een plas adem
een meer woorden

Deze syntactische equivalentie creëert twee secundaire equivalenties, die van *plas* en *meer*, en die van *adem* en *woorden*. Terwijl de eerste de 'ik'-geboorte in de richting van water trekt, trekt de tweede deze in de richting van taal.

---

[43] Getallen en cijfers komen in een omvangrijke groep gedichten voor: in negen gedichten uit de kern en twaalf gedichten uit de periferie van het corpus. Bij een aantal hiervan gaat het bovendien om getallen die met een specifieke kabalistische inhoud geladen zijn. Ik kom hier in dit hoofdstuk nog op terug (zie p. 130).

Lucebert is ongetwijfeld geboeid geweest door de visie op talige elementen, letters en paren van letters, als bouwstenen voor de schepping. Van cruciaal belang lijkt mij dat het *Sefer Jetsira* letters niet alleen ziet als instrument voor de schepping in de ruimste zin van het woord, als instrument voor de schepping van de kosmos, maar ook als instrument voor schepping in engere zin, voor de schepping van de mens. Door de stapsgewijze toevoeging van steeds een nieuwe letter wordt het bouwsel van de mens opgetrokken. Rechteroog, linkeroog, rechterhand, linkerhand enzovoort, wij danken hun bestaan aan afzonderlijke letters. Zo bezien is de mens een woord of een zin of een wandelend alfabet.

Een prachtige verwijzing van de dichter naar het *Sefer Jetsira* is min of meer toevallig in de *verzamelde gedichten* terechtgekomen[44]. Aan het begin van de afdeling 'ongebundelde gedichten' is een tekening opgenomen die circa 1951 wordt gedateerd[45]. Op een planken toneel staat een perkamentrol, waarop de getallen van 1 tot 9, gevolgd door 0, de letters van het alfabet, met uitzondering van *a* en *b*, de meeste leestekens, het 'is gelijk'-teken = en het verbindingsteken & zijn geschreven. Tussen de getallen, letters en overige tekens is verder met ogen, neus en mond een gezicht aangegeven. Links voor de perkamentrol staat op het toneel een constructie van twee linker onderarmen, die zijn samengevoegd op het elleboogpunt. De linker linkerhand is open en gestrekt en in de palm van de hand staat een *A* geschreven. De rechter linkerhand houdt een *B* vast. Door deze *A*- en *B*-handen en door de integratie van het gezicht in getallenreeks en alfabet, verwijst Lucebert naar de visie op het menselijk lichaam als geschapen door letters.

Van de uitgebreide reeksen die het *Sefer Jetsira* construeert door aan letters enerzijds een grond toe te kennen en ze anderzijds te verbinden met een opsomming van zaken in 'wereld, jaar en lichaam' die door hen geschapen zijn, lijken mij de uitersten die letters met lichaamsdelen verbinden verreweg het belangrijkst. Uit het *Sefer Jetsira* is met name de opvatting van taal als het materiaal met behulp waarvan de mens geschapen is, van belang[46].

---

[44] Het *apparaat* vermeldt dat een deel van de oorspronkelijke illustraties van de afzonderlijke bundels is vervallen, en dat de uitgave van de *verzamelde gedichten* wordt geïllustreerd (vg 569): "door een uitgebreide nieuwe selektie tekeningen die, voor wat de ontstaansperiode betreft, steeds zo veel mogelijk aansluiten bij de gedichten waarbij ze geplaatst zijn". Naar de heer Groenendijk mij meedeelde, zijn Sandberg, oud-directeur van het Stedelijk Museum te Amsterdam, en hijzelf verantwoordelijk geweest voor deze nieuwe selectie. Op een enkele uitzondering na zijn de illustraties van de *verzamelde gedichten* afkomstig uit de collectie Groenendijk-Voûte die in 1986 door het Stedelijk Museum verworven is.
[45] (vg 398). Zie voorts: *Lucebert in het Stedelijk. cit.*, catalogusnummer 75-G.
[46] Bischoff poogt samenhang in de reeksen als geheel te ontdekken. Sommige van zijn observaties kan ik niet van belang uitsluiten. Bij "dalet, zaad versus verwoesting, Mars, dinsdag, rechteroor" annoteert hij dat *dalet* 'deur' betekent en dat deur een symbool is voor het vrouwelijk geslachtsorgaan. Vandaar de relatie tussen *dalet* en *zaad* of *vruchtbaarheid*. De derde scheppingsdag, *dinsdag*, brengt de scheiding van water en aarde. Aarde is *adamah*, 'het rode', 'rode, vruchtbare aarde', van *adam*, 'rood zijn'. Van dezelfde stam komen *adam*, 'mens', 'rode', 'aardman' en *maadim*, 'de rode', *Mars*. Voor een mogelijke verklaring van het *rechteroor* wordt verwezen naar Leviticus 8:23 e.v. en 14:14 e.v., waar Mozes het bloed van een offerdier aanbrengt op Aärons rechteroor.
Bij "lamed, bijslaap, weegschaal, tishri, lever" wordt geannoteerd, dat Adam naar een bekende

Het eerste hoofdstuk van het *Sefer Jetsira* bevat de equatie van spraak- en geslachtsorgaan. De eerste omschrijving van de tien sefirot luidt als volgt:

> Zehn Zahlen ohne etwas, entsprechend den zehn Fingern, fünf gegenüber fünf und des einzigen Bündnisszeichen in der Mitte: das Wort an der Zunge und die Beschneidung am Phallus.[47]

Geheel in overeenstemming met de karakteristieke richting van de blik in de kabalistiek, worden de tien vingers aan het menselijk lichaam beschouwd als betekenisvol symbool voor de tien getallen die God bij de schepping heeft gebruikt. Het midden vormend tussen de uitgebreide armen laat het lichaam op twee plaatsen het teken des verbonds zien, aan tong en fallus.

Zo mogelijk nog fysieker is het beeld dat gebruikt wordt aan het slot van het *Sefer Jetsira*, waar God zijn verbond met Abraham sluit:

> Er setzte das Bündniszeichen zwischen die zehn Finger seiner Hände, dies ist die Zunge, und zwischen die zehn Zehen seiner Füsse, dies ist die Beschneidung. Er band ihm die zweiundzwanzig Buchstaben der Thorah an die Zunge, und der Heilige, gebenedeiet sei er, entdeckte ihm ihr Geheimnis; er liess sie ziehen im Wasser, brennen im Feuer und rauschen im Wind, er machte sie leuchten in den sieben Sternen und führen in den zwölf Sternbildern.[48]

Deze beschrijving van het verbond van God met Abraham doet mij onvermijdelijk denken aan de openingsregel van het gedicht 'illusies onder de theemuts' uit de bundel

---

Midrash-opvatting van de dieren de bijslaap *leerde*, *lamad* en, onder verwijzing naar de *Zohar*, dat man en vrouw die de bijslaap plegen, de *weegschaal* vormen. De *lever* wordt verklaard onder verwijzing naar Spreuken 7:23, waar over de dwaas die zich tot ontucht laat verleiden staat: "totdat hem de pijl zijne lever doorsneed".

Bij "samech, slaap, boogschutter, kislew, gal" annoteert Bischoff dat *mara*, 'gal', ook 'opstandig' betekent. Ook *Nimrod*, "een geweldig jager voor het aangezicht des Heeren" (Gen.10:9) die steeds gelijkgesteld wordt aan Orion, betekent 'opstandig'. De Hebreeuwse naam van het sterrenbeeld Orion hangt samen met de naam *Kislew*. In de maand Kislew treedt de zon in het teken van de boogschutter. Het Sefer Jetsira spreekt niet van *boogschutter*, maar van *boog*. Gekromd als een boog ligt de mens in zijn *slaap*. Zie hiervoor: Bischoff, *Die Elemente der Kabbalah. cit.*, I, p. 205 noot 95, p. 214 noten 117 en 119.

Verschillende van de genoemde zaken zullen nog nader besproken worden. Hier wil ik alvast opmerken dat een allusie aan de betekenissen van *adamah*, 'het rode', 'rode, vruchtbare aarde', doorklinkt in de *rode bodem* uit (vg 48) *wij zijn gezichten / wij hebben het licht gestolen / van de hoogbrandende ogen / of gestolen van de rode bodem.*

[47] Goldschmidt, *Sepher Jesirah, Das Buch der Schöpfung. cit.*, p. 49. Goldschmidt annoteert dat het hier gebezigde substantief zowel 'woord' als 'besnijdenis' betekent en dat de auteur dit feit als een woordspel heeft uitgebuit; ibidem, p. 80 noot 11. Bischoff kuist de tekst op deze plaats, maar maakt in zijn notenapparaat wel melding van dat wat er eigenlijk staat. Bischoff, *Die Elemente der Kabbalah. cit.*, I, p. 64 en p. 186 noot 38.

[48] Goldschmidt, *Sepher Jesirah, Das Buch der Schöpfung. cit.*, p. 74-75.

val voor vliegengod (1959): *draai tien tenen om het zwevende neusgat*[49]. De gelijkstelling van spraak- en geslachtsorgaan staat naar mijn mening zonder enige twijfel in nauw verband met het concept van *de lichamelijke taal* uit 'nu na twee volle ogen vlammen' (vg 49). Hoe deze equatie in Luceberts poetica geïntegreerd is, zal aan de orde komen in het volgende hoofdstuk over de 'introductie' bij de 'lente-suite voor lilith'.

Spraak wordt vermengd met seksualiteit in 'waar ben ik' *ik spreek melkglazen bevruchting in de lucht* (vg 15). Dit gedicht bevat verder niet alleen de algemene opvatting van scheppen als spreken: 14 *ik spreek* (..) 17,18,19 *er is* (..), 20 *nu is er* (..), 21 *dan is er*, maar ook de bijzondere uitwerking daarvan, de opvatting van de schepping van het menselijk lichaam door letters: 25 *letter mij*. Bovendien laten de woorden 14 *in de lucht* zich lezen in het licht van de opvatting over de schepping van de letters uit het *Sefer Jetsira*. Hetzelfde geldt voor 11 *bijtels*[50]. Daarmee kom ik op het laatste punt uit het *Sefer Jetsira* dat hier aan de orde gesteld moet worden.

Even abstraherend van het probleem welk aandeel de getallen en welk aandeel de letters nu precies hebben in het werk der schepping, kan gesteld worden dat God de wereld geschapen heeft met behulp van de tweeëntwintig letters. De letters waren echter niet preëxistent, maar moesten eerst zelf geschapen worden. Zij worden geschapen uit lucht. Vier maal komt over deze creatie van de letters dezelfde tekst voor: 'hij tekende ze, hij hieuw ze uit, hij reinigde (combineerde) ze, hij woog ze en hij verwisselde ze met elkaar' (zie p. 78). De werkwoorden *tekenen* en *houwen* vormen met de daarnaast voorkomende verba *beitelen* en *uitsnijden* en de substantiva *muur*, *bouwsel* en *poort* (zie p. 77-78) een opmerkelijke steenhakkers- en bouwers-isotopie. Deze isotopie, die des te merkwaardiger is tegen de achtergrond van het feit dat God de letters schiep uit lucht, vraagt als het ware om een object als marmer of steen. Dat komt dan ook. Aan het slot van het vierde hoofdstuk waar de groep van de dubbele letters behandeld is, worden letters metaforisch aangeduid als stenen en woorden als huizen:

> (Sieben Doppelte:) wie verschmolz er sie miteinander? Zwei Steine bauen zwei Häuser, drei Steine bauen sechs Häuser, vier Steine bauen vierundzwanzig Häuser, fünf Steine bauen einhundertundzwanzig Häuser, sechs Steine bauen siebenhundertundzwanzig Häuser, sieben Steine bauen fünftausendundvierzig Häuser; von dannen und weiter gehe hinaus und berechne, was der Mund nicht mehr sprechen und das Ohr nicht mehr hören kann.[51]

Mijns inziens levert het *Sefer Jetsira* met de aanduiding van letters als *stenen* en van woorden als *huizen* een regelrechte interpretant voor 'dit is mijn poppenpak', het slotgedicht van de bundelafdeling 'de analphabetische naam'. Dit gedicht besluit met de drie regels (vg 61):

---

[49] (vg 323). Dit gedicht is eerder (zie p. 54) in verband gebracht met de wolken die draven uit 'ik ben met de man en de macht' (vg 53).
[50] *beitels*? Het *apparaat* (vg 590) geeft geen varianten. Bij de analyse van 'waar ben ik' hierna, kom ik op deze kwestie terug (zie p. 97).
[51] Goldschmidt, *Sepher Jesirah, Das Buch der Schöpfung. cit.*, p. 64.

geen huis
geen steen

helemaal stem

De steen-metafoor raakt de kern van de poetica van Lucebert. Dat het om een kernpunt gaat, moge blijken uit 'ik tracht op poëtische wijze', waar de 'ik' wordt omschreven als *de stenen of vloeibare engel* en waar de weg van de dichter wordt aangeduid als *de stenen stenen dieren dieren vogels vogels weg* (vg 47). Uit de vergelijking van de openingsregels van 'nu na twee volle ogen vlammen' *spreken dag en nacht de arme stenen / als een bitter mes kan snijden* (vg 49), blijkt het verband tussen stenen en snijden. Hier zou een reeks van bewijsplaatsen aan toegevoegd kunnen worden. Om niet onmiddellijk in deze overvloed te verdwalen, zal ik hieronder drie gedichten bespreken waaruit mijns inziens de verwerking van de opvattingen over de letter-schepping uit het *Sefer Jetsira* voldoende duidelijk blijkt.

Vooraf moet ik nog aparte aandacht vragen voor wat ik zie als een neven-motief. Op één plaats in het *Sefer Jetsira* wordt gesteld dat de muur of het bouwsel van de letters wordt overgoten met sneeuw (zie p. 78). De sporen van deze sneeuw blijken uit een semantisch veld van beperkte omvang[52]. Kortsluiting van de opvatting van de mens als letterbouwsel en dit motief van het letterbouwsel dat overgoten wordt met sneeuw, leidt tot de voorstelling van mensen als sneeuwvlokken. In 'de ochtend' is sprake van *de smeltende mensen* (vg 35); in 'voorjaar' heet het *de mensen verwelken en smelten als toevallige vlokken* (vg 37). Hiernaast komt de combinatie *sneeuw en steen* voor[53]. Verder de associatie van sneeuw en bouwsel[54], en van sneeuw en keel. Deze laatste verbinding treedt op in 'exodus' *met grote sneeuw in de keel* (vg 23-27), en in 'meditatie op een mond vol builenbal' *een klokhuizenkeel / en het klepelt nu besneeuwd* (vg 415). Daarmee ben ik bij het eerste van de drie gedichten die ik in verband met de steen-metafoor aan de orde wil stellen.

In een regelrechte scheppingscontext: 1 *in den beginne*, schildert 'meditatie op een mond vol builenbal' de creatie van een man en een vrouw. Hun schepping ontkomt niet aan *kappen* en *snijden*: 4 *zij namen een man en kapten in zijn aangezicht*, 11 *zij plukten een vrouw en sneden haar een klokhuizenkeel*. Het resultaat is navenant: 8 *de man huilde honds*, de stem van de vrouw is 14 *niet te verstaan*. De bittere conclusie is, dat 20 *er maar één stem (is)*, dat er geen recht van spreken is voor een reeks van dieren en dat er iets misvormd is in het kindergezicht. In de woorden die uiteenzetten hoe de stemverlening zo heeft kunnen ontsporen, is het *Sefer Jetsira* eveneens duidelijk te herkennen. Spraak, sneeuw, huis en steen komen erin samen (vg 415):

---

[52] Het semantisch veld 'sneeuw' kan geput worden uit de volgende gedichten: 'exodus' (vg 23-27) [*sneeuw*], 'romeinse elehymnen I' (vg 30) [*besneeuwd*], 'de ochtend' (vg 35) [*smeltende*], 'voorjaar' (vg 37) [*smelten, vlokken*]; 'woe wei' (vg 411-412) [*sneeuwtrap, sneeuw*], 'meditatie op een mond vol builenbal' (vg 415) [*besneeuwd, sneeuw*], 'Diep onder de kath. kerk in de ichtus-lärm' (vg 419-420) [*sneeuw*], 'een dichter dringt door tot de aarde' (vg 424-425) [*besneeuwde*].
[53] In (vg 419-420): *de ₦ is sneeuw en steen houden hun rijk Duke & Count*.
[54] In drie gedichten: (vg 30) *besneeuwd het altaar*, (vg 411-412) *de sneeuwtrap* en (vg 424-425) *besneeuwde zuilen*.

er is geen recht van spreken voor de krekels
25 de bomen hebben hun vogels gesloten
de beken hebben hun slangen geslacht
er is een TETTEN krom getrokken in het kindergezicht
dicht aan het raam
dicht aan het raam prikt de sneeuw in de adem van een oude ster
30 en het vechtende vuur schrikt in de hals van het huis
voor kil het versteende dagegraan dat brokkelt uit de zwarte palmen van
onweer

De letterschepping maakt van de mens, zowel jong als oud, een huis met ramen. Aan deze ramen, die staan voor de 'poorten in het lichaam', woeden de elementen. Sneeuw roert zich in de neus, vuur weert zich in de mond. In *TETTEN* lees ik een afleiding van de naam van één van de letters van het Hebreeuwse alfabet, de letter *tet*. Van de reeks van zaken die volgens het *Sefer Jetsira* met deze letter verbonden is: de grond gehoor, het sterrenbeeld leeuw, de maand Av en het lichaamsdeel rechternier, lijkt mij vooral de grond gehoor van belang[55]. Lucebert lijkt hier te zeggen, dat de letterschepping de mens niet alleen weinig vrijheid van spreken laat, maar ook weinig vrijheid van horen. Dat de letter tet voor het uitdrukken van deze betekenis gekozen is, en niet de voor rechter- en linkeroor direct verantwoordelijke letters dalet en kaf (zie p. 80), hangt vermoedelijk samen met een bijzonder verhaal in de *Zohar* over het gedrag van de letter tet bij de schepping (zie p. 224).

Eveneens kritisch, maar niet bitter is de opstelling tegenover de letter-schepping in 'eten'. Hier wordt een *luchtfabriek* geschilderd waar onder andere *taartstenen* worden geproduceerd (vg 54):

in de luchtfabriek feitsterren taartstenen
op jeware met een dungevoelige streep
vore
van een wartaal over de schoorsteel
vore goed zichtbaar
15 gauw verdacht
het verdachte woord

De insnijding of snede die een *vore* is, wordt door de wijze van zetten verbeeld en geassocieerd met een *streep* en een *wartaal*. Door herhaling van *verdacht*, worden *vore* en *woord* gelijkgesteld. Uit de verdere omschrijving van het verdachte woord blijkt dat in dit gedicht ieder spoor van bitterheid ontbreekt:

---

[55] Ook Bischoff, *Die Elemente der Kabbalah. cit.*, I, p. 214 noot 115, legt in zijn verklaring van de reeks het accent op het gehoor: "Im Monat Ab tritt die Sonne ins Sternbild des Löwen. Das Gebrüll des Löwen wird weit gehört. Nach Sprüche Salomonis 23, 16 kommt den Nieren ein Hören zu." Op de bijbelplaats waarnaar hij verwijst, staat (Spr. 23:16): "en mijne nieren zullen van vreugde opspringen, als uwe lippen billijkheden spreken zullen."

           het verdachte woord dat mij op de hielen
           als een stomdronken tong voor mij knielt
           spuwt
           een te dure zoen
20   als alle kussen
           onwederoud
           ontzagwekkend geleerd

In de tweede helft van het gedicht is sprake van een 24 *poppensneller*. Hierachter vermoed ik het woord *koppensneller*, zodat hier in bijzondere zin sprake zou zijn van snijden of hakken. In de beschrijving van wat deze poppensneller doet, komen taal en steen gelijkelijk aan hun trekken:

           toen toen ook
           kwam de poppensneller(..)
           (..)
           scheurde uit mijn voorhoofdrempels
30   torens tabellen
           bij kattebellen af

Het neologisme *voorhoofdrempels* is samengesteld uit de woorden *voorhoofd*, *voorhof*, *drempel* en *rimpel*[56]. De taal-isotopie bestaat uit *scheurde af*, *tabellen* en *kattebellen*; de bouwkunstige isotopie wordt gevormd door *voorhof*, *drempels* en *torens*.

Een volledig andere houding tegenover de letter-schepping uit het *Sefer Jetsira* wordt gevonden in de 'romeinse elehymnen' (vg 30-32). Hier is de tong een zuil, vanwaar de taal kraait (vg 32):

           van de zuil van de nacht kraait de haan
           als de taal van de donkre kolom mijner tong

Weliswaar zijn ook hier sporen aan te wijzen van de pijn of schade die met een in steen gegroefde of uit steen gehakte taal gepaard gaat. Zo is er sprake van een *verkavelde mond* (vg 30) en van een *gehavend kapiteel* (vg 31). Maar de balans slaat in positieve, orgastische zin door in *de aeroplane stalagmiete zuilen mijner ziel*, in *de kolommen tong / de straffe marmervinger van verrukte stem* (vg 30) en in de *getaande wijze marmerranken / spelend om de eigen slurven lust* (vg 31).

Fantastische beelden worden ontlokt aan de equatie van tong en zuil en die van letter en steen. Rijm wordt vergeleken met de cannelures die een strakke zuil versieren *(laat) dansen mijn rijen kanaluren rijm* (vg 30). Bruuske veranderingen van richting

---

[56] Deze samenstelling blijkt uit de onderlinge vergelijking van 'film' (vg 36) [*voorhoofd* (2x)], 'het licht is dichter dan' (vg 38) [*voorhof, drempel*] en 'eten' (vg 54) [*voorhoofdrempels*]. De relatie tussen *voorhoofd* en *voorhof* wordt bevestigd door het gedicht 'hymne' uit *van de afgrond en de luchtmens* (1953): *heel mijn voorhoofd is je voorhof* (vg 195-196). Met *voorhoofdrempels* herhaalt zich het accent op het *voorhoofd* zoals dat in 'ik ben met de man en de macht' (vg 53) is aangewezen (zie p. 49).

van de wind of overgrote slokken adem leiden tot aangetaste lettergrepen *ik droomde: gijpen hebben de syllabe voet of oog / bedroefd met knagen* (vg 30). Bezien in het licht van het *Sefer Jetsira* is de variatie op de spreker als huizenbouwer verreweg het bijzonderst uit de 'romeinse elehymnen'. Waar het *Sefer Jetsira* met de metaforiek van stenen en huizen aanleiding geeft tot de opvatting van de woordkunstenaar als architect, als bouwer die uit stenen huizen optrekt, varieert Lucebert hierop met de opvatting van de dichter als wegenbouwer. Wie letters spreekt, legt steen na steen, en bouwt aan een straat of een weg (vg 30 + 31):

> verbind mij via sacra weer tot een kolommen tong
>
> doe mij aarzelaar plaveien
> purgatoire via sancta
> alle tekenvrees bestrijden
> inse zuilenronde vesta

In *plaveien* schuilt een prachtige betekenisnuance. Weliswaar is het werkwoord algemener dan het zelfstandig naamwoord, maar dat neemt niet weg dat in het werkwoord toch primair een *plavei* beluisterd kan worden, en dat is een vloer- of straatsteen die 'iets minder hard dan klinkers' is[57]. *Plaveien* is door rijm verbonden met *bestrijden*. Het object daarvan is *tekenvrees*, dus niet zomaar 'vrees', maar een heel bepaald soort vrees. De *aarzelaar* die *alle tekenvrees* wil bestrijden, is degene die met letter-stenen zoals de plavei die wat zachter dan een klinker is, de *via sancta* wil *plaveien*. Vanwege de ritmische equivalentie van de vier regels, die alle uit viermaal twee lettergrepen zijn opgebouwd, vat ik *purgatoire* op als bijvoeglijk naamwoord van *purgatoir*[58] of purgatorium, 'vagevuur'. De betekenis van dit woord maakt dat ook een toespeling op de zegswijze "de weg naar de hel is met goede voornemens geplaveid" niet uitgesloten kan worden.

Het zal duidelijk zijn dat de voorstelling van de dichter als wegenbouwer weer direct van gewicht is voor *de stenen stenen dieren dieren vogels vogels weg* uit 'ik tracht op poëtische wijze' (vg 47). Op één plaats in het corpus, in 'exodus', treedt de wegenbouwer onverhuld naar voren (vg 23-27):

> o zingen
> (..)
> 150   en straten en bruggen bouwen
> over vruchtbaarheid en vernietiging

Het bijzondere aan deze plaats is, dat hier bovendien gevarieerd lijkt te worden op één van de basis-opposities die met de dubbele letters worden verbonden, namelijk die van 'zaad versus verwoesting'[69].

---

[57] *Van Dale*, s.v.
[58] In 'verdediging van de 50-ers' is sprake van *het purgatoir* (vg 406-407).
[59] Goldschmidt, *Sepher Jesirah, Das Buch der Schöpfung. cit.*, p. 60, geeft: *Samen* versus *Verwüstung*. Bischoff, *Die Elemente der Kabbalah. cit.*, I, p. 70, geeft: *Fruchtbarkeit* versus *Unfruchtbarkeit*. Het betreft de oppositie die met de letter dalet verbonden wordt.

Afsluitend kan geconstateerd worden, dat het *Sefer Jetsira* niet alleen diepe sporen in Luceberts poëzie heeft gegrift, maar ook belangrijke bouwstenen voor de poetica van Lucebert heeft geleverd. Voorlopig concludeer ik dat Luceberts receptie van het vroegste hoofdwerk van de kabalistische literatuur gericht is geweest op exploitatie van het werk ten behoeve van de eigen poetica.

4 'waar ben ik'

De relevantie van de intertekst van het *Sefer Jetsira* kan het best aan de hand van 'waar ben ik' worden gedemonstreerd. Dit is het derde gedicht van de bundelafdeling 'apocrief', waaraan alleen de beroemde gedichten 'sonnet' (vg 13) en 'school der poëzie' (vg 14) voorafgaan. In 'waar ben ik' komen alle uit het *Sefer Jetsira* behandelde zaken samen (vg 15):

```
     waar ben ik
     waar ga ik
     wie verneemt mij
     wie neemt mij mee
 5   wie overhoort mij
     wie heeft mijn oren
     zij zijn verstolen
     zij zijn gestolen
     zij zijn verborgen
10   borsten
     bijtels weten daarvan

     hoeveel begeerte belegt mijn mond
     eten
     ik spreek melkglazen bevruchting in de lucht
15   een ieder zij voorzichtig
     een ieder bukt zich
     er is geweldig
     er is de toen
     er is de thans
20   nu is er een hol
     dan is er een kom
     waar ga ik
     waar ben ik
     men mij
25   letter mij
     is mij is mij
     mij
     frijs
     mij
30   is mij
```

De mens die een letter-bouwsel is, kan met recht vragen: 3 *wie verneemt mij*, of: 'wie hoort mij?' Er staat: 5 *wie overhoort mij*. De regels 3, 4 en 5 spelen een fascinerend morfologisch en semantisch spel. Eerst wordt morfologisch gevarieerd op 3 *vernemen* door 4 *meenemen*, dan wordt semantisch voortgeborduurd op *vernemen* door 5 *overhoren*. De morfologische variatie van *meenemen* doet het bedoelde vernemen nadrukkelijker verlangend of smachtend klinken. De semantische naklank van vernemen in *overhoren* splijt dit laatste woord in een gloednieuw neologisme dat een superlatief van *verhoren* suggereert, alsof het zou gaan om een *horen* dat zich *over* de 'ik' heenlegt.

Erotische connotaties worden naar de achtergrond gedrongen door de volgende regel die opnieuw semantisch varieert, maar nu bruusk. Terwijl in de voorgaande reeks van drie 'wie'-vragen impliciet de oren van degene die de 'ik' zou kunnen horen aan de orde zijn, is in: 6 *wie heeft mijn oren* sprake van de oren van de 'ik'.

Een totaal andere interpretatie van *overhoren* laat woord en woordenboekbetekenis intact en sluit goed aan bij het vervolg. Een welgeschapen mens heeft zijn letter-lichaamsdelen op de juiste plaats en zou daarom overhoord kunnen worden, ongeveer in de trant van: 'A? tong!, B? rechteroog!, D? rechteroor!', enzovoort. Deze letterlijke betekenis van *overhoren* past bij de ontdekking omtrent zijn oren die de 'ik' vervolgens doet. Mogelijk door, maar in ieder geval na het overhoren blijkt namelijk dat er iets mis is met de oren van de 'ik', die achtereenvolgens als 7 *verstolen*, 8 *gestolen* en als 9 *verborgen / borsten* worden aangeduid. Overigens keren met die laatste woorden de erotische connotaties terug.

In de reeks van omschrijvingen van *mijn oren* wordt het spel met morfologische en semantische variatie voortgezet. Er zou in *wie heeft mijn oren* gedoeld kunnen zijn op degene die de 'ik' zo heeft vernomen, meegenomen en overhoord, dat diens oren van eigenaar veranderd zijn, reden waarom ze achtereenvolgens als *verstolen* en *gestolen* aangeduid kunnen worden. De erotische connotaties van de laatste omschrijving van de oren maken van de oren-roof echter definitief een liefdeszaak. De omschrijving van *mijn oren* als *verborgen borsten* duidt erop, dat in *wie heeft mijn oren* niet alleen gedoeld wordt op de ander door wie de 'ik' gehoord wordt, maar ook op de ander aan wie de 'ik' op zijn beurt gehoor geeft. Het geheel van de eerste strofe laat zich dus samenvatten in de tweeledige vraag 'wie verleent mij gehoor en wie verleen ik gehoor', of 'wier oren heb ik en wie heeft de oren van mij'.

Verschillende schakels verbinden de tweede strofe met de eerste. Op de diverse varianten van 'horen' in de eerste strofe sluit het 'spreken' in de tweede strofe aan, in overeenstemming waarmee de aandacht verplaatst wordt van de oren naar de mond. Verder wordt de betekenis 'verborgenheid' voortgezet in *belegt* en *melkglazen*. De verborgenheid van de oren en borsten correspondeert met de verborgenheid van de mond, die bedekt is doordat er iets op gelegd is: *begeerte belegt mijn mond*. Het woord *melkglazen* is niet alleen metonymisch verbonden met borst en mond, maar ook doordat het eveneens 'verborgenheid' in zich draagt. Melkglas is melkwit en ondoorzichtig, zodat de relatie tussen de verborgen borsten, de bedekte mond en de *melkglazen bevruchting* des te nauwer wordt.

De tweede strofe introduceert een dubbelzinnige begeerte die als een tapijt de mond bedekt: 12 *hoeveel begeerte belegt mijn mond*. Woorden die in twee verschillende isotopieën passen, trekken de begeerte enerzijds in de richting van honger en dorst, anderzijds in de richting van seksualiteit. De woorden die een dubbelrol spelen zijn: 12 *begeerte*, 12 *belegt*, 12 *mond* en 14 *melkglazen*. Aangevuld met 13 *eten* vormt zich de isotopie van honger en dorst, aangevuld met 10 *borsten* en 14 *bevruchting* vormt zich de isotopie van seksualiteit. Nadat begeerte eerst een binnenwaartse beweging gekozen lijkt te hebben in *eten*, kiest zij een buitenwaartse beweging in spreken: 14 *ik spreek melkglazen bevruchting in de lucht*.

Regel 14 maakt een bespreking van een bijzonder uiterlijk kenmerk van het gedicht noodzakelijk. Wat onmiddellijk opvalt aan de bladzijde waarop 'waar ben ik' is afgedrukt, is het scherpe onderscheid tussen eerste en tweede strofe dat veroorzaakt wordt door de bijzondere contour van de tweede strofe. Op een lange openingsregel volgt de insnoering van een regel die uit slechts één woord bestaat. Hierop volgt de nog langere veertiende regel, die de langste van het gedicht zal blijken. Vanaf regel 15 tot het einde van het gedicht neemt de regellengte stapsgewijs af, en wel zo regelmatig, dat het geheel vanaf regel 14 de contour van een trechter aanneemt, preciezer: van de rechterhelft van een doormidden verdeelde trechter[60].

Een eerste, mogelijke verklaring voor dit trechter-zetsel zou gezocht kunnen worden in amuletten. Deze verklaring laat zich niet van belang uitsluiten, omdat in de latere poëzie van Lucebert de omschrijving van het gedicht als amulet te vinden is[61]. In de literatuur over de Kabala wordt bij het onderwerp magie onder andere aandacht besteed aan amuletten. Voorbeelden van formules op amuletten maken duidelijk dat deze een deel van hun bezwerende kracht ontlenen aan de wijze waarop ze geschreven zijn. Bischoff interpreteert de beroemde formule "abracadabra" als 'vlucht heen als deze woorden' of 'neem af als dit woord'[62]. Zijn interpretatie wordt ondersteund door de wijze waarop de formule op amuletten vorm krijgt:

```
ABRACADABRA
 BRACADABR
  RACADAB
   ACADA
    CAD
     A
```

---

[60] Van de Watering doet een vergelijkbare observatie met betrekking tot 'ik ben met de man en de macht' (vg 53). Hij ziet in de strofen over oor en oog die op een brede aanzet een korte regel laten volgen, een aankondiging van de 'trechter-structuur' van de slotstrofe, die hij als een iconisch teken voor het recapitulerend karakter ervan interpreteert. Van de Watering, *Met de ogen dicht. cit.*, p. 16.
[61] In de slotregel van 'mijn gedicht' uit de bundel *amulet* (1957): *het gedicht is een amulet* (vg 282).
[62] Erich Bischoff, *Die Kabbalah. Einführung in die jüdische Mystik und Geheimwissenschaft*. Th.Grieben's Verlag Leipzig 1903, p. 95.

```
A B R A C A D A B R A
A B R A C A D A B R
A B R A C A D A B
A B R A C A D A
A B R A C A D
A B R A C A
A B R A C
A B R A
A B R
A B
A
```

Dat wat bezworen moet worden, zou moeten afnemen zoals de formule op de amulet afneemt door de stapsgezijze verwijdering van letters. Een formule ter bezwering van oogziekten, *shebriri*, berust op hetzelfde principe: de formule wordt zo geschreven, dat de letters van het woord regelmatig minder worden, opdat de ziekte hetzelfde zal doen. Omdat in het Hebreeuws van rechts naar links geschreven wordt, loopt het woord van rechts naar links weg. De formule in het Hebreeuws levert dus het spiegelbeeld van de formule in ons schrift op:

```
shebriri irirbehs
   briri irirb
    riri irir
     iri iri
      ri ir
```

De contour van het spiegelbeeld, dus de contour van de formule zoals die er in Hebreeuws schrift uit zou kunnen zien[63], komt overeen met de contour van de tweede strofe van 'waar ben ik'.

    Een tweede verklaring van het trechter-zetsel kan ontleend worden aan het *Sefer Jetsira*. De regel die in 'waar ben ik' het begin van de trechter-contour vormt, verbindt 'spreken' met 'lucht': *ik spreek ... in de lucht*. Dit doet denken aan de elementaire opvatting van de letters. Volgens het *Sefer Jetsira* zijn de letters geschapen uit lucht. Zij zijn getekend of gegraveerd op, en gehouwen uit lucht. Zoals het raadselachtige 11 *bijtels* wijst in de richting van hakken en uithouwen, zo wijst 14 *in de lucht* op de schepping van de letters uit lucht[64]. Ik interpreteer de trechter-contour als iconische ondersteuning van de verwijzing naar de lucht-herkomst van de letters in de laatste woorden van regel 14.

    De trechter laat zich niet alleen in 'waar ben ik' zien. Dezelfde vorm is zichtbaar aan 'toen wij met een witte motor vlees sneden' (vg 56), een gedicht van één strofe,

---

[63] ibidem, p. 93. Elders geeft Bischoff te kennen dat de formule ook in de vorm van een driehoek met gelijke zijden geschreven wordt, dus op dezelfde wijze als "abracadabra". Bischoff, *Die Elemente der Kabbalah. cit.*, II, p. 192.

[64] Ik lees in *bijtels* onder andere *beitels*. De met de spelling van het woord verbonden problemen komen aan het eind van de analyse aan de orde (zie p. 97).

waarvan de eerste regel de langste is en de laatste de kortste. Dit gedicht bevat de omschrijving van de 'ik'-geboorte als *een plas adem* en eindigt met de regel *lucebert*. Verder kan de bewuste vorm waargenomen worden aan 'dit is mijn poppenpak' (vg 61), een gedicht van vier strofen, waarvan het geheel van tweede tot en met vierde strofe de trechter-contour vertoont. Dit gedicht, de laatste tekst van de bundelafdeling 'de analphabetische naam', bevat de omschrijving van het *poppenpak* als *leeggepompte mond* en eindigt met de woorden *helemaal stem*. Ik vermoed in deze drie trechtervormig gezette teksten of tekstfragmenten de verbeelding van *een tuil lucht* uit 'bed in mijn hand'. In dit gedicht werd taal eerst vergeleken met water en vervolgens omgezet in lucht (vg 50-52):

  ik ben een taal
  die als water wegzwemt naar een tuil
  lucht

Zoals Lucebert hier spreekt over taal als *een tuil lucht*, en overigens ook over een *trechter* (zie p. 82), zo is in 'waar ben ik', 'toen wij met een witte motor vlees sneden' en 'dit is mijn poppenpak' het gedicht door de wijze van zetten als een tuiltje lucht vormgegeven[65].

  De bespreking van 'dit is mijn poppenpak' moet ik tot later uitstellen (zie p. 349 e.v.), maar over de relatie tussen de andere twee trechtervormige gedichten kan hier al iets naders gezegd worden. Ik interpreteer het trechter-zetsel als een iconisch teken voor de *tuil lucht*. Zoals aan het einde van het éne gedicht dat als een tuil lucht verbeeld is, *is mij* (vg 15) staat, zo staat aan het einde van het andere gedicht dat als een tuil lucht verbeeld is, *lucebert* (vg 56). De 'ik' of de dichter maakt dus onderdeel uit van de tuil lucht die het gedicht is. Deze associatie van 'ik' of dichter met lucht doet sterk denken aan 'het proefondervindelijk gedicht', waarin dichters als *damp* worden omschreven (vg 432):

  de tijd der eenzijdige bewegingen is voorbij
  daarom de proefondervindelijke poëzie is een zee
  aan de mond van al die rivieren
  die wij eens namen gaven als
  dada** (dat geen naam is)
  en
  daar dan zijn wij damp
  niemand meer rubriceert

---

[65] Strofen met varianten van het trechter-zetsel komen voor in: (vg 54), strofe 4 en (vg 426), strofe 3. Het laatste voorbeeld heeft een bijzondere editiegeschiedenis. Na de eerste publikatie van 'er is een mooie rode draad gebroken in de ochtend' in *Braak* nummer 5 (november 1950), verschijnt het gedicht in de verzamelbundels *Triangel 1958* en *Gedichten 1948-1963* in gewijzigde gedaante: de laatste drie regels van de 'trechter' zijn als één regel afgedrukt. Deze variant, die aan de trechter-contour afbreuk deed, is in de *verzamelde gedichten* weer ongedaan gemaakt. Zie hiervoor: *apparaat* (vg 746).

Het trechter-zetsel dat de tuil lucht verbeeldt, houdt dus verband met de experimentele poetica. Zoals in 'bed in mijn hand' sprake is van een 'ik' die *een taal (is) die als water wegzwemt naar een tuil lucht*, zo manifesteren de dichters van de experimentele poëzie zich in 'het proefondervindelijk gedicht' als de *damp* boven de zee van hun poëzie.

De tuil lucht van 'waar ben ik' krijgt zijn uiterste breedte in regel 14: *ik spreek melkglazen bevruchting in de lucht*. In deze regel kan de aankondiging gelezen worden van het scheppend spreken dat de vorm aanneemt van een vijfvoudige reeks van *er is*-zinnen. Aan dit scheppend spreken gaat eerst nog een waarschuwing vooraf: 15 *een ieder zij voorzichtig*. Mogelijk maakt het eerste scheppingswoord, 17 *geweldig*, deze voorzichtigheid en het 16 *zich bukken* of zich klein maken noodzakelijk. Mogelijk ook ligt er een verwijzing in besloten naar het gevaar dat met een heel bijzondere vorm van spreken verbonden is, namelijk het magisch gebruik van de godsnamen. Wie niet volledig rein is wanneer hij zich in de zin van magie van een godsnaam bedient, stelt zich bloot aan levensgevaar[66].

Nog een stap verder zou een verwijzing naar Abraham Abulafia gaan, een dertiende-eeuws kabalist die door Scholem gekenschetst wordt als voornaamste vertegenwoordiger van de extatische school, die naast de theosofische richting van de *Zohar* in de Spaanse kabala heeft bestaan[67]. Abulafia streeft naar extase door middel van meditatie en juist in de letters van het alfabet ziet hij het ideale, abstracte object van meditatie. Voortbordurend op het *Sefer Jetsira* en op het daarin gelegde verband tussen letters en lichaamsdelen, waarschuwt hij in de volgende bewoordingen tegen de gevaren die kleven aan meditatie over letters:

> one has to be most careful not to move a consonant or vowel from its position, for if he errs in reading the letter commanding a certain member, that member may be torn away and may change its place or alter its nature immediately and be transformed into a different shape so that in consequence that person may become a cripple.[68]

Als er al een naklank van Abulafia is in Luceberts poëzie, dan is die het krachtigst in 'eten', waar onjuist geplaatste letters voorkomen en een daarmee gepaard gaande, lijfelijk ondervonden schade (vg 54):

```
     toen toen ook
     kwam de poppensnellerschij
25   uit ui
     tu
     it
     au

     scheurde uit mijn voorhoofdrempels
30   torens tabellen
     bij kattebellen af
```

---

[66] Bischoff, *Die Kabbalah. cit.*, p. 91.
[67] Scholem, *Major Trends in Jewish Mysticism. cit.*, p. 119-155.
[68] ibidem, p. 138.

Het intrigerende aan dit voorbeeld is, dat het de associatie van letters en lichaamsdelen vervat in een strofe met een contour, die als variant van het trechter-zetsel beschouwd kan worden (zie p. 94 noot 65). De tweede regel schiet er als de langste uit, de derde wordt ingesnoerd en het geheel mondt uit in de door drie regels gevormde trechterbuis met als veelzeggend slotwoord *au*. De tweede variant van het trechter-zetsel komt voor in 'er is een mooie rode draad gebroken in de ochtend', waar hetzelfde woord *au* het slotakkoord vormt (vg 426):

> ik ben op de doffe lucht van achtervolgers
> langzaam uitgegleden uit
> mijn eigen adem hijgt zijn zeilen
> zijn zeezeilen zagen de wind
> de wind valt om
> om en om
> (au)
> er is een mooie rode draad gebroken in de ochtend.

Mijn conclusie over het trechter-zetsel laat zich inmiddels aanscherpen. Het houdt niet slechts verband met de experimentele poetica, maar met het kernconcept daarvan, het concept van *de lichamelijke taal* (vg 49). De voor de hand liggende inhoud van dit begrip is 'de taal waarin de dichter zich kan belichamen of waarin hij zich belichaamd heeft', en de drie gedichten waarin het trechter-zetsel is toegepast, wijzen onmiskenbaar in deze richting. Het is namelijk toegepast in gedichten aan het einde waarvan òf *mij* (vg 15) òf *lucebert* (vg 56) staat, én in een gedicht dat de manipulatie van letters van directe invloed op de lichamelijke constitutie laat zijn, zo direct, dat aan het einde hiervan *au* (vg 54) staat.

Nadat de waarschuwing gegeven is, neemt het eigenlijke scheppend spreken van 'waar ben ik' een aanvang. Op 17 *er is geweldig* volgen 18 *er is de toen* en 19 *er is de thans*. De substantivering van *toen* en *thans* past in de equatie van spreken en scheppen: wie *toen* zegt, doet *de toen* ontstaan. Deze substantivering maakt tegelijk attent op de mogelijkheid om hetzelfde procédé in de volgende regels te vermoeden. In plaats van gewone substantiva zouden 20 *een hol* en 21 *een kom* dan gesubstantiveerde imperatieven zijn. Deze betekenis zou goed passen bij het vervolg. Een *hol!* en een *kom!* vragen namelijk om contact zoals de eerste strofe dat doet in de reeks van *wie*-vragen. De regels 20 en 21 zouden daarmee terugbuigen naar het begin van het gedicht, wat in de erop volgende regels ook letterlijk gebeurt: in 22 *waar ga ik* en 23 *waar ben ik* worden, in omgekeerde volgorde, de twee eerste regels herhaald.

In de zeven regels die door herhaling van *mij* als een hecht geheel het slot van het gedicht vormen, ontpopt het scheppend spreken zich als spreken waaruit de 'ik' ontstaat. *Geweldig*, *de toen* en *de thans*, *een hol* en *een kom* zijn slechts voorbereiding geweest op wat nu komen gaat: de creatie van *mij* (r. 24-30) door het spreken dat scheppen is van de 'ik'.

In de *wie*-vragen is een persoon of instantie buiten de 'ik' geïmpliceerd. Als zodanig is in de eerste strofe alleen het geheimzinnige *bijtels* genoemd. In de tweede strofe worden nu *men* en *letter* genoemd:

> men mij
> letter mij

Wanneer ik mij laat leiden door de semantische equivalentie die resulteert uit herhaling van *mij*, interpreteer ik *letter* als concretisering of nadere invulling van *men*. Deze relatie tussen de twee genoemde instanties buiten de 'ik' laat zich als volgt interpreteren: de schepper van de 'ik' is alleen maar eerst met het onpersoonlijke *men* aangeduid, omdat iedere gedachte aan een persoonlijk schepper hier vermeden diende te worden, zoals vervolgens uit *letter* blijkt. Voor de letter als scheppersinstantie draagt de intertekst alle steun aan. Volgens het *Sefer Jetsira* is de letter verantwoordelijk voor de schepping van de mens. In ruimere zin is het alfabet verantwoordelijk voor de mensschepping. Het éne letterpaar zorgt voor de ogen, het andere verleent de oren. Nu wordt ook het verband zichtbaar tussen de scheppersinstantie van de tweede strofe en de instantie buiten de 'ik' van de eerste strofe, het verband tussen 25 *letter* en 11 *bijtels*. Beitels weten van oren die verborgen borsten zijn, omdat beitels worden gebruikt voor het uithouwen van de letters, die op hun beurt zorgen voor de schepping van lichaamsdelen. Wanneer de beitel gehakt heeft, schept of spreekt de 25 *letter mij* en er 26 *is mij*.

De laatste viereneenhalve regel vormen een uitdaging voor de interpreet. Zij zingen namelijk niet alleen de vreugde over het eindelijk ontstaan uit. In de tweede helft van regel 26, de herhaling van *is mij*, en in de verkorting daarvan tot 27 *mij*, is die loutere vreugde te lezen. Maar 28 *frijs* is een ander geval. De inkapseling van deze vorm in de reeks van de regels 24 tot 30 die allemaal *mij* bevatten, duidt erop dat ook in *frijs* het woord *mij* schuilt. Wie lang genoeg achtereen 26 *is mij is mij* zegt, zegt op een gegeven moment wel *mij is* of *mijs* of *ijs*. Ik vermoed de rest van *mij* of *is mij* in -*ijs*. In ieder geval is de lettercombinatie aan het begin van het woord, *fr*-, nieuw binnen de context van het gedicht. In deze nieuwe letters lees ik de aanduiding van een ander. Er moet in *frijs* gedoeld zijn op contact tussen twee letter-'ikken', de zojuist geschapen of gesproken *mij* en een ander letter-'ik', dat eindelijk respons geeft op de vragen uit het begin van het gedicht en 'overhoort' door contact te maken om, zoals uit het vervolg 29 *mij / is mij* blijkt, voor maar even samen te gaan.

Niet alleen *frijs* blijft ondanks alles een raadselachtig gedichtelement. Hetzelfde geldt voor *bijtels*[69]. Ik hoor in dit gedichtelement *beitels*, maar kan nauwelijks aan-

---

[69] Het *apparaat* geeft geen varianten. Wel wordt vermeld, dat het gedicht een 'bijzondere verschijningsvorm' kent en in die versie varianten heeft. 'Waar ben ik' komt uit *[A en O]*, één van de zogeheten *unica*. Er bestaan zeven van deze *unica*, door Lucebert zelf vervaardigde, unieke boekjes uit de jaren 1949, 1950 en 1951, die bijna allemaal voor vrienden bestemd waren. *[A en O]* is mei 1950 gedateerd. De *unica* bevatten in totaal 40 gedichten, waarvan er 12 later in bundels zijn opgenomen. Behalve gedichten bevatten ze tekeningen, gouaches, foto- en tekstcollages, zodat Lucebert er in zijn dubbeltalent van dichter èn beeldend kunstenaar uit naar voren komt. Bij publikatie van de *verzamelde gedichten* heeft de publikatie van deze *unica* wel ter discussie gestaan, maar is uiteindelijk besloten dat er een ander kader voor gevonden zou moeten worden, opdat aan de vormgeving van de boekjes volledig recht zou kunnen worden gedaan. In overeenstemming met de beslissing dat niet tot publikatie overgegaan moest worden, is in het *apparaat* louter de vermelding "Met varianten" te vinden en niet de explicitering daarvan. Zie hiervoor: *apparaat* (vg 590-592), (vg 571) en (vg 775-776). Voor het verder onderzoek van Lucebert is publikatie van deze varianten onontbeerlijk. Het is dan ook te hopen dat van het uitstel waartoe bij uitgave van de *verzamelde gedichten* in 1974 is besloten, geen afstel zal komen.

nemen dat dit woord zonder reden als *bijtels* gespeld zou zijn[70]. Niet alleen door fonologische equivalentie, maar ook door spelling vindt *bijtels* zoals *frijs* aansluiting bij het uitgebreide semantisch veld 'ik', dat zich uit het veelvoud van vormen van *ik, mij* en *mijn* laat samenstellen.

De vorm *mij* domineert: tegenover tienmaal *mij* staan vijfmaal *ik* en tweemaal *mijn*. Wanneer fonologische equivalentie meegewogen wordt, staan twaalfmaal *mij* en *mijn* tegenover vijfmaal *ik*. Hoe belangrijk de fonologische equivalentie is, blijkt uit het feit dat de reeks van *mij*-vormen waarmee het gedicht uitklinkt, tegenwicht krijgt in de eerste strofe. Op het drievoudige *mij* aan het eind van drie opeenvolgende regels, waarbij *mijn* uit de volgende regel aansluit, volgt het drievoudige *zij zijn* aan het begin van de drie volgende regels, waarna het slotakkoord van deze fonologische equivalentie klinkt in *bijtels* aan het begin van de laatste regel van de strofe. In het midden van het gedicht wordt dit lint van fonologische equivalentie gaande gehouden door 12 *mijn* en 15 *zij*. Indien *bijtels* als *beitels* gespeld zou zijn geweest, zou het woord weliswaar van de fonologische equivalentie deel uitgemaakt hebben, maar daarvan het enige lid met afwijkende spelling geweest zijn. Ik concludeer dat beide raadselachtige woorden, *bijtels* aan het eind van de eerste strofe, en *frijs*, ingekapseld in de reeks van *mij*-zinnen aan het eind van de tweede strofe, ten nauwste verband moeten houden.

Omdat ik in *frijs* een contact tussen twee letter-'ikken' lees, dringt zich ter verklaring van *bijtels* de ontleding in *bij-* en *-tel(s)* op. Hiervoor is uiteengezet dat het *Sefer Jetsira* letters in verband brengt met getallen, elementen en lichaamsdelen. Voorts is erop gewezen, dat Luceberts poëzie ook de verbinding van letters met getallen vertoont (zie p. 81). Terwijl die verbinding in onverhulde vorm aan de orde is in een voorbeeld als *8erover* uit 'ballade van de goede gang' (vg 18-19), is zij in verhulde vorm aan de orde in 'waar ben ik'.

---

[70] De bundel *apocrief / de analphabetische naam* heeft in de jaren vijftig drie drukken beleefd. Op de eerste druk van [juni] 1952 volgt een tweede in [januari] 1954 en een derde in [mei] 1957. Zoals aan de hand van het voortreffelijke *apparaat* vastgesteld kan worden, heeft de korte tijd tussen eerste en tweede druk niet verhinderd dat de uiterste zorg aan correctie van de tekst is besteed. De meeste spel- en zetfouten zijn namelijk al in de tweede druk weggewerkt. Ongeveer de helft van de correcties betreft de *e*. Hieraan wordt in zeven gevallen een trema en in één geval een accent circonflexe toegevoegd. Hiernaast zijn er acht correcties die medeklinkers betreffen. Als ik het goed zie, ontbreekt er hiervan één in het *apparaat*: *omring* uit 'ik ben met de man en de macht' (vg 53) wordt *omringd*. Er is geen enkel voorbeeld van een onjuist gespelde of gezette tweeklank. Er is één voorbeeld van wijziging van een tweeklank in een klinker: *bijtter* uit 'bed in mijn hand' (vg 50-52) wordt *bitter*. De correctie die de derde druk nog te zien geeft, is aanmerkelijk bescheidener en is ook niet meer louter vooruitgang. In één geval verdwijnen er juist accenttekens van de *e* - in 'er is ik en er is' (vg 57) staat *een* in plaats van *één* - en een nieuwe zetfout sluipt in 'ik tracht op poëtische wijze' (vg 47), waar *in* in plaats van *ik* staat. Van een drietal kennelijke fouten worden er twee gecorrigeerd: *vloo* uit 'het vlees is woord geworden' (vg 20) wordt *vlo* en *creëeren* uit 'ballade van de goede gang' (vg 18-19) wordt *creëren*; alleen de wijziging van *huilde* in *huilden* uit 'exodus' (vg 23-27) moet wachten tot de vierde druk van de bundel in de door Simon Vinkenoog verzorgde verzamelbundel *Gedichten 1948-1963* uit 1965.

Ik vermoed dat *bijtels* zijn spelling te danken heeft aan het feit dat met dit woord niet alleen verwezen moest worden naar het instrument waarmee de letterschepping werd uitgevoerd, maar ook naar de associatie van letters met getallen. In *bijtels* is dan een 'bij-getal' of een 'bij-letter' te lezen, zoals in *frijs* twee letter-'ikken' te ontwaren zijn.

Met de verwijzing naar 'de ander' in *frijs* en *bijtels* ben ik terug bij het begin van de analyse. Deze verwijzing sluit aan bij de erotische connotaties van *overhoren* en *verborgen borsten*, bij de dubbelzinnige *begeerte* en bij de ondubbelzinnige associatie van spraak en seksualiteit in *ik spreek melkglazen bevruchting in de lucht*, de regel die in menig opzicht als de kernzin van het gedicht beschouwd kan worden.

'Waar ben ik' toont het belang van de Kabala voor de poetica van Lucebert aan. De aanwijzing door het *Sefer Jetsira* van de letter als instantie die voor de schepping van de mens verantwoordelijk is, is een pijler onder die poetica. Eén van de inhouden van *de lichamelijke taal*, het kernconcept van de poetica van Lucebert, moet gezocht worden in deze opvatting van de letter als schepper van de mens. In 'waar ben ik' is deze opvatting in die zin toegepast, dat aan het einde van het gedicht *is mij* staat. Een mogelijk antwoord op de herhaalde vragen *waar ben ik* en *waar ga ik* luidt dan ook: in het gedicht. Het gedicht is samengesteld uit letters die met schepperskracht begiftigd zijn, en die de 'ik' tot stand brengen. 'Waar ben ik' is een lichamelijk gedicht waarvan de letters de mens scheppen.

De krachtige erotische connotaties van het gedicht wijzen op een verder kenmerk van *de lichamelijke taal*. Deze moet zo zijn ingekleed, dat erotiek en seksualiteit erin aan bod kunnen komen, waardoor de dichter die zich van deze taal bedient, zich tegelijk presenteert als iemand die zich van het taboe op seksualiteit bevrijd heeft.

Lucebert heeft niet alleen de opvatting van het *Sefer Jetsira* over de functie van de letters, maar ook die over de herkomst van de letters in zijn poetica geïntegreerd. De verbeelding van het gedicht als een tuil lucht geeft aan, dat de lucht-herkomst van de letters in poeticale zin is geëxploiteerd, waarmee tegelijk het hele, ingewikkelde complex van de associatie van letters met elementen in de poetica is binnengehaald. Dat de elementaire opvatting van de letters eveneens tot een integraal onderdeel van de poetica van *de lichamelijke taal* is gemaakt, blijkt uit het verband tussen de voorstelling van het gedicht als een tuil lucht enerzijds en de omschrijving van dichters als de damp boven de zee van de proefondervindelijke poëzie anderzijds.

Tenslotte: bij de poeticale exploitatie van opvattingen over de letter uit het *Sefer Jetsira* gaat het niet in eerste instantie en niet louter algemeen om 'schepping van de mens'. Zoals het verband tussen 'waar ben ik' aan het einde waarvan *is mij* staat, en 'toen wij met een witte motor vlees sneden' aan het einde waarvan niet zomaar 'ik', maar de dichtersnaam *lucebert* staat, pregnant benadrukt, gaat het in eerste instantie om schepping van de mens die dichter is. Met *letter mij* is dus een verhullende omtrekkende beweging uitgevoerd. Het zijn woorden die op de bekende 'poëtische wijze' het één zeggen, maar daarom niet minder ook nog iets anders bedoelen. De woorden *letter mij* zijn noodzakelijk ter uitdrukking van de letter-opvatting die het gedicht tot zijn fundament heeft gemaakt; zij worden echter aangevuld door de woorden *ik spreek* of, ruimer, *ik spreek melkglazen bevruchting in de lucht*. Omdat het de 'ik' is die spreekt, is het uiteindelijk de dichter-'ik' die stap voor stap letters neerzet door steen te beitelen, om aldus *mij* te scheppen. Er hoeft slechts verwezen te worden naar het beruchte 'sonnet', om te verduidelijken dat hiermee een reeks van gedichten in nieuw licht kan worden bezien. Er is maar een kleine stap nodig van het semantisch veld 'ik' van 'waar ben ik', opgebouwd uit de vormen *ik, mij* en *mijn*, naar dit 'sonnet', een 'lichamelijk gedicht' dat louter bestaat uit *ik, mij* en *mijn* (vg 13)[71].

§5 Sefer Habahir

1 inleiding

Het *Sefer Habahir* verschijnt aan het eind van de twaalfde eeuw in Zuid-Frankrijk. Omdat het elementen bevat van een veel vroeger werk, het al door auteurs uit de tiende eeuw genoemde *Sefer Raza Raba*, is er alle reden om aan te nemen dat het boek in de twaalfde eeuw gecompileerd is. Het bestaat uit in totaal 141, soms zeer korte, soms wat langere paragrafen en maakt de indruk van een bloemlezing: een verzameling uitspraken afkomstig uit verscheidene bronnen, aangevuld met tal van parabels. Toch bezit een aantal secties een zekere eenheid. Allereerst de paragrafen die aansluiting zoeken bij het *Sefer Jetsira*, en verder die waarin de lijst van de tien sefirot wordt besproken. Deze worden aangeduid als de tien *maämarot*, 'gezegden' of 'uitspraken', waardoor de wereld werd geschapen.

Het *Sefer Habahir* is het oudste werk van de kabalistische literatuur in engere zin. Het is de vroegste bron die handelt over het bereik van de goddelijke attributen en de Heilige Schrift interpreteert alsof die niet alleen gaat over hetgeen in de geschapen wereld plaats vond, maar ook over hetgeen in de goddelijke wereld geschiedde.

Dit goddelijk bereik is het hoofdonderwerp van het boek. De *sefirot*, voor het eerst genoemd in het *Sefer Jetsira* en daar geïdentificeerd met de tien oer-getallen, worden in het *Sefer Habahir* getransformeerd in goddelijke attributen die elk een bijzondere functie vervullen in het werk der schepping. De *Bahir* gaat uit van de veronderstelling dat op elke *sefira* gezinspeeld wordt in de Schrift of in de rabbijnse werken door een zeer groot aantal namen en symbolen, die enig idee geven van de aard ervan. Zo krijgen de goddelijke attributen hier voor het eerst symbolische namen die zijn ontleend aan het vocabulair van de geïnterpreteerde verzen. Behalve *sefirot* heten zij *maämarot* of "logoi", "stemmen", "vaten", "koningen" en "kronen".

De schilderachtige stijl waarin de attributen worden beschreven, geeft aan het boek een opvallend mythisch karakter. De goddelijke machten constitueren "de geheime boom" waaraan de zielen opbloeien. Maar zij zijn ook de som van de "heilige vormen", verenigd in het beeld van de hemelse oer-mens. Alles in de lagere wereld bevat een referentie aan iets in de wereld der goddelijke attributen.

---

[71] Naast 'sonnet' (vg 13) en 'waar ben ik' (vg 15) kan gewezen worden op: 'door die groene of moede' (vg 17), 'ballade van de goede gang' (vg 18-19), 'toen wij met een witte motor vlees sneden' (vg 56) en 'er is ik en er is' (vg 57). In 'romeinse elehymnen I' geeft Lucebert in *het altaar echo-ego* (vg 30) een kernachtige omschrijving van de 'ik' die zichzelf spreekt of schept.

God is meester over alle machten. Het is onduidelijk of de *Bahir* God onderscheidt van de eerste sefira, dan wel of deze zelf beschouwd wordt als God. De eerste sefira wordt hier voor het eerst als *keter eljon*, verheven kroon, aangeduid, een naam die door de hele latere Kabala wordt overgenomen. Ter nadere bepaling van de eerste sefira wordt in de *Bahir* de nadruk gelegd op het concept van de *machshava*, het denken, van God. Als eerste manifestatie Gods wordt het onaanschouwelijke, grenzeloze denken aangewezen.

Anders dan bij het *Sefer Jetsira* bestaan er bij het *Sefer Habahir*[72] geen problemen van tekstuitgave. Scholem is zijn wetenschappelijke loopbaan begonnen met een Duitse vertaling van het boek[73].

2 enkele paragrafen uit de *Bahir* in verband met Lucebert

De *Bahir* besteedt uitgebreid aandacht aan letters. De getalswaarde van sommige letters wordt bijvoorbeeld in bijzondere zin geduid, en bepaalde letters worden in verband gebracht met bepaalde sefirot. Een klassiek geworden passage waarbij magie en tovenarij konden aanknopen, poneert dat naam en wezen van een ding gelijk zijn:

> Alles, was Gott in seiner Welt schuf, dessen Namen nahm er von seinem Inhalt, wie es heißt [Genes. 2,19]: "Und wie der Mensch alles nennen würde ... so sollte sein Name sein", das heißt: so sollte es selbst sein. Und woher [wissen wir], daß der Name [eines Dinges] es selbst ist? Aus dem Vers [Proverb. 10,7]: "Das Andenken der Gerechten zum Segen, aber der Name der Frevler vermodert". Vermodert etwa sein Name? Vielmehr er selbst. So ist auch hier [in dem Genesisvers] gemeint: es selbst.[74]

Ter adstructie wordt een voorbeeld gegeven waaruit blijkt dat de identiteit van naam en ding berust op iconiciteit. De speculaties van de *Bahir* over iconiciteit nemen hier de vorm aan van speculaties over de uiterlijke overeenkomst tussen de letters waaruit een woord is samengesteld, en delen van de zaak waarnaar het woord verwijst[75]:

> Ein Beispiel? So gleicht [im Worte] *Schoresch* ["Wurzel"] das *Schin* [seiner Gestalt nach] der Wurzel des Baumes, das *Resch* [deutet in seiner Gestalt darauf hin, daß] jeder Baum gekrümmt ist, und was ist die Funktion des

---

[72] Editio princeps: Amsterdam 1651.
[73] G. Scholem, *Das Buch Bahir. Ein Schriftdenkmal aus der Frühzeit der Kabbala*. Auf Grund der kritischen Neuausgabe von Gerhard Scholem. Wissenschaftliche Buchgesellschaft Darmstadt 1980³ (reprografischer Nachdruck der ersten Auflage Leipzig 1923).
[74] ibidem, p. 55.
[75] "Delen van de zaak" moet hierbij ruim genomen worden. Het gaat ook om zaken die metonymisch met elkaar verbonden kunnen worden: wortel, boom, tak, nieuwe boom.

zweiten *Schin*? Es lehrt, daß wenn du einen Zweig nimmst und einpflanzst, er wieder ein Baum wird.[76]

De letter alef, eerste letter van het Hebreeuwse alfabet met de getalswaarde 1, wordt verbonden met de eerste sefira. Dit betekent dat alef met de *machshava* verbonden wordt, het denken Gods, het concept met behulp waarvan de eerste sefira nader wordt omschreven. Ter ondersteuning van dit verband wordt een relatie van overeenkomst gepostuleerd: "wie man beim Aleph, spricht man es aus, [nur] den Mund öffnet, so geht auch das Denken ins Unendliche und Unbegrenzte"[77]. Onbegrensdheid kenmerkt niet alleen het denken, maar ook het gehoor:

> Wie das Denken kein Ende hat - denn der Mensch denkt und gelangt [damit] bis ans Ende der Welt - so hat auch das Gehör kein Ende und wird nie gesättigt, wie es heißt [Eccles. 1,8]: "Das Ohr wird nicht voll vom Hören".[78]

Voor de relaties tussen alef en denken enerzijds en denken en gehoor anderzijds wordt opnieuw een beroep gedaan op iconiciteit. De alef is een iconisch teken voor zowel gehoor als denken, omdat de letter, א, uiterlijke overeenkomst met oor en hersenen vertoont.

Het gedicht 'bed in mijn hand' bevat de syntactische equivalentie van *oor* en *hersenen*. Terwijl er in de onmiddellijke context sprake is van slaap en ontwaken, worden in de eerste drie regels lichaamsdelen met een bed geassocieerd (vg 50-52):

> bed in mijn hand
> bed in mijn oor
> bed in mijn hersenen[79]

De equivalentie van *oor* en *hersenen* verwijst naar de *Bahir* en naar de opvattingen daarin over de alef. Niet alleen de genoemde equivalentie leidt tot deze conclusie, maar ook het feit dat het voornaamste onderwerp van 'bed in mijn hand' schepping is. Hiernaast kan gesteld worden, dat de alef in de *Bahir* niet alleen de eerste letter is, de 'aanvang van en voorwaarde voor alle letters'[80], maar ook de éne letter waarin de tien uitspraken met behulp waarvan de wereld geschapen is, zijn samengevat[81]. Zoals de *Bahir* in oor en hersenen een soort afbeeldingen ziet van deze alef, de scheppingsletter bij uitstek, zo is in het gedicht met de equivalentie van *oor* en *hersenen* schepping het voornaamste onderwerp.

---

[76] Scholem, *Das Buch Bahir. cit.*, p. 55. Shin = שׁ, resh = ר.
[77] ibidem, p. 48-49.
[78] ibidem, p. 55.
[79] De mond wordt voorgesteld als een bed in 'eten': *mijn mond nog een klein bed* (vg 54).
[80] Scholem, *Das Buch Bahir. cit.*, p. 48.
[81] ibidem, p. 35-36. Vergelijk verder p. 55, waar de alef wordt aangeduid als 'de wortel van de tien geboden'.

Schepping is in het gedicht als geheel het centrale onderwerp, maar ik beperk mij hier tot een globale bespreking van de eerste zes strofen[82]. Blijkens de tussentitel *de welbespraakte slaap*[83] en blijkens het *bed* in hand, oor en hersenen ligt de 'ik' in slaap. Wanneer hij daaruit ontwaakt, wordt hem om schepping verzocht:

> ik word wakker
> 10   als een tandeloze mist lig ik
> zinken vol licht
> en open de radio en
> men komt mij stemmen brengen
> opdat ik staan zal en zeggen

Na een laconiek 18 *goed* en 19 *goed men begeeft zich*, komt in de vierde strofe de schepping op gang. Deze strofe is als proza met Engelse regelval gezet. De schepping wordt verdeeld in drie fasen, die door de cijfers *1, 2* en *3* als zodanig zijn aangegeven. Er valt meer te zeggen over deze strofe, maar ik beperk mij hier tot één observatie. In de woorden *kolommen steenworpen* klinkt de metaforiek door uit het *Sefer Jetsira* die hiervoor besproken is (zie p. 85). Zoals er eerder aan de 'ik' *stemmen* zijn gebracht, zo bestaat zijn schepping uit de worp van letters als *stenen* in de lucht.

De vijfde strofe levert een soort commentaar op de inmiddels geproduceerde taal. Ik licht er twee regels uit:

> 30   taal die jee en na naait
> op levenslange wangen en lippen

In *levenslange* schuilt een toespeling op de ouderdom die deze schepping aankleeft. Omdat er geschapen is naar het model van Genesis, naar het model van "En God zeide: daar zij licht", is de nieuwe, eigen schepping meteen oeroud. In *naait* lijken *ja* en *nee* geïntegreerd. In de verwisseling van de beginletters van *ja* en *nee* kan een allusie gelezen worden aan de last die op letters gelegd wordt in de hele Kabàla en bijvoorbeeld in *Sefer Jetsira* en *Bahir*. De vormen die het resultaat zijn van deze verwisseling, kunnen echter ook op zichzelf geïnterpreteerd worden, waarbij *jee* de status van bestaand woord aanneemt, terwijl dit naar mijn mening niet geldt voor *na*. In *jee* kan zowel de verbastering van *Jezus* gelezen worden, als een uitroep van schrik. In *na* kan een zwaar accent op het volgende woord gelezen worden: *na* is door alliteratie en assonantie zo nadrukkelijk verbonden met het erop volgende *naait*, dat de wangen en lippen eerder dicht dan open lijken, alsof hun de mond wordt gesnoerd.

In de drie slotregels van de vijfde strofe die hiervoor al verschillende malen zijn aangehaald en die taal associëren met water en lucht (zie p. 82), wordt de elementaire opvatting van taal uit het *Sefer Jetsira* benut:

---

[82] 'Bed in mijn hand' telt in totaal elf strofen en is het langste gedicht van de bundelafdeling 'de analphabetische naam'.

[83] De titel onderaan de voorgaande pagina (vg 49), die het typografisch teken voor 'titelloos gedicht' boven 'bed in mijn hand' (vg 50-52) verdrongen heeft (zie p. 6).

>   ik ben een taal
>   die als water wegzwemt naar een tuil
>   lucht

Inmiddels laat ook de eerste van deze drie regels zich interpreteren. In *ik ben een taal* worden schepper en schepping gelijkgesteld. De sprekend-scheppende 'ik', die gebruik heeft gemaakt van de hem verleende stemmen en zijn woorden als steenworpen de lucht in heeft geslingerd, valt samen met zijn taal-schepping.

Mogelijk begunstigd door de omkering van de volgorde van emanatie zoals die door het *Sefer Jetsira* is aangegeven -uit lucht komt enerzijds water, anderzijds taal-, volgt hierop in de zesde strofe de aanzet tot de beschrijving van de wijze waarop de 'ik' zelf geschapen is. Tussen het scheppen door 'ik' en het geschapen worden van 'ik' is in die zin onderscheid gemaakt, dat in de eerste schepping de tegenwoordige en in de tweede de verleden tijd wordt gebruikt. Net zoals in 'waar ben ik' (vg 15) een onpersoonlijk *men* ten tonele wordt gevoerd in *men mij*, en net zoals in de tweede strofe van 'bed in mijn hand' de stemmen worden aangedragen door *men*, wordt ook hier de schepping van 'ik' toegeschreven aan een *men*. In het gebruikte werkwoord tenslotte kan opnieuw de allusie aan het scheppingsmodel uit Genesis beluisterd worden:

> 35 men zei en
>   men heeft mij gemaakt en
>   men heeft gezegd:

Het verband tussen alef en oor, zoals dat door de *Bahir* gelegd wordt, schuilt niet alleen in 'bed in mijn hand', maar ook in één van de gedichten uit de afdeling 'ongebundelde gedichten 1949-1951', namelijk in 'Diep onder de kath. kerk in de ichtus-lärm', een gedicht dat eigenlijk een tekening-gedicht is[84]. Ik citeer de eerste regels (vg 419-420):

>   Diep onder de kath. kerk in de ichtus-lärm
>   hoor ik de vlugge vleugelslagen v.d. engel U:
>   waarom zwijg je zolang en waarom
>   hoor je ons allen niet horen

Zoals 'waar ben ik' (vg 15) het werkwoord *overhoren* op een bijzondere manier gebruikt, zo wordt hier het werkwoord *horen* bijzonder gebruikt: waarom / *hoor* je ons allen niet *horen*. Vijf regels verder valt het "alfa en omega": *naar uw WOORD geschiede A & Ω oh*. De letters A en Ω zijn zo getekend, dat ze een opvallende mate van overeenkomst vertonen[85]. Het is zelfs zo, dat ze verdacht veel op elkaar lijken. Het letterpaar wekt eigenlijk de indruk van een paar van twee Ω's, waarvan de eerste een

---

[84] In *Braak* nummer 4 (augustus 1950) verschijnen twee gedichten van Lucebert, 'Diep onder de kath. kerk in de ichtus-lärm' (vg 419-420) en 'zie de 4 mm. fantasiegerstekorrel-patronen die ik afschiet' (vg 421), beide in handschrift. De twee gedichten komen overeen in die zin, dat in beide bijzondere aandacht aan de vormgeving van letters is besteed. Een iets minder prominent, maar toch ook opvallend punt van overeenkomst is het gebruik van cijfers. Verder is onder beide gedichten een oog getekend. Zie hiervoor: *apparaat* (vg 742-744).
[85] *apparaat* (vg 743).

dwarsstreepje heeft gekregen om er een A van te maken. In ieder geval is het onderscheidend kenmerk van de omega haar volle, ronde vorm, terwijl het onderscheidend kenmerk van de wat slanker uitgevallen alfa het dwarsstreepje is. Zoals Lucebert hier alfa en omega tékent als een letterpaar, zo vervat hij elders beider associatie met het vrouwelijke en het mannelijke in woorden. In 'ik zing de aarde aarde:', een gedicht uit de bundel *triangel in de jungle* gevolgd door *de dieren der democratie* (1951), schrijft hij *phalliese A uterale o*[86].

Neologismen met *oor* komen voor in 'de boom! bom'. Ook hier gaat het om een bijzonder gedicht, een met de hand geschreven tekst in een litho van Corneille in één exemplaar van het tweede nummer van het tijdschrift *Reflex*[87]. De neologismen staan in een viertal regels uit het midden van de tekst, die door de wijze waarop ze in de litho geplaatst zijn, een geheel vormen, als een soort strofe (vg 405):

verdierlijking van fietsen in de oren
maanzaad uit de ogen over de voren vrouw
en die die dennen schwarzwald krullenoor
vervoerlijk hinkt de rups der tongen onderoor

Mijn voorlopige conclusie luidt dat oren en horen in verschillende gedichten in een erotische context zijn geplaatst. Dit is in overeenstemming met de kabalistische opvatting van taal als hét scheppingsinstrument, waaruit een appreciatie van spraak voortvloeit die evenzeer het gehoor raakt. Het *Sefer Jetsira* stelt scheppen kortweg gelijk aan spreken. In het verlengde hiervan wordt een seksuele opvatting van taal mogelijk, die in de gehele Kabala haar sporen achtergelaten heeft. Deze geeft een bijzondere lading aan taal, letters, spraak en spraakorganen, maar laat ook het gehoor niet ongemoeid. Zoals het *Sefer Jetsira* de tong gelijkstelt aan de fallus, zo koppelt de *Bahir* de alef, de scheppingsletter bij uitstek, aan het oor. Aangezien de alef de 'aanvang van en voorwaarde voor alle letters' is, en volgens het *Sefer Jetsira* alle letters 'aan de tong gebonden zijn' (zie p. 84), kan de met tong en fallus geassocieerde letter begrepen worden als het zaad voor het ontvankelijk gehoor. Deze seksuele opvatting van taal, zowel van spreken als van horen, komt bij Lucebert onder andere tot uitdrukking in de seksuele differentiatie van letters, de voorstelling van het letterpaar alfa en omega als man en vrouw, en in de erotisering van het gehoor[88].

Wanneer het vers uit *Prediker* waarop de onbegrensdheid van het gehoor wordt gebaseerd, vollediger wordt geciteerd, kan er een tweede zintuig naast het gehoor geplaatst worden: het gezicht. Dit gebeurt ook in de *Bahir*, en op grond van (Pred. 1:8) "het oog wordt niet verzadigd met zien en het oor wordt niet vervuld van hooren" worden zowel oor als oog in verband gebracht met het grenzeloze denken dat staat voor de eerste sefira[89].

---

[86] (vg 81).
[87] Zie p. 11 en *apparaat* (vg 730-731).
[88] Het oor speelt een uiterst belangrijke rol in *Het boek ik* van Schierbeek. Een neologisme dat door Schierbeek gevormd wordt, is *oorhoren*. Bert Schierbeek, *Het boek ik.*, in: idem, *Het boek ik, De andere namen, De derde persoon. cit.*, p. 66.
[89] Scholem, *Das Buch Bahir. cit.*, p. 59.

Deze gelijkstelling van oor en oog is van belang voor 'ik ben met de man en de macht' (vg 53). Syntactische equivalenties schakelen oor en oog gelijk: 21 *dat is een oor*, 24 *dat is een oog*, 32 *dat is een oog / dit is een oor*. Hiernaast is frequent sprake van *trillen*, een beweging die wellicht niet alleen samenhangt met de koude waarop in de woorden 8 *kille* en 30 *koud* wordt gedoeld, maar ook met 26 *wielen*:

25   dit trilt
       een lichaam vol lispelende wielen
       op een slippende weg tussen trappen
       dit trilt

Ik lees deze *wielen* als verwijzing naar sefirot. De *Bahir* is in die zin met de *Merkava*-mystiek verbonden, dat ook hier gespeculeerd wordt over de dieren of wezens en wielen uit Ezechiël. Voornaamste onderwerp van de *Merkava*-mystiek is immers de wereld van de troonwagen, die op basis van het visioen van Ezechiël wordt beschreven (zie p. 61). De hemelse koning zit op de troon die door de *chajot*, 'wezens' of 'dieren', gedragen wordt. Onder deze bevinden zich de *ofanim*, wielen, die de wielen van de troonwagen zijn.

In de verschillende beschrijvingen die de *Bahir* van de sefirot geeft, wordt zowel plaats geboden aan de wielen, als aan de wezens uit Ezechiël[90]. In één paragraaf wordt uit Ezechiël juist het vers geciteerd waarin beschreven wordt dat de wielen ogen hebben:

> Sie sind die Huldvollen, die überaus hoch sind, von denen es heißt [Ezech. I,18]: "Hoch waren sie, und furcht[-erregend] waren sie", und sie sind voller Augen, denn es heißt [ibid.]: "und ihre Rücken waren ringsum voll Augen bei den vieren".[91]

Dit gegeven is op zijn beurt van belang voor 'nu na twee volle ogen vlammen' (vg 49):

       boven murmelden de vlammen
       in klamme mantels
       ik was bang en bang en brandend
15   gleden ogen naar beneden
       twee van voren een van achter
       keken mij strak aan

Met *een lichaam vol lispelende wielen* uit 'ik ben met de man en de macht' wordt een kern van de sefirot-voorstelling van de *Bahir* getroffen. Het gaat in deze regel om het verband dat gelegd wordt tussen *wielen* en *lichaam*. Scholem vestigt er in zijn annotaties de aandacht op, dat de als wielen voorgestelde sefirot ook als 'dragers der wereld' aangeduid zouden kunnen worden en dat zij overeenkomen met de benen uit

---

[90] ibidem, p. 104 en 122.
[91] ibidem, p. 104.

de fysieke voorstelling van de sefirot[92]. Dat de lichamelijke isotopie van het gedicht (zie p. 49) dus uitgebreid moet worden met *wielen*, waarmee naar de benen van het sefirot-lichaam wordt verwezen, is een even specifieke verbijzondering ervan als de eerder behandelde 'haar'-isotopie.

Een intrigerende overeenkomst verbindt 'ik ben met de man en de macht' met 'bed in mijn hand' (vg 50-52). In 'bed in mijn hand', waar in de directe context zowel sprake is van *zingen* als van *trillen*, slingert een spreker-'ik' zijn woorden als *steenworpen* in de lucht, om zich vervolgens te vereenzelvigen met zijn taalschepping. 'Ik ben met de man en de macht' is door zijn 'steen'-isotopie eveneens verbonden met de metaforiek van het *Sefer Jetsira*. Kunst wordt onder meer als *verstenen* omschreven, en de openingsregels: *ik ben met de man en de macht / die een karkas hakken in de blinde muur*, rechtvaardigen het vermoeden dat ook hier gezinspeeld wordt op de steenhouwersgedaante van God bij de schepping van de taal. De beide, opeenvolgende gedichten brengen dezelfde equatie van schepper en schepping tot stand. Terwijl deze in 'bed in mijn hand' beluisterd kan worden in de regel *ik ben een taal*, wordt in 'ik ben met de man en de macht' de gelijkstelling van *ik* en *kunst* gecreëerd. Dit gebeurt door een uitgebreid netwerk van lexicale equivalentie, dat gelegd wordt door het zelfstandig naamwoord *kunst* en het werkwoord *trillen*:

(3) 10 ik ben door de *kunst*
  (...)
 13 er is *kunst*

(4) 14 ik *tril*
  (...)

(7) 25 dit *trilt*
 26 een lichaam vol lispelende wielen
 27 op een slippende weg tussen trappen
 28 dit *trilt*

(8) 29 dit is *kunst*
  (...)

(9) 32 dat is een oog
 33 dit is een oor
 34 *trilt* en er is
 35 *kunst*

De derde strofe lijkt te variëren op het "cogito ergo sum". De implicatie van eerste en laatste zin is: 'er is kunst, dus ik besta'. De derde strofe opent met de regel *ik ben door de kunst*, de vierde met de regel *ik tril*. In de vierde strofe valt het woord *pagehaar*, waarna in de strofen vijf en zes uit deze 'grondstof' een oor en een oog ontwikkeld worden (zie p. 54). In de zevende strofe wordt *trillen* tweemaal herhaald; het werkwoord wordt nu gebruikt voor het *lichaam vol lispelende wielen*. De slotregel van de zevende strofe, 28 *dit trilt*, sluit op zijn beurt aan bij de openingsregel van

---

[92] ibidem, p. 122-123 en 132-133.

de achtste strofe, 29 *dit is kunst*. In de strofen vier, zeven en acht wordt dus achtereenvolgens gesteld, dat de 'ik' trilt, dat het lichaam trilt en dat dit trillende lichaam kunst is. De negende en laatste strofe tenslotte vat het lichaam opnieuw samen in oog en oor en laat schepper en schepping of *ik* en *kunst* samenkomen in het nog één keer herhaalde *trillen*.

De 'haar'-isotopie die het verband tussen haargroei en lichaamsontwikkeling te zien heeft gegeven, het *lichaam vol lispelende wielen*, de 'steen'-isotopie met vooraan het werkwoord *hakken*, al deze gegevens duiden op de hechte verbinding van het gedicht met de kabalistische intertekst. Voorlopig concludeer ik dat het proces dat de 'ik' van 'ik ben met de man en de macht' doorloopt, gemodelleerd is naar kabalistische opvattingen over de openbaring van God en de verhouding van God tot zijn schepping. Ook de Kabala neemt immers de gelijkstelling van schepper en schepping waar. God ziet zich overal in de schepping als het ware weerspiegeld, omdat hij zijn schepping uitgevoerd heeft volgens het model dat met zijn openbaring gegeven is. Schepper en schepping zijn gelijk in die zin, dat naar kabalistische opvatting de openbaring van God ten grondslag ligt aan de schepping. In de gelijkstelling 'ik = kunst' uit 'ik ben met de man en de macht', die op zichzelf weer een variant is van 'ik = taal' uit 'bed in mijn hand', is de kabalistische equatie van schepper en schepping te herkennen.

Zoals de *Bahir* door de exegese van Ezechiël aanknoopt bij de *Merkava*-mystiek, zo sluit het boek aan bij het *Sefer Jetsira* door de fysieke symboliek. Wat deze fysieke symboliek betreft loopt er een rechte lijn van het *Sefer Jetsira* via de *Bahir* naar de *Zohar*, die de beschrijving van het geheel der sefirot als een lichaam tot een systeem zal uitwerken. De formule 'tussen de tien tenen' uit het *Sefer Jetsira* treedt ook in de *Bahir* op ter omschrijving van het verbond van God met Abraham[93]. Het boek bevat twee lijsten van de sefirot als een lichaam. Voor deze fysieke beschrijving wordt een onderscheid gemaakt tussen drie hogere en zeven lagere sefirot; de fysieke lijst betreft alleen de zeven lagere sefirot[94]. De *Bahir* poneert dat God zeven heilige vormen heeft die corresponderen met een 'vorm' in de mens. Als bewijs gelden de woorden uit Genesis, dat God de mens naar zijn beeld geschapen heeft:

> Ich habe schon gesagt, daß Gott sieben heilige Formen hat und sie alle haben ihre Entsprechung im Menschen, wie es heißt [Gen. 1,27]: "Gott schuf den Menschen in seinem Bilde, im Bilde Gottes schuf er ihn, männlich und weiblich schuf er sie". Und folgende sind es: das rechte und linke Bein, die rechte und linke Hand, der Rumpf mit der Stelle der Zeugung und der Kopf. Das sind sechs, und du sagtest: sieben? Sieben sind es mit seinem Weib, von dem es heißt [Gen. 2,24]: "Und sie bilden ein Fleisch".[95]

---

[93] ibidem, p. 42.
[94] Het onderscheid tussen drie hogere en zeven lagere sefirot is algemeen in de Kabala, maar waar de *Bahir* dit onderscheid interpreteert als een scheidslijn waardoor de fysieke voorstelling begrensd wordt, vat de *Zohar* alle sefirot in de fysieke voorstelling samen.
[95] Scholem, *Das Buch Bahir. cit.*, p. 123. Enkele bladzijden eerder, op p. 121, komt een lijst voor die kleine varianten bevat, maar die in wezen dezelfde is.

Van deze opmerkelijke lijst wijkt de tweede nog weer in bijzondere zin af. Hier worden de zeven 'vormen' als volgt opgesomd:

> Die [Stelle der] Beschneidung und das Weib des Menschen rechnen wir als eines, seine beiden Hände - drei, sein Kopf und sein Rumpf - fünf, seine beiden Beine - sieben[96]

Het precieze aantal van de heilige vormen is dus een punt van discussie. Maar langs welke weg de oplossing ook gevonden wordt - door de vrouw apart te tellen of door de romp apart te tellen -, het getal zeven wordt bereikt en de eenheidsimplicaties zijn niet mis te verstaan.

Hoe de vrouw ook geteld wordt, zij telt in ieder geval mee. Wat dit betekent voor de opvatting van God, zal pas in de *Zohar* volledig duidelijk worden. Maar ook de *Bahir* bevat al gedachten omtrent een vrouwelijke sefira die dynamiek verlenen aan het systeem als geheel en die wijzen in de richting van een verhouding tussen man en vrouw. Dynamiek komt in het systeem, doordat de laatste sefira wordt opgevat als een sefira die op en neer beweegt: de tiende sefira is de 'kroon' die opstijgt naar het hoofd, of de 'gekroonde edelsteen' die opstijgt naar de plaats waar hij gedolven is[97]. Vervat in termen van de relatie tussen vader en dochter zijn de speculaties over een venster. In een parabel wordt de vraag opgeworpen, of een koning die zijn dochter uithuwelijkt, zonder haar kan leven:

> Nein! Kann er immer den ganzen Tag bei ihr sein? Nein! Wie machte er es [nun]? Er machte ein Fenster zwischen sich und ihr, und so oft die Tochter ihren Vater braucht, oder der Vater die Tochter, kommen sie durch das Fenster zusammen.[98]

Als passage over een verwijdering waarvoor een oplossing wordt gezocht in een venster, is deze tekst van belang voor een regel uit 'christuswit'. Hier wordt door een 'ik' die terugblikt op een verhouding, gezegd *groeven wij niet met te dwaze hoofden luiken uitkijk naar elkaar* (vg 28-29).

Enkele andere motieven uit de *Bahir* die evenzeer van belang zijn voor Lucebert, zullen hierna nog aan de orde gesteld worden, op plaatsen waar ze gemakkelijker in het betoog of in de interpretatie geïntegreerd kunnen worden. Eén bijzondere kwestie echter moet hier nog aan de orde komen, die van het pseudoniem.

---

[96] ibidem p. 56.
[97] ibidem, p. 61.
[98] ibidem, p. 39.

3   de openingsparagraaf van de *Bahir* in verband met het pseudoniem *lucebert*

Zonder terughoudendheid laat Scholem zich uit over de moeilijkheid van het *Sefer Habahir*. Nadat hij het eerst aangeduid heeft als "the highly obscure and awkward book *Bahir*"[99], zegt hij er enkele decennia later over:

> The language of the book is a mixture of Hebrew and Aramaic. The style is frequently very difficult, and, even apart from the numerous errors in the printed editions, the book is hard to understand, and linguistically unclear.[100]

De duisterheid van het boek staat haaks op de betekenis van de titel ervan, een paradoxale omstandigheid die evenmin aan de aandacht is ontsnapt:

> "Sepher Bahir" (das leuchtende Buch), eine im Gegensatz zu ihrem Namen sehr dunkle Schrift.[101]

De titel *Sefer Habahir* is ontleend aan de paragraaf waarmee het boek opent. Ik laat deze hier in zijn geheel volgen:

> Rabbi Nechunja ben Hakana sagte: Ein Schriftvers sagt [Hiob 37, 21]: "Nun aber sieht man nicht das Licht, leuchtet es in den Himmeln" und ein anderer Schriftvers sagt [Ψ 18, 12]: "Er macht Finsternis zu seiner Hülle" und ebenso heißt es [Ψ 97, 2]: "Gewölk und Nebel sind um ihn". [Hier ist] ein Widerspruch, [aber] ein dritter Vers kommt und gleicht aus [Ψ 139, 12]: "Auch Finsternis ist vor dir nicht finster, und Nacht strahlt wie der Tag, Finsternis wie Licht.[102]

Met behulp van een aantal bijbelverzen ontwerpt deze tekst het schema van these, antithese en synthese. Twee, eigenlijk drie, elkaar ogenschijnlijk tegensprekende verzen worden zo hevig met elkaar in botsing gebracht, dat daaruit maar één conclusie getrokken kan worden, namelijk de conclusie van de paradox dat voor God zelfs duisternis licht is.

In zijn drie pagina's in beslag nemende annotatie wijst Scholem erop, dat vraag en oplossing niet origineel zijn. Wel eigen aan de *Bahir* is het gebruik van het vers uit Job. Dit bevat de toespeling op het *or bahir*, in pre-kabalistische kosmogonieën opgevat als het oerlicht. Omdat *or bahir* letterlijk 'lichtend licht' betekent, wordt de speculatie over de verhouding tussen donker en licht tot het uiterste gedreven. In een tekst van circa 1310 die door Scholem wordt aangehaald als verwerking van de *Bahir*-

---

[99] Scholem, *Major Trends in Jewish Mysticism. cit.*, p. 74.
[100] Scholem, *Kabbalah. cit.*, p. 313.
[101] Bischoff, *Die Kabbalah. cit.*, p. 15.
[102] Scholem, *Das Buch Bahir. cit.*, p. 1.

passage, raken de uitersten elkaar:

> Es gibt eine Finsternis, die nicht Finsternis an sich, sondern von uns aus ist, und das ist das große Licht, das allem Leuchtenden leuchtet und Finsternis heißt, weil es unerfaßbar ist; denn alles Unerfaßbare ist für den, der es nicht erfassen kann, "Finsternis", wäre es auch ein leuchtendes Licht ('Or bahir), und das meint der Vers Hiob 37, 21 ... und so heißt es auch in Ψ 18, 12 ...[103]

Alleen al het concept van een donker licht, het stap voor stap zo omgaan met de woorden dat uit het grootste licht de duisternis gemaakt kan worden, is voor Lucebert relevant. Wat hij met de uitersten van licht en duisternis doet, is één van de voornaamste onderwerpen van onderzoek in het volgende hoofdstuk over de 'introductie' van de 'lente-suite voor lilith' (vg 42). Hier komt echter nog iets anders bij. Hoewel Lucebert tegen d'Oliveira gezegd heeft dat hij Lubertus Swaanswijk heet en dus zijn pseudoniem gevormd heeft door in zijn voornaam *ce* in te lassen[104], mag deze toelichting op de herkomst van het pseudoniem als summier beschouwd worden. Naar mijn mening heeft de dichter zijn pseudoniem ontleend aan titel en openingsparagraaf van het *Sefer Habahir*: *bahir* is de interpretant van *bert* en *or bahir* is de interpretant van *lucebert*.

Wanneer Jessurun d'Oliveira de dichter in mei 1959 vraagt naar klank en betekenis van zijn naam, antwoordt hij:

> Luce (loetsje) betekent licht, en bert betekent ook licht. Het is een omzetting van brecht, vergelijk het Engelse bright.[105]

Scholems uitgave van de *Bahir* maakt duidelijk dat *bahir* in het Duits vertaald wordt als *leuchtend* en *or bahir* als *leuchtendes Licht*[106]. In het Engels wordt *bahir* vertaald als *bright*[107]. Beide woordgroepen, *lucebert* en *or bahir*, zijn dus zowel formeel als semantisch gelijk. Beide zijn een combinatie van substantief en adjectief en beide betekenen 'licht of lichtend licht'.

De lezing van het pseudoniem als een naam die verklaard wordt door het *Sefer Habahir*, rechtvaardigt het aandeel van de Kabala in de intertekst die in dit onderzoek rondom de poëzie van Lucebert wordt opgebouwd, naar mijn mening volledig. Niet alleen *de analphabetische naam*, de naam die de tweede helft van de titel van het debuut vormt (zie p. 81), maar ook de naam die de dichter tot zijn pseudoniem heeft gemaakt, kan herleid worden tot de traditie van de Joodse mystieke literatuur.

Voor mijn interpretatie van het pseudoniem laten zich zowel in de poëzie als daarbuiten argumenten aanwijzen. Om met de laatste te beginnen. Het woord voor

---

[103] ibidem, p. 2. Significant in dit verband is ook de titel van de eerste, uit 1331 daterende commentaar op de *Bahir*. Dit werk draagt de titel *Or Haganuz*, Het verborgen licht.
[104] Jessurun d'Oliveira, *Scheppen riep hij gaat van Au. cit.*, p. 38.
[105] ibidem.
[106] Scholem, *Das Buch Bahir. cit.*, p. 1-3.
[107] Scholem, *Kabbalah. cit.*, p. 312.

'licht', *or*, is het eerste woord van de pagina van de *Praagse Hagada* die Lucebert voor zijn boekomslag heeft gebruikt (zie p. 72). Het komt zowel voor in zijn collage, omgekeerd onderaan de middelste kolom, als in de tekst van *Het boek ik* van Bert Schierbeek.

Verder wijs ik erop dat het woord *or* aan een bijzondere exegese wordt onderworpen in de *Zohar*. In een commentaar bij (Gen. 1:3) "En God zeide: daar zij licht, en daar werd licht" wordt teruggegrepen op de verklaring van de *Midrash*, dat hier ook "en er *was* licht" gelezen zou kunnen worden en dat het hier gaat om licht dat al bestond. De preëxistentie van dit oerlicht wordt vervolgens door de *Zohar* bewezen aan de hand van een typisch voorbeeld van exegese, waarin de hoogst mogelijke waarde aan letters wordt gehecht. Uit de oerether *awir* (alef-waw-jod-resh) maakt zich het oerpunt los, dat wordt gerepresenteerd door de letter jod. Wat dan overblijft, is *awr* (alef-waw-resh), en dat wil zeggen: *or*, licht. Het licht bestond dus al, namelijk in de toestand van de ether, in *awir*[108].

In de poëzie kan gewezen worden op drie gedichten: 'er is ik en er is' (vg 57), 'bed in mijn hand' (vg 50-52) en 'ik ben met de man en de macht' (vg 53). Het eerste gedicht is vanwege de equivalentie *talloos - taalloos* eerder in verband gebracht met het *Sefer Jetsira* (zie p. 81). Datgene wat talloos is en taalloos praat, is *donker licht* (vg 57):

15   er laait geen taal
       maar donker licht er vaart
       dat nog talloos is
       dat nog taalloos praat

De beschrijving van een situatie van vóór de schepping die hier geboden wordt, bevat dus ook de verwijzing naar het oerlicht. Volgens de *Bahir* is het *or bahir* voor ons onbegrijpelijk, reden waarom het, ook al is het een lichtend licht, als duisternis kan worden aangeduid, of, in de woorden van Lucebert, als een donker licht.

Om de beide andere gedichten als bewijsplaatsen voor de interpretatie van het pseudoniem aan te kunnen merken, is nog een gegeven uit de annotatie van Scholem nodig. Onder de verschillende verwerkingen van de openingsparagraaf van de *Bahir* die Scholem noemt, is er één uit de *Zohar*. Hier worden de uitersten van duisternis en licht waargenomen aan de 'hoogste kroon' die staat voor de eerste sefira, en worden zij aangeduid als zwart en wit:

> Beides findet sich an der höchsten Krone, Schwarz von außen und Weiß von innen, und davon heißt es Hiob 37, 21 ... und ein anderer Vers sagt Ψ 18, 12 ..., und so haben es [schon] die Gefährten behandelt.[109]

Precies deze verdeling van duisternis en licht: zwart van buiten en wit van binnen, is aan de orde in 'bed in mijn hand' en in 'ik ben met de man en de macht'. Ik citeer

---

[108] G. Scholem, *Die Geheimnisse der Schöpfung. Ein Kapitel aus dem Sohar von -*. Schocken Verlag Berlin 1935, p. 55.
[109] Scholem, *Das Buch Bahir. cit.*, p. 2.

nog eens, maar nu volledig, de tweede strofe van 'bed in mijn hand' waarin het verzoek tot schepping wordt gedaan. Nadat de 'ik' zich eerst met zwart vereenzelvigd heeft, zegt hij vervolgens dat er in hem licht schuilt, dat hij wit is (vg 50-52):

```
      zwart wordt wakker
      ik word wakker
10    als een tandeloze mist lig ik
      zinken vol licht
      en open de radio en
      men komt mij stemmen brengen
      opdat ik staan zal en zeggen
15    er ligt licht in mij
      ik ben bitter
      maar ik ben wit
```

De tweede strofe van 'ik ben met de man en de macht' kan hiernaast geplaatst worden. Deze strofe laat dezelfde beweging van buiten naar binnen die een beweging van zwart naar wit is, zien (vg 53):

```
      ik ben in de wind
5     de wind die mij stukslaat
      als bliksem pygmeeënstammen
      in de zwarte wereld
      omringd door mijn kille
      ijswitte machine van gezichtsindrukken[110]
```

§6 *Sefer Hazohar*

1 inleiding

In de beschrijving van de geschiedenis van de wetenschappelijke bestudering van de Joodse mystiek zal het verhaal van de *Zohar* altijd een bijzondere plaats innemen. Hevig conflicterende opinies hebben er bestaan over ontstaanstijd en auteurschap van dit boek. Op grond van de inderdaad respect afdwingende omvang van het werk, ongeveer tweeëneenhalf duizend dicht bedrukte pagina's, en het enorme gezag dat deze

---

[110] Vergelijk verder de omschrijving van *zwart* als *een niet te kennen kleur* in 'met ijsvulkanen oh noorwegen in de lucht' (vg 22), en de nadrukkelijke associatie van de 'ik' met Christus en van Christus met *wit* in 'christuswit' (vg 28-29). Ik kom nog terug op het woordveld *zwart / wit* (zie p. 222).

tekst in de loop van twee, drie eeuwen verwierf, kon men het over deze fundamentele vragen lange tijd niet eens worden. In het vijfde hoofdstuk van zijn standaardwerk, dat de titel "The Book and its Author" draagt en dat zich laat lezen als een spannend verhaal over de wederwaardigheden van een boek, doet Scholem verslag van zijn bevindingen met betrekking tot de *Zohar*[111]. Zijn conclusies vat ik hieronder kort samen.

In het laatste kwart van de dertiende eeuw schreef de Spaanse kabalist Mozes de Leon in Castilië het *Sefer Hazohar*, Boek van de Glans. Het werk is geschreven als pseudepigraaf. Een pseudepigraaf is een geschrift dat op naam staat van iemand die niet echt de auteur is. Pseudepigrafie is een in de Joodse mystiek gebruikelijke vorm, maar geen kabalist heeft ooit met zo'n kennelijk genoegen gespeeld met zijn mystificatie als Mozes de Leon.

De *Zohar* is een verzameling van verschillende boeken of secties, die korte midrash-achtige verklaringen, langere homilieën en discussies over diverse onderwerpen bevatten. Zeer bijzonder is het narratieve raamwerk. Hoofdfiguur in de *Zohar* is Rabbi Simeon ben Jochai, mishna-leraar en één van de belangrijkste vertegenwoordigers van de tweede generatie schriftgeleerden, die der Tanaïm (begin van de jaartelling -220). Hoewel er ook lange anonieme secties zijn, wordt het merendeel van de uitspraken in de mond gelegd van deze Simeon ben Jochai. In een imaginair Palestijns decor wandelt hij rond, pratend met zijn zoon Eleazar, zijn vrienden en zijn leerlingen. In overeenstemming met deze historische fictie is de *Zohar* in het Aramees geschreven.

Wanneer zijn werk aan de *Zohar* in een ver gevorderd stadium is, gaat Mozes de Leon onder zijn eigen naam en in het Hebreeuws een reeks van werken schrijven die de *Zohar* als afgerond werk veronderstellen en die, eerst verhuld maar allengs enthousiaster, voorbereiden op de publikatie ervan. De laatste jaren van zijn leven besteedt hij aan het schrijven en verspreiden van kopieën van de *Zohar*.

In zijn latere, Hebreeuwse werken wijst Mozes de Leon het toenemend rationalisme van zijn tijd aan als reden voor zijn levenswerk. Tegen dit rationalisme, dat velen in de Joodse gemeenschappen doet breken met de traditie, wil hij een dam opwerpen. Hij begrijpt zichzelf als een mysticus die zich door het dreigend verval van het geloof wel gedwongen zag tot de onthulling van oude, verborgen wijsheid. Mozes de Leon is in zijn opzet meer dan geslaagd. Uit het totaal van de post-talmudistische literatuur werd alleen dit werk een canonieke tekst, die diverse eeuwen op één lijn stond met Bijbel en Talmud. Ongeveer twee eeuwen heeft het geduurd, voordat het boek deze unieke positie bereikt had. Eerst verbreidde de *Zohar* zijn invloed in kringen van de kabalisten zelf. Later, met name na de exodus uit Spanje (1492), werd het werk van invloed onder het gehele Joodse volk.

Het beeld dat Scholem van Mozes de Leon geschetst heeft, maakt hem zichtbaar als de op de voorgrond getreden wegbereider en interpreet van de *Zohar*, waarvan hij tegelijk de verhulde auteur was. De eindindruk die ontstaat is die van een uitzonderlijk produktieve en creatieve geest, een meesterschrijver die voor een dubbel œuvre verantwoordelijk is geweest.

Ook in de inleiding bij zijn eerste, uit 1935 daterende vertaling uit de *Zohar* stelt Scholem de kwestie van het auteurschap aan de orde. Hier neemt hij Mozes de

---

[111] Scholem, *Major Trends in Jewish Mysticism. cit.*, p. 156-204.

Leon vooral in bescherming tegen de aantijging van bedrog en charlatanerie, een beschuldiging die de auteur van de *Zohar* in de negentiende eeuw ten laste is gelegd. Scholem verdedigt Mozes de Leon tegen deze beschuldiging door de verdediging van het verschijnsel pseudepigrafie:

> Wie steht es aber mit diesen Masken? Mit dieser ganzen ins Unwirkliche hinein verschwimmenden galiläischen Landschaft, mit Rabbi Schimon ben Jochaj, seiner Familie und seinen Freunden und all den andern Requisiten eines midrasch-artigen Aufputzes, an denen der Autor, wie im Spiel der Phantasie ausruhend, so viel Vergnügen zu finden scheint? Die literarische Aufregung, dies Getümmel von Angriff und moralischer Verdammung, von vorsichtig-schüchterner, aber auch von auftrumpfender Apologie, die diese Flucht ins Pseudonym und in die romantische Drapierung in den Schriften der Gelehrten des vorigen Saeculums hervorgerufen hat, scheint uns heut reichlich übertrieben. Schon längst wissen wir, daß literarische Fälschungen ebenso oft Flucht ins Anonyme und Pseudonyme darstellen wie Betrugsmanöver, und nicht umsonst hat man sich an das Fremdwort Pseudepigraphie gehalten, um eine rechtmäßige Kategorie gerade des religiösen Schrifttums zu bezeichnen, bei welcher der moralische Unterton des Verwerflichen, der in dem deutschen Worte Fälschung mitschwingt, auszuschließen ist. Wichtige Urkunden unserer religiösen Literatur sind Fälschungen in diesem Sinn, und auch die mystische Literatur, die der Autor des Sohar lesen konnte, bestand zu einem erheblichen Teil aus jüngeren Pseudepigraphen. Wir sind auch gar nicht sicher, ob der Autor, der die Technik der Pseudepigraphie mit soviel Virtuosität handhabt, der die Personen seiner Dialoge in erfundenen Büchertiteln und Zitaten schwelgen läßt, die kabbalistischen Pseudepigraphen, die er sicher kannte, in ihrer Einkleidung so ernst genommen hat, und eine ganze Reihe von Nachahmungen des Sohar in den ersten hundert Jahren nach seiner Veröffentlichung beweist, daß diese Autoren die Maskierung keineswegs für bare Münze nahmen. Sie galt als ein willkommenes Mittel, den zufälligen Namen eines Autors, der sich im Besitz geheimen Wissens fand, hinter der Sache verschwinden zu lassen.[112]

Pseudepigrafie wordt hier verdedigd als 'rechtmatige categorie van religieuze literatuur'. Omdat de geheime kennis, de Kabala, van groter belang is dan de persoon van de auteur, laat deze zijn naam verdwijnen achter die van een historische autoriteit.

De passage lijkt mij van algemeen belang voor Lucebert die tenslotte debuteert met een bundel die de titel *apocrief / de analphabetische naam* draagt. De technische termen *pseudepigraaf* en *apocrief* stammen beide uit de context van de vaststelling van de bijbelse canon. Die boeken die uit de canon van de Bijbel zijn geweerd, zijn als de Apocriefen en de Pseudepigrafen de geschiedenis ingegaan. Het onderscheid tussen beide soorten niet-canonieke boeken is niet volledig duidelijk en de Christelijke kerken hebben op dit terrein ook niet dezelfde scheidslijnen aangehouden. De Rooms-

---

[112] Scholem, *Die Geheimnisse der Schöpfung. cit.*, p. 14-15.

Katholieke kerk is de *Septuagint* gevolgd waarin een aantal boeken voorkomen die in de Hebreeuwse Bijbel niet zijn opgenomen; de Protestantse kerken hebben zich aangesloten bij de Joodse canon. De naam *apocriefen*, afgeleid van απoκρυφoς, 'verborgen', is in de begintijd van het Christendom voor allerlei geschriften buiten de Hebreeuwse canon gebruikt[113]. Dat deze geschriften als 'verborgen' werden aangeduid, kan duiden op het feit dat zij niet voor de openbare eredienst, maar alleen voor de huiselijke godsdienstoefening bestemd waren. Het zou verder zowel kunnen duiden op het feit dat zij niet voor alle gelovigen maar slechts voor ingewijden bedoeld waren, als op het feit dat schrijver en oorsprong niet bekend waren. Ook wat betreft het verborgen auteurschap staat een apocrief geschrift dus dichtbij een pseudepigraaf.

Met dit alles wordt de context van de start van Luceberts dichterschap steeds specifieker ingevuld. Hij onderneemt, om met Scholem te spreken, een 'vlucht in het anonieme en pseudonieme', om zich, juist langs deze oude en beproefde weg, met zijn poëzie óók een plaats te verschaffen in wat een rechtmatige categorie van religieuze literatuur genoemd kan worden. Hij kiest voor de titel van zijn eerste bundel een woord dat is ontleend aan het historisch proces van vaststelling van de canon van de Bijbel: *apocrief.* Hij verwijst in een voetnoot bij 'het proefondervindelijk gedicht' naar de *Zohar*, het hoofdwerk van de Kabala en de pseudepigraaf die als het enige geschrift uit de hele post-talmudistische literatuur de scheidslijn tussen 'apocrief' en 'canoniek' heeft weten te overwinnen, en hij hult zich in een pseudoniem dat hij ontleent aan de traditie van de Joodse mystiek.

2 edities

Het geheel van de literatuur die de titel *Zohar* draagt, omvat drie boeken die in vijf delen worden verdeeld. De drie boeken zijn: de *Zohar* of de *Zohar op de Tora*, de *Tikune Zohar*, Aanhangsels van de Zohar, en de *Zohar Chadash*, Nieuwe Zohar. Het hoofdwerk, de *Zohar op de Tora*, wordt in drie delen verdeeld: deel I is *Zohar* bij Genesis, deel II is *Zohar* bij Exodus en deel III *Zohar* bij Leviticus, Numeri en Deuteronomium. Wanneer hieronder gesproken wordt over 'de *Zohar*', dan wordt daarmee het hoofdwerk van de *Zohar op de Tora* bedoeld.

De *editio princeps* is die van Mantua 1558-1560.

De uitgever van de Mantua-editie, die over tien manuscripten de beschikking had, gaf de *Zohar* uit in drie delen en publiceerde daarnaast een deel *Tikune Zohar*, Aanhangsels van de Zohar, dat geheel bestaat uit latere imitaties. Het geschrift *Raja Mehemna*, De trouwe herder, dat later eveneens als imitatie is ontmaskerd, is door de uitgever van de Mantua-editie niet als zodanig herkend en is opgenomen in de delen II en III.

---

[113] W.C. van Unnik, 'Inleiding bij de uitgave van de Apocriefen van het Oude Testament', in: *De Apocriefe Boeken. Volledige herdruk volgens de oorspronkelijke uitgave van Jacob en Pieter Keur*. 2 dln. Kok Kampen 1958, deel I, p. 6.

Op basis van in Safed gevonden manuscripten wordt in 1597 een vijfde deel uitgegeven: *Zohar Chadash*, Nieuwe Zohar, dat zowel authentieke geschriften als *tikunim* bevat. De *Zohar* heeft meer dan vijfenzestig drukken beleefd, de *Tikune Zohar* bijna tachtig.

Een Hebreeuwse vertaling van de *Zohar* kwam pas in deze eeuw tot stand. De editie van Jehuda Ashlag, Jeruzalem 1945-1958 (22 delen), is een uitgave van de tekst met een Hebreeuwse vertaling.

Tot het einde van de negentiende eeuw werd het beeld van de Kabala bepaald door het werk van Christian Knorr von Rosenroth, *Kabbala Denudata*, Sulzbach 1677 - Frankfurt 1684 (2 delen). Het tweede deel van zijn werk bevat vertalingen van de *Zohar*-teksten *Sifra Detseniuta*, *Idra Raba* en *Idra Zuta*.

Vertalingen van de tweede graad, die gebaseerd zijn op de Latijnse vertaling van Knorr von Rosenroth, zijn: S.L. MacGregor Mathers, *The Kabbalah Unveiled*, Londen 1887 en P. Vulliaud, *Traduction intégrale du Siphra de-Tzeniutha*, Parijs 1930[114].

Aan het begin van de twintigste eeuw verschijnt zowel een Franse als een Engelse vertaling. De Franse: Jean de Pauly, *Sepher Ha-Zohar (Le Livre de la Splendeur)*, Parijs 1906-1911 (6 delen), wordt algemeen als onbetrouwbaar beoordeeld. De Engelse: Harry Sperling, Maurice Simon, *The Zohar*, Londen 1931-1934 (5 delen) krijgt wel krediet. Een probleem aan dit laatste werk is, dat het maar ongeveer de helft van het totale materiaal bevat. De vertalers hebben die secties uit de *Zohar* die zij als aparte werken of toevoegingen beschouwden, weggelaten.

Dan is er een omvangrijke bloemlezing uit de *Zohar* in Duitse vertaling: Ernst Müller, *Der Sohar. Das Heilige Buch der Kabbala*, Wenen 1932.

Tenslotte zijn er van de hand van Scholem zelf twee vertalingen: *Die Geheimnisse der Schöpfung. Ein Kapitel aus dem Sohar*, Berlijn 1935 en: *Zohar. The Book of Splendor*, New York 1949.

De twee vertalingen van Scholem zijn van totaal verschillend karakter. De eerste uitgave is de vertaling van een fragment dat een afgerond geheel vormt en dat de titel *Sitre Tora*, Geheimen van de Tora, draagt. De tekst wordt wel aangeduid als het begin van de *Zohar*, omdat hij in de drukken volgt op de proloog. Het gaat om één van de anonieme secties die de charme van de personages en het decor moet missen, en die dient als een soort prelude bij de tekst over de Tora-sectie *Bereshit* (Gen. 1:1 - 6:8) uit deel I. Aan de vertaling gaat een gedegen inleiding vooraf[115]. Scholems tweede vertaling is een bloemlezing van bescheiden omvang van teksten uit de drie delen van de *Zohar*. De keuze van de vertaler is gevallen op teksten die het zonder uitgebreid commentaar kunnen stellen en die een goede indruk bieden van het verhalend karakter van de *Zohar* en van denk- en leeswijze van de kabalisten uit de kring rondom Rabbi Simeon[116].

Deze lijst van vertalingen, die voor Lucebert in principe toegankelijk waren en die hij mogelijk geraadpleegd heeft, is volledig. Voor mijn onderzoek heb ik een grens

---

[114] Scholem is kort van stof over deze beide vertalingen: ze bevatten alle vergissingen van de vertaling waarop ze gebaseerd zijn. Scholem, *Kabbalah. cit.*, p. 240.

[115] Scholem, *Die Geheimnisse der Schöpfung. cit.*

[116] G. Scholem, *Zohar. The Book of Splendor*. Selected and edited by Gershom Scholem. Schocken Books New York 1963 (1949¹).

getrokken bij vertalingen uit het origineel en vertalingen in één van de moderne vreemde talen. Dit hield in dat de lijst in de twintigste eeuw en met De Pauly begon.

Uit de omvangrijke werken van De Pauly[117] en Sperling - Simon[118] heb ik slechts steekproeven genomen. Overal waar ik op een concreet bron-probleem stuitte, heb ik deze beide vertalingen geraadpleegd, maar deze onderneming leidde steeds tot een negatief resultaat. De belangrijkste steekproef betrof het fragment dat het begin van de *Zohar* vormt. Deze tekst is voor Lucebert van het grootste belang, omdat hij zowel de opvatting van emanatie als een proces waarbij taal tot stand komt bevat, als de legende van Lilith[119]. De vergelijkende bestudering van de vertaling van dit fragment door Scholem, door De Pauly en door Sperling-Simon heeft uitgewezen dat de vertaling van de hand van Scholem Luceberts bron is geweest.

Ik ben verder tot de slotsom gekomen, dat Lucebert ook Scholems bloemlezing gekend en gebruikt heeft, maar, voor wat er bij Lucebert uit de *Zohar* is terug te vinden, zijn de twee uitgaven van Scholem volstrekt onvoldoende. Daarom heb ik voorts geconcludeerd, dat ook de bloemlezing van Müller tot Luceberts bronnen gerekend moet worden[120].

Ik vermoed dat de lijst in ieder geval nog met een werk van Erich Bischoff aangevuld moet worden. Deze auteur heeft namelijk niet alleen een vertaling van het *Sefer Jetsira* gepubliceerd, maar ook een vertaling van een bescheiden bloemlezing van teksten uit de *Zohar*[121]. Mijn hypothese berust op het feit dat deze selectie besloten wordt met drie wat grotere fragmenten die alle voor Lucebert van belang zijn.

Voor één uitgave moet hier tenslotte nog bijzondere aandacht gevraagd worden. Het betreft *The Wisdom of the Zohar*, een uitgave waarover ik in de loop van het onderzoek de beschikking heb gekregen[122]. *The Wisdom of the Zohar* is de beste bloemlezing uit de *Zohar* in een moderne vreemde taal die op dit moment beschikbaar is. Het is de Engelse vertaling door David Goldstein van een bloemlezing in het Hebreeuws, die is verzorgd door Fischel Lachower en Isaiah Tishby en die in twee

---

[117] Jean de Pauly, *Sepher Ha-Zohar (Le Livre de la Splendeur)*. Doctrine ésotérique des Israélites. Traduit pour la première fois sur le texte chaldaïque et accompagnée de notes par Jean de Pauly. Œuvre posthume entièrement revue, corrigée et complétée. Publiée par les soins de Émile Lafuma-Giraud. 6 Tomes. Ernest Leroux Paris 1906-1911.

[118] Harry Sperling, Maurice Simon, *The Zohar*. Translated by Harry Sperling and Maurice Simon. 5 Vols. The Soncino Press London 1931-1934.

[119] Deze beide onderwerpen komen aan de orde in Hoofdstuk IV.

[120] Ernst Müller, *Der Sohar. Das Heilige Buch der Kabbala*. Nach dem Urtext herausgegeben von Ernst Müller. Dr. Heinrich Glanz [Wenen 1932]. Scholem spreekt met waardering over de bloemlezing van Müller en merkt over de auteur op, dat deze 'duidelijk door Rudolf Steiner beïnvloed is'. Scholem, *Kabbalah. cit.*, p. 241.

[121] Erich Bischoff, 'Auszüge aus dem Sohar', in: idem, *Die Elemente der Kabbalah. cit.*, I.Teil, p. 81-137 en 221-232.

[122] *The Wisdom of the Zohar. An Anthology of Texts*. Systematically arranged and rendered into Hebrew by Fischel Lachower and Isaiah Tishby. With extensive introductions and explanations by Isaiah Tishby. English translation by David Goldstein. 3 Volumes. [vertaling van *Mishnat ha-Zohar*, 2 delen, Jeruzalem 1949-1961]. The Littman Library of Jewish Civilization. Oxford University Press New York 1989. [voortaan geciteerd als: Tishby, *The Wisdom of the Zohar*].

delen in 1949 en 1961 in Jeruzalem is verschenen.

Omvang, ordening en toelichting van het materiaal maken de *Zohar* werkelijk toegankelijk. Ook de *Tikune Zohar* en de *Zohar Chadash* zijn in de bloemlezing vertegenwoordigd. Het omvangrijke tekstmateriaal is door Tishby geordend naar zes hoofdonderwerpen: "The Godhead", The Other Side", "Creation", "The Doctrine of Man", "Sacred Worship" en "Practical Life". Deze hoofdonderwerpen worden onderverdeeld in verschillende secties en elk van deze secties wordt voorafgegaan door een uitvoerige en diepgaande inleiding. De vertaalde teksten zelf worden toegelicht door annotaties die tegelijk summier en helder zijn. De bloemlezing als geheel wordt ingeleid door een algemene introductie, waarin onder meer de kwesties van het auteurschap en van de verschillende vertalingen van de *Zohar* aan de orde komen[123]. Verder wordt de lezer ingeleid in het bijzondere, narratieve kader van de *Zohar* door een kleine verzameling van teksten, waarin de verschillende hoofdpersonen worden geïntroduceerd en de belangrijkste gebeurtenissen uit het leven van Rabbi Simeon worden verhaald.

3   kabalistische theosofie

Een karakteristieke passage uit Mozes de Leons latere, Hebreeuwse werk kan zijn opstelling tegenover de traditie toelichten en tegelijk dienen als inleiding tot zijn stijl. De wereld is ten prooi gevallen aan een diepe slaap en kan daaruit alleen gewekt worden door de onthulling van oude, goed verborgen wijsheid:

> I looked at the ways of the children of the world and saw how in all that concerns these [theological] matters, they are enmeshed in foreign ideas and false, extraneous [or heretical] notions. One generation passes away and another generation comes, but the errors and falsehoods abide for ever. And no one sees and no one hears and no one awakens, for they are all asleep, for a deep sleep from God has fallen upon them, so that they do not question and do not read and do not search out. And when I saw all this I found myself constrained to write and to conceal and to ponder, in order to reveal it to all thinking men, and to make known all these things with which the holy sages of old concerned themselves all their lives. For they are scattered in the Talmud and in their [other] words and secret sayings, precious and hidden better even than pearls. And they [the sages] have closed and locked the door behind their words and hidden all their mystical books, because they saw that the time had not come to reveal

---

[123] Tishby is even kritisch over De Pauly en even welwillend ten opzichte van Sperling-Simon en Müller als Scholem. Zie hiervoor: Scholem, *Major Trends in Jewish Mysticism. cit.*, p. 162 en: idem, *Kabbalah. cit.*, p. 240-241. Verder: Tishby, *The Wisdom of the Zohar. cit.*, Vol.I, p. 102-103.

and publish them. Even as the wise king has said to us: 'Speak not in the ears of a fool'. Yet I have come to recognize that it would be a meritorious deed to bring out to light what was in the dark and to make known the secret matters which they have hidden.[124]

De *Zohar* is het klassieke voorbeeld van de herleving van mythologie in het hart van het mystieke Jodendom. De leer die wordt aangetroffen in de *Zohar* is het produkt van de honderd jaar van ontwikkeling van gedachtengoed die het werk scheiden van het boek *Bahir*. De Kabala van de vroege dertiende eeuw verenigde twee richtingen in zich: de oudere, door de *Bahir* gerepresenteerde traditie, en de relatief moderne richting van het Joodse neoplatonisme. De toenemende invloed van die laatste richting lokt aan het eind van de dertiende eeuw een reactie uit.

De *Zohar* is in wezen een poging om de essentie van het naïeve volksgeloof, die in gevaar gebracht wordt door de rationalistische theologie der filosofen, te bewaren. Hiertoe ontwikkelt de *Zohar* een Joodse vorm van theosofie.

Scholem geeft duidelijk aan, wat hij met theosofie bedoelt:

By theosophy I mean that which was generally meant before the term became a label for a modern pseudo-religion, i.e. *theosophy* signifies a mystical doctrine, or school of thought, which purports to perceive and to describe the mysterious workings of the Divinity, perhaps also believing it possible to become absorbed in its contemplation. Theosophy postulates a kind of divine emanation whereby God, abandoning his self-contained repose, awakens to mysterious life; further, it maintains that the mysteries of creation reflect the pulsation of this divine life. Theosophists in this sense were Jacob Boehme and William Blake, to mention two famous Christian mystics.[125]

Aan deze kabalistische theosofie wordt vorm gegeven in de leer van de *sefirot*. Bijzonder aan de Kabala is dat deze een zelfstandige, onafhankelijke goddelijke wereld postuleert, die voorafgaat aan de natuurlijke wereld en een hoger niveau van werkelijkheid bezit. Het ontstaan van deze goddelijke wereld, het proces waarbij de sefirot emaneren, wordt in de kabalistiek opgevat als een proces dat plaatsvindt ín God. De kabalisten duiden God in zijn verborgenheid aan als *En-Sof*, het oneindige, en vatten de sefirot op als de diverse stadia van zijn openbaring. De sefirot zijn werelden van licht, waarin de donkere natuur van *En-Sof* zich openbaart. Eenmaal geopenbaard, zijn zij ook de attributen van God, die de mens in staat stellen hem te kennen.

---

[124] Scholem, *Major Trends in Jewish Mysticism. cit.*, p. 202.
[125] ibidem, p. 206.

4 de mystieke opvatting van de Tora en de equivalentie van *naam* en *lichaam*

In grote lijnen is de *Zohar* een commentaar op de Tora, en de leer van de sefirot krijgt gestalte in dit commentaar. Om de sefirot-leer op het fundament van de Tora op te kunnen bouwen, is een mystieke opvatting van de Tora nodig. De verschillende symboliseringen van de Tora die hiermee gepaard gaan, liggen ten grondslag aan de equivalentie van *naam* en *lichaam* zoals die in Luceberts poëzie kan worden aangewezen (zie p. 24). De *Zohar* bevat namelijk zowel de symboliek van de Tora als een naam, als de symboliek van de Tora als een lichaam.

De *Zohar* kent niet alleen de opvatting van de Tora als een schatkamer vol geheime namen van God, maar ook die als de éne naam van God. Beide versies worden verzoend in de gedachte, dat de éne naam uit een reeks van namen is samengesteld. Omdat God in de Tora zichzelf uitdrukte, bevat de Tora enerzijds de geheime wetten der schepping, anderzijds de goddelijke essentie zelf. Hierom is de Tora in laatste instantie niets anders dan de éne grote en heilige naam van God.

De overtuiging dat uit het totaal van de Tora geen enkel element gemist kan worden, gaf hiernaast aanleiding tot de symboliek van de Tora als lichaam. De Tora met haar verschillende samenstellende delen, verhaal, poëzie, wet en gebod, is als een levend lichaam waarin de diverse organen verschillende functies vervullen en waaruit niets verwijderd kan worden zonder het geheel schade te berokkenen.

De symboliek van de Tora als naam en lichaam is van veel ouder datum en is de *Zohar* door de traditie aangereikt. Nieuw in de *Zohar* is de opvatting van de relatie tussen lezer en tekst, tussen mysticus en Tora, als een erotische relatie. De *Zohar* hanteert niet alleen de symbolen van naam en lichaam, maar tekent de Tora ook als de beminde vrouw die alleen voor de onafgebroken toeziende mysticus, degene die scherpe ogen heeft, haar sluiers aflegt. Het is op dit kruispunt van verschillende symboliseringen, de Tora als naam, als lichaam en als beminde, dat Lucebert met zijn *naam / lichaam*-equivalentie inhaakt.

Het symbool van de vrouw die voor haar minnaar haar sluiers aflegt, vervult zijn rol in de opvatting van de Tora als een tekst die in al zijn onderdelen een dubbele betekenis heeft. De hele Tora is zowel geopenbaard als verborgen en bezit naast de letterlijke een geheime of mystieke betekenis, waar het de mysticus uiteindelijk om te doen is. De Tora wordt begrepen als een uitgebreid *corpus symbolicum* dat verwijst naar de verborgen wereld der sefirot. De geheime of mystieke betekenis gaat als het lichaam of als de ziel schuil onder het gewaad van de letterlijke betekenis.

De letterlijke betekenis van de Tora wordt niet ontkend, maar aan de verborgen of mystieke betekenis ervan wordt wel een veel grotere waarde gehecht. De verdediging van dit standpunt ontlokt aan de auteur van de *Zohar* verregaande uitspraken. Zo wordt bijvoorbeeld ergens gesteld dat, indien het in de Tora alleen om het vertellen van verhalen zou zijn gegaan, Rabbi Simeon en de zijnen een beter boek hadden kunnen schrijven[126].

---

[126] De tekst waarin deze bewering gedaan wordt, komt zowel in de bloemlezing van Scholem als in die van Müller voor, en ontbreekt evenmin in de kleine verzameling van teksten die door Bischoff is vertaald. Zie hiervoor: Scholem, *Zohar. The Book of Splendor. cit.*, p. 121-122;

In dezelfde tekst worden de verhalen van de Tora begrepen als haar gewaden, als een mantel waarmee het lichaam der geboden is bedekt, terwijl 'de ware Tora' als de ziel in dit lichaam schuilt. In een tweede tekst treden de erotische connotaties op de voorgrond. Nadat eerst in meer algemene zin beschreven is hoe er een spel van verhulling en onthulling wordt gespeeld, wordt de Tora vergeleken met een schoonheid die zich in een paleiskamer schuilhoudt en alleen aan haar minnaar af en toe een glimp van haar gezicht laat zien:

> What a multitude of humans there are who dwell in confusion, failing to perceive the way of truth that abides in the Torah, and the Torah, in love, summons them day after day to her, but woe, they do not so much as turn their heads. It is just as I have stated, the Torah releases one word, and comes forth from her sheath ever so little, and then retreats to concealment again. But this she does only for them who understand her and follow her precepts.
> She may be compared to a beautiful and stately maiden, who is secluded in an isolated chamber of a palace, and has a lover of whose existence she alone knows. For love of her he passes by her gate unceasingly, and turns his eyes in all directions to discover her. She is aware that he is forever hovering about the palace, and what does she do? She thrusts open a small door in her secret chamber, for a moment reveals her face to her lover, then quickly withdraws it. He alone, none else, notices it; but he is aware it is from love of him that she has revealed herself to him for that moment, and his heart and his soul and everything within him are drawn to her.
> So it is with the Torah, which discloses her innermost secrets only to them who love her.[127]

De tekst mondt uit in de voorstelling van de Tora als een vrouw die door een steeds dunnere sluier tot haar minnaar spreekt, en die uiteindelijk haar sluiers aflegt en niets voor hem verborgen houdt:

> This then is the way of the Torah. In the beginning, when she first reveals herself to a man, she gives him some sign. If he understands, it is well, but if he fails, then she summons him and calls him "simpleton", and says to her messengers: Go tell that simpleton to come to me, and converse - as it is written: "Whoso is a simpleton, let him turn in hither" [Prov. 9:4]. And when he arrives, she commences to speak with him, at first from behind the veil which she has hung before her words, so that they may suit his manner of understanding, in order that he may progress gradually. [...] Then she speaks to him behind a filmy veil of finer mesh, she speaks to him in riddles and allegories [...].

Müller, *Der Sohar. Das Heilige Buch der Kabbala. cit.*, p. 29-30 en Bischoff, *Die Elemente der Kabbalah. cit.*, I, p. 88-89.
[127] Scholem, *Zohar. The Book of Splendor. cit.*, p. 89.

When, finally, he is on near terms with her, she stands disclosed face to face with him, and holds converse with him concerning all of her secret mysteries, and all the secret ways which have been hidden in her heart from immemorial time. Then is such a man a true adept in the Torah, a "master of the house", for to him she has uncovered all her mysteries, neither keeping back nor hiding any single one. She says to him: Do you see the sign, the cue, which I gave you in the beginning, how many mysteries it holds? He then comes to the realization that not one thing may be added to the words of the Torah, nor taken from them, not a sign and not a letter.
Hence should men pursue the Torah with all their might, so as to come to be her lovers, as we have shown.[128]

Hierboven is voor de *luiken uitkijk* uit 'christuswit' gewezen op de voorstelling van de *Bahir*, dat een koning die contact wil houden met zijn dochter, een venster maakt (zie p. 109). In hetzelfde gedicht is ook het beeld uit de *Zohar* verwerkt, het beeld van de geliefde in een dichte kamer: *en (ik) naaide voor jou in mijn toegeplakte kamer langzaam liefde*. De liefde die in deze dichte kamer tot stand gebracht wordt, laat een variant op de equivalentie van *naam* en *lichaam* zien, die de voorstelling van de *Zohar* in haar essentie treft. Ik citeer de regel in zijn context (vg 28-29):

ik spelde ik dacht ik spelde de cactussen achterdocht
en naaide voor jou in mijn toegeplakte kamer langzaam liefde
het werd een moeizaam tafelkleed voor ene beker

Hier is het rakelings contact tussen de twee werkwoordsvormen *speldde* en *spelde* uitgebuit. De semantische equivalentie van *naaide* en *tafelkleed* dwingt het herhaalde *spelde* bijna in de vorm *speldde*. Het spelden van een kleed of een gewaad is hetzelfde als het spellen van een woord of een naam, omdat het gewaad van de Tora gevormd wordt door de letters van de tekst. Waar de Tora haar sluiers aflegt, of waar haar gewaad openvalt, wordt het lichaam van de Tora zichtbaar dat nog steeds door letters of woorden gevormd wordt, en dat aanleiding geeft tot de equivalentie van *lichaam* en *naam*. De geciteerde regels uit 'christuswit' lichten dus door de equivalentie van gewaad en naam die van *lichaam* en *naam* toe.

---

[128] ibidem, p. 90-91 (Zohar II 99 a-b). Dezelfde tekst komt eveneens voor in de bloemlezing van Müller, die voorts verschillende teksten waarin de Tora als de naam van God wordt omschreven, bevat. Zie hiervoor: Müller, *Der Sohar. Das Heilige Buch der Kabbala. cit.*, p. 27-28 en 23-24, 25-27.

5   de verschillende voorstellingen van de sefirot: boom, mens en lijst van namen

De *Zohar* spreekt in verschillende bewoordingen over de tien sferen van goddelijke manifestatie die samen de *alma dejichuda*, wereld van eenheid, van goddelijk leven vormen. De sefirot zijn mystieke kronen. Zij zijn de tien meest gebruikelijke namen voor God, die samen ook zijn éne naam vormen. Zij zijn voorts 'de gezichten van de koning', die samen ook het innerlijke of mystieke gezicht van God vormen. Verder zijn zij niet alleen de gewaden waarin de godheid zich hult, maar ook de lichtstralen die deze uitzendt.

Voor de tien sefirot bestaan de volgende, min of meer vaste aanduidingen. De eerste sefira heet *keter eljon*, verheven kroon, of kortweg: *keter*, kroon. De tweede heet *chochma*, wijsheid; de derde *bina*, intelligentie. Voor de sefirot vier, vijf en zes bestaan dubbele namen. De vierde sefira heet *chesed*, liefde, of *gedula*, grootheid. De vijfde heet *gevura*, macht, of *din*, oordeel. De zesde sefira heet zowel *tiferet*, schoonheid, als *rachamim*, mededogen. De zevende en achtste sefira heten respectievelijk *netsach*, voortdurend geduld, en *hod*, majesteit. De negende sefira heet *jesod*, fundament, en de tiende *malchut*, koninkrijk.

Het merendeel van deze sefirot-namen stamt uit de Bijbel en dankt zijn ontstaan aan de lezing van de Bijbel als een tekst waarin voortdurend gezinspeeld wordt op de geheime goddelijke wereld. Een vers uit Kronieken is de voornaamste bron voor de lijst van namen die aan de zeven lagere sefirot worden gegeven (I Kron. 29:11): "Uwe, o Heere, is de grootheid en de macht en de heerlijkheid en de overwinning en de majesteit, want alles wat in den hemel en op de aarde is, is uwe: Uwe, o Heere, is het koninkrijk".

Terwijl de sefirot niet zozeer nadere inhoud krijgen door hun namen, krijgen ze die wel door hun ordening ten opzichte van elkaar. De sefirot worden namelijk niet alleen gevat in de eenvoudige structuur van een trapsgewijs voortschrijdende emanatie, waarbij elke volgende sefira een nieuw stadium in het proces van goddelijke manifestatie onthult, maar worden ook in structuren van ingewikkelder aard ten opzichte van elkaar gegroepeerd. Algemeen in de kabalistische literatuur is een drietal van deze meer ingewikkelde structuren. Twee ervan stellen de wereld der sefirot voor als een mystiek organisme, terwijl de derde het geheel der sefirot beschrijft als de verborgen wereld van de taal.

Het geheel der sefirot wordt voorgesteld als de 'boom van emanatie'. De kosmische boom groeit naar beneden vanaf zijn wortel, de eerste sefira Keter, en breidt zich uit door die sefirot die zijn stam en takken vormen. Dit beeld komt het eerst voor in de *Bahir*, hoewel de boom daar alleen de zeven lagere sefirot omvat.

Daarnaast worden de sefirot verbeeld in de vorm van een menselijk lichaam. Deze vorm wordt niet zoals de boom omgekeerd gedacht, maar staat rechtop, met het hoofd boven en de voeten beneden. De eerste drie sefirot vertegenwoordigen het hoofd, de sefirot vier en vijf staan voor de armen, zes staat voor de tors, zeven en acht staan voor de benen, negen staat voor het geslachtsorgaan; de tiende sefira staat ofwel voor het geheel, ofwel, zoals in de *Bahir*, voor de vrouw.

Het meest gebruikelijke patroon voor zowel boom- als mensbeeld ziet er als volgt uit:

	1 Keter	
3 Bina		2 Chochma
5 Din		4 Chesed
	6 Tiferet	
8 Hod		7 Netsach
	9 Jesod	
	10 Malchut	

Door dit patroon als het ware verticaal te lezen ontstond de verdeling van het totaal in drie zuilen. De zuil van de rechterhand omvat Chochma, Chesed en Netsach. De zuil van de linkerhand omvat Bina, Din en Hod en de centrale zuil loopt van Keter via Tiferet en Jesod naar Malchut. Deze kolommen-structuur is door Lucebert voor zijn boekomslag gebruikt (zie p. 74).

Verder wordt de wereld der sefirot beschreven als de geheime wereld van de taal of van de goddelijke namen. De verbeelding van het proces van goddelijke emanatie als proces waarbij taal tot stand komt, is één van de favoriete symbolen van de *Zohar*. Wanneer de drijvende kracht achter het proces van emanatie het spreken is, zijn de sefirot de namen die God aan zichzelf geeft. Hierom kan er, als equivalent van de lijst van sefirot, een lijst met namen van God worden opgesteld, die als volgt luidt:

	Ehje	
Elohim		Jah
Elohim		El
	JHWH	
Elohim Tsevaot		JHWH Tsevaot
	Shadai	
	Adonai	

Wanneer er van bepaalde aspecten geabstraheerd wordt, laat de keten van emanatie zich samenvatten in een aantal kern-sefirot. In overeenstemming hiermee worden ook verschillende varianten van de lijst met namen ontworpen, waarvan er één in hoofdstuk IV uitgebreid aan de orde zal komen.

Hier beperk ik mij tot een voorbeeld dat in het geheel der sefirot een representatie van God in zijn aspect van *hij*, *jij* en *ik* ziet. Drie sefirot uit de middelste zuil dragen deze opvatting, de eerste, de zesde en de tiende. *Keter*, God in zijn verborgenheid, wordt *hij* genoemd. De zesde, centrale sefira *Tiferet* of *Rachamim*, waaraan het tetragrammaton *JHWH* als naam gekoppeld wordt, staat voor God in de volle ontplooiing van zijn wezen, en wordt *jij* genoemd. In de tiende en laatste sefira die het geheel der sefirot in zich samenvat, heet God *ik*.

Deze opvatting wordt op haar beurt ondersteund door een formule waarin opnieuw de hoogst mogelijke waarde aan letters wordt gehecht. Het totale proces van emanatie is een proces dat 'niets verandert in ik'. De Hebreeuwse woorden voor 'niets' en 'ik', respectievelijk *ajin* (alef-jod-nun) en *ani* (alef-nun-jod) bestaan uit dezelfde letters. Begin en eind van het proces zijn in wezen gelijk, alleen zijn de constituerende onderdelen op verschillende wijze gecombineerd.

Voorlopig concludeer ik, dat de *naam/lichaam*-equivalentie zoals die in de poëzie van Lucebert optreedt, niet alleen geïnspireerd is door de mystieke opvatting van de Tora (zie p. 121). Deze cruciale equivalentie is evenzeer geënt op het feit dat er naast de fysieke opvatting van de openbaring van God een talige opvatting van diens openbaring treedt. God openbaart zich door zich als een kosmische boom uit te breiden, door zich lichamelijk te ontplooien en door zichzelf naam te geven. Terwijl de boomvoorstelling iets minder gedifferentieerd is, zijn de humane voorstelling en de naamlijst in even hoge mate gedifferentieerd, zodat ze des te passender op elkaar betrokken kunnen worden. Wat er van dit lichte verschil tussen de boomvoorstelling enerzijds en de mensvoorstelling en naamlijst anderzijds ook zij, de lijst van namen correspondeert volledig met de lijst van lichaamsdelen en de synthese van de naamlijst, de éne naam, valt samen met het volledig ontplooide lichaam.

6   de verschillende voorstellingen van emanatie: 'exodus', 'vrolijk babylon waarin ik', 'ik ben met de man en de macht' en 'het proefondervindelijk gedicht'

De formule 'niets verandert in ik' duidt erop dat de Kabala de hoogste sefira gelijkstelt aan een mystiek niets. Uit de woorden van Scholem maak ik op, dat er ook andere termen gebruikt worden ter omschrijving van de crisis in God die én de openbaring én de schepping op gang brengt, maar dat de Kabala het liefst gebruik maakt van de 'koenere metafoor van het Niets'[129]. Het begin van het goddelijk emanatieproces transformeert de onuitsprekelijke volheid, *En-Sof*, in niets, en uit dit mystieke niets komen alle volgende stadia van Gods ontplooiing voort.

De overgang van 'niets' in 'zijn' wordt beschreven met behulp van het symbool van het oerpunt. De openingsregels van de *Sitre Tora* beschrijven het ontstaan van dit punt. De eerste sefira is hier de oer-ether die En-Sof als een aura omgeeft. Vanuit het mysterie van En-Sof wordt een vlam ontstoken, die eerst donker is maar allengs groter wordend kleuren produceert, omdat binnenin de vlam een bron ontstaat. Wanneer deze bron door de ether heen breekt, is het begin gemaakt en wordt het oerpunt zichtbaar:

> *Am Anfang* - als der Wille des Königs zu wirken begann, grub er Zeichen in die himmlische Aura [, die ihn umstrahlte]. Eine dunkle Flamme entsprang im allerverborgensten Bereich aus dem Geheimnis des 'Ungrunds' *En Sof*, wie ein Nebel, der sich im Gestaltlosen bildet, eingelassen in den Ring [jener Aura], nicht weiß und nicht schwarz, nicht rot und nicht grün und von keinerlei Farbe überhaupt. Erst als jene Flamme Maß und Ausdehnung annahm, brachte sie leuchtende Farben hervor. Ganz im Innersten der Flamme nämlich entsprang ein Quell, aus dem Farben auf

---

[129] Scholem, *Major Trends in Jewish Mysticism. cit.*, p. 217.

> alles Untere sich ergossen, verborgen in den geheimnisvollen Verborgenheiten des *En Sof*. Der Quell durchbrach und durchbrach doch nicht den ihn umgebenden Äther [der Aura] und war ganz unerkennbar, bis infolge der Wucht seines Durchbruchs ein verborgener höchster Punkt aufleuchtete. Über diesen Punkt hinaus ist nichts erkennbar, und darum heißt er *Reschit*, Anfang, das erste Schöpfungswort [von jenen zehn, durch die] das All [geschaffen ist].[130]

Het oerpunt wordt dus *Reshit*, begin, genoemd, en het ontstaan ervan gaat gepaard met een overgang van 'kleurloos' naar 'veelkleurig'. Verder wordt het geassocieerd met een fundamentele beperking die aan de menselijke kennis is gesteld, een niet te overschrijden grens tussen het kenbare en het onkenbare.

Om de relatie met 'exodus' te kunnen leggen, waarin sprake is van *veelkleurige kennis* (vg 23-27), moet nader worden ingegaan op het probleem van de grens tussen het kenbare en het niet-kenbare. De *Zohar* plaatst dit probleem in de overgang van de tweede naar de derde sefira, die als een beslissende stap in de keten van emanatie wordt gezien.

Het oerpunt *Reshit* wordt opgevat als symbool voor de tweede sefira Chochma, wijsheid. In de goddelijke wijsheid ligt het ideale bestaan van alle dingen besloten. De ontwikkeling van de tweede sefira Chochma naar de derde sefira Bina wordt symbolisch voorgesteld als de ontwikkeling van het punt tot een paleis of een gebouw. Het punt van Chochma ontwikkelt zich tot het paleis van Bina. Wat in het punt van Chochma nog ongedifferentieerd en ongeïndividualiseerd bestond, wordt in het paleis van Bina geïndividualiseerd. De overgang van Chochma naar Bina, van wijsheid naar intelligentie, is dus de stap van ongedifferentieerd naar gedifferentieerd, van ongeïndividualiseerd naar geïndividualiseerd, met andere woorden: de stap van de scheiding tussen subject en object.

Omdat scheiding tussen subject en object onmisbare voorwaarde voor kennis is, en deze scheiding pas in Bina wordt voltrokken, ligt Chochma per definitie buiten het bereik van het verstand en wordt pas vanaf Bina de mogelijkheid tot kennis geboden.

Het lange gedicht 'exodus', dat de ondertitel 'fragment' draagt en dat de indruk maakt van een episch brokstuk, zinspeelt in één van zijn negen strofen op het begin van het proces van emanatie en op de daarin besloten problematiek van scheiding tussen subject en object. Het gaat om de vierde strofe. In de tweede regel daarvan valt het woord *baaierd*, dat op zichzelf al voldoende is voor verwijzing naar de schepping, maar er is zelfs sprake van *de boom boven de baaierd*. Een tiental regels verder vallen de woorden *veelkleurige kennis*.

Dat de beschrijving van het ontstaan van het oerpunt uit de *Sitre Tora* inderdaad een interpretant is voor deze laatste woorden, wordt bevestigd door het slot van de strofe. In een viertal regels wordt hier heimwee uitgesproken naar een toestand waarin niet alleen alles nog ongedifferentieerd bestond, maar waarin ook de scheiding tussen 'hemel en aarde' of god en mens nog niet had plaatsgegrepen (vg 23-27):

---

[130] Scholem, *Die Geheimnisse der Schöpfung. cit.*, p. 45 (Zohar I 15a). De fragmenten tussen rechte teksthaken zijn toevoegingen van de vertaler. De geciteerde tekst is eveneens opgenomen in de bloemlezing van Scholem, *Zohar. The Book of Splendor. cit.*, p. 27.

dat geschiedde nog
toen voorkeurloos was en verwarmd het weten
door gedachten zichtbaar
tussen van hemel en aarde al de geslachten

De voorstelling van het totaal der sefirot als boom of als mens stempelt het gebeuren van emanatie tot een organisch proces. Enerzijds breidt de geplante boom van een steeds machtiger stam zijn takken steeds wijder uit; anderzijds wordt in het geval van de mens-voorstelling het proces van emanatie vervat in de symboliek van de seksuele voortplanting.

Vooraf moet hier opgemerkt worden dat deze laatste, seksuele symboliek van algemeen belang lijkt voor Lucebert, en dat de *Zohar* de kwalificatie van 'hoogtepunt van herleving van mythologie in de Joodse mystiek' met name te danken heeft aan het frequent en onverhuld gebruik van aan de seksualiteit ontleende beelden.

De *Zohar* omschrijft het proces van emanatie in seksuele termen. Dat de seksualiteit haar gewettigde plaats heeft in het bereik van het goddelijke, wordt in de ogen van de kabalist bewezen door het verbondsteken van de besnijdenis. De seksualiteit is een symbool van de liefde tussen het goddelijk *jij* en het goddelijk *ik*, en het centrale gegeven in de keten van emanatie is het 'heilig huwelijk' tussen de twee sefirot die staan voor deze aspecten van God.

Aan de seksualiteit ontleende beelden domineren met name de beschrijving van de relaties tussen Tiferet en Jesod enerzijds en Malchut anderzijds. Tiferet is als de centrale sefira het lijf dat de krachten van de om hem heen gegroepeerde sefirot in zich verzamelt en deze stuurt naar en samenbalt in het fundament van Jesod, de negende sefira die staat voor het geslachtsorgaan. De op hun beurt in Jesod verzamelde krachten worden als het zaad opgenomen door de tiende en laatste sefira Malchut, die als de vrouw wordt opgevat.

In één van de langere fragmenten uit de *Zohar* die door Bischoff zijn vertaald, treedt een combinatie van boom- en mensbeeld op, waaruit een indrukwekkende beschrijving van de sefirot resulteert.

Voor de beschrijving van de sefirot als een machtige boom wordt gesteund op de boom uit de droom van Nebukadnezar, die door Daniël wordt uitgelegd. De fysieke descriptie is zowel uit- als inwendig. Hierin blijkt dat de aanduiding van Netsach en Hod als de twee benen nog slechts een eerste stap op weg is naar wat bedoeld wordt. Deze twee sefirot corresponderen met de namen Elohim Tsevaot en JHWH Tsevaot uit de naamlijst, twee namen die beide 'Heer der heerscharen' betekenen. Netsach en Hod dragen dus dezelfde naam, *Tsevaot*, en worden uiteindelijk begrepen als de tweeling die zorg draagt voor het mannelijk zaad. Uit het gebruik van een vers uit Spreuken tenslotte blijkt de opvatting van de hersenen als de bron van het zaad. Deze opvatting komt ook voor in de *Bahir*, en wordt daar ondersteund door de voorstelling van de wervelkolom als de hechte verbindingslijn tussen schedel en bekken[131]. Ik citeer de *Zohar* in de vertaling van Bischoff:

---

[131] Scholem, *Das Buch Bahir. cit.*, p. 57 en 111-112.

Der Mann [...] dehnt sich zur Rechten und zur Linken, indem er sein Erbe in Besitz nimmt. Aber wenn die Farben sich mischen, dann heißt er 'Herrlichkeit' (Tiphereth), und sein gesamter Körper dehnt sich aus zu 'einem großen, starken Baume', einem 'schönen und fruchtbaren', unter dem 'alle Tiere des Feldes Schatten suchen' und 'in dessen Zweigen die Vögel des Himmels wohnen' und 'Nahrung finden' (Daniel 4, 8f.). Seine Arme befinden sich rechts und links. Im rechten ist Leben und Gnade (Chesed), im linken Tod und Starrheit (Geburah). Seine Eingeweide werden gebildet durch die Erkenntnis [...] und füllen alle Höhlungen aus, wie geschrieben steht (Sprüche 24, 4): 'Und durch Erkenntnis werden alle Gemächer voll'. Weiter dehnt sich sein Körper in zwei Schenkel aus, und zwischen diesen befinden sich zwei Nieren und zwei Hoden. Denn aller Saft, alle Kraft und Stärke aus dem ganzen Körper des Mannes sammeln sich dort, und alle Heerscharen, welche ihnen entstammen, gehen aus von der Öffnung des (männlichen) Geschlechtsteils; daher heißen sie Heerscharen. Es sind 'Sieg' (Nezach) und 'Ruhm' (Hod). Die 'Herrlichkeit' (Tiphereth) aber ist (gleich dem Gottesnamen) Jhwh (Herr); daher kommt der Name 'Jhwh (Herr) der Heerscharen'. Das männliche Glied selbst ist das äußerste des ganzen Körpers und heißt 'Grund' (Jesod'). Es ist das Element, durch welches das Weib besänftigt wird; denn das ganze Verlangen des Mannes ist nach dem Weibe.[132]

Het is wellicht niet verwonderlijk dat een vertaling van deze tekst maar moeilijk te vinden is, hoewel er in de secundaire literatuur wel meermaals naar wordt verwezen[133]. Een fragment ervan is vertaald door Müller[134]. In de Engelse vertaling van de *Zohar* van Sperling en Simon komt de tekst niet voor. In de Franse van De Pauly wel[135], maar Bischoff levert de krachtigste vertaling.

Deze beschrijving van de sefirot en van het proces van emanatie kan regelrecht naast Luceberts gedicht 'vrolijk babylon waarin ik' gelegd worden. In dit gedicht wordt de 'ik' beschreven in termen die de volledige verstrengeling van de boomvoorstelling met het mensbeeld laten zien (vg 428):

vrolijk babylon waarin ik
met mijn tongklak als een behaarde
schotel met een scheiding woon
ik ben zo verwonderd overwon
5   derlijk kinderlijk
ik mij petergrad lucas pooldoof corejan
mal als mary wigman en veeg
teken als el greco

---

[132] Bischoff, *Die Elemente der Kabbalah. cit.*, I, p. 124-125 (Zohar III 296a).
[133] Scholem, *Major Trends in Jewish Mysticism. cit.*, p. 228 noot 78 en Tishby, *The Wisdom of the Zohar. cit.*, Vol.I, p. 294 noot 114.
[134] Müller, *Der Sohar. Das Heilige Buch der Kabbala. cit.*, p. 121-122.
[135] De Pauly, *Sepher ha-Zohar. cit.*, VI, p. 118.

```
              leef ik met de vertakte crapeaux
10            met de beboste weezees in de gekielhaalde
              rookgordijnen van begoochelde fotoos
              van de naaiekkere folls
              9000 m hoge wierook
              daar ben ik
15            boven ben ik
              op ben ik
              vaag vleselijk daarbovenop leef ik
              met 10 maniakken in mijn rechterhand en 13 in
              mijn breintuin lekker bros en beweeggeluk
20            goed als god
              gespierd als spaanse peper
              goed als god bestiert
              zijn bloedeigen land zijn vrome
              en zijn diepe bodem
25            het teder sodom en 't vrolijk babylon
```

Terwijl de boom doorklinkt in 9 *vertakte* en 10 *beboste*, klinkt de mensvoorstelling door in 18 *rechterhand* en 19 *breintuin*.

De vloed van namen in de regels zes tot en met acht zinspeelt op de sefirotlijst als een lijst van namen. In 21 *gespierd als spaanse peper* lees ik een toespeling op de Castiliaanse auteur van de *Zohar*.

De getallen laten zich stuk voor stuk in kabalistische zin duiden. In het getal negenduizend uit 13 *9000 m hoge wierook* lees ik niet alleen een groot getal dat de bedoelde hoogte moet uitdrukken, maar ook een veelvoud van het getal negen, dat de mannelijke god die hier beschreven wordt, kan representeren. De eerste negen sefirot staan als het mannelijk lichaam tegenover de éne vrouwelijke sefira die de tiende sefira is.

Hiernaast komen *10* en *13* voor, in elkaars onmiddellijke nabijheid en in de context van de twee woorden, waarin de fysieke voorstelling van de sefirot doorklinkt:

              met 10 maniakken in mijn rechterhand en 13 in
              mijn breintuin

Tien is het getal voor het geheel der sefirot en ook de rechterhand behoeft inmiddels geen toelichting meer. Hetzelfde geldt niet voor *13* en *breintuin*.

Het merkwaardige woord *breintuin* zou kunnen verwijzen naar de relatie die tussen hersenen en seksualiteit gelegd wordt, en verder naar een bepaalde opvatting over de eerste drie sefirot. In de fysieke descriptie vormen deze weliswaar samen het hoofd, maar daarnaast worden ze, wanneer ze meer apart worden beschouwd, voorgesteld als de drie hersenholten in het hoofd. De combinatie van *breintuin* met *13* wijst echter in nog een andere richting.

Om de relatie tussen En-Sof en de keten van emanatie te beschrijven, wordt onder meer het beeld van een driekoppig hoofd ontworpen: een hoofd met drie hoofden in of op elkaar. Keter is als de eerste sefira die aan het begin van het proces van emanatie staat, 'het hoofd' of 'het hoofd der hoofden'. Boven dit hoofd staat En-Sof, eronder staat Chochma. De tweede sefira Chochma, wijsheid, is enerzijds ook zelf 'een hoofd' en ligt anderzijds als 'verborgen wijsheid' of als het 'verborgen brein' in het hoger hoofd van Keter besloten. Keter op zijn beurt ligt als het hoofd der hoofden besloten in 'het hoofd dat geen hoofd is' van En-Sof. Wanneer dit driekoppige hoofd als het brein van emanatie bovenop het geheel van de tien sefirot wordt geplaatst, is het resultaat een dertienvoudig geheel[136].

Eén van de belangrijkste teksten over het driekoppige hoofd is door Müller vertaald[137] en becommentarieerd door Adolphe Franck[138]. In deze tekst wordt eveneens uitgebreid gespeculeerd over een reeks van getallen, waaronder het getal dertien niet ontbreekt. Terwijl Lucebert in 'exodus' spreekt over *het driestaartige voorhoofd* (vg 23-27)[139], telt hij hier het driekoppig hoofd bij het totaal van tien op, met als resultaat een dertienvoudige breintuin.

De speculatie van de *Zohar* over het driekoppige hoofd is evenzeer van belang voor het beeld waarmee Luceberts gedicht opent:

vrolijk babylon waarin ik
met mijn tongklak als een behaarde
schotel met een scheiding woon

Deze regels zijn bepaald weerbarstig. Het merkwaardige woord *tongklak* is onmiskenbaar de kern waarom het in de vergelijking draait. Het werkwoord *tongklakken*, dat naast het veel gebruikelijker *met de tong klakken* bestaat, komt vrijwel alleen in de infinitiefvorm voor. Het betekent 'een klakkend geluid met de tong maken'. Een zelfstandig naamwoord *tongklak* is een neologisme[140]. Het woord maakt tal van asso-

---

[136] Scholem wijst erop dat de Kabala verschillende pogingen heeft ondernomen om het getal tien van de sefirot te verzoenen met het getal dertien dat afkomstig is uit de exegese van Exodus 34:6. De Talmud leest in dit vers de dertien eigenschappen van de barmhartigheid Gods. Scholem, *Kabbalah. cit.*, p. 95-96.

[137] Müller, *Der Sohar. Das Heilige Buch der Kabbala. cit.*, p. 58-60 (Zohar III 288 a-b). Dat het om één van de belangrijkste teksten over de materie gaat, begrijp ik uit Tishby, *The Wisdom of the Zohar. cit.*, Vol.I, p. 245. Een fragment ervan is vertaald door Bischoff, *Die Elemente der Kabbalah. cit.*, I, p. 96.

[138] Franck publiceerde in 1843 zijn *La Kabbale ou la philosophie religieuse des Hébreux*. Het werk is onmiddellijk vertaald. In 1844 verscheen een Duitse vertaling van de hand van Adolf Jellinek. Zijn vertaling is rijk voorzien van kanttekeningen, die van grote waarde zijn geweest voor latere uitgaven van het boek, ook voor de Engelse vertaling die uit 1926 dateert. Recent is een nieuwe uitgave van Jellineks vertaling uit 1844 verschenen, waarnaar hieronder geciteerd zal worden. Adolphe Franck, *Die Kabbala oder die Religionsphilosophie der Hebräer*. Aus dem Französischen übersetzt, erweitert und überarbeitet von Adolf Jellinek. Bibliographisch überarbeitet und mit einem Nachwort versehen von A.K. Offenberg. Edition Weber Amsterdam 1990, p. 126-127.

[139] In dezelfde, vierde strofe, waarin sprake is van de *veelkleurige kennis* die hierboven besproken is.

[140] Hoe bedrieglijk Luceberts creatie is, blijkt uit het feit dat Rodenko de regel verkeerd citeert. In 'De experimentele explosie in Nederland' schrijft hij "vrolijk babylon waarin ik / met mijn tong klak", óndanks het feit dat deze lezing de zin als geheel tot een anakoloet maakt. De fout, of het nu een zetfout is of niet, komt zowel in de eerste als in de tweede publikatie van zijn

ciaties mogelijk, bijvoorbeeld die van ruiter en paard: door klakken met de tong kan een paard tot draf of tot galop worden aangezet. Maar vermoedelijk is voor een afleiding van *tongklakken* gekozen, omdat voor het produceren van dit geluid het verhemelte onmisbaar is. Bij het klakken met de tong wordt het tongblad over de volle breedte tegen het harde verhemelte aangedrukt. Vervolgens wordt vanuit de achtertong kracht gezet om de tong terug onderin de mond te laten vallen. De enigszins terugtrekkende beweging van de tong die hierbij ontstaat, veroorzaakt dat de voortong, het deel van de tong dat als laatste van het verhemelte los komt, daar even langs strijkt.

Semantische equivalenties bieden een eerste aanknopingspunt voor interpretatie. Aan de orde is enerzijds het wonen in een woonplaats, anderzijds de beschrijving van delen en functies van het hoofd, waarbij de aandacht in het bijzonder uitgaat naar tong en haar.

De syntaxis is ambigu. De vergelijking *als een behaarde / schotel met een scheiding* is ofwel op het geheel van de woordgroep *ik / met mijn tongklak* van toepassing, ofwel op *mijn tongklak* alleen. De eerste lezing laat de herhaling van *met* op de voorgrond treden, waardoor de verschillende vergeleken grootheden nauwkeurig in paren verdeeld lijken te worden. Een *ik* is als *een behaarde schotel* en zijn *tongklak* als *een scheiding*. Een tong kan goed als *schotel* voorgesteld worden en heeft bovendien een middellijn, die zich met een *scheiding* laat vergelijken. Er is kennelijk haar waargenomen op de tong[141], en met de tong klakken is vergeleken met het trekken van een scheiding in het haar van de tong. In deze lezing staat de *behaarde schotel* voor de tong en de *tongklak* voor de kam van het verhemelte. In het verlengde hiervan kan ook de betekenis van *ik* en *vrolijk babylon* vastgesteld worden. De *ik* is de tong die in het *vrolijk babylon* van de mond woont, en met zijn *tongklak* zijn haar kamt zodat hij *als een behaarde schotel met een scheiding* voorgesteld kan worden.

De kracht van de vergelijking van tongklakken met het trekken van een scheiding in haar, blijkt, wanneer in aanmerking genomen wordt dat ook het verhemelte een middellijn heeft, die zich evenals de middellijn van de tong laat vergelijken met een scheiding. Het omgekeerde beeld is dus ook mogelijk. Deze omkering wordt verder begunstigd door de vormovereenkomst tussen tong en verhemelte, die zich als schotel en kom laten voorstellen. Zoals de schotelachtige tong bij tongklakken de vorm van een kom aanneemt, zo kan in het komvormig verhemelte de omgekeerde vorm van een schotel waargenomen worden. Bij omkering van de verhouding tussen tong en verhemelte komt tongklakken neer op met de tong een scheiding trekken in het haar van de schotel van het verhemelte. In deze lezing staat de *behaarde schotel* voor het verhemelte en de *tongklak* voor de kam van de tong. De *ik* is dus het verhemelte dat in het *vrolijk babylon* van het hoofd woont, en met zijn *tongklak* zijn haar kamt zodat hij *als een behaarde schotel met een scheiding* aangeduid kan worden.

---

essay voor. *De Gids* jg.140 (1977) nr.7, p. 473; Rodenko, *Verzamelde essays en kritieken 2. cit.*, p. 359.

[141] Vergelijk 'meditatie op een mond vol builenbal' waarin sprake is van kale tongen *duizend geknakte tongen kaal en onteerd* (vg 415). In 'drift op zolder en vragende kinderen', een gedicht uit de bundel *mooi uitzicht & andere kurioziteiten* (1965) dat is opgedragen aan Karel Appel, schrijft Lucebert *en je blaast de haren van je tong* (vg 365-366).

Het intrigerende aan deze reeks van inhouden van de verschillende vergeleken grootheden is, dat er het beeld van een hoofd in een hoofd door wordt geschapen. De mond waarin de tong op een bepaalde manier beweegt, is als een klein hoofd waarvan het haar gekamd wordt. Terwijl de vergelijking van tong, verhemelte en hoofd berust op de middellijn die over al deze delen van het lichaam een scheiding trekt, kan de vergelijking van het verhemelte met het hoofd op een verder punt van overeenkomst berusten. Het verhemelte laat zich namelijk als het dak van de mond vergelijken met het dak van het hoofd dat door de schedel wordt gevormd. De toespeling op de schedel is apert in *behaarde* en *scheiding*, maar kan naar mijn mening ook beluisterd worden in de zware alliteratie van *schotel* en *scheiding*. Voorts kan geconstateerd worden dat de toespitsing op de betekenis 'dak' past bij het wonen in een woonplaats, omdat degene die een woning heeft, een dak boven zijn hoofd heeft.

Vanwege de syntactische ambiguïteit kan *als een behaarde schotel met een scheiding* ook alleen op *mijn tongklak* van toepassing zijn. In de beide varianten van de eerste lezing ligt het accent op beweging en wordt het tongklakken vergeleken met het kammen van haar of het trekken van een scheiding in haar. In deze tweede lezing heeft het neologisme volledig de status van substantief en staat *tongklak* kortweg voor het verhemelte als dat onderdeel van de mond, dat voor het produceren van het klakkend geluid onontbeerlijk is. De *tongklak* is *als een behaarde schotel met een scheiding* omdat het verhemelte als het dak van de mond dat door een rechte middellijn in twee helften verdeeld is, zich laat vergelijken met het schedeldak als het dak van het hoofd, waarop het haar door een middenscheiding in tweeën verdeeld is.

De mijns inziens verrassendste toespeling op het driekoppige hoofd schuilt in de suggestie van een reeks van daken die aan de 'ik' onderdak verschaffen. Met het verhemelte als het dak dat onderdak verschaft aan de tong en de schedel als het dak dat op zijn beurt onderdak verschaft aan de mond, woont de 'ik' in *vrolijk babylon*. Waarvoor dit *vrolijk babylon* dan staat, laat zich nog niet gemakkelijk vaststellen. Wanneer de vergelijking met de *behaarde schotel met een scheiding* alleen bij de *tongklak* hoort, is de 'ik' weer een 'gewoon ik'. Deze 'ik', met zijn *tongklak* als monddak èn schedeldak, woont zelf in *vrolijk babylon*. Anderzijds heeft *vrolijk babylon* in de eerste lezing van de vergelijking de betekenissen 'mond' en 'hoofd' gekregen, die wel heel dicht tegen de 'ik' aanliggen. Het lijkt mij daarom mogelijk, dat ook in *vrolijk babylon* nog een onderdak dat door de 'ik' gevormd wordt, gelezen moet worden. In dat geval ontstaat een reeks van drie daken: zoals het verhemelte als het dak van de mond onderdak verschaft aan de tong, en zoals de schedel als het dak van het hoofd onderdak verschaft aan de mond, zo verschaft de 'ik' als volledig ontplooid lichaam onderdak aan mond en hoofd als zijn lichaamsdelen. *Vrolijk babylon* is dan het lichamelijk onderdak, dat op zijn beurt aan schedeldak en monddak onderdak verleent.

Wanneer van de bijzonderheid van de klank die door tongklakken wordt voortgebracht, geabstraheerd wordt, kan de conclusie getrokken worden dat spraak geassocieerd wordt met haargroei. Hoe de vergelijking ook gelezen wordt, als een vergelijking van tongklakken met het kammen van haar, of als een vergelijking van de *tongklak* in de zin van het verhemelte met het behaarde schedeldak, in beide lezingen houdt zij de associatie van spraak met haargroei in. Voor deze associatie biedt de *Zohar* het perfecte aanknopingspunt. Het driekoppige hoofd wordt namelijk niet alleen inwendig beschreven, waarbij alle aandacht uitgaat naar hersenen, zenuwen en merg, maar ook uitwendig, en in die beschrijving gaat de aandacht uit naar het haar dat in golven van het hoofd der hoofden afstroomt en uitmondt in een weelderige baard. In de tekst uit de bloemlezing van Müller is niet alleen van een schedel sprake, maar ook van het 'verborgen merg' waaraan zowel zenuwen als haren ontspruiten.

Ik kom tot de slotsom dat in de openingsregels van 'vrolijk babylon waarin ik' twee verschillende wegen ter beschrijving van emanatie gecombineerd zijn. De beschrijving van emanatie als de stroom van haren van de schedel van het 'hoofd der hoofden' is verbonden met de beschrijving van emanatie in talige termen, waarbij de drijvende kracht het spreken is en de sefirot als een reeks van namen begrepen worden. Luceberts vervlechting van deze twee beschrijvingen van emanatie levert het verbluffende beeld op van het dak van de mond als schedeldak. Doordat hij het dak van de mond voorstelt als het dak van het hoofd, wordt het ontlokken van taal aan het verhemelte gelijk aan het ontspruiten van haar aan de schedel. Terwijl de *Zohar* de tweede sefira Chochma begrijpt als het 'verborgen brein', dat als het kleinere hoofd van de hersenen in het grotere hoofd van de eerste sefira Keter besloten ligt, varieert Lucebert op het beeld van een hoofd in een hoofd door de mond voor te stellen als het kleinere hoofd dat in het grotere hoofd besloten ligt. Zijn creatie is des te sprekender, omdat door de voorstelling van de mond als verkleinde uitgave van het hoofd de kabalistische associatie van spraak met haargroei in de kern getroffen is[142].

Luceberts fascinatie voor haar, kapsels en kappers blijkt uit een uitgebreid semantisch veld waaraan eenentwintig gedichten uit het corpus hun bijdrage leveren[143]. Het kabalistisch fundament ervan blijkt op tal van plaatsen, maar wellicht het duidelijkst uit deze strofe van 'gedicht voor de komende oorlog' (vg 410):

oh, alle trilharen van de gevaarlijke mens
maken een woud van geblakerd au-hout

---

[142] Eerder heeft Cornets de Groot een interpretatie van de openingsregels van 'vrolijk babylon waarin ik' geleverd, die op punten overeenkomt met de mijne. Enerzijds begrijpt hij de *behaarde schotel met een scheiding* als het verhemelte, anderzijds begrijpt hij met de tong klakken niet als het kammen, maar als het knippen van haar. Cornets de Groot, *Met de gnostische lamp. cit.*, p. 77-78 en 126-131. Hoe dicht zijn interpretatie ook in de buurt komt van het door Lucebert geschapen beeld van de mond als een hoofd in het hoofd, de auteur scheert langs de kern van de associatie van spraak met haargroei. Waar Cornets de Groot uitkomt bij de visie op de dichter als een door jalouzie de métier geplaagde kapper, begrijp ik het knippen van haar - kapperswerk bij uitstek - juist als het tegendeel van dichten (zie p. 167).

[143] Het semantisch veld dat rondom 'haar' geconstrueerd kan worden, omvat naast *haar* en *haren* een gevarieerde reeks van semantisch verwante termen. De woorden *haar* en *haren* komen voor in: 'christuswit' (vg 28-29), 'romance' (vg 33), 'de ochtend' (vg 35), 'het licht is dichter dan' (vg 38) [*behaard*, variant], 'horror' (vg 41), 'lente-suite voor lilith' tekst 2 (vg 42-43) [*hanghaar*, variant], 'ik ben met de man en de macht' (vg 53) [*pagehaar* en *nestharen*], 'als het komt' (vg 55) [*haarwater*]; 'de boom! bom' (vg 405) [*haarlijk*], 'verdediging van de 50-ers' (vg 406-407) [*venusharen*], 'gedicht voor de komende oorlog' (vg 410) [*trilharen*], 'woe wei' (vg 411-412), 'vrolijk babylon waarin ik' (vg 428) [*behaarde*] en 'de aarde is het paradijs' (vg 430). Als semantisch verwante termen komen voor: *blonde* in (vg 23-27) en (vg 401-403), *kappersruit, overkamt, tondeuze* in (vg 41), *kappers* in (vg 42), *kamschoon* in (vg 50-52), *krullenoor* in (vg 405), *krullende* in (vg 406-407), *kaal* in (vg 406-407) en (vg 415), *scheerden* in (vg 415), *vlechten* in (vg 424-425), *scheerstoel* in (vg 426) en *scheiding* in (vg 428).

Hier wordt haar gelijkgesteld aan hout op basis van de vergelijking van haar met de takken van de boom die de sefirot voorstellen: zoals de boom zich in takken uitbreidt, zo breidt het hoofd zich uit in haar.

Het nieuwe woord *haarlijk* wordt met gemak opgevoerd als het equivalent van een woord met respectabele geschiedenis in 'de boom! bom' *waarlijk! haarlijk!* (vg 405), en de kabalistische speculatie over het goddelijk haar leidt in 'er is een mooie rode draad gebroken in de ochtend' tot de regel *er is een scheerstoel in de hemel opgenomen* (vg 426). Maar uit het feit dat in 'horror' een heer van dezelfde naam zijn bezoek aan een kapsalon moet bekopen met de dood - de slotregel van het gedicht luidt *horror jij komt niet meer thuis* -, blijkt dat er niet altijd even luchtig met deze haarsymboliek gespeeld wordt. Heer horror wordt aan een zodanige behandeling bij de kapper onderworpen, dat hij zijn naam erbij inschiet (vg 41):

de tondeuze doezelt aan zijn naam
horror rorror razer raar

Hier blijkt dat de equivalentie van haar en letter, zoals die van gewaad en naam (zie p. 123), naast die van *lichaam* en *naam* treedt.

Dit is de aangewezen plaats voor het hernemen van de analyse van 'ik ben met de man en de macht' (zie p. 51 e.v.). Ook in dit gedicht schuilt namelijk de equivalentie van haar en letter. De 'steen'-isotopie in het gedicht en het verband daarvan met de metaforiek uit het *Sefer Jetsira* volgens welke letters als stenen en woorden als huizen kunnen worden aangeduid (zie p. 85), en de gelijkstelling van *ik* en *kunst* die tussen begin en eind van het gedicht voltrokken wordt (zie p. 107), kunnen beschouwd worden als de wegbereiders van deze talige of esthetische thematiek. De equivalentie van haar en letter schuilt in *pagehaar*, één van de raadselachtigste woorden van het gedicht. *Pagehaar* duidt enerzijds op een kapsel, in ruimere zin op een massa haar. Zoals blijkt uit de context van het geheel van de strofen die door de 'haar'-equivalentie verbonden zijn, gaat het om een massa haar waarin een levenskracht schuilt, die de ontwikkeling van *karkas* naar *lichaam* een beslissende stap vooruit helpt. Uit de golven en wolken van haar worden een oor en een oog afgeleid. *Pagehaar* duidt anderzijds op een zo grote massa *haar* of letters, dat er een *page*, dat wil zeggen: een pagina door wordt gevormd[144]. Het woord houdt dus de hechte verbinding van het lichamelijke met het talige in.

De eerder beschreven kruising van de lichamelijke isotopie met de 'steen'-isotopie laat zich nu verklaren. Beide laten zich onderling verbinden, omdat zij elkaar kruisen in het snijpunt van de taal. *Karkas* en *pagehaar* zijn beide van talige aard. Het stenen karkas kan zich tot een lichaam ontwikkelen, omdat het gehakt is uit het steen waaruit de taal is gehakt. Halverwege de ontwikkeling van *karkas* naar *lichaam* staat het *pagehaar* waarin een pagina schuilt. De talige aard hiervan zal zijn uitwerking op de aard van het *lichaam* niet missen. Ik concludeer dat het ontwikkelingsproces dat in 'ik ben met de man en de macht' aan de orde is, dus alles te maken heeft met *de*

---

[144] *Van Dale* bevat twee lemmata *page*. Bij het eerste staan de betekenissen: 'knaap', 'knaap (of meisje)' en 'kleine soort van dagvlinder'; het tweede lemma *page*, met de aantekening 'thans weinig gebruikelijk', heeft de betekenis 'bladzijde, pagina'.

lichamelijke taal (vg 49), het adagium dat Lucebert tot de lijfspreuk van zijn vroege poëzie gemaakt heeft. Uiteindelijk staat *pagehaar* niet voor zomaar een massa letters die een willekeurige pagina vormt, maar voor de concrete verzameling letters die de pagina van dit gedicht vult. Dit gedicht of deze pagina is het lichaam-gedicht, dat aan het eind van het ontwikkelingsproces van karkas naar lichaam tot stand gebracht wordt.

In één machtige handgreep vat Lucebert in zijn gedicht een waaier van uiteenlopende voorstellingen samen. Deze berusten op een aantal van de belangrijkste opvattingen van de Kabala over taal en de openbaring van God. Taal is het scheppingsinstrument bij uitstek en scheppen staat gelijk aan spreken. De fundamentele scheppingsdaad is de openbaring van God, die zowel in talige als in lichamelijke zin wordt begrepen. Aan het eind van het proces van openbaring staan twee zaken, die slechts in schijn verschillend, maar in wezen gelijk zijn: het goddelijk lichaam en de goddelijke naam.

Wat de taal betreft is voorts dat uitzonderlijke verhaal over de schepping van de letters uit het *Sefer Jetsira* relevant, dat vertelt hoe God zich zijn scheppingsinstrument verschaft heeft door letters te hakken uit steen, om vervolgens met deze bouwstenen wereld en mens te scheppen. Deze visie op de schepping van de letters maakt een bijzondere speculatie over de lichamelijke openbaring van God mogelijk. Wanneer scheppen spreken is en God zich langs de weg van de taal openbaart, wanneer God zich lichamelijk ontvouwt door zichzelf naam te geven, zodat zijn lichaam samenvalt met zijn naam, dan kunnen ook de bouwstenen van het lichaam begrepen worden als gelijk aan die van de naam. Dit maakt de steenhouwersmetaforiek, die van toepassing is op de schepping van de letters, mede van toepassing op de openbaring van het lichaam. Langs deze weg kan God als de steenhouwer tout court voorgesteld worden. God houwt naam èn lichaam uit steen en breekt als een uitgehakt beeld uit een amorfe steenmassa. Het is deze speculatie over de samenhang tussen taalschepping en openbaring die Lucebert tot het uitgangspunt van zijn gedicht maakt.

De ingewikkelde secundaire semantiek van het gedicht laat zich nu in grote lijnen beschrijven. Ik citeer nog eens de eerste twee regels (vg 53):

    ik ben met de man en de macht
    die een karkas hakken in de blinde muur

Aan het begin staat het *karkas*. Omdat dit uit de muur gehakt wordt, mag geconcludeerd worden dat het om een karkas van steen gaat. Het gebruikte werkwoord, *hakken*, wijst in de richting van de taalschepping. Zoals God als een steenhouwer de taal uithakt, zo hakt de 'ik' een stenen karkas uit. Dat het stenen karkas uit het gedicht van dezelfde talige aard is als de door God uit steen gehakte letters, blijkt verder uit de kruising van de 'steen'-isotopie met de lichamelijke en de visuele isotopie. Hieruit mag afgeleid worden dat het steen van het karkas die vitale bouwstof is, die als de bouwstof van schepping zonder meer beschouwd kan worden: de taal.

Het kruispunt van de visuele en de lichamelijke isotopie ligt in de vierde strofe, waar van de *naaktopnamen* van de 'ik' gezegd wordt dat zij *pagehaar* zijn. Op het niveau van de secundaire semantiek ontpoppen beide woorden zich als equivalent. Zoals *naaktopnamen* het lichamelijke, *naakt*, aan het esthetische, *opnamen*, bindt, zo verbindt *pagehaar* het lichamelijke, *haar*, met het esthetische, *page*. Het feit dat *pagehaar* als predikaatsnomen van *naaktopnamen* kan dienen, wijst op Luceberts waardering van fotografie als gelijkwaardig aan poëzie (zie p. 277 e.v.). Zoals hij in 'ik tracht op poëtische wijze' (vg 47) zijn *gedichten* als *momentopnamen* omschrijft, zo duidt hij hier, veel hermetischer, zijn *naaktopnamen* als *pagehaar* aan.

Het *pagehaar* ontspruit aan het stenen karkas, een vorm van verdere ontwikkeling die de vitaliteit van het karkas onomstotelijk bewijst. Met dit woord treedt een verbijzondering van de lichamelijke isotopie in, op basis waarvan twee geheel verschillende accenten gelegd kunnen worden, zodat het scheppingsinstrument bij uitstek, de taal, zich in haar volle omvang kan doen gelden. Na het accent op schepping in de ruimste zin, namelijk schepping van mens en wereld, volgt het accent op schepping in de meest specifieke zin, namelijk schepping in de zin van poëzie.

De massa haar van het *pagehaar* wordt aangegrepen als aanleiding tot een uitweiding over de natuur, met behulp waarvan verduidelijkt wordt dat de schepping van de mens parallel aan die van de natuur verloopt. Nadat door deze natuurlijke uitweiding de dimensies van de mens als het ware zijn vergroot, wordt de aandacht opnieuw op de mensschepping geconcentreerd door de afleiding uit golven en wolken van een oor en een oog. Gegeven het feit dat de levenskracht van karkas en haar inmiddels afdoende is aangetoond, kan vervolgens het accent op schepping in poëtische zin gelegd worden. Na de ontwikkeling uit het *pagehaar* van een oor en een oog, volgen bewoordingen die minder verhuld dan *pagehaar* op de talige hoedanigheid van het stenen karkas zinspelen. Het karkas dat zich tot een lichaam ontwikkeld heeft, heeft *lispelende wielen*. Deze wielen die als de benen van het lichaam begrepen moeten worden (zie p. 106), zijn net als de hele rest van het lichaam van steen. Zij maken een geluid dat met de stem verbonden is, specifieker nog, met bepaalde letters, zodat geconcludeerd mag worden dat de lispelende wielen bestaan uit die stenen, die letters zijn. Tenslotte valt in de voorlaatste strofe die een definitie van *kunst* geeft, het woord *verstenen*, het enige woord van het hele gedicht waarin de stof waarom alles draait, steen, expliciet genoemd wordt.

Dit overzicht over de secundaire semantiek van het gedicht is nog niet volledig; de bespreking van de regels over de *wind*, van het *voorhoofd* en de kwalificatie van de naaktopnamen als *omzichtig* moet ik nog tot nader order uitstellen (zie p. 239 en 283). Het maakt echter al wel de conclusie mogelijk, die naar mijn mening de belangrijkste is die zich op basis van dit gedicht uit de bundelafdeling 'de analphabetische naam' laat trekken. Die conclusie luidt, dat 'ik ben met de man en de macht' een doelstelling realiseert van de poetica van *de lichamelijke taal*. In 'ik ben met de man en de macht' wordt de equivalentie van lichaam en gedicht tot stand gebracht. De tekst behelst de beschrijving van een proces van ontwikkeling, waarbij tegelijk een lichaam èn een gedicht tot stand gebracht worden. Het proces wordt op gang gebracht door een 'ik' die als steenhouwer gestalte krijgt. Deze 'ik' engageert zich in een onderneming, die, blijkens de allereerste regel, *ik ben met de man en de macht*, zijn volledige inzet heeft en die hij, blijkens de allerlaatste regel, *kunst*, tot een goed einde brengt. Die onderneming is de schepping van *ik* of *kunst*, wat op hetzelfde neerkomt, aangezien hier een dichter-schepper het woord neemt die zich in zijn lichamelijk gedicht belichaamt. Aan de orde in 'ik ben met de man en de macht' is de doorbraak van de geboorte van een 'ik' die zichzelf als kunst ter wereld brengt.

Luceberts associatie van de openbaring van het lichaam met geboorte is in de volle zin van het woord kabalistisch. In de Kabala van Luria is de opvatting te bespeuren van de openbaring van God als een proces waarbij God zichzelf baart (zie

p. 64). De 'ik' van 'ik ben met de man en de macht' brengt zichzelf in zijn lichamelijk gedicht ter wereld. De visie op het dichterschap die hier achter staat, berust op de kabalistische gelijkstelling van lichaam en naam. God openbaart zich zowel door zich lichamelijk te ontvouwen als door zichzelf naam te geven, zodat zijn lichaam samenvalt met zijn naam. De 'ik' is een dichter die naar deze kabalistische opvatting van de openbaring van God gestalte heeft gekregen.

De associatie van de dichter-schepper met God de schepper is het nauwst, omdat nu eenmaal taal het scheppingsinstrument bij uitstek is. Daarnaast integreert Lucebert beeldhouwkunst en fotografie in zijn kabalistisch geïnspireerde voorstelling van het kunstenaarschap. De plaatsing van een beeldhouwer naast de dichter, stoelt op de opvatting van de letters als gehakt uit steen. De plaatsing van een fotograaf naast de dichter-beeldhouwer, is de typische creatie van Lucebert, die dichter is, maar dat niet alleen.

Ik kom tot de slotsom dat de betekenis van 'ik ben met de man en de macht' in de zeer dichte nabijheid van die van 'waar ben ik' (vg 15) ligt, waarin een spreker-'ik' een letter-'mij' schept (zie p. 99). In beide gedichten is de talige opvatting van scheppen aan de orde en in beide schuilt de zinspeling op de herkomst van de taal uit steen. Wel is 'ik ben met de man en de macht' veel geëlaboreerder dan 'waar ben ik'. De equivalentie van lichaam en gedicht wordt tot stand gebracht door een complexe secundaire semantiek, die erop wijst dat de tussenstadia die zich op het trajekt van *ik* naar *kunst* voordoen - het stenen karkas, het pagehaar en het lichaam vol lispelende wielen -, mede in talige zin begrepen moeten worden. Met één van de krachten achter deze secundaire semantiek, die de complexiteit ervan kan demonstreren, besluit ik mijn analyse.

Volledig in overeenstemming met de waarde die hier gehecht wordt aan letters als de bouwstenen van het lichaam-gedicht, wordt de secundaire semantiek onder andere opgebouwd uit een vérgaande fonologische structurering. Deze schuift bepaalde letters zo ver naar de voorgrond, dat zij er als het ware door verzelfstandigd worden en vragen om nadere interpretatie, als betrof het 'woorden die gewogen moeten worden' (vg 49). Ad Zuiderent heeft eerder het woordpaar *lispelende - slippende* 'nogal anagrammatisch' genoemd en in het verlengde daarvan opgemerkt, dat bij lezing hardop het gedicht letterlijk gaat trillen in die zin, dat bepaalde letters uit hun onmiddellijke context, die van het woord, los lijken te raken[145]. Met de speculatie dat sommige letters zo losgetrild zouden zijn, dat ze doorgegleden en op een verkeerde plaats terechtgekomen zouden kunnen zijn - *slippende* zou bij *wielen* horen, maar ten gevolge van dit doorglijden pas bij *weg* tot stilstand gekomen zijn -, kan ik het níet eens zijn, maar met de speculatie dat het gedicht in letterlijke zin gaat trillen wèl.

Hiervoor is gewezen op de mogelijkheid om de fonologische equivalentie van *stukslaat* en *verstenen* te beschouwen als ondersteuning van semantische equivalentie, omdat door het gedicht als geheel een lint van fonologische equivalentie loopt, dat door de /st/-combinatie wordt gevormd (zie p. 49). Door plaatsing van deze combinatie aan begin of eind van een woord of een morfeem, wijst Lucebert op precies die twee woorden, die voor de secundaire semantiek van het gedicht van cruciaal belang zijn:

---

[145] Zuiderent, 'Boekbeoordeling van C.W. van de Watering «Met de ogen dicht»', cit., p. 73 en 76-78.

s*t*een en kun*st*. Door het spel met /*st*-/ en /-*st*/ en de spiegeling van /st/ als /ts/, die met name in de regels 29 di*t* i*s* kun*st* en 34 tril*t* en er i*s* / kun*st* beluisterd kan worden, wordt een glijden of verglijden van de letters gesuggereerd, dat aansluit bij het herhaalde *trillen* en dit werkwoord oplaadt met bovenbedoelde betekenis. Het gedicht trilt in de zin dat bepaalde letters ervan trillen. Het glijden of verglijden van de letters - dat overigens ook met betrekking tot andere letters dan /s/ en /t/ geconstateerd kan worden, maar in deze combinatie het meest onthullend is omdat ermee gezinspeeld wordt op *steen* en *kunst* - kan de gedachte aan transformatie of metamorfose ondersteunen[146]. Ik concludeer dat aan de betekenis 'geboorte' mede vorm gegeven is door fonologische structurering. Gedragen door verschuivende of verglijdende letters glipt of slipt de 'ik' in zijn gedicht als in zijn lichaam, zodat de *lispelende wielen* èn de letters van het gedicht èn de benen van het lichaam zijn. Eindresultaat van de ontwikkeling van karkas naar lichaam is het lichamelijk gedicht, waarin deze dichter-steenhouwer zich belichaamd heeft.

Zoals 'ik ben met de man en de macht' de esthetische inhoud van *pagehaar* te zien heeft gegeven, zo bevat 'vrolijk babylon waarin ik' de associatie van spraak met haargroei. De aandacht die de Kabala aan haar schenkt, is te begrijpen als keuze voor een lichaamsonderdeel dat met het hoofd en daarmee met het begin van het proces van emanatie verbonden is. Daarnaast biedt het haar van het menselijk lichaam aanknopingspunten voor het aantonen van de fundamentele correspondentie die de Kabala waarneemt tussen mens en wereld. Zo kan het haar van het hoofd bijvoorbeeld vergeleken worden met de takken van de boom (zie p. 134-135), wat de typische verstrengeling van het lichamelijke met het natuurlijke oplevert. De natuurlijke beweging die in haar waargenomen kan worden, biedt verdere mogelijkheden voor het scheppen van correspondenties. Eén beeld in het bijzonder, het beeld van de vloed van haar die in golven van het hoofd afstroomt, levert een mooie parallel op met de belangrijkste symbolisering van emanatie als een proces in de natuur, de voorstelling van emanatie als een waterstroom. De *Zohar* stelt het proces van emanatie voor als de loop van een stelsel van rivieren, die via één riviermond uitmonden in de zee van de alomvattende laatste sefira.

In 'vrolijk babylon waarin ik' (vg 428) is niet alleen de haarsymboliek verwerkt, maar ook deze watersymboliek. In 12 *naaiekkere folls* is al vroeg een vervorming van de naam "Niagara Falls" herkend[147]. Water kan verder beluisterd worden in 10 *weezees* en *gekielhaalde*, en in 11 *rookgordijnen* en 13 *wierook*.

Dat in de twee laatste woorden 'water' zou schuilen, vergt nadere toelichting. *Rook* is metonymisch verbonden met 'vuur' en actualiseert de tegenstelling van water versus vuur. De tekst laat echter geen spaan van deze tegenstelling heel. Terwijl in 10 *gekielhaalde / rookgordijnen* water en vuur al naar elkaar toe worden geschreven,

---

[146] Is de associatie met metamorfose eenmaal gewekt, dan wordt het eveneens mogelijk om de 'vlinder'-betekenis van *page* (zie p. 135, noot 144) met terugwerkende kracht op *pagehaar* van toepassing te laten zijn. Hierna zal nog blijken dat Lucebert de metamorfose die aan de gedaanteverwisseling van de vlinder ontleend kan worden, inderdaad voor poeticale doeleinden gebruikt (zie p. 350).
[147] Paul Rodenko, 'Den Besten en de Geest', in: *Maatstaf* II (1954-1955) nr.2 (mei 1954), p. 46. Zie verder: R.A. Cornets de Groot, 'Domesday Book (III)', in: *Soma* jg.3 (1972) nr.24-25 (juni-juli), p. 36.

gebeurt dat nog nadrukkelijker in de nadere omschrijving van 12 *de naaiekkere folls* als 13 *9000 m hoge wierook*. Bij een waterval zoals de hier bedoelde, komt een kracht vrij die de tegenstelling tussen water en vuur doet vervliegen, en die maakt dat de damp die van het neerstortende water afslaat vergeleken kan worden met de rook die opstijgt van vuur.

De vergelijking van rook met damp maakt de overstap naar 'het proefondervindelijk gedicht' mogelijk, waarin de dichters die de proefondervindelijke poëzie schrijven, worden omschreven als *damp*.

In 'het proefondervindelijk gedicht' schuilt de belangrijkste symbolische omschrijving van het totaal der sefirot die de *Zohar* biedt. Het gaat om het beeld van de zee aan de mond van tal van rivieren uit de slotstrofe (vg 432):

>
> de tijd der eenzijdige bewegingen is voorbij
> daarom de proefondervindelijke poëzie is een zee
> aan de mond van al die rivieren
> die wij eens namen gaven als
> dada** (dat geen naam is)
> en
> daar dan zijn wij damp
> niemand meer rubriceert

** het tegenovergestelde van zimzoum (zie zohar).

De *Zohar* vat het verborgen goddelijk leven op als een stroom die zijn loop kiest door een soort delta, om tenslotte uit te monden in de 'grote zee' van de tiende sefira waarin God zijn totaliteit ontvouwt. Deze symboliek is de verdere uitwerking van een beeld uit de *Bahir*, waar de sefirot worden voorgesteld als een aantal beken die uitstromen in zee[148].

Uit het niets van de eerste sefira welt een bron op -de bron van de tweede sefira-, die de stroom van de derde sefira doet ontstaan. Deze stroom vertakt zich in een aantal rivieren - de vijf rivieren van de vierde tot en met de achtste sefira -, die alle hun loop kiezen door één doorgang - de doorgang van de negende sefira -, om uit te stromen in de zee van de tiende sefira. De wereld der sefirot is kortom de wereld van een stelsel van rivieren die uitmonden in één zee.

Deze kabalistische interpretant achter de slotstrofe van 'het proefondervindelijk gedicht' moet naar mijn mening zwaar wegen. 'Het proefondervindelijk gedicht' behoort tot de beroemdste gedichten van Lucebert en wordt net als 'ik tracht op poëtische wijze' (vg 47) voortdurend met het programma van Vijftig geassocieerd. Het gedicht is rechtstreeks met de contemporaine literaire situatie verbonden. Lucebert stelt zich hier op als woordvoerder van een aantal dichters, samen met wie hij een nieuwe, de

---

[148] Scholem, *Das Buch Bahir. cit.*, p. 128-129. De klassieke passage uit de *Zohar* (Zohar II 42b) waarnaar Scholem in zijn vertaling van de *Bahir* verwijst, is zowel door hemzelf als door Müller vertaald. Scholem, *Zohar. The Book of Splendor. cit.*, p. 77-81; Müller, *Der Sohar. Das Heilige Buch der Kabbala. cit.*, p. 48-51. Zie voorts: Scholem, *Major Trends in Jewish Mysticism. cit.*, p. 220.

proefondervindelijke poëzie wil schrijven, en hij omschrijft die nieuwe poëzie met een aan de Kabala ontleend beeld.

De grote betekenis die ik hecht aan de kabalistische omschrijving van de proefondervindelijke poëzie, zal ik proberen toe te lichten door nader onderzoek van *damp*. Lucebert is relatief zuinig geweest met dit woord, maar het staat dan ook niet alleen in het corpus. Het moet verbonden worden met de woorden *rook, mist* en *dauw*, en dit hele veld verwijst naar de symbolisering van het totaal der sefirot als een stelsel van bron, stroom, rivieren en zee[149].

De vergelijking van rook en damp die uit de waterval van 'vrolijk babylon waarin ik' is afgeleid, wordt bevestigd door een regel uit 'romance': *een ruggedraai als rook een damp*. De onmiddellijke context bewijst de aanwezigheid van de kabalistische intertekst (vg 33):

> maar een pleisterplaats is uw stem
> een ruggedraai als rook een damp

Voor de omschrijving van een *stem* maakt Lucebert hier niet alleen gebruik van de watersymboliek, *een damp*, maar ook van het feit dat de sefirot zowel talig als fysiek kunnen worden opgevat. De fysieke voorstelling maakt van de stem een *ruggedraai*, een woord dat zich bovendien in erotische zin laat interpreteren. Het gedicht vervolgt:

> vaststaande naast de vorstinnen
> en alleen met uw zingen
> kan ik zingen (...)

Hier wordt een stem beschreven als een rook- of dampkolom, die zich opricht als het lichaam waarvan de rug zich recht, en waarmee de 'ik' zich wil verbinden, zodat zij zijn *pleisterplaats* zal zijn.

De poeticale opvatting van *damp* uit 'het proefondervindelijk gedicht' wordt bevestigd door twee gedichten waarin *verdampen* in poeticale zin voorkomt. Terwijl Lucebert enerzijds lippen en stenen associeert, in 'in de hitte' *maar nu verdampen de stenen / en nu vervliegen de lippen* (vg 58-59), omschrijft hij anderzijds kunst in de dubbele zin van de steen-metaforiek uit het *Sefer Jetsira* en de watersymboliek uit de *Zohar* (vg 53):

> dit is kunst
> koud en dorstig te verdampen
> te verstenen van honger en hitte

---

[149] Het semantisch veld 'damp' kan ontleend worden aan de volgende gedichten: 'romance' (vg 33) [*mist, rook, damp*], 'bed in mijn hand' (vg 50-52) [*mist*], 'ik ben met de man en de macht' (vg 53) [*dauwdroppels, verdampen*], 'in de hitte' (vg 58-59) [*verdampen*]; 'minnebrief aan onze gemartelde bruid indonesia' (vg 401-403) [*rokende*], 'zonnerijzendans' (vg 408) tekst 2 [*dauw*], 'poëziezo easy job' (vg 417-418) [*dampen*], 'een dichter dringt door tot de aarde' (vg 424-425) [*wierook, kruitdamp*], 'vrolijk babylon waarin ik' (vg 428) [*rookgordijnen, wierook*] en 'het proefondervindelijk gedicht' (vg 432) [*damp*].

In hetzelfde gedicht 'ik ben met de man en de macht' komt naast *verdampen* eveneens *dauw* voor;

> draven de bejaarde wolken
> die nog nestharen dauwdroppels torsen en
> dat is een oog

De combinatie van *dauwdroppels* met *nestharen* verwijst opnieuw naar het driekoppige hoofd (zie p. 130). Door met zijn hoofd te schudden, stuurt Keter de stroom van goddelijk leven neerwaarts: de dauw druppelt van zijn haar.

Eerder zijn de *nog nestharen dauwdroppels* niet alleen geïnterpreteerd als de nog nestharen dauw die zich over de bejaarde wolken van haar uitbreidt en daar vanaf druppelt, maar ook als de ogen die door nog jeugdig haar omkranst worden (zie p. 53). Zoals 'ik ben met de man en de macht' de combinatie van *dauw* met *oog* laat zien, zo is dezelfde combinatie aan de orde in *dauw is weer de ogenappels gras*, een regel uit 'zonnerijzendans', één van de zogeheten 'cobra-souvenirs' (vg 408, tekst 2).

Terwijl Lucebert in de *nog nestharen dauwdroppels* de vervlechting van haar- en watersymboliek volgt, associeert hij haar met vuur in de *vlechten van wierook* uit 'een dichter dringt door tot de aarde' (vg 424-425)[150].

De 'ik' uit 'bed in mijn hand' aan wie men stemmen komt brengen nadat hij ontwaakt is, ligt *als een tandeloze mist* (vg 50-52).

Hoezeer Lucebert manipuleert met letters en woorden op een manier die de kabalist eigen is, wordt naar mijn mening duidelijk uit de eerste regel van 'poëziezo easy job' (vg 417-418):

> in de regen de straat staat als een neger te dampen

De letterkeer van *regen* - *neger* wordt geëchood in de semantische omkering die in *regen* en *dampen* schuilt. Waar regen neerslaat, neemt de damp die van de natte neger afslaat, de omgekeerde, opwaartse richting.

De vergelijking met de neger dient ter nadere omschrijving van een straat: het is *de straat* die in de regen als een neger staat te dampen. Het neervallend water van de regen en de opstijgende damp van de neger zijn respectievelijk voorwaarde voor en conditie van de straat die hier gelegd wordt. Die straat bestaat uit de regel en wordt, in overeenstemming met de metaforiek van het *Sefer Jetsira*, met letter-stenen geplaveid.

Van hier, van de 'regen-neger-damp' die nodig is om een letter-straat te vormen, loopt een rechte lijn naar de omschrijving van de 'ik' in 'ik tracht op poëtische wijze' als *de stenen of vloeibare engel* (vg 47).

Uit het hele veld spreekt Luceberts geverseerdheid in de rijke en gevarieerde kabalistische symboliek. Hij verbindt haar, dat esthetisch of talig geladen is, met water en vuur. Hij vergelijkt rook met damp. Hij tekent een fysieke, erotisch getinte stem, die hij omschrijft als een damp, en brengt de stem voorts in verband met mist. Hij stelt een door letter-stenen geplaveide regel poëzie voor als een van de regen dampende

---

[150] Vergelijk verder de eerder geciteerde regels uit 'gedicht voor de komende oorlog' (vg 410), waar sprake is van 'trilharen [die] een woud van *geblakerd au-hout* [maken]' (zie p. 134).

straat en definieert kunst als verstenen en verdampen tegelijk. Deze door mist, damp en water bepaalde poetica is geënt op kabalistische voorstellingen van emanatie. De voorstelling van het spreken als drijvende kracht achter emanatie is gecombineerd met de voorstelling van emanatie als een qua kracht en breedte niet te stuiten waterstroom, en deze combinatie leidt tot de kenschets van de proefondervindelijke poëzie als een zee aan de mond van rivieren en dichters als damp[151].

Het semantisch veld waarvan het woord *damp* de kern vormt, mag als exemplarisch voor Luceberts receptie van de Kabala gelden. Lucebert beweegt zich moeiteloos in de symbolische wereld van de Kabala, waarin de sefirot als een talig, een elementair of een organisch geheel worden begrepen. Deze bijzondere samenkomst in de Kabala van zo uiteenlopende voorstellingen van het goddelijke, heeft hem een semantisch universum geboden, waarin hij zich als een vis in het water voelde. Luceberts meesterschap over de gevarieerde kabalistische symboliek wijst op een grondige verkenning van de wereld van de Kabala. Zijn exploitatie van deze symboliek voor poeticale doeleinden, zoals die eerder gebleken is uit de verwerking van de steenmetaforiek van het *Sefer Jetsira*, wijst op de aantrekkingskracht van de Kabala door haar opvattingen over taal. In het algemeen kan geconcludeerd worden dat de centrale plaats van de taal in de Kabala de harde kern is, die Lucebert gefascineerd en geïnspireerd heeft. Vanuit dit vertrekpunt is de Kabala onderzocht op relevantie voor de eigen poetica. Van cruciaal belang is geweest, dat naast de fysieke symbolisering van de sefirot een talige symbolisering treedt, waardoor aan spraak een erotische of seksuele lading verleend kan worden. Waar op grond van de equatie van tong en fallus uit het *Sefer Jetsira* spraak gelijkgesteld kan worden aan seksualiteit, kan op grond van het feit dat de *Zohar* de sefirot zowel talig als fysiek symboliseert, exact dezelfde equatie bereikt worden. Deze gelijkstelling voert rechtstreeks naar de equivalentie van *naam* en *lichaam*, waarvan die van naam en gewaad en van letter en haar varianten zijn, en naar het voor de poetica centrale concept van *de lichamelijke taal* (vg 49).

Hiervoor is, op een moment waarop de materie van Luceberts receptie van de Kabala eigenlijk nog aangesneden moest worden, gewezen op de voetnoot bij 'het proefondervindelijk gedicht' die naar de *Zohar* verwijst (zie p. 60). Inmiddels is gebleken, hoe zwaar deze verwijzing moet wegen. Ik wil dit hoofdstuk besluiten met deze zelfde voetnoot ***het tegenovergestelde van zimzoum (zie zohar).*, die past bij het gedichtelement *dada***. Nadere beschouwing van deze noot en van het verband ervan met de tekst zal onthullen, dat Luceberts receptie van de Kabala niet slechts één gezicht heeft.

In het beeld dat Lucebert van de proefondervindelijke poëzie tekent, schuilt een nuance, die door de voetnoot wordt verscherpt. Hierom dient de vraag gesteld te worden, of in 'het proefondervindelijk gedicht' misschien ook al de kiem ligt van een andere, mogelijk afwijzende houding tegenover de Kabala.

---

[151] Dat er juist aan damp, dat wil zeggen: aan een toestand die zich als transformatie van het element water laat begrijpen en die de indruk van een kringloop wekt, zoveel waarde is gehecht, houdt verband met het gegeven dat op het proces van emanatie van de sefirot de uitermate belangrijke notie van wisselwerking tussen hemel en aarde of God en mens (vergelijk p. 47) van toepassing is gemaakt. Deze kwestie komt in hoofdstuk IV aan de orde.

De voetnoot is door verschillende equivalenties met de tekst van het gedicht verbonden. Enerzijds is *(dat geen naam is)* door semantische equivalentie verbonden met ** *het tegenovergestelde van*. Anderzijds is *dada* door fonologische equivalentie verbonden met *zimzoum* en *zie zohar*. Terwijl deze drie elementen onderling verbonden zijn door interne alliteratie, zijn *dada* en *zimzoum* bovendien verbonden door ritmische equivalentie.

De relaties die op ritmisch-fonologisch vlak tussen *dada* en *zimzoum* bestaan, worden doorkruist door de relatie die op semantisch vlak tussen beide gelegd wordt: *dada* wordt als *het tegenovergestelde van zimzoum* gekwalificeerd.

De tegenstelling die beluisterd kan worden in het feit dat *dada* op het éne niveau het equivalent en op het andere niveau het tegendeel van *zimzoum* is, wordt op de spits gedreven in de paradox dat dada tegelijk een naam en geen naam is: *al die rivieren / die wij eens namen gaven als / dada** (dat geen naam is)*.

Dada is kortom van paradoxale kwaliteit. Zoals *dada* op een bepaald niveau even gelijkgesteld kan worden aan *zimzoum* maar daarvan uiteindelijk het tegendeel is, zo is *dada* ooit een naam geweest, maar uiteindelijk het tegendeel van een naam.

Wat is dada? In termen van de kabalistische symboliek waarvan Lucebert hier gebruik maakt, is dada één van de rivieren die zich van de machtige stroom van de historische avantgarde vertakt, en die de zee van de proefondervindelijke poëzie gevuld heeft. In termen van diezelfde kabalistische symboliek is dada tegelijk een tak van de boom, een arm aan het lijf en, wel degelijk, ook *een naam*.

Door te zeggen dat dada, hoewel het *eens* een naam geweest is, *geen naam is*, werpt Lucebert een dam op tegen de doorstroming van de kabalistische symboliek. Dit is des te opmerkelijker, omdat hiervoor is gebleken dat onder de creatie van de *naam / lichaam*-equivalentie het fundament van de kabalistische symboliek ligt (zie p. 126). De dam die Lucebert hier opwerpt tegen de kabalistische symboliek moet te maken hebben met de *artistieke morgenstond* (vg 18-19) van Vijftig, die nauw samenhangt met een onderscheid tussen namen, met het ontwerp van een nieuw soort namen die naast de oude om bestaansrecht vragen, kortom: met de tweede helft van de titel van de bundel *de analphabetische naam*.

Ik vermoed dat *dada* uiteindelijk wel degelijk een naam is, maar dan een nieuwe, *analphabetische naam*. In dezelfde richting wijst de stellige bewering, dat *wij* de naam dada gegeven hebben.

De materie van *de analphabetische naam* zal aan de orde komen in hoofdstuk IV. Hier beperk ik mij tot de conclusie, dat Luceberts receptie van de Kabala verschillende gezichten heeft. Enerzijds is de wereld van de Kabala grondig onderzocht en is de rijke symboliek ervan voor de eigen poëzie geëxploiteerd. Anderzijds valt uit het feit dat dada wél *rivier* maar níet *naam* mag heten af te leiden, dat Lucebert zich ook tegen de Kabala keert, aangezien hij deze op haar merites beproefde wereld hiermee op een kardinaal punt kritiseert.

Hoofdstuk III   DE INTRODUCTIE BIJ DE LENTE-SUITE VOOR LILITH

Eén tekst uit het corpus vraagt in het bijzonder om nadere exploratie en exploitatie van de kabalistische intertekst. Ik doel op de uit vier gedichten bestaande 'lente-suite voor lilith'. Alleen al de titel rechtvaardigt het vermoeden van een kabalistische achtergrond, omdat de figuur van Lilith één van de belangrijkste scheppingen van de Kabala is, in het bijzonder van de *Zohar*.
  In dit en het volgende hoofdstuk zullen de 'introductie' en de erop volgende 'suite' apart behandeld worden. De bijzondere editiegeschiedenis van de 'lente-suite voor lilith' rechtvaardigt deze scheidslijn. Aanvankelijk bestond de tekst uit drie gedichten. In het unicum *Festspiele met zwarte handen*, dat uit 1949 dateert, verschijnen onder de titel 'lente-suite voor lilith' de drie gedichten die genummerd zijn als 1, 2 en 3[1]. Bij eerste publikatie in 1951 in het tijdschrift *Podium* is de 'lente-suite' met een vierde gedicht uitgebreid: het oorspronkelijke geheel wordt voorafgegaan door een nieuw gedicht met een eigen, aparte titel, de 'introductie'[2]. De scheidslijn tussen 'introductie' en 'suite' kan verder berusten op de poeticale strekking van het eerste van de vier gedichten, waarvan de 'introductie' met de openingsregel *als babies zijn de dichters niet genezen* bijna onmiddellijk blijk geeft.
  Zoals gezegd kan een interpretant een bres in een hermetische tekst slaan, maar is het 'eigenlijke' werk hiermee nog geenszins gedaan. Ik laat in dit hoofdstuk de twee kanten van intertekstueel onderzoek zien. Ik gebruik de intertekst als wig op de tekst, en tracht met behulp van een bepaalde kabalistische interpretant een opening in de tekst te maken. De bewuste interpretant en alles wat er aan betekenis door wordt meegenomen, wordt vervolgens in de resultaten van formele analyse geïntegreerd.
  Weliswaar kan de eventuele respons van een tekst op een intertekst alleen door onderlinge vergelijking aan het licht gebracht worden, maar uiteindelijk is die respons alleen in de tekst te vinden. Dit betekent dat van de twee wegen van onderzoek, die van formele analyse en die van de omweg door de intertekst, de analyse van de tekst als geheel altijd het sluitstuk is. In het hoofdstuk over de 'introductie' ligt het accent op formele analyse. Van de intertekst, die slechts in de vorm van één specifieke interpretant aan de orde is, al is dat wel een interpretant van kardinaal belang, maak ik nog maar in zeer beperkte zin gebruik. Ook omdat ik met betrekking tot de 'introductie' een verregaande stelling wil poneren, houd ik mij voorlopig zo strikt mogelijk aan de grenzen van de tekst. Naar mijn mening is de 'introductie' Luceberts belangrijkste poeticale gedicht waarin de poetica van de lichamelijke taal wordt ontvouwd. Deze verstrekkende conclusie, die ik overigens alleen via de omweg door de intertekst heb kunnen bereiken, maakt een gedetailleerd verslag van analyse waarbij de grenzen van de tekst in acht worden genomen, noodzakelijk.

---

[1] Voor toestemming tot publikatie van de oerversie van de 'lente-suite voor lilith' uit het unicum *Festspiele met zwarte handen*, de reeks van drie tekening-gedichten die voorafgegaan wordt door een geïllustreerde titelpagina (illustratie 10), dank ik Lucebert en de heer Groenendijk.
[2] *apparaat* (vg 599-601).

In de slotparagraaf laat ik de grenzen van de tekst weer los. Indien de 'introductie' tot Luceberts belangrijkste poeticale gedichten behoort, dient het verband tussen dit gedicht en 'ik tracht op poëtische wijze' aangetoond te worden. Dat onderwerp vormt tegelijk de overgang naar de bespreking van de 'lente-suite voor lilith' als geheel.

§1 inleiding

De 'introductie' biedt in eerste instantie de indruk van een klassiek gebouwd gedicht. De aandacht wordt onmiddellijk gevangen door de vergelijking van dichters met *babies*, de syntaxis dringt zich niet op de voorgrond, de strofenbouw is regelmatig, alle regels rijmen en er is sprake van een sterk ritme. De reeks van sententie-achtige zinnen, 3 *velen hebben liefde uitgedoofd*, 5 *in duisternis is ieder even slecht*, 6 *de buidel tederheid is spoedig leeg*, 13 *wie wil stralen die moet branden*, culmineert in het pathos van de slotregels; in overeenstemming hiermee wordt het krachtige ritme in de slotregel door een opmerkelijk enjambement, 15 *op handen / te dragen*, naar een climax opgestuwd.

Hier staan onconventionele bijzonderheden aan rijm, ritme en lexicon tegenover. In de vierde strofe treedt een rijmpaar op dat door volledige herhaling de woordgrens ambigu maakt: 14 *meent* rijmt op 16 *goegemeent*. Terwijl *meent* vraagt om het rime riche *meent - meent*, vraagt *goegemeent* om de uitgebreidere variant *liefde meent - goegemeent*. Het rijm van de derde strofe is onconventioneel, doordat het zich onderscheidt van het rijm zoals dat overal elders in het gedicht wordt gebruikt. Terwijl in alle overige strofen de twee rijmparen scherp van elkaar onderscheiden zijn, laat de derde strofe twee rijmparen zien die zeer dicht tegen elkaar aan liggen: *beterpraters - laat es* en *begraven is - te laat is*. Ook ritmisch onderscheidt de derde strofe zich. Een uitschieter vormt de veel te lange slotregel 12 *aan uw zwarte vlekken merken dat het niet te laat is*, een regel die ook visueel uitslaat.

Het gedicht onderscheidt zich verder door een hoge semantische uniformiteit, die direct op het niveau van het lexicon waarneembaar is. Herhaald worden de woorden 1,7 *dichters*, 3,14 *liefde*, 4,15 *licht* en 13,14 *branden*, en 4,5,15 *duisternis* komt zelfs driemaal voor.

§2 aanknopingspunten voor intertekstuele analyse

Twee opposities geven de essentie van de 'introductie' te kennen. Het gedicht staat als een boog gespannen tussen de twee paradoxen van licht en duisternis aan begin en eind, die betrokken zijn op de liefde en die elkaars omkering zijn: 4 *om in duisternis haar licht* - 15 *om in licht haar duisternis*. Liefde wordt in de 'introductie' in verband gebracht met vuur en omschreven in termen van licht en duisternis (vg 42):

> velen hebben liefde uitgedoofd
> om in duisternis haar licht te lezen
>
> (...)
>
> wie wil stralen die moet branden
> blijven branden als hij liefde meent
> 15 om in licht haar duisternis op handen
> te dragen voor de hele goegemeent

Zoveel is duidelijk dat degenen die liefde verzaken, ondanks hun doven, haar licht kunnen genieten, en dat degenen die liefde niet verzaken, ondanks hun branden, met haar duisternis te maken krijgen.

De woorden *stralen*, *branden* en *licht* die in de slotstrofe in verband met liefde worden gebruikt, kunnen aan Rilke doen denken. Rilke ontwerpt het concept van de bezitloze of 'intransitieve' liefde. Hij stelt liefde die zich richt op de beminde als op een object tegenover liefde die zich van elke transitiviteit wil ontdoen. Bij liefde die zich niet van de beminde kan losmaken, worden de liefdesstralen van de minnende gebroken door de lens van de beminde, met als resultaat een verterend vuur. Bij intransitieve liefde stralen de liefdesstralen door de beminde heen, zodat deze tot een poort op het opene of de ruimte wordt. Het vrije stralen van de intransitieve liefde leidt tot een duurzaam licht.

Terwijl voor het object van 'transitieve' liefde het gevaar van verterend vuur dreigt, is voor het subject van intransitieve liefde de mogelijkheid van duurzaam licht weggelegd. In een pregnante formulering uit *Die Aufzeichnungen des Malte Laurids Brigge* drukt Rilke zich als volgt uit:

> Geliebtsein heißt aufbrennen. Lieben ist: Leuchten mit unerschöpflichem Öle. Geliebtwerden ist vergehen, Lieben ist dauern.[3]

Geplaatst in de context van Rilke krijgen Luceberts woorden een zweem van kritiek, met name de woorden *blijven branden*. Waar Rilke 'vergaan' met 'branden' associeert, verbindt Lucebert juist duurzaamheid met branden.

De associatie van branden met duurzaamheid is geen probleem in het geval van een interpretant die ontleend kan worden aan de kabalistische intertekst. Volgens de *Zohar* is de keten die mens en God verbindt volmaakt, wanneer de gemeenschap der gelovigen haar religieuze plichten vervult en God in antwoord daarop zijn zegen op aarde kan doen neerdalen. Israël wordt in dit verband vergeleken met een kaars, God met de vlam van de kaars. Zoals een kaars de vlam voedt, zo onderhoudt Israël het licht van God.

---

[3] SW VI, 937. Uitvoerig over Rilke's liefdesleer is: Romano Guardini, *Rainer Maria Rilkes Deutung des Daseins. Eine Interpretation der Duineser Elegien*. Kösel-Verlag München 1977³ (1953¹), p. 326-333. Daar wordt de bewuste passage uit de *Malte* ruimer geciteerd, zodat ook het woord *Linse* valt, waarop de formulering 'de lens van de beminde' kan berusten: "Seines starkbrechenden Herzens Linse nimmt noch einmal ihre schon parallelen Herzstrahlen zusamm, und sie (...) flammen auf in der Dürre ihrer Sehnsucht."

Met kaars en vlam is echter nog niet de volledige keten beschreven. Bij nader toezien wordt in het licht van de kaarsvlam een onderscheid zichtbaar, dat enerzijds verduidelijkt dat er een grens is gesteld aan de mens die streeft naar contact met God, en anderzijds dat de goddelijke eenheid samengesteld is. In het licht van de kaarsvlam wordt een symbool voor de eenheid van God gezien:

> ... he who cares to pierce into the mystery of the holy unity of God should consider the flame as it rises from a burning coal or candle. There must always be some material substance from which the flame thus rises. In the flame itself may be seen two lights: the one white and glowing, the other black, or blue. Of the two, the white light is the higher and rises unwavering. Underneath it is the blue or black light upon which the other rests as on a support. The two are conjoined, the white reposing upon the throne of the black. The blue or black base is, likewise, connected to something beneath it, which feeds it and makes it to cling to the white light above. (...) It is Israel alone which impels the blue light to kindle and to link itself with the white light, Israel, who cleave to the blue light from below.[4]

De keten is volmaakt als kaars, blauw-zwart licht en wit licht onderling verbonden zijn. Israël als de kaars moet blijven branden, opdat God als de vlam zich in de eenheid van blauw-zwart en wit licht kan manifesteren.

Er is alle reden om deze tekst over het kaarslicht in verband te brengen met Luceberts omschrijving van liefde, omdat de goddelijke eenheid begrepen wordt als samengesteld uit mannelijk en vrouwelijk. Het lagere blauw-zwarte licht staat voor het vrouwelijke, het hogere witte licht voor het mannelijke. Alleen 'als mannelijk en vrouwelijk samen zijn', is er goddelijke eenheid en is het kaarslicht volmaakt.

Beide interpretanten, die uit Rilke en die uit de Kabala, behelzen de combinatie van liefde, licht en vuur. Zij breiden hun eventuele invloed uit over de eerste regels van de slotstrofe, *wie wil stralen die moet branden / blijven branden als hij liefde meent*, maar zij houden halt voor de paradox van de erop volgende regels, *om in licht haar duisternis op handen / te dragen* en, in het verlengde daarvan, voor de paradox uit de eerste strofe, *om in duisternis haar licht te lezen*. Wel is het zo, dat de kabalistische interpretant verder reikt. Deze sluit goed aan bij het *blijven branden*, door de noodzaak voor de kaars om te blijven branden. Verder lijkt er een eerste, mogelijke verklaring van de paradox door geboden te worden. Luceberts woorden *licht* en *duisternis* zouden kunnen verwijzen naar de in een blauw-zwart en wit licht ontlede kaarsvlam. Uit de woorden *in licht duisternis op handen dragen* spreekt echter een beweging die zich niet laat verenigen met de verhoudingen zoals die in de kaarsvlam worden waargenomen. De kaarslicht-symboliek laat weinig beweging in de verhouding tussen licht en duisternis toe. Het blauw-zwarte licht is ondubbelzinnig het lagere licht, de troon of basis waarop het witte licht als het hogere licht rust.

Een ander aanknopingspunt voor intertekstuele analyse wordt geboden door *lelies*. Omdat dit gedichtelement door lexicale equivalentie verbonden is met het allerlaatste

---

[4] Scholem, *Zohar. The Book of Splendor. cit.*, p. 38-39 (Zohar I 50b).

woord van de 'lente-suite voor lilith' als geheel, acht ik één stap buiten de grenzen van de tekst van de 'introductie' gerechtvaardigd. Het slotwoord van de 'lente-suite' luidt *leliezon*. Dit woord *leliezon* suggereert een 'witte zon', en deze suggestie leidt naar de maan[5]. Men zou lelie en maan louter op grond van overeenkomst van kleur met elkaar in verband kunnen brengen: de lelie is een witte bloem, de maan is het witte hemellicht. Maar er is meer. In de Kabala zijn lelie en maan gelijkwaardig en wel in die zin, dat beide symbool zijn voor één en dezelfde sefira. Lelie en maan symboliseren beide de vrouwelijke tiende sefira, de Shechina.

Zoals in de kaarslicht-symboliek goddelijke eenheid voor ogen wordt gesteld als samengesteld uit een licht en een donker licht, zo wordt bij de kosmische symbolisering van de sefirot goddelijke eenheid voor ogen gesteld als samengesteld uit het licht van zon en maan. De twee belangrijkste sefirot, Tiferet en Shechina, staan niet alleen als centrale en laatste sefira, als mannelijk en vrouwelijk tegenover elkaar, maar ook als zon en maan[6]. De maan die haar licht van de zon ontvangt en 'die geen eigen licht heeft', zoals het keer op keer in de *Zohar* wordt uitgedrukt, is een passend symbool voor de tiende en laatste sefira die de zee is, waarin alle rivieren uitstromen. Bij de symboliek van zon en maan stroomt alle licht dat de centrale sefira als de zon in zich verzamelt, toe aan de maan van de laatste sefira.

De *Zohar* leidt uit (Gen.1:16) "God dan maakte de twee groote lichten" af, dat zon en maan oorspronkelijk even groot waren, een duiding van de schepping die in overeenstemming is met profetische uitspraken over de eindtijd (Jes.30:26) "En het licht der maan zal zijn als het licht der zon". Wat de 'verkleining van de maan'[7] genoemd wordt, wordt daarom gezien als een mysterie dat om uitleg vraagt. De verklaring wordt gevonden in de visie op Tiferet en Shechina als een liefdespaar. Zon en maan zijn geliefden die blootstaan aan alle stormachtige verwikkelingen die een liefdesrelatie kenmerken. Het wassen van de maan wordt begrepen als een symbool voor het genot dat de geliefden smaken, het afnemen van de maan als een symbool voor hun smartelijke scheiding. Vanzelfsprekend is de stand van de maan ook van betekenis voor aardse verhoudingen. Bij afnemende maan, de maanstand die duidt op scheiding tussen Tiferet en Shechina, dreigen voor de mens onheil en gevaar. Het is hier dat Lilith op het toneel verschijnt, als de demon die de belichaming is van deze dreiging.

De relatie die in de Kabala gelegd wordt tussen lelie en maan is een interpretant die níet halthoudt voor de paradoxen van licht en duisternis. Met de interpretant van de lelie-maan komt een nieuw register van lichttermen ter omschrijving van liefde tot de beschikking, het register van zon en maan. De 'introductie' omschrijft liefde in termen van licht. Ik vermoed achter de abstracte termen van *licht* en *duisternis* het

---

[5] Lucebert is uiterst zuinig geweest met het woord *lelie*. Behalve in de 'lente-suite voor lilith', met *lelies* en *leliezon* (vg 42-43), komt het alleen voor in 'christuswit' *leliën* (vg 28-29) en in 'woe wei' *theelelieliefde* (vg 411-412). In laatstgenoemd gedicht komt ook het woord *maansteen* voor, zodat in (vg 411-412) een eerste indicatie voor de associatie van lelie en maan gelezen zou kunnen worden. Veel duidelijker associeert Lucebert beide in *de amsterdamse school* (1952), in het openingsgedicht 'lied tegen het licht te bekijken': *in de kamer een straal van de* maan / *en dat is een dame* / *met een baard van lila tranen* / *schreit de beschaafde grijze* lelie (vg 121).

[6] Scholem, *Die Geheimnisse der Schöpfung. cit.*, p. 34.

[7] ibidem, p. 41.

liefdespaar van zon en maan. Uit de 'introductie' spreekt een complementaire of compenserende opvatting van de verhouding tussen zon en maan. Het feit dat de zon constant is en de maan wisselvallig wordt zo geïnterpreteerd, dat de zon moet blijven branden om aldus zijn licht tegenover haar duisternis te stellen. De uitersten van duisternis en licht wegen tegen elkaar op in het geval van het paar van zon en maan. Wanneer de maan een tijdelijk gebrek aan licht vertoont, moet de zon *blijven branden* om aldus *in licht haar duisternis op handen te dragen*. En als zon en maan een paar vormen dat de extremen van licht en duisternis in zich verenigt en met elkaar verzoent, dan kan ook *in duisternis licht* gelezen worden.

De complementaire opvatting van *licht* en *duisternis* die uit de 'introductie' spreekt, sluit goed aan bij de gedaante van zon en maan als liefdespaar en, meer algemeen, bij het fundament van eenheid dat onder alle kabalistische speculatie over de sefirot ligt. Bij een zo complexe opvatting van goddelijke emanatie als die van de kabalistische sefirot is desintegratie een reëel gevaar. De aparte beschrijving, benoeming en zelfs personificatie van één of meerdere sefirot draagt het gevaar van verbrokkeling in zich. In de Kabala wordt deze dreiging op twee verschillende manieren bezworen. De sefirot die allemaal staan voor de éne God, worden allemaal als in feite gelijk voorgesteld, bijvoorbeeld allemaal als 'lichten' of als 'kronen' benoemd. Of ze krijgen paarsgewijs gestalte, als tegendelen die op een hoger niveau met elkaar verzoend worden, bijvoorbeeld als genade en gestrengheid of als dag en nacht. Eén van deze symboliseringen als een paar is die van zon en maan.

§3 de tegenstelling van 'donker' en 'licht'

Allereerst moet worden vastgesteld over welke personen gesproken wordt in de slotstrofe. De vraag is, op wie wordt gedoeld met 13 *wie wil stralen* en 14 *liefde meent*. In de 'introductie' loopt de oppositie van weinigen versus velen parallel met die van branden versus doven. De dichters staan als de weinigen, 7 *alleen wat dichters*, tegenover: 3 *velen*, 5 *ieder*, 10 *alles wat begraven is* en - op het eerste gezicht - 16 *de hele goegemeent*. Tegenover hen die 'liefde hebben uitgedoofd' staan zij die 'liefde menen en daarom moeten blijven branden'. Omdat het de *velen* zijn die liefde hebben gedoofd, ligt het voor de hand dat het de weinigen, dat wil zeggen dichters, zullen zijn die liefde menen.

Omdat ook in de slotstrofe over dichters gesproken wordt, staan de lezer dus twee omschrijvingen van de activiteit van dichters ter beschikking. Uit de vierde strofe blijkt, dat zij in licht de duisternis van de liefde op handen dragen. Uit de tweede strofe blijkt, dat zij lelies uit poelen opdiepen:

> alleen wat dichters brengen het te weeg
> uit poelen worden lelies opgedregd

De tegenstelling uit de tweede strofe is een nieuwe, geconcretiseerde tegenstelling van donker en licht: *poelen* kunnen als duister begrepen worden, *lelies* door hun witte kleur als licht.

Beide omschrijvingen van de activiteit van dichters zijn dus in termen van de tegenstelling van donker en licht gesteld. In termen van donker en licht geformuleerd doen dichters de volgende twee dingen: zij putten licht uit duisternis en zij dragen duisternis in licht op handen. De tegenstelling van *poelen* en *lelies* verscherpt het complementair aspect van de verhouding tussen donker en licht: door uit poelen lelies op te diepen, ontlenen dichters licht aan duisternis. Herformulering van de tegenstelling tussen *poelen* en *lelies* in termen van donker en licht verduidelijkt de onderlinge samenhang tussen de activiteiten van dichters: wie aan duisternis licht ontleent, zal duisternis vereren of verheffen, en inderdaad dragen dichters duisternis op handen.

Het gedicht bevat nog een tweede aanvullende oppositie van donker en licht. De dichters staan als de weinigen tegenover de velen. Deze *velen* zijn het mikpunt van kritiek in de derde strofe. Eerst worden zij aangesproken als 9 *kappers slagers beterpraters*, 10 *alles wat begraven is* en 11 *godvergeten dovenetels*. Vervolgens worden zij aangespoord om ook hun verantwoordelijkheid te dragen: zij worden opgeroepen om aan hun 12 *zwarte vlekken* te laten merken *dat het niet te laat is*. Zoals dichters uit poelen lelies opdiepen, zo zouden de anderen aan hun zwarte vlekken kunnen laten merken dat het nog niet te laat is. Als bij uitstek donker komen deze mogelijke zwarte vlekken tegenover de lichte lelies te staan. In de oppositie van *lelies* en *zwarte vlekken* staan donker en licht tegenover elkaar als zwart en wit.

Zichtbaar wordt nu, hoe in feite het hele gedicht gestructureerd is door de tegenstelling van donker en licht. Aan begin en eind van het gedicht staan de twee paradoxen van *licht* en *duisternis*. In het midden van het gedicht treedt eerst een concretisering van de tegenstelling van donker en licht op in de vorm van de oppositie van *poelen* en *lelies*; vervolgens wordt daaraan een eveneens geconcretiseerde tegenstelling gekoppeld, de oppositie van *lelies* en *zwarte vlekken*, waardoor donker en licht worden gespecificeerd als zwart en wit. Het totaal van de donker / licht -structurering van het gedicht actualiseert dus tenslotte een tegenstelling van zwart en wit. Deze maakt, opnieuw, attent op poeticale implicaties. Daarbij komt nog, dat het werk van een dichter, een gedicht, visueel voorgesteld kan worden als een zwarte vlek op wit papier.

De visualiserende kracht van *zwarte vlekken* suggereert een gedicht, dat wil zeggen het produkt van de dichter. Het ligt nu voor de hand om de vraag te stellen, of de tekst van de 'introductie' behalve twee omschrijvingen van de activiteit van dichters, ook één of mogelijk meer omschrijvingen van het resultaat van die activiteit bevat. Dat de *lelies* als object of als produkt van de dichters opgevat kunnen worden, is voldoende duidelijk: dichters diepen uit poelen lelies op. Hetzelfde geldt niet op het eerste gezicht voor de *zwarte vlekken*. Hun positie in het geheel van het gedicht moet nog nader worden toegelicht. Op het niveau van de primaire semantiek scharen zij zich onder een 'vuur'-isotopie, gevormd door de elementen 3 *uitgedoofd*, 12 *zwarte vlekken*, 13 *branden* en 14 *branden*. De voorstelling van het branden laat zich verbinden met een voorstelling van zwarte vlekken, en dit plaatst de *zwarte vlekken* aan de zijde van de dichters. In dezelfde richting wijst de oppositie van weinigen en velen. De dichters staan als de weinigen die liefde brandende willen houden, tegenover de velen die liefde hebben uitgedoofd. Deze anderen worden niet met rust gelaten, maar opgeroepen tot een ommekeer. Ook zij zouden moeten laten merken, dat zij liefde menen. Het feit dat dit aan hun *zwarte vlekken* kenbaar zou worden impliceert dat ook dichters - zij die liefde menen en daarvoor moeten branden - deze zwarte vlekken vertonen.

Zowel de *lelies* als de *zwarte vlekken* zijn dus te begrijpen als het produkt van de dichter. De *lelies* zijn het produkt van de éne activiteit van dichters: uit duisternis licht putten. Omgekeerd zouden dan de *zwarte vlekken* horen bij de andere activiteit van dichters: in licht duisternis op handen dragen. Enerzijds horen de *zwarte vlekken* thuis in de 'vuur'-isotopie, anderzijds impliceert de derde strofe dat dichters *zwarte vlekken* vertonen. De 'introductie' poneert dat voor liefde *branden* nodig is. Dichters die liefde menen, moeten dus branden. Het lijkt er nu op dat dichters die ten behoeve van de liefde branden, ten gevolge hiervan allereerst licht verspreiden. De slotstrofe begint met de regel *wie wil stralen die moet branden*. Het branden veroorzaakt dus licht: *stralen* is licht uitzenden of verspreiden; bovendien plaatst de eerste helft van de paradox uit de slotstrofe de dichters *in licht*. Maar evengoed is voorstelbaar dat branden duisternis veroorzaakt, zodat het samengestelde beeld is, dat dichters in licht duisternis gaan vertonen. Op grond van het feit dat de *zwarte vlekken* thuishoren in de 'vuur'-isotopie is heel aannemelijk, dat de vorm van duisternis die dichters in licht gaan vertonen, bestaat uit de *zwarte vlekken* die zij aan het branden overhouden. Dichters die branden, dragen daarvan de sporen. Als gevolg van het branden vertonen zij *zwarte vlekken*.

Mijn conclusie is dat de *zwarte vlekken* het produkt zijn waarop gedoeld wordt in het *in licht duisternis op handen dragen*. Zij zijn de vorm van duisternis die de stralende, lichtende dichters in licht vertonen. In termen van de tegenstelling van donker en licht geformuleerd betekent dit, dat in het voorbeeld van de *zwarte vlekken* duisternis wordt ontleend aan licht. Het op het branden gebaseerde licht leidt tot de duisternis van de *zwarte vlekken*. Het samengestelde beeld van activiteiten en produkten van dichters ziet er dan als volgt uit. Zoals dichters uit poelen lelies opdiepen, wat erop neerkomt dat zij aan duisternis licht ontlenen, zo gaan zij ten gevolge van het branden in licht *zwarte vlekken* vertonen, wat erop neerkomt dat zij aan licht duisternis ontlenen.

Dat dichters aan licht duisternis ontlenen zoàls zij aan duisternis licht ontlenen, wijst erop dat heel hun streven is gericht op een synthese van duisternis en licht. Dichters pogen te verduidelijken dat duisternis licht is en licht duisternis. Zij trachten aan te tonen dat duisternis licht is, door aan duisternis licht te ontlenen: zij diepen uit poelen lelies op. En zij pogen te verduidelijken dat licht duisternis is, door aan licht duisternis te ontlenen: in licht dragen zij duisternis op handen, wat wil zeggen dat zij in licht duisternis gaan vertonen in de vorm van zwarte vlekken. Dichters geven op hun manier uitdrukking aan de eenheid van duisternis en licht: door uit poelen lelies op te diepen en door in licht zwarte vlekken te gaan vertonen. De dichter fungeert als motor van een proces waarbij duisternis wordt omgezet in licht en licht in duisternis. Aan het eind van dit proces van transformatie staan de *lelies* en *zwarte vlekken*. Deze beide dichterlijke produkten drukken samen het inzicht in de eenheid van licht en duisternis uit, de *lelies* als het aan duisternis ontleende licht, de *zwarte vlekken* als de aan licht ontleende duisternis.

Mijn conclusie met betrekking tot de *zwarte vlekken* leidt tot een nieuwe reeks van equivalenties. Op het niveau van de secundaire semantiek zijn de *zwarte vlekken* die dichters gaan vertonen ten gevolge van het branden, en de *duisternis* die zij in licht op handen dragen, equivalent. Anderzijds heeft de tegenstelling van *poelen* en *lelies* geleerd, dat het in licht duisternis op handen dragen betekent dat dichters de duisternis vereren. Dit doen zij, omdat zij er licht aan ontlenen. Deze betekenis van de paradox houdt in, dat de op handen gedragen duisternis ook equivalent wordt aan

8 *poelen*. De poelen zijn de expliciet genoemde vorm van duisternis waaraan licht ontleend wordt, en zij worden als zodanig vereerd en in licht op handen gedragen. Op het niveau van de secundaire semantiek zijn dus 8 *poelen*, 12 *zwarte vlekken* en 15 *duisternis* equivalent.

Deze nieuwe reeks van equivalenties roept de vraag op naar de positie van *lelies* in dit verband. Is *lelies* de enige term die zich aan deze secundaire equivalentie onttrekt, of past deze term, tegen de schijn in, ook in de genoemde reeks? Deze vraag is des te gerechtvaardigder tegen de achtergrond van het streven dat al in het gedicht is aangetoond. Van dichters die de eenheid van licht en duisternis willen aantonen, mag verwacht worden dat zij de licht-term *lelies* juist niet buiten een equivalentie-reeks van termen van duisternis zullen houden.

Aan de paradox uit de slotstrofe zijn inmiddels twee verschillende betekenissen toegekend. De formule van het 'op handen dragen', die natuurlijk allereerst past in de liefdescontext van het gedicht, krijgt naast de gebruikelijke, figuurlijke betekenis van 'verheffen' of 'vereren' een meer letterlijke betekenis van 'vertonen' of 'duidelijk zichtbaar dragen'. Deze laatste betekenis sluit goed aan bij de slotwoorden van het gedicht: 16 *voor de hele goegemeent*. Wie iets duidelijk zichtbaar laat zien, laat iets 'voor iedereen' goed zichtbaar zien. De twee betekenissen van het *in licht duisternis op handen dragen* laten zich als volgt samenvatten. Dichters vereren de duisternis waaraan zij licht ontlenen, en de duisternis die zij overhouden aan het branden laten zij goed zichtbaar zien. Er schuilt in deze parafrase een bepaald patroon dat intrigeert. Het gesuggereerde patroon is dat van bron en gevolg: duisternis als bron van licht wordt vereerd, duisternis als gevolg van licht wordt vertoond. Duisternis treedt op in twee functies: als bron van licht en als gevolg van licht.

De éne activiteit van dichters is tot nu toe verkort aangeduid als: uit poelen lelies opdiepen. De regel *uit poelen worden lelies opgedregd* is echter afhankelijk van de voorgaande regel met 7 *teweegbrengen*, en vollediger zou de parafrase dus moeten luiden: dichters brengen teweeg dat uit poelen lelies worden opgediept. In het totaal van activiteiten van dichters spelen dus drie verbale vormen een rol: *teweegbrengen*, *opdreggen* en *op handen dragen*. Hun combinatie plaatst de notie van produktiviteit op de voorgrond: *teweegbrengen* is in de zin van 'doen ontstaan', 'tot stand brengen' te begrijpen als scheppen: *op handen dragen* is in de zin van 'laten zien', 'gaan vertonen' te begrijpen als een vorm van produktief zijn; *opdreggen* is te begrijpen als een bijzondere vorm van zichtbaar maken. Ik teken hierbij aan dat "laat eens wat zien" als oproep tot produktiviteit goed aansluit bij de oproep *laat es merken* die in de derde strofe tot de velen wordt gericht.

In dit totaal van produktieve handelingen gaan enerzijds *op handen dragen* en *teweegbrengen*, anderzijds *op handen dragen* en *opdreggen* nog nadere relaties aan. Het bijwoord *teweeg* betekent 'op weg', 'op handen'[8]. Van een persoon of zaak die binnenkort te verwachten of aanstaande is, kan gezegd worden dat hij *teweeg* of *op handen* is. Deze relatie introduceert in het geheel van dichterlijke activiteiten een notie van spoed, van een zeker tempo: de handeling is gericht op het produkt en stelt dit voor als binnenkort te verwachten. Anderzijds zijn *op handen dragen* en *opdreggen* equivalent door de erin uitgedrukte beweging: *opdreggen* is een beweging van laag

---

[8] *Van Dale*; het woord is opgenomen met de aanduiding 'Zuidnederlands'.

naar omhoog, *op handen dragen* is een beweging in de hoogte. Deze equivalentie wordt formeel ondersteund door de nauwe relatie tussen *dreggen* en *dragen* en door de herhaling van *op*. Het totaalbeeld dat ontstaat is het beeld van een op produktiviteit gerichte, in een zeker tempo verlopende, voortstuwende beweging, beter nog misschien een opstuwende beweging.

Als ik deze betekenisnotie verbind met het gesuggereerde patroon van bron en gevolg, kom ik tot de hypothese dat de voort- of opstuwende beweging verandert in een ronddraaiende beweging. Duisternis is bron en gevolg van licht, maar evengoed is omgekeerd licht bron en gevolg van duisternis. Licht is bron van duisternis omdat uit licht zwarte vlekken ontstaan; licht is gevolg van duisternis omdat uit de duisternis van de poelen licht geput wordt. Het totaal van dichterlijke activiteiten en produkten neemt dan de vorm van een cyclus aan. Bij mijn hypothese van een cyclus kan de equivalentie-reeks van *poelen, zwarte vlekken* en *duisternis* helpen. Als ik de activiteiten en produkten van dichters herschrijf in de vorm van een syntactische parallellie, dan ontstaat het volgende schema:

| dichters | dreggen | uit poelen | lelies | op |
| dichters | dragen | in licht | duisternis | op handen |

In dit schema kan *zwarte vlekken* zowel voor *poelen* als voor *duisternis* gesubstitueerd worden. Wanneer bovendien de beide verbale vormen worden samengevat, waarbij als betekeniskern de opheffende beweging wordt aangehouden, ontstaat dit schema:

| dichters | tillen | uit zwarte vlekken | lelies | op |
| dichters | tillen | in licht | zwarte vlekken | op |

In dit schema treden de *zwarte vlekken* op als representant van *duisternis* en in haar twee functies van bron en gevolg. De *zwarte vlekken* zijn niet alleen de als gevolg van licht vertoonde duisternis, maar ook de als bron van licht fungerende duisternis. De cyclische beweging is duidelijk. De in licht vertoonde zwarte vlekken worden op hun beurt tot een bron, waaruit nieuw licht geput kan worden.

Nu zijn de twee produkten van de dichters de *lelies* en de *zwarte vlekken*. Ik heb die twee produkten leren kennen als elkaars omkering: de *lelies* zijn het aan duisternis ontleende licht, de *zwarte vlekken* zijn de aan licht ontleende duisternis. Omdat ik met betrekking tot de *zwarte vlekken* tot de conclusie ben gekomen dat zij kunnen optreden in de dubbelfunctie van bron en gevolg, acht ik het gerechtvaardigd om te bezien wat er gebeurt, wanneer ik aanneem dat de *lelies* hetzelfde kunnen. Als de zwarte vlekken de als gevolg van licht vertoonde duisternis en de als bron van licht fungerende duisternis kunnen zijn, dan zijn de lelies niet alleen de uit duisternis geputte vorm van licht, maar ook de vorm van licht waaruit duisternis geput kan worden of waarin duisternis aangetoond kan worden. Schematisch:

| dichters | tillen | uit zwarte vlekken | lelies | op |
| dichters | tillen | in lelies | zwarte vlekken | op |

De cyclus is dan rond: zoals uit zwarte vlekken lelies worden opgetild, zo worden in lelies zwarte vlekken opgetild. De in lelies opgetilde zwarte vlekken worden op hun beurt bron van licht, dat wil zeggen bron van nieuwe lelies, die op hun beurt bron van nieuwe zwarte vlekken zijn.

Voorlopig eindresultaat is een cyclisch schema waarin de beide dichterlijke produkten beweeglijk zijn gemaakt. Zij nemen elkaars plaats in of wisselen elkaar af, zodat de *lelies* niet meer alleen het aan duisternis ontleende licht zijn maar ook de bron van duisternis, en zodat de *zwarte vlekken* niet meer alleen de aan licht ontleende duisternis zijn maar ook de bron van licht. De vraag naar de positie van *lelies* ten opzichte van de equivalentie-reeks van *poelen, zwarte vlekken* en *duisternis* laat zich nu beantwoorden. Het cyclisch schema maakt *lelies* en *zwarte vlekken* equivalent. Het stelt de *lelies* voor als het produkt en de bron van de *zwarte vlekken*, en de *zwarte vlekken* als het produkt en de bron van de *lelies*. In hun dubbelfunctie van bron en produkt tegelijk zijn *lelies* en *zwarte vlekken* equivalent.

De nu volgende vraag moet zijn, wat de met dit alles gesuggereerde equivalentie van *lelies* en *zwarte vlekken* kan betekenen. Mijn antwoord luidt, dat deze zich laat verbinden met het paar van zon en maan dat achter de abstracte termen van *licht* en *duisternis* schuilt. Hierboven is gesproken over de twee verschillende betekenissen van de paradox uit de slotstrofe. Het in licht op handen dragen van de duisternis betekent allereerst dat dichters duisternis vereren omdat zij bron van licht is (*poelen*), en vervolgens dat dichters in licht feitelijk duisternis gaan vertonen ten gevolge van het branden (*zwarte vlekken*). Maar onder deze beide betekenissen ligt nog de 'maan'-betekenis van *duisternis* die afgeleid kan worden uit de voorstelling van zon en maan als liefdespaar en die kan berusten op de kabalistische interpretant van de lelie-maan. De op handen gedragen duisternis is ook de duisternis van de maan. En juist deze onder *poelen* en *zwarte vlekken* liggende 'maan'-betekenis van *duisternis* kan het antwoord geven op de vraag, wat de gesuggereerde equivalentie van *lelies* en *zwarte vlekken* kan betekenen. De twee produkten van de dichters worden inderdaad door de structuur van het gedicht equivalent gemaakt en *lelies* en *zwarte vlekken* krijgen een identieke betekenis in die zin, dat beide maan-symbolen zijn.

Ik heb *lelies* en *zwarte vlekken* eerst als aan elkaar tegengesteld beschreven: de lelies als het aan duisternis ontleende licht, de zwarte vlekken als de aan licht ontleende duisternis. Beide formules laten zich perfect gebruiken ter beschrijving van de cyclus van de maan. De maan doorloopt een cyclus van duisternis naar licht en van licht naar duisternis. Bij wassende maan loopt het proces van het 'aan duisternis licht ontlenen', dat is voltooid bij volle maan (lelie). Bij afnemende maan loopt het proces van het 'aan licht duisternis ontlenen', dat is voltooid bij nieuwe maan (zwarte vlek). De maan ontwikkelt zich van zwarte vlek tot lelie, van duisternis tot licht, in het proces van het wassen, en omgekeerd ontwikkelt zij zich van lelie tot zwarte vlek, van licht tot duisternis, in het proces van het afnemen. In de éne helft van de cyclus, aan de zijde van de wassende maan, wordt bewezen dat licht aan duisternis ontleend kan worden, met als resultaat dat de maan als lelie aan de hemel staat. In de andere helft van de cyclus, aan de zijde van de afnemende maan, wordt bewezen dat duisternis aan licht ontleend kan worden, met als resultaat dat de maan als zwarte vlek aan de hemel staat.

Vervolgens heb ik *lelies* en *zwarte vlekken* als aan elkaar equivalent beschreven: de *lelies* als het produkt en de bron van de zwarte vlekken, de *zwarte vlekken* als het produkt en de bron van de lelies. In hun dubbelfunctie van bron en produkt tegelijk blijken de twee uitersten van licht en duisternis tot elkaar te herleiden te zijn. Het is de éne en dezelfde maan die beurtelings als lelie en als zwarte vlek aan de hemel staat.

Om de beurt hernemen licht en duisternis als het ware hun op de voorgaande fase te baseren rechten. Is uit een zwarte vlek een lelie gegroeid, dan herneemt de duisternis als bron van licht haar recht en manifesteert zich als gevolg van licht. Is uit een lelie een zwarte vlek gegroeid, dan herneemt het licht als bron van duisternis zijn recht en manifesteert zich als gevolg van duisternis.

De equivalentie van *lelies* en *zwarte vlekken* in die zin dat beide maan-symbolen zijn, brengt mij tot de conclusie dat de maan is geïnterpreteerd als een soort garantie voor de dichterlijke activiteit. Het totaal van dichterlijke activiteiten en produkten laat zich samenvatten onder de noemer van het streven naar een synthese tussen duisternis en licht. Voor dichters die worden voorgesteld als drijvende kracht achter een proces, waarbij duisternis wordt omgezet in licht en licht in duisternis, fungeert de maan als waarborg. De maan kan deze functie vervullen, omdat zij in haar cyclus laat zien dat het mogelijk is om duisternis aan licht te ontlenen en licht aan duisternis, en dat het mogelijk is om duisternis te zien als bron en gevolg van licht en licht als bron en gevolg van duisternis.

Uit het feit dat de beide dichterlijke produkten begrepen kunnen worden als maan-symbolen, en uit het feit dat de maan begrepen kan worden als het hemellicht dat de dichterlijke activiteit waarborgt, zou afgeleid kunnen worden dat het in de 'introductie' uiteindelijk alleen om de maan gaat. De tweede paradox doelt met de op handen gedragen duisternis op háár duisternis, en in de eerste paradox kan inmiddels ook háár licht gelezen worden. De maan immers verandert van een zwarte vlek in een lelie, zodat in haar duisternis altijd licht gelezen kan worden. Toch kan met de maan alleen het hele 'verhaal' van de 'introductie' niet verteld worden. Daaraan staat met name de tweede paradox in de weg, die dichters als zonnen brandend en stralend voorstelt. Ik houd daarom vast aan de interpretatie dat het het paar van zon en maan is, waarom alles in de 'introductie' draait.

Niet alleen achter de paradoxen van *licht* en *duisternis* gaat het paar van zon en maan schuil, maar ook achter de *lelies* en *zwarte vlekken*. Dit betekent niet minder dan dat het geheel van dichterlijke activiteiten en produkten is gemodelleerd naar het paar van zon en maan. De verbindende schakel tussen dichters enerzijds en zon en maan anderzijds wordt gevormd door de liefde. Dichters worden gekenschetst als degenen die liefde menen, en liefde wordt gedefinieerd in termen van zon en maan. Dichters die liefde menen volgen zon en maan na, gedragen zich als een soort volgelingen van dit paar van hemellichten, omdat het begrepen is als het ideale liefdespaar. Dit is voldoende reden om achter de 'introductie' een bepaalde visie op de verhouding tussen zon en maan te vermoeden. De analyse van de tegenstelling tussen donker en licht wil ik dan ook besluiten met dit onderwerp: de visie op de verhouding tussen zon en maan die achter de omschrijving van liefde in termen van zon en maan moet staan.

Tot nu toe weet ik over de verhouding tussen zon en maan het volgende: wanneer de maan in duisternis is gehuld, draagt de zon haar in licht op handen. Dit zou kunnen betekenen dat de zon als het ware plaatsvervangend schijnt voor de tijdelijk in licht afnemende maan, om er aldus voor te zorgen dat ook in of ten tijde van duisternis desondanks licht bestaat. De paradox uit de eerste strofe is mede verantwoordelijk voor dit beeld. Wanneer ik het initiatief meer bij de maan leg - zon en maan zijn tenslotte een liefdespaar -, wordt een andere betekenis mogelijk. Het feit dat de maan zich tijdelijk in duisternis hult, betekent voor de zon dat hij moet blijven branden. Zo gezien is het blijvend licht van de zon te danken aan de afwisseling van de maan. Dit betekent dat de zon lichtkracht put uit de duisternis van de maan. Daaruit kan vervolgens worden afgeleid dat de zon de maan ook vereert, en dat is één van de twee betekenissen die voor de paradox uit de slotstrofe zijn vastgesteld. De zon vereert de duistere maan door haar als zijn paradoxale bron van licht op handen te dragen.

Met dit alles wordt echter slechts één constellatie uit het systeem van verhoudingen tussen zon en maan beschreven, de constellatie waarbij de zon in licht en de maan in duisternis is gehuld. Na de interpretatie van *lelies* en *zwarte vlekken* als maansymbolen kan de gehele cyclus beschreven worden. De maan in duisternis (nieuwe maan) ontwikkelt zich via het stadium van het wassen (eerste kwartier) naar de stand in licht (volle maan), en vervolgens via het stadium van het afnemen (laatste kwartier) terug naar de stand in duisternis (nieuwe maan). Mijn hypothese is, dat zon en maan, als zij het ideale liefdespaar zijn dat het waard is om de liefde te symboliseren, beide zullen moeten laten merken dat zij liefde menen.

De zon laat merken dat hij liefde meent door in licht duisternis op handen te dragen. Wanneer de maan in duisternis is gehuld, draagt de zon haar in licht op handen. Doordat de zon blijft branden, onttrekt hij de maan aan haar duisternis. Hiermee komt het proces van het wassen op gang: aan duisternis wordt licht ontleend, en de maan ontwikkelt zich van zwarte vlek tot lelie. Zodra de maan is uitgegroeid tot lelie in de stand van volle maan, wordt een nieuw evenwicht tussen licht en duisternis nodig. Bij volle maan staan zon en maan beide in licht. Op dat moment laat de maan van haar kant merken dat zij liefde meent. In antwoord op het branden van de zon laat de maan haar teken van liefde zien. Zij doet dit door in licht duisternis op handen te dragen: zij vertoont haar zwarte vlekken, die als gevolg van háár branden te begrijpen zijn. In het stadium van het afnemen wordt aan licht duisternis ontleend, en de maan ontwikkelt zich van lelie tot zwarte vlek. De zon van zijn kant antwoordt hierop met in licht haar duisternis op handen te dragen. Omdat de maan zich in duisternis gehuld heeft, moet hij branden. Door in licht duisternis op handen te dragen, vereert de zon de duistere maan als zijn bron van licht. Door te blijven branden, ontlokt de zon aan de maan nieuw licht, waarmee opnieuw het proces van het wassen op gang komt, en zo oneindig voort.

De éne formule *in licht duisternis op handen dragen* bestrijkt de twee min of meer statische constellaties van nieuwe maan en volle maan, en is zowel op de zon als op de maan van toepassing. Voor zover de paradox uit de slotstrofe betrekking heeft op dichters, heb ik tot twee betekenissen geconcludeerd: omdat dichters aan duisternis licht ontlenen, vereren zij in licht duisternis; en omdat dichters aan licht duisternis ontlenen, vertonen zij in licht duisternis. Duisternis als bron van licht wordt vereerd, duisternis als gevolg van licht wordt vertoond. De twee betekenissen van 'vereren' en 'vertonen' zijn zo tussen zon en maan verdeeld, dat de zon de duisternis van de maan vereert als bron van licht, terwijl de maan haar duisternis vertoont als gevolg van licht. Zon en maan, die samen het ideale liefdespaar vormen, dragen beide in licht duisternis op handen. Wie liefde meent, moet branden en blijven branden, om in licht duisternis op handen te dragen. Daarom draagt aan de éne zijde van de cyclus de zon in licht duisternis op handen, waarmee hij de duisternis van de maan vereert als bron van licht; en daarom draagt aan de andere zijde van de cyclus de maan in licht duisternis op handen, waarmee zij haar duisternis vertoont als gevolg van licht. Tussen volle maan en nieuwe maan lopen de processen van het wassen en afnemen.

Tussen nieuwe maan en volle maan wordt aan duisternis licht ontleend en wordt bewezen dat duisternis licht is: in het proces van het wassen worden uit poelen lelies opgedregd. Tussen volle maan en nieuwe maan wordt aan licht duisternis ontleend en wordt bewezen dat licht duisternis is: in het proces van het afnemen worden in lelies zwarte vlekken opgetild.

Mijn conclusie luidt, dat het door de 'introductie' gecreëerde systeem van verhoudingen tussen zon en maan de eenheid van licht en duisternis realiseert. Zowel in de overgangsfasen van het wassen en afnemen, als in de min of meer statische constellaties van nieuwe en volle maan, vormen licht en duisternis een eenheid. In de overgangsfasen ligt de beweging tussen licht en duisternis; bij het wassen wordt aan duisternis licht ontleend, bij het afnemen wordt aan licht duisternis ontleend. Daartussen staat de paradox van het *in licht duisternis op handen dragen*, die zowel voor de zon als voor de maan geldt: bij nieuwe maan draagt de zon in licht duisternis op handen, bij volle maan draagt de maan in licht duisternis op handen. Zo is er eenheid van licht en duisternis: op de beweging van *zwarte vlek* naar *lelie* volgt de omgekeerde beweging van *lelie* naar *zwarte vlek*, waarna opnieuw de beweging van *zwarte vlek* naar *lelie* volgt. Tussen beide bewegingen in staat het evenwicht van de paradox, waar in licht duisternis op handen gedragen wordt. De zon doet dit, nadat de beweging van *lelie* naar *zwarte vlek* tot een einde is gekomen; de maan doet hetzelfde, nadat de beweging van *zwarte vlek* naar *lelie* tot een einde is gekomen.

De interpretatie dat ook de maan in licht duisternis op handen draagt, in de zin dat zij aan haar zwarte vlekken laat merken dat zij liefde meent, zorgt voor integratie van het tijdsaspect uit het gedicht. Het laten merken 12 *dat het niet te laat is* heb ik in eerste instantie figuurlijk geïnterpreteerd. De velen die worden opgeroepen tot bekering, zouden aan hun zwarte vlekken moeten laten merken dat zij alsnog de liefde serieus nemen. Maar in tweede instantie dringt zich een letterlijker betekenis op. De maan laat haar zwarte vlekken zien in het stadium van het afnemen, en dat stadium heet "laatste kwartier". In het laatste kwartier, dat wil zeggen net voor het te laat is, laat de maan haar zwarte vlekken zien. Daardoor laat de maan iedere nieuwe cyclus, door haar zwarte vlekken te vertonen, zien *dat het niet te laat is*.

Tenslotte moet ik hier de indruk wegnemen dat de beschreven visie op de verhouding tussen zon en maan kabalistisch zou zijn. Kabalistisch zijn de opvatting van zon en maan als een liefdespaar en de problematisering van de wisselvalligheid van de maan. Maar Lucebert verwijdert zich ver van de Kabala met de opvatting dat er in de hele cyclus evenwicht tussen licht en duisternis zou zijn. Weliswaar heb ik in de nieuwste bloemlezing uit de *Zohar* een tekst gevonden die eveneens in de richting lijkt te gaan van een plaatsvervangend schijnen van de zon voor de maan[9], maar naar kabalistische opvatting kan er geen twijfel over bestaan dat de relatie tussen zon en maan alleen perfect is bij volle maan, als zon en maan beide in licht staan. Luceberts

---

[9] "Rabbi Judah said: When the Holy One, blessed be He, created the moon, He would look upon her continually, as it is written, "the eyes of the Lord, your God, are continually upon her" (Deuteronomy 11:12). His concern for her is continuous. And it is written "Then did He see her [and declare her; He established her, and also searched her out]" (Job 28:27), for the sun is illumined through His concern for her." Tishby, *The Wisdom of the Zohar. cit.*, Vol.I, p. 402 (Zohar I 199a). De annotatie bij de laatste zin luidt 'dat het licht van Tiferet, de zon, sterker wordt door zijn zorg voor de Shechina, de maan'.

voorstelling van de verhouding tussen zon en maan impliceert een enorme opwaardering van de duisternis van de maan. De afstand die de dichter op dit punt schept tussen zichzelf en de kabalistische intertekst is aanzienlijk en hangt nauw samen met zijn visie op Lilith[10].

§4 poeticale implicaties

Het verband tussen lelie en maan zoals dat in de Kabala bestaat, lijkt de beide dichterlijke produkten enigszins uit balans te brengen. De twee produkten van de dichters hebben als een paar gestalte gekregen: ze zijn elkaars tegendeel en elkaars equivalent. De kabalistische interpretant legt een extra bodem onder *lelies* als maansymbool, die aan *zwarte vlekken* ontbreekt. Het evenwicht laat zich echter gemakkelijk herstellen, omdat de *zwarte vlekken*, als het ware geheel op eigen kracht, een extra inhoud voor zich opeisen.

De verschillende inhouden die tot nu toe voor de *zwarte vlekken* zijn vastgesteld, zijn de volgende. Zij zijn het teken waaraan de anderen zouden kunnen laten merken dat het niet te laat is. In hun contrast tot de lelies die dichters uit poelen opdiepen, spitsen de zwarte vlekken de tegenstelling tussen donker en licht toe tot een tegenstelling van zwart en wit. Zij zijn naast de lelies het produkt van de dichters die van duisternis licht maken en van licht duisternis. Enerzijds zijn de zwarte vlekken de aan licht ontleende duisternis, namelijk de vorm van duisternis die dichters gaan vertonen ten gevolge van het branden. Anderzijds zijn zij een vorm van duisternis waaruit licht geput kan worden, en dat maakt van de zwarte vlekken een vorm van duisternis die als bron van licht wordt vereerd. Als gevolg van licht en bron van licht tegelijk zijn de zwarte vlekken een symbool voor de maan.

Deze lijst van gegevens neemt het karakter van een paradigma aan. Naar mijn mening is de éne noemer waaronder deze reeks zich laat samenvatten, de noemer van het gedicht. Het feitelijk produkt van de dichter is het gedicht: een fragment van duisternis dat in licht op handen gedragen wordt, een zwarte vlek op wit papier. Niet alleen de door *lelies* en *zwarte vlekken* geactualiseerde tegenstelling van zwart en wit wijst in deze richting, maar ook de in de twee paradoxen besloten tegenstelling van *op handen dragen* en *lezen*. Deze verbale tegenstelling betreft het verschil in verhouding ten opzichte van licht en duisternis dat de weinigen van de velen scheidt. De weinigen die liefde menen, dragen in licht haar duisternis op handen; de velen die liefde hebben gedoofd, lezen in duisternis haar licht. Dichters zijn zij die uit duisternis licht putten en in licht duisternis op handen dragen. Zij zijn bereid om voor de liefde te branden, en zij vereren duisternis als bron van licht en vertonen duisternis als gevolg van licht. Aan de anderen wordt hun inertie, hun improduktiviteit verweten: zij hebben liefde uitgedoofd, zij houden het vuur van de liefde niet gaande, en zij laten niets zien zoals

---

[10] De kwestie van de integratie van Lilith in het krachtenspel van zon en maan is een onderwerp dat ik moet uitstellen tot het volgende hoofdstuk.

impliciet blijkt uit de oproep *laat es / aan uw zwarte vlekken merken dat het niet te laat is*. Eerder heb ik, om de cyclische notie in het gedicht aan te tonen, gewezen op de equivalentie van *opdreggen* en *op handen dragen*. Nu wordt zichtbaar dat in de tegenstelling van *op handen dragen* en *lezen* wordt gevarieerd op de tegenstelling van actief en passief. Dichters zijn actief: zij voeren een cyclische beweging uit van donker naar licht, naar donker, naar licht, en zo voort. Zij dragen in licht duisternis op handen en verhouden zich ten opzichte van die duisternis wederom produktief: zij putten er licht uit, en opnieuw in licht dragen zij opnieuw duisternis op handen. Hiertegenover staan de velen die in duisternis licht lezen. Het feit dat de passieve pool van de oppositie is uitgedrukt in het verbum *lezen*, ontlokt aan de actieve pool *op handen dragen* de betekenis 'schrijven'. Zij die in licht duisternis op handen dragen zijn degenen die in licht duisternis schrijven, dat wil zeggen dichters, zij die op de lichte ondergrond van het blad papier zwarte vlekken zetten, verzamelingen letters in zwarte inkt.

Als ik met deze poeticale interpretatie terugkeer naar de lijst van gegevens met betrekking tot de *zwarte vlekken*, dan laten zich daaruit twee omschrijvingen van gedichten destilleren. Gedichten zijn de aan licht ontleende duisternis, het produkt van de dichter die weet dat hij moet branden om te stralen. En gedichten zijn vormen of fragmenten van duisternis die worden vereerd als bron van licht, het produkt van de dichter die weet dat uit duisternis licht te putten is. Beide omschrijvingen samengebald, leiden tot deze omschrijving van poëzie: poëzie is uit licht ontstane duisternis, die fungeert als bron van licht. Het is alsof de tekst van de 'introductie' in de metafoor van de zwarte vlek een definitie geeft van hermetische poëzie. Dichters die in licht duisternis op handen dragen, schrijven zwarte vlekken op wit papier, en juist uit deze concrete vormen of fragmenten van duisternis bestaat het dichterlijk licht.

Na de diverse indicaties voor een poeticale thematiek - het herhaalde *dichters*, de tegenstelling van zwart en wit, de visualiserende kracht van *zwarte vlekken* - tilt de metafoor van de *zwarte vlek* de interpretatie naar het poeticale vlak. Hierboven is gesteld dat de poeticale strekking van de 'introductie' één van de argumenten vormt voor aparte bespreking van het gedicht. Inmiddels laat deze keuze zich iets steviger funderen. Er bestaat in de poëzie van Lucebert een onmiskenbaar verband tussen licht en taal. Om te laten zien hoe fundamenteel dit verband is, kan met een klein aantal vindplaatsen worden volstaan. Allereerst het pseudoniem, *lucebert*, een naam met de betekenis 'licht licht' of 'donker licht'. Voorts 'ik tracht op poëtische wijze'. De combinatie van taal en licht spreekt hier uit de nadere omschrijving van de *poëtische wijze* als *eenvouds verlichte waters* en uit de gecompliceerde vergelijking van *de taal / in haar schoonheid* met *de spraakgebreken van de schaduw* en *die van het oorverdovend zonlicht* (vg 47). Tot slot zou ik willen wijzen op de unieke vindplaats van het voor de poetica van Vijftig centrale concept van de 'lichamelijke taal'. In 'nu na twee volle ogen vlammen' wordt geponeerd dat *de lichamelijke taal / licht (maakt)* (vg 49).

Het is duidelijk dat de 'introductie' het onderwerp van het verband tussen licht en taal in de kern treft: zon en maan zijn het voorbeeld ter navolging voor dichters. Nogmaals: het is de liefde die de verbindende schakel vormt. Dichters zijn diegenen die liefde menen, en liefde wordt omschreven in termen van zon en maan. Het is terwille van de liefde dat dichters uit poelen lelies opdiepen en in licht de duisternis van de zwarte vlekken gaan vertonen. Het is in navolging van zon en maan als het ideale liefdespaar dat de eenheid van duisternis en licht verwezenlijkt, dat dichters fungeren als drijvende kracht achter een proces waarbij duisternis in licht en licht in duisternis wordt omgezet. *Lelies* en *zwarte vlekken* zijn licht-produkten, dichterlijke produkten die betrokken zijn in het streven naar een synthese van duisternis en licht. Als ze ook gedichten zijn, houdt dat de gelijkstelling van licht en taal in. Als de *zwarte vlek* een metafoor is voor het gedicht - wat onmiddellijk tot gevolg heeft dat ook de *lelie* staat voor een gedicht -, dan zijn de beide dichterlijke produkten zowel licht- als taal-produkten. Een eerste hypothese over de poetica van de 'introductie' laat zich nu formuleren. Mijn hypothese luidt dat de 'introductie' het gedicht is, waarin de basis wordt gelegd voor een poetica die taal gelijkstelt aan licht.

§5 *dovenetels*

Dat de bloemen die door dichters uit poelen worden opgediept lelies zijn, wordt gemotiveerd door de kabalistische verbinding tussen lelie en maan. De *lelies* zijn echter niet de enige bloemen in het gedicht: daarnaast treden *dovenetels* op. Deze tweede bloemenaam fungeert als één van de in de derde strofe gebruikte scheldnamen voor de velen, die liefde hebben uitgedoofd. Onmiddellijk dringt zich de morfologische equivalentie van 3 *uitgedoofd* en 11 *dovenetels* op. De velen, die in tegenstelling tot de dichters geen bereidheid tonen om voor de liefde te branden, laten liefde uitdoven en heten daarom *dovenetels*, waarmee ze als 'niet brandend' gekenmerkt zijn. De relatie tussen *uitgedoofd* en *dovenetels* actualiseert het verband met de eerder aangewezen 'vuur'-isotopie en plaatst het belang van het morfeem *doof* op de voorgrond. Daarin zie ik een nieuwe indicatie voor een talige of poeticale thematiek.

Het is de moeite waard voor de dovenetel een uitstapje naar de plantkunde te maken[11]. De dovenetel, *lamium*, is een geslacht uit de familie der lipbloemigen (labiatae), met ongeveer veertig soorten verspreid over Europa, Noord-Afrika en Azië. Voor Nederland zijn vier soorten van belang, drie soorten met purperen bloemen die vrij algemeen zijn, en één soort met witte bloemen die het meest algemeen is. Omdat in de 'introductie' de tegenstelling tussen zwart en wit geactualiseerd wordt, ligt het voor de hand om bij *dovenetels* concreet te denken aan deze laatste, meest algemene soort van de witte dovenetel, *lamium album*. Op het niveau van de primaire semantiek zijn *lelies* en *dovenetels* dus equivalent als bloemen en als witte bloemen.

In de beschrijving van de dovenetel treden twee soorten vlekken op, vlekken op bladeren en vlekken op bloemen. Vanwege de *zwarte vlekken* in de 'introductie' zijn de vlekken van de dovenetel onmiddellijk interessant. Eén van de drie soorten met purperen bloemen heet gevlekte dovenetel, *lamium maculatum*, naar vlekken op haar bladeren. De botanische gegevens waarop deze soortnaam betrekking heeft, lenen

---

[11] Bij het onderstaande heb ik mij gebasserd op: G. Hegi, *Illustrierte Flora von Mittel-Europa*, 7 Bände, Carl Hanser Verlag München 1909-1931, Band V 4.Teil (V/4), 1927, p. 2438-2457, en: H. Heukels, *De Flora van Nederland*, 3 delen, Brill-Noordhoff Leiden-Groningen 1909-1911, deel III, 1910, p. 220-226.

zich echter niet voor verdere interpretatie[12]. De botanische gegevens over de daarnaast optredende vlekken op bloemen laten zich minder gemakkelijk van belang uitsluiten. Het gaat bij dit tweede type vlekken om het zogeheten honingmerk, een teken op de bloem dat aan insecten de weg wijst naar de honing. Dovenetels hebben homogame bloemen, wat wil zeggen dat ze tot zelfbestuiving in staat zijn; toch is kruisbestuiving zeer waarschijnlijk, omdat de bloemen vanwege hun nektar frequent door insecten worden bezocht. Hier kan nog aan toegevoegd worden, dat er een grote groep namen voor de dovenetel is, die specifiek op de door bijen en hommels uit de bloemen op te zuigen honing betrekking heeft. Zo heten zij bijvoorbeeld honingbloemen, hommelbloemen, zuigbloemen en zoegertjes.

De mogelijkheid om aan een vlek in de zin van een honingmerk te denken is in de context van het geanalyseerde gedicht zeer interessant. Ten eerste omdat het daarbij zou gaan om een als een teken te interpreteren vlek, wat zou aansluiten bij de poeticale interpretatie van de *zwarte vlekken*. Ten tweede omdat er een notie van seksualiteit door wordt losgemaakt: het bezoek van insecten aan de bloem zorgt voor kruisbestuiving.

Ik heb nagegaan wat de verschillende flora's over dit honingmerk vermelden. Van de drie soorten met purperen bloemen heeft alleen de gevlekte dovenetel een honingmerk: een donkerpurperen vlekken- of nettekening op een lichtpurperen onderlip. Over de witte dovenetel is men het niet helemaal eens[13]. Deze heeft ofwel helemaal geen honingmerk, ofwel slechts een vage vlek.

Tot slot dienen de plantkundige namen *dovenetel* en *lamium* aan de orde gesteld te worden. De plant dankt haar naam *dovenetel* aan haar uiterlijke overeenkomst met de brandnetel: haar blad lijkt op de bladeren van brandnetels, maar brandt niet. Voor het overige zijn beide planten scherp van elkaar onderscheiden: de brandnetel, *urtica*, is een geslacht uit de brandnetelfamilie, *urticaceae*, en brandnetel en dovenetel behoren dus tot verschillende families. De naam *dovenetel* wijst in het onderdeel *-netel* op de uiterlijke overeenkomst met de brandnetel, terwijl in het onderdeel *dove-* de wezenlijke eigenschap van die plant, het branden, wordt ontkend. In het Nederlands komen naast *dovenetel* namen voor die 'mak' of 'tam' gebruiken als variant van *doof*: *makke broenekel, tamme tingel*. Het Duits biedt een vergelijkbaar beeld. Naast *Taubnessel* komen namen voor als *tam Brenneetel* en *zahme Nessle*. Daarnaast kent het Duits samenstellingen met 'dood' als variant van *doof*: *dotnessel, tote Nessel*, zoals ook het Engels en het Italiaans die kennen: *deadnettle, ortiga morta*.

---

[12] De vlekken waarop de soortnaam *lamium maculatum* betrekking heeft, zijn eigenlijk geen vlekken, maar strepen: de plant heeft bladeren die in het midden met een witte streep getekend zijn. Het gaat dus bij de gevlekte dovenetel eigenlijk niet om vlekken, en zeker niet om zwarte vlekken. Bovendien vermeldt de Nederlandse flora die ik geraadpleegd heb, dat de verschillen tussen witte dovenetel en gevlekte dovenetel zwak en onbestendig zijn en dat de in het midden met een witte streep getekende bladeren zelden worden aangetroffen.

[13] De Midden-Europese flora die ik geraadpleegd heb, vermeldt hier niets over vlekken, terwijl de Nederlandse flora vermeldt, dat de onderlip van de witte dovenetel 'vaak licht olijfgroen gevlekt' is. Er is enige terughoudendheid in deze formulering. Kennelijk is het honingmerk er niet altijd, en als het er is, is het 'licht olijfgroen' en niet 'olijfgroen' zonder meer. Mogelijk is dit de reden waarom de andere flora in het geheel niet over een honingmerk spreekt.

De naam *lamium* wordt in verband gebracht met het Griekse λαιμος, 'keel', 'muil', en slaat op de vorm van de bloemkroon. Deze bestaat uit twee lippen en heeft een verwijde keel: de smalle, opstaande bovenlip en de bredere, afstaande onderlip staan om de wijde keel van de bloemkroonbuis, die zich naar onderen toe, waar de bloem in de kelk is gevat, meer of minder geleidelijk vernauwt. Overigens komt in de Oudheid naast de naam *lamium* de naam *urtica iners* voor, een naam dus die de dovenetel kenschetst in haar tegenstelling tot de brandnetel. Deze letterlijke naam *urtica iners*, niet werkende brandnetel, kan beschouwd worden als de basis voor de figuurlijke namen 'dovenetel', 'makke netel', 'tamme netel' en 'dode netel'. Ik concludeer dat, terwijl de naam *dovenetel* de plant kenschetst in haar tegenstelling tot de brandnetel, de naam *lamium* meer gewicht hecht aan het feit dat de plant behoort tot de familie der lipbloemigen.

De botanische uitweiding levert niet alleen voor *dovenetels*, maar ook voor elementen uit de onmiddellijke omgeving daarvan resultaat op. Dit lag ook voor de hand. Terwijl het zinvol is om de analyse van de derde strofe bij *dovenetels* te beginnen, omdat dit gedichtelement is gerelateerd aan *lelies* waarvan het belang al is onderkend, mocht van deze analyse tegelijk een breder resultaat verwacht worden, omdat de derde strofe als geheel één tirade tegen de velen is.

Allereerst zijn de namen voor de dovenetel die *dood* substitueren voor *doof* van belang. Het doodsaspect is apert aanwezig in 10 *alles wat begraven is*. Omdat 'begraven zijn' in het verlengde van 'dood zijn' ligt, kunnen dovenetels als inactieve, dode netels voorgesteld worden als *begraven*. Daarnaast zit in *begraven* de notie van 'bedolven zijn' en daarom niet tot opwaartse beweging in staat zijn. In tegenstelling tot de weinigen die uit poelen lelies opdiepen en in licht duisternis op handen dragen, zijn de *dovenetels* die *begraven* zijn tot deze beweging van laag naar hoog niet in staat. Verder kunnen *kappers* en *slagers* begrepen worden als kwalificaties met een doodsaspect: slagers ontleden een dood lichaam, kappers knippen, snijden of scheren levend haar af, zodat het dood wordt. Het element *godvergeten* past meer in een figuurlijke opvatting van doodsheid. De velen die in tegenstelling tot de weinigen het voorbeeld van de kosmische grootheden zon en maan niet navolgen, kunnen daarom *godvergeten* heten. Zij zijn en blijven 4,5 *in duisternis* en nemen geen voorbeeld aan de hemellichten van zon en maan.

Voorts komt de kwalificatie *beterpraters* door de botanische gegevens in het licht van de familie- en geslachtsnaam van de dovenetel te staan. De dovenetel is immers een lipbloemige met een wijd open staande keel. De voorwaarden om te kunnen praten lijken hiermee aanwezig: de plant heeft lippen en een open mond. Het element *beterpraters* is te begrijpen als een afleiding van *goedpraten*. Bij dit werkwoord is zeker *praten* aan de orde, maar in bijzondere zin. Goedpraten is praten in vergoelijkende zin, en iets goedpraten betekent iets zo voorstellen, dat het goed lijkt. Een *beterprater* legt hier nog een schepje bovenop. Dit zou iemand kunnen zijn die iets zo voorstelt, dat het beter lijkt dan wanneer het alleen maar goedgepraat zou zijn. Minder op de spits gedreven is een beterprater iemand die de schijn van het goedpraten niet volhoudt: hij doet het zo overdreven, dat hij niet meer geloofwaardig is. In elk geval ligt in *beterpraters* een ethisch aspect besloten en wordt de vergoelijkende betekenis van *goedpraten* door de comparatief *beter* aangescherpt, zodat zich de notie van een 'te veel van het goede' opdringt. Dit sluit aan bij de positie van de velen, 4 *in duisternis*, en bij het daarover uitgesproken oordeel: 5 *in duisternis is ieder even slecht*. De velen die liefde hebben uitgedoofd, zijn en blijven *in duisternis*, heten *beterpraters* en zijn allemaal *even slecht*.

Daarnaast vertoont het onderdeel *beter* uit beterpraters de neiging om zich te verzelfstandigen. Dit wordt veroorzaakt door de relatie met 1 *genezen*. Omdat *beter* en *genezen* als termen betreffende gezondheid synoniem zijn, gaat *beterpraters* een oppositie aan met 1 *niet genezen*. Hierdoor komen de weinigen, de dichters die *niet genezen* heten, te staan tegenover de velen, de praters die *beter* zijn. Zo wordt in *beterpraters* niet alleen een ethisch, maar ook een fysiek aspect onthuld: zij zijn van iets hersteld, niet meer ziek, *beter*, en staan als zodanig tegenover de dichters die *niet genezen* zijn.

Door de opvatting van *beterpraters* als afleiding van *goedpraten* en door de relatie tussen *beterpraters* en *slecht* wordt de notie van een tegenstelling tussen goed en kwaad geactualiseerd. Daarbij sluit ook 16 *goegemeent* aan, waarin een variant van *goed* is te herkennen. *Goegemeente* is opgebouwd uit de onderdelen *goe* of *goed* en *gemeente*, maar door het rijm op 14 *meent* wordt een andere splitsing in onderdelen gesuggereerd: *goege-meent* of *goe-ge-meent*, waardoor de betekenis 'het goed gemeende', 'het goed bedoelde' vrijkomt. Tot nu toe heb ik aan *goegemeent* alleen een plaats in de tegenstelling van weinigen en velen toegekend. Maar *goegemeent* is niet zomaar een naam die 'velen' of 'iedereen' samenvat. Het is een naam die een verzamelde menigte ziet vanuit een bepaald gezichtspunt. De goegemeente is het volk of het grote publiek, dat goed van vertrouwen, goedgelovig is. Er is een aspect van argeloosheid of onontwikkeldheid in *goegemeente* en haar goedheid van vertrouwen maakt haar tot een gemakkelijk te leiden massa. Daarmee is op twee plaatsen in het gedicht de notie van een 'te veel van het goede' aangewezen. En de vergoelijkende betekenis die ligt besloten in *goedpraten* en *beterpraters*, krijgt een waarde die ondubbelzinnig negatief is, wanneer ik mij voorstel dat de *beterpraters* het woord zouden richten tot de *goegemeent*. De cumulatie van goede bedoelingen, voorbeelden van goedpraten en voorbeelden van goedgelovigheid leidt tot het beeld van een gesloten systeem van communicatie, waarbinnen elke weg naar een dieper gravend begrip is afgesloten. De totaalindruk die ontstaat is die van een scheidslijn tussen goed en kwaad, die correspondeert met de scheidslijn tussen weinigen en velen. Weliswaar is de schijn van het goede of het betere aan de zijde van de velen, maar de weinigen zien juist daar het kwaad.

Doordat de *goegemeent* een functie heeft gekregen in de tegenstelling van goed en kwaad, moet haar positie in de tegenstelling van weinigen en velen worden herzien. Tot nu toe heb ik gesproken over de dichters als de weinigen tegenover de velen. Het lijkt er echter op dat de velen die liefde hebben uitgedoofd, uiteindelijk niet zullen samenvallen met de goegemeente. Ik leid dit af uit de tussen *beterpraters* en *goegemeent* gesuggereerde verhouding: zij staan als leider en massa tegenover elkaar. Dit betekent dat de tegenstelling tussen weinigen en velen genuanceerd moet worden. De kern waarom het in deze tegenstelling draait is die van een paar dichters, 7 *alleen wat dichters*, tegenover vele anderen, 3 *velen*. Die paar dichters èn de vele anderen staan beide tegenover de *goegemeent*, maar terwijl de vele anderen liefde laten uitdoven, zijn een paar dichters bereid om voor de liefde te branden, om zo *voor de hele goegemeent* haar duisternis in licht op handen te dragen.

De nadere nuancering van de tegenstelling tussen weinigen en velen werpt nieuw licht op de vraag, tot wie de tirade van de derde strofe gericht is. Het is duidelijk dat dit verstrekkende consequenties zal hebben voor de poeticale strekking van de 'introductie'. De velen staan niet als niet-dichters tegenover de dichters, maar zij zijn juist ook dichters, aan wie verweten wordt dat zij geen zwarte vlekken laten zien.

Dit maakt een eerste aanscherping van de interpretatie van *beterpraters* mogelijk. Zij zijn dichters, en wat het fysieke aspect betreft herstelde dichters. Tegenover deze genezen dichters stellen zich die paar dichters op, die *niet genezen* zijn. Verder wordt gesuggereerd dat die dichters die *niet genezen* heten, ook helemaal niet genezen willen. Want waar gaat het om wat die genezing betreft: om genezing 2 *van een eenzaam zoekend achterhoofd*. Het *eenzaam zoekend achterhoofd* is een dichterlijke eigenschap die maakt dat dichters met babies vergeleken kunnen worden. Het lijkt erop dat de weinige dichters namens wie in de 'introductie' gesproken wordt, deze baby-status helemaal niet willen ontgroeien. Dit wordt gesuggereerd door het patroon van relaties tussen 1 *babies* en 6 *buidel*[14] en tussen 1 *babies*, 6 *tederheid* en 3,14 *liefde*. De positie van de velen is die *in duisternis*. Daarover wordt opgemerkt, dat *in duisternis ieder even slecht (is)* en die slechtheid wordt in de volgende regel geëxpliciteerd: 6 *de buidel tederheid is spoedig leeg*. Dit impliceert dat de buidel tederheid van de velen spoedig leeg is. Hiertegen nemen de paar dichters die *liefde* menen stelling: zij willen niet dat de buidel tederheid spoedig leeg raakt en zij willen als babies een eenzaam zoekend achterhoofd houden. Van die laatste, fysieke eigenschap willen zij niet genezen. Wie iets *meent* bedoelt iets in ernst. Wie *liefde meent* bedoelt liefde in ernst, en dat mag vertaald worden als een zodanige gerichtheid op het doel, dat dit bij alles wat ondernomen wordt aanwezig is. In combinatie met *liefde menen* suggereren de woorden *eenzaam zoekend* die toestand van onvervuld verlangen, die voortduurt zolang de geliefde niet gevonden is. Dat aan dit verlangen een plaats is gegeven in het baby-achtige *achterhoofd*, suggereert het beeld van iemand die bij al wat hij doet het nagestreefde doel in zijn achterhoofd heeft, zodat het altijd aanwezig is en van de achtergrond van zijn gedachten onmiddellijk naar de voorgrond geroepen kan worden[15].

Na deze bespreking van elementen uit de engere en ruimere context van *dovenetels*, moet ik terug naar dat gedichtelement zelf. Wie tegenover de dichters staat en in tegenstelling tot deze niet de liefde wil dienen, heet een dovenetel en is daarmee gekenschetst als iemand die niet wil branden. De betekenis 'niet brandend' is in het woordenboek te vinden, maar natuurlijk staat daar als eerste betekenis 'niet horend'. Wie doof is, kan of wil niet horen. Beide mogelijkheden lijken op de dovenetels van toepassing. In de derde strofe wordt zo luid gesproken, dat daaruit af te leiden zou zijn dat de dovenetels niet kunnen horen. Maar de tot hen gerichte oproep impliceert, dat zij wel degelijk nog tot verandering in staat geacht worden, en krachtiger is daarom

---

[14] Het met een baby te associëren woord *buidel* is te danken aan het buideldier, dat op bijzondere wijze bijdraagt aan de filosofie van eenheid of volmaaktheid. Het moederdier heeft een huidplooi aan de buikzijde, waarin zich de melkklieren bevinden en waarin het jong meegedragen en gezoogd wordt. Deze moeder is niet alleen symbool voor tederheid. Het jong van het buideldier wordt namelijk zo onvolkomen geboren, dat het de buidel nodig heeft als een soort uitwendige baarmoeder. In de buidel ontwikkelt het zich verder, tot het voldoende gegroeid is om op eigen benen te staan.
[15] Op het belangrijke achterhoofd-motief, dat verband moet houden met het zware accent op het voorhoofd, kom ik in het volgende hoofdstuk terug. *Achterhoofd* komt alleen in de 'introductie' en 'exodus' voor; *voorhoofd* in 'exodus' (vg 23-27), 'film' (2x) (vg 36), 'ik ben met de man en de macht' (vg 53), 'eten' (vg 54) en 'in de hitte' (vg 58-59).

de suggestie dat zij niet willen horen. Iemand die doof is in de zin dat hij niet wil horen, is iemand die op een vraag of verzoek niet wil reageren, geen antwoord wil geven, en daarmee iemand die zich niet laat horen, dat wil zeggen iemand die stom blijft, die niet spreekt. Hiermee is gesuggereerd, dat de dovenetels in dubbele zin doof zijn. Niet alleen willen zij niet branden, maar ook willen zij zich niet laten horen.

Nadat zich eerst verschillende indicaties voor een talige of poeticale thematiek rondom *zwarte vlekken* hebben opgehoopt, gebeurt dus hetzelfde rondom *dovenetels*. In het gedichtelement *dovenetels* zie ik de beslissende aanwijzing voor het belang van de 'introductie' als poeticaal gedicht. Het woord *dovenetels* bevat namelijk het snijpunt van de lijnen van licht en taal. Vanaf het moment waarop ik de 'introductie' heb kunnen kenschetsen als een gedicht waarin liefde wordt omschreven in termen van licht en dichters worden aangeduid als degenen die liefde menen, is het verband tussen licht en taal geïmpliceerd. De gelijkstelling van licht en taal komt binnen bereik, nadat is onderkend dat de tegenstelling tussen licht en duisternis is geconcretiseerd als tegenstelling tussen zwart en wit. Dichters laten fragmenten van duisternis, *zwarte vlekken*, en voorbeelden van licht, *lelies*, zien die niet alleen betrokken zijn in het streven naar een synthese tussen duisternis en licht, maar die ook in poeticale zin te begrijpen zijn. Dat licht en taal gelijkgesteld zijn, blijkt uit het gedichtelement *dovenetels*, dat de velen namelijk op beíde terreinen als *doof* aan de kaak stelt: op het vlak van het licht als 'niet brandend', en op het vlak van de taal als 'niet sprekend'.

Het gedichtelement *dovenetels* smeedt het verband tussen licht en taal. De samenkomst in *dovenetels* van de twee betekenissen 'niet brandend' en 'niet sprekend' legt het verband tussen *branden* en spreken of schrijven bloot. Doordat in *dovenetels* 'niet branden' equivalent wordt aan 'niet spreken', wordt *branden* equivalent aan spreken of schrijven. De *zwarte vlekken*, die thuishoren in de 'vuur'-isotopie en waarvoor al een poeticale interpretatie is geopperd, kunnen de samenhang verduidelijken. Aan de *dovenetels* wordt hun inertie, hun improduktiviteit verweten. Zij laten op de passieve houding van het *in duisternis licht lezen* niet de actieve houding van het *in licht duisternis op handen dragen* volgen. Tegenover hen staan de weinigen, de dichters die zich actief verhouden ten opzichte van licht en duisternis en zo produktief zijn: zij putten uit duisternis licht en dragen in licht duisternis op handen. Voor het *in licht duisternis op handen dragen* is *branden* nodig; als gevolg van het branden laten dichters *zwarte vlekken* zien. Dat *branden* gelijk staat aan schrijven, bewijst de kwalificatie van de velen als *dovenetels*, want de dovenetels zijn niet alleen degenen die niet willen branden, maar ook degenen die geen zwarte vlekken laten zien. Licht en taal vallen hier samen: het gebrek aan bereidheid om te branden van de dovenetels leidt ertoe, dat zij geen zwarte vlekken laten zien. De dovenetels zijn in dubbele zin doof: niet bereid tot branden en niet bereid tot spreken.

Over de twee namen van de dovenetel is geconstateerd, dat de éne, *dovenetel*, de plant kenschetst in haar tegenstelling tot de brandnetel, terwijl de andere, *lamium*, deze beschouwt vanuit het gezichtspunt dat zij behoort tot de lipbloemigen. In de 'introductie' lijken beide namen samengebald te zijn, want hier is een dovenetel tegelijk een niet brandende en een niet sprekende netel. Met hun dubbele doofheid ontpoppen de *dovenetels* zich als paradoxale lipbloemigen en netelachtigen. Ondanks hun lippen en hun wijd open mond laten zij niet van zich horen en ondanks hun netelachtig blad willen zij niet branden. Deze twee inhouden van de improduktiviteit van *dovenetels* zijn samen te vatten onder de noemer van het geen zwarte vlekken laten zien.

Daarin schuilt nog een nuance van het onderscheid tussen weinigen en velen, een nuance die te maken heeft met de mogelijkheid om bij een vlek te denken aan een honingmerk. Wat er ook zij van de plantkundige onzekerheid over een honingmerk op de witte dovenetel, de tekst van de 'introducie' maakt ondubbelzinnig van de *dovenetels* bloemen die de liefde niet ter wille zijn. Een duidelijke zwarte vlek op de onderlip, waarnaar de bijen en hommels zich zouden kunnen richten, laten zij niet zien. Hiermee worden de *dovenetels* ook nog als seksueel inert gekwalificeerd, en deze notie van seksualiteit verscherpt de tegenstelling tussen weinigen en velen. De aanduiding van de velen als *dovenetels* heeft namelijk ook consequenties voor de weinigen. Als degenen die niet doof blijven en die bereid zijn de liefde te dienen, staan de weinigen als wel brandende netels tegenover de niet brandende dovenetels. Kortom: weinigen en velen staan als brandnetels en dovenetels tegenover elkaar. Dat de weinigen met brandnetels geassocieerd kunnen worden, maakt hen herkenbaar als seksueel actief. De plantkundige naam van de brandnetel is *urtica*, een woord dat ook 'lust, prikkelende begeerte' betekent. De brandnetel is een aphrodisiacum, een de geslachtsdrift prikkelend middel, en kan op grond daarvan liefde en vruchtbaarheid symboliseren[16]. Zo staan brandnetel en dovenetel, urtica en urtica iners, dus ook tegenover elkaar als wel en niet de liefde dienend in de zin van al dan niet seksueel actief.

De notie van seksualiteit die brandnetels en dovenetels scheidt, is met terugwerkende kracht van invloed op één van de andere scheldnamen voor de velen: *kappers*. Om dit te verduidelijken, moet ik nog één botanische kanttekening plaatsen. Het bijtend sap van de brandnetel zit in de haren waarmee de stengel en het blad bedekt zijn. Een dovenetel heeft deze brandharen niet. Hierdoor wordt het mogelijk om de scheldnamen *kappers* en *dovenetels* in samenhang te zien: *dovenetels* zouden omschreven kunnen worden als netels zonder haar of als netels met geknipt haar, en *kappers* kunnen begrepen worden als personen die haar afknippen en daarmee seksualiteit frustreren.

Samengevat ziet het beeld van de *dovenetels* er als volgt uit: ze willen de liefde niet dienen, ze willen niet branden, ze willen niet spreken. Al deze verschillende inhouden van hun gelaakte improduktiviteit laten zich samenvatten onder de noemer van het tot hen gerichte verwijt: dat zij geen zwarte vlekken laten zien. De tegenstelling tussen brandnetels en dovenetels kwalificeert de laatste als seksueel inert. Deze inhoud sluit nauwkeurig aan bij de tegenstelling tussen weinigen en velen ten opzichte van de liefde: de weinigen menen liefde, de velen hebben liefde uitgedoofd. Dit brengt mij tot de conclusie, dat de verschillende termen ter aanduiding van de improduktiviteit van de dovenetels zich zo tot elkaar verhouden, dat het de liefde niet willen dienen en het niet willen spreken zijn op te vatten als specificaties van het niet willen branden. De dovenetels willen niet branden, en daarom zijn ze te kwalificeren als doof; vervolgens wordt die doofheid op twee verschillende terreinen nader uitgewerkt. Doofheid in de zin van uitgedoofdheid stempelt de dovenetels als seksueel inert, terwijl doofheid in de zin van niet willen horen en daarom ook niet willen spreken hen stempelt als talig improduktief. Kennelijk heeft het gebrek aan bereidheid om te branden consequenties op twee terreinen tegelijk. Doordat de dovenetels niet willen branden, onttrekken zij zich aan hun verantwoordelijkheid ten opzichte van de liefde èn aan

---

[16] A. de Vries, *Dictionary of Symbols and Imagery*. North-Holland Publishing Company Amsterdam-London 1974, p. 340.

die ten opzichte van de taal. De eerste verzaking correspondeert met hun seksuele inertie, de tweede met hun talige improduktiviteit.

Wanneer ik de interpretatie van *dovenetels* leg naast die van *beterpraters*, ontstaat een conflict van betekenissen. Voor *dovenetels* kom ik tot de conclusie dat zij niet spreken, terwijl ik voor *beterpraters* toch een zekere mate of vorm van spreken heb moeten aannemen. Ik zie twee mogelijkheden om deze botsing van betekenissen te interpreteren.

Allereerst zie ik een mogelijkheid om ook *beterpraters* als niet-sprekers te duiden. Ik heb geconstateerd dat *dovenetels* paradoxale lipbloemigen zijn: hun grote mond gebruiken ze niet om te spreken. Hetzelfde paradoxale karakter wordt zichtbaar in *beterpraters*, wanneer ik deze naam voor de velen begrijp als een naam die steunt op een talig hypogram, namelijk op het spreekwoord "spreken is zilver, zwijgen is goud". Dit spreekwoord impliceert dat zwijgen *beter* is dan spreken, waarom de zwijgende dovenetels *beterpraters* kunnen heten: ze houden hun mond[17]. Wanneer ik deze interpretatie van *beterpraters* verbind aan het in de onmiddellijke omgeving van *dovenetels* geactualiseerde doodsaspect, ontstaat de mogelijkheid om het zwijgen van de beterpraters aan te vullen in de volgende zin: 'beterpraters zwijgen als het graf'. In deze interpretatie komen doofheid en doodsheid samen.

De tweede mogelijkheid die ik zie om de spanning tussen het niet-spreken van dovenetels en het spreken van beterpraters te interpreteren, houdt meer rekening met het genuanceerde onderscheid tussen weinigen en velen. Als dovenetels ook dichters zijn, dan is het niet aannemelijk dat zij in het geheel niet zouden spreken. Deze overweging biedt de mogelijkheid om de twee scheldnamen *beterpraters* en *dovenetels* te begrijpen als termen die een bepaalde verhouding tussen spreken en niet-spreken uitdrukken. De dubbele doofheid van de dovenetels kwalificeert hen als seksueel inert en talig improduktief. Mogelijk heeft de talige improduktiviteit van de dovenetels concreet te maken met hun seksuele improduktiviteit en hangt de scheiding tussen spreken en niet-spreken samen met het terrein van de seksualiteit. Een argument om een interpretatie in deze richting te zoeken, zie ik in de bundelende functie van het gedichtelement *branden*. Het fundament van de tegenstelling tussen weinigen en velen wordt gevormd door het al dan niet branden, en het 'niet branden' is de overkoepelende noemer van de twee soorten doofheid van de dovenetels. Bovendien wordt in de slot-

---

[17] Wanneer het spreekwoord "spreken is zilver, zwijgen is goud" gediend heeft als basis voor de scheldnaam *beterpraters*, impliceert dit tegelijk kritiek op het spreekwoord. Waar het spreekwoord stelt dat zwijgen beter is dan spreken, houdt kritiek op deze verdeling van waarden in dat spreken beter is dan zwijgen. Omkering van de verdeling van waarden zoals die uit het gezegde spreekt, zou de nieuwe spreuk "zwijgen is zilver, spreken is goud" opleveren en inderdaad wordt op diverse plaatsen in het corpus spreken geassocieerd met goud. In 'ballade van de goede gang' (vg 18-19) wordt een artistieke morgenstond gecreëerd *met een gulden mond*; in 'exodus' (vg 23-27) is sprake van *goudgeschilderde lippen* en in 'minnebrief aan onze gemartelde bruid indonesia' (vg 401-403) heet het *ik stikte mijn lippen goud*. Overigens ligt niet alleen het gezegde als hypogram aan *beterpraters* ten grondslag, maar kan er ook nog een kabalistische interpretant voor aangewezen worden. Dezelfde paradoxale omkering van waarden als die welke Lucebert in het geval van het gezegde laat zien, is namelijk aan de orde in de kabalistiek waar, tegen de normale verdeling van waarden in, zilver hoger geacht wordt dan goud. Ik kom op deze materie in het volgende hoofdstuk terug (zie p. 220).

strofe ondubbelzinnig uitgesproken dat branden noodzaak is voor liefde: *wie wil stralen die moet branden / blijven branden als hij liefde meent.* Verder kan er op gewezen worden dat ook *kappers*, één van de andere scheldnamen voor de velen, met de notie van seksualiteit in verband gebracht is.

De gesuggereerde samenhang brengt mij tot de volgende interpretatie: *dovenetels* spreken niet over seksualiteit, en juist daarom worden zij, voor zover ze wél spreken, aangeduid als *beterpraters*. Het verzwijgen van een bepaald levensterrein diskwalificeert de dovenetels in de ogen van de weinigen als *beterpraters*, een groep sprekers die uiteindelijk alleen de schijn van het goede aan haar zijde houdt. Ook in deze interpretatie laat het doodsaspect zich integreren. Het is duidelijk dat wie genezen is van het verlangen naar liefde, kan worden aangeduid als doods en doof. Maar wie dichter is en voor de hele goegemeent moet of wil spreken, begaat mogelijk een vergissing wanneer hij een bepaald onderwerp van zijn spreken wil uitzonderen. De weinigen, die aan de zijde van de velen het kwaad zien, zien dit kwaad in het doodzwijgen van de seksualiteit. Zo wordt duidelijk dat de bij de velen waar te nemen grens tussen spreken en niet-spreken te maken heeft met een a priori getrokken scheidslijn tussen goed en kwaad. Seksualiteit wordt geassocieerd met kwaad en op grond daarvan van het spreken van de beterpraters uitgezonderd. De weinigen, die deze vorm van doodzwijgen aan de kaak willen stellen en die zich niet neer willen leggen bij een gegeven scheidslijn tussen goed en kwaad, noemen de velen *beterpraters* en *dovenetels*, sprekers die denken van een gefixeerde grens tussen goed en kwaad uit te kunnen gaan, maar die juist door het verzwijgen van wat als kwaad is gestempeld, de last van een 'te veel van het goede' op zich laden.

§6 dichters

Het resultaat van de analyse van *dovenetels* is, dat taal en licht aan elkaar gelijkgesteld zijn en dat liefde nadrukkelijk wordt verbonden met seksualiteit. Mijn slotconclusie over de 'introductie' luidt dan ook, dat in dit gedicht de poetica van de lichamelijke taal geformuleerd wordt. Om het patroon van relaties tussen genoemde zaken, taal, licht, liefde en seksualiteit, nader te kunnen preciseren, moet nu het beeld geschetst worden van die paar dichters, namens wie in het conflict met de dovenetels een nieuwe poetica geformuleerd wordt. Het beste vertrekpunt hiervoor is het gedichtelement *branden*, omdat dit in de verschillende contexten optreedt en een belangrijke bundelende functie vervult.

De eerste context waarin *branden* functioneert, is die van de liefde. Dichters die liefde menen, dienen de liefde door te branden. Doordat hun tegenvoeters de niet brandende dovenetels zijn, worden wel brandende dichters geassocieerd met brandnetels. Hierdoor wordt in liefde nadrukkelijk ook de seksualiteit betrokken.

De tweede context waarin *branden* functioneert, is die van het licht van zon en maan. Dichters branden om hetzelfde volmaakte licht als het licht van zon en maan te verspreiden. Door te branden gaan dichters in licht duisternis vertonen: zij dragen de sporen van het branden in de vorm van *zwarte vlekken*. Tegenover de zwarte vlekken staan de *lelies* die uit poelen worden opgedregd. De *lelies* zijn voorbeelden van aan duisternis ontleend licht, zoals de *zwarte vlekken* voorbeelden van aan licht ontleende duisternis zijn. De dichterlijke beweging tussen de uitersten van duisternis en licht leert, dat in duisternis licht schuilt en dat licht duisternis in zich draagt. De verder reikende betekenis van de beide dichterlijke produkten wordt zichtbaar, wanneer wordt onderkend dat zij maan-symbolen zijn. Dan immers zijn *lelies* en *zwarte vlekken* equivalent, waarmee de tegenstelling tussen licht en duisternis is opgeheven. Omdat de *lelies* zowel het produkt als de bron van de zwarte vlekken zijn, en de *zwarte vlekken* dus zowel het produkt als de bron van de lelies, wordt in de twee dichterlijke produkten in feite steeds 'hetzelfde' gezegd. De *lelies* en *zwarte vlekken* zeggen beide: licht is bron van duisternis en duisternis is bron van licht. En omgekeerd zeggen zij 'hetzelfde', namelijk: licht is produkt van duisternis en duisternis is produkt van licht. Door het netwerk van relaties tussen *lelies* en *zwarte vlekken* worden duisternis en licht tot elkaar herleid.

De derde context waarin *branden* functioneert, is die van de taal. Doordat in *dovenetels* 'niet branden' equivalent wordt aan 'niet spreken', wordt *branden* equivalent aan spreken of schrijven. De metafoor van de *zwarte vlekken* verduidelijkt dat dichterlijk licht uit duisternis bestaat, of dat een gedicht een vorm of fragment van duisternis is, waaruit licht geput kan worden. Het symbool van de *lelies* verduidelijkt dat dichterlijk licht geput wordt uit duisternis en zich opnieuw in duisternis kan terugtrekken. De *zwarte vlekken* maken van gedichten vormen of fragmenten van duisternis, die zijn voortgekomen uit licht, terwijl ze tegelijk kunnen functioneren als bron van licht. De *lelies* maken van gedichten voorbeelden van licht, die zijn geput uit duisternis, terwijl ze tegelijk kunnen functioneren als bron van duisternis. Gedichten manifesteren zich als verschijnselen van licht en duisternis en de uit de symboliek van zon en maan stammende voorstelling van de kringloop behoudt daarbij haar kracht. Gedichten presenteren zich beurtelings als verschijnselen van licht en van duisternis: als *zwarte vlekken*, voorbeelden van duisternis waaruit licht geput kan worden, en als *lelies*, voorbeelden van licht die zijn geput uit duisternis. Of omgekeerd: gedichten presenteren zich als *lelies*, voorbeelden van licht waaruit duisternis geput kan worden, en als *zwarte vlekken*, voorbeelden van duisternis die zijn geput uit licht.

Een gedicht dat zich als een beurtelings donker en licht verschijnsel vertoont, draagt bij aan het uitdrukken van het dichterlijk inzicht in de eenheid van duisternis en licht. Maar de reden waarom de talige produktie van dichters exclusief in termen van licht en duisternis is vervat, is daarmee nog niet voldoende aangegeven. Anders geformuleerd: de vraag waarom taal gelijkgesteld is aan licht is hiermee nog niet beantwoord. Een antwoord op die vraag kan gegeven worden, wanneer de schittering veroorzakende kringloopbeweging van lelie naar zwarte vlek naar lelie enzovoort voor een ogenblik stil wordt gezet. Een gedicht is niet alleen beurtelings een zwarte vlek of een lelie, maar ook een zwarte vlek en een lelie tegelijk. De noemer waaronder deze betekenis zich laat vangen is die van het concrete of gematerialiseerde gedicht, het gedicht als object, in zwarte letters geschreven of gedrukt op wit papier. Het gedicht als object, als zwarte vlek op wit papier, is *zwarte vlek* en *lelie* tegelijk en stelt als zodanig een synthese van licht en duisternis voor ogen. Taal kan gelijkgesteld worden aan licht, omdat het gedicht als object te begrijpen is als synthese van licht en duisternis, en omdat het in de 'introductie' bedoelde licht die vorm van licht is, waarin licht en duisternis als eenheid begrepen zijn.

Mijn interpretatie houdt een bijzonder voorbeeld van semantisering van formele elementen in. De interpretatie van een gedicht als synthese van licht en duisternis betekent, dat algemene uiterlijke kenmerken van poëzie als betekenisdragend zijn gewaardeerd. Het feit dat poëzie 'zwart op wit' is, evenzeer uit zwart als uit wit bestaat, uit geschreven of gedrukte zwarte letters en uit open gelaten bladwit, dat formele feit wordt met betekenis geladen. Een uit zwart en wit samengesteld gedicht is begrepen als synthese van licht en duisternis en op grond daarvan kan de gelijkstelling van taal aan licht bereikt worden. Het gedicht als object wordt hierdoor tot een iconisch teken: het vertoont uiterlijke overeenkomst met het door dichters gehuldigde inzicht en met het door hen nagestreefde licht. Enerzijds is het gedicht als object een iconisch teken voor het inzicht dat duisternis en licht een eenheid vormen: het gedicht als synthese van licht en duisternis materialiseert het inzicht in de eenheid van duisternis en licht. Anderzijds is het gedicht als object een iconisch teken voor het door dichters nagestreefde licht: het gedicht als synthese van licht en duisternis symboliseert het volmaakte licht waarin licht en duisternis een eenheid vormen. De zwarte vlek op wit papier is een iconisch teken voor het inzicht in de eenheid van duisternis en licht, en voor het nagestreefde volmaakte licht.

Nu kan beschreven worden welke rol het gedicht als object speelt in de poetica van de 'introductie'. De dingen die gedichten zijn, bieden zich aan als zwarte vlekken op wit papier, en in visuele of materiële zin zijn gedichten daardoor een synthese van licht en duisternis. Als zodanig zijn gedichten verschijnselen die aantonen dat de eenheid van licht en duisternis onontkoombaar is. Aan een gedicht valt te zien, dat licht bron is van duisternis en duisternis bron van licht. Het opengelaten bladwit is te begrijpen als bron van duisternis: op het lelie-wit van het papier tekent zich een zwarte vlek af. De uit geschreven of gedrukte letters opgebouwde zwarte vlek is te begrijpen als bron van licht: om de duisternis van de zwarte vlek breidt zich het licht van het bladwit uit. Omgekeerd laat een gedicht 'hetzelfde' zien, namelijk: licht is produkt van duisternis en duisternis is produkt van licht. Het opengelaten bladwit is te begrijpen als produkt van duisternis: de zwarte vlek geeft vorm aan het wit om zich heen. En de zwarte vlek is te begrijpen als produkt van licht: het bladwit geeft vorm aan de zwarte vlek in zijn midden. Op deze wijze is het gedicht als object geïntegreerd in de poetica. De uiterlijke vorm van het produkt in taal, het gedicht, wordt gewaardeerd als een betekenisvol gegeven voor het streven om aan het volmaakte licht vorm te geven. Het gedicht als object materialiseert het inzicht in de eenheid van duisternis en licht en symboliseert het volmaakte licht.

De drie contexten waarin *branden* functioneert zijn hiermee besproken en er kunnen nu conclusies geformuleerd worden. Mijn eerste conclusie is, dat taal en licht aan elkaar gelijkgesteld worden en dat deze gelijkstelling een dubbele inhoud heeft. De eerste inhoud van de equatie is, dat taal licht is. Taal als samenstel van zwart en wit is licht. Dit is zo, omdat het volmaakte licht waarnaar dichters streven, die vorm van licht is waarin licht en duisternis als eenheid begrepen zijn. Voor die vorm van licht staat het paar van zon en maan garant. Taal als synthese van licht en duisternis is licht in de zin van het volmaakte licht van zon en maan, waarin licht en duisternis elkaar in evenwicht houden. De gelijkstelling van taal aan licht betekent de opvatting van poëzie als afspiegeling van het volmaakte licht van zon en maan.

De tweede inhoud van de gelijkstelling van taal en licht is, dat licht taal is, specifieker: dat het licht van zon en maan een taal is. In de 'introductie' is het systeem van verhoudingen tussen zon en maan zo voorgesteld, dat het licht dat zij in hun onderlinge verhouding produceren kan worden begrepen als een taal. De relatie tussen zon en maan is die van een onophoudelijke dialoog: zij antwoorden op licht met duisternis en op duisternis met licht. Beurtelings nemen zon en maan de taak op zich, om in licht duisternis op handen te dragen. In antwoord op het branden van de zon vertoont de maan haar duisternis, in antwoord op het branden van de maan vereert de zon de duisternis van de maan. In het proces van het afnemen van de maan antwoordt de maan met duisternis op de daaraan voorafgegane fase van licht van de zon. In het proces van het wassen van de maan antwoordt de zon met licht op de daaraan voorafgegane fase van duisternis van de maan. In deze dialoog wordt de eenheid van duisternis en licht uitgedrukt, waardoor het samengesteld licht van zon en maan te begrijpen is als een taal.

Enerzijds wordt dus taal gelijkgesteld aan licht, anderzijds wordt licht gelijkgesteld aan taal. Op basis van deze dubbele inhoud van de gelijkstelling van taal en licht kan de poetica van de 'introductie' in grote lijnen geschetst worden. De 'introductie' formuleert een poetica van licht en taal. Het volmaakte licht van zon en maan functioneert als model voor de dichterlijke produktie. Dichters kunnen dit volmaakte licht imiteren in hun poëzie. Hun zwarte vlekken op wit papier stellen het volmaakte licht van zon en maan voor ogen. Het als synthese van licht en duisternis opgevatte gedicht maakt duidelijk, dat de taal waarnaar dichters streven die is, waarin de eenheid van licht en duisternis kan worden uitgedrukt. Zowel in het licht van zon en maan, als in het als licht opgevatte gedicht wordt die taal gesproken. Zoals de dialoog van zon en maan de eenheid van duisternis en licht uitdrukt, zo drukt het samengestelde licht van de zwarte vlek op wit papier die uit. Beide, de taal van het licht en het licht van de taal, drukken de onscheidbare eenheid van licht en duisternis uit.

In deze poetica van licht en taal zijn liefde en seksualiteit geïntegreerd. Dit gebeurt door de opvatting van zon en maan als het ideale liefdespaar en door de in het gedichtelement *branden* geactualiseerde notie van seksualiteit. Mijn tweede conclusie luidt, dat in de 'introductie' de poetica van de lichamelijke taal wordt geformuleerd. De status van zon en maan als ideaal liefdespaar maakt van dichters die hun volgelingen zijn, dienaren van de liefde. Het is terwille van de liefde dat zij uit poelen lelies opdiepen en op wit papier zwarte vlekken laten verschijnen. De oppositie van brandnetels en dovenetels maakt van dichters dienaren van de lichamelijke liefde. De in de 'introductie' bedoelde taal zal dus niet alleen begrepen moeten worden als een afspiegeling van het licht van zon en maan, maar ook als een eerbetoon aan zon en maan in hun hoedanigheid van liefdespaar. Enerzijds worden in de 'introductie' licht en liefde verbonden, een verbinding die berust op de opvatting van zon en maan als ideaal liefdespaar. Hierdoor wordt het najagen van het volmaakte licht tot een dienst aan de liefde. Anderzijds worden taal en licht verbonden, een verbinding die berust op de opvatting van een gedicht als synthese van licht en duisternis. Hierdoor wordt het streven naar de bedoelde taal tot een dienst aan het nagejaagde licht, en daarmee tot een dienst aan de liefde. Door dit patroon van relaties tussen licht en liefde enerzijds en tussen taal en licht anderzijds, raken liefde en taal met elkaar verbonden en mondt de poetica van de 'introductie' uit in de poetica van de lichamelijke taal.

Dichters als dienaren van de liefde produceren licht en taal. Dichters als dienaren van de lichamelijke liefde produceren lichamelijk licht en lichamelijke taal. Omdat licht en taal aan elkaar gelijkgesteld zijn, vallen beide produkten uiteindelijk samen in het concept van de lichamelijke taal.

De analyse biedt verschillende aanknopingspunten voor de inhoud van het begrip 'lichamelijke taal'. Allereerst denk ik aan de wijze waarop het gedicht als object is geïntegreerd in de poetica. Het gedicht als object fungeert als symbool voor het bedoelde licht op grond van het feit, dat de uiterlijke verschijningsvorm ervan met betekenis geladen is. De semantisering van de uiterlijke of formele kant van een gedicht wijst in de richting van het concept van lichamelijke taal. Wanneer 'lichamelijk' vertaald mag worden door de meer algemene begrippen 'stoffelijk' of 'materieel', wordt duidelijk dat een eerste inhoud van lichamelijke taal gezocht moet worden in deze semantisering van het uiterlijk van een gedicht. Lichamelijke taal is dan taal, waarin betekenis gehecht wordt aan de materiële zijde van de taal.

Er is nog een tweede aspect aan de materialiteit van het gedicht, dat eveneens in de richting van lichamelijke taal wijst. Het gedicht als object materialiseert een inzicht. Dichters huldigen het inzicht in de eenheid van licht en duisternis en het gedicht als synthese van licht en duisternis materialiseert dit inzicht. Een tweede inhoud van lichamelijke taal kan gezocht worden in de richting van deze opvatting van het gedicht als materialisatie van een gehuldigd inzicht. Een gedicht dat een inzicht of een overtuiging materialiseert, is een gedicht waarin de maker zich belichaamd kan zien. Lichamelijke taal heeft dan te maken met de mogelijkheid voor dichters om zich in hun taal belichaamd te weten.

Een derde aanknopingspunt voor de inhoud van lichamelijke taal wordt geboden door de integratie van de seksualiteit in de poetica van de 'introductie'. Het onderscheid tussen brandende dichters en niet brandende dovenetels verwijst naar seksualiteit, en het onderwerp van de seksualiteit heeft dus ook te maken met het conflict tussen weinigen en velen. Het onderscheid tussen weinigen en velen is in de loop van de analyse genuanceerd, met als gevolg dat de poeticale strekking van de 'introductie' nauw aan de contemporaine literaire situatie verbonden wordt. Er wordt in de 'introductie' niet in het algemeen namens dichters gesproken, maar namens een paar dichters. Dit zijn de weinigen, die zich scherp afzetten tegen vele anderen, die ook dichters zijn en als tijdgenoten begrepen kunnen worden. Hieruit kan geconcludeerd worden dat de poetica van de 'introductie' geformuleerd wordt in reactie op wat als de poetica van het moment wordt gezien. Dit maakt aannemelijk dat de meest bijzondere inhoud van lichamelijke taal gelegen moet zijn op het terrein van de seksualiteit en rechtstreeks verband moet houden met het conflict tussen weinigen en velen. De inhoud van het conflict tussen weinigen en velen is, dat de paar dichters namens wie in de 'introductie' gesproken wordt, de seksualiteit in hun poetica integreren, terwijl de vele anderen, die onder meer als dovenetels en beterpraters worden aangeduid, hun poetica kennelijk zo inrichten, dat het onderwerp van de seksualiteit in hun poëzie niet aan de orde kan komen.

In de poetica van de lichamelijke taal wordt de poetica van dovenetels en beterpraters bestreden. Dichters die hun poetica zo inrichten, dat de seksualiteit uit hun poëzie geweerd wordt, heten *dovenetels* omdat zij de lichamelijke liefde verzwijgen, en *beterpraters* omdat zij door deze vorm van verzwijgen de last van een 'te veel van het goede' op zich laden. Kennelijk gaan zij uit van een a priori getrokken scheidslijn tussen goed en kwaad, op grond waarvan zij de lichamelijke liefde denken te kunnen verzwijgen. In reactie hierop ontstaat lichamelijke taal. Zij is het produkt van een poeticaal besluit, het besluit dat seksualiteit in de poetica geïntegreerd moet worden en dat lichamelijke liefde niet verzwegen moet worden. Dichters die lichamelijke taal willen schrijven vechten het conflict met dovenetels en beterpraters uit door over de lichamelijke liefde te schrijven.

Omdat dovenetels als *beterpraters* staan tegenover dichters die lichamelijke taal willen schrijven, is met de poetica van de 'introductie' ook de grens tussen goed en kwaad gemoeid. Het gevolg hiervan is dat de termen van licht en duisternis uiteindelijk een klassieke, figuurlijke inhoud krijgen. Zij worden tot metaforen voor goed en kwaad. De beterpraters denken over lichamelijke liefde te moeten zwijgen en geven daarmee te kennen, dat zij uitgaan van een gegeven scheidslijn tussen goed en kwaad. Hiertegen nemen dichters die lichamelijke taal willen schrijven stelling. Zij gaan uit van het paar van zon en maan en balanceren tussen de uitersten van duisternis en licht. Zij geven daarmee te kennen, dat voor lichamelijke taal een onophoudelijke beweging tussen licht en duisternis nodig is. Om de valkuil van het beterpraten te vermijden, om te vermijden dat men uiteindelijk slechts de schijn van het goede aan zijn zijde heeft, is het nodig om de grens tussen goed en kwaad open te houden en voortdurend ter discussie te stellen. Daarom vormen zon en maan het ideale voorbeeld voor dichters die lichamelijke taal willen schrijven: zij produceren samen het licht dat liefde kan symboliseren, zij drukken zich uit in termen van licht èn van duisternis, en zij stellen het ondeelbaar geheel van deze beide extremen voor ogen. De equivalentie van taal en licht verduidelijkt, dat uiteindelijk op twee niveaus lichamelijke taal gesproken wordt: door zon en maan, en door een paar dichters. De nagestreefde lichamelijke taal is taal die wil balanceren tussen de uitersten van duisternis en licht, omdat de grens tussen goed en kwaad open gehouden moet worden; taal die zich uitdrukt in termen van licht en duisternis, en die de onscheidbare eenheid van beide duidelijk maakt.

§7 voorlopige conclusies met betrekking tot de poetica van de lichamelijke taal

Het belang van de 'introductie' als poeticaal gedicht laat zich het best adstrueren aan de hand van het onmiskenbare verband met Luceberts beroemdste poeticale gedicht. De slotstrofe van 'ik tracht op poëtische wijze' luidt (vg 47):

    ik heb daarom de taal
    in haar schoonheid opgezocht
30 hoorde daar dat zij niet meer menselijks had
    dan de spraakgebreken van de schaduw
    dan die van het oorverdovend zonlicht

Indien ik aanneem dat met het bezoek aan de taal wordt gedoeld op een bezoek aan zon en maan, worden deze verbluffende regels een stuk duidelijker. De personificatie van zon en maan als liefdespaar die aan de 'introductie' ten grondslag ligt, wordt aan een enorme spanning onderworpen. Enerzijds wordt de personifiëring van zon en maan gehandhaafd in de notie dat de taal wordt *opgezocht*, anderzijds wordt hun personifiëring ondergraven door de notie dat de taal van het samenspel van schaduw en zonlicht onmenselijk is. De opgezochte taal van zon en maan heeft *niet meer menselijks dan de spraakgebreken van de schaduw en het zonlicht 'aan menselijks hebben'*[18] en dat wil zeggen dat zij weinig menselijks heeft of zelfs niet-menselijk of on-menselijk is. De reden voor de spanning tussen handhaving en ondergraving van de personifiëring van zon en maan zoek ik in de opposities van hemel versus aarde en God versus mens, die met de achtergrond van zon en maan als sefirot gegeven zijn.

Bij alle verschil tussen de 'introductie' en de slotstrofe van 'ik tracht op poëtische wijze' is één ding duidelijk: de relatie tussen taal en licht blijft intact. De metafoor *spraakgebreken van de schaduw* en *van het zonlicht* duidt op een taal van schaduw en zonlicht zoals de 'introductie' duidt op een taal van zon en maan. Doordat er aan schaduw en zonlicht *spraakgebreken* worden toegedicht, wordt hun talige opvatting in paradoxale zin op de spits gedreven. Schaduw en zonlicht spreken een taal waaraan *spraakgebreken* kleven[19]. Door de nadere bepaling van het zonlicht als *oorverdovend* wordt gesuggereerd dat de verhouding tussen zon en maan of licht en duisternis uit balans is. Doordat het zonlicht een onmiskenbaar overwicht op de schaduw heeft, lijkt het er opnieuw op, dat Luceberts aandacht zich toespitst op de positie van de maan en van duisternis of schaduw. Ik leid hieruit af, dat het ideaal zoals dat in de 'introductie' wordt geschetst, en waarvan de enorme opwaardering van de duisternis één van de centrale noties is, kennelijk geïnspireerd is door een taal van zon en maan of van zonlicht en schaduw waaraan bepaalde onvolkomenheden kleven, *spraakgebreken*, waaraan de dichter van 'ik tracht op poëtische wijze' en de 'introductie' juist wil ontsnappen.

Voor de substitutie van het licht en de duisternis van de maan door het woord *schaduw* zie ik twee redenen. De Kabala leert dat de maan, oorspronkelijk even groot als de zon, haar verkleining te wijten heeft aan haar aanspraak op alleenheerschappij. Na de terechtwijzing door God verkleint de maan zich uit schaamte[20]. De verkleining van de maan, waarmee de zich steeds herhalende, tijdelijke verduistering gepaard gaat,

---

[18] Zo bij Blok, die van mening is dat de zelfstandigheden waarom het in de kern gaat, schaduw en zonlicht zijn en er mijns inziens terecht op wijst, dat beide grootheden door het bepaalde lidwoord worden voorafgegaan. Er is sprake van *de schaduw* en *het zonlicht*. Van de Waterings parafrase van de bewuste regels: "De wending *dat zij niet meer menselijks had dan* moet geparafraseerd worden als: dat zij slechts in zoverre menselijk was dat zij (enz.); of: dat het enige/het weinige dat menselijk was aan haar, was (wat volgt)" kritiseert hij als volgt: "Deze herschrijving van de tekst leidt ertoe voor «(wat volgt)» zonder meer in te vullen: de spraakgebreken van de schaduw en die van het oorverdovend zonlicht. Hiermee sluipt echter een kleine onduidelijkheid c.q. onjuistheid binnen. Er wordt dan immers gesuggereerd dat 'de spraakgebreken van de schaduw' in de eerste plaats een eigenschap of kenmerk van de mens zouden zijn. Houden we ons echter aan de formulering van regel 31, dan zouden we ook (beter) kunnen aanvullen: dat zij niet meer menselijks had dan de spraakgebreken van de schaduw *aan menselijks hebben*." W. Blok, 'Visie op Lucebert', in: *De Nieuwe Taalgids* jg.73 (1980) nr.3, p. 205-206.
[19] In één van de 'ongebundelde gedichten 1973-1974' die Lucebert ten tijde van de voorbereidende werkzaamheden voor de uitgave van de *verzamelde gedichten* schrijft (zie p. 195), het gedicht 'het woord' dat is opgedragen aan Sandberg, schrijft de dichter *het woord lijkt op een spraakgebrek / op gods zalige muziek gezet* (vg 532).
[20] Scholem, *Die Geheimnisse der Schöpfung. cit.*, p. 80; Tishby, *The Wisdom of the Zohar. cit.*, Vol.II, p. 579 en 543.

staat dus in verband met schaamte. De andere vindplaats voor het verband tussen taal en licht bij Lucebert die van kardinaal belang is (zie p. 160), de eerder geciteerde slotstrofe van 'nu na twee volle ogen vlammen', bevat het verband tussen *schaduw* en *schaamte*, dat in de context nog door het gedichtelement *schande* wordt ondersteund. Na de stelling dat het pad van de taal vrijwillig betreden wordt, besluit de strofe met de bewering dat 'men oe en a roept' (vg 49):

> in de schaduw der schaamte
> de lichamelijke taal
> maakt licht ons en schande
> gaat sprakeloos schuil

Hier wordt de maan evenmin genoemd - er is in de onmiddellijke context wel sprake van *sterren* -, maar wordt het verband tussen *schaduw* als het tegendeel van licht enerzijds en schaamte of schande anderzijds met nadruk te kennen gegeven. Ik zie in dit door equivalenties ondersteunde verband tussen schaduw en schaamte een verdere verwijzing van Lucebert naar kabalistische opvattingen omtrent de maan en de door de sefirot van zon en maan gedragen taal.

Verder vermoed ik dat Hölderlin aanleiding geboden heeft om in 'ik tracht op poëtische wijze' in plaats van over de maan over *schaduw* te spreken. Het zo belangrijke gedicht 'Hälfte des Lebens', waarvan Lucebert anderhalf vers uit de slotstrofe heeft vertaald (zie p. 29), stelt niet zomaar 'winter' tegenover 'zomer', maar spreekt over de onmogelijkheid om aan de twee verschillende helften van het leven ieder een eigen synthese te verlenen. Terwijl in de eerste helft van het leven aan de dronkenschap over een met bloemen en vruchten beladen aarde tegenwicht geboden wordt door verkoeling, die leidt tot de synthese van het 'heilignuchtere water', wordt voor de tweede helft van het leven de onbereikbaarheid van een vergelijkbare synthese gevreesd, omdat daarin zowel aan zonneschijn als aan schaduw gebrek zal zijn *Weh mir, wo nehm' ich, wenn / Es Winter ist, die Blumen, und wo / Den Sonnenschein, / Und Schatten der Erde?*[21].

'Ik tracht op poëtische wijze' is onder meer geïnterpreteerd als een gedicht, waarin aan een bepaalde poetica of esthetica de relevantie voor het heden wordt ontzegd:

> in deze tijd heeft wat men altijd noemde
> schoonheid schoonheid haar gezicht verbrand

Willem van der Paardt las deze regels in de context van het antwoord van Vijftig op het estheticisme van Tachtig[22]. De context van het gedicht vestigt de aandacht op het verband tussen derde en laatste strofe. De derde strofe waarin de zo opmerkelijke herhaling *schoonheid schoonheid* optreedt, is door lexicale equivalentie verbonden

---

[21] Beißner vestigt er de aandacht op, dat het op het eerste gezicht negatief geladen woord *Schatten* valt op het hoogtepunt van de strofe en aan het einde van de enige vraag in het gedicht (StA 2, 666).

[22] Willem J. van der Paardt, 'Tachtig tegen vijftig over tachtig. Lucebert en de grazende vrede', in: *De Revisor* jg.9 (1982) nr.5 (okt.), p. 66-67.

met de slotstrofe waarin hetzelfde woord nog eens terugkeert, nu specifiek in verband met taal *de taal in haar schoonheid*. Wanneer bovendien in de beschouwing betrokken wordt dat sefirot als gezicht begrepen kunnen worden (zie p. 64 en 124) en de naam van de centrale en zesde sefira *Tiferet* 'schoonheid' betekent, wordt de noodzaak om 'ik tracht op poëtische wijze' ten nauwste op de intertekst van de Kabala te betrekken, alleen nog maar groter. Vanwege het belang van de kabalistische sefirotsymboliek voor de slotstrofe, acht ik het niet onmogelijk, dat 'ik tracht op poëtische wijze' een veel verdergaande betekenis in zich draagt. Niet alleen het vertrouwen in een bepaalde esthetica of poetica wordt opgezegd, maar ook het vertrouwen in een bepaalde taal. Deze verdergaande betekenis houdt verband met de visie op taal als een verzameling namen die herleid kan worden tot een unieke eerste naam, te weten de naam van God. Lucebert antwoordt op deze in de intertekst van de Kabala te ontdekken visie met de creatie van *de analphabetische naam* (zie p. 273 e.v). Aangezien ik geen reden zie om aan te nemen, dat Luceberts beroemdste poeticale gedicht niet ook met de creatie van *de analphabetische naam* te maken zou hebben, moet rekening gehouden worden met de mogelijkheid, dat het verbrande gelaat van de schoonheid waarop in 'ik tracht op poëtische wijze' gedoeld wordt, uiteindelijk een dubbele betekenis heeft. Het staat voor het verbrande gelaat van een bepaalde taal, en verder, omdat die taal 'van God gegeven' is, voor het verbrande gelaat van God.

HOOFDSTUK IV   DE LENTE-SUITE VOOR LILITH

In dit hoofdstuk worden de grenzen van de tekst ook nog wel in acht genomen, maar neem ik tegelijk de vrijheid om vanuit de tekst die het directe object van onderzoek is, lijnen uit te zetten naar de hele rest van het corpus. Voor het onderzoek van de 'lente-suite voor lilith' als geheel is een verdieping van het onderzoek van de intertekst noodzakelijk. Met de 'introductie' als vertrekpunt wordt gedemonstreerd hoe een bepaald thema zich in verschillende varianten in het geheel van het corpus vertakt, en hoe Luceberts behandeling van dit thema culmineert in het hoogtepunt van de 'lente-suite voor lilith'.

Centraal staat de vraag naar de relatie tussen de 'introductie' en het vervolg van de uit drie teksten bestaande, eigenlijke 'lente-suite voor lilith'. Wanneer ik mijn resultaten van analyse van de 'introductie' samenvat in de conclusie dat in dit gedicht de poetica van de lichamelijke taal wordt geformuleerd, dan spitst de vraag naar de relatie tussen beide teksten zich toe op de vraag, waarom de 'introductie' juist aan de 'suite' van de drie teksten die oorspronkelijk een geheel vormden, is toegevoegd. De vraag luidt kortom, of de 'suite' een voorbeeld bij uitstek is van de in de 'introductie' bepleite poëzie, of 'introductie' en 'suite' zich verhouden als programma en praktijk.

§1   etymologisch onderzoek naar aanleiding van *dovenetels*

Het beste aanknopingspunt voor bespreking van het verband tussen 'introductie' en 'suite' wordt geboden door *dovenetels*. Achter dit gedichtelement gaat een intrigerend web van etymologische relaties schuil, waarin Lilith haar plaats blijkt te hebben.

In het vorige hoofdstuk is opgemerkt dat de naam *dovenetel* de plant kenschetst in haar tegenstelling tot de brandnetel, en dat de naam *lamium*, afgeleid van $\lambda\alpha\iota\mu\sigma\varsigma$, 'keel, muil', meer gewicht toekent aan het feit dat de plant behoort tot de familie der lipbloemigen. Het woord $\lambda\alpha\iota\mu\sigma\varsigma$ is echter niet het enige woord dat met *lamium* in verband gebracht wordt.

De Midden-Europese flora vermeldt naast $\lambda\alpha\iota\mu\sigma\varsigma$ een woord *lamia*[1] in verband met *lamium*:

---

[1] Er is een vroege vindplaats voor het woord *lamia* in Luceberts œuvre. Het frontispice van Jan Elburgs *Geen letterheren* laat een potloodtekening uit 1948 zien, 'To Elborough John's critics', waarop een vierregelige, in het Engels gestelde tekst is geschreven: "don't trouble love with skies of mandolin / the tipsy angel wings his Halleluja in a prayer / don't trouble babe the label in your hair / is but *a lamia* of own defaced sin" (cursivering van mij).

Daher auch lamia als Bezeichnung eines Haifisches (neben Lamna) und mythologischer Gestalten.²

Een woord *lamia*, 'haai', is interessant omdat er een soort uiterste van de betekenis 'grote mond, bek, muil' in te herkennen is. Opmerkelijk is bovendien dat in twee namen voor lamium-soorten, *Galeobdolon* en *Galeopsis*, eveneens een haai doorklinkt. Het woord γαλεος is gevormd naast γαλεη,'wezel, marter, bunzing', en duidt verschillende variëteiten van haaiachtige vissen aan³. Voortzetting van de betekenis 'haai' of 'vis' kan geconstateerd worden in de slotregel van de 'lente-suite voor lilith', waar 16 *kieuw* optreedt (tekst 3).

In de huidige samenhang van groter belang is, dat *lamia* eveneens ter aanduiding van mythologische gestalten genoemd wordt. Eén van die mythologische gestalten is Lilith. In de Bijbel komt Lilith slechts op één plaats voor, Jesaja 34 vers 14. De Statenvertaling heeft hier *nachtgedierte*, de Nieuwe Vertaling *nachtspook*. Het is de *Vulgaat* die Lilith als *Lamia* heeft vertaald. In de standaardwerken van Gershom Scholem is wèl de éne plaats in de Bijbel Jesaja 34:14 te vinden, maar niet de vertaling met *Lamia*. Dat laatste gegeven wordt wel vermeld door één van de andere auteurs die mét Scholem de kabalistische intertekst vormen. In *The Secret Doctrine in Israel* plaatst Arthur Edward Waite een uitgebreide voetnoot over Lilith, waarin tot slot wordt opgemerkt:

> I should mention that the word which the Authorised Version renders "screech-owl" in Is. xxxiv.14, and the Vulgate *lamia*, is Lilith in the original Hebrew, the root of which is a word signifying night.⁴

Dat *Lilith* etymologisch verband zou houden met het Hebreeuwse woord voor 'nacht', wordt door Scholem met klem ontkend⁵. Dit neemt echter niet weg, dat de *Vulgaat Lilith* heeft vertaald met *Lamia* en dat dit door Waite wordt vermeld.

Ik concludeer dat het boek van Waite voor Lucebert een vindplaats heeft geboden die de relatie tussen Lilith en dovenetel, *lamia* en *lamium*, heeft kunnen motiveren. In de 'introductie' schemert de figuur van Lilith dus door de beide bloemennamen heen, door *lelies* én door *dovenetels*. Door de relatie tussen *lamium*, de plantkundige naam voor de dovenetel, en *lamia*, een naam voor Lilith, breidt de titel van het gehele gedicht, 'lente-suite voor lilith', zich dus ook uit over de 'introductie'. Lilith is overal aanwezig. In de teksten 2 en 3 treedt de naam *lilith* op, in tekst 1 wordt zij aangesproken met *jij* en in de 'introductie' schemert Lilith door de *lelies* krachtens de fonologische equivalentie *lelies - lilith* - een relatie die hieronder nog nader besproken zal worden (zie p. 236) - èn door *dovenetels* krachtens de etymologische relatie *lamium - lamia*.

---

² Hegi, *Illustrierte Flora von Mittel-Europa. cit.*, p. 2438 noot 1.
³ Zie voor de verklaring van de plantkundige namen Galeobdolon en Galeopsis: Hegi, *op. cit.*, p. 2438 noot 1, 2441 noot 1, 2457 noot 1. Zie voorts: P. Chantraine, *Dictionnaire Étymologique de la Langue Grecque. Histoire des Mots*. Tome I-IV. Klincksieck Paris 1968-1980, s.v. γαλεη, γαλεος.
⁴ A.E. Waite, *The Secret Doctrine in Israel. A Study of the Zohar and its connections*. William Rider & Son London 1913, p. 104 noot 1.
⁵ Scholem, *Kabbalah. cit.*, p. 356.

Omdat in het vervolg van de tekst tweemaal het woord 3,4 *keel* optreedt (tekst 1), acht ik ook de relatie *lamium* - λαιμος van belang. Deze etymologische relatie is echter niet zonder problemen. Terwijl in flora's uit het begin van de twintigste eeuw *lamium* wordt afgeleid van λαιμος[6], wat in overeenstemming is met etymologische woordenboeken uit dezelfde tijd[7], is in moderner etymologisch onderzoek deze relatie betwist. De relaties die hier gelegd worden zijn die tussen λαμια en λαμυρος, 'vol afgronden; vraatzuchtig, gulzig; losbandig, schaamteloos; koket, charmant', en die tussen λαιμος en λαιτμα, 'diepte van de zee'[8]. Wat er van deze etymologische problemen ook zij, als resultaten zie ik ten eerste dat zowel in oudere als in nieuwere vakliteratuur de relatie *lamium* - *lamia* wordt gelegd, en ten tweede dat de relatie *lamium* - λαιμος, hoewel zij in de nieuwere literatuur wordt ontkend, in de oudere is gelegd.

Het totaal van de rondom *lamium* verzamelde woorden, *lamia* -λαιμος - λαμυρος - λαιτμα, is met het oog op Lilith zo opmerkelijk, dat er een aantal kanttekeningen bij gemaakt moet worden. Ik kies daartoe het begrip grote mond of muil als uitgangspunt. Dit begrip laat zich enerzijds verbinden met gulzigheid, anderzijds met diepte. Alle rondom *lamium* verzamelde woorden komen overeen in de betekenis 'diepte' of 'afgrond'. Deze betekenis komt bij λαιμος, 'keel' aan de orde, niet alleen wanneer gedacht wordt aan de keel als ruimte achterin de mond, maar vooral ook wanneer gedacht wordt aan de keel als toegang tot de slokdarm en het spijsverteringskanaal. De betekenis 'diepte' of 'afgrond' is direct grijpbaar in het geval van λαιτμα, 'diepte van de zee' en van λαμυρος, 'vol afgronden'. In het geval van *lamia* kan gewezen worden op de vorm τα λαμια, synoniem van χασματα, een woord dat 'gapende kloof' betekent. De betekenis 'gulzig' is direct grijpbaar in λαμυρος, 'vraatzuchtig, gulzig' en op enige afstand herkenbaar in λαιμος, 'keel, muil' en in *lamia*, 'haai'. Verder moet hier nog eens τα λαμια = χασματα genoemd worden, omdat χασμα weliswaar in eerste instantie 'gapende kloof' betekent, maar in tweede instantie 'gapende mond'. Buitengewoon opmerkelijk is, dat in het geval van λαμυρος de notie van gulzigheid zowel in de zin van vraatzucht als in de zin van wellust aanwezig is[9]. Het is alsof Lilith alleen al op etymologische gronden regelrecht meesleurt naar afgrond en diepte, meer in het bijzonder naar de afgrond van verboden

---

[6] Zo bij: Hegi, *Illustrierte Flora von Mittel-Europa. cit.*, p. 2438 noot 1, en bij: Heukels, *De Flora van Nederland. cit.*, p. 220 noot 2.

[7] Zie hiervoor: A. Walde, *Lateinisches Etymologisches Wörterbuch.* 3., Neubearbeitete Auflage von J.B. Hofman. 2 Bände. Carl Winter Heidelberg 1938-1954, s.v. lamium. Zie voorts: W. Prellwitz, *Etymologisches Wörterbuch der Griechischen Sprache.* Vandenhoeck & Ruprecht Göttingen 1905[2], s.v. λαμος en λαιμος.

[8] Zie hiervoor de lemmata λαιμος en λαμυρος in: H. Frisk, *Griechisches Etymologisches Wörterbuch.* 2 Bände. Carl Winter Heidelberg 1960-1970, en in: Chantraine, *Dictionnaire Étymologique de la Langue Grecque. cit.* Voor de bij λαμυρος en λαιτμα vermelde betekenissen is voorts gesteund op: Liddel, Scott, Jones, (voortaan: L.S.J.),*Greek-English Lexicon.* Revised Edition, With a Supplement. Oxford University Press Oxford 1968[9].

[9] Algemeen kan gesteld worden dat de reeks van betekenissen van λαμυρος die in het woordenboek te vinden is en die in de hierboven vermelde reeks van 'vol afgronden; vraatzuchtig, gulzig; losbandig, schaamteloos; koket, charmant' enigszins is gecomprimeerd, zich laat lezen als een klein lexicon ter omschrijving van Lilith. Zie: L.S.J., *Greek-English Lexicon. cit.*, s.v.

wellust en naar de diepte van verdoemenis, hel en dood.

Kort samengevat leidt etymologisch onderzoek naar aanleiding van *dovenetels* tot de volgende conclusies. De ontdekking van de naam *lamia* als naam voor Lilith haalt Lilith definitief binnen in de 'introductie', waardoor wordt bewerkt dat de titel 'lente-suite voor lilith' het geheel van de vier teksten overspant. Verder kan voortzetting geconstateerd worden van λαιμος, 'keel', in *keel* (tekst 1) en van λαμια, 'haai', in *kieuw* (tekst 3).

§2 de 'introductie' en 'een wijze vrouw beleerde een wijsgeer'

Voor hoeveel problemen van interpretatie de 'lente-suite' ook mag stellen, de algemene strekking ervan is duidelijk: het gedicht is een ode aan Lilith. De ontdekking van Lilith op de bodem van het woord *dovenetels* creëert dus een probleem. Hoe laat de met zoveel liefde bezongen Lilith zich rijmen met het uiterst negatieve beeld van degenen die in de derde strofe van de 'introductie' worden gelaakt, en die onder meer als *dovenetels* zijn aangeduid? Om dit probleem op te lossen stel ik in deze paragraaf 'een wijze vrouw beleerde een wijsgeer' (vg 413) aan de orde, een tekst die door meerdere relaties met de 'introductie' verbonden is. Het gedicht zal eerst apart en vervolgens in zijn relatie tot de 'introductie' besproken worden.

Eén van de merkwaardigste kenmerken van het gedicht is de combinatie van een toespeling op de platoonse Diotima 1 *een wijze vrouw beleerde een wijsgeer* met een allusie aan de Kabala 13 *zij opent haar kabbelend boek*. Deze bijzondere combinatie van allusies dient later besproken te worden; hier hoop ik aan te kunnen tonen dat de kabalistische kwaliteit van het gedicht dominant is[10].

De strofenbouw van (vg 413) is onregelmatig. Desondanks is direct te zien dat de laatste strofe (regels 17+18) de kortste is, en dat het tegenstellend verband van 17 *maar* wordt verscherpt door het wit tussen voorlaatste en laatste strofe. Een eerste opvallende isotopie loopt door bijna het geheel van het gedicht, de 'water'-isotopie van 4 *dorst* - 4 *lessen* - 6 *huilen* - 7 *water* - 8 *doven* - 9 *stromend* - 9 *boven komen* - 13 *kabbelend* - 16 *anker*. Deze stopt dus vóór de laatste strofe. Hier staat echter tegenover dat op fonologisch niveau verband wordt gesticht. Het rijm 17 *verander* - 18 *elkander* (nog versterkt door 18 *veranderen*) zorgt voor aansluiting: de laatste strofe haakt vast aan de voorgaande door de fonologische equivalentie tussen *verander / elkander* en 16 *anker*. Een tweede opvallende isotopie omspant het geheel van het gedicht en neemt dus ook de slotstrofe in zich op. Dit is de isotopie van 'onderricht' die loopt van 1 *een wijze vrouw* tot 17 *haar boek*.

In de eerste strofe wordt de wijsheid over de liefde waarin Diotima Sokrates onderrichtte, gecontrasteerd met de wijsheid die de 'ik' een vrouw leerde en die omschreven wordt als dorst naar de lichamelijke liefde. Liefde en onderricht zijn al

---

[10] De kwestie van de bijzondere combinatie van toespelingen zal aan de orde komen in hoofdstuk V en daar in verband gebracht worden met Hölderlin.

met elkaar verbonden door de verwijzing naar Diotima, door de equivalentie 1 *beleerde*-3 *begeerde* en door de vergelijking van 2 *wijsheid* met 3 *wijze / dorst*. Zij worden definitief aan elkaar vastgeklonken in het dubbelzinnige 4 *lessen*, dat zowel 'dorst doen ophouden, begeerte bevredigen' betekent als 'les nemen of geven'. Het dubbelzinnige *lessen* vestigt verder de aandacht op de tweezijdigheid van het leerproces. De verhouding tussen leraar en leerling verspringt in de loop van de eerste strofe. In 2 *ik leer een vrouw de wijsheid* is 'ik' leraar en 'zij' leerling. In de volgende regels is die verhouding ook nog wel te herkennen, maar tegelijk worden de relaties hier diffuus gemaakt 2-4 *de wijsheid / die ik begeerde als wijze / dorst aan haar lust te lessen*. De 'ik' blijft hier leraar in die zin, dat hij les geeft in zijn wijsheid aan haar. De 'ik' leert echter niet alleen wijsheid aan haar, maar lest ook zijn dorst aan haar lust. Van het feit dat wijsheid vergeleken wordt met wijze dorst en dat de 'ik' zijn dorst lest aan haar lust, is de implicatie dat zijn begeerte bevredigd wordt door haar en dat plaatst háár in de positie van leraar. Zij is leraar in die zin, dat zij zijn wijze dorst lest, met andere woorden dat zij aan zijn wijsheid les geeft. Het vervolg bevestigt de tweezijdigheid: 'ik' en 'zij' zijn beide leraar en leerling tegelijk, onderwijzen en worden onderwezen. De 'ik' is leraar in de tweede strofe, leerling in de derde; in de vierde strofe is 'zij' leraar.

Op semantisch niveau kan de tweezijdigheid van het leerproces in verband gebracht worden met het vloeiende dat beluisterd kan worden in de 'water'-isotopie (9 *stromend* - 13 *kabbelend*), en met het veranderlijke dat alle nadruk krijgt in de laatste strofe (17 *ik .. verander* - 18 *wij veranderen*). Vloeiend en veranderlijk zijn de leraar en leerling die ten opzichte van elkaar van functie verwisselen. Maar het sterkst wordt uitdrukking gegeven aan tweezijdigheid door het woord 10 *balans* uit de derde strofe, een woord dat het beeld van een weegschaal oproept en de indruk van evenwicht bevestigt. De lust naar liefde en kennis komt van twee kanten en 'ik' en 'zij' houden elkaar in evenwicht of wegen tegen elkaar op.

Op het eerste gezicht staat het vloeiende en veranderlijke tegenover het vastleggende dat is uitgedrukt in 16 *anker*. Hier staat echter tegenover dat *anker* door fonologische equivalentie juist met het veranderlijke verbonden wordt, en dat de vorm van een balans en een anker overeenkomst vertoont, zelfs zoveel, dat deze in de taal is vastgelegd. Met betrekking tot beide voorwerpen wordt namelijk van armen en handen gesproken[11]. Zoals de uiteinden van de armen van een weegschaal waaraan de schalen hangen, de handen van de weegschaal heten, zo heten de spits toelopende uiteinden van de armen van een anker de handen van het anker. Het feit dat het gedicht beide, balans en anker, noemt en het eerste nader omschrijft als 10 *een balans van handen*, roept deze overeenkomst in herinnering. Ik concludeer dat anker en balans niet zover uiteen liggen en meer overeenkomst dan verschil vertonen, en dat het woord *balans* nader inhoud krijgt in de slotwoorden van het gedicht: *veranderen in elkander*. De liefde die hier beschreven wordt, laat 'verankering' aan 'verandering' voorafgaan en streeft naar het in elkaar veranderen waardoor balans in de zin van eenheid bereikt

---

[11] *Van Dale*, s.v. *arm* en *hand*.

kan worden[12].

Het lijkt mij dat de balans verder aanleiding heeft gegeven tot de voorstelling van de liefde als een waagstuk. Wie liefde begrijpt als het evenwicht tussen een 'ik' en een 'jij' op de twee schalen van een weegschaal, stelt zichzelf in de waagschaal om in de ander tegenwicht te zoeken. Het woord *waagschaal* is niet meer gebruikelijk ter aanduiding van de schalen van een balans, maar treedt alleen nog in de uitdrukking *in de waagschaal stellen* op. Deze uitdrukking betekent 'wagen' en inderdaad schuilt ook deze betekenis in het gedicht. Wanneer een iets minder vloeiende, iets gedrongener syntaxis voor de regels 2 tot en met 4 wordt aangenomen, toont 4 *dorst* zich in een dubbelzinnig licht. Behalve zelfstandig naamwoord, zou *dorst* ook werkwoord kunnen zijn. *Dorst* als werkwoordsvorm maakt van de regels 2 en 3 één syntactisch geheel en vereist dat aan het begin van regel 4 *ik* wordt herhaald. In de regels 2 en 3 zou dan 'slechts' gezegd worden, dat de 'ik' de wijsheid leert aan een vrouw die hij als wijze begeerde. In regel 4 zou dan uitgedrukt worden dat de liefde een waagstuk is: *(ik) dorst aan haar lust te lessen.* Hierdoor treedt de semantische equivalentie 4 *dorst* - 10 *balans* - 14 *wankel* aan het licht. Terwijl *wankel* gelezen kan worden als een woord dat duidt op het gevaar dat met liefde als het zoeken naar evenwicht verbonden is, kan *dorst* gelezen worden als verwijzing naar de durf die voor liefde vereist is.

Tot slot wil ik de aandacht vestigen op een bijzonder voorbeeld van iconiciteit. Wanneer het woord *balans* nader inhoud krijgt in het in elkaar veranderen, dan is het opmerkelijk dat de laatste strofe van het gedicht uit twee regels bestaat. Opvallend wordt dan ook, dat pas in de slotstrofe het persoonlijk voornaamwoord 18 *wij* optreedt, terwijl in alle voorgaande strofen de tweeëenheid nog uiteenvalt in een 'ik' en een 'zij'. Dat met *balans* gedoeld wordt op fysieke eenheid van 'ik' en 'zij' wordt dus niet alleen in woorden, namelijk in de woorden *wij veranderen in elkander* uitgedrukt, maar ook in het beeld van de twee-regelige strofe.

De toespeling op de Kabala naast die op de platoonse Diotima roept de vraag op, welke van deze beide allusies het zwaarst moet wegen. De wijze waarop de nauwe verstrengeling van liefde en onderricht gestalte heeft gekregen, brengt mij tot de conclusie dat de kabalistische kwaliteit van het gedicht overheerst. Twee argumenten kunnen hiervoor aangevoerd worden: ten eerste de erotische opvatting van kennis in de kabalistiek, ten tweede de combinatie van een aantal voorstellingen van de laatste sefira. De tiende en laatste sefira wordt niet alleen als zee, maar ook als vrouw gesymboliseerd. De tiende sefira wordt voorgesteld als vrouw wanneer zij op zichzelf beschouwd wordt en als zee wanneer zij wordt begrepen als samenvatting van het totaal der sefirot: in de zee van de laatste sefira monden de overige sefirot als rivieren uit. In Luceberts gedicht kan de fusie waargenomen worden van deze twee verschillende symboliseringen als vrouw en als zee.

---

[12] De twee overige plaatsen in het corpus waar *anker* optreedt, bevestigen de positieve, erotische betekenis van het woord. In 'Diep onder de kath. kerk in de ichtus-lärm' wordt een 'jij' aangeduid als *mijn ankerafwikkelaar* (vg 419-420). Dit woord suggereert de betekenis 'voor anker doen gaan', omdat *het anker winden* 'het anker ophalen' betekent. In 'christuswit' speelt het anker een rol in de uitdrukking van de tegenstelling tussen eenheid en scheiding van een 'ik' en een 'jij': *nu ben ik je kleine ankeren de stoomboot mond / maar straks zal ik ver hangen van je als een egelspin vervreemd* (vg 28-29).

Sprekend over de seksuele symboliek van de *Zohar* en over de positieve houding van de Kabala in het algemeen tegenover seksualiteit, doet Scholem een belangrijke observatie over het onderscheid tussen Joodse mystiek en andere mystieke systemen:

> Chastity is indeed one of the highest moral values of Judaism (..). But at no time was sexual asceticism accorded the dignity of a religious value, and the mystics make no exception. Too deeply was the first command of the Torah, Be fruitful and multiply, impressed upon their minds. The contrast to other forms of mysticism is striking enough to be worth mentioning: non-Jewish mysticism, which glorified and propagated asceticism, ended sometimes by transplanting eroticism into the relation of man to God. Kabbalism, on the other hand, was tempted to discover the mystery of sex within God himself. For the rest it rejected asceticism and continued to regard marriage not as a concession to the frailty of the flesh but as one of the most sacred mysteries.[13]

Het fundament voor een positieve houding tegenover seksualiteit werd gevonden in de ontdekking van seksualiteit in het bereik van het goddelijke. In de keten van goddelijke manifestatie treedt in de vorm van een heilig huwelijk tussen sefirot de vereniging van mannelijk en vrouwelijk op, die geldt als het fundament van alle bestaan. Op twee verschillende plaatsen wordt een huwelijk waargenomen. Passend in de opvatting van drie hogere en zeven lagere sefirot is de voorstelling van een huwelijk tussen tweede en derde sefira, Chochma en Bina (wijsheid en intelligentie), waaruit de overige zeven sefirot als hun kinderen geboren worden. Symbool voor deze vereniging van mannelijk en vrouwelijk is de balans: Chochma en Bina houden elkaar als vader en moeder in evenwicht[14]. Meer passend in de opvatting van de tien sefirot als geheel en voor de seksuele symboliek van groter belang is de voorstelling van een huwelijk tussen zesde en tiende sefira, Tiferet en Shechina. De als vrouw verzelfstandigde tiende en laatste sefira, de Shechina, en de op zijn manier (de middelste zuil, de stam van de boom) alle sefirot in zich bundelende zesde en centrale sefira, Tiferet, smeden door seksuele gemeenschap het totaal der sefirot aaneen tot een onverbrekelijk geheel. Het is dit laatste huwelijk dat wordt aangeduid als het huwelijk tussen koning en koningin of als het huwelijk tussen God en zijn Shechina. Het aardse huwelijk verwerft de rang van een 'sacraal mysterie', doordat het in het licht van dit goddelijk huwelijk wordt bezien en begrepen wordt als symbolische verwezenlijking van het huwelijk in de wereld der sefirot.

---

[13] Scholem, *Major Trends in Jewish Mysticism. cit.*, p. 235.
[14] In de rijke symboliek van de Kabala spelen verschillende weegschalen een rol. Op de weegschaal als symbool voor de vereniging van mannelijk en vrouwelijk vestigt Bischoff in het bijzonder de aandacht. Hij annoteert namelijk bij de reeks van zaken die volgens het *Sefer Jetsira* bij de letter lamed horen -"lamed, bijslaap, weegschaal, tishri, lever"-, dat de weegschaal symbool is voor de bijslaap (zie p. 83 n.46), en zet in zijn vertaling van teksten uit de *Zohar* een drietal korte fragmenten onder de titel "Die Wage" bijeen. Bischoff, *Die Elemente der Kabbalah. cit.*, I, p. 100-101. Zie voorts: Tishby, *The Wisdom of the Zohar. cit.*, Vol.I, p. 341 (Zohar III 290 a).

Met deze enorme opwaardering van de menselijke seksualiteit wordt een erotische opvatting van kennis verbonden. De verbindende schakel wordt gevormd door het feit dat de seksuele gemeenschap tussen Adam en Eva in termen van kennis is verwoord (Gen.4:1): "En Adam bekende Eva zijne huisvrouw". Hierdoor verwerft het begrip kennis een verheven erotische lading. Kennis wordt kortweg begrepen als 'verwezenlijking van eenheid'. Hierbij kan nog gedacht worden aan 'eenheid' in intellectuele zin, namelijk wanneer het huwelijk van Chochma en Bina voor ogen gehouden wordt en dit begrepen wordt als een huwelijk tussen wijsheid en intelligentie. Toch is ook het huwelijk van deze twee sefirot al in een dubbelzinnig licht gesteld, want wanneer het begrepen wordt als een huwelijk tussen vader en moeder, verschuift de betekenis van 'eenheid' van het intellectuele naar het seksuele vlak. In het geval van het huwelijk tussen Tiferet en Shechina als een huwelijk tussen man en vrouw tenslotte is zo'n verschuiving niet meer aan de orde en is de seksuele betekenis ondubbelzinnig.

Ongetwijfeld moet de erotische opvatting van kennis in het bijzondere geval van de mysticus nog in bepaalde zin toegespitst worden. De mysticus die streeft naar kennis van het goddelijke, zal zich namelijk niet alleen geïnspireerd weten door de verwezenlijking van eenheid die in het geval van de seksuele gemeenschap van Tiferet en Shechina aan de orde is, maar is zich er tegelijk van bewust dat de toegangspoort tot de wereld der sefirot wordt gevormd door een vrouw. De weg naar kennis van het goddelijke begint bij de Shechina. De sfeer die zich als eerste opent voor meditatie, is die van de laatste en laagste trede van emanatie, en die wordt gevormd door de vrouwelijke Shechina.

Luceberts gedicht benut zowel de voorstelling van de tiende en laatste sefira als zee als de voorstelling van deze sefira als vrouw, en exploiteert de verschillende mogelijkheden voor de opvatting van onderricht die daaruit voortvloeien. Enerzijds geeft de symbolisering van de tiende sefira als vrouw aanleiding tot de erotische opvatting van onderricht in de leer der sefirot of, algemener, van onderricht. Anderzijds leidt de symbolisering van de tiende sefira als zee tot de opvatting van onderricht in de zin van een onderdompeling in of een dronk van water. Het gedicht laat de fusie zien van deze verschillende opvattingen van onderricht. Onderwijzen en onderwezen worden zijn gelijkgesteld aan drinken, een bad in zee en het bedrijven van liefde. In het *lessen* van *wijze dorst* is zowel het drinken van water als het bevredigen van seksuele begeerte aan de orde (eerste strofe); in *ik leer mij in haar doven / en stromend boven komen* treedt de vrouw als zee naar voren (derde strofe); in *zij opent haar kabbelend boek* kan de kabalistische equatie van vrouw, water en wijsheid beluisterd worden (vierde strofe). Tenslotte moet geconstateerd worden dat ook de openingsregel van het gedicht, de regel die naar de platoonse Diotima verwijst, voor kabalistische interpretatie vatbaar wordt. De regel *een wijze vrouw beleerde een wijsgeer* laat zich namelijk inmiddels ook lezen als een regel die de verhouding tussen Shechina en mysticus beschrijft. Vanwege de bijzondere status van de tiende en laatste sefira voor de naar wijsheid begerige mysticus, namelijk die van toegangspoort tot de geheime wereld der sefirot, zijn de woorden *een wijze vrouw* ook op de Shechina van toepassing en kan in *wijsgeer* ook de begeerte naar wijsheid die een seksueel verlangen is, beluisterd worden.

Door verschillende relaties is 'een wijze vrouw beleerde een wijsgeer' verbonden met de 'introductie'. Ter wille van de overzichtelijkheid zet ik de regels die ik met elkaar in verband wil brengen, hier onder elkaar:

(vg 413) bloemen van water rapen
(vg 42) uit poelen worden lelies opgedregd

(vg 413) een balans van handen
(vg 42) in licht (..) duisternis op handen (..) dragen

(vg 413) ik leer mij in haar doven
(vg 42) velen hebben liefde uitgedoofd

Met het eerste regelpaar laat *van water* zich desambigueren. Ik concludeer dat deze woordgroep hoort bij *rapen*, en dat in beide gedichten bloemen worden geraapt / opgedregd en dat deze van water / uit poelen worden gehaald. De opwaartse beweging die pregnant is uitgedrukt in *opgedregd* (vg 42), is minder duidelijk in *rapen*, maar wordt twee regels verder verwoord in "ik leer (..) stromend" *boven komen* (vg 413).

Het tweede regelpaar lost een oude kwestie op. Bij de analyse van de 'introductie' is de mogelijkheid om *te weeg* en *op handen* als equivalent te beschouwen geopperd (zie p. 153). Deze mogelijkheid wordt bevestigd door het verband dat tussen de twee gedichten gelegd wordt door herhaling van het woord *handen*. In de 'introductie' is *weeg* een rijmwoord dat Lucebert laat rijmen op *leeg*:

de buidel tederheid is spoedig leeg
alleen wat dichters brengen het te weeg

Op grond van het rijm kan de vraag gesteld worden naar het semantisch verband tussen *teweegbrengen* en *leeg*: het feit van het fonologisch verband tussen *leeg* en *weeg* roept de vraag op naar het verband op semantisch niveau tussen beide woorden. Het rijm *leeg / weeg* geeft aanleiding tot de hypothese dat *teweegbrengen* in verband gebracht is met wegen en met een weegschaal. Het semantisch verband tussen *leeg* en *teweegbrengen* zou dan als volgt omschreven kunnen worden: 'wat *leeg* is, levert de waarde 'nul' op wanneer het op de *weeg*schaal wordt geplaatst'. De regel met het woord *balans* uit (vg 413) fungeert als verbindende schakel tussen *te weeg* en *op handen*. De regel *een balans van handen* (vg 413) ontwerpt op basis van het feit dat handen een onderdeel van een balans zijn, het beeld van een door handen gevormde weegschaal: handen zijn een balans. Hoezeer dit beeld in kabalistische zin passend is, zal hieronder nog blijken (zie p. 190). Hier trek ik de conclusie dat het gedicht 'een wijze vrouw beleerde een wijsgeer' precies die door handen gevormde weegschaal bevat, waarop in de 'introductie' de weinigen duisternis dragen en de velen wier buidel tederheid spoedig leeg is, een waarde 'nul' laten zien. Door de relatie tussen (vg 413) en (vg 42) klinkt in de 'introductie', specifiek in de daar op de velen geleverde kritiek, ook nog het bijbelwoord (Dan.5:27) 'gewogen en te licht bevonden' door.

Het derde regelpaar tenslotte verbindt beide teksten door de herhaling van *doven*. Wanneer het verband iets ruimer wordt geformuleerd, kan geconstateerd worden dat beide teksten de tegenstelling tussen doven en branden of tussen water en vuur bevatten. In (vg 413) is de pool 'water' uitgewerkt in een uitgebreide isotopie en wordt de pool 'vuur' alleen vertegenwoordigd door oven. De fonologische equivalentie *doven - oven* is een belangrijk formeel gegeven. Zo'n opvallende equivalentie wijst op verscherping van de tegenstelling of op verzoening daarvan. Met betrekking tot (vg 413) komt de gedachte aan een verscherping van de tegenstelling tussen water en vuur niet eens op. In de middelste strofe van het gedicht, waar een bundel van tegenstellingen samenkomt - die van hoog en laag (8 *doven in* vs. 9 *boven komen*, 11 *vliegend* vs. 12 *vallend*), van handen en voeten (10 *handen* en 12 *handelen* vs. 11 *vliegend lopen*) en die van water en vuur (8 *doven* vs. 11 *oven*) -, verzoenen de tegendelen zich, wat bevestigd wordt door het *in elkaar veranderen* uit de slotstrofe:

    ik leer mij in haar doven
    en stromend boven komen
10 een balans van handen
    een oven van vliegend lopen
    en vallend handelen[15]

In de 'introductie' hoort *branden* bij de weinigen en *doven* bij de velen; *dovenetels* als naam voor de velen correspondeert met deze verdeling van activiteiten onder weinigen en velen. Het is echter niet mogelijk om de tegenstelling van water en vuur parallel te laten lopen met die van velen en weinigen. De 'water'-woorden *poelen* en *opgedregd* horen namelijk evenzeer bij de weinigen als de 'vuur'- woorden *stralen* en *branden*. Bij de analyse van de 'introductie' ben ik tot de conclusie gekomen dat het geheel van activiteiten van de weinige dichters uitgedrukt kan worden in termen van licht en duisternis, en ik heb dit gegeven geïnterpreteerd als aanwijzing voor het streven naar eenheid van duisternis en licht. De confrontatie van (vg 42) met (vg 413) leert dat de tegenstelling tussen water en vuur geïntegreerd is in de tegenstelling tussen duisternis en licht. De regel *uit poelen worden lelies opgedregd* bevat beide opposities en laat zich herformuleren als: 'aan water / duisternis wordt vuur / licht ontleend'. Gegeven de synthese van water en vuur en het woord *balans* in (vg 413), mag geconcludeerd worden dat in de 'introductie' niet alleen de tegenstelling tussen licht en duisternis verzoend is, maar ook de daarin geïntegreerde tegenstelling tussen water en vuur. De *lelies*, die staan voor 'licht' en 'vuur', worden geput uit *poelen*, dat wil zeggen uit 'water' en uit 'duisternis'. Door deze handeling wordt bewezen dat zowel aan duisternis licht ontleend kan worden als aan water vuur.

    De relatie tussen (vg 413) en (vg 42) leert dat *doven* niet zo negatief is als *velen hebben liefde uitgedoofd* en *dovenetels* in eerste instantie doen denken. Door de integratie van de tegenstelling tussen water en vuur in die tussen duisternis en licht wordt *doven* opgewaardeerd. Dit op het eerste gezicht problematische gegeven kan geïnterpreteerd worden binnen het kader van de cyclische notie die in de 'introductie' is aangewezen. Om de eenheid van licht en duisternis in te zien, is een rondgang nodig, de gang van duisternis naar licht (*uit poelen worden lelies opgedregd*) en van licht naar duisternis (*in licht duisternis op handen dragen*) en zo voort. Wanneer de rondgang door duisternis en licht nodig is om de eenheid van licht en duisternis in te zien, dan is voor het opheffen van de tegenstelling tussen water en vuur de gang van *branden*

---

[15] Een plaats waar het woord *oven* verbonden wordt met het werkwoord *branden* levert 'exodus' op: *als waren haar jurk haar rok een oven / waarin aardewerken brandden* (vg 23-27). Verder komt *oven* voor in 'er is een mooie rode draad gebroken in de ochtend' *er is een open oven hevig gaan bloeden* (vg 426).

naar *doven* en van *doven* naar *branden* nodig. Toepassing van de cyclische notie op de tegenstelling tussen *branden* en *doven* sluit goed aan bij de eerdere interpretatie van de *dovenetels*. Bij de analyse van de 'introductie' ben ik tot de conclusie gekomen dat de velen gekenschetst worden als inert en improduktief. Hun inertie blijkt uit hun positie: zij zijn en blijven *in duisternis*. Het volharden in de positie *in duisternis* stempelt hen als improduktief: zij willen hun positie *in licht* niet innemen, zijn met andere woorden niet bereid tot branden en laten daarom ook geen zwarte vlekken zien. Wie de rondgang van duisternis naar licht, van licht naar duisternis enzovoort niet wil maken, blijft *in duisternis* en is uitgedoofd. Het gelaakte gebrek zit niet in het *doven* op zichzelf, maar in het doven en uitgedoofd / in duisternis blijven, in het feit dat op *doven* geen *branden* volgt, en daarop weer doven en weer branden. Deze cyclus van branden, doven, branden enzovoort is in de 'introductie' verkort uitgedrukt in de woorden *blijven branden*.

De relatie tussen 'introductie' en 'een wijze vrouw beleerde een wijsgeer' leidt tot de volgende resultaten. Het aan het begin van deze paragraaf gesignaleerde probleem van een spanning tussen enerzijds Lilith wier lof gezongen wordt en anderzijds de dovenetels die aan scherpe kritiek blootstaan, wordt opgelost door de ondubbelzinnige opwaardering van *doven*. De kabalistische equatie van vrouw, water en wijsheid geeft aan *doven* een ondubbelzinnig positieve, seksuele betekenis. De seksuele betekenis van *doven* in (vg 413) bevestigt de interpretatie van de 'introductie', dat de tegenstelling tussen weinigen en velen ligt op het terrein van de seksualiteit. Door de relatie tussen *uit poelen worden lelies opgedregd* (vg 42) en *bloemen van water rapen* (vg 413) wordt het belang van 'water' naar de voorgrond geschoven en daarmee het belang van de tegenstelling tussen water en vuur. Door integratie van die tegenstelling in de tegenstelling tussen licht en duisternis verwerft *doven* eveneens een positiever betekenis. De twee teksten samen maken duidelijk dat de cyclus de kern is, waarom het gaat: zoals er een rondgang van licht naar duisternis naar licht gemaakt moet worden, zo moet er een rondgang van branden naar doven naar branden gemaakt worden. Het grote belang van de cyclische notie in (vg 42) wordt bevestigd door het optreden van het woord *balans* in (vg 413): in de 'introductie' wordt evenwicht tussen licht en duisternis nagestreefd.

De regel *een balans van handen* in (vg 413) bevestigt de relatie tussen *te weeg* en *op handen* in (vg 42). Door de ontdekking van een weegschaal in de 'introductie' wordt de morele strekking van het gedicht aangescherpt. Het beeld van een weegschaal verleent scherpte aan de betekenis 'duisternis vereren' van *duisternis op handen dragen*. Wanneer dichters die in licht duisternis op handen dragen, óók met hun handen een weegschaal vormen waarop zij duisternis dragen, en wanneer zij dit doen nadat zij eerst hebben aangetoond dat uit duisternis licht geput kan worden, dan wijst dit in de richting van een morele schaal van waarden, waarop duisternis een hoge waarde te zien geeft.

§3 het kwaad

1 de opvatting van het kwaad in de Kabala

De pogingen van de Kabala om dualistische consequenties zoveel mogelijk te vermijden, leiden tot een verrassend antwoord op de vraag naar aard en herkomst van het kwaad. De Kabala is niet teruggedeinsd voor de conclusie dat het kwaad verweven is met God, en de *Zohar* heeft een gewaagde metafoor ter aanduiding van het goddelijk kwaad ontworpen.

Gesteld voor het dilemma dat het kwaad geen plaats kan hebben in God die goed is, geeft de Kabala aan de wereld van het kwaad een plaats die weliswaar buiten de wereld der sefirot is gelegen, maar er wel nauw mee verbonden is. De plaats waar de werelden van goed en kwaad elkaar raken, omdat daar de herkomst van het kwaad gezocht moet worden, is de sefira *Gevura* of *Din* die in de mensvoorstelling van de sefirot wordt gerepresenteerd door de linkerhand.

In de wereld der sefirot houden liefde en oordeel elkaar in evenwicht. Deze beide extremen worden verzoend in het mededogen Gods. Rechts staat *Chesed*, liefde, links *Din*, oordeel, en in het midden *Rachamim*, mededogen. De harmonie wordt verbeeld door de balans van armen en handen ter linker- en ter rechterzijde van de tors.

In het proces van emanatie breekt een conflict uit tussen Chesed en Din, voordat de sefira Rachamim haar verzoenende invloed kan doen gelden. In dit conflict krijgt Din de overhand en slaat de balans door ten nadele van liefde en ten gunste van oordeel. Din is een vuur van toorn dat brandt in God en niet meer getemperd wordt door zijn liefde. Wanneer dit vuur zo mateloos groeit dat het zich losrukt van God, wordt het getransformeerd in het van God gescheiden, verzelfstandigde kwaad. Zo ontstaat het rijk van het kwaad of *sitra achra*, de andere zijde.

De aanwijzing van de linkerhand als de plaats van oorsprong van het kwaad, houdt in dat kwaad wordt begrepen als verweven met de existentie van God. Deze opvatting, die al in de *Bahir* aangewezen kan worden[16], wordt in de *Zohar* gecombineerd met de opvatting van emanatie als een organisch proces en leidt tot de voorstelling van kwaad als een natuurlijk afvalprodukt. Het kwaad is een soort residu of afval van het organisch proces van het verborgen goddelijk leven. In een reeks van vergelijkingen wordt uitdrukking gegeven aan de opvatting van kwaad als goddelijk afval. Zoals de boom niet kan bestaan zonder schors en de noot groeit in een schil, of zoals op de bodem van een fles goede wijn een laagje droesem overblijft en bij de winning van goud het edelmetaal gezuiverd wordt van vuil en zand, of zoals het menselijk lichaam soms gezuiverd moet worden van kwaad bloed zoals bij aderlating en in het algemeen afvalstoffen afscheidt, zo heeft ook al wat demonisch is zijn wortel ergens in het mysterie van God.

---

[16] Scholem, *Das Buch Bahir. cit.*, p. 116-117.

De voorstelling van kwaad als afval laat zich dus met de twee symboliseringen van de sefirot die hiervoor al besproken zijn, de voorstelling als boom en als mens (zie p. 124), vruchtbaar verbinden. Het kwaad is de schors van de boom of de afvalstof die door het menselijk lichaam wordt afgescheiden. De metaforen van de schil om de noot en het vuil of afval van goud hebben nog nadere toelichting nodig.

De wereld van het kwaad wordt kortweg aangeduid als de wereld van de *kelipot*, schillen. Toch kunnen schillen niet zonder meer gelijkgesteld worden aan kwaad, omdat het beeld van een schil om een kern ook gebruikt wordt ter beschrijving van de keten van goddelijke emanatie. Elk lager niveau van goddelijke emanatie is als een schil om de kern van het hoger niveau. Ieder niveau van emanatie is dus zowel schil als kern: schil om het hoger en kern van het lager niveau. Hogere en lagere wereld zijn beide volgens dit principe geschapen. Zoals de kern van het oerpunt de schil van het paleis om zich heen krijgt, zo wordt de ziel van de mens bekleed met het lichaam.

De noot, in het bijzonder de walnoot, wordt tot symbool voor de onderlinge verhouding van de werelden van God, van het kwaad en van de mensen. Aan een noteboom groeien dikke trossen vruchten, die er als kleine, groene appeltjes uitzien; wanneer deze appeltjes op de grond vallen, barsten ze open, zodat uit de dikke, groene schil de walnoot te voorschijn komt. Het symbool van de in twee schillen gehulde walnoot past in de visie op kwaad als een middel tot katharsis. Het kwaad is niets dan een instrument van God, waarmee de mens op de proef wordt gesteld. Zoals de kern van de noot een binnenste, harde schil om zich heen heeft, die op haar beurt wordt omsloten door een buitenste, zachte schil, zo hult God zich eerst in de harde schil van sitra achra, die op haar beurt omgeven wordt door de zachte schil van deze wereld. Het is aan de mens om de harde schil van de noot te kraken. Voor wie aan verleiding en verzoeking weerstand weet te bieden en gelouterd uit de strijd met het kwaad te voorschijn komt, opent zich de schil van de noot.

Omdat de sefirot vier en vijf, Chesed en Gevura, ook met de edelmetalen zilver en goud worden verbonden, wordt verder de metafoor van het vuil of het afval van goud gevormd. Goud wordt als minder goed dan zilver beoordeeld, omdat aan de zijde van de linkerhand of van het goud de oorsprong van het kwaad gezocht moet worden.

2   het kwaad als afval: 'ballade van de goede gang' en 'verdediging van de 50-ers'

Het lijkt mij dat de poëzie van Lucebert nergens zozeer het predicaat 'revolutionair' verdient, als juist op die plaatsen waar zij de kabalistische opvattingen over het kwaad verwerkt. Nergens dringt deze poëzie zo diep door in de haar omgevende realiteit, zowel literair als maatschappelijk, als op dit terrein. Aan de opvattingen over het kwaad in de Kabala ontleent de dichter namelijk niet alleen argumenten ter verdediging van de nieuwe poëzie, Lucebert vindt er ook woorden waarmee gesproken kan worden over de meest recente geschiedenis, die in de vorm van de Tweede Wereldoorlog als een loden last tal van monden tot zwijgen veroordeelde.

Om aan te tonen dat de kabalistische opvatting van het kwaad aan de orde is in de poëzie van Lucebert, kan worden volstaan met een aantal duidelijke vingerwijzingen. Lucebert zinspeelt op de kabalistische opvatting van het kwaad door de tekening van linkerhanden. Eén van de opvallende details aan de eerder genoemde tekening die aan het begin van de afdeling 'ongebundelde gedichten 1949 - 1951' als illustratie is opgenomen (zie p. 83), is dat de constructie van twee onderarmen die de letters *A* en *B* in hun handen hebben, bestaat uit twee linkerarmen[17]. Ook in het geval van het tekeningetje van een hand waarmee het tekening-gedicht 'poëziezo easy job' (vg 417-418) opent, gaat het om een linkerhand[18].

Verder komt een drietal woorden voor het begrip 'schil' voor: *schellen, bast* en *schors*. Het gaat om unica, woorden die ieder slechts één keer in het corpus optreden. *Schellen* komt voor in 'romance' (vg 33), in een gedrongen, in eerste instantie ondoorzichtige context. Hoewel *schel* ook 'klok' of 'bel' kan betekenen, ligt de betekenis 'schil' meer voor de hand, in het bijzonder de schil voor de ogen die voorkomt in de bijbelse uitdrukking "de schellen vallen hem van de ogen", omdat in de context sprake is van *gezicht* en *oogopslag*. De woorden *schors* en *bast* treden op in respectievelijk 'woe wei' (vg 411-412) en 'lente-suite voor lilith' (vg 42-43) en verwijzen naar de schil om de boom van emanatie. Omdat deze vindplaatsen alle drie rechtstreeks te maken hebben met Lilith, zullen ze hieronder nader besproken worden.

Luceberts systematische exploitatie van de kabalistische opvatting van het kwaad blijkt uit een uitgebreid semantisch veld 'afval', dat zich over een belangrijk deel van het corpus uitstrekt en in sommige gedichten een onmiskenbare piek bereikt. Het biedt plaats aan een lange lijst van afvalstoffen en een reeks van handelingen en processen waarin deze geïmpliceerd zijn. Prominent vertegenwoordigd zijn verschillende afvalstoffen van het menselijk lichaam. Hiernaast is plaats voor diverse andere voorbeelden van afval, voor dierlijke mest en niet nader gespecificeerd vuil en vuilnis. Bij de stoffen die door het menselijk lichaam worden afgescheiden, gaat de aandacht in hoofdzaak uit naar urine en ontlasting. Dit accent wordt gelegd doordat er tevens plaats is geboden aan een aantal lichaamsdelen, hulpmiddelen, instrumenten en instellingen die met de afvoer en verzameling hiervan gemoeid zijn. Hiernaast komen onder andere bloed en braaksel voor. Bij de diverse andere afvalstoffen ligt het accent op de reststoffen van verbranding en afbraak, as en puin. Hiernaast komen de afvalstoffen van verschillende natuurprodukten voor, bijvoorbeeld zaagsel van hout en kruimels van brood, en de bijprodukten van graanoogst en suikerwinning, stro en melasse. Tenslotte is er plaats voor stank als begeleidend verschijnsel en voor verschillende instanties die met de afvoer, verzameling en verwerking van al dit afval belast zijn[19].

---

[17] (vg 398). Zie voorts: *Lucebert in het Stedelijk. Catalogus. cit.*, catalogusnummer 75-G.
[18] *apparaat* (vg 739).
[19] Aan het semantisch veld 'afval' nemen de volgende gedichten deel: 'school der poëzie' (vg 14) [*riool*], 'ballade van de goede gang' (vg 18-19) [*gemeente-riolering* (2x), *vuile, urinoir, urine, urinedier, beer, knijp, stadsreiniging*], 'het vlees is woord geworden' (vg 20) [*tranen*], 'vaalt' (vg 21) [*vaalt, excrementenplein, flarden, riek, scheurde af, wat draden*], 'exodus' (vg 23-27) [*snippers, bloedende, huilden, as*], 'christuswit' (vg 28-29) [*brak weg, beren*], 'romeinse elehymnen I' (vg 30) [*braak, ruïne, verkoold, sperwerhuilen*], 'romeinse elehymnen II' (vg 31) [*purgativa, variant, purgatoire*], 'romance' (vg 33) [*breekbare, verbrand*], 'een liefde' (vg 34) [*tranen, barst*], 'film' (vg 36) [*breekt door*], 'voorjaar' (vg 37) [*bloeden*], 'simbad de luchtman' (vg 39-40) [*scherven, lorrige huizen*], 'horror' (vg 41) [*korsten, strooien, moederkoeken*], 'ik tracht op

De kabalistische basis van het semantisch veld wordt bevestigd door verschillende bijzonderheden. De groep gedichten die aan het semantisch veld 'afval' deel hebben, omvat alle gedichten waarin het woord *kwaad* voorkomt. *Kwaad* is weinig verspreid in het corpus als geheel en relatief zeldzaam. Het woord komt slechts in vier gedichten voor: 'vaalt' (vg 21), 'ik tracht op poëtische wijze' (vg 47), 'verdediging van de 50-ers' (vg 406-407) en 'wambos' (vg 433)[20]. In één van deze vier gedichten komt het herhaald en samengebald voor. *Kwaad* staat viermaal in de slotstrofe van 'vaalt', een regelmatig gebouwd gedicht van zes vierregelige strofen. De frequentie en concentratie van het woord *kwaad* in deze éne strofe doet de bijzonderheid van het gedicht des te sterker uitkomen: 'vaalt' is het enige gedicht dat door zijn titel rechtstreeks naar het semantisch veld 'afval' verwijst.

Onder de verschillende stoffen die door het menselijk lichaam worden afgescheiden, bevindt zich een heel bijzonder soort afval. Naast urine en ontlasting, bloed, zweet, tranen, braaksel en het niet expliciet genoemde, maar door *zwerende*[21] geïmpliceerde etter, komt het afval van de nageboorte voor. Een kleine groep van drie gedichten zorgt voor vertegenwoordiging van deze bijzondere stof. De 'minnebrief aan onze gemartelde bruid indonesia' bevat de woorden *de zieke helmen van de haatgeboorte* (vg 401-403). In 'horror' is sprake van *moederkoeken* (vg 41), en in 'als het komt' valt het woord *nageboorte* (vg 55). Dit onderdeel van het semantisch veld 'afval' wijst ondubbelzinnig in kabalistische richting. In de Kabala van Luria voltrekt

---

poëtische wijze' (vg 47) [*bevuild, verbrand, broodkruimel*], 'bed in mijn hand' (vg 50-52) [*ram, breken, jammerpap, bloed*], 'eten' (vg 54) [*scheurde af, kattebellen*], 'als het komt' (vg 55) [*scherven, afgebroken muur, openbrak, aanbrak, nageboorte*], 'in de hitte' (vg 58-59) [*gescheurde, as, doodbloeden, leegstromen, bloed*], 'er is alles in de wereld het is alles' (vg 60) [*gier, gebroken*]; 'minnebrief aan onze gemartelde bruid indonesia' (vg 401-403) [*huilen* (2x), *de zieke helmen van de haatgeboorte, bloed* (2x), *huilde, scherven, ruïne, zaagsel, asbakkenmannenminnaar, gerammeide, puin, gekruimeld*], 'verdediging van de 50-ers' (vg 406-407) [*luiers, zweetbaden, purgatoir, vuil* (2x), *stinkend, blaas, zwerende*], 'het prozamimosa leproza (vg 408) tekst 1 [*hoos, bra-ea-kun*], 'mijn stad draagt dijen door, gekorven' (vg 408) tekst 4 [*kokhalzen*], 'imagine those caesares' (vg 409) [*ruïnes*], 'gedicht voor de komende oorlog' (vg 410) [*snipperen, verscheurde, snippers*], 'woe wei' (vg 411-412) [*verstopte waterleiding, as, goot, scherven, gebroken*], 'een wijze vrouw beleerde een wijsgeer' (vg 413) [*huilen*], 'onder de wind van de wonden' (vg 414) [*verbrand, verkoold*], 'meditatie op een mond vol builenbal' (vg 415) [*huilde, kruimelden, brokkelt*], 'poëziezo easy job' (vg 417-418) [*w.c., goot, verwoest tandsteen, ruïne, gemeste*], 'zie de 4 mm. fantasiegerstekorrelpatronen die ik afschiet' (vg 421) [*bloedplas, stinkt, zweten*], 'aan elke slaaf een duiventree om het licht in te trappen van zijn ondergang' (vg 422-423) [*pisbuis, bloed, beerput, stinkt* (3x), *stinkende, urinevaten, leeg laten bloeden*], 'een dichter dringt door tot de aarde' (vg 424-425) [*in huilen uitbarsten, betraande, snikkend*], 'er is een mooie rode draad gebroken in de ochtend' (vg 426) [*gebroken* (2x), *leeg gelopen, bloeden, zagen*], 'overal overeengekomen over ons heen:' (vg 427) [*urinoir*], 'vrolijk babylon waarin ik' (vg 428) [*weezees, bros, bloedeigen*], 'as alles' (vg 429) [*as* (2x), *melasse* (4x)], 'wambos' (vg 433) [*zweet, huilen*].

[20] In 'aan elke slaaf een duiventree om het licht in te trappen van zijn ondergang' (vg 422-423), een gedicht dat eveneens deel heeft aan het semantisch veld 'afval', komt nog *kwaadaardigen* voor.

[21] In de regel *uw hemel wordt met onze zwerende ervaring overladen.*, de slotregel van 'verdediging van de 50-ers' (vg 406-407).

zich in het proces van emanatie het drama van het breken van de vaten, dat met de doorbraak van de geboorte vergeleken wordt (zie p. 63). Het drama van shevirat hakelim vindt plaats ter wille van katharsis: het breken van de vaten veroorzaakt de afscheiding van een soort droesem, waaruit de wereld van het kwaad ontstaat. Door de vergelijking met geboorte - een proces waarbij eveneens een soort afval of bijprodukt wordt afgescheiden -, laat het afval waaruit het kwaad ontstaat, zich ook voorstellen als het afval van de nageboorte.

De symboliek die voortvloeit uit de vergelijking van het breken van de vaten met de doorbraak van de geboorte, past Lucebert toe in één van de gedichten uit de bundelafdeling 'de analphabetische naam'. In 'als het komt', een gedicht dat handelt over de geboorte van een kind, zijn de woorden *vruchtwater* en *nageboorte* ingebed in een context die naar het breken van aardewerk of het afbreken van een bouwwerk verwijst. De tweede strofe opent met de volgende regels (vg 55):

    jawel jawel
    meer en meer in scherven geschoten
    vruchtwater
    een pijn
    als een zorgvuldig afgebroken muur

Na de inlas van een prozafragment klinkt in de voortzetting van de tweede strofe de kabalistische symboliek nog tweemaal door, in *pijn* en *stenen*. Door herhaling van het woord *pijn* wordt het beeld van de muur opnieuw opgeroepen, waarna *stenen* door semantische equivalentie aansluit bij de muur:

    meer pijn
    meer medelijden
    meer medelijden op een stoel
    of in die stilstand van de nageboorte
    waar heel de wereld niet uit wijs wordt
    een stenen snoepende salamander
    tussen de bijbenen

De slotregels blijven raadselachtig, maar in de woorden *die stilstand van de nageboorte / waar heel de wereld niet uit wijs wordt* zou een verzuchting gelezen kunnen worden over de onoplosbaarheid van de vragen omtrent het kwaad.

Er is al aangegeven dat bij de afvalstoffen die door het menselijk lichaam worden afgescheiden, de aandacht in het bijzonder uitgaat naar de urine en ontlasting[22]. Eén

---

[22] De gedichten die zich in deze zin onderscheiden, zijn: 'school der poëzie' (vg 14), 'ballade van de goede gang' (vg 18-19), 'vaalt' (vg 21), 'christuswit' (vg 28-29), 'romeinse elehymnen II' (vg 31); 'verdediging van de 50-ers' (vg 406-407), 'woe wei' (vg 411-412), 'poëziezo easy job' (vg 417-418), 'aan elke slaaf een duiventree om het licht in te trappen van zijn ondergang' (vg 422-423), 'overal overeengekomen over ons heen:' (vg 427) en 'vrolijk babylon waarin ik' (vg 428).

Bij de plaatsing van twee gedichten in deze groep is een kanttekening vereist. 'Vrolijk babylon waarin ik' (vg 428) is opgenomen vanwege *weezees*. Ik lees in *de beboste weezees* de

van de woorden die zorgen voor dit accent, is urine. Om de kabalistische inslag van het semantisch veld 'afval' te adstrueren, is het tenslotte wellicht van belang op te merken, dat de woorden *urine* en *ruïne* niet alleen semantisch, als 'afval', equivalent zijn: door de verplaatsing van slechts één letter kan het éne woord uit het andere worden afgeleid. Hoewel beide woorden niet samen in één gedicht voorkomen[23], kan deze equivalentie van letters toch nauwelijks onopgemerkt blijven. Er treden namelijk andere voorbeelden van equivalentie met behulp waarvan afvalstoffen van uiteenlopende aard als 'afval' gelijkgeschakeld worden, naast. In 'as alles' (vg 429) is sprake van de twee afvalstoffen as en melasse, waarvan de éne, *as*, is ingebed in de andere, mel*as*se. In 'een dichter dringt door tot de aarde' (vg 424-425) treedt de bedrieglijk gewone woordgroep *in huilen uitbarsten* op. Door fonologische en semantische equivalentie, *in - uit*, wordt de betekenis toegespitst op de in *huilen* geïmpliceerde doorbraak van de tranen. Heel bijzonder is de openingsregel van 'romeinse elehymnen I' *watermarmer braak mij mijn ruïne heil* (vg 30), waarin door de drie gedichtelementen *marmer*, *braak* en *ruïne* gezinspeeld wordt op de morfologische equivalentie *braak*sel - af*braak*. Tenslotte nog een uitzonderlijk voorbeeld van fonologische equivalentie in 'minnebrief aan onze gemartelde bruid indonesia', *puin en gekruimeld* (vg 401-403), woorden die ter beschrijving van de verpulvering van de bruid twee verschillende registers tegelijk benutten, en steen- en broodafval gelijk maken.

Ik concludeer dat het semantisch veld 'afval' dat zich in Luceberts poëzie laat aanwijzen, op kabalistisch fundament gegrondvest is en constateer voorts, dat het bewuste semantisch veld in een aantal gedichten zo sterk vertegenwoordigd is, dat er van dominantie gesproken kan worden. De gedichten waarin het thema 'afval' een onmiskenbaar hoogtepunt bereikt, zijn 'ballade van de goede gang' (vg 18-19), 'vaalt' (vg 21), 'verdediging van de 50-ers' (vg 406-407), 'aan elke slaaf een duiventree om het licht in te trappen van zijn ondergang' (vg 422-423) en 'as alles' (vg 429). Om

---

gecombineerde voorstelling van de sefirot als een boom én als een stelsel van rivieren die uitmonden in zee (zie p. 140), en hoor in *weezees* bovendien het ook elders, namelijk in 'poëziezo easy job' (vg 417-418), optredende woord *w.c.* Verder kan niet uitgesloten worden dat in *wee-* ook nog gezinspeeld wordt op pijn, heel in het bijzonder op barenspijn.

'Woe wei' (vg 411-412) is opgenomen vanwege *verstopte waterleiding* en *goot*, en verder op grond van een bijzonder gegeven dat afkomstig is uit een veel latere bewerking van het gedicht. Tijdens de voorbereidende werkzaamheden voor de uitgave van de *verzamelde gedichten*, waarbij de auteur nauw betrokken was, schrijft Lucebert negen nieuwe gedichten. In het verzamelwerk hebben deze een plaats gekregen in de afdeling 'ongebundelde gedichten 1973 - 1974'. Zie hiervoor: *apparaat* (vg 569 en 770-771). Twee van deze negen gedichten zijn nieuwe versies van gedichten uit de afdeling 'ongebundelde gedichten 1949 - 1951': 'woe wei' (vg 411-412) wordt bewerkt tot 'de getrapte sneeuwbal in matrassen' (vg 539-540) en 'gedicht voor de komende oorlog' (vg 410) tot 'gedicht van de komende wereldburgeroorlog' (vg 536). In de latere bewerking van 'woe wei' is *verstopte waterleiding* gewijzigd in *verstopte plee*. Op het tweede gedicht dat Lucebert ruim twintig jaar later opnieuw onder handen neemt, en een bijzonderheid die de groep van negen nieuwe gedichten als geheel betreft, kom ik nog terug (zie p. 218).

[23] *Urine* komt voor in 'ballade van de goede gang' (vg 18-19) en 'aan elke slaaf een duiventree om het licht in te trappen van zijn ondergang' (vg 422-423); *ruïne* in 'romeinse elehymnen I' (vg 30), 'minnebrief aan onze gemartelde bruid indonesia' (vg 401-403), 'imagine those caesares' (vg 409) en 'poëziezo easy job' (vg 417-418).

te verduidelijken waartoe Luceberts verwerking van de kabalistische opvatting van het kwaad als afval geleid heeft, dient deze kerngroep nader belicht te worden. Het titelloze gedicht met de openingsregel 'aan elke slaaf een duiventree om het licht in te trappen van zijn ondergang' zonder ik uit de kerngroep af[24]. 'Ballade van de goede gang' en 'verdediging van de 50-ers', waarbij kan worden volstaan met een globale bespreking, stel ik hier onmiddellijk aan de orde. Aan het uitzonderlijk moeilijke gedicht 'as alles' dat om diepgaande analyse vraagt, en 'vaalt' dat ten nauwste met 'as alles' verband houdt, is een aparte subparagraaf gewijd (zie p. 198 e.v.).

Hierboven is geponeerd dat de poëzie van Lucebert met name daar waar zij kabalistische opvattingen over het kwaad verwerkt, het predicaat 'revolutionair' verdient. Een eerste indicatie hiervoor biedt 'ballade van de goede gang'. Juist op het terrein van de kabalistische opvatting van het kwaad trekt Lucebert de lijn van de *Zohar* naar het Sabbatianisme door, naar die beweging in de geschiedenis van de Kabala dus, die door Scholem gekenschetst is als de eerste serieuze revolte in het Jodendom (zie p. 65). Het Sabbatianisme leert dat de messias om de laatste gevallen vonken te bevrijden, af moet dalen in de hel. Wanneer hiernaast de voorstelling van de *Zohar* geplaatst wordt, dat het kwaad bestaat uit het natuurlijk afval van het als een menselijk lichaam begrepen systeem der sefirot, dan kan aan de afdaling in de wereld van het kwaad vorm gegeven worden als een gang door het riool. Deze tocht wordt beschreven in 'ballade van de goede gang'. Hij wordt ondernomen door een 'ik' die met behulp van lexicale equivalenties, 29-30 *het levende leven* en 37-38 *welriekend*, als een sabbatianistische messias getekend wordt (vg 18-19):

    de gemeente-riolering!
    god geef mij wat water
    ik ga de vuile rivier
    het levende leven zijn

30   zijnde het levende leven
    leest jezus de urinoir
    daar staat wat wens en waar
    is menselijk beschreven

    en menselijk beschreven
    en wenselijk is god
    hij rijst uit de urine
    welriekend embryo

---

[24] Eigenlijk kan al aan de zeer bevreemdende eerste regel beluisterd worden, dat dit gedicht bepaald wordt door het thema van onderworpenheid. Hierbij gaat het in het bijzonder om de knechting van de mens in zijn seksuele leven door verschillende instituties op religieus terrein. Vanwege de dominantie van dit andere thema, waarbij de bijzondere voorstelling van de instituties die seksuele knechting veroorzaken, aansluit -naast de *duiventree* is er sprake van *een stem hebben in een stortvloed van omarmingen* en van *kuisheid die als klimop klimt overal inkijkt-*, hoort dit gedicht in een andere context thuis (zie p. 254, n.141).

>   welriekend urinedier
>   vermeng me met de vissen
> 40 vermeng me met de mensen
>   vermeng me met de maden

Uit de regels 34 en 35 spreekt een scherp begrip van de Kabala. Misschien is God nergens zo *menselijk beschreven* als in de Joodse mystiek.

Het gedicht 'verdediging van de 50-ers' is door zijn thema nauw verbonden met de 'introductie'. Zoals Lucebert zich in de 'introductie' schrap zet tegen de *dovenetels*, zo polemiseert hij in 'verdediging van de 50-ers' tegen de *letterdames en letterheren*. Maar de parallel gaat verder. In beide gedichten spitst de polemiek zich toe op de behandeling van het thema seksualiteit en wordt met name het vervormen of verzwijgen van dit thema aan de kaak gesteld.

In 'verdediging van de 50-ers' wordt geponeerd dat het *schandeleven* geenszins aan de letterdames en -heren voorbij gaat. De poëtische neerslag van de eigen ervaring stelt echter niet veel voor, want *de vreugde met een vreemde vrouw in bed* wordt *des anderen daags in kuise verzen omgezet*. Tegelijk wordt op afstand meegenoten van de ervaring van anderen, waarbij *groene dagboekbladen* de voorkeur genieten. Dit type schijnheiligheid in seksuele aangelegenheden komt de letterdames en -heren te staan op de kwalificatie van *parasieten op het nightbarmeisjesbeest*.

In de onverbloemde aanval op de moraal van hun tegenstanders die het gedicht 'verdediging van de 50-ers' is, verdedigt Lucebert de poëzie van de experimentelen met de stelling dat het kwaad niet verzwegen mag worden. De opponenten, aan wie overigens in het algemeen weinig kracht van stem wordt toegeschreven - er is herhaald sprake van *fluisteren*, eenmaal ook van *neuzelen* -, krijgen te horen dat hun *fluisteren* zinloos is en dat het juist de taak van de poëzie is om het kwaad, dat in kabalistische zin als *vuil* wordt aangeduid, aan de orde te stellen (vg 406-407):

>   fluister niet dat wij eten levend vuil.
>   reeds duizend eeuwen schreeuwen gij en wij vuil uit de naden
>   der zekerheden en dan, uw fluisteren verduistert niet het kwade.

Deze verdediging mondt uit in een laatste, scherpe aanval op de collega's, waarin aan de kabalistische symboliek het beeld van een zwellende blaas wordt ontlokt. Aan de tegenstanders die met lauwheid en doodsheid geassocieerd worden en wier leuzen zich al in de nabijheid van het riool lijken te bevinden, wordt een stinkende toekomst voorspeld. Tegenover hun *snoepen* uit eerder genoemde dagboeken staat het *eten* en zelfs *zwelgen* van de nieuwe dichters. Zoals in de 'introductie' gepleit wordt voor een voortdurende beweging tussen de uitersten van duisternis en licht, zo wordt hier gewaarschuwd dat de experimentelen het kwaad niet uit de weg zullen gaan, maar het zogenaamde vuil integendeel zullen verorberen. Hierdoor zal hun blaas zo zwellen tegen de muur van hun opponenten, dat deze omver zal gaan:

>   fluister niet, als waart gij de progressieven,
>   dat wij verouderd zijn, herkauwende de dada.
>   uw lauwe leuze liggen op het water langs onze kaden,
>   gummi-alen in uw elastieke artistieke dood

en nog gij neuzelt over jeugd en deugdproblemen, financiële nood:
straks zult gij stinkend in uw lauwe schoot verkrinkelen en dan -
godverdomme - geen genade.

alleen weet, vredig nederland, ik en mijn kameraden,
wij houden de muze als een paraplu in onze broeken
en zoeken ons dekadentenlot in het record: te braden,
volledig bruin te braden in de genaden van zwelgen en vervloeken.
tegen uw muur zwellen wij met het rapalje tot een blaas
een zware zak met lachen, krampen, gillen en geraas:
uw hemel wordt met onze zwerende ervaring overladen.

Eén van de bijzondere kenmerken van 'verdediging van de 50-ers' is, dat aanval en verdediging ook gevoerd worden langs de lijnen van de tegenstelling tussen nationale benepenheid en internationale oriëntatie. Door de verzen van de experimentelen 'jaagt de geest van Blake, Rimbaud of Baudelaire', in die van hun tegenvoeters valt hiervan niets te bespeuren. Het is níet zo, dat zij deze dichters niet zouden lezen, maar, net zoals de vreugde met een vreemde vrouw geen sporen achterlaat, zo wordt ook ieder spoor van deze dichters in vreemde talen gecamoufleerd: *de hollandse cultuur is hol van helen*. De cultuurdragers passen aldus in hun onmiddellijke omgeving. Nederland wordt als benepen in nationale zin afgeschilderd. De 'struise dochters en stoere zonen die in het huis dat in Holland staat wonen', houden ramen en deuren van dat huis teveel dicht. Er waait geen frisse wind door, op de vlagen waarvan bijvoorbeeld contact met andere volken en culturen aangedragen zou kunnen worden.

3   het kwaad van Jodenvervolging en nationalisme: 'as alles' en 'vaalt'

De tegenstelling tussen nationaal en internationaal speelt eveneens een rol in 'as alles'. Ik herinner nog eens aan de geschiedenis van Naomi die in de naamregels die aan haar zijn gewijd, is samengevat (zie p. 35-36). Voor Naomi is het leven in den vreemde een beproeving waarmee zij desondanks verzoend wordt. De beproeving is gelegen in het verlies van man en zonen, de verzoening in het naar Christus vooruitwijzende kleinkind dat haar door de schoondochter uit den vreemde, de Moabietische, geschonken wordt.

De oppositie 'nationaal versus internationaal' klinkt in het gedicht niet alleen door in *moab*, de naam van het vreemde land. Deze tegenstelling, die zich in het geval van Naomi laat concretiseren als de gang van het vaderland naar het vreemde land en vandaar weer naar het eigen land, wordt onderstreept door een opmerkelijke variatie die in het gedicht als geheel aan de orde is. Ik doel op de volgehouden overgang van de éne taal in de andere, die in het gedicht een zachte, doch dwingende beweging, zoals die van de slinger van een klok, gaande maakt (vg 429):

```
        as alles
        melasse alles
        van meethand melasse alles
        mara made in moab
5       kaïn naphtali barrabas rothschild reich
        noömi made in mara
        melasse alles

        wel 6 kop gerst werd op haar hoofd gezet
        maar gestalte alleen geeft de auslade eisenwucht noemer en naam
10      of de sephiroth zwaait
        maten van de metaphoon
        mara made in moab
        noömi made in mara
        maar alles is melasse
15      en alles is as
```

In de eerste strofe staat tussen de Naomi-regels de lange naamregel die begint met *kaïn*, ingeklemd. In dit geheel van drie naamregels wordt het uiterste gevergd van de concentratie op vreemde namen en talen. Terwijl in de regels over Naomi Engels doordringt, duikt in de regel daartussen Duits op. In de tweede strofe dringt eerst Duits door. Dit gebeurt op een plaats, die vergelijkbaar is met die in de eerste strofe: de woorden *auslade eisenwucht* staan ook hier in de langste regel, die bovendien eveneens een naamregel is. Via het kabalistische *sephiroth* en het eveneens als vreemd woord aandoende *metaphoon*, wordt de slingerende beweging van taal naar taal besloten met de herhaling van de Naomi-regels.

De twee naamregels die elk de langste van hun strofe zijn, maak ik tot het uitgangspunt van analyse. De ritmisch-fonologische structurering van de lange naamregel uit de eerste strofe is zeer bijzonder. Ritmisch vormt het eenlettergrepige *reich* het slotakkoord van de reeks van uit twee, drie, nog eens drie en weer twee lettergrepen bestaande namen. Fonologisch correspondeert de overgang van assonantie naar alliteratie met de overstap van de éne taal op de andere: op de mooie verdeling van afwisselend lange en korte /a/- en /i/-klanken volgt de herhaling van /r/. De naam in het midden van de regel vervult een brugfunctie. Terwijl de klinkers ervan zorgen voor aanhechting aan de twee voorgaande namen, wordt van de drie medeklinkers uit *barrabas* de verdubbelde /r/ voortgezet in het allitererende paar *rothschild reich*. Ik zie in deze fonologische brugfunctie ook een verklaring voor de spelling met dubbel-/r/. De spelling *barrabas* is niet gebruikelijk en verduistert de samenstelling en dus ook de betekenis van de naam. Gewoon is *Barabbas* of *Bar-Abbas*, wat 'zoon van de vader' betekent[25].

---

[25] Walrecht vestigt eveneens de aandacht op deze kwestie en wijst voorts op de spelling van *noömi* en *naphtali*. In *naphtali* in plaats van *naftali* zie ik niet meer dan aansluiting bij de spelling van *sephiroth* en *metaphoon*. In *noömi* in plaats van *naömi* lees ik een poging om haar beide namen equivalent te maken: *noömi* en *mara* zijn gelijk wat het patroon 'tweemaal dezelfde lange klinker' betreft. Verder kan, wat het paar *noömi* - *naphtali* betreft, nog gewezen worden op de mooie verbinding die door het patroon 'tweemaal dezelfde klinker + /i/' tot stand wordt gebracht. Walrecht, *Ruimtevrees. cit.*, p. 18-19.

Het hechte verband dat door de verbindingsschakel *barrabas* tot stand gebracht wordt, maakt deze naam tot het beste aanknopingspunt voor ontrafeling van het ingewikkelde web van relaties dat tussen het totaal van de namen van het gedicht gesponnen is. De fonologische brugfunctie attendeert op semantische equivalentie, zowel vooruit als achteruit in de regel. Ik begin met de tweede helft van regel 5. Door de nevenschikking van *rothschild* en *reich* kan niet uitgesloten worden dat in de naam *reich* de betekenis van het bijvoeglijk naamwoord *rijk* doorklinkt. Mogelijk nog begunstigd door *reich*, onthult de bankiersnaam *rothschild* in *barrabas* een financieel aspect, dat op zijn beurt aansluit bij het verhaal van Naomi, waarin geldzaken een belangrijke rol spelen.

Barabbas is de oproerkraaier wiens levenspad dat van Jezus kruist. Hij zit gevangen ten tijde van de gevangenneming van Jezus. Verantwoordelijk bestuurder is Pontius Pilatus, degene aan wie de uitdrukking "zijn handen in onschuld wassen" te danken is. Pilatus speelt zijn twee gevangenen Jezus en Barabbas tegen elkaar uit en laat aan het volk de keus, wie van beide vrijgelaten zal worden. De keus valt op Barabbas, waarmee de veroordeling van Jezus getekend is. Voor de vrijlating van Barabbas wordt dus met de kruisiging van Jezus betaald.

Zoals de vrijlating van Barabbas een bepaalde prijs kost, zo ook de hand van Ruth. Boaz wordt in de Bijbel als *losser* aangeduid. Hij bevrijdt Naomi van haar materiële en immateriële zorgen door van haar het land van haar overleden echtgenoot te kopen, waarmee hij tevens de hand van Ruth verwerft. De koop wordt gesloten op basis van regels van het familierecht. Boaz is verwant aan Naomi en neemt door de financiële transactie ook de plicht van het zogeheten leviraatshuwelijk op zich, het huwelijk dat de broer van hem die zonder zoon gestorven is, moest sluiten met de weduwe. Overigens laat het verhaal over zijn mogelijkheden en intenties geen twijfel bestaan. Boaz is een vermogend man en wordt bij zijn optreden, waarbij hij bovendien een andere, nadere bloedverwant moet passeren, gedreven door de wil tot het huwelijk met Ruth.

Op het materiële motief uit het verhaal van Naomi, Ruth en Boaz wordt gezinspeeld in het begin van de tweede strofe. De regel *wel 6 kop gerst werd op haar hoofd gezet* varieert op het hypogram 'een prijs op iemands hoofd stellen' en verwijst verder naar de omstandigheden waarin Ruth en Boaz kennismaken: Ruth leest korenaren op de akkers van Boaz, wanneer de gerst wordt geoogst. Mogelijk wordt met de *6 kop gerst* verder nog in het bijzonder verwezen naar de "zes maten gerst" die Boaz afmeet in de sluier van Ruth, opdat zij niet met lege handen bij haar schoonmoeder thuiskomt (Ruth 3:15).

Het woord *auslade* dat in de volgende regel optreedt, verwijst naar Boaz' functie van losser, hoewel er achter deze verwijzing wel een forse sprong van de éne naar de andere taal schuil gaat. Boaz is de losser-koper die door zijn koop de verarmde Naomi in staat stelt zich van haar schuldenlast te ontdoen, en haar voorts bevrijdt van de zorg om haar weduwe geworden schoondochter. Terwijl het Nederlandse *lossen* deze financiële betekenis volledig dekt - het werkwoord betekent onder meer 'loskopen, afkopen, door betaling aflossen' -, is dit niet het geval met het Duitse *ausladen*. Dit werkwoord deelt met het Nederlandse *lossen* alleen de betekenissen 'uit- en ontladen', en verder benadert het de betekenis van een gespecialiseerd voorbeeld ervan. Zoals in het Nederlands gesproken kan worden van *duiven lossen*, zo kan in het Duits gesproken worden van *Fahrgäste ausladen*. De respectieve betekenissen, 'duiven laten uitvliegen' en 'passagiers laten uitstappen', komen in de betekenis 'loslaten' overeen.

Voorlopig concludeer ik dat *auslade* weliswaar zinspeelt op de functie van Boaz als losser, maar dat de betekenis van *lossen* aan het wankelen gebracht wordt door de onvolledige overlapping van de betekenissen van het Nederlandse *lossen* en het Duitse *ausladen*.

Het niet genoemde, maar geïmpliceerde woord *losser* wordt des te sterker geïmpliceerd door een verdere relatie tussen *noömi* en *barrabas*. Beide zijn verbonden met Jezus: zoals in het huis van Naomi een kind geboren wordt dat vooruitwijst naar Jezus, zo kruist Barabbas de levensweg van Jezus. Deze nadere verbondenheid van Naomi en Barabbas evoceert de morfologische equivalentie *losser - verlosser*. Het feit dat Boaz betaalt voor de hand van Ruth en Jezus voor de vrijlating van Barabbas, plaatst de *losser* Boaz op één lijn met de *verlosser* Jezus[26].

Niet alleen Naomi en Barabbas zijn nader verbonden, maar ook *noömi* en *rothschild*. De relatie tussen deze beide namen wordt verdiept door een aspect van emancipatie. Mayer Amschel Rothschild legt de grondslag voor het internationale bankiershuis dat in de gehele negentiende eeuw van grote invloed is geweest. Deze vader van vijf zoons sticht rond 1760 in Frankfurt de eerste bank, waarna zijn zonen het bedrijf uitbreiden. In de eerste twee decennia van de negentiende eeuw vertakt het huis zich met zelfstandige banken in Londen, Berlijn, Wenen, Parijs en Napels over een belangrijk deel van Europa. Het emancipatoire aspect in het verhaal van Naomi is gelegen in de opname van een vrouw uit een vreemd land in een Israëlitische familie. De familie Rothschild heeft evenmin verzuimd haar vooraanstaande positie op maatschappelijk terrein voor emancipatoire doeleinden aan te wenden. De zoon die in Frankfurt opvolgt, Anselm Rothschild, weet in 1811 volledige burgerrechten voor de Duitse Joden te verwerven.

Bij het aspect van emancipatie dat Naomi en Rothschild verbindt, sluit *reich* aan. Wilhelm Reich (1897-1957) is een Oostenrijks psychoanalyticus, die al op jeugdige leeftijd deel uitmaakt van de Weense kring. De fusie van psychoanalyse en marxisme in zijn "Sexpol"-theorie, een afkorting die staat voor 'sexual politics', maakt hem tot een bijzonder pleitbezorger voor de emancipatie van de seksualiteit. Hij verbindt het inzicht dat de geestelijke en lichamelijke gezondheid van de mens afhangt van het seksuele leven, met de gedachte dat het universum beheerst wordt door de vrije doorstroming van wat hij orgastische energie noemt. In hoeverre hij hierbij door de Kabala beïnvloed is, kan ik niet beoordelen, maar ik ben er zeker van dat zijn revolutionaire opvattingen op het terrein van de seksualiteit deel uitmaken van de redenen waarom Lucebert juist aan hem als laatste in zijn reeks van namen een plaats geeft (zie p. 251)[27]. Het belang van Reich, die zijn invloed tijdens zijn leven zelf nogal sektarisch doseerde, is omstreden, maar men is het er vrij algemeen over eens, dat zijn invloed op de golf van bevrijdingsbewegingen van de jaren zestig onmiskenbaar is.

---

[26] In de *Nieuwe Vertaling* is in Job 19:25, Spreuken 23:11 en Jesaja 54:5 en 8 *Verlosser* vervangen door *Losser*. Zie voorts: *Van Dale*, s.v. *losser*.

[27] Interessant is dat Reich niet alleen in het werk van Lucebert een rol speelt, maar ook in dat van Asger Jorn, de belangrijkste vertegenwoordiger van de Deense tak van Cobra. Zie hiervoor: Graham Birtwistle, *Living Art. Asger Jorn's comprehensive theory of art between Helhesten and Cobra (1946-1949)*. Reflex Utrecht 1986, p. 86.

De fonologische brugfunctie van *barrabas* suggereert ook semantisch verband tussen de leden van de eerste helft van de regel, *kaïn naphtali barrabas*, dat even gemakkelijk aangetoond lijkt te kunnen worden als dat tussen de leden van de tweede helft van de regel, *barrabas rothschild reich*.

In een gedicht waarin 'afval' in de vorm van *as* en *melasse* optreedt, kan het kwaad niet ver weg zijn en de eerste helft van regel 5 is ongetwijfeld één van de plaatsen waar het de kop opsteekt. Kaïn, oudste zoon van Adam en Eva, is de moordenaar van zijn broer Abel. Barabbas is met hem verbonden als iemand die voor een misdrijf gevangen is gezet. Het probleem schuilt in het feit, dat tussen deze twee zo duidelijk door het kwaad verbonden namen *naphtali* in staat, in wie weinig kwaads te ontdekken valt.

Naphtali of Naftali is één van de zonen van Jakob, de aartsvader met de bijnaam *Israël*, aan wie het volk van Israël zijn naam dankt. Jakob, gehuwd met de zusters Lea en Rachel, wordt met een rijk nakroost gezegend. Hij is de vader van twaalf zonen, die de twaalf stammen van Israël vormen. Naftali hoort wel en niet bij de kinderen van Rachel, en er zou kwaad in hem kunnen schuilen op grond van dit feit. Naftali is de zoon van Rachels dienstmaagd Bilha. Hier zou een aanknopingspunt kunnen liggen, ware het niet dat het Rachel zelf is die, uit wanhoop over haar kinderloosheid tot dan toe, de verbintenis tussen haar man en haar dienstmaagd tot stand brengt. Opmerkelijk zijn de woorden die Jakob aan Naftali wijdt, wanneer hij op zijn sterfbed zijn zonen zegent: "Naftali is eene losgelatene hinde; hij geeft schoone woorden" (Gen.49:21). In de *Zohar* geldt de hinde als een symbool voor de Shechina[28]. Een verklaring voor het feit dat uit de twaalf zonen van Jakob juist Naftali gekozen is, zou gelegen kunnen zijn in de relatie van Naftali met de Shechina, die als de laatste en laagste sefira een kwetsbare positie inneemt, en in ieder geval een nimmer aflatende strijd met de belangrijkste vrouwelijke vertegenwoordiger van het rijk van het kwaad, Lilith, moet voeren. Anderzijds dient vastgehouden te worden, dat *naphtali* ook op fonologische gronden gekozen zou kunnen zijn, óf op grond van de belofte van dichterschap die besloten lijkt in de 'schone woorden' waar zijn vader over spreekt.

Voorlopig kan geconcludeerd worden dat de fonologische brugfunctie van *barrabas* door duidelijke semantische relaties wordt ondersteund. Barabbas is hecht verbonden met Kaïn enerzijds en met Rothschild en Naomi anderzijds. Hier staat tegenover dat zijn relatie met Reich zwak is en die met Naftali onduidelijk. De twee dragers van het semantisch verband, de verbindende schakels op ethisch en op financieel terrein, worden dus beide enigszins gerelativeerd. Zoals de verbindende functie van het kwaad verzwakt wordt door de onduidelijke positie van Naftali, zo zorgt het emancipatoire aspect in Naomi, Rothschild en Reich voor relativering van de financiële schakel. Ik leid hieruit af dat de schakels op ethisch en financieel terrein gebundeld moeten worden door een andere factor.

Deze overkoepelende factor is de geschiedenis, in het bijzonder de Joodse geschiedenis. De brugfunctie van Barabbas ontpopt zich volledig op historisch vlak, een terrein waarop hij een tussenpositie inneemt tussen alle overige personen, die door hem in een logisch verband dat ook aan Naftali en Reich een plaats geeft, gerangschikt worden. Barabbas is de tijdgenoot van Jezus, die de overigen verdeelt in personen van voor

---

[28] Tishby, *The Wisdom of the Zohar. cit.*, Vol.I, p. 379 en 325-326 (Zohar I 246b).

en van na Christus. Hij is de schakel tussen oude en nieuwe tijd, door wie de bijbelse geschiedenis van het Joodse volk verbonden wordt met de moderne geschiedenis ervan.

De forse stap in de geschiedenis die van *barrabas* naar *rothschild* gezet moet worden - een stap van eerste naar negentiende eeuw -, maakt de evenmin geringe stappen in de reeks als geheel zichtbaar. De enorme tijdspanne die door de namenreeks als geheel overkoepeld wordt, maakt dat deze in laatste instantie geïnterpreteerd moet worden als een beknopte geschiedenis van het Joodse volk. Met *kaïn* is de oudste mensenzoon genoemd, de zoon van Adam en Eva. Met *naphtali* is één van de zonen van de aartsvader Jakob genoemd, en daarmee één van de twaalf stammen van Israël. Op *naphtali* volgt *noōmi*, die zich tussen Naftali en Barabbas in nestelt als de grootmoeder van het kind, dat de vader van Isaï of Jesse zal worden, naar wie de stamboom van Jezus "boom van Jesse" heet. Met *barrabas* wordt de tijdgenoot van Jezus genoemd en met *rothschild* wordt de stap naar de moderne geschiedenis gezet. Met *reich* tenslotte wordt de lijn doorgetrokken naar het heden. Hij representeert een zo nabije geschiedenis, dat de grens tussen heden en verleden wordt overschreden en de stap naar de eigen tijd wordt gezet.

Het probleem van een eigen land, dat onlosmakelijk met de Joodse geschiedenis verbonden is, is op verschillende manieren in de reeks van namen uitgedrukt. Het is geïmpliceerd in het feit dat de namenreeks als geheel de geschiedenis van het Joodse volk samenvat. Het wordt uitgedrukt in de tussen *barrabas* en *rothschild* liggende overstap van de éne taal op de andere, waarin de stap van land tot land gelezen kan worden. Misschien moet zelfs in de opvallende klinkerwisseling die het merendeel van de namen kenmerkt - in dit licht staan *kaïn*, *naphtali*, *noōmi* en *rothschild* tegenover *barrabas* en *reich* -, een ondersteuning van deze stap van taal naar taal gelezen worden. Het wordt tenslotte uitgedrukt door iedere naam afzonderlijk, die staat voor de geschiedenis van een leven dat niet aan het probleem van een eigen land heeft kunnen ontsnappen.

Kaïn is het kind van de 'eerste verdrevenen', de verdrevenen uit het paradijs. *Naphtali* staat voor één van de stammen die het beloofde land, dat Mozes alleen maar heeft mogen zien, feitelijk in bezit mogen nemen. *Noōmi* is de vrouw die dat land tijdelijk moet verlaten, maar er naar terug kan keren. Ten tijde van *barrabas* maakt het 'eigen' land deel uit van het Romeinse Rijk, waarvan de stadhouder Pilatus een vertegenwoordiger is. Het internationaal vertakte bankiershuis *rothschild* staat voor de diaspora. *Reich* tenslotte staat voor de verdrevene uit de eigen tijd, op de vlucht voor het nationaal-socialistisch bewind van Duitsland. Reich vertrekt in het begin van de jaren dertig uit Wenen om zich in Berlijn te vestigen. Nadat Hitler aan de macht gekomen is, vlucht hij in 1933 naar Scandinavië, waar hij zowel in Denemarken, als in Zweden en Noorwegen tijdelijk woont en werkt, om in 1939 over te steken naar de Verenigde Staten. Hij trekt hiermee een spoor in de tijd en op de landkaart, dat hij met velen deelt[29]. Aan het eind van zijn reeks van namen plaatst Lucebert dus een eigennaam die tegelijk zinspeelt op de naam van het bewind dat Reich verdreven heeft, het Derde Rijk of Dritte Reich, zodat geconcludeerd moet worden dat in *reich*

---

[29] Lewis A. Coser, *Refugee Scholars in America. Their impact and their experiences.* Yale University Press New Haven and London 1984, p. 60-62. Zie voor Roman Jakobson, die dezelfde weg via Scandinavië naar Amerika is gegaan: ibidem, p. 250-254.

niet alleen het bijvoeglijk naamwoord maar ook het zelfstandig naamwoord *Reich* doorklinkt.

Toch is hiermee nog niet 'alles' over de zo uitzonderlijk vormgegeven regel gezegd. *Naphtali* duidt weliswaar op Jakob als aartsvader van het volk van Israël en maakt de historische brugfunctie van *barrabas* duidelijk, maar waarom juist híj uit de twaalf zonen van Jakob gekozen is, is nog onvoldoende verklaard. Ik moet hier een bescheiden excurs over een woord van de dichter uit een brief inlassen.

Op 8 april 1993 stuurde ik Lucebert de tekst van een artikel over het verband tussen zijn nieuwste poëzie en het oudste werk, waarin onder andere 'as alles' aan de orde komt (zie p. 363). In antwoord hierop ontving ik een brief van Lucebert waarin hij schrijft: "wist u dat het hebreeuwse woord naphtalie, vertaald in het duits, «mein Kampf» betekent?"[30]. Rachel vat haar gevecht tegen de kinderloosheid en tegen haar zuster Lea, die Jakob al wel kinderen geschonken heeft, op als een strijd van God. Naar de woorden (Gen.30:8) "Ik heb worstelingen Gods met mijne zuster geworsteld" heet het door haar dienstmaagd gebaarde kind Naftali, 'mijn strijd' of 'mijn worsteling'. Lucebert verwijst dus niet alleen met de naam van Wilhelm Reich naar de meest recente geschiedenis, maar ook met die van één van de twaalf zonen van Jakob, omdat de naam *naphtali* vertaald kan worden in de titel van Hitlers "Mein Kampf"[31]. De keuze voor Naftali dwingt tot de conclusie, dat in de lange naamregel van de eerste strofe op verschillende manieren Duits doordringt: hoorbaar en onverhuld in *rothschild reich*, en zeer verhuld en alleen leesbaar in *naphtali*.

De lange naamregel van de tweede strofe onderscheidt zich door zijn ongrammaticale structuur en buitensporige regellengte. De naamregel is onderdeel van een groter syntactisch geheel, dat de eerste drie regels van de tweede strofe beslaat. Dit bestaat uit een passieve en een actieve zin, waarvan de tegenstelling wordt onderstreept door het nevenschikkend voegwoord *maar*. De actieve zin is over twee regels verdeeld en in zich geleed. Voor deze geleding zorgt het nevenschikkend voegwoord *of*, dat de twee helften van het predikaat verbindt. De naamregel is de middelste regel. Ingelast tussen de zin in de lijdende vorm waarvan het logisch onderwerp niet is uitgedrukt enerzijds, en het door *of* aangesloten vervolg van het predikaat van de actieve zin waarvan het onderwerp niet meer uitgedrukt hóeft te worden anderzijds, geeft de naamregel met *maar* alle ruimte aan het onderwerp:

---

[30] De brief van Lucebert is gedateerd 12 april 1993.
[31] Vaststelling van de betekenis van de naam van Naftali stelt, zo wordt in het heden geponeerd, voor 'aanzienlijke problemen'. Zie hiervoor: Claus Westermann, *Genesis. Biblischer Kommentar Altes Testament*. Bd.I, 2.Teilband, Genesis 12-36. Neukirchener Verlag Neukirchen Vluyn 1981, p. 579. Dit neemt niet weg dat in uitgaven van de Luther-Bijbel uit het einde van de vorige en het begin van deze eeuw bij de naam van Naftali de kanttekening "mein Kampf" te vinden is.

Vanzelfsprekend had ik, gegeven de significantie van de namen *noömi* en *mara*, ook de betekenis van de andere namen in het gedicht moeten onderzoeken. Voor de volledigheid zij hier vermeld dat Moab 'van de vader' betekent, naar Genesis 19 vers 37, en Kaïn 'verworven', naar Genesis 4 vers 1, en dat er in de *Stuttgarter Jubiläumsbibel* de aandacht op gevestigd wordt, dat in Barabbas en Jezus de zoon van een anonieme vader staat tegenover de Zoon van de Vader.

> wel 6 kop gerst werd op haar hoofd gezet
> maar gestalte alleen geeft de auslade eisenwucht noemer en naam
> of de sephiroth zwaait

De ongrammaticaliteit resulteert uit de typische plaatsing van het subject tussen de twee helften van het predikaat in en uit de opeenhoping van gedichtelementen op de plaats waar alleen het subject kan staan. De spanning tussen het door een reeks van gedichtelementen aangeduide onderwerp en het simpele enkelvoud van enerzijds *geeft* en anderzijds *zwaait* is groot. Terwijl met behulp van de structuur 'onderwerp plus bijstelling' tenminste een deel van de ongrammaticaliteit ondervangen had kunnen worden, laat het syntagma *de auslade eisenwucht noemer en naam* deze structuur niet zien. Alleen in *noemer* is duidelijk een handelende persoon te ontdekken; dit element staat echter niet op de eerste, maar op de voorlaatste plaats in het syntagma. Bijzonder is verder de plaats die aan *alleen* gegeven is. Direct volgend op *gestalte*, waarmee het door fonologische equivalentie verbonden is, spitst *alleen* de tegenstelling tussen passieve en actieve zin toe op die van *kop* en *hoofd* versus *gestalte* of 'deel versus geheel'.

Door de overbelasting van de subject-positie aan het eind van de naamregel, slaat deze in visueel opzicht uit en in grammaticaal opzicht door. De interpretatie van dit in tweeledige zin uit balans raken van de regel als een iconisch teken, kan niet al te veel problemen opleveren. Het subject dat *gestalte geeft ... of de sephiroth zwaait*, is God. De lange naamregel van de tweede strofe raakt uit balans, omdat aan het einde ervan God staat. Dat de verhouding tussen de lange naamregel uit de eerste strofe en die uit de tweede strofe zoek is, wordt verklaard door het feit dat tegenover de namen van Kaïn, Naftali, Barabbas, Rothschild en Reich de naam van God staat.

Het gezamenlijk optreden van de elementen *gestalte*, *noemer en naam* en *sephiroth* in het geheel van de actieve zin is als de presentatie van een staalkaart van de kabalistische symboliek. Het proces van ontplooiing van de sefirot wordt zowel talig als lichamelijk voorgesteld. Gesteund door de fundamentele correspondentie die de Kabala waarneemt tussen de lijst van namen enerzijds en de lijst van lichaamsdelen anderzijds - die uiterst belangrijke correspondentie die het hart van de gevarieerde kabalistische symboliek vormt, en waaruit Lucebert de kern van zijn poetica, de equivalentie van *naam* en *lichaam*, heeft afgeleid (zie p. 126) -, leidt deze talige én lichamelijke opvatting van de emanatie van God tot de principiële verwisselbaarheid van naam en lichaam als inhoud van de sefirot. Wat er ook aan het einde van het proces van emanatie staat, naam of lichaam, er staat steeds dezelfde, in het totaal der sefirot ontplooide God.

Van de reeks *gestalte*, *noemer en naam* en *sephiroth* spreekt het woord *sephiroth* voor zichzelf. Hiernaast is de talige voorstelling van de sefirot gerepresenteerd door de elementen *noemer* en *naam*, en de lichamelijke door *gestalte*. Het verschil in syntactische functie is significant. Terwijl de groep *noemer en naam* deel uitmaakt van het subject-syntagma, is aan *gestalte* en *sephiroth* de functie van object toegekend. Dit verschil duidt erop, dat aan de talige opvatting van het proces van emanatie het primaat is verleend. De eerste rang van de taal wordt bevestigd door het gedicht als geheel, dat niet alleen door een overmaat van naamregels gekenmerkt is, maar ook op de regel met *sephiroth* nog eens een regel met *metaphoon* laat volgen.

Het predikaat is niet alleen door de invulling met *gestalte* en *sephiroth* betekenisdragend, maar ook en vooral door de vorm. Van het nevenschikkend voegwoord *of* is veel gevergd. Het moet de afstand overbruggen, die resulteert uit het feit dat het uitgesponnen subject het predikaat in tweeën splitst. Het is hiertoe in staat op basis van het gegeven dat het lichaam gesubstitueerd kan worden voor de sefirot. Beide formuleringen, *gestalte geven* en *de sephiroth zwaaien*, drukken hetzelfde handelen uit. Het maakt dus weinig uit in welk van beide bewoordingen het handelen waar het hier om gaat, wordt uitgedrukt. Wat wél uitmaakt is, dat achter dit handelen slechts één subject kan staan. Het subject, of dit nu *gestalte geeft ... of de sephiroth zwaait*, is God. Aan deze exclusieve invulling van het subject is mede uitdrukking gegeven door de bijzondere vorm van het predikaat. Dit ontvouwt zich in een helft ter linker- en een helft ter rechterzijde van het subject, zodat God als de handelende persoon die uiteindelijk alles bepaalt, in het centrum staat van zijn handelen dat zich in verschillende bewoordingen laat vervatten.

Het subject-syntagma laat op het lidwoord een reeks van elementen volgen, waarin zich op basis van semantische equivalentie twee paren laten onderscheiden: *auslade eisenwucht* enerzijds en *noemer en naam* anderzijds. In het laatste paar kan niet alleen het primaat van de taal herkend worden, maar ook de kabalistische gelijkstelling van schepper en schepping, die veroorzaakt dat de kloof tussen subject en object wordt gedicht. In het geval van de talige opvatting van de emanatie van God komt deze neer op de gelijkstelling van de spreker en het gesprokene of, in de woorden van het gedicht, van *noemer en naam*.

Het belangrijkste verschil tussen het eerste en het laatste paar van gedichtelementen dat het subject-syntagma vult is, dat in het laatste wel uitdrukking is gegeven aan een handelende persoon en in het eerste niet. Beide paren bestaan uit een verbale en een al dan niet samengestelde nominale vorm, alleen is de verbale vorm uit het tweede paar, *noemen*, gesubstantiveerd, terwijl dit met die uit het eerste paar, *ausladen*, niet is gebeurd. Er zijn verschillende mogelijkheden ter verklaring van *auslade*.

Ten eerste is denkbaar dat het om een verkorte vorm van *auslader* zou gaan. Door de nauwe relatie met *noemer* is de suggestie dat hier 'eigenlijk' *auslader* had moeten staan - een versie van de zin, waarmee in ieder geval de ongrammaticaliteit in het subject-syntagma was vermeden -, buitengewoon sterk. Ik zie twee redenen waarom Lucebert het woord *auslader* beschouwd zou kunnen hebben als een woord dat vermeden diende te worden. Ten eerste zou hierdoor de uitzonderingspositie van *noemer* aangetast zijn, hét woord dat is gefundeerd op de talige opvatting van het proces van emanatie, en waarin het primaat van de taal zo pregnant tot uitdrukking komt. Ten tweede zou hierdoor een specifieke, technische betekenis geïntroduceerd zijn, die de secundaire semantiek verstoord zou kunnen hebben. Een *auslader* is niet zomaar een 'ontlader', maar een 'instrument ter ontlading van een Leidse fles'[32], een bepaald type condensator dat elektriciteit kan verzamelen en deze na verloop van tijd weer afgeven.

Ten tweede kan *auslade* ook op zichzelf geïnterpreteerd worden. Het komt in een aantal samenstellingen voor. Enerzijds kan gewezen worden op *Ausladeplatz* en *Ausladestelle*, woorden die 'losplaats' betekenen en geen zware connotaties bij zich

---

[32] *Wahrig*

dragen³³. Anderzijds op *Ausladerampe*, 'het platform of perron voor het uitladen van een transportvoertuig'³⁴. Dit laatste woord is geladen met connotaties die, gevoegd bij de in *reich* en *naphtali* onthulde betekenis, de *Rampe* aan het eind van de treinreis naar de concentratiekampen oproepen, waar de eerste 'selectie' plaatsvond, de selectie waarbij, zoals Presser schrijft, "alle kinderen, verreweg de meeste vrouwen en ouden van dagen onmiddellijk naar de gaskamer gingen."³⁵.

De opvatting van *auslade* als het eerste lid van een samenstelling doet een ongebruikelijk langgerekt compositum ontstaan, dat als een soort vooropgeplaatste bepaling de in *noemer en naam* aangeduide God nader omschrijft. In dit licht wordt de aandacht gevestigd op de opmerkelijke lengte en lettergreepequivalentie van *auslade eisenwucht*. Dit paar bestaat uit de twee lange woorden van gelijke afmeting, die het leeuwedeel van de verantwoordelijkheid voor de uitgesponnen lengte van de regel als geheel en van het subject-syntagma in het bijzonder voor zich opeisen. Mede omdat de kabalistische speculatie over de namen van God onder andere geleid heeft tot het postulaat van een aantal uitzonderlijk lange namen (zie p. 269), acht ik de verklaring van *auslade* als het eerste lid van een samenstelling het aannemelijkst.

De kern van het woordpaar, *wucht*, betekent 'gewicht'. Omdat een losplaats 'een plaats waar gelost wordt' is, moet het in *auslade eisenwucht* gaan om een 'ijzergewicht of ijzeren gewicht dat uitgeladen of gelost wordt'. De semantische equivalentie die achter het paar *auslade eisenwucht* schuilt, komt dus overeen met die welke het paar *noemer en naam* verbindt. Zoals *noemer* duidt op de spreker die een bepaald soort woord uitspreekt dat in *naam* genoemd wordt, zo duidt *auslade* op het uitladen of lossen van een last of vracht die in *wucht* genoemd wordt.

De nauwe relatie tussen *wucht* en *naam* wordt bevestigd door het dubbelzinnig gebruik van *maten*. Dit woord komt voor in de regel *maten van de metaphoon*, een regel dus die aansluit bij het primaat van de taal en waarin op de *noemer* wordt gevarieerd met *metaphoon*. Dit nieuwe woord met de betekenis 'meta-stem', verlegt het accent van 'noemen' naar 'stem hebben'. Uit de wijze waarop het predikaat zich om het subject-syntagma plooit, zou afgeleid kunnen worden dat *metaphoon* duidt op de stem die 'te midden van' alle stemmen opklinkt. Andere betekenissen van het Griekse *meta* zijn evenzeer van toepassing. Er zou ook gedacht kunnen worden aan de stem van God als de stem die 'met' en 'in' alle stemmen meeklinkt of 'daarachter' doorklinkt, omdat God als eerste stemhebbende de eerste namen gevormd heeft, en daarmee aan alle stemmen in alle talen hun mogelijkheden en grenzen gewezen heeft. Los van het antwoord op de vraag echter welke specifieke inhoud er aan deze 'metastem' gegeven kan worden, staat het antwoord op de vraag welk verband er door de regel als geheel geschapen wordt. Doordat het produkt van de *metaphoon* in het woord *maten* omschreven wordt, wordt het spreken of noemen van God op één lijn gesteld met het meten of wegen van God.

Ik spreek zo gemakkelijk over 'meten of wegen', omdat het werkwoord wegen niet alleen door *wucht* geïmpliceerd wordt, maar ook door Jesaja 40, de tekst die de

---

[33] *Van Dale Duits-Nederlands*
[34] In *Van Dale Duits-Nederlands* en in *Duden. Wahrig* geeft geen samenstellingen met *Auslade-*.
[35] J. Presser. *Ondergang. De vervolging en verdelging van het Nederlandse Jodendom 1940-1945*. 2 delen. Staatsuitgeverij / Martinus Nijhoff 's-Gravenhage 1965⁴ (1965¹), deel II, p. 414.

basis vormt voor het woord *meethand*, dat 'scheppershand van God' betekent (zie p. 36). In deze tekst komen meten en wegen samen voor: "Wie heeft de wateren met zijne vuist gemeten en van de hemelen met de span de maat genomen, en heeft met een drieling het stof der aarde begrepen, en de bergen gewogen in eene waag en de heuvelen in eene weegschaal?" (Jes.40:12).

De associatie van het uitspreken van de naam met het uitladen van het gewicht verwerft een onheilspellende betekenis dankzij de regel met *meethand*. In de regel *van meethand melasse alles* staat immers niet veel minder, dan dat alles niet anders dan in de vorm van melasse uit de scheppershand van God komt. De onderlinge verbondenheid van noemen of spreken en meten of wegen wijst erop, dat uiteindelijk geconcludeerd zal moeten worden dat aan de schepping van God, hoe ook tot stand gebracht, afvalkwaliteit kleeft.

In het subject-syntagma wordt deze betekenis geïntroduceerd door de vooropgeplaatste bepaling *auslade eisenwucht*. De spanning die ondanks alles tussen het niet gesubstantiveerde *ausladen* en het wel gesubstantiveerde *noemen* blijft bestaan, laat zich pas in het licht van deze 'afval'-betekenis verklaren. Uiteindelijk wordt namelijk ook in het paar *auslade eisenwucht* de afstand tussen subject en object overbrugd. Het gaat bij 'het gewicht dat gelost wordt' niet om een gewicht dat als object buiten God zou staan en dat louter 'verplaatst' zou worden, maar integendeel om een gewicht dat God in zich draagt, zoals God als *noemer* de *naam* in zich draagt, en waarvan hij zich als van een last ontdoet door het uit te laden. De verbale component uit het paar *auslade eisenwucht* betekent dus 'uit het lichaam verwijderen', zodat voorts duidelijk wordt, dat naast de spanning die resulteert uit het al dan niet toepassen van substantivering, zich nog een tweede spanning doet gelden. Dit is de spanning tussen het gebruikte Duitse werkwoord, *ausladen*, en het niet gebruikte, maar geïmpliceerde Nederlandse werkwoord, *lossen*. Het Nederlandse *lossen* kan onder andere 'lozen' betekenen, waarmee de symboliek van het systeem der sefirot dat als een menselijk lichaam afvalstoffen afscheidt, onvermijdelijk wordt geëvoceerd.

De afvalkwaliteit van het geloste of geloosde gewicht wordt bevestigd door *eisen*, dat als nadere bepaling van de kern *wucht* fungeert. Op het eerste gezicht staan *as* en *melasse* als 'afvalstoffen' tegenover de stoffen *gerst* en *eisen*, die niet in dezelfde zin geladen lijken te zijn. Dit is echter slechts schijn. Door het verhaal van Naomi en Ruth krijgt *gerst* tenminste de connotatie 'afval'. De korenaren lezende Ruth is geen werkneemster van Boaz die aanspraak zou kunnen maken op een deel van de oogst als loon, maar één uit meerdere vrouwen die in het dagelijks brood trachten te voorzien door van het gemaaide veld de resten op te rapen, die de maaiers hebben laten liggen. *Eisen* verwerft de betekenis 'afval' op grond van de bijzondere speculatie van de *Zohar*, dat God ooit als een smid het ijzer der schepping heeft gesmeed.

Van het oude idee uit de midrash dat God werelden schiep en vernietigde, voordat hij deze wereld schiep, wordt in de *Zohar* een bijzonder detail van de sefirot-leer gemaakt, dat pas door Luria volledig geïntegreerd zal worden in de doctrine van emanatie. De *Zohar* interpreteert de eerdere werelden als eerdere emanaties. Het gaat om emanaties van de eerste sefira Keter, die aan de emanatie van Keter in het geheel van tweede tot tiende sefira vooraf zouden zijn gegaan. In dit vroegere, mislukte stadium van emanatie, dat voor de emanatie in het systeem van sefirot en dus ook voor de schepping van de wereld zoals wij die kennen heeft plaatsgevonden, heeft God als een smid het ijzer gesmeed en met een zodanige kracht en een zodanige zwaai van zijn hamer op het aambeeld geslagen - 'kracht' en 'zwaai' zijn twee andere betekenissen van *wucht* -, dat de vonken van het daarop gesmede ijzer afspatten. *Eisenwucht* staat voor deze van het ijzer spattende vonken, *auslade* voor het lot dat deze produkten van een premature emanatie ten deel is gevallen. Omdat de eerdere werelden als mislukte schepping moesten worden beschouwd, heeft God zich ervan ontdaan.

Het beeld van God de schepper als een smid die zijn hamer op het aambeeld neer laat dalen, wordt in de *Zohar* ook in onbelaste zin gebruikt, dat wil zeggen zonder de betekenissen 'afval' en 'kwaad'. Het komt voor ter illustratie van een vers uit Psalm 104, dat tot geen enkele negatieve connotatie aanleiding geeft:

> Rabbi Jizchak begann mit dem Schriftsatze: "Wie viel sind Deine Werke, JHWH, sie alle hast Du in Weisheit gemacht; voll ist die Erde Deines Eigens." Dieser Satz wurde schon viele Male gedeutet. Wer vermag denn die Werke des Allheiligen zu zählen? Wie viele himmlische Heere gibt es und Scharen, die sonder Zahl sind und alle doch zugleich und zusammen, einem Hammer vergleichbar, der zu gleicher Zeit nach allen Seiten Funken sprüht![36]

Hiernaast wordt het gebruikt ter beschrijving van de schepping en teloorgang van de werelden, die aan deze wereld vooraf zijn gegaan. De eerdere werelden zijn van het ijzer vliegende vonken, die even opflakkeren, maar onmiddellijk doven:

> Es hat alte Welten gegeben, die zu Grunde gegangen, gestaltlose Welten, die man Funken nennt; denn so läßt der Schmied, wenn er das Eisen hämmert, nach allen Seiten hin Funken sprühen. Diese Funken sind die alten Welten, und diese alten Welten sind zerstört worden und haben nicht bestehen können, weil der Alte, dessen Name geheiligt sei, noch nicht seine Gestalt angenommen hatte, und der Werkmeister noch nicht an seinem Werke war.[37]

Dat God 'nog niet zijn gestalte aangenomen had', duidt op het feit dat het systeem van sefirot nog niet tot stand was gebracht, dat uitgebalanceerde geheel, waarin tegengestelde krachten elkaar in evenwicht houden. In het bijzonder zijn de oude werelden vernietigd, omdat in de vonken een overmaat van streng oordeel school, die kwaliteit die in het systeem van sefirot terugkeert in de sefira Din, en waaraan dan door de sefira Chesed tegenwicht geboden wordt. De oude werelden hadden ook geen duurzaamheid, omdat die perfecte harmonie die uit de vereniging van mannelijk en vrouwelijk resulteert, nog niet bestond. Het huwelijk tussen de twee centrale sefirot Tiferet en Shechina is het fundament van al wat bestaat. Dankzij dit huwelijk, de verbintenis tussen de koning en de koningin, kan de laatste en laagste sefira, de Shechina, de goddelijke invloed doen toekomen aan de lagere wereld. Zolang deze verbintenis nog niet tot stand gebracht was, moest het geschapene dus wel vergaan,

---

[36] Müller, *Der Sohar. Das Heilige Buch der Kabbala. cit.*, p. 93 (Zohar I 156a). Zie voorts: Tishby, *The Wisdom of the Zohar. cit.*, Vol.II, p. 574.
[37] Franck, *Die Kabbala oder die Religionsphilosophie der Hebräer. cit.*, p. 138 (Zohar III 292b).

omdat het de eerdere werelden als het ware aan voedsel ontbroken heeft.

Een andere beschrijving van de schepping en vernietiging van de eerdere werelden die uit verschillende teksten in de *Zohar* naar voren komt, behoudt eveneens het verband met de overmaat van strengheid of de latere sefira Din, maar legt in het bijzonder de nadruk op het nog ontbreken van het koningspaar. In Genesis 36 is sprake van koningen van Edom, die vóór de koningen van Israël geregeerd hebben. De *Zohar* vat de koningen van Israël op als symbool voor het paar Tiferet en Shechina, en leest in de koningen van Edom de betekenis 'de koningen van de eerdere werelden'. Dat er in de Bijbel over de koningen van Edom niet veel meer wordt verteld dan dat zij een stad bouwden en stierven (Gen.36:31-39), wordt als significant beschouwd en geïnterpreteerd in die zin, dat het register van deze koningen niet meer en niet minder bevat dan het verslag van het korte en onvruchtbare bestaan van de eerdere werelden.

De vernietiging van de eerdere werelden is niet zo compleet, dat er niets van overgebleven zou zijn. Nadat de emanatie in het systeem van sefirot plaats gevonden heeft en de schepping van deze wereld voltooid is, staat uit de resten van de eerdere werelden, een soort bezinksel of droesem, sitra achra of de wereld van het kwaad op. Hoewel het beeld van smid en hamer ook voorkomt in andere, niet met de betekenis 'kwaad' belaste zin, laten Scholem en Tishby er geen twijfel over bestaan, dat de mythologische beschrijving van de teloorgang van de eerdere werelden als het uitdoven van de vonken of de dood van de koningen van Edom, de kiem vormt van Luria's meer uitgewerkte beschrijving van het proces van emanatie[38]. In Luria's leer is geen spoor van een mislukte en dáárom teniet gedane emanatie te bekennen, maar is sprake van één, alomvattend proces, ook al wordt dat dan onderbroken door het dramatisch gebeuren van het breken van de vaten. De speculatie van de *Zohar* over eerdere emanaties wordt door Luria in het proces van emanatie geïntegreerd en consequent beschreven in termen van de symboliek die voortvloeit uit de opvatting van emanatie als een organisch proces. Hierdoor treedt de functie van katharsis duidelijk op de voorgrond. Volgens de leer van Luria draagt God de wortel van het kwaad in zich in de vorm van de 'droesem van de oerkoningen'. De doctrine van het breken van de vaten leert dus, dat God in een vroeg stadium van emanatie gereinigd moest worden van de wortel van het kwaad, vóórdat het proces van emanatie in het systeem van sefirot voortgezet kon worden.

In Luceberts gedicht spelen beide beschrijvingen van de eerdere werelden, die als vonken van het ijzer en die als koningen van Edom, een rol[39]. De koningen van

---

[38] Zie hiervoor: Scholem, *Major Trends in Jewish Mysticism. cit.*, p. 266-267 en: Tishby, *The Wisdom of the Zohar. cit.*, Vol.I, p. 290.

[39] Franck, naar wie hiervoor de tekst over de vonken is geciteerd (zie p. 209), stelt de materie van de eerdere werelden uitvoerig aan de orde. Opmerkelijk is, dat de kleine selectie van teksten die zijn materiaal vormt, exact dezelfde is als die welke in de bloemlezing van vertalingen uit de *Zohar* van Bischoff, meer verspreid, terugkeert. Zie hiervoor: Franck, *Die Kabbala oder die Religionsphilosophie der Hebräer. cit.*, p. 136-140 en: Bischoff, *Die Elemente der Kabbalah. cit.*, I, p. 101-102, 105 en 120-122. Dat beide auteurs precies dezelfde teksten benutten, is niet op het eerste gezicht duidelijk, omdat in de referenties van Franck een fout geslopen is, een probleem dat zich wel vaker voordoet bij het citeren uit het omvangrijke materiaal van de *Zohar*. Voor alle duidelijkheid zij hier vermeld, dat de tekst die Franck als *Zohar* III 148a presenteert, in werkelijkheid *Zohar* III 128a is.

Edom roepen nog een naam op in het gedicht. De Edomieten zijn de nakomelingen van Edom of Ezau. Door Ezau wordt de tegenstelling tussen Jakob en Ezau geëvoceerd, en wordt bovendien de financiële isotopie met een nieuw detail verdiept. Zoals op de koop tussen Boaz en Naomi gezinspeeld wordt door *6 kop gerst*, zo draait de transactie die Jakob en Ezau sluiten, om een kop linzen. Ezau is de tweelingbroer van Jakob, die zijn eerstgeboorterecht verkwanselt voor een kop linzensoep (Gen.25:29-34). Moe en hongerig thuisgekomen van de jacht, laat Ezau zich verleiden door de geurige linzensoep die Jakob heeft bereid, niet beseffend, dat hij een kostbaar goed verkoopt voor een veel te lage prijs. Wanneer Izaäk zijn eerstgeborene wil zegenen, doet Jakob zich aan zijn vader voor als zijn broer. Ezau komt te laat en is zijn eerstgeboorterecht dan echt kwijt. Bij de ingewikkelde vermomming die nodig is om zijn vader te misleiden, wordt Jakob geholpen door zijn moeder. Zij handelt naar een voorspelling uit de tijd van haar zwangerschap. Wanneer Rebekka voorvoelt dat zij een tweeling zal baren, vraagt ze aan God wat dit betekent: "En de Heere zeide tot haar: Twee volkeren zijn in uwen schoot, en twee natiën zullen zich uit uw ingewand vanéén scheiden; en het ééne volk zal sterker zijn dan het andere volk, en de meerdere zal den mindere dienen" (Gen.25:23)[40].

Zoals Jakob achter *naphtali* staat, zo gaat Ezau schuil achter *auslade eisenwucht*. Zijn naam wordt niet genoemd, maar wordt door Lucebert wel elders gebruikt[41]. Ezau wordt in de Kabala rechtstreeks met het kwaad in verband gebracht. Hij is een onderdaan van de vorst van sitra achra (zie p. 247). De tegenstelling tussen Jakob en Ezau speelt ook een rol bij de associatie van de drie aartvaders met de drie zuilen van het systeem van sefirot. Abraham staat aan de rechterzijde, Jakob neemt de positie in het midden in, maar Izaäk staat aan de altijd kwetsbare of dubbelzinnige linkerzijde. De reden hiervoor is, dat uit hem niet alleen Jakob, maar ook Ezau voortkwam[42].

Een bepaald detail uit het verhaal van de koningen van Edom maakt de integratie van deze beschrijving van de eerdere werelden in Luceberts gedicht alleen maar des te aannemelijker. Hierboven is over de verzen uit Genesis 36 die over de koningen van Edom handelen, gesproken als een register, omdat zij niet veel meer bevatten dan een lijst van namen. Ook dit kenmerk van de bijbeltekst ontsnapt in de vaardige exegese van de *Zohar* niet aan interpretatie. In de belangrijkste tekst over de koningen van Edom schuilt de nuance, dat het eigenlijk paradoxaal is, dat zij, óndanks het feit dat zij namen hadden, toch niet konden bestaan. Het is Bischoff die op deze nuance in het bijzonder de aandacht vestigt:

> Alle die so geformten (Ur-)Könige hatten (zwar) ihre Namen (bereits individuelle Formation), konnten aber nicht bestehen, so daß sich schließlich (der Alte der Alten) von ihnen zurückzog und sie für später verhüllte.[43]

---

[40] De laatste zin luidt in de *Nieuwe Vertaling*: "en de oudste zal den jongste dienstbaar wezen."
[41] In 'exodus', waar in de onmiddellijke context van zijn naam *ezau* het weinig goeds voorspellende *doornen* optreedt (vg 23-27).
[42] Zie hiervoor: Scholem, *Kabbalah. cit.*, p. 111 en verder: idem, *Zohar. The Book of Splendor. cit.*, p. 63.
[43] Bischoff, *Die Elemente der Kabbalah. cit.*, I, p. 122 (Zohar III 128a).

In een andere tekst over dezelfde materie wordt deze paradox opgelost. Wanneer de koningen van Edom 'later' aan hun verborgenheid ontrukt worden en hun plaats op het wereldtoneel opnieuw innemen, dan doen zij dat als machten van sitra achra of de andere zijde, en, zoals de *Zohar* het uitdrukt, onder andere namen. De wereld die verloren is gegaan, is dus juist ook in hun namen vastgelegd. De koningen van Edom herrijzen weliswaar, maar onder andere namen. Met hun eerdere bestaan verliezen zij ook hun eerdere naam. Wanneer dé gestalte gevormd is, herrijzen zij - de gestalte die in deze tekst als "mens" wordt aangeduid, maar waarmee opnieuw gedoeld wordt op de perfecte gestalte van de sefirot[44] -, maar zij herrijzen onder andere namen:

> Warum wurden die alten Welten zerstört? Weil der Mensch noch nicht geformt war! Denn die Form (Gestalt) des Menschen schließt alle Dinge in sich, und alles, was besteht, hat nur durch sie Bestand. Da diese Form (Gestalt) noch nicht vorhanden war, konnten die früheren Welten keinen Bestand haben, sondern sie fielen zusammen, bis die Gestalt des Menschen gebildet war. Alsdann entstanden sie alle mit ihr von neuem, aber unter anderen Namen.[45]

De vernietiging door God van zijn eerdere schepping houdt dus twee dingen in: de dood van de koningen van Edom én de teloorgang van hun namen. Aan de dichter van de *naam / lichaam*-equivalentie is het detail van de andere namen niet ontgaan. In 'as alles', waarin die typische verstrengeling van meten en wegen met spreken en noemen tot stand is gebracht, wordt uitgedrukt dat aan alle schepping Gods afvalkwaliteit kleeft. Wat er ook uit de hand van de *noemer* die *gestalte geeft* komt, een naam of een lichaam, het is alles afval.

Ik kom tot een afronding. Luceberts gedicht 'as alles' vertelt twee verhalen. Het schetst de geschiedenis van het Joodse volk en tekent hoe God zich in zijn schepping manifesteert. Deze twee verhalen, met ieder een eigen hoogtepunt in de twee lange naamregels, worden met elkaar vervlochten door de eerste rang die in het gedicht als geheel aan de taal is verleend. De geschiedenis van een volk is samengevat in een reeks namen, de essentie van God is vastgelegd in het woord *noemer*. God is kortom niet als 'de schepper zonder meer' voorgesteld, maar heeft gestalte gekregen als 'de schepper van het Joodse volk'. Hierdoor kan het volk van Israël niet anders dan als het volk van God begrepen worden.

Het historisch bereik is groot. Het gedicht is van bescheiden omvang, maar omvaamt een onvoorstelbaar lange periode. Het reikt van het meest recente verleden tot een moment van rond de schepping, en gaat zelfs nog verder terug in de tijd tot in een tijd van vóór de tijden. Het omspant de tijd tussen een eerdere wereld en het heden. Bijzonder mooi is de inzet van de historische dimensie. Het syntagma waarin

---

[44] Vanzelfsprekend is het niet zonder betekenis, dat de gestalte van het systeem van sefirot als "mens" is aangeduid, maar dat is niet de kwestie waar het mij hier om gaat (zie p. 261). Overigens blijkt er nog weer eens uit, hoe dicht bij de kern van de Kabala Lucebert komt, wanneer hij in (vg 18-19) schrijft, dat God *menselijk beschreven* is (zie p. 197).
[45] Bischoff, *Die Elemente der Kabbalah. cit.*, I, p. 102 (Zohar III 135a-b). Ook Franck legt de nadruk op de andere namen. Franck, *Die Kabbala oder die Religionsphilosophie der Hebräer. cit.*, p. 139. Zie voorts: Tishby, *The Wisdom of the Zohar. cit.*, Vol.I, p. 332-333.

het woord *meethand* een plaats heeft gekregen, zinspeelt op het hypogram van een zegswijze. Met de woorden *van meethand* is niet alleen uitgedrukt dat alles vanwege de scheppende hand van God komt, maar ook dat dit 'van meet af aan' zo is gegaan[46].

De interpretatie die eerder voor de woorden *een broodkruimel op de rok van het universum* is geopperd (zie p. 73), kan worden beschouwd als een interpretatie die de betekenis van *as* ondersteunt. Gezien het feit dat in 'as alles' de geschiedenis van het Joodse volk wordt doorgetrokken naar de eigen tijd, is een specifieke betekenis van *as*, het woord waarmee het als een klok slaande gedicht begint én eindigt, onontkoombaar. Naast de ter verbranding verzamelde kruimels brood, die geïmpliceerd zijn door de afbeelding die Lucebert voor het omslag van *Het boek ik* van Bert Schierbeek heeft gebruikt, komt *as* uit 'as alles' te staan als de afvalstof die rest van de Joodse slachtoffers van het nazi-bewind, die in de gaskamers werden vermoord en vervolgens verbrand.

De dwingende vraag die 'as alles' oproept, is die naar de visie op God. Wat is de rol van God in de historie van het Joodse volk? In het bijzonder dringt zich de vraag op naar de rol van God in het meest recente voorbeeld van vervolging uit de geschiedenis van het Joodse volk. De enorme stap terug in de tijd maakt de druk op het recente verleden des te zwaarder, alsof er niets veranderd is en de geschiedenis van de premature en als mislukt beoordeelde schepping alleen maar is herhaald.

Ik beschouw 'as alles' als één van de ondoordringbaarste gedichten van Lucebert. Mogelijk is dit één van de redenen waarom het gedicht 'ongebundeld' is gebleven. Wat hier ook van zij, er is een ander, wél gebundeld gedicht, waarin dezelfde materie aan de orde is en de dichter zijn visie op de wortel van het kwaad onomwonden te kennen geeft. Dat gedicht is 'vaalt'. Beide gedichten zijn onderling verbonden doordat in 'as alles' de koningen van Edom de tegenstelling tussen Jakob en Ezau impliceren, en in 'vaalt' het kwaad wordt aangewezen in het begrip 'natie': *want heel de natie is verblindend kwaad* (vg 21). Lucebert ziet de wortel van het kwaad in het onderscheid tussen volkeren en legt de verantwoordelijkheid voor dit onderscheid bij God als de schepper van een 'eigen' volk.

'Vaalt' begint bedrieglijk luchtig. Een 'ik' krijgt de opdracht een *excrementenplein* schoon te vegen. Dit woord wordt door zoveel ijle klanken omspoeld, dat de betekenis ervan in eerste instantie nauwelijks doordringt (vg 21):

hij zei mij veeg vrij
dit excrementenplein
en ik in de zonneschijn
nam vork en spade op

De titel is dubbelzinnig. *Vaalt* kan zowel naar een vuilnisbelt als naar een mesthoop verwijzen. De *vork* waar de 'ik' bij zijn werk over beschikt, wordt in de tweede strofe een *riek* genoemd. Een *riek* is een mestvork, een zware en brede vork met lange tanden voor het opscheppen van stalmest. Door *excrementen-* en *riek* wordt de titel gedesambigueerd: met *vaalt* wordt geduid op een mestvaalt. De 'ik' schept echter geen

---

[46] Precies dezelfde, dubbele betekenis leest Walrecht in de woorden *van meethand*. Zie hiervoor: Walrecht, *Ruimtevrees. cit.*, p. 10.

gewone mest op zijn riek. Hij tilt eerst 5 *een meisje van de flikfabriek* op, vervolgens 9 *een blauw en strakgespannen lijf*. Terwijl het meisje al aan *flarden* was, bleek het lijf voor de mestvork te zwaar: het 12 *scheurde langs de tanden af*.

De beschrijving van de lijken in tweede en derde strofe laat nog enige individuele trekken zien. Deze individualiteit verdwijnt in de vierde strofe, 13 *er waren er met geen gelaat*, om in de vijfde strofe terug te keren, scherper en preciezer dan voorheen:

> een vlagje van papier stak int gebit
> van een bij wenken steen geworden kind
> ik ritste met nationale vingers
> de natie uit de lippen van dit kind

Het vlaggetje, een vlag van klein formaat, passend bij de maat van het kind, roept desondanks de vlag als symbool voor de *natie* op. Het bestempelt het kinderlijk tot een 'nationaal lijk'. Het kind, slechts één uit velen op het plein, verduidelijkt dat de lijken een natie vormen. Het excrementenplein dat vol ligt met lijken, is gevuld met de lijken van één volk.

In *wenken* lees ik een verwijzing naar God. Het werkwoord is uiterst zeldzaam. Het komt alleen voor in 'vaalt' en in het erop volgende gedicht. In 'met ijsvulkanen oh noorwegen in de lucht' zijn de woorden *wandelt hij wenkende* (vg 22) duidelijk verbonden met de weg die volgens de wet of volgens het geloof gevolgd moet worden (zie p. 337), reden waarom achter de woorden *bij wenken steen geworden* de hand of het voorschrift van God vermoed mag worden[47]. De stoffen-isotopie sluit hierbij aan. Op het eerste gezicht staan *papier* en *steen* als onaangetast tegenover de in *vaalt* samen te vatten *excrementen*, *flarden* en *draden*. Er mag echter vanuit gegaan worden dat achter *steen* de betekenis 'puin' opdoemt, vanwege het lot dat het *vlagje van papier* beschoren is.

De 'ik' die het symbool van nationaliteit geschrokken waarneemt, treedt gedecideerd op, maar zijn handelen blijft niet zonder gevolgen. Geconfronteerd met het kind met het vlaggetje legt hij zijn mestvork terzijde, om in plaats daarvan zijn vingers te gebruiken. De handeling blijft echter gelijk: zoals hij eerder veroorzaakte dat het te zware lijf langs de tanden van zijn mestvork afscheurde, zo *ritste* of scheurde hij met zijn vingers het vlaggetje uit de tanden en lippen van het kind. Het gevolg is dat hij *nationale vingers* krijgt.

Deze relatie van oorzaak en gevolg blijkt uit het nadrukkelijke verband tussen voorlaatste en laatste strofe. De laatste strofe opent met het causale nevenschikkend voegwoord *want*. *Want* noemt niet de reden voor de verwijdering van het vlagje - een handeling waartoe de 'ik' helemaal niet in staat blijkt en die zijn krachten ver te boven gaat -, maar die voor de *nationale vingers*. Door de aanraking met het vlagje is de 'ik' door de natie *aangeraakt*, een soort besmetting die neerkomt op besmetting met het kwaad:

---

[47] *Wenken* komt verder nog voor in 'arp' (vg 68), één van de gedichten uit de bundelafdeling *de getekende naam*. De regel met *wenken*, *en mijn stem wenkt*, is Luceberts letterlijke vertaling van de regel van Arp *Und meine Stimme winkt* (zie p. 33).

want heel de natie is verblindend kwaad
dat van de kwaadsten maakt een bindend prooi
nu zijn wij allen aangeraakt
en met het allerkwaadste kwaad getooid

De nadrukkelijkheid van de slotstrofe als geheel culmineert in de twee nadrukkelijke rijmparen *kwaad - aangeraakt* en *prooi - getooid*, die als richtsnoer ter verduidelijking van de gelegde relaties kunnen dienen. Het aangeraakt zijn door het kwaad van de natie houdt een paradoxale opschik of tooi in, die allen onontkoombaar doemt tot de dubbelzinnige status van prooi.

Dat de aanraking of besmetting met het in het begrip 'natie' aangewezen kwaad onvermijdelijk is en iedereen insluit, wordt onderstreept door de overgang van *ik* naar *wij*. Uit de laatste strofe is de 'ik' verdwenen, om op te gaan in *heel de natie* en *wij allen*. Dat de status waartoe het begrip 'natie' veroordeelt, onontkoombaar is, wordt onderstreept door *bindend*, een woord dat 'verplichtend' en 'niet vrij opzegbaar' betekent, en dat aansluit bij het aspect van macht, dat in het gebaar *wenken* en de imperatief *veeg vrij* besloten ligt. Zo paradoxaal als de opschik of tooi met het kwaad is, zo ambigu is de status van *prooi*. De *kwaadsten* heten *een bindend prooi*. Zij zijn *bindend* in die zin, dat niet aan hun jacht te ontkomen valt. Het in zichzelf dubbelzinnige woord *prooi* dat zowel 'buit' als 'slachtoffer' kan betekenen, maakt het slachtoffer in de jager zichtbaar. Het *verblindend kwaad* dat in het begrip 'natie' gelegen is, maakt van *de kwaadsten*, de jagers die uit zijn op het buitmaken van prooi, zélf een *prooi*. De nationalist is het subject dat het object van de prooi buitmaakt, maar dat tegelijk zelf object is, het object of de prooi van zijn eigen verblinding. Deze *prooi* is buit en offer tegelijk[48]. Hoe waarachtig *bindend*, dat wil zeggen onontkoombaar, het *verblindend kwaad* dat in het begrip 'natie' wordt aangewezen is, wordt onderstreept door het feit dat niet slechts *de kwaadsten*, maar *wij allen* erdoor zijn *aangeraakt* en met dit kwaad par excellence, *het allerkwaadste kwaad*, als met een paradoxale opschik zijn *getooid*.

Vermoedelijk heeft de 'ik' inmiddels zijn werk gestaakt, mogelijk omdat hij niet meer verder wíl, maar waarschijnlijker omdat hij niet meer verder kán. De tooi met het kwaad houdt de dreiging van de dubbelzinnige status van prooi in. Voor de opruimer of schoonmaker die zich temidden van de lijken bevindt, dreigt dus dezelfde situatie als die van de lijken. Hiermee is een vicieuze cirkel gesuggereerd, een motief dat wordt bevestigd door een verder attribuut waar de 'ik' bij zijn arbeid over beschikt: 7 *een kar / van het gemeente-energiebedrijf.* Zoals in 'ballade van de goede gang' (vg 18-19) de tocht door het riool ook wordt voorgesteld als een fase in het cyclisch proces van spijsvertering, zo wordt in 'vaalt' de gedachte aan een kringloop opgeroepen doordat de mest verzameld wordt in een wagen van een instantie die met de opwekking en distributie van energie is belast. Een zachtzinniger variant van hetzelfde motief schuilt in de vierde strofe, waar gezinspeeld wordt op de metamorfose van de rups als vlinder. Op sommige lijken die in een verregaande staat van ontbinding verkeren, wordt *een*

---

[48] Vergelijk de slotstrofe van 'parcival', een gedicht uit de bundel *val voor vliegengod* (1959), waar Lucebert in een duidelijke jagerscontext het niet genoemde woord *prooi* als het ware uitschrijft in *wat ik dan vind of vang / is buit en offer beide* (vg 313). Vergelijk verder 'aan de tropische pool' (vg 335) en 'shall we dance' (vg 531), waar het woordpaar *buit - prooi* optreedt.

smalle lach aangetroffen, die omschreven wordt als *draaiend als een rups*, alsof in deze kleine glimlach een mogelijkheid tot wedergeboorte is onderkend, die zich met de ontpopping van een rups als vlinder laat vergelijken (zie p. 350).

De definitie van kwaad in termen van het begrip 'natie', gekoppeld aan het beeld van een plein vol lijken, dat in het gedicht als geheel stap voor stap verder ontwikkeld wordt, slaat met enorme kracht terug op het woord *excrementenplein*, zodat de aanvankelijke lichtheid en ijlheid van de eerste strofe definitief verdwijnt. De 'ik' van 'vaalt' krijgt de opdracht een *excrementenplein* schoon te vegen, en ontdekt gedurende deze arbeid dat hij zich temidden van het *kwaad* bevindt. Het gedicht past dus de kabalistische symboliek toe, volgens welke God zich ontdoet van het kwaad door zoals een menselijk lichaam uitwerpselen af te scheiden. Omdat de twee constituenten van deze symboliek, het symbool van de uitwerpselen en het kwaad waarvoor dit symbool staat, het geheel van het gedicht omspannen, rijst opnieuw de vraag naar de rol of de positie van God in het gebeuren dat heeft geleid tot het *excrementenplein* zoals in 'vaalt' beschreven.

Het beeld van een plein dat vol ligt met lijken van een bepaalde nationaliteit, roept onherroepelijk de associatie met de uitroeiing van de Joden door het nationaal-socialistisch bewind in Duitsland ten tijde van de Tweede Wereldoorlog op. In 'vaalt' stelt Lucebert de meest recente geschiedenis aan de orde. Hij doet dit in termen die zijn ontleend aan de Kabala, zodat hij tegelijk ten opzichte van dit in de geschiedenis zo nabije onderwerp historische afstand schept. Vermoedelijk is het in hoofdzaak hieraan te danken, dat het gedicht zo ondoordringbaar is gebleken, terwijl het tegelijk van zo'n doordringende en pijnlijke scherpte is.

'Vaalt' poneert dat het kwaad zich laat definiëren met behulp van het begrip 'natie'. Gerelateerd aan de meest recente geschiedenis is de implicatie hiervan, dat het nationaal-socialisme begrepen moet worden als twintigste-eeuwse belichaming van het kwaad. Geïnspireerd door nationalisme en rassenwaan bracht het nationaal-socialisme de verdelgingspolitiek van nazi-Duitsland voort, waarvan de Joodse bevolking van Europa het slachtoffer is geworden. Met het beeld van een plein vol lijken worden de Joodse slachtoffers van het nazi-bewind beschreven.

De stelling van 'vaalt' heeft echter verdere implicaties. De curieuze tegenstelling tussen *plein, flikfabriek* en *gemeente-energiebedrijf* enerzijds en *natie* anderzijds, maakt dat God maar nauwelijks ontstijgt aan de stedelijke of gemeentelijke trekken die hem in eerste instantie zijn verleend. Zoals 'as alles' bijt 'vaalt' zich vast in de meest recente geschiedenis om de wortel van het kwaad aan te wijzen in God als schepper van het begrip 'natie'. De weg waarlangs *excrementen* worden gelijkgesteld aan *kwaad*, laat drie tussenstappen zien: eerst blijken de excrementen lijken te zijn, dan blijken de lijken een natie te vormen en tenslotte wordt in de natie het kwaad aangewezen. Tussen de excrementen die lijken zijn, ligt het kind met het vlaggetje. Het symbool van de natie wordt dus op één van de lijken gevonden. Voor de besmetting met het begrip 'natie' in het voorbeeld van het Joodse volk wordt God verantwoordelijk gesteld. God die het kwaad afscheidt door zoals een menselijk lichaam excrementen af te scheiden, heeft het volk van Israël tot de excrementen-status van 'vaalt' gedoemd door het als een natie te definiëren.

Een spoor van dezelfde problematiek laat zich in de slotregels van 'vrolijk babylon waarin ik' aanwijzen. Terwijl in 'exodus' de woorden *zijn volk* (vg 23-27) vallen, wordt God hier voorgesteld als de bestierder van zijn land (vg 428):

goed als god
gespierd als spaanse peper
goed als god bestiert
zijn bloedeigen land zijn vrome
en zijn diepe bodem
het teder sodom en 't vrolijk babylon

Het gedicht laat dezelfde mengeling van het wel en niet bewaren van historische afstand ten opzichte van het onderwerp zien als 'vaalt'. Terwijl ook hier door het gebruik van kabalistische symboliek afstand wordt geschapen, wordt deze teniet gedaan in het gebruik van de twee woorden *bloed* en *bodem* in elkaars onmiddellijke nabijheid.

Dat Sodom, de wegens zedenbederf van de aarde verdelgde stad, die bijna niet uit de combinatie met Gomorra losgeweekt kan worden, hier met Babylon is gecombineerd, laat zich in kabalistische zin verklaren. Het symbool van de noot wordt in de *Zohar* onder meer gebruikt ter interpretatie van de ballingschap. De harde schil van sitra achra die de noot verhult, was oorspronkelijk niet overal even ondoordringbaar. Boven het heilige land was deze schil open, en sitra achra vormde alleen boven de landen van de andere volkeren de dichte schil die de noot onbereikbaar maakt. Door de zonden van Israël wijzigt deze situatie zich. De zonde vormt een soort geestelijk voedsel voor sitra achra, waarmee de machten van het kwaad zich sterken om uiteindelijk hun invloed zelfs over het heilige land uit te breiden. Wanneer de harde schil zich ook boven Israël om de noot sluit, wordt het contact tussen God en zijn volk afgesneden en wordt het volk van Israël onderworpen aan sitra achra. Deze onderwerping die als vreemde overheersing begrepen wordt, heeft als uiterste gevolg de verdrijving uit eigen land in de ballingschap.

In Luceberts gedicht wordt door de combinatie van *sodom* met *babylon* naar dit verband tussen zonde en ballingschap verwezen. Waar de éne stedenaam, Sodom, begrepen kan worden als een naam die kan staan voor 'zonde', kan de andere, Babylon, begrepen worden als naam voor de ballingschap. Anderzijds mag niet veronachtzaamd worden, dat de namen van de twee steden niet ongespecificeerd in de tekst staan, maar integendeel nader bepaald worden. Er is sprake van het *teder* Sodom en het *vrolijk* Babylon, nadere bepalingen waarin allusies aan erotiek en emancipatie gelezen kunnen worden (zie p. 251).

Ik kom tot de slotsom dat de vroegste poëzie van Lucebert het onderwerp van de meest recente geschiedenis niet uit de weg is gegaan. De dichter maakt gebruik van de kabalistische symboliek van het kwaad om de Tweede Wereldoorlog aan de orde te stellen. Hierdoor schept hij de nodige historische afstand tot zijn onderwerp, die hij echter tegelijk ondergraaft, in 'as alles' door de geschiedenis dóór te trekken tot in het heden, in 'vaalt' door het indringende beeld van een plein vol lijken, in 'vrolijk babylon waarin ik' door de verhulde zinspeling op een slogan die het nationaal-socialistisch gedachtengoed heeft samengevat. Tegelijk geeft de exploitatie van kabalistische symboliek aan, in welke richting de verantwoordelijkheid voor het lot van de Joden onder het nazi-bewind gezocht wordt. In alle drie de gedichten wordt de wortel van het kwaad gezien in de uitverkiezing van het Joodse volk. Terwijl op de bodem van 'as alles' de tegenstelling tussen Jakob en Ezau sluimert en door het slot van 'vrolijk babylon waarin ik' het beeld schemert van God als de strenge rechter die zijn volk voor zonde laat boeten met de ballingschap, wordt in 'vaalt' de uitroeiing van de Joodse bevolking van Europa voorgesteld als een volkenmoord waarvoor in laatste instantie God verantwoordelijk is.

Tot slot vestig ik de aandacht op 'gedicht voor de komende oorlog', het tweede gedicht uit de afdeling 'ongebundelde gedichten 1949 - 1951', dat Lucebert tijdens de voorbereidende werkzaamheden voor de uitgave van de *verzamelde gedichten* opnieuw onder handen neemt (zie p. 194 noot 22). Dat de Tweede Wereldoorlog bespreekbaar is gemaakt in termen die zijn ontleend aan de kabalistische symboliek van het kwaad, wordt bevestigd door de geschiedenis van dit gedicht, die zich over ruim twintig jaar uitstrekt. In oude en nieuwe versie is fotografie een thema, dat is ingebed in de door de kabalistische symboliek van het kwaad geïnspireerde 'afval'-isotopie. In het oude gedicht is in de voorlaatste strofe sprake van het 'versnipperen van ogen', en wordt de tekst besloten met de volgende strofe (vg 410):

mijn ogen slapen als een verscheurde lichtdruk
van de vrolijke foto van de voltooide buurman
die over de snippers glimlacht en ze schikt

In het nieuwe gedicht heet het in de voorlaatste strofe *ik zie niets*, en wordt de tekst besloten met een tweetal regels die opnieuw gebruik maken van de kabalistische metafoor van goddelijke excrementen. De lens is nu echter niet meer op de aarde gericht, op het excrementenplein van 'vaalt', maar op de hemel (vg 536):

alles verstopt alles stoffig en flets haarscherp slechts
van faecaliën een foto is de hele hemel

In de wijziging van de titel, van 'gedicht voor de komende oorlog' naar 'gedicht van de komende wereldburgeroorlog', lijkt niet alleen de zekerheid omtrent een nieuwe oorlog uitgesproken te worden, maar ook de zekerheid dat er oorlog zal zijn zolang 'wereldburgers' zich in naties laten onderverdelen[49].

---

[49] De groep van negen gedichten die als de afdeling 'ongebundelde gedichten 1973 - 1974' een plaats heeft gekregen in de *verzamelde gedichten*, wordt in haar geheel gekenmerkt door de bijzonderheid, dat Lucebert erin terugkeert naar zijn vroegste werk. Om dit te adstrueren licht ik slechts enkele voorbeelden uit de zeven gedichten die, anders dan 'gedicht van de komende wereldburgeroorlog' (vg 536) en 'de getrapte sneeuwbal in matrassen' (vg 539-540), geheel nieuw zijn. 'Zomer' is door *het verhaal van de waterval* (vg 528-530) verbonden met 'vrolijk babylon waarin ik' (vg 428). 'Shall we dance' is door het woordspel met *buit* en *prooi* (vg 531) verbonden met 'vaalt' (vg 21). 'Het woord' is door *spraakgebrek* (vg 532) verbonden met 'ik tracht op poëtische wijze' (vg 47). 'Pastorale' is door *lippen als kaartende vingeren* (vg 533) verbonden met 'meditatie op een mond vol builenbal' (vg 415). 'De vrije metselaar gebonden' bevat de voorstelling van oren als borsten, die eveneens in 'waar ben ik' (vg 15) aan de orde is. Verder zijn in dit gedicht, in *hamer* en *heiblok* (vg 534-535), naklanken van de voorstelling van smid en aambeeld uit 'as alles' (vg 429) te beluisteren. 'Zombie' is door *lellebellen* en *duif* (vg 537-538) verbonden met de complexe problematiek van de tegenstelling tussen Lilith en Shechina (zie p. 241 e.v.). 'Trajekt' tenslotte sluit door *de machtige buikloop* (vg 541) aan bij die gedichten uit het semantisch veld 'afval', die het kwaad in de vorm van uitwerpselen voorstellen.

Het kan niet anders, of iemand die stelling neemt tegen het nationalisme door in het begrip 'natie' de wortel van het kwaad aan te wijzen, moet zich anderzijds wel als pleitbezorger van internationalisme profileren. Dat doet Lucebert dan ook, typisch vertegenwoordiger van de internationaal georiënteerde avantgarde die hij is. Er laat zich in het corpus een semantisch veld 'natie' aanwijzen, dat door zijn opbouw en inhoud geen twijfel over deze internationale profilering laat bestaan. In dit veld vindt de kleine groep van woorden voor de begrippen 'natie', 'volk' en 'land' een grotere groep van woorden tegenover zich, die de ruimte die alle volken en landen moeten delen, aan de orde stelt. Dit is de groep die alle voorbeelden van de frequent gebruikte woorden *wereld* en *aarde* omvat[50]. Het hart van het semantisch veld wordt gevormd door een groep namen. Deze nemen wereld en aarde als het ware onder de loep en geven aan de begrippen 'volk' en 'land' specifieke inhoud. Deze grootste groep bestaat uit een sprankelende stortvloed van namen van stammen en volken, landen, landstreken, windstreken en werelddelen, steden, eilanden en rivieren. Zij wordt aangevuld door een klein aantal namen van instellingen op religieus en politiek terrein, die direct doorverwijzen naar de landen of staten waarvoor zij staan. Deze rijk geschakeerde, internationale namenreeks laat een geenszins onbekommerde, maar wel volledig ongehinderde gang van de dichter over het geheel van de wereld zien[51].

---

[50] Met uitzondering van het woord *aarde* in 'de schoonheid van een meisje', dat onduidelbelzinnig in elementaire zin is gebruikt, zoals uit de combinatie waarin het optreedt, *water en aarde* (vg 46), blijkt.

[51] In het semantisch veld 'natie' participeren de volgende gedichten: 'anders anders bekend maar herkend toen' (vg 16) [*teutschen, zuiden, aarde*], 'ballade van de goede gang' (vg 18-19) [*seine, nijl, elbe, aarde, de staten-generaal*], 'het vlees is woord geworden' (vg 20) [*vatikaan*], 'vaalt' (vg 21) [*vlagje, nationale, natie* (2x)], 'met ijsvulkanen oh noorwegen in de lucht' (vg 22) [*noorwegen, nubies, landelijk, aziaties, mongools*], 'exodus' (vg 23-27) [*volk* (3x), *cyprus, patmos, aziatische, moren, elbe, griebo* (2x), *sachsische, wereld, barbizone, japans, aarde, russische, samos, oosten*], 'romeinse elehymnen I' (vg 30) [*romeinse, occident*], 'romeinse elehymnen II' (vg 31) [*chinees, aarde* (2x)], 'romeinse elehymnen III' (vg 32) [*land*], 'romance' (vg 33) [*wereld*], 'een liefde' (vg 34) [*azië, europa*], 'film' (vg 36) [*aarde*], 'het licht is dichter dan' (vg 38) [*vlaggen, wimpel*], 'bed in mijn hand' (vg 50-52) [*wereld*], 'ik ben met de man en de macht' (vg 53) [*pygmeeënstammen, wereld*], 'als het komt' (vg 55) [*wereld*], 'toen wij met een witte motor vlees sneden' (vg 56) [*parijs, rome*], 'er is alles in de wereld het is alles' (vg 60) [*wereld* (4x)]; 'minnebrief aan onze gemartelde bruid indonesia' (vg 401-403) [*indonesia, boeroeboedoer* (2x), *liverpool, lissabon, oostelijke, noord, zuid, de vreemde de vreemde ons dichtspijkeren provincien, java* (2x), *sumatra, oosten*], 'de boom! bom' (vg 405) [*schwarzwald*], 'verdediging van de 50-ers' (vg 406-407) [*europa, chinezen, holland* (2x), *sowjetraden, hollandse, komintern, jerusalem, nederland*], 'zonnerijzendans' (vg 408) tekst 2 [*molukken*], 'dennaalden tanden en denappel tong' (vg 408) tekst 3 [*schotse*], 'mijn stad draagt dijen door, gekorven' (vg 408) tekst 4 [*chinese, nipponhemel*], 'woe wei' (vg 411-412) [*vaderland, moor*], 'poëziezo easy job' (vg 417-418) [*wereld-rampen, zwitser*], 'Diep onder de kath. kerk in de ichtus-lärm' (vg 419-420) [*Boeroeboedoer, GRIEBO, ELBE, Bordeaux*], 'zie de 4 mm. fantasiegerstekorrelpatronen die ik afschiet' (vg 421) [*HOLLAND*], 'aan elke slaaf een duiventree om het licht in te trappen van zijn ondergang' (vg 422-423) [*wereld* (2x), *staat, boston* (2x), *boeroeboedoer*], 'een dichter dringt door tot de aarde' (vg 424-425) [*aarde* (3x), *levieten, folklore*], 'overal overeengekomen over ons heen:' (vg 427) [*wereldreis*], 'vrolijk babylon waarin ik' (vg 428) [*babylon* (2x), *petergrad, naaiekkere folls, spaanse, land, sodom*], 'as alles' (vg 429) [*moab* (2x)], 'de aarde is het paradijs' (vg 430) [*aarde* (4x)].

'Vaalt' is uniek door de woorden *natie* en *nationale*. Het woord *volk* komt alleen in 'exodus' voor. Wat het verteren van de eigen tijd betreft, of het opeten van de tijd zoals het in 'het proefondervindelijk gedicht' (vg 432) heet, springen drie gedichten er onmiddellijk uit. 'Vaalt' handelt over het drama van de Tweede Wereldoorlog. De 'minnebrief aan onze gemartelde bruid indonesia' over de oorlog die nodig bleek voor de losmaking van het koloniale verband tussen Indonesië en Nederland. 'Verdediging van de 50-ers' bevat het enige woord uit het semantisch veld dat naar internationale politieke organisatie verwijst, *komintern*, de naam van de zogeheten Derde Internationale waarin de communistische partijen van verschillende landen zich verenigden. Dit gedicht, waarin naast *komintern* verder *sowjetraden* optreedt, vertoont de sporen van het verzet tegen de mentaliteit die voedsel zal geven aan de verstarring die zo kort na de Tweede Wereldoorlog tot de koude oorlog heeft geleid.

4   het kwaad als afval van goud: 'ballade van de goede gang', 'de aarde is het paradijs', 'horror'

De bijna onbespreekbare materie van de verdelging van de Joodse bevolking van Europa door het nazi-bewind wordt aan de orde gesteld in een poëzie die spreekt door een gouden mond (zie p. 168 noot 17). Het lijkt mij dat Lucebert ook met dit motief van de gouden mond aangeeft, dat zijn poëzie het kwaad niet uit de weg gaat. Naast de goudgeschilderde en goudgestikte lippen uit respectievelijk 'exodus' (vg 23-27) en 'minnebrief aan onze gemartelde bruid indonesia' (vg 401-403), kan de *gulden mond* uit de voorlaatste strofe van 'ballade van de goede gang' geplaatst worden (vg 18-19):

   zijn wij de spijsvertering rond
   wij zijn der spijsvertering grond
   creëren met een gulden mond
   een artistieke morgenstond

Scholem stelt de kabalistische waardering van zilver en goud aan de orde in een vroeg artikel over de relatie tussen alchemie en Kabala[52]. De hogere waardering van zilver beschrijft hij als een paradoxale verdeling van waarden, die de latere Kabala heeft trachten te verklaren door de visie op de lagere wereld als een omkering van de hogere. Deze wereld is niet door emanatie, maar door spiegeling van het 'gereflecteerde licht' van de wereld der sefirot geschapen.

Naar de mening van Scholem onderscheidt de paradoxale, hogere waardering van zilver de Kabala scherp van alchemie, waarin de hoogste waarde wel wordt toegekend aan goud. De auteur bereikt deze conclusie echter niet zonder aandacht te vragen voor de zeldzame passages in de *Zohar* die alchemistische invloed vertonen, en stelt

---

[52] G. Scholem, 'Alchemie und Kabbala', in: *Monatsschrift für Geschichte und Wissenschaft des Judentums* 69 (1925), p. 13-30, 95-110, 371-374.

in dit verband drie teksten aan de orde[53]. Eén ervan beschrijft de sefirot aan de hand van de tekst uit Daniël waar de droom van Nebukadnezar over een groot beeld met een gouden hoofd en zilveren armen wordt verklaard (Dan.2:31-45). In deze tekst stelt de *Zohar* goud boven zilver. De sefira Bina die hier als het hoofd wordt begrepen, wordt gelijkgesteld aan goud. De verschillende niveaus van emanatie die als zilver, koper, enzovoort worden beschreven, zijn voortgevloeid uit het goud van de sefira Bina en dragen dus goud in zich. Voor deze verhouding tussen goud en zilver en voor het mysterie van de transformatie van zilver in goud wordt een beroep gedaan op de bijbeltekst (Spr.25:11) "gouden appelen in zilveren gebeelde schalen", die uitgelegd wordt in de zin dat zilver een niveau van emanatie is, dat als een schil om de kern van goud ligt.

De beschrijving van de sefirot in termen van het gouden beeld met zilveren armen uit Daniël klinkt door in 'de aarde is het paradijs', waarin eerst een moeder met een gouden hoofd ten tonele wordt gevoerd en vervolgens een vader wordt beschreven als *een gouden man met zilvren handen* (vg 430). In hetzelfde verband horen de *zilverorige honden* uit 'exodus' (vg 23-27) thuis. In het corpus komen naast honden ook jakhalzen voor[54]. Doordat er zowel sprake is van *zilverorige honden* als van *jakhalzen*, wordt de aandacht gevestigd op het feit dat de jakhals of canis aureus een gouden of goudkleurige hond is. Kennelijk is naast het beeld van een gouden man met zilveren handen het beeld ontworpen van een gouden hond met zilveren oren, een parallel waaraan de *zilverorige honden* ontsproten zijn[55].

De hypothese dat de *gulden mond* in kabalistische zin geïnterpreteerd moet worden, wordt bevestigd door het feit dat het woordveld 'goud en / of zilver' dat in

---

[53] Alle drie deze teksten komen voor in de bloemlezing van Müller; één ervan neemt Scholem in zijn eigen bloemlezing op. Zie hiervoor: Müller, *Der Sohar. Das Heilige Buch der Kabbala*. cit., p. 170-176, 242-244 en: Scholem, *Zohar. The Book of Splendor*. cit., p. 99-102. De tekstkeuze van Müller, die vermoedelijk op het artikel van Scholem gebaseerd is geweest, geeft een alchemistischer beeld van de *Zohar* dan Scholem verantwoord acht.

[54] Aan het semantisch veld 'hond' nemen de volgende gedichten deel: 'exodus' (vg 23-27) [*honden*], 'de ochtend' (vg 35) [*blaffend*], 'toen wij met een witte motor vlees sneden' (vg 56) [*kef*], 'er is alles in de wereld het is alles' (vg 60) [*hondenglimlach*]; 'meditatie op een mond vol builenbal' (vg 415) [*ruggehond, honds*], 'aan elke slaaf een duiventree om het licht in te trappen van zijn ondergang' (vg 422-423) [*jakhalzen* (2x)].

De laatstgenoemde vindplaats vergt nadere toelichting. De tweede keer dat *jakhalzen* voorkomt in (vg 422-423), staat het woord in de volgende context: *9000 jakhalzen zwemmen naar boston*. Deze regel is als titel van een bundel bedoeld geweest, zoals uit de eerste publikatie van 'zie de 4 mm. fantasiegerstekorrelpatronen die ik afschiet' (vg 421) blijkt. Zie hiervoor: *apparaat* (vg 742-745). Het oude plan is slechts in die zin gerealiseerd, dat Vinkenoog in zijn uitgave van het werk van Lucebert de ongebundelde gedichten uit de jaren 1949 tot 1951 verzameld heeft onder deze titel. Zie hiervoor: Lucebert, *Gedichten 1948 - 1963*. cit., en *apparaat* (vg 570).

[55] In 'nazomer' uit de bundel *van de afgrond en de luchtmens* (1953) hebben de minnaars zilveren oren (vg 179). Het verband dat hierdoor tussen 'nazomer' en 'de aarde is het paradijs' (vg 430) gelegd kan worden, wordt bevestigd door het feit dat in beide gedichten *stenen* en *wangen* in bijzondere samenhang optreden.

Luceberts poëzie aangewezen kan worden[56], de sporen vertoont van het concept van de schil.

Uit het gegeven dat de lippen goudgeschilderd of goudgestikt genoemd worden, leid ik af dat de *gulden mond* verguld is, dat wil zeggen: met een laagje goud bedekt. In de 'minnebrief aan onze gemartelde bruid indonesia' is niet alleen van goudgestikte lippen sprake, maar ook van *gevilde zilveren longen* (vg 401-403). In 'romance' treedt *gouden* op in de nabije context van *schellen* (vg 33). In 'romeinse elehymnen III' klinkt de opvatting van het lichaam als een schil om de kern van de ziel door. Hier wordt namelijk in twee regels die de tegenstelling tussen ziel en lichaam uitwerken, *goud* geassocieerd met het lichaam (vg 32):

> wit en licht ligt mijn geest op de maan
> als mijn lijf op de goudschaal der zon

In 'de aarde is het paradijs' wordt de gouden man beschreven als iemand die een bepaalde stof in een bepaald omhulsel giet (vg 430):

> een ander zei zo was mijn vader
> een gouden man met zilvren handen
> als een prins goot hij de ziekte
> vol fijnwitte genezing
> wat afwezig ging hij
> tussen de zwartgelakte tijgers
> zei nog vluchtig wijzend op de
> lafwachtende dolken
> ze kunnen ook genezen

Ik acht deze vindplaats van bijzonder belang. Het schil-concept wordt hier namelijk niet alleen met goud en zilver geassocieerd, maar ook met zwart en wit[57]. Hoewel niet expliciet gezegd wordt dat ook de tijgers kunnen genezen - de *ziekte* wordt vol genezing gegoten en met betrekking tot de *dolken* wordt gesteld, dat zij ook genezen kunnen -, wordt dit wel gesuggereerd door de twee opposities van 'vloeistof versus

---

[56] Aan het woordveld 'goud en/of zilver' hebben de volgende gedichten deel: 'ballade van de goede gang' (vg 18-19) [*gulden*], 'exodus' (vg 23-27) [*goudgeschilderde, zilverorige*], 'romeinse elehymnen III' (vg 32) [*goudschaal*], 'romance' (vg 33) [*gouden*], 'horror' (vg 41) [*vergulde*]; 'minnebrief aan onze gemartelde bruid indonesia' (vg 401-403) [*zilvere, goud, zilveren*], 'de aarde is het paradijs' (vg 430) [*gouden* (2x), *zilvren*].

[57] Algemeen opvallend aan de gedichten waaruit het woordveld 'goud en/of zilver' geput kan worden (zie noot 56), is dat zij met uitzondering van 'ballade van de goede gang' (vg 18-19) allemaal ook participeren in het omvangrijker woordveld *zwart* en/of *wit* dat zich over zeventien gedichten uitbreidt: 'met ijsvulkanen oh noorwegen in de lucht' (vg 22), 'exodus' (vg 23-27), 'christuswit' (vg 28-29), 'romeinse elehymnen III' (vg 32), 'romance' (vg 33), 'de ochtend' (vg 35), 'film' (vg 36), 'horror' (vg 41), 'introductie' (vg 42), 'bed in mijn hand' (vg 50-52), 'ik ben met de man en de macht' (vg 53), 'toen wij met een witte motor vlees sneden' (vg 56), 'in de hitte' (vg 58-59); 'minnebrief aan onze gemartelde bruid indonesia' (vg 401-403), 'onder de wind van de wonden' (vg 414), 'meditatie op een mond vol builenbal' (vg 415), 'de aarde is het paradijs' (vg 430).

vat' en 'wit versus zwart'. De scherpe tegenstelling die door *fijnwitte genezing* en *zwartgelakte tijgers* wordt geschapen, suggereert dat ook de zwarte tijgers van het witte geneesmiddel worden voorzien. Deze witte stof in de zwarte tijgers herinnert aan de beschrijving van Keter, de hoogste kroon, als zwart van buiten en wit van binnen (zie p. 112). Dezelfde toespeling schuilt in het laatste gedicht dat hier aan de orde gesteld moet worden.

In 'horror' valt wel het woord *wit*, namelijk in 3 *het witte kappersruit*, maar het woord *zwart* wordt verzwegen. De kleur zwart is vertegenwoordigd in 9 *schoppen* dat dankzij de allusies aan het kaartspel -3 *kappersruit*, 8 *gekaart*, 9 *schoppen*, 11 *aas*- verwijst naar de zwarte schoppenkaarten, en in 10 *negerkroppen* en 19 *negerschedel*. Goud is vertegenwoordigd door 10 *vergulde*, het kwaad door 16 *korsten* en 18 *strooien*.

In de twee laatste woorden gaan afvalstoffen schuil: *korsten* treedt op in de context van 15 *kaas* en in 18 *mijn strooien haar* is stro aan de orde. De overeenkomst van kaaskorst en stro als afval maakt de verregaande semantische equivalentie van *korsten* en *strooien haar* zichtbaar. Beide leggen zich als een soort schil of omhulsel om hun respectieve kern, beide zijn geel, en kaaskorst en stro kunnen in het bijzonder voor goudgeel doorgaan. De kaaskorsten en het strooien haar kunnen hierom begrepen worden als varianten op de metaforische aanduiding van het kwaad als het afval van goud.

Het motief van een gouden schil wordt gecombineerd met de tegenstelling van wit en zwart in het volgende regelpaar (vg 41):

en daar tikt hij van de blanke schoppen
twee vergulde negerkroppen

De *blanke schoppen* zijn paradoxaal. Zij zijn echter equivalent aan de *vergulde negerkroppen* in die zin, dat zij wijzen op zwarte schoppenkaarten die geblanket zijn of met een laagje wit overtrokken, zoals de zwarte negerkroppen met een laagje goud zijn overdekt. In beide regels wordt het beeld opgeroepen van een donkere kern in een lichte schil. De kern is onmiskenbaar zwart, de schil is wit of van goud.

De suggestie van een witte schil om een zwarte kern komt neer op de precieze omkering van de verhoudingen zoals die voor Keter gelden: een zwart omhulsel om een witte kern. Gevoegd bij de varianten op de metafoor van het afval van goud, kan op deze omkering van de verhoudingen zoals die in de wereld der sefirot bestaan, de conclusie gebaseerd worden dat in 'horror' een portret van sitra achra wordt getekend. Sitra achra is de andere zijde, de perversie van de sefirot, een omgekeerde wereld waaraan de Kabala óók gestalte heeft gegeven door haar voor te stellen als een systeem dat volledig volgens het model van de sefirot is geconstrueerd, zodat er tegenover de tien 'kronen' tien 'inferieure kronen' komen te staan.

De interpretatie van 'horror' als portret van sitra achra wordt bevestigd door het feit dat in het gedicht het Hebreeuwse woord *ra* schuilt, het woord voor 'kwaad'. Lucebert verbindt het woord *ra* met de naam *horror* en is dus helemaal niet zo ver van de oorspronkelijke betekenis van het Engelse woord *horror*, 'verschrikking', afgeweken. Hij maakt de wortel *ra* of de wortel van het kwaad duidelijk in de twee regels die de naam van heer horror ontleden of demonteren: *horror rorror razer raar / horror rosser racer ruis*. Door hun concentratie op de /r/ als beginletter en hun dubbelzinnige wankelen tussen twee talen, Engels en Nederlands, leggen deze twee naamregels de wortel *ra* bloot.

In dit verband moet ik nog eens terugkomen op de spelling van Barabbas in 'as alles' (zie p. 199). Barabbas heet *barrabas* (vg 429) in Luceberts gedicht, omdat ook in zíjn naam de wortel *ra* of de wortel van het kwaad gereleveerd moest worden. Hoe zwaar belast het woord *ra* is in de *Zohar*, blijkt uit een uitzonderlijk verhaal over het gedrag van de letter tet bij de combinatie van letters tot letterparen, een procédé waarvan God volgens het *Sefer Jetsira* bij de schepping gebruik heeft gemaakt (zie p. 78). Wanneer de letter tet, de eerste letter van het woord *tov*, 'goed', aan de beurt is om een paar te vormen met resh, de eerste letter van het woord *ra*, 'kwaad', stokt het proces van rotatie van de letters:

> Als der Allheilige die Welt erschuf, erschuf Er sie in den Buchstaben der Thora. Jeder Buchstabe stieg vor dem Schöpfer auf, bis sie im Zeichen des Beth zur Ständigkeit kamen, und sie wandelten sich in allen möglichen Verbindungen, wodurch die Weltschöpfung ermöglicht wurde. Als aber hiebei der Buchstabe "Teth" mit dem "Resch" sich paaren sollte, stellte sich Teth zur Seite und mochte sich nicht beruhigen - bis der Allheilige es zurechtwies und sprach: "Teth, Teth, warum stellst du dich zur Seite und bist mit deinem Platze unzufrieden?" Da antwortete der Buchstabe: "Hast Du mich nicht zum Haupte des Wortes "gut" gemacht? Die Thora selbst setzt ja in den Urbeginn die Worte: "denn es ist gut". Und jetzt soll ich mich jenem Buchstaben, der das Haupt des Bösen bildet, gesellen?" Darauf sprach Gott zu ihm: "Kehre an deinen Platz zurück, denn du bedarfst des "Resch". Denn der Mensch, den Ich im Begriffe bin zu erschaffen, wird durch euch beide vollendet als Einheit, du aber sollst zu seiner Rechten und das "Resch" zu seiner Linken sein." Und so kehrten sie beide an ihre Stelle zurück und gesellten sich zueinander.[58]

Zoals Lucebert in *er is een TETTEN krom getrokken in het kindergezicht* (vg 415) zinspeelt op dit gedrag van de letter tet (zie p. 87), zo zinspeelt hij in *barrabas* en in de regels die de naam *horror* demonteren, op de reden hiervoor[59].

De regels waarin de naam van heer horror wordt gedemonteerd, zijn de regels waarin hij onder het kappersmes van de tondeuze gaat. Vanwege de equivalentie van letter en haar, die een bijzondere variant van de *naam / lichaam*-equivalentie is, moet heer horror de behandeling bij de kapper bekopen met de dood (zie p. 135). De twee naamregels komen uit de slotstrofe (vg 41):

> dan vliegt (foei) 1 negerschedel door het raam
> de tondeuze doezelt aan zijn naam
> horror rorror razer raar
> ik ben zwaar belegen waar

---

[58] Müller, *Der Sohar. Das Heilige Buch der Kabbala. cit.*, p. 139-140 (Zohar III 203b-204b).
[59] Ik moet er de aandacht op vestigen dat *TETTEN* niet alleen een naam, maar ook een gewoon woord kan zijn. *Tet* staat met de aantekening *gewestelijk* in *Van Dale* en betekent 'vrouwenborst, tepel'. De betekenis zou dan van de scheiding van goed en kwaad verschuiven naar de scheiding van moederborst en kind.

in mijn zak de moederkoeken
dragen strakgetrokken broeken
l en al is officier
en mijn huid staat op een kier
maar uit alles speelt een kruis
horror rosser racer ruis
horror jij komt niet meer thuis

Heel bijzonder is dat ook in het geval van de *jakhalzen* aandacht geschonken wordt aan het haar. Deze gouden honden, die via de *zilverorige honden* uit 'exodus' zijn getraceerd, worden van een soort extra vacht voorzien, waardoor de aandacht des te sterker op hun haar gevestigd wordt. De eerste keer dat *jakhalzen* in 'aan elke slaaf een duiventree om het licht in te trappen van zijn ondergang' optreedt, is er sprake van *de geduldige in kamgaren wanten gehulde / jakhalzen* (vg 422-423). Ik leid hieruit af dat de jakhalzen en heer horror ten nauwste met elkaar verbonden zijn. Zij hebben een gouden schil in de vorm van hun strooien haar of gulden vacht, die duidt op sitra achra[60].

Uit 'horror' blijkt dat Lucebert de kabalistische symboliek van het afval ook heeft toegepast op haar. In de schil of het omhulsel van het haar kan de wortel van het kwaad gelegen zijn, en in dat geval komt katharsis neer op de verwijdering van haar. Katharsis of verwijdering van de wortel van het kwaad laat zich dus niet alleen voorstellen als de afscheiding van de droesem van de koningen van Edom, maar ook als de verwijdering van haar[61]. In de associatie van de afgescheiden droesem met afgeknipt haar ligt een toespeling op Ezau besloten, die berust op het feit dat de Bijbel hem beschrijft als "een harig man" (Gen.27:11). Om Jakob, die een gladde huid heeft, bij zijn vader door te laten gaan voor Ezau (zie p. 211), moeten er dan ook bijzondere maatregelen getroffen worden. Rebekka, die Jakob bij zijn vermomming helpt, trekt de vellen van geitebokjes over zijn handen en hals, opdat Izaäc de behaarde huid van zijn zoon Ezau zal herkennen.

Het haar van Ezau is voor Lucebert minder belangrijk dan het haar van Lilith. Omdat Lilith in de Kabala dé vrouwelijke belichaming van het kwaad is, is haar haardracht in het bijzonder geladen met alle denkbare connotaties van 'kwaad'. Het motief van het haar als schil neemt verschillende vormen aan in het werk van Lucebert, die hierna in verband met Lilith besproken zullen worden.

Met betrekking tot 'horror' kan tot slot geconcludeerd worden, dat in dit gedicht het portret wordt getekend van de of een aanvoerder van sitra achra. De witte schil om de zwarte kern wijst in het bijzonder op het tegendeel van Keter, de hoogste kroon. Een niet onbelangrijk aanknopingspunt voor deze visie op 'horror' zie ik in het gegeven

---

[60] Uit Tishby begrijp ik dat sitra achra soms wordt omgekocht, en in dit verband vergeleken wordt met een hond. Zoals men een woeste hond tot bedaren brengt door hem een been toe te werpen, iets waarmee men hem zelfs tot vriend kan maken, zo kan de andere zijde worden omgekocht. Ook wordt sitra achra voorgesteld als de hond die zich meester maakt van een offer dat God niet welgevallig is, en daarom niet wordt geaccepteerd. Deze hond is te vinden in de bloemlezing van Müller. Zie: Tishby, *The Wisdom of the Zohar. cit.*, Vol.III, p. 892 en 894 en: Müller, *Der Sohar. Das Heilige Buch der Kabbala. cit.*, p. 236-238 (Zohar III 32b-33a).
[61] Tishby, *The Wisdom of the Zohar. cit.*, Vol.I, p. 290.

dat het gedicht altijd vooraf is gegaan aan de 'lente-suite voor lilith' (vg 42-43). 'Horror' staat namelijk niet alleen in de bundel vóór de 'lente-suite', maar ook in het unicum waaruit de twee gedichten voortkomen, *Festspiele met zwarte handen*, gaat het eraan vooraf[62].

§4 Lilith

1 Cornets de Groot over Luceberts Lilith

Een belangrijke bijdrage aan de bestudering van de figuur van Lilith in het werk van Lucebert is geleverd door Cornets de Groot. Het resultaat van zijn bevindingen op dit terrein ligt besloten in twee publikaties uit het eind van de jaren zeventig. Allereerst verzorgde hij de uitgave van *Chambre - Antichambre*, een prozawerk geschreven door Lucebert en Schierbeek tezamen, dat dateert uit 1949 en trekken van een briefwisseling vertoont[63]. De auteurs bedienen zich in deze correspondentie van de pseudoniemen *oog van gol* en *lilithoog*, die, zoals Cornets de Groot in zijn inleiding vermeldt, aan het brein van Lucebert zijn ontsproten[64]. Een jaar later publiceert Cornets de Groot *Met de gnostische lamp*, een essay waarin hij onder meer Luceberts bijdragen aan *Chambre - Antichambre* in verband tracht te brengen met diens poëzie en waarin uitgebreid aandacht wordt besteed aan Lilith[65].

Op een veelvuldig gebruik van de naam *Lilith* valt Lucebert niet te betrappen. Hij gebruikt deze naam tweemaal in zijn bijdragen aan *Chambre - Antichambre*; voorts in het gedicht dat hier ter discussie staat, waar het dan wél zeer kwistig gebeurt, namelijk zeven maal; verder in een gedicht uit de bundel *van de afgrond en de luchtmens* (1953)[66]; tenslotte in een voetnoot bij een gedicht uit *amulet* (1957)[67]. Desondanks ontwerpt Cornets de Groot de hypothese dat het belang van Lilith groot moet zijn en dat we ons niet mogen laten misleiden door het feit dat zij maar zelden met name genoemd wordt. Ik ben het met deze hypothese volledig eens. In principe

---

[62] *apparaat* (vg 775) en (vg 599-601). Opmerkelijk is dat Lucebert vijf bundels later, in *amulet* (1957), zelf nog eens expliciet op het verband tussen beide gedichten wijst. Bij 'het gedicht lily mix' plaatst hij de volgende voetnoot: ** *ook dit gedicht staat, evenals* horror, lente-suite voor lilith *e. d., onder invloed van goethe's* lili's park. (vg 257).
[63] Lucebert / Bert Schierbeek, *Chambre - Antichambre*. Ingeleid door R.A.Cornets de Groot. BZZTôH 's-Gravenhage 1978.
[64] ibidem, p. 8.
[65] Cornets de Groot, *Met de gnostische lamp. cit.*
[66] 'die rigoryei' (vg 162-163).
[67] 'het gedicht lily mix' (vg 257). Aan het slot van 'enige schetsen van scènes rond een vesting' uit de afdeling 'ongebundelde gedichten 1964 - 1972' wordt met *lalila* en *lalaliliebe*, respectievelijk het begin en een fragment van een uitzonderlijk lang woord, op Lilith gezinspeeld (vg 504-510).

het gehele œuvre van Lucebert doorlopend wijst Cornets de Groot op basis van bepaalde woordvelden -de belangrijkste instrumenten in dezen zijn de woorden *slang* en *rivier*- plaatsen aan waar Lilith weliswaar niet met name genoemd wordt, maar waar zij toch aanwezig geacht moet worden. Zo brengt hij een waaier van teksten met haar in verband die zonder meer overtuigend is[68]. Toch komt de auteur tot de conclusie dat de Lilith van Lucebert 'niet de Lilith van de Middeleeuwse Joden is'[69]. Het zal duidelijk zijn dat ik deze conclusie niet meer kan onderschrijven. Naar mijn oordeel is Luceberts Lilith de kabalistische Lilith.

Hoewel ik hier niet op *Chambre - Antichambre*, noch op Luceberts bijdragen daaraan in kan gaan, moet ik wel kort stilstaan bij de daarin gebezigde pseudoniemen: *oog van gol* en *lilith-oog*. In het gelegenheidspseudoniem *oog van gol* herkent Cornets de Groot een toespeling op de Gorgo Medusa. De Gol is een demon die aan Arabische astronomen de gelegenheid bood om een ster die door haar Griekse naam met Medusa was verbonden, in de eigen taal van een nieuwe naam te voorzien: *Gorgonion*, het hoofd van de Gorgo, werd vertaald als *Algol*, voluit *ra's al-gul*, het hoofd van de Gol[70]. Zo staan in de twee pseudoniemen *oog van gol* en *lilithoog* dus twee demonen tegenover elkaar, Gol en Lilith, waarvan de éne, Gol, door vertaling met Medusa te maken heeft, zodat er indirect een relatie tussen Medusa en Lilith tot stand komt.

Cornets de Groot diept de relaties tussen Gol, Medusa en Lilith niet verder uit, maar hecht veel belang aan het soort ster dat met deze kwestie gemoeid is. Algol is een dubbelster, wat wil zeggen dat een begeleidende ster om de hoofdster heen loopt en deze daardoor tijdelijk bedekt of verduistert. Enerzijds interpreteert Cornets de Groot het gedicht 'medusa' in het licht van deze bijzondere kwaliteit van de ster Algol[71]. Anderzijds interpreteert hij de twee pseudoniemen *oog van gol* en *lilithoog* als twee aparte namen voor de twee sterren van Algol[72].

Ik heb mijn aarzelingen over de interpretatie van 'medusa'[73]. Ook acht ik de relatie tussen Medusa en Gol op grond van de sterrenaam Algol niet zo belangrijk. Op dit terrein heb ik alleen kunnen vinden dat misschien de klankovereenkomst tussen

---

[68] Een auteur die de ándere weg bewandelt en Lilith alleen daar zoekt, waar zij met name genoemd wordt, is Luk de Vos, 'Lilith. Mythologie en de vroege levensopvatting van Lucebert', cit. De bijdrage van deze auteur aan de bestudering van Lilith bij Lucebert is dus in deze zin 'beperkt', maar in ander opzicht is zij dat geenszins. De Vos streeft namelijk naar reconstructie van het connotatiecomplex dat met Lilith verbonden is, waardoor hij zich genoodzaakt ziet een veelvoud van uiteenlopende tradities binnen een klein bestek aan de orde te stellen. Algemeen kan gesteld worden dat de verschillende tradities hier onder te lijden hebben. De studie leidt verder tot onbevredigende resultaten, omdat De Vos onjuiste vooronderstellingen omtrent de mogelijke bronnen van Lucebert koestert en doordat hij zich vastbijt in de vraag, wie van de beide auteurs van *Chambre - Antichambre* wie beïnvloed heeft, Schierbeek Lucebert of Lucebert Schierbeek.

[69] Cornets de Groot, *Met de gnostische lamp. cit.*, p. 52.

[70] P. Kunitzsch, *Arabische Sternnamen in Europa*. Otto Harrassowitz Wiesbaden 1959, p. 115.

[71] (vg 94).

[72] Cornets de Groot, *Met de gnostische lamp. cit.*, p. 41-43.

[73] Er is een variant bij 'medusa', waarop Cornets de Groot niet ingaat en die naar mijn mening van groot belang is. Het *apparaat* vermeldt als variant voor het raadselachtige *ioos* uit de regel *maar geloof mij ioos mij* de variant *zoon van de maan* (vg 616).

Gorgo en Gol van belang is geweest bij de keuze van *gol*, en verder dat de Gol als vrouwelijke demon de Griekse Gorgo het dichtst benadert[74]. Belangrijker dan de relatie tussen Medusa en Gol acht ik het feit dat er relaties bestaan tussen enerzijds Medusa en Lilith, anderzijds Gol en Lilith, relaties die zijn gelegd op mythologische en etymologische gronden. Anders dan Cornets de Groot ben ik dan ook eerder geneigd om in de twee gelegenheidspseudoniemen twee synoniemen te zien: *oog van gol* en *lilithoog* zijn synoniem, omdat Gol gelijk is aan Lilith[75].

2 rudimentaire trekken van Lilith

Algemeen wordt aangenomen dat Lilith van Babylonische origine is. In de Babylonische demonologie worden met Lilith verwante boze geesten onderscheiden, de mannelijke Lilu en de vrouwelijke Lilitu, waaraan verschillende rollen worden toebedeeld: de bedreiging van kraamvrouwen en hun pasgeboren kinderen en de jacht op mannen. Door haar plaats van herkomst is Lilith met de Gol verbonden. Haar Babylonische origine maakt dat ook invloed van de Gol van de Arabische woestijn mogelijk geacht moet worden[76]. De vroegste voorbeelden van teksten ter bescherming van zwangere vrouwen tegen Lilith komen uit een door Montgomery uitgegeven verzameling van Aramese bezweringsteksten uit de zevende eeuw uit Nippur, een stad ten zuidoosten van Babylon[77]. De samenhang tussen Lilith en Gol wordt door deze verzameling bevestigd. In twee van zijn teksten bespeurt Montgomery de sporen van de Gol, zodat hier voorbeelden van regels voorkomen waarin in één adem zowel Lilith (enkelvoud en meervoud) als Gol worden genoemd[78]. Uit wat Montgomery over de Gol vermeldt, leid ik af dat het gaat om een vrouwelijke demon met vampiereigenschappen, die geportretteerd wordt als een in hoofdzaak vogelachtig monster[79].

---

[74] Kunitzsch, *Arabische Sternnamen in Europa. cit.*, p. 115: "Kopf der Gul", eines Dämons bei den Arabern, ist Paraphrase für γοργoντov. Vielleicht hat für die Wahl des Wortes *gul* an Stelle einer der vielen anderen Geisterbezeichnungen (*ginni, 'ifrit, marid* etc.) der lautliche Anklang an das griechische Wort den Ausschlag gegeben. Außerdem kommt die Gul als weiblicher Dämon der griechischen Gorgo am nächsten."

[75] Dat Gol gelijk is aan Lilith is wel gezien door Luk de Vos, die zelfs een plaats aanwijst waar vermeld wordt dat de ster Algol later onder andere ook 'Lilith' is genoemd. Zie: De Vos, 'Lilith', cit., p. 221. De Vos trekt echter niet dezelfde conclusie uit dit gegeven. Wellicht is de mogelijkheid om *oog van gol* en *lilithoog* als synoniem te begrijpen voor de auteur uitgesloten geweest, omdat zijn belangstelling uiteindelijk vooral uitging naar de kwestie wie wie beïnvloedde (vergelijk noot 68).

[76] Aldus bij: J. Trachtenberg, *Jewish Magic and Superstition. A Study in Folk Religion*. Atheneum New York 1974 (1939¹), p. 37.

[77] J.A. Montgomery, *Aramaic Incantation Texts from Nippur*. University of Pennsylvania / The University Museum Philadelphia 1913.

[78] ibidem, de teksten nummer 8 en 17; vergelijk verder p. 81.

[79] Op gezag van de auteur neem ik hier de beschrijving van de Gol over, waarvan Montgomery zich bedient: "A Cyclops' eye set in the midst of her human-like head, long beak of jaws, in the ends one or two great sharp tushes, long neck; her arms like chickens' fledgling wings, the fingers of her hands not divided; the body big as a camel but in shape like as the ostrich; the

Iemand die een belangrijk aandeel heeft gehad in de secundaire literatuur over Lilith is Moses Gaster, die aan het eind van de negentiende eeuw een aantal van de belangrijkste teksten betreffende Lilith in Duitse en Engelse vertaling publiceerde[80]. Op basis van vergelijkend onderzoek van Slavische, Griekse en Semitische teksten legt de auteur het verband tussen Lilith en Gello. De versie van de Lilith-legende waarin Elia een ontmoeting heeft met Lilith, is gebaseerd op een christelijk-Byzantijnse formule ter bezwering van de vrouwelijke demon Gello[81]. Zij is een kinderen bedreigend spook in het Griekse volksgeloof. Gaster publiceert twee voorbeelden van teksten over deze Gello en, wat in de huidige samenhang belangrijker is, noteert dat hij haar naam, wat de oorspronkelijke betekenis ervan ook geweest moge zijn, verbindt met 'de Arabisch-Perzische *ghoul*'[82]. Ook al is deze etymologische relatie niet onbetwist, Gaster verbindt dus *gello* met *gol* en daarmee Gol met Lilith[83].

Ook voor Medusa is een bescheiden plaats ingeruimd in Gasters werk. Hij brengt Lilith namelijk ook in verband met de kinderen dodende demon die Salomo als tegenspeler krijgt, de demon Obizoth[84]. In bepaalde details van de legende van Obizoth - Salomo ziet alleen haar hoofd, niet haar lichaam, en dit hoofd is getooid met loshangend haar, dat wild om haar heen slingert zoals het haar van een draak[85] - ziet Gaster een weerschijn van de legende van Medusa[86]. Ik concludeer dat Gaster zowel de relatie tussen Lilith en Gol als de relatie tussen Lilith en Medusa legt. Daarmee bevat zijn studie *Two Thousand Years of a Charm against the Child-Stealing Witch* een aantal van de belangrijkste lijnen, met behulp waarvan het vroege experimentele

---

sex is only feminine. She has a foot as the ass' hoof and a foot as an ostrich " Montgomery, *Aramaic Incantation Texts from Nippur. cit.*, p. 157-158. Behalve dit portret in woorden van de Gol bevat de uitgave ook verschillende getekende portretten van Liliths. Montgomery's teksten zijn afkomstig van kommen die geïnterpreteerd worden als een soort kleine gevangenissen die de demonen neerdrukken. Dit blijkt uit de wijze waarop zij op de plaats van opgraving zijn aangetroffen: direct onder het vloeroppervlak van een huis zijn zij omgekeerd begraven. Op de bodem van de kom liet de spiraalsgewijs geschreven tekst een kleine ruimte vrij, zodat hier een bescheiden of meer uitgewerkte tekening een plaats kon krijgen. Van de in totaal veertig kommen zijn er volgens Montgomery vijf geïllustreerd met een Lilith. Eén hiervan stelt Lilith voor met wapperende haren. De tekeningen ondersteunen de teksten in die zin, dat waar er demonen afgebeeld zijn, deze over het algemeen aan handen en voeten geketend getekend zijn.

[80] Het gaat om twee studies: *Lilith und die drei Engel* en *Two Thousand Years of a Charm against the Child-Stealing Witch*, oorspronkelijk verschenen in respectievelijk 1880 en 1900 en opnieuw uitgegeven in: M. Gaster, *Studies and Texts. In Folklore, Magic, Mediaeval Romance, Hebrew Apocrypha and Samaritan Archaeology.* 3 Vols. Maggs Bros. London 1925-1928, Vol.II, p. 1252-1265 en 1005-1038.

[81] Aldus bij: Scholem, 'Lilith', in: *Kabbalah. cit.*, p. 356-361, p. 359.

[82] Gaster, *Studies and Texts. cit.*, p. 1024.

[83] Steun voor zijn etymologie had Gaster kunnen vinden bij: E.A. Sophocles, *Greek Lexicon of the Roman and Byzantine Periods*. Ungar New York 1887³. Door recent etymologisch onderzoek wordt deze steun niet meer geboden. Zie hiervoor: Chantraine, *Dictionnaire Étymologique de la Langue Grecque. cit.*

[84] Evenzo bij: Scholem, 'Lilith', in: *Kabbalah. cit.*, p. 356.

[85] Gaster, *Studies and Texts. cit.* p. 1034: "her hair was tossed wildly like a dragon's".

[86] ibidem, p. 1035.

portret van Lilith getekend wordt, in *Chambre - Antichambre* èn in *Het Boek Ik*[87].

Tenslotte moet hier nog een iets losser net van relaties om Lilith gesponnen worden. Verschillende auteurs wijzen op haar verbinding met gestalten uit de Griekse en Romeinse Oudheid[88]. Haar agressie jegens kinderen heeft Lilith gemeen met de al genoemde Gello en met de Striges[89]. De eigenschap van gevaarlijk verleidster deelt Lilith met Empusa, een spook dat in staat is tot metamorfose. Nadat ze in de gedaante van een mooie vrouw iemand heeft verleid, onthult ze haar ware aard van vampier om vervolgens haar slachtoffer te verteren[90]. Via Empusa komt opnieuw een relatie met Medusa tot stand. Gorgo en Empusa zijn verwant als helle-achtige, schrikaanjagende monsters. Maar ook in verband met Medusa speelt de kwestie van moord onder het mom van verleiding. Medusa's dodelijke blik wordt in de interpretatie van de Gorgo als hetaere in die zin begrepen, dat zij van zo grote schoonheid is, dat wie haar aanziet verstart tot steen[91].

Maar de nauwste relaties onderhoudt Lilith met Lamia, zo nauw zelfs dat de naam *Lamia* gebruikt kon worden als een naam voor Lilith[92]. Het verband tussen Lilith en Lamia wordt geschraagd door een dubbele overeenkomst: zij richten beiden hun agressie op kinderen, en zij laten beiden de combinatie van verleiding met dood zien. Lamia is zowel een vampierachtige demon als een spookbeeld waarmee men kinderen bang maakte. Meestal is *lamia* een soortnaam voor de mens vijandig gezinde spoken, die ook in het meervoud, als *lamiae*, optreden. Uniek echter is de Lamia van de sage. Zij is een Libyse prinses voor wie Zeus liefde opvatte. Door jaloezie gedreven doodt Hera haar kinderen, waarop Lamia zich wreekt door de kinderen van anderen te stelen en te doden[93]. Terwijl Lamia in de literatuur van de Oudheid slechts van gering belang is, verwerft zij vanaf de tweede eeuw na Christus nieuw gewicht. Het is in de oude gedaante van vampier dat Lamia opnieuw naar voren treedt. Zij lokt haar slachtoffers naar zich toe onder het mom van liefde en doet zich vervolgens te goed aan hun vlees en bloed[94].

---

[87] Belangrijke elementen uit *Chambre - Antichambre* hebben later opnieuw een plaats gekregen in Schierbeeks roman *Het Boek Ik*. Zie hiervoor eveneens: Cornets de Groot, *Met de gnostische lamp. cit.*, p. 31.

[88] Trachtenberg, *Jewish Magic and Superstition. cit.*, p. 37, en Montgomery, *Aramaic Incantation Texts from Nippur. cit.*, p. 78.

[89] Zie hiervoor: Pauly - Wissowa, *Realencyclopädie der classischen Altertumswissenschaft* (voortaan: *RE*), s.v. Gello en Striges.

[90] *RE*, s.v. Empusa.

[91] *RE*, s.v. Gorgo.

[92] De *Vulgaat* heeft Lilith vertaald met Lamia (zie p. 180). L.S.J., *Greek-English Lexicon. cit. Suppl.* vermeldt nog, dat reeds *Symmachus* Jesaja 34:14 met Lamia heeft vertaald.

[93] *RE*, s.v. Lamia. Een echo van de sage van Lamia weerklinkt in 'exodus': "terwijl de wijze man (..) / zijn mond opat *en met vreugde uitdeed de ogen*" (vg 23-27). Lamia wordt van verdriet slapeloos. Opdat ze niet eeuwig wakker hoeft te zijn, krijgt ze van Zeus het vermogen om haar ogen uit te doen.

[94] Voor de volledigheid zij hier vermeld dat L.S.J. *Greek-English Lexicon. cit. Suppl.* de oude betekenis van Lamia 'vampier' schrapt en vervangt door de betekenis 'Libyse prinses'. Dit in tegenstelling tot de *RE* die beide betekenissen geeft. Ook de etymologische woordenboeken van Frisk en Chantraine geven voor Lamia de betekenis 'vampier'.

3   de kabalistische Lilith

Een duidelijke gestalte bezit de kabalistische Lilith in het uit de tiende eeuw daterende *Alfabet van Ben Sira*. De legende zoals die hier wordt verhaald, poogt een verklaring te geven voor het dan al wijd verspreide gebruik om amuletten te schrijven ter bescherming tegen Lilith. Verschillende tradities komen hier samen. De legende van Lilith als een demon die kinderen doodt en vrouwen in het kraambed bedreigt, wordt verbonden met de legende van Lilith als één van de demonenmoeders wier gehaat nageslacht de wereld vult, en met de legende van Lilith als eerste vrouw van Adam. Deze laatste legende is gebaseerd op de vergelijking tussen Genesis 1 en 2. Omdat in het eerste hoofdstuk al sprake is van schepping van de mens als man en vrouw (Gen.1:27) en pas in het tweede hoofdstuk Eva wordt geschapen uit de rib van Adam (Gen.2: 22), werd geconcludeerd dat Lilith als eerste vrouw van Adam aan Eva was voorafgegaan.

In de legende uit het *Alfabet van Ben Sira* is Lilith de 'eerste Eva', die tegelijk met Adam van dezelfde aarde als hij geschapen werd en die daarom niet van zins is haar gelijke rechten op te geven. Zij gaat met Adam in debat over de wijze van hun echtelijk verkeer. Omdat zij het niet met elkaar eens kunnen worden, vliegt Lilith weg, onder het uitspreken van de naam van God. Verongelijkt richt Adam zich tot God: U heeft mij een vrouw gegeven, en nu is zij mij ontvlucht! God zendt dan drie engelen achter Lilith aan om haar naar Adam terug te brengen. Is ze tot terugkeer bereid, dan is alles vergeven en vergeten. Maar is ze dat niet, dan zullen dagelijks honderd van haar zonen sterven. De drie engelen treffen haar aan in de golven van de zee, 'dezelfde zee waarin later de Egyptenaren hun dood zullen vinden', de Rode Zee dus, en vertellen Lilith van de straf die haar wacht als ze niet naar Adam terug zou keren. Desondanks weigert ze, waarbij ze zich erop beroept dat ze juist geschapen is om pasgeboren kinderen kwaad te doen. De engelen laten echter niet af en pressen haar tot een eed. Lilith zweert dat zij geen kwaad zal doen aan een baby die beschermd is door een amulet met de naam of de afbeelding van de drie engelen. Lilith neemt dus de door God verordende straf op zich, reden waarom er elke dag honderd demonen sterven. Verder herinnert elk exemplaar van een amulet dat z'n kracht ontleent aan de drie engelen die haar bedwongen hebben, haar aan haar eed, zodat ze haar macht over het aldus beschermde kind niet kan doen gelden.

Hoewel er over de seksuele implicaties van de legende geen twijfel kan bestaan[95], is in de verschillende uitgaven van de tekst wel enige wankelmoedigheid te bespeuren. Gaster, die de tekst eerst in Duitse, vervolgens in Engelse vertaling publiceert, legt Lilith eerst de woorden "ich werde nicht zu unterst liegen" in de mond en twintig jaar later "I am just as good as you"[96]. Dezelfde verschuiving kan waargenomen worden bij Bischoff, die de legende eerst in samenvatting en later in vertaling geeft. De latere vertaling "Du bist nicht mehr als ich" mist de duidelijkheid van de eerdere samenvatting: "schließlich habe sie sogar beim ehelichen Verkehr ihrem Manne 'überlegen' sein

---

[95] Zie hiervoor: Scholem, 'Lilith', in: *Kabbalah. cit.*, p. 357.
[96] Gaster, *Studies and Texts. cit.*, p. 1253 en 1032.

wollen"[97].

De legende uit het *Alfabet van Ben Sira* plaatst Lilith in het bekende verband van seksualiteit, moederschap en kinderen. Bijzonder is haar verweer dat zij geschapen is met het doel om kinderen kwaad te doen. Waar Lamia's kindermoord is ingegeven door wraak, lijkt die van Lilith eerder geïnspireerd door jaloezie[98]. Algemeen kan gesteld worden dat Lilith ook in de kabalistische demonologie twee verschillende rollen speelt: zij wurgt kinderen en zij verleidt mannen. Als verleidster heeft zij een rijk nakroost. Van de nachtelijke zaadlozingen van mannen die ze in hun slaap verleidt, heeft ze een ontelbaar aantal zonen. De Talmud beschouwde Lilith al als een gevaar voor een man die alleen slaapt. Zij moet zwangerschap dus beschouwen als een toestand waaruit blijkt dat een andere vrouw haar voor is geweest. Haar haat wordt gewekt door wat zij ziet als plaatsvervanging. Vandaar haar agressie jegens kraamvrouw en baby.

Het lijkt wel alsof Lilith het onderwerp seksualiteit geheel voor zich opeist, want ook een ander, zeer belangrijk aspect van de legende heeft te maken met seksualiteit. Het *Alfabet van Ben Sira* tekent Lilith namelijk niet alleen als eerste vrouw maar tegelijk als eerste feminist, en ook het feminisme van Lilith betreft de seksualiteit. Zij vindt het niet in de schepping besloten liggen dat één van beide partners bij het seksueel verkeer vanzelfsprekend bovenop zou mogen liggen. Lilith baseert haar feminisme op de simpelste en tegelijk meest solide grond. Zij is, samen met Adam, van dezelfde stof geschapen.

Tenslotte wordt Lilith ook nog als eerste magiër getekend. In die hoedanigheid komt haar relatie met namen aan het licht. Magie maakt gebruik van namen, in het bijzonder van de namen van God. Omdat de naam van iets het karakter ervan moet uitdrukken, is ook een naam van God uitdrukking van zijn wezen. Op grond van de correspondentie tussen naam en benoemde maakt degene die een bepaalde naam kent en gebruikt, zich meester van het wezen van het benoemde. In het geval van het gebruik van een godsnaam eigent de gebruiker zich dus een deel van de goddelijke almacht toe.

Lilith onttrekt zich aan Adam door de naam van God uit te spreken. Enerzijds maakt zij dus zelf als magiër gebruik van de naam van God. Anderzijds wordt zij in haar macht beperkt door de namen van de drie engelen die haar haar eed hebben afgedwongen. Amuletten ter bescherming tegen Lilith dienen deze namen te bevatten. Het zijn: Senoi, Sansenoi en Samangelof[99], namen die opvallen door /s/ - alliteratie. De functie van de magische namen is anders in de latere amuletten die het verhaal

---

[97] Samenvatting en vertaling verschijnen in respectievelijk eerste en tweede druk van één en hetzelfde werk: Bischoff, *Die Kabbalah. Einführung in die jüdische Mystik und Geheimwissenschaft. cit.*, 1903[1], p. 83 en 1917[2], p. 56. Hier schuift nog een Nederlandse vertaling tussen: E. Bischoff, *De Kabbala. Inleiding tot de Joodsche Mystiek en Geheime Wetenschap*. Craft & Co. Amsterdam [1906]. Deze vindt voor de bewuste regel het volgende equivalent: "in hun echtelijk verkeer wenschte zij de rol van man te vervullen".
[98] Interpretaties in deze zin zijn te vinden bij: Montgomery, *Aramaic Incantation Texts from Nippur. cit.*, p. 77 en p. 92 noot 143, en Trachtenberg, *Jewish Magic and Superstition. cit.*, noot 33 p. 278.
[99] Zo bij: Bischoff, *Die Kabbalah. cit.*, 1903[1], p. 83-84, 1917[2], p. 58. Scholem geeft de namen ongevocaliseerd: *Snwy, Snsnwy, Smnglf*. Scholem, 'Lilith', in: *Kabbalah. cit.*, p. 357.

van Lilith en Elia bevatten. In deze versie, geïnspireerd door de Griekse Gello-bezwering, dwingt Elia Lilith tot het bekendmaken van haar namen. Ze belooft dat ze babies geen kwaad zal doen als ze in de kraamkamer haar namen ziet of hoort. Hier wordt Lilith dus aan banden gelegd door haar eigen namen: kennis van haar namen maakt haar machteloos.

De *Zohar* bouwt de legende van Lilith uit tot een zeer veel omvangrijker complex, dat bovendien van groot gewicht is omdat het direct gerelateerd wordt aan de kardinale leer van de sefirot. Het nieuwe bouwwerk berust echter wel degelijk op de oude fundamenten, omdat ook hier de verbinding tussen Lilith en het onderwerp van de seksualiteit allesoverheersend is. Lilith raakt met de leer der sefirot verbonden doordat zij in verband gebracht wordt met de maan.

Volgens de *Zohar* is Lilith tegelijk met zon en maan geschapen. Voor dit nieuwe verhaal over de schepping van Lilith wordt gebruik gemaakt van de metafoor van de schil ter aanduiding van het kwaad. Met de schepping van de hemellichten is onheil verbonden, omdat op deze dag de vrouwelijke demon die 'Bruine' heet en kinderen doodt, geschapen werd. Toen het oerlicht verborgen werd, werd om de kern een schil geschapen, die het oerkwaad of Satan is. Deze breidde zich uit en produceerde een tweede schil: Lilith, de vrouwelijke pendant van Satan. Zodra ze ontstaan was, begon ze zich naar boven en beneden te bewegen. Ze kwam bij de Keruvim die, naar de talmudistische afleiding van deze naam, kleine gezichten als kinderen hebben, en wilde zich aan hen hechten. Maar toen God de mens schiep, scheidde hij haar van de Keruvim. Wanneer Lilith ziet hoe Eva in hemelse schoonheid besloten is in Adams zijde, tracht zij zich opnieuw aan de Keruvim te hechten. God werpt haar dan in de 'afgronden van de zee'. Dit is haar verblijfplaats, tot Adam en Eva zondigen. Daarop haalt God haar uit de zee en sinds de zondeval doet zij haar invloed gelden over de door de zonden van hun ouders verdoemde kinderen, de 'kleine gezichten' onder de mensen. Zij zwerft door de wereld op zoek naar zulke kinderen, die ze eerst liefkoost en vervolgens doodt[100].

Deze legende brengt Lilith dus opnieuw in verband met Adam en Eva, nu zo, dat de zondeval wordt tot het fundament voor de macht van Lilith, en interpreteert de kindermoord dienovereenkomstig, namelijk als straf voor zonde die door ouders begaan is. Verder bevat de legende de naam 'Bruine' voor Lilith. In één van de teksten uit de afdeling 'ongebundelde gedichten 1949 - 1951' gebruikt Lucebert deze naam. Ik citeer uit de tweede strofe van 'zie de 4 mm. fantasiegerstekorrelpatronen die ik afschiet' (vg 421):

>   maar louter wolken en watte & warme droefgeest
>   druipt uit deze gymnastische roest de bleek
>   bruine mooie
>   bruine mooie dooiende stenen stapel ik op het sub-fossiel v.d. spuigaten

Dat het om een Lilith-naam gaat, blijkt uit de context die twee elementen bevat, die ook in de 'lente-suite voor lilith' optreden. De regels die direct op de geciteerde regels volgen, bevatten precies zo'n wie?-vraag als tekst 3 van de 'lente-suite':

---

[100] De legende (Zohar I 19b) is te vinden bij: Scholem, *Die Geheimnisse der Schöpfung. cit.*, p. 76-77. Zie voorts: Tishby, *The Wisdom of the Zohar. cit.*, Vol.II, p. 540-541.

>   wie? wie die steekt 3 drie
>   ▲ stormen in zijn mond
>   & de 4de niet: = zal wel......

De slotstrofe bevat een *voorjaarsdirecteur*, die doet denken aan de nadere bepaling van de suite voor Lilith als een *lente-suite*.

In een ander gedicht uit dezelfde afdeling is een even geconcentreerd Lilith - complex te vinden. In de vierde strofe van 'woe wei' valt het woord *schors* dat verwijst naar de voorstelling van het kwaad als de schors van de kosmische boom (zie p. 191): 21 *vrouwen van teer en schors en nors* (vg 411-412). Lilith is de vrouwelijke schors om de boom van emanatie. Verder wordt gevarieerd op de thema's van kind, worging en slang. Alleen al als vrouwelijke tegenhanger van Satan is Lilith met de slang verbonden, maar verder natuurlijk ook door haar relatie met de zondeval (vg 411-412):

>   jaag ik door de straten van mijn vaderland
>   met de ogen van de adders
>   maar houden die niet winterslaap?
>   of had touw kinderen geslagen
>   vrouwen van teer en schors en nors
>   die aderen strikken strak en strakker?

De worging wordt ook fonologisch krachtig uitgedrukt door de opeenhoping van de achterin de mond gearticuleerde /k/-klank *strikken strak en strakker*[101].

De ontdekking van de naam *bruine* voor Lilith in (vg 421) werpt een bijzonder licht op één van de andere namen in dit gedicht. Enigszins vervormd door een geruilde voornaam, zit ook de naam van Goethe in het gedicht:

>   ... zie daar nu toch blauw - blauw kijk
>   drijven wolfgang steiner & rudolf goethe binnen
>   in mijn blouse ...

Dit betekent dat Lucebert in tenminste twee gedichten Lilith en Goethe samen laat optreden, in (vg 421) en in het boven genoemde gedicht uit *amulet* dat thuishoort in de bescheiden reeks van gedichten waarin de naam *lilith* gebruikt wordt. In 'het gedicht lily mix' verschijnt bij *lily* de volgende voetnoot (vg 257):

>   *ook dit gedicht staat, evenals *horror, lente-suite voor lilith* e.d., onder invloed van goethe's *lily's park*.

---

[101] Vergelijk 'horror', waar zowel op 'worging' als op 'kind en worging' wordt gezinspeeld in 10 *twee vergulde negerkroppen / en zijn keel is schroever van de aas* en 23 *in mijn zak de moederkoeken / dragen strakgetrokken broeken* (vg 41).

De ondubbelzinnig kabalistische invulling van Lilith in (vg 421) heb ik beschouwd als waarschuwing tegen een al te letterlijke opvatting van deze voetnoot[102]. Als ik mij voor een waarschuwing in dezelfde zin hier nog een stap buiten het corpus mag veroorloven, dan kan gewezen worden op het gedicht waarin Lucebert tegen Kouwenaar zegt *niet gaan we spieken bij goethe / niet bij jan almanak*[103]. Goethe komt op een simpele manier het materiaal binnen dat de kabalistische intertekst vormt. Hij komt zowel bij Bischoff als bij Waite voor, bij de eerste direct in verband met Lilith, bij de tweede in verband met bepaalde verboden betreffende seksualiteit. Wanneer Bischoff Lilith bespreekt, omschrijft hij haar als 'Adams eerste vrouw (zoals ze in Goethe's *Faust* heet)'[104]. Waite vermeldt dat het verboden is om bij het seksueel verkeer aan een ander te denken. Hij vergelijkt dit verbod met Goethe's 'Wahlverwandtschaften', omdat het kind dat uit een dergelijke geslachtsgemeenschap geboren wordt, 'gesubstitueerd' heet[105].

De tekst uit de *Zohar* waarin de legende van Lilith verteld wordt, levert een karakteristiek voorbeeld van kabalistische filologie. Het verhaal van Lilith, en in het bijzonder haar relatie met zon en maan, wordt afgeleid uit een formele eigenschap van (Gen.1:14): "En God zeide: Dat er lichten zijn in het uitspansel des hemels". Ik citeer begin en eind van de legende van Lilith uit de *Sitre Tora*:

> Gott sprach: Leuchten seien am Gewölbe des Himmels. Das Wort *me'orot* 'Leuchten' ist defektiv geschrieben und kann daher auch als *me'erot* 'Unheil' gedeutet werden, denn an diesem Tage wurde die kindermordende [Dämonin, die] 'Bräune' [heißt], erschaffen. [..] sie [dat is: Lilith] schweift in der Welt umher, findet Kinder, die Strafe zu leiden bestimmt sind, liebkost sie und tötet sie. Und all dies zur Zeit des abnehmenden Mondes, wenn sein Licht abnimmt und defekt wird, wie das in [der defektiven Schreibung des Wortes] *me'orot* angedeutet ist: [zur Zeit des defekten Lichtes herrscht Unheil].[106]

Liliths invloed is dus direct afhankelijk van de maanfase. Wanneer het licht van de maan 'defect' is, bij afnemende maan, kan Lilith haar invloed doen gelden. Wanneer de maan zich herstelt, bij wassende maan, is Lilith machteloos. De *Zohar* schept dus een legende, waarin de maan en Lilith beurtelings hun invloed doen gelden en maakt daarmee Lilith tot de tegenspeelster van de Shechina. Het is deze samenhang, die door de 'lente-suite voor lilith' wordt geëxploiteerd.

In het vorige hoofdstuk is uiteengezet dat het element *lelies* uit de 'introductie' het verband legt met de kabalistische intertekst. Bij de kosmische symbolisering van de sefirot krijgt het paar van zesde en tiende sefira onder meer gestalte als het paar

---

[102] Cornets de Groot en De Vos hebben in de bewuste voetnoot wel aanleiding gezien om Goethe op dit punt aan nader onderzoek te onderwerpen. De eerste auteur komt zowel tot positieve als tot negatieve resultaten en houdt twijfel, de tweede concludeert tot een 'beperkte relevantie' van Goethe voor Lucebert. Cornets de Groot, *Met de gnostische lamp. cit.*, p. 57-58, en De Vos, 'Lilith', cit., p. 219.
[103] 'voor de dichter g.k.' (vg 147).
[104] Bischoff, *Die Kabbalah. cit.*, 1903¹ p. 82, 1917² p. 56.
[105] Waite, *The Secret Doctrine in Israel. cit.*, p. 265.
[106] Scholem, *Die Geheimnisse der Schöpfung. cit.*, p. 76-77 (Zohar I 19b).

van zon en maan en de tiende sefira wordt voorts aangeduid als lelie. De Shechina kan dus zowel door de maan als door de lelie gesymboliseerd worden. De ratio achter deze combinatie van symbolen, lelie en maan, blijkt uit de kabalistische exegese die het fundament heeft gelegd voor het lelie-symbool. Volgens de kabalisten is het de Shechina die zichzelf omschrijft in de woorden (Hgl.2:1): "Ik ben eene roos van Saron, eene lelie der dalen". De Shechina is een lelie der dalen, omdat zij aangetroffen wordt 'op de diepste plaats': zij is de laatste en laagste sefira. De lelie is dus een lelie der dalen. Van de twee bloemen die in het vers uit het Hooglied genoemd worden, is de lelie de belangrijkste. De lelie-symboliek werd het vruchtbaarst omdat de lelie zich gemakkelijk laat verbinden met de maan: de lage witte bloem is een suggestief equivalent van het lage witte hemellicht.

Voor de Shechina is dus de symbolencombinatie van maan en lelie van kracht. Wanneer nu door de legende uit de *Zohar* Lilith op haar beurt in verband gebracht wordt met de maan, is onmiddellijk duidelijk dat ook zij zich de combinatie van maan en lelie toeëigent. Zij maakt zich direct meester van het tweede symbool voor de Shechina, de lelie, alleen al op fonologische gronden: *Lilith - lelie*. De naam *lily* uit 'het gedicht lily mix' is dus ook een Lilith-naam, een variant die is gebaseerd op de relatie tussen Lilith en lelie[107]. De notie van een 'defecte' maan treedt op aan het slot van 'exodus' *als was de verminkte maan hun moeder* (vg 23-27). De 'verminkte maan' is de moeder van 'murphew en zijn zonen' die, zoals blijkt uit de relaties tussen de verschillende hoofdfiguren uit 'exodus', een dichter met dionyische trekken is[108]. De maan-locus uit 'exodus' sluit dus nauw aan bij de 'introductie', waarin dichters als volgelingen van zon en maan worden voorgesteld. Lucebert laat ook de nog een stap verder gaande verwerking van de symbolen van maan en lelie zien. Als Lilith van invloed is bij afnemende maan en als de maan gesymboliseerd kan worden door een lelie, dan staat de mogelijkheid open om de betekenis 'afnemend' te verbinden met het symbool van de lelie. Dat is precies wat gebeurt in de tweede strofe van 'christuswit' (vg 28-29):

> ik dacht dat hij ons wit zou zitten
> maar hij was maar veld en onze leliën geknipt
> ik wipte menigmaal met om zijn ademen je hoofdje tule
> maar brak ik dan niet weg jouw schotsen y chroomstalen kil

De verwijzing naar Lilith en de afnemende maan ligt besloten in *en onze leliën geknipt*; *maar brak ik dan niet weg* ontpopt zich als een herhaling van de betekenis 'afnemend'; en *kil*, 'waterdiepte' tenslotte ontpopt zich als verwijzing naar de verblijfplaats van Lilith, die in beide legenden de zee is, in de legende uit de *Zohar* nog specifieker de 'afgronden van de zee'[109].

Het gegeven dat Lilith van invloed is bij afnemende maan betekent voor de 'introductie' dat zij verbonden is met de *zwarte vlekken*. In mijn interpretatie van de

---

[107] (vg 257).
[108] F.J.M. de Feijter, 'Exodus. Over de relatie tussen Lucebert en Hölderlin', in: *De Revisor* jg.14 (1987) nr.2 (april), p. 69-77.
[109] Vergelijk §1, waar het woord λαιτμα, 'diepte van de zee' met Lilith in verband is gebracht.

verhouding tussen zon en maan zoals die in de 'introductie' wordt getekend, zijn de zwarte vlekken het teken van de kant van de maan dat ook zij liefde meent. In antwoord op het liefdesteken van de zon laat de maan ten teken van haar liefde zwarte vlekken zien. De maan laat haar liefdesteken zien wanneer zij zich terugtrekt in duisternis, met andere woorden bij afnemende maan. Omdat op dat moment Lilith van invloed is, mag inmiddels aangenomen worden dat de zwarte vlekken háár teken zijn. Lilith is als kracht die van invloed is bij afnemende maan geïntegreerd in het krachtenspel van zon en maan en daarmee in het krachtenspel van licht en duisternis. Dichters die streven naar eenheid van duisternis en licht brengen niet alleen een opwaardering van duisternis tot stand, maar tegelijk ook een opwaardering van Lilith. Hoe radicaal de herwaardering van Lilith is zal hieronder blijken, wanneer de tegenstelling tussen Lilith en Shechina nader wordt uitgewerkt.

Wie dichter is en, zoals uit 'exodus' blijkt, *de verminkte maan* tot zijn moeder maakt, geeft zichzelf te kennen als aanhanger van de afnemende maan en kiest dus voor Lilith en tegen de Shechina. De aanval die hierin besloten ligt is een aanval op de tegenspeelster van Lilith, op de Shechina, maar merkwaardig genoeg vaart de maan er wel bij. Lilith, die haar rechten opeist naast de Shechina, is daarmee, geheel conform haar oorspronkelijk feminisme, op weg naar zoiets als een geëmancipeerde maan. Zij is voorvechtster van een opvatting van de maan die deze niet ziet als 'defect' wanneer zij in duisternis gehuld is. Integendeel, want juist dán verschijnen de zwarte vlekken. Enerzijds zijn deze het duisternis-teken dat nodig is om de eenheid van licht en duisternis in te zien. Anderzijds kunnen de zwarte vlekken geïnterpreteerd worden als het teken van verleiding zoals een bloem dat draagt, opdat een bij zich ernaar kan richten. Voor deze betekenis van de zwarte vlekken werd de weg gebaand door de mogelijkheid om de vlek op te vatten als een botanisch teken dat de notie van seksualiteit introduceert. Anders gezegd: het krachtig pleidooi voor een synthese van licht en duisternis zoals dat in de 'introductie' gehouden wordt, staat niet alleen onder de hoede van zon en maan. Lilith nestelt zich tussen deze beide in. Uiteindelijk stijgt zij zelfs boven hen uit en staat het pleidooi onder haar exclusieve hoede, wat natuurlijk ook in overeenstemming is met de titel van het geheel van het gedicht, 'lente-suite voor lilith', die de vier teksten tot een ode aan Lilith maakt. Lilith kan zowel de emancipatie van duisternis dragen als de emancipatie van seksualiteit en daarom mag zij het alleenrecht doen gelden op de notie van een geëmancipeerde maan.

Op twee plaatsen in het corpus zie ik deze notie bevestigd. Het woord waarmee de 'lente-suite' besluit, *leliezon*, kan met recht aangeduid worden als een 'magische naam', een naam die de essentie van Lilith bevat. Het woord kan allereerst begrepen worden als aanduiding voor de maan: *lelie-* staat voor 'wit' en maakt van *leliezon* een witte zon, dat wil zeggen de maan. Wanneer iets meer recht gedaan wordt aan het onderdeel *-zon* en aan de feministische kwaliteit van Lilith, kan *leliezon* voorts geïnterpreteerd worden als een tot zon geëmancipeerde maan: de leliewitte maan verwerft de status van zon. Deze nieuwe status houdt in dat de maan zoals de zon continu 'schijnt' of van kracht is, met andere woorden ook in duisternis van kracht is. Deze tweede inhoud van *leliezon* wordt bevestigd door de maan-locus uit 'exodus', die voor de beschrijving van de maan ook niet zonder het woord *zon* kan. Murphew en zijn zonen worden drinkend en zingend ten tonele gevoerd (vg 23-27):

als was de verminkte maan hun moeder
was de volwassen zon hun voedster

Nadat in *verminkte* het bij de maan horende 'afnemend' is herkend, kan in *volwassen* het eveneens bij de maan horende 'wassend' onderkend worden. De paradox van een moeder en voedster der dichters die tegelijk *de verminkte maan* en *de volwassen zon* is, ziet dus afnemen en wassen van de maan ineen en waardeert deze beide fasen gelijkelijk. Tegelijk ziet de paradox zon en maan ineen, waardoor de twee hemellichten gelijkelijk gewaardeerd worden. De paradox uit 'exodus' voegt zich dus bij de paradoxen van licht en duisternis uit de 'introductie'. Zon en maan vormen een volmaakte eenheid omdat ze een paar van aan elkaar gewaagde grootheden zijn, de zon die altijd schijnt, de maan die nu eens licht, dan duisternis laat zien. De kracht die achter deze visie staat is die van de leliezon - lilith die de emancipatie van de maan draagt, en ervoor zorgt dat er tegenover de altijd schijnende zon een maan komt te staan die eveneens altijd van invloed is.

De legende van Lilith uit de *Zohar* biedt voorts het aanknopingspunt voor het belangrijke achterhoofd-motief uit de 'introductie' (zie p. 165). De jaloezie van Lilith wordt gewekt als zij ziet hoe de eerste mens door God geschapen is: als een androgyne gestalte die mannelijk en vrouwelijk in zich verenigt. Scholem vertaalt de betreffende passage als volgt:

> Als jene [Lilit] aber die Chawa sah, wie sie in himmlischer Schönheit noch in Adams Seite haftete und so die vollkommene Gestalt [des mannweiblichen Adam] sah [,bevor Chawa aus ihm herausgelöst wurde], da flog sie von dort weg.[110]

De woorden uit Genesis (Gen.2:21): "en Hij nam ééne van zijne ribben" kunnen ook gelezen worden als 'God nam één van zijn zijden' (het Hebreeuwse woord voor 'rib' kan eveneens 'zijde' betekenen), zodat de schepping van Adam en Eva neerkomt op het splijten van de oorspronkelijk androgyne mens[111]. Hierna komen man en vrouw 'van aangezicht tot aangezicht' te staan, zodat zij elkaar waarachtig tot steun kunnen zijn[112]. In de bloemlezing van Müller komt een tekst voor die de splijting heel aanschouwelijk voorstelt als die van een januskop, zodat de twee gezichten elkaar voortaan in de ogen kunnen kijken:

---

[110] Scholem, *Die Geheimnisse der Schöpfung. cit.*, p. 76 (Zohar I 19b). In: Tishby, *The Wisdom of the Zohar. cit.* luidt de Engelse vertaling "When she saw Eve, *who was attached to Adam's back,* and whose beauty was like that of the realms above, and when she saw her perfect image, she flew from there" (cursivering van mij).
[111] In 'ik zing de aarde aarde:' uit *triangel in de jungle* gevolgd door *de dieren der democratie* (1951) wordt een 'u' aangesproken als *zijde* (vg 81).
[112] Een tekst over de schepping van Adam en Eva door splitsing van de mannelijke en vrouwelijke zijde komt voor in: Scholem, *Zohar. The Book of Splendor. cit.* p. 31-33 (Zohar I 34a). Voor een tweede voorbeeld kan verwezen worden naar: Tishby, *The Wisdom of the Zohar. cit.*, Vol.II, p. 539-540 (Zohar III 19a).

> Es begann Rabbi Acha mit dem Schriftsatze: "Und es sprach JHWH Elohim: Nicht gut ist es, daß der Mensch allein sei" (1.Moses2,18). Warum beginnt der Satz mit diesen Worten? Es wurde gelehrt, daß aus dem Grunde vom zweiten Tage nicht gesagt wird: "daß es gut ist", weil der Mensch vereinsamen sollte. War er denn aber einsam, wo doch gesagt wird: "Männlich und Weiblich erschuf Er sie"? Auch haben wir gelernt, daß der Mensch zweigesichtig erschaffen ward, und du sagst: "Nicht gut, daß der Mensch allein sei"? Vielmehr er bemühte sich nicht um seinen weiblichen Teil und hatte keine Stütze an ihm, da dieser nur seine Seite bildete und sie rückwärts wie eines waren - so war denn doch der Mensch allein. "Ich will ihm einen Gehilfen erschaffen ihm gegenüber" (1.Moses2,16). Das heißt: seinem Antlitz gegenüber, daß eines am andern hafte, Angesicht zu Angesicht. Was tat der Allheilige? Er sägte an ihm und nahm das Weibliche von ihm. Wie es heißt: "Und Er nahm eine seiner Rippen" (1.Moses2,21). Was bedeutet:"eine": Seine weibliche Seite, in gleichem Sinne wie in den Worten: "Eine ist sie, meine Taube, meine Reine" (Hohelied6,9). "Und er brachte sie zu Adam" (1.Moses2,22). Er rüstete sie wie eine Braut und ließ sie vor sein leuchtend Angesicht kommen: Angesicht zu Angesicht.[113]

Het eerste mensenpaar is eenzaam zolang het elkaar niet in de ogen kan kijken. Het probleem van de januskop-schepping wordt opgelost door snijding in tweeën. Deze paradijselijke oplossing klinkt in de 'introductie' door. In een *eenzaam zoekend achterhoofd* wordt gezinspeeld op herstel van oorspronkelijke eenheid. Het verlangen naar de geliefde wordt gelocaliseerd in het achterhoofd, omdat dat de plaats is, waarop de snede is ingezet.

De opvatting van de oorspronkelijk een androgyne eenheid vormende mens herinnert aan de mythe die in Plato's *Symposium* Aristophanes in de mond wordt gelegd. Deze vertelt hoe de aanvankelijk een eenheid vormende mensen door Zeus in tweeën werden gesneden en hoe het de liefde is die de mens ertoe drijft te zoeken naar de oorspronkelijke wederhelft. Het is van belang om deze lijn naar Plato te onderzoeken, omdat Luceberts poëzie naast het *eenzaam zoekend achterhoofd* ook toespelingen bevat op herkenning of herinnering in verband met de geliefde.

De zieleleer van de *Zohar* vertoont onmiskenbaar sporen van Plato's filosofie. Allereerst wordt het geloof in de preëxistentie van de ziel niet ter discussie gesteld in de *Zohar*. Voorts is de kern van de leer van anamnese, dat kennis niets is dan herinnering, aanwezig. De zielen verblijven in een soort leerschool voordat zij afdalen naar het aardse bestaan; al wat de mens leert in dit aardse bestaan is niets dan herinnering van de kennis die verworven werd in het bestaan dat eraan voorafgegaan is[114]. De mythe van Aristophanes is verwerkt in de speculaties over de preëxistentie van de ziel. De zielen zijn biseksueel geschapen en worden in tweeën gesneden op het moment waarop zij af moeten dalen naar een aards lichaam. Het aardse leven gaat onder andere met zoveel moeilijkheden gepaard, omdat de oorspronkelijk een twee-

---

[113] Müller, *Der Sohar. Das Heilige Buch der Kabbala. cit.*, p. 126-127 (Zohar III 44b).
[114] Zie hiervoor: Tishby, *The Wisdom of the Zohar. cit.*, Vol.II, p. 698-699 en 751.

eenheid vormende zielen elkaar moeten hervinden[115].

Wanneer de *Zohar* nu, met Plato, kennis als herinnering definieert, dan is het alsof voor deze leerstelling van Plato tegelijk twee nieuwe argumenten worden aangedragen. Dat komt doordat eerder kennis gelijkgesteld is aan seksualiteit (zie p. 186). Het verband tussen beide equaties, kennis = herinnering en kennis = seksualiteit, wordt gelegd door twee verschillende zaken: ten eerste de biseksuele opvatting van de ziel in de preëxistentie, ten tweede de androgyne opvatting van de eerste mens. De biseksuele schepping van de ziel maakt het aardse huwelijk tot een hereniging van oorspronkelijk verbonden zielen. De androgyne schepping van de eerste mens maakt het aardse huwelijk tot een hereniging van oorspronkelijk verbonden lichamen. Wanneer Adam zich in de geslachtsdaad met Eva verenigt, is dit een daad die eenheid verwezenlijkt en dus een daad van kennis. Tegelijk bevestigt deze daad van kennis dat kennis herinnering is, omdat Adam in Eva ook zijn oorspronkelijke wederhelft herkent. Adam die zijn vrouw *bekend* heeft, heeft haar ook *herkend*. De *Zohar* ontwerpt dus een constellatie waarin de gelijkstelling van kennis aan herinnering begrepen kan worden als mede ondersteund door een tweetal opvattingen over de oorspronkelijke staat der zielen en de oorspronkelijke staat van de eerste mens. Kennis in seksuele zin bewijst dat kennis herinnering is, omdat twee oorspronkelijk verbonden zielen elkaar hervinden en omdat twee lichamen die een oud geheel vormden, tot een nieuw geheel, dat hetzelfde is, worden samengesmeed.

Lucebert heeft deze samenhang geproefd, gewaardeerd en geëxploiteerd. Bij hem is dezelfde relatie tussen de kern van de leer van anamnese - kennis is herinnering - en de seksuele opvatting van kennis terug te vinden. Bekend zijn en herkend zijn worden tegen elkaar uitgespeeld in woorden die zijn gewijd aan de geliefde met de naam van Diotima (vg 16):

anders anders bekend maar herkend toen,
zij mij lucebert noemde diotima mij.

Hier wordt de geliefde gehuldigd als degene die de enig juiste naam kan geven. Zij is daartoe in staat op basis van herkenning. In 'het licht is dichter dan' zorgt een nadrukkelijke equivalentie voor gelijkstelling van eenzaamheid en duisternis. Het gezicht van de mens wordt voorgesteld als een huis met deuren. Met de *gespierde vlaggen* van de oogleden worden de *deuren van de huid* gesloten. Het resultaat is een *gegrendeld gezicht* (vg 38):

een kamer voor de eenzaamheid
een voorhof voor de duisternis
daartussen trilt op elke drempel
de wimpel van de heugenis

---

[115] ibidem, Vol.III, p. 1355-1356 en p. 1372 noot 7. Uit de vroegere literatuur kan verwezen worden naar Adolphe Franck, die de verschillende onderwerpen - preëxistentie, anamnese, biseksuele schepping van de ziel - eveneens behandelt en daarbij ook doorverwijst naar Plato. Franck, *Die Kabbala oder die Religionsphilosophie der Hebräer. cit.*, p. 158-160.

De mens ligt in zijn *gegrendeld gezicht*. Maar op de drempel van de oog-deur trilt, aan het uiteinde van de ooglid-vlag, de wimper-wimpel van de herinnering. Zoals in dit gedicht het accent ligt op het oog, zo ligt in de 'introductie' het accent op het achterhoofd als de plaats waar de snede is ingezet. Dichters die *als babies niet genezen zijn / van een eenzaam zoekend achterhoofd*, trachten de snede te genezen die bij de geboorte is aangebracht, en die alleen maar genezen kan worden door hereniging met de oorspronkelijke wederhelft.

In de onmiddellijke context van het verhaal over de geboorte van Lilith blijkt dat ook in de *Zohar* de relatie tussen Lilith en het onderwerp van de seksualiteit allesoverheersend is. Nadat eerst het verbod op onanie in meer algemene zin besproken is, wordt direct na de legende over Lilith geponeerd dat nutteloze zaadverspilling samenhangt met het afnemen van de maan. Deze stand van zaken mag als exemplarisch voor de visie van de *Zohar* op Lilith beschouwd worden. In de *Zohar* krijgt Lilith de zware last te dragen van de verantwoordelijkheid voor alle ondeugden van de mens op seksueel terrein. Voor de overtreding van al wat God verboden heeft op dit terrein, is Lilith verantwoordelijk, meestal alleen, soms geëscorteerd door één van de drie andere demonenmoeders die naast haar onderscheiden worden. Seksuele ondeugden worden ofwel direct met Lilith in verband gebracht, ofwel indirect doordat ze verbonden worden met het afnemen van de maan.

Lilith verwerft haar opmerkelijke positie niet helemaal alleen op eigen kracht. Ze heeft deze ook te danken aan de Shechina. Waar deze laatste wordt beschouwd als hoedster over het huwelijk en over de zegening daarvan met kinderen, daar wordt Lilith regelrecht tegenover haar geplaatst. Zoals de Shechina waakt over het door de wet gesanctioneerde systeem van huwelijkse relaties en het naleven van de geboden in dezen zegent met nakroost, zo is Lilith de duivelse verleidster tot overtreding van geboden, degene die verleidt tot seksueel ongeoorloofd gedrag en die voor deze verleiding de zware tol eist van de kinderdood of van lichamelijke of geestelijke schade aan het nakroost.

Tal van eigenschappen dankt Lilith aan de Shechina en de opvatting van de *Zohar* van deze twee vrouwelijke grootheden als elkaars tegenpolen heeft verstrekkende gevolgen. Lilith is de koningin in de sitra achra en de echtgenote van de duivel. Zij is koningin in de wereld van de kelipot zoals de Shechina koningin is in de wereld der sefirot. Zij is de vrouw van de duivel zoals de Shechina vrouw is van God. Scholem heeft gelijk wanneer hij het als één van de belangrijkste prestaties van de Kabala in het algemeen en van de *Zohar* in het bijzonder aanmerkt, dat door de nieuwe interpretatie van de Shechina het vrouwelijke is geïntegreerd in het bereik van het goddelijke[116]. De *Zohar* interpreteert de Shechina als het vrouwelijk element in God en personifieert haar als bruid en als vrouw van God.

Maar het beeld dat Scholem van deze 'integratie van het vrouwelijke' schetst, is iets te rooskleurig. Het heeft namelijk ook een keerzijde en die keerzijde is Lilith. Zelfs in de bruidsgedaante is Lilith de tegenstreefster van de Shechina. Omdat de laatste en laagste sefira als zodanig blootstaat aan gevaar - wat wordt uitgewerkt in de gedachte dat het contact tussen de laatste sefira en het geheel der overige sefirot verbroken kan worden - en omdat het lot van de Shechina in verband gebracht wordt met dramatische

---

[116] Scholem, *Major Trends in Jewish Mysticism. cit.*, p. 229.

gebeurtenissen als scheiding en ballingschap, kan Lilith uiteindelijk begrepen worden als 'de andere vrouw' die de Shechina van haar plaats verdrijft, en die zelfs tijdelijk haar plaats inneemt[117]. Het symbool van de maan illustreert op onnavolgbare wijze de geschetste krachtsverhoudingen en voert het drama van de strijd tussen Lilith en Shechina als het ware steeds opnieuw op.

Het feit dat Lilith de tegenspeelster is van de Shechina maakt tenslotte ook het Hooglied voor haar van belang. De relatie lijkt onvermijdelijk, omdat de Bijbel nergens zo erotisch is als juist in het Hooglied. Het is tekenend voor de *Zohar* dat de erotiek van het Lied der Liederen aangegrepen is als het middel bij uitstek om zowel de sacrale opvatting van het huwelijk uiteen te zetten als de erotiek die de wereld der sefirot kenmerkt. De bruid uit het Hooglied wordt begrepen als een symbool voor de Shechina. Wanneer de bruidegom uit het Hooglied over zijn geliefde zegt (Hgl.4:7) : "Geheel zijt gij schoon, mijne vriendin, en er is geen gebrek aan u", dan is het eigenlijk God die hier spreekt en die zich vol liefde en lof richt tot zijn Shechina. En wanneer de bruid uit het Hooglied haar verlangen naar haar geliefde uitspreekt in de woorden (Hgl.1:2):"Hij kusse mij met de kussen zijns monds", dan is het eigenlijk de Shechina die hier spreekt en die getuigt van haar verlangen naar vereniging met haar echtgenoot.

Hierboven is er al op gewezen dat het de Shechina is die zichzelf omschrijft in de woorden (Hgl.2:1): "Ik ben eene roos van Saron, eene lelie der dalen". In één bepaalde tekst wordt de aanduiding van de Shechina als lelie in het bijzonder aangewend om de erotische verhouding tussen God en zijn bruid of tussen de 'Koning' en de 'Gemeenschap van Israël' in woorden te vatten:

> Discoursing on the verse: "I am a rose of Sharon, a lily of the valleys" [Cant.2:1], Rabbi Simeon said: The Holy One, be blessed, bears great love to the Community of Israel, wherefore he constantly praises her, and she, from the store of chants and hymns she keeps for the King, constantly sings his praises.
> Because she flowers splendidly in the Garden of Eden, the Community of Israel is called rose of Sharon; because her desire is to be watered from the deep stream which is the source of all spiritual rivers, she is called lily of the valleys.
> Also, because she is found at the deepest place is she designated lily of the valleys. At first, she is a rose with yellowish petals, and then a lily of two colors, white and red, a lily of six petals, changing from one hue to another. She is named "rose" when she is about to join with the King, and after she has come together with him in her kisses, she is named "lily".[118]

---

[117] Zie hiervoor: Tishby, *The Wisdom of the Zohar. cit.*, Vol.I, p. 384.
[118] Scholem, *Zohar. The Book of Splendor. cit.*, p. 118 (Zohar III 107a). De tekst is, in iets uitgebreider vorm, eveneens opgenomen in de bloemlezing van Ernst Müller, daar onder verwijzing naar twee verschillende plaatsen in de *Zohar* (Zohar III 107a en Zohar I 221a). Müller, *Der Sohar. Das Heilige Buch der Kabbala. cit.*, p. 127-128. Voor de meest uitgebreide annotaties zij verwezen naar: Tishby, *The Wisdom of the Zohar. cit.*, Vol.I, p. 391-392 (Zohar I 221a).

De laatste en laagste sefira heet 'lelie der dalen' omdat zij aangetroffen wordt op de diepste plaats, en omdat zij voorzien wil worden van water uit de diepe stroom. De bloemensymboliek is hier verweven met de symboliek van een bron en een stelsel van rivieren die uitstromen in zee. Deze verweving culmineert in een interpretatie die de van liefde verzadigde bruid maakt tot een in water gedrenkte lelie. Het is deze tekst die de uiteindelijke interpretant biedt voor de regel *bloemen van water rapen* (vg 413) en voor de variant daarvan uit de 'introductie' *lelies uit poelen opdreggen* (vg 42). Het bloemen van water rapen is een metafoor voor het bedrijven van liefde omdat de Shechina wordt voorgesteld als een van water doordrenkte lelie, nadat zij 'in haar kussen' is verenigd met de 'Koning'.

4   het portret van Lilith, getekend door A.E. Waite

Iemand die de tegenstelling tussen Shechina en Lilith scherp belicht heeft, is Arthur Edward Waite. Hij kenschetst de eerste als een soort 'echtelijke Venus' die waakt over de geboorte van kinderen, en de tweede als een gevaarlijk demon die kinderen verslindt. Het feit dat juist Waite op de band tussen beide vrouwelijke grootheden is gestoten, strookt geheel met het algemene karakter van zijn werk. Waite is degene die als eerste gepoogd heeft de seksuele symboliek van de *Zohar* te analyseren en langs deze weg is hij er in *The Secret Doctrine in Israel* toe gekomen, 'de geheime leer' op te vatten als een leer over seksualiteit. Waite's eigenzinnige behandeling van de Kabala brengt hem tot het volgende resultaat: naast de 'religie van het huwelijk' die opgevat kan worden als het manifeste deel van de geheime leer, bestaat een alleen voor ingewijden toegankelijk mysterie van seksualiteit, en in dit laatste mysterie suggereert de Kabala 'een groot experiment'.

Het feit dat de besnijdenis geldt als het teken van het verbond tussen God en het volk van Israël, wordt opgevat als eerste indicatie voor de conclusie dat het mysterie van de Kabala een seksueel mysterie is. De auteur heeft voorts goed geproefd welke bijzondere gevolgen voortvloeien uit de gedachte dat de wereld der sefirot voor haar welbevinden afhankelijk is van deze wereld. De impuls moet uitgaan van beneden, opdat de hogere wereld zich in volmaakte toestand - in balans (zie p. 190) - bevindt, en op grond daarvan vervolgens haar invloed op de wereld der mensen kan doen neerdalen. Alles hier op aarde is slechts geschapen volgens een patroon dat eerst dienst heeft gedaan bij de schepping van de wereld der sefirot. Hieruit volgt dat wanneer hier beneden verlangen ontwaakt, daarvan een impuls uitgaat die hetzelfde verlangen in de hoogste wereld doet ontstaan. Hierin ligt de heiligheid van het huwelijk besloten en hieruit volgt ook dat God rechtstreeks betrokken is in de geslachtsgemeenschap.

illustratie 4
Lucebert, *De dichter voedt de poëzie*, 1952. Lilith als zeemeermin. De overeenkomst tussen de staart van de vogel en die van de zeemeermin doet het nodige vermoeden over haar inbreng in de poëzie.

illustratie 5
Lucebert, *zonder titel*, 1988. De titel die ik aan deze tekening zou willen geven, luidt kortweg 'lilith.' Haar armen zijn kippevleugeltjes geworden en op het hoofd van de man waarop zij met zoveel gemak plaats genomen heeft, werpt zij een schaduw die de vorm heeft van een sikkel van de afnemende maan.

Om deze mysterieuze betrokkenheid van God te verduidelijken, heeft Waite een indrukwekkende hoeveelheid teksten verzameld waarin gezinspeeld wordt op de mogelijke implicaties van het seksueel verkeer, op de geboden die erbij in acht genomen moeten worden en op de zegeningen èn gevaren die ermee verbonden zijn. De auteur concludeert uit zijn materiaal dat het seksueel mysterie van de Kabala het mysterie van de Shechina is. Wanneer haar zegen rust op het echtelijk verkeer, heeft dit tot gevolg dat zielen van de 'heilige zijde' naar de aarde afdalen. De in het seksueel mysterie aangeduide mystieke gemeenschap zorgt voor de geboorte van kinderen van de heilige zijde. Waite concludeert dat het ideaal mogelijk niet alleen op papier bestond, maar dat het misschien ook de praktijk vertegenwoordigde van een geheime school. Aan het 'groot experiment' van de geheime leer verbindt hij de hoop op een nieuwe generatie, die de wereld zou kunnen veranderen[119].

Gegeven deze bijzondere invalshoek moest Waite wel uitkomen bij de tegenstelling tussen de Shechina en Lilith. De laatste immers belichaamt de dreiging met hel en verdoemenis, die evenzeer met de geslachtsgemeenschap verbonden is. Waite nadert de zware last die in dezen op de schouders van Lilith is gelegd, wanneer hij bepaalde verboden bespreekt:

> In view of the sanctity which the Zohar attributes to the sex-act under the obedience of purity - which is marriage - there was a prohibition respecting its performance *in nuditate personarum*. Those who ignore it are subject to the visitation of demons and will produce epileptic children obsessed by Lilith. This is the case more especially if the light of a lamp is used.[120]

Hiermee is de kern geraakt. Lilith is de duivel die ouders in hun kinderen straft, wanneer zij aan één van haar talloze verleidingen, van welke aard dan ook, toegeven en een gebod met betrekking tot het seksueel verkeer overtreden.

Toch is ook Waite's portret van Lilith niet zonder verwarring en niet zonder onjuistheid. Dit is op zichzelf verre van verwonderlijk. Lilith wordt in de *Zohar* vaak met haar duivelse eigenschappen vereenzelvigd en aangeduid als 'de hoer' of als 'de slechte', 'de valse', 'de zwarte' - deze laatste naam naar haar zwarte haar -, en meer dan eens verdwijnt haar naam ook achter de aanduiding 'echtgenote van'. Lilith is de

---

[119] Voor alle duidelijkheid zij hier vermeld dat Waite drie boeken over de Kabala op zijn naam heeft staan: *The Doctrine and Literature of the Kabbalah* uit 1902, *The Secret Doctrine in Israel* uit 1913 en *The Holy Kabbalah* uit 1929. Het laatste is een compilatie van de twee eerdere werken. Mijn karakteristiek van het werk van Waite berust uitsluitend op *The Secret Doctrine in Israel*. In de secundaire literatuur wordt soms naar *The Holy Kabbalah* verwezen, maar bij nader toezien heb ik steeds gevonden dat er dan feitelijk werd verwezen naar *The Secret Doctrine* dat integraal in *The Holy Kabbalah* is opgenomen. Het debat over de waarde van het werk van Waite, dat onvermijdelijk was omdat de auteur zich heeft moeten baseren op de slechte Franse vertaling van de *Zohar* door Jean de Pauly, laat een bijzondere pendelbeweging zien. Waar Scholem eerst vrij lovend is, is hij later zeer kritisch. Hier staat tegenover dat Tishby hem weer vrij veel krediet geeft. Zie hiervoor: Scholem, *Major Trends in Jewish Mysticism. cit.*, p. 212, en: idem, *Kabbalah. cit.*, p. 203. Voorts: Tishby, *The Wisdom of the Zohar. cit.*, Vol.I, p. 385 noot 1 en Vol.III, p. 1372 noot 1.

[120] Waite, *The Secret Doctrine in Israel. cit.*, p. 247 noot 4.

Het is als Melusine en dat wil zeggen als zeemeermin[131] dat Lilith verschijnt op 'De dichter voedt de poëzie'[132]. Rechts is een kooi getekend waar een grote vogel bovenop staat of waar dit dier met zijn poten inhaakt[133]. De vogel is in een vloed van kleuren voorgesteld. Hij eet uit de hand van de links op een bankje zittende dichter. In een lieftallige pose vleit een schoonheid van een zeemeermin zich tegen de dichter aan. Zij heeft lang, loshangend zwart haar en een diepblauwe staart die is bezaaid met grijze en zwarte vlekken. De formele overeenkomsten tussen de staart van de vogel en de staart van de zeemeermin doen het nodige vermoeden over de inbreng van de vrouw in de poëzie. Onder het lijf van de grote, kleurrijke vogel is het onmiskenbare symbool van Lilith zichtbaar, een klein, in zeer zwarte inkt uitgevoerd maansikkeltje, dat zonder problemen herkend kan worden als de sikkel van de afnemende maan.

§5 de drie teksten van de 'lente-suite'

1 inleiding

Bij zijn receptie van de Kabala heeft Lucebert zich gesteld gezien voor het paradoxale gegeven van een mystiek systeem dat enerzijds erotisch zonder weerga is, en dat anderzijds de verboden aspecten van de seksualiteit gelijkstelt aan het kwaad zonder meer.

De *Zohar* laat mooie voorbeelden zien van reflectie op de huwelijkse omgangsvormen. De leraren der wet die in de *Zohar* sprekend ten tonele worden gevoerd, zijn het erover eens dat seksualiteit nooit gepaard mag gaan met dwang en dat liefde zonder wederzijds verlangen niets betekent. Debatterend over de wijze waarop het seksuele verkeer ingeleid dient te worden, zoeken zij naar tekst in de Bijbel die hiervoor het voorbeeld zou kunnen stellen. Als liefkozende woorden die de man tot zijn vrouw zou kunnen spreken, wijzen zij de woorden van Adam tot Eva aan (Gen.2:23): "Deze is ditmaal been van mijn gebeente en vleesch van mijn vleesch".

Aan de meer uitzonderlijke momenten in het mensenleven dient luister bijgezet te worden door bijzondere aandacht voor het seksuele verkeer. Zo dient een man die thuis terugkeert na een reis zijn vrouw genoegen te geven. Een man moet altijd 'mannelijk en vrouwelijk' zijn en op reis, gescheiden van zijn vrouw, kan hij aan deze voorwaarde voldoen doordat dan de Shechina over hem hoedt. De hoede van de 'hemelse partner' wordt hem verleend dankzij zijn vrouw, degene die hem in het dagelijks

---

[131] *Kindler*, s.v. Melusine.
[132] Vergelijk de zeemeermin uit 'ik draai een kleine revolutie af' *op mijn rug rust een zeemeermin* (vg 64).
[133] Vergelijk uit 'het vlees is woord geworden' *de kooien der poëzie* en de dieren die *met hun tentakels in de taal (raken)* (vg 20).

leven 'mannelijk en vrouwelijk' maakt. Daarom dient een man bij terugkeer thuis zijn vrouw te verheugen:

> There is twofold reason for this duty of cohabitation. First, this pleasure is a religious one, giving joy also to the Divine Presence, and it is an instrument for peace in the world, as it stands written, "and thou shalt know that thy tent is in peace; and thou shalt visit thy habitation and not sin" [Job5:24]. (It may be questioned, is it a sin if he fails to go in to his wife? It is a sin, for in his failure, he detracts from the honor of the heavenly mate who was given him by reason of his wife.) Secondly, if his wife should conceive, the heavenly partner bestows upon the child a holy soul; for this covenant is called the covenant of the Holy One, be blessed.[134]

De bijslaap verzaken op een daarvoor uitgelezen moment is een zonde wegens de nauwe relatie die tussen geslachtsverkeer en de Shechina wordt aangebracht. Lucebert beschrijft deze samenhang in het volgende gedicht uit *triangel in de jungle* gevolgd door *de dieren der democratie*:

> een der heiligste
> aller mannen vipacchit
> hij werd tot zware hellestraf veroordeeld
> hij zeekre nacht
> waarin vipacchit een engel had kunnen verwekken de
> bijslaap verzuimd had[135]

Hier staat tegenover het verband dat wordt gelegd tussen Lilith en al wat verboden is. Het terrein van de seksualiteit is het terrein van de grootst mogelijke gelukzaligheid en van de diepst denkbare verdoemenis tegelijk. Uit het verbod op lamplicht spreekt het verbod op het genot van de schoonheid van het lichaam van de ander. Het seksueel genot dient beteugeld te worden door een streng stelsel van geboden. Bij overtreding ervan dreigt de hel. Lilith steekt een onnatuurlijk vuur in de harten der mensen aan en deelt aan degenen die voor haar vele verleidingen bezwijken, zware straffen uit. Verschillende auteurs hebben erop gewezen dat één van de redenen voor de felheid van de auteur van de *Zohar* op dit punt gezocht moet worden in het in zijn dagen om zich heen grijpend verschijnsel van verbintenissen tussen Joden en niet-Joden[136]. Moses de Leon zag hierin een zware zonde die bestreden diende te worden met het sterkst denkbare tegengif. Daarom werd ook deze overtreding op het conto van de verschrikkelijke Lilith bijgeschreven. Naast de nutteloze zaadverspilling is het gemengde huwelijk een voorbeeld van die zware zonden die onder de noemer van 'de breuk in het verbond' worden samengevat.

Lucebert voert in zijn 'lente-suite voor lilith' een ongehoorde aanval uit op deze verdeling van goed en kwaad tussen Shechina en Lilith. De symboliek van het mystieke

---

[134] Scholem, *Zohar. The Book of Splendor. cit.*, p. 35 (Zohar I 49b).
[135] (vg 96)
[136] Tishby, *The Wisdom of the Zohar. cit.*, Vol.III, p. 1371-1372.

systeem dat geattaqueerd wordt, wordt daarbij niet terzijde geschoven, maar integendeel juist benut. Het is de rigide scheidslijn tussen goed en kwaad die nauwkeurig samenvalt met de tegenstelling tussen Shechina en Lilith, die door de dichter onder vuur genomen wordt.

In de lichtere toets van kritiek waaraan de Kabala in de 'lente-suite' wordt onderworpen, wordt de spot gedreven met bepaalde, door de *Zohar* minutieus uitgewerkte regels en voorschriften die het seksuele leven van de leraren der wet onderscheiden van dat van de gewone gelovigen.

In de zwaardere toets van kritiek kan een scherpe aanval op de cruciale tegenstelling onder het systeem, de tegenstelling tussen Shechina en Lilith, beluisterd worden. Deze resulteert in de keus voor Lilith en stelt haar in de plaats van de Shechina. Het resultaat is een verbluffende emancipatie van Lilith. Deze gestalte, die door de traditie wordt aangereikt als *de* duivel op het terrein van de seksualiteit, wordt door Lucebert van de vloek die op haar rust, bevrijd en komt als nieuw te voorschijn, als de verleidster die een ode verdient, als de voorvechtster van een van de zware last van de zonde bevrijde seksualiteit. Want vanzelfsprekend is met de emancipatie van Lilith de emancipatie van de seksualiteit rechtstreeks verbonden.

De 'lente-suite voor lilith' is een voorbeeld van de seksuele revolutie avant la lettre en die revolutie wordt bewerkt via een radicale herwaardering van Lilith. Daarom zijn hier woorden uit een later gedicht, 'elegie' uit *van de afgrond en de luchtmens* (1953), van toepassing, woorden die retrospectief handelen over Lilith:

> altijd één gedachte één bedoelen had mijn geest:
> nog eens en dan voorgoed een nymph te kweken van een furie
> ofwel te ontlokken een zuivere schim aan een vervuilde schepping[137]

De radicale herwaardering van Lilith maakt haar van een furie tot een nimf, en komt neer op het ontkrachten van een oude schepping, van een heel bepaalde traditie. Wat hierbij bewerkt wordt is een daadwerkelijke 'Umwertung aller Werte'. De waardenschaal uit de kabalistische traditie wordt omgekeerd, zodat er uit iets dat *vervuild* mag heten juist iets dat *zuiver* mag heten, ontstaat[138].

---

[137] (vg 176-177).
[138] Ook Cornets de Groot brengt de geciteerde regels uit 'elegie' in verband met Lilith. Naar mijn mening interpreteert hij ze echter onjuist. Hij begrijpt furie en nimf als tegengestelde personen, stelt de furiën Medusa en Gol tegenover de nimf Lilith. Het punt waarom het draait is nu juist dat furie en nimf één en dezelfde zijn, dat van de furie Lilith een nimf Lilith wordt gemaakt. Cornets de Groot, *Met de gnostische lamp. cit.*, p. 48-49.

2 'o-o-oh'

Er loopt een rechte lijn van de 'introductie' naar tekst 1 van de 'lente-suite'. Beide gedichten bevatten een variant van de metafoor *bloemen van water rapen*. De isotopieën van bloemenamen en water-woorden uit de 'introductie' worden voortgezet in tekst 1: naast *lavendel* en *anemonen* treden de water-woorden *beek, zee, wier* en *ven* op. Ik hecht geen bijzondere plantkundige waarde aan de keuze van anemoon en lavendel. Wat lavendel betreft moet er echter wel waarde gehecht worden aan de meest gebruikelijke toepassing van deze bloem, gegeven het slot van het gedicht: *geuren / pagodegeuren / lavendelgoden / geuren*. Lavendel is bij uitstek geschikt voor associatie met Lilith, omdat de gedroogde bloemetjes verpakt in een sachet de linnenkast doen geuren, waar onder meer de lakens voor op het bed worden bewaard.

Lavendel en anemoon zijn echter in hoofdzaak gekozen om de morfologische mogelijkheden die zij de dichter boden. In tekst 1 van de 'lente-suite' is de meest ingenieuze variant van de metafoor *bloemen van water rapen* aan de orde. Hier wordt namelijk ín de bloemenamen water ontdekt en dat gebeurt door demontage. Lavendel wordt gedemonteerd in 10 *in de la in de ven*, zodat het woord *ven* wordt losgemaakt uit *lavendel*, dat als variant van *beek* begrepen kan worden. Deze ontleding van lavendel maakt vervolgens de ontleding van *anemonen* zichtbaar. In de opeenvolgende regels 4 en 5 wordt door uitgebreide equivalentie - equivalentie op ritmisch, syntactisch en morfologisch niveau - een merkwaardige substitutie van de eerste twee lettergrepen van *anemonen* uitgevoerd:

is van de ane- monen
is van de zee de monen

Zo wordt in *anemonen* niet alleen de *zee* ontdekt, maar, zoals 14 *lavendelgoden* een bepaalde combinatie laat zien, de combinatie van bloem en god, zo blijkt deze ook voor de tweede bloemenaam weggelegd. Wanneer onder invloed van de lange /e./ uit *zee* in *de* eveneens een /e./ wordt gelezen en wanneer onder invloed van de demontage in *de* een nieuw te monteren woordonderdeel wordt gezien, komt uit *anemonen* voorts *demonen* te voorschijn en dat is de perfecte toespeling op Lilith[139]. Lilith die in de 'introductie' geassocieerd is met lelies en dovenetels, is in tekst 1 van de 'lente-suite' geassocieerd met lavendel, 2 *god van slanke lavendel*, en met anemonen, 4-5 *de anemonen (..) de zee de monen*.

---

[139] Een verrassende interpretatie van het waarom van *anemonen* waarin hij het hele woord kan betrekken, levert Paul Rodenko. Ook hij signaleert de demontage en de daardoor geboden mogelijkheid om in de volgende regel *de monen* te lezen als *demonen*. Maar daarnaast ziet hij in het ontkoppelde woorddeel *ane-* een semantische equivalentie met *bovengekomen*. Daartoe leest hij *ane-* als zinspeling op het Griekse voorzetsel *ana*, 'naar boven': "de anemonen zijn uit demonische diepten bovengekomen". Rodenko, *Verzamelde essays en kritieken 2. cit.*, p. 382. Hij neemt hier dus een voorbeeld van die anabasis waar, die hij als het complement van katabasis opvat, het begrippenpaar waarmee hij in 'De experimentele explosie in Nederland' greep op de ontwikkeling van de moderne poëzie tracht te krijgen (zie p. 43).

In de eerste strofe wordt de roep van de beek om de keel beschreven en de respons daarop van de keel:

en de beek koert naar de keel
en de keel is van de anemonen
is van de zee de monen zingende bovengekomen

Wat de water-woorden betreft is hier dus sprake van de twee uitersten van *beek* en *zee*. Wat de respons betreft kan geconstateerd worden dat deze in opwaartse richting verloopt. De keel begeeft zich naar de beek door uit zee op te rijzen. Er is dus sprake van een beweging van zee naar beek, die sterk doet denken aan het meteorologisch proces van uit zee opstijgende waterdamp die zich boven land omzet in regen en zo terugkeert naar z'n bron.

Lucebert benut hier de voorstelling van de wereld der sefirot als een stelsel van bron, rivieren en zee. Het is goed mogelijk dat het woord *beek* is gekozen op grond van de *Bahir*, waarin het emanatieproces wordt voorgesteld als het uitstromen van een stelsel van beken in zee. In ieder geval zijn er in dit gedicht aanvullende, fonologische gronden voor de keuze van *beek*. Zoals er bij de voorstelling van het proces van emanatie sprake is van een neerwaartse beweging - de rivieren of beken stromen uit in zee -, zo is omgekeerd bij de voorstelling van de seksuele gemeenschap tussen de laatste en laagste sefira en de centrale sefira sprake van een opwaartse beweging. De zee van de tiende sefira dient zich te verheffen tot het hogere niveau van de zesde sefira om daar met hem verenigd te worden.

De erotische lading van de opwaartse beweging van zee naar beek wordt bevestigd door de afleiding van water-woorden uit bloemenamen. De vervlechting van water- en bloemsymboliek is fascinerend. Omdat de water-woorden *ven* en *zee* zijn ontdekt in de bloemen *anemonen* en *lavendel*, kan in de verschillende termen van de beschreven kringloop van water het doorklinken van de bloemsymboliek beluisterd worden. In antwoord op de roep van een beek om een keel rijst een keel op uit zee. De keel die opstijgt uit *zee* rijst tegelijk op uit *anemonen* (zee < anemonen) en beweegt zich naar een *beek* die vanwege een hoge mate van overeenkomst met een ven geassocieerd kan worden met *lavendel* (ven < lavendel). Wanneer ik in deze kringloop inlas, dat de *keel* kan staan voor de wijd openstaande keel van een bloem, in het bijzonder van de dovenetel, dan resulteert een kringloop van water die zich geheel in termen van bloemen laat omschrijven. Een keel stijgt op uit zee om zich te begeven naar een beek. Dezelfde kringloop in bloemetermen: een dovenetelkeel (lamium) stijgt op uit zee (anemoon) om zich met een beek (lavendel) te verenigen. De kus die hier gegeven wordt, is een kus van water aan water en van bloem aan bloem tegelijk.

De keel die uit zee oprijst is dus Lilith, die zich op grond van haar naam Lamia gemakkelijk met de bloemekeel lamium laat associëren. Zoals uit tekst 2 blijkt, heet Lilith onder andere *klein*, vermoedelijk op grond van haar relatie met kinderen of ('introductie') *babies*. Een uitgebreide fonologische equivalentie ondersteunt de interpretatie van de keel als Lilith: 2 slan*k*e lavendel - 3 *k*eel - 4 *k*eel - 5 bovenge*k*omen - 6 *k*leine do*k*ter (..) drin*k*ende - 8 *k*lei - 10 *k*lein. Deze /k/ - equivalentie krijgt nog steun van de assonantie in *kleine, klei, klein* en in de driemaal optredende aanspreekvorm 6,9,10 *jij* en in 12 *zij*. Lilith heet *kleine dokter*, omdat zij dichters die *als babies niet genezen (zijn) / van een eenzaam zoekend achterhoofd*, kan genezen.

Het woord *koert* uit 3 *en de beek koert naar de keel* is qua klank en betekenis het enig juiste voor de lokroep. De merkwaardige aantrekkingskracht tussen *beek* en *keel* klinkt door in *koert*. Het tortelduivenpaar is een symbool voor het liefdespaar. Het is voorts een symbool voor het liefdespaar van God en Shechina krachtens de kabalistische interpretatie van het Hooglied. Doordat de bruid uit het Hooglied wordt aangeduid als duif, (Hgl.6:9) "eene éénige is mijne duive, mijne volmaakte" en doordat zij wordt opgevat als symbool voor de bruid van God, verwerft de Shechina ook het symbool van de duif. De beek *koert* dus naar de keel omdat hij als een doffer roept om zijn duif.

Het symbool van de duif voert naar een kardinale oppositie in het werk van Lucebert. Langs de weg van de duiding van de bruid uit het Hooglied als de bruid van God, neemt de tegenstelling tussen Shechina en Lilith de vorm aan van de oppositie van duif versus slang[140]. Twee gedichten uit de afdeling 'ongebundelde gedichten 1949-1951' lichten deze tegenstelling nader toe. Tegenover de keel van Lilith wordt een duivekeel geplaatst en tegenover de beek die geassocieerd kan worden met duiven, wordt een beek die geassocieerd kan worden met slangen geplaatst. Zoals in tekst 1 van de 'lente-suite' de beek als een doffer koert naar de keel, zo is in (vg 408) tekst 4 sprake van een *duivenkeel*. Uit de context spreekt dat de keel van de duif een keel is, waaraan de ik zich wil ontworstelen (vg 408):

    mijn stad draagt dijen door, gekorven
    maar uit kokhalzen korrels krachtige ei
    pluis ik mij uit over de duivenkeel[141]

De vindplaats is van bijzonder belang wegens de vaststaande, vroege datering die dit gedicht in de onmiddellijke nabijheid van de 'lente-suite' brengt. De tekst hing als tekening-gedicht in de 'Dichterkooi' op de Cobra-tentoonstelling in het Stedelijk Museum te Amsterdam in november 1949 (zie p. 13). Het tweede gedicht onthult de tegenstelling tussen duif en slang. Waar in de 'lente-suite' de beek als een doffer koert, daar valt in 'meditatie op een mond vol builenbal' te lezen *de beken hebben hun slangen geslacht* (vg 415)[142].

Laatstgenoemd gedicht handelt over de treurige schepping van een man en een vrouw, een schepping die hen vooral met onvoldoende stemkracht bedeelt, en over de treurige manier die de scheppers, *zij*, hebben beschikt voor het ter wereld komen

---

[140] Deze oppositie is bijvoorbeeld van groot belang voor 'mijn duiveglans mijn glansende adder van glas' (vg 132), een gedicht uit *de amsterdamse school* (1952) dat door Hugo Brems aan uitvoerige analyse is onderworpen. Zie hiervoor: H. Brems, 'In een gipsen snaar gevangen', in: T. van Deel, R.L.K. Fokkema, J. Hoogteijling (red.), *Over gedichten gesproken*. Wolters-Noordhoff Groningen 1982, p. 79-92.

[141] Het woord *duif* komt in het corpus verder voor in 'in de hitte' *een ijzeren duif* (vg 58-59); 'gedicht voor de komende oorlog' *de duif draagt ruisende mijn huig* (vg 410) en in de openingsregel van het titelloze gedicht 'aan elke slaaf een *duiventree* om het licht in te trappen van zijn ondergang' (vg 422-423).

[142] In de reeks van teksten die naar zijn mening met Lilith in verband gebracht moeten worden, neemt Cornets de Groot ook dit gedicht op. Cornets de Groot, *Met de gnostische lamp. cit.*, p. 45.

van kinderen. Ik laat de strofen over man en kinderen hier even buiten beschouwing, maar citeer die over de vrouw, omdat uit het contrast met de 'lente-suite' blijkt hoe anders bedeeld keel en stem van Lilith zijn (vg 415):

> zij plukten een vrouw en sneden haar een klokhuizenkeel
> en het klepelt nu besneeuwd en het streelt
> maar het vruchtvlees vetten zij aan en af
> niet te verstaan is haar stem slechts smal dansende kwab

De tekst maakt dus gebruik van het beeld van klok en klepel voor keel en tong, maar aan het vruchtvlees van de klokhuizenkeel van deze vrouw is zoveel misdaan, dat haar stem niet te verstaan is. Hetzelfde beeld van klok en klepel wordt gebruikt in tekst 1:

> zie een mond met de torens luiden de tong
> een wier van geluid

De keel van Lilith uit de eerste strofe breidt zich in de tweede strofe uit tot een mond. Deze klok-mond luidt de klepel van de tong zonder problemen zoals blijkt uit het resultaat 8 *een wier van geluid*. Deze verwoording van het stemgeluid van Lilith is in overeenstemming met de zee als haar plaats van verblijf en als de plaats van waaruit zij oprijst.

Een probleem wordt gevormd door 7 *met de torens*. Enerzijds hoort *torens* thuis in de reeks van gedichtelementen die de opwaartse beweging aangeven: 5 *bovengekomen* - 7 *torens* - 8 *tillende* - 13 *pagodegeuren*. Anderzijds helpt het woord het beeld van klok en klepel voor mond en tong van Lilith vormen, omdat een klok in een toren hangt. Zoals een klok luidt wanneer de klepel tegen de rand slaat, zo luidt een mond wanneer daarin de tong beweegt; en zoals een klok hoog in een toren hangt, zo is de mond bovenin het bouwwerk van het menselijk lichaam bevestigd, in het hoofd als top of piek van de toren van het lichaam.

Maar het voorzetsel *met* blijft dan nog dubbelzinnig en er is bovendien geen sprake van een toren, maar van *de torens*. Op grond van tekstinterne gegevens vat ik *met* op in de zin van gelijktijdigheid, zoals in 'met de klok van twaalven'. Dit voorbeeld, dat aan *Van Dale* is ontleend, past perfect in de context van de 'lente-suite' zoals ik bij de bespreking van tekst 2 hoop aan te tonen. De betekenis 'tijdsaanduiding' is eerder gesignaleerd in de 'introductie' (*laat es .. merken dat het niet'te laat is*) en zal hierna nog verschillende malen aan de orde komen, zowel bij tekst 1 als bij tekst 2. Omdat klokken in torens luiden op gezette tijden, kan *met de torens* gelezen worden in de betekenis van gelijktijdigheid: 'tegelijk met de torens luidt een mond de tong'. De mond van Lilith is dus voorgesteld als een klok die tegelijk met de torenklokken luidt, met andere woorden: als een klok die zoals torenklokken de tijd aangeeft[143].

Uit het vervolg 8 *de libbelen tillende klei* is *libbelen* het meest uitdagende woord. De naam *lilith* maakt het belang van de /l/-klank groot. In de uitgebreide /l/-equivalentie die door het geheel van het gedicht heen trekt, kunnen twee hoogtepunten van

---

[143] De combinatie van *torens* met een tijdsaanduiding komt in het corpus eveneens voor in 'exodus' *middernachtelijke torens* (vg 23-27).

concentratie van deze klank waargenomen worden, waaraan ook *libbelen* deel heeft. De hoogtepunten zijn regel 8: een wier van ge*l*uid de *l*ibbe*l*en ti*ll*ende k*l*ei, en regel 11: *l*avende*l* in de *l*ente *l*ove *l*ied. Op morfologisch niveau zijn er verschillende mogelijkheden voor interpretatie. Het voorbeeld van *demonen* wijst op de mogelijkheid om *de libbelen* te combineren tot *delibbelen*, een versie van het woord die naar tekst 3 verwijst, naar de naam *delibes*. Algemeen moet geconstateerd worden dat de grens tussen het Nederlands en andere talen bewust vaag gemaakt wordt. Het woord *love* uit *lente love lied* zou gelezen kunnen worden als het Engelse woord voor 'liefde', zoals tekst 3 de Duitse variant *die liebe* bevat. Omdat op *libbelen* het in fonologisch opzicht hoogst overeenkomstige *tillende* volgt, zou, bij substitutie van de enige niet overeenkomstige klanken, /b+b/ tegenover /t+d/, in *libbelen* misschien *littelen* gelezen kunnen worden, wat *little* suggereert, het Engelse woord voor 'klein'. Intrigerend is verder dat *libbelen* een /b/ teveel en een /l/ te weinig heeft voor *libellen*, een woord dat voorkomt in het gedicht dat de Lilith-naam *bruine* bevat (zie p. 233). In 'zie de 4 mm. fantasiegerstekorrelpatronen die ik afschiet' heet het (vg 421):

even rozen kweken op een hoge borst ook
libellemelk zetten en zie daar nu toch blauw-blauw kijk
drijven wolfgang steiner & rudolf goethe binnen[144]

Een eventuele libel in *libbelen* maakt voorts duidelijk dat het woord ook nog verband kan aangaan met *luiden*, waardoor er een *bel* in *libbelen* hoorbaar wordt.

Misschien is *libbelen* een samentrekking van *lippen* en *bellen*. Op semantisch niveau is er in ieder geval alle reden om in *libbelen* lippen te vermoeden. De drie tegenwoordige deelwoorden in het gedicht, 5 *zingende* - 6 *drinkende* - 8 *tillende*, zijn niet alleen grammaticaal, maar ook fonologisch equivalent. Hun klinkerpatroon komt verder alleen voor in *libbelen*, dat door z'n plaats en de er nog bijkomende /l/-equivalentie het nauwst verbonden is met *tillende*. Lilith, die met haar mond als een klok een wier van geluid veroorzaakt, neemt kennelijk tegelijk iets mee wanneer ze oprijst uit zee, zoals uit *tillende* blijkt. Zoals *zingende* en *drinkende* aangeven, wordt zij nog steeds in hoofdzaak als keel en als mond gezien. Het is dus de mond die iets mee naar boven neemt, en lippen mogen beschouwd worden als instrument van de mond om iets mee op te tillen.

Wat ze met haar lippen optilt, is klei, de stof die op de bodem van de zee gevonden kan worden. Het slotwoord van de strofe *klei* klinkt als een prachtige, verkleinde herhaling van het openingswoord *kleine*. Het verband tussen de *kleine dokter* en de stof *klei* moet zeer nauw zijn. Oprijzend uit de diepte der zee neemt Lilith van haar natuurlijke verblijfplaats iets van die oerstof mee, waarop ze als een feminist haar gelijke rechten baseert. Ze is immers uit dezelfde stof als Adam geschapen. Het begrip 'oerstof' in verband met Lilith evoceert tegelijk ook de oerstof 'zaad'. In de slotwoorden van de tweede strofe, *de libbelen tillende klei*, ligt de toespeling besloten op Lilith als verleidster en usurpator, die zich meester maakt van het zaad dat zij aan het mannelijk lichaam ontlokt.

---

[144] Het woord *libel* komt verder alleen voor in 'er is alles in de wereld het is alles' *de in ijzeren longen gevangen libellen* (vg 60).

Eén woordgroep uit deze strofe is nu nog onbesproken, de direct op de aanspreekvorm *jij* volgende metafoor 6 *drinkende huid van bezien*. Het vloeibare zaad dat Lilith met haar lippen optilt, maakt van haar mond ook een *drinkende* mond. Het woord *huid* is zowel fonologisch als semantisch enigszins geïsoleerd. Het assoneert alleen met *luiden* en *geluid*. In de lichaamsisotopie staat *huid* samen met 10 *vingers* enigszins apart tegenover *keel - keel - mond* en *tong*. Het tweede werkwoord uit de metafoor geeft Lilith ogen. Haar *bezien* staat tegenover het zien van de 'ik' in de uitroep waarmee het gedicht begint 1-2 *o - o - oh / zo god van slanke lavendel te zien*, en tegenover het imperatieve 7 *zie* dat de 'ik' tot de lezer richt.

Wanneer de nauwe relatie van Shechina en Lilith tot het Hooglied als richtsnoer voor interpretatie genomen wordt, komt in *drinkende huid van bezien* de nadruk te liggen op *drinkende*, omdat eten en drinken in het Hooglied als erotische metaforen worden gebruikt. Nadat de bruidegom zijn als een tuin omschreven bruid heeft bezocht, zegt hij over dit genot (Hgl.5:1): "ik heb mijne honigraten met mijnen honig gegeten, ik heb mijnen wijn mitsgaders mijne melk gedronken". De combinatie van *drinkende* en *bezien* stempelt de ogen tot het zintuig bij uitstek voor erotisch genot. Het bekijken van de geliefde is als het drinken uit de beker van genot. Deze bijzondere waardering voor de ogen leidt naar het slot van tekst 2, waar het oog van de 'ik' expliciet wordt genoemd.

Tussen de werkwoorden drinken en zien in staat het woord *huid*. De opvatting van *huid van bezien* als een genitief-metafoor maakt de volgende ontleding mogelijk: 'zien heeft of is een huid'. Het nauwe verband tussen zien en huid waarop hier gezinspeeld wordt, kan verklaard worden wanneer de relatie met Genesis als richtsnoer aangehouden wordt, dat wil zeggen de relatie van Lilith met het verhaal van de zondeval. Samaël en Lilith verleiden het paradijselijk paar door in hun echtelijk verkeer fysiek genot te introduceren. Nadat Adam en Eva zijn verleid, worden zij zich bewust van hun lichaam (Gen.3:7): "Toen werden hun beider oogen geopend, en zij werden gewaar, dat zij naakt waren". Er is dus een rechtstreeks verband tussen de bewustwording van de fysieke staat en het opengaan van de ogen. Uit de woorden van God tot Adam (Gen.3:11): "Wie heeft u te kennen gegeven, dat gij naakt zijt?" blijkt, dat de waarneming van naaktheid niet in de bedoeling van de schepping heeft gelegen. Het duivels echtpaar van Samaël en Lilith heeft gezorgd voor overtreding van dit gebod. Als God vervolgens zijn straf voor de zondeval uitvaardigt, wordt de slang ertoe veroordeeld voortaan op haar buik door het stof te kruipen; de straffen voor Adam en Eva zijn genoegzaam bekend. Voordat zij uit het paradijs verdreven worden, voorziet God hen van kleding (Gen.3:21): "En de Heere God maakte voor Adam en zijne vrouw rokken van vellen, en toog ze hun aan."

Twee bijzonderheden uit het verhaal van de zondeval die direct met de huid of het lichaam te maken hebben, zijn voorwerp geworden van kabalistische interpretatie: de gewaarwording van naaktheid door het openen van de ogen en de 'rokken van vellen'. De naaktheid wordt verschillend geïnterpreteerd. Enerzijds wordt deze juist als niet-lichamelijk geduid. In de opvatting van de verdrijving uit het paradijs als een val naar deze wereld, wordt betoogd dat Adam en Eva in hun paradijselijke staat helemaal geen lichamen hadden maar 'naakt' waren, en dat zij na de zondeval werden voorzien van het voor deze wereld nodige lichaam, doordat hun een 'rok van vel' wordt aangetrokken[145]. Anderzijds wordt de naaktheid wel degelijk lichamelijk geïnterpreteerd. De straf voor Adam en Eva is juist gelegen in de gewaarwording van hun fysieke staat, waarvan zij zich voorheen onbewust waren. Deze interpretatie legt alle nadruk op huid en ogen, en bevat bovendien de bijzonderheid dat de straf voor de twee eerste mensen gelijkgesteld wordt aan de straf voor de slang. Deze moet niet alleen haar voeten missen en voortaan op haar buik door het stof gaan, maar wordt voorts veroordeeld tot het eens in de zeven jaar onder zware pijnen afleggen van haar huid. De straf voor Adam en Eva bestaat uit een zelfde afstroping van huid. Voor de zondeval waren hun ogen bedekt met een hoornvlies. Na de zondeval wordt deze hoornachtige huid van hen afgestroopt en worden hun de ogen geopend[146].

Tegen deze achtergrond zijn inderdaad de ogen het erotisch zintuig bij uitstek. Zij zijn het zintuig dat dóór de zondeval in werking treedt, en dat bewust maakt van de fysieke staat. De zin 'zien heeft of is een huid' drukt zowel uit dat kijken bewust maakt van het lichaam, dat zien een lichaam impliceert, als dat zien fysiek is. Het feit dat de *huid van bezien* voorts als *drinkende* wordt aangeduid, voegt hier nog aan toe dat het fysieke genot genoten wordt[147].

De relatie die in de *Bahir* gelegd wordt tussen de hoornachtige huid voor de ogen van Adam en Eva en de huid van de slang, geeft aan het menselijk lichaam een dierlijke toets, die eveneens beluisterd kan worden in de 'rokken van vellen' waarin Adam en Eva na de zondeval gehuld worden. Lucebert speelt met dit motief in 'als het komt', wanneer hij naaktheid als volgt omschrijft *omdat ze een bontmantel nabootste toen ze helemaal naakt was* (vg 55). De 'rokken van vellen' die na de zondeval aangetrokken worden, leggen verder natuurlijk de nadruk op het lichaam als tijdelijk omhulsel, als bekleding die enerzijds aan- en anderzijds uitgetrokken moet worden. God als degene die vellen of huiden toebedeelt en ook weer afneemt, kan een mooie bontmantel schenken, maar is langs deze weg ook voor te stellen als *de vileine vilder*, zoals in een veel later gedicht van Lucebert gebeurt[148].

Een toespeling op de interpretatie die de *Bahir* geeft van het geopend worden van de ogen, is te beluisteren in 'romance' (vg 33):

---

[145] Deze interpretatie is van de Zohar. Zie hiervoor: Franck, *Die Kabbala oder die Religionsphilosophie der Hebräer. cit.*, p. 167-168.

[146] Deze interpretatie is van de *Bahir*. Zie hiervoor: Scholem, *Das Buch Bahir. cit.*, p. 155-157. In Duitse vertaling sluit de tekst prachtig, omdat het Duitse woord voor hoornvlies *Hornhaut* is. Een fragment: "Was war Adams Kleid? Eine Hornhaut. Und als er von den Früchten des Baumes gegessen hatte, zog Gott die Hornhaut von ihm ab, und er sah sich nackt, wie es heißt [Gen.3:11]: "Wer hat dir gesagt, daß du nackt bist?"" Het motief van het afstropen is ook te vinden bij: Waite, *The Secret Doctrine in Israel. cit.*, p. 97.

[147] Naast de *drinkende huid van bezien* treedt *een huid van huilen* (vg 413) op. De twee metaforen zijn in hoge mate semantisch equivalent ('huid' + 'oog' + 'vocht'), alleen staat 'vocht opnemen' (*drinkende*) tegenover 'vocht uitstoten' (*huilen*). Vergelijk verder: *mijn huid huilde van je peper* uit de 'minnebrief aan onze gemartelde bruid indonesia' (vg 401-403).

[148] In 'op het gors' (vg 379) uit *mooi uitzicht & andere kurioziteiten* (1965). Het gedicht is voor het eerst gepubliceerd in 1961, en d'Oliveira heeft in de *vilder* direct 'het opperwezen' vermoed. H.U. Jessurun d'Oliveira, 'De limiet van het middenwit', in: *Merlijn* jg.1 (1962-1963) nr.2, p. 38-54.

maar uw gezicht is een haan
een haan gouden of duister
en met schellen graaft hij de avond
en uw hand uw hand een verheugde
oogopslag blinkend in de ochtend

Overigens kan in deze regels een toespeling op de bijbelse uitdrukking 'de schellen vallen hem van de ogen' (Hand.9:18) ook niet uitgesloten worden. De *haan* die met een cruciaal tijdstip in de nacht geassocieerd moet worden, zal hierna aan de orde komen (zie p. 268). In 'poëziezo easy job' treden in de onmiddellijke context van een *geschubde* vogel *verstijfde ogen* en *oogziekte* op. In dit gedicht is sprake van een motto dat als een liedregel verschillende malen herhaald wordt, en dat lijkt te variëren op het aftelrijmpje 'wie niet weg is wordt gezien'. Het motto volgt op een kwaadaardige toespeling op de koude oorlog, die lijkt in te houden dat de echtelijke staat en staathuishoudkunde niet onberoerd blijven door de buitenlandse politiek (vg 417-418):

omhals: in een links en rechts geweven koude
communicatiecursus voor getrouwde merkantalisten
motto
wie niet lief heeft wordt gezien
wie niet lief heeft wordt gezien
herhaal de gedachte elke dag
wie niet lief heeft wordt gezien
gezonde kinderen verwekt men met behulp van autodidaktische inteelt
die zo sterk aan het intellektuele herinnert

Het motto is de regelrechte en logisch consequente slotsom uit het verbod dat de ogen treft. Het motto luidt *wie niet lief heeft wordt gezien*, omdat 'wie lief heeft *niet* wordt gezien' gegeven het verbod op het genot dat met de ogen gesmaakt kan worden.

Tenslotte zij nog opgemerkt dat de interpretatie van de vervelling van de slang als straf voor de verleiding die in het paradijs heeft plaatsgevonden, in Luceberts poëzie is uitgegroeid tot een belangrijk thema, dat in tal van varianten wordt uitgewerkt. In het corpus kan het aangewezen worden in 'mijn stad draagt dijen door, gekorven'. In dit gedicht is niet alleen sprake van een 'ik' die zich uitpluist over de duivekeel, maar ook van een zeerover die net als de 'ik' een vorm van rui vertoont (*muiten* kan 'ruien' betekenen). In deze rui kan inmiddels een vorm van emancipatie bespeurd worden (vg 408) tekst 4:

en mijn mond zal verliezen vingers als veer
maar zeer mooi muit snavels chinese zeerover

In het vervolg wordt door *'t knippende voedsteroog / symbolisch zevenhoog* het verband met het opengaan van de ogen in stand gehouden[149]. In de latere poëzie wordt niet

---

[149] In het corpus kan het thema voorts beluisterd worden in *vervelde wortel* (vg 417-418), *geen krulzuring stroop ik ooit weer op* (vg 421) en *huiduitslag* (vg 424-425).

alleen gesproken over 'neersneeuwende slangeschubben' (vg 178), maar ook over vallende veren en haren. Een bijzonder belangrijk voorbeeld zie ik in 'gedicht' uit *van de afgrond en de luchtmens* (1953), omdat hierin zowel de relatie tussen slang en beek als die tussen slang en lelie wordt gelegd (vg 155-156):

... en een slang
zacht vertrekt uit zijn zwangere staart als de beken
uit hun drabbig foedraal zoals de leliën ook[150]

Het begin van de derde en laatste strofe rijmt op het slotwoord van de tweede strofe *klei: en jij / wassen jij klein*. Het tussen het herhaalde *jij* ingelaste woord *wassen* past zowel in de 'water'- als in de 'maan'-context, maar de combinatie van *wassen* en *klein* wijst in de richting van de maan. Ik vat de vijf zangerig rijmende woorden op als een gedrongen weergave van de relatie tussen Shechina en Lilith, die bijvoorbeeld zo geparafraseerd zou kunnen worden: 'wanneer de maan wast, Lilith, ben jij klein, maar wanneer de maan afneemt, Lilith, was jij'.

Net als *huid* staat *vingers* enigszins apart in de lichaamsisotopie. Fonologisch is het woord verbonden met *ven* en met het drie maal herhaalde *in de*; verder, wanneer de context iets ruimer genomen wordt, met *zingende, drinkende* en *libbelen tillende*. Semantisch is het verbonden met *tillende*, omdat vingers iets op kunnen tillen en - en dat is belangrijker - omdat de 'introductie' spreekt van op handen dragen. Dit patroon van relaties doet vermoeden, dat vingers en lippen ten nauwste verbonden zijn. Enerzijds is er sprake van drie handelingen die onderling nauw verbonden zijn door grammaticale en fonologische equivalentie en die allemaal met lippen in verband gebracht kunnen worden: lippen zingen, lippen drinken en - en dat is wat er bíjna staat - lippen tillen. Anderzijds is één van deze drie handelingen, tillen, door semantische equivalentie voorts in verband gebracht met vingers, zodat de mogelijkheid rijst dat vingers eveneens met alle drie de genoemde handelingen in verband gebracht moeten worden, met andere woorden dat ook vingers zowel zingen als drinken als tillen.

Hoewel ik hier niet te ver vooruit wil lopen op de bespreking van tekst 2, wijs ik er alvast op dat de teksten 1 en 2 verbonden zijn door één aspect van verheffen, dat in tekst 1 in *tillende* kan worden waargenomen en in tekst 2 in *hoge stoelen*. Omdat deze hoge stoelen 'tussen de tanden gezet moeten worden', kan geconcludeerd worden dat tekst 2 zinspeelt op een 'optillende mond' zoáls tekst 1 dat doet in *libbelen tillende klei*.

Naar mijn mening wordt in het slot van tekst 1 van de 'lente-suite' door de associatie van optillende lippen met optillende vingers gezinspeeld op het proces van verheffing van de Shechina. Om de analyse van tekst 1 af te kunnen ronden, moet ik hier dieper op genoemd proces ingaan. De verheffing van de Shechina is een proces dat voorafgaat aan de seksuele gemeenschap van Tiferet en Shechina. Wil zij zich met haar echtgenoot kunnen verenigen, dan moet de Shechina als laatste en laagste sefira van haar niveau opgetild worden naar het hogere niveau van haar echtgenoot,

---

[150] Ook Cornets de Groot komt, op zoek naar Lilith, uit op dit thema. Hij noemt de volgende gedichten: (vg 155-156), (vg 161), (vg 178), (vg 180) en (vg 195-196). Cornets de Groot, *Met de gnostische lamp. cit.*, p. 44-45, 58, 129 en 157.

de zesde en centrale sefira. Er bestaan verschillende symboliseringen van dit proces van verheffing, waarvoor over het algemeen gesteund wordt op verzen uit het Hooglied. In regels als (Hgl.2:6) "Zijne linkerhand zij onder mijn hoofd, en zijne rechterhand omhelze mij" wordt gelezen dat de Shechina door de twee armen aan de tors van Tiferet wordt omhelsd en naar hem wordt opgetild. Zeer bijzonder en wezenlijk voor de *Zohar* is, dat de verantwoordelijkheid voor het kunnen opstijgen van de Shechina gelegd wordt bij de gelovigen. Het is door de gemeenschap der gelovigen dat de bruid naar haar bruidegom wordt opgetild. God is dus voor de vereniging met zijn bruid afhankelijk van de mens. Religieuze handelingen als het brengen van een offer of het zeggen van een gebed zijn de Shechina verheffende krachten, op de vleugels waarvan zij oprijst naar haar echtgenoot.

Door het vervullen van de religieuze plichten en door het naleven van de geboden zorgt de mens voor het welbevinden van God. Uit deze nauwe relatie wordt de uiterste consequentie getrokken in de gedachte dat de mens God als het ware maakt. De samenhang tussen de toestand van de wereld der sefirot enerzijds en het religieuze handelen van de mens anderzijds wordt in deze zin toegelicht door Tishby:

> The most daring expression of the power that man gains by fulfilling the commandments assigns to him the ability actually to create divine forces. "He who fulfills the commandments of the Torah and walks in [God's] paths creates Him, as it were, in the world above. The Holy One, blessed be He, says: It is as if he created Me". [...] Since man continually renews creation in the upper world by sustaining the sefirotic system, he is thought of as creating the Master of creation, if one can say such a thing[151].

Eén van de impulsen die verheffing van de Shechina tot gevolg hebben, is die van het gebed. Deze verheffende kracht is rechtstreeks met de mond verbonden en kan dus leiden tot de notie van een optillende mond. Gebed in deze zin zal aan de orde komen bij de bespreking van tekst 2. Daarnaast bevat de *Zohar* de nodige aanknopingspunten voor de associatie van optillende lippen met optillende vingers die in de 'lente-suite' kan worden waargenomen. Zoals de optillende lippen thuishoren in de voorstelling van verheffing van de Shechina door de menselijke impuls, zo horen optillende vingers thuis in de verbeelding van haar verheffing binnen de wereld der sefirot. Daar wordt zij namelijk niet alleen door armen of handen opgetild, maar ook heel specifiek door vingers. Deze optillende vingers kunnen begrepen worden als een verheffende kracht die in dezelfde erotische zin werkzaam is als de optillende armen en optillende lippen. De wijze waarop Lucebert omgaat met de verschillende noties omtrent verheffing van de Shechina, toont aan hoe vaardig en tegelijk volledig vrij hier gebruik gemaakt wordt van de symboliek van het mystieke systeem. Die - ik herhaal het nog maar eens - wordt niet terzijde geschoven, maar integendeel benut.

Tekst 1 van de 'lente-suite' bevat de suggestie van vingers in lavendel. Deze verwijst naar het Hooglied, waar sprake is van vingers die druipen van vloeiende mirre (Hgl.5:5). Algemeen moet geconstateerd worden dat door de erotische waarde die in

---

[151] Tishby, *The Wisdom of the Zohar. cit.*, Vol.III, p. 1160. De door de auteur geciteerde tekst is die van Zohar III 113a.

het Hooglied aan reukwerken wordt gehecht, de relatie tussen Luceberts gedicht en dit bijbelboek des te nauwer wordt. Maar daarnaast worden vingers met lippen geassocieerd en die combinatie verwijst naar andere gedichten uit het corpus, die in de onderhavige samenhang van groter gewicht zijn dan de verwijzing naar het Hooglied.

Twee teksten uit de afdeling 'ongebundelde gedichten 1949- 1951' bevatten de combinatie van vingers met de mond of met lippen. Het gaat om gedichten die al herhaaldelijk met tekst 1 van de 'lente-suite' in verband zijn gebracht. In (vg 408) tekst 4 heet het '*mijn mond* zal verliezen *vingers* als veer'. In 'meditatie op een mond vol builenbal' is sprake van een hand, van vingers en van lippen. Op de strofen over de treurige schepping van een man en een vrouw volgt een strofe die in het bijzonder ingaat op vrouw en kinderen en die zinspeelt op verminking van de hand van de vrouw (vg 415):

zij hebben geen kelken maar kogels verstrekt
   en laten nazaten schichtig over en weer gaan
   slaan kolken in de mond en graven hongerader
   houden hun hand flikkerend hoog
   maar zij hebben haar vingers gefolterd in hun lippen liggen

De scheppers, *zij*, verheffen hier *hun hand* tot norm. Tegenover deze normatieve scheppershand staat de hand van de vrouw, die zodanig onderdrukt wordt, dat haar *vingers* gefolterd in hun *lippen* liggen[152]. De equivalentie *kelken - kogels - kolken* wijst erop, dat hier niet uit de beker van genot gedronken mag worden. In plaats van kelken worden kogels verstrekt, in overeenstemming waarmee nazaten zich schichtig gedragen. Hoewel alleen honger met zoveel woorden wordt genoemd, mag aangenomen worden dat er ook sprake moet zijn van dorst. Het grondeloze gat van de kolk in de mond wijst erop dat de scheppers zo gegraven hebben, dat er in ieder geval voor smaak of bevrediging van genot geen plaats meer is overgebleven.

Enerzijds worden *kelken* onthouden, anderzijds worden *vingers* gefolterd. De relatie tussen beide zaken wordt verklaard door de vergelijking van de lelie met een beker en van de bladeren waarop de bloemkelk rust, met vingers. Zoals de lelie rust op vijf bladeren, zo dient bij het dankgebed na de maaltijd de beker met vijf vingers vastgehouden te worden. In een exegese die uitgaat van (Hgl.2:2) "Gelijk eene lelie onder de doornen" en die het vers (Ps.116:13) "Ik zal den beker der verlossingen opnemen" opvat als een mysterie dat naar de wereld der sefirot verwijst, wordt de vergelijking van de Shechina met een op vijf bladeren rustende lelie of een door vijf vingers omsloten kelk voltrokken. Deze exegese staat op de eerste pagina van de *Zohar*[153].

---

[152] De combinatie van vingers en mond komt verder nog voor in 'romeinse elehymne I' *verbind mij via sacra weer tot een kolommen tong / de straffe marmervinger van verrukte stem* (vg 30). Het woord *vingers* komt verder voor in 'vaalt' (vg 21), 'exodus' (vg 23-27) en 'simbad de luchtman' (vg 39-40).

[153] De tekst (Zohar I 1a) is opgenomen in de bloemlezing van Müller, *Der Sohar. Das Heilige Buch der Kabbala. cit.*, p. 21-22. Zie voorts: Tishby, *The Wisdom of the Zohar. cit.*, Vol.I, p. 391.

In het veelvoud van aanduidingen van de sefirot, die als namen, lichten, gewaden en kronen worden benoemd, heeft ook de aanduiding als vingers haar plaats, een aanduiding die past in de lichamelijke voorstelling van de goddelijke wereld. De tien sefirot kunnen bijvoorbeeld worden aangeduid als 'de vingers van Gods handen'[154]. De Shechina kan door de twee armen aan de tors van Tiferet naar hem worden opgetild, maar daarnaast bestaat de visie dat bij de seksuele gemeenschap van Tiferet en Shechina àlle zeven lagere sefirot zijn betrokken. In ieder geval wordt de bloemkelk-beker door vijf sefirot opgenomen. De vijf vingers waarop de Shechina als een lelie op bladeren rust, sluiten zich om haar als om een beker en tillen haar op naar haar echtgenoot[155].

De symbolisering van de verheffing van de Shechina door het heffen van een beker maakt van de bruid een kelk die door vijf sefirot-vingers wordt opgetild naar mond of lippen van de bruidegom, opdat de dorst naar seksuele gemeenschap kan worden gelest. De verwerking door Lucebert van deze symboliek laat zich als volgt samenvatten. In (vg 408) tekst 4 wordt gezinspeeld op een proces van rui. De mond die vingers als een oud verenkleed aflegt, ontdoet zich van de vingers die sefirot zijn. De implicatie is, dat deze mond niet meer wil drinken uit de beker die door sefirot-vingers geheven wordt. In (vg 415) wordt een schepping beschreven die gedomineerd wordt door dorst, angst en pijn en die geen plaats biedt aan genot. De sefirot-hand van de scheppers is zo dwingend, dat de hand van de vrouw erdoor verminkt wordt. Haar vingers moeten als gefolterd worden aangeduid. De implicatie hier is, dat de vrouw helemaal geen vingers meer heeft om de beker van genot mee naar haar lippen op te tillen. In de 'lente-suite' tenslotte wordt een nieuwe tegenstelling geschapen. Tegenover de sefirot-vingers die de lelie-kelk heffen, worden de vingers van Lilith gesteld die verleidelijk naar lavendel geuren.

De schepping van de tegenstelling tussen vingers van Lilith en sefirot-vingers is zo sterk, omdat vingers centraal staan in een bepaald ritueel dat aan het einde van de sabbat voltrokken wordt, een moment waarop de dreiging van Lilith groot is. Het gevaar dat Lilith inboezemt wordt namelijk niet alleen verbonden met de cyclus van de maan, maar ook met de kleinere cyclus van de week. Bij het einde van de sabbat wordt havdala, scheiding, gemaakt, een ritueel waarbij de heilige rustdag expliciet gescheiden wordt van de komende, gewone werkdagen. Wijn, specerijbus en een speciale kaars geven gestalte aan het ritueel. De geur van de heilige sabbat wordt nog eenmaal gesmaakt, doordat even geroken wordt aan de specerijbus die met geurige kruiden is gevuld. Bij het licht van de kaars worden de handen bekeken, speciaal de vingertoppen. Daarna wordt de kaars in de wijn gedoofd.

In de context van de legende van Lilith uit de *Zohar* wordt dit ritueel van havdala besproken[156]. Bij het licht van de kaars buigt men de vingers en bekijkt men alleen de vingertoppen en nagels, omdat de rug van de hand correspondeert met de lagere krachten die over de werkdagen heersen, de engelen van de Shechina. Zoals zij heerst

---

[154] Zo in: Bischoff, *Die Elemente der Kabbalah. cit.*, I, p. 181.

[155] Lucebert spreekt in 'romeinse elehymnen II' niet over de *lelie* als kelk, maar over de *maan* als kelk. Hier wordt de maan voorgesteld als een beker waaraan de 'ik' zich wil laven *de kelken maan vol blauwe dranken / laaf mij* (vg 31). Het woord *kelk* komt uitsluitend in 'meditatie op een mond vol buitenbal' (vg 415) en 'romeinse elehymnen II' (vg 31) voor.

[156] Scholem, *Die Geheimnisse der Schöpfung. cit.*, p. 84-86 (Zohar I 20b-21a).

op sabbat, zo heersen haar engelen op de gewone weekdagen. Bij zegen of gebed worden de handen anders gehouden. Dan worden de handen geheven en zijn de vingers uitgestrekt. Dit gebaar correspondeert met de opvatting van de vingers als sefirot. Zoals de rug van de handen staat voor de engelen van de Shechina, zo staat de binnenzijde van de handen voor de tien sefirot. De *Zohar* steunt deze interpretatie van het havdala-gebruik met een bepaalde lezing van Exodus 33: 23. Naar kabalistische exegese staat daar: "gij zult mijn rug zien" -dat is de rug van de hand, de zijde met de nagels-, "maar mijn aangezicht zal niet gezien worden "-dat is het gezicht van de vingers, de zijde zonder de nagels[157].

Deze bijzondere betekenissen die aan handen, vingers en nagels worden toegekend, heeft Lucebert gekend en gebruikt zoals blijkt uit 'poëziezo easy job' (vg 417-418). Deze oorspronkelijk als tekening-gedicht gepubliceerde tekst beslaat in het origineel drie pagina's en bevat onder andere - het handschrift is rijk geïllustreerd - een viertal tekeningen van handen en handjes, waarvan er twee met de beschreven symboliek in verband gebracht kunnen worden[158]. De eerste is een geheven linkerhand, waarvan juist de binnenzijde zichtbaar is. De tekening laat een soort annotaties bij bepaalde kenmerken van de hand zien, raadselachtige verklaringen in de vorm van cijfers en letters. Twee van deze toelichtingen betreffen vingertoppen: de top van de pink en de nagel van de duim, die door een zekere draaiing nog net zichtbaar is. De tweede is een rechterhand met uitgestrekte wijsvinger. Ook hier is de binnenzijde van de hand naar de lezer of kijker toegekeerd. Terwijl de wijsvinger uitsteekt, zijn de overige vingers als in een vuist gebald en de duim is in de aldus gevormde vuist verborgen. Normaal zou men op een zo getekende hand hoogstens drie nagels kunnen zien. De wijsvinger is echter zo getekend, dat de nagel die hierop prijkt, nadrukkelijk ook zichtbaar is. De wijsvinger met nagel wijst met een pijltje naar het woord *ruglings* in de tekst, en in het bijzonder naar het onderdeel *rug* daarvan. Dit is een onmiskenbare verwijzing naar het verband tussen rug en nagel. Ook de tekst van het tekening-gedicht bevat dus toespelingen op de symboliek van handen, vingers en nagels. Naast *ruglings* komt verder nog *een mens met gemeste nagels* voor[159].

Zoals uit het havdala-gebruik blijkt, zijn de sefirot-vingers dus niet alleen betrokken bij de verheffing van de Shechina, maar ook bij haar afscheid. Als zij zich aan het einde van de sabbat tijdelijk terugtrekt, dienen in overeenstemming daarmee bij het havdala-ritueel de vingers gebogen te worden, zodat de binnenzijde van de hand niet meer zichtbaar is. Met het moment van overdracht van macht, wanneer de Shechina haar macht tijdelijk overdraagt aan haar engelen, is vanzelfsprekend gevaar verbonden. Juist op dat moment roert de sitra achra zich:

Wenn [..] der Sabbat zu Ende geht, steigt aus der Hölle ein böser Dämon auf, der sich anschickt, in dem Augenblick die Herrschaft zu ergreifen,

---

[157] Zie voor een uitgebreider tekst over havdala (Zohar II 207b - 208b): Tishby, *The Wisdom of the Zohar. cit.*, Vol.III, p. 1295-1298. De bloemlezing van Müller bevat een tekst (Zohar II 67a) over de geheven handen, waarin uiteengezet wordt dat dit gebaar alleen bij zegen of gebed mag worden gemaakt. Müller, *Der Sohar. Das Heilige Buch der Kabbala. cit.*, p. 273-274.
[158] Zie voor de versie als tekening-gedicht: *apparaat* (vg 739-741).
[159] Waardevol materiaal over vingers en vingernagels is te vinden bij: Trachtenberg, *Jewish Magic and Superstition. cit.*

in dem Israel [im Abendgebet] den Vers spricht: Und das Werk unserer Hände fördere über uns [Ps.90:17]. Und er geht aus der Stufe, die 'links' genannt wird, hervor, und schickt sich an, sich unter Israels Samen zu mischen und über Israel zu herrschen.[160]

De aanval van sitra achra wordt geleid door het paar van Samaël en Lilith[161]. De mens wapent zich tegen deze duivelse dreiging door het havdala-ritueel. Wie echter op dat moment de welriekende vingers van Lilith bezingt, zwicht voor de koningin op het gebied van de verleiding en levert zich juist met graagte aan haar uit.

De twee vinger- en lavendelregels zijn de laatste lange regels van het gedicht. Tekst 1 wordt besloten door een viertal korte regels. Dit slot maakt nog eens duidelijk, hoe belangrijk de morfologische laag van het gedicht is. In vier korte regels die variëren op de woorden *geur* en *god*, klinkt tekst 1 van de 'lente-suite' uit.

3   'geleerden zeggen dat mijn liefde beffen moet dragen'

Veel minder gesloten dan tekst 1 is tekst 2, die eigenlijk alleen op semantisch niveau hermetisch is. De grootste problemen liggen hier in de verbluffende metaforen van de openingsregels, in de muziek die men in bed op moet zetten van de tweede strofe, en in de taalsymboliek van de derde strofe. Bij al deze zaken speelt de tekst met de intertekst. Het herhaalde 1,2,6 *moet* van eerste en tweede strofe biedt het beste aanknopingspunt voor analyse. Tekst 2 van de 'lente-suite' zinspeelt op geboden zoals die in de Zohar zijn geformuleerd voor het seksueel verkeer. Tussen de strofen twee en drie ligt een keer, zoals blijkt uit het herhaalde 8,13 *maar* en 12,13 *niet*. Deze keer wijst op een eigen 'wet' die in reactie op de besproken geboden wordt geformuleerd. Hoewel de *beffen* en *hoge stoelen* uit de openingsregels zowel in de richting van een hoogleraar achter de katheder als van een dominee op de preekstoel kunnen wijzen, neem ik zonder verdere omhaal van woorden aan, dat met *geleerden* gedoeld wordt op schriftgeleerden, de experts op het terrein van de Heilige Schrift uit de Zohar die aan bijbelverzen een diepere betekenis weten te ontlokken.

De teksten 1 en 2 zijn verbonden door de notie van een optillende mond die te maken heeft met het proces dat voorafgaat aan de seksuele gemeenschap in de wereld der sefirot. De verheffing van de Shechina dient op een gezette tijd te geschieden. Er is een variant bij tekst 2 die hierop zinspeelt. Bij eerste publikatie van de 'lente-suite' bevatte het begin van tekst 2 niet alleen de vermelding van twee geboden, maar ook een toespeling op tijd:

---

[160] Scholem, *Die Geheimnisse der Schöpfung. cit.*, p. 62 (Zohar I 17b).
[161] Tishby, *The Wisdom of the Zohar. cit.*, Vol.III, p. 1237.

> geleerden zeggen dat mijn liefde beffen moet dragen
> hoge stoelen tussen de tanden moet zetten
> en een pas voor de klok voor de kus zal zien slaan
> zal zij zijn[162]

Misschien is de extra regel uit de definitieve versie van het gedicht verdwenen onder invloed van de later toegevoegde 'introductie'. Een toespeling op tijd werd minder nodig, nadat in de 'introductie' zo ondubbelzinnig op tijd gezinspeeld was. Wat hier ook van zij, de enorme gedrongenheid van de regel verhindert toch niet, dat de syntactische equivalentie *voor de klok voor de kus* begrepen kan worden als indicatie voor het feit dat seksualiteit op gezette tijden plaats dient te vinden.

De visie op het echtelijk verkeer als iets dat plaatsvindt naar het patroon van echtelijk verkeer in de wereld der sefirot, verleent niet alleen een enorme waarde aan de geslachtsdaad, maar weeft er ook een web van regels en voorschriften, gevaren en zegeningen, voorrechten en plichten omheen. Het web zoals dat in de *Zohar* gesponnen wordt, maakt verder duidelijk dat niet ieder gelijk is. Er wordt een onderscheid gemaakt tussen diegenen die meer en diegenen die minder zijn ingewijd in de geheimen van de wereld der sefirot en dit onderscheid leidt tot verschillen in plichten en voorrechten. Waite geeft dit verschil duidelijk aan:

> There are [..] two classes whose respective duties differ with the degrees of their election; there are those who are termed ordinary mortals, meaning the rank and file of the chosen people, but there are also the Sons of the Doctrine, chosen among the chosen out of thousands. The counsel imposed on the first class is to sanctify their conjugal relations in respect of the time thereof, which is fixed at midnight, or forward from that hour, the reason being that God descends then into Paradise [..] But this is the time when the counsel to the Sons of the Doctrine is that they should arise for the study of the Law, for union thereby with the Community of Israel above and for the praise of the Sacred Name of God. The Sons of the Doctrine are described as reserving conjugal relations for the night of the Sabbath[163].

God verenigt zich met zijn bruid op het middernachtelijk uur, op een plaats die als de hof van Eden wordt aangeduid. In de heilzame werking die uitgaat van de goddelijke gemeenschap, kunnen alle gelovigen delen. Maar terwijl de gewone gelovigen 's nachts in bed kunnen blijven en alle nachten kunnen delen in die invloed door hun echtelijk verkeer te richten naar het tijdstip van de goddelijke gemeenschap, dienen de 'zonen van de leer' zich in de loop van de week te onthouden en om middernacht op te staan. De leraren der wet onttrekken zich door de week aan de plicht van het eigen echtelijk verkeer en wijden zich in plaats daarvan aan de hogere taak van een bijdrage aan het echtelijk verkeer in de wereld der sefirot. Zij leveren die bijdrage door de nimmer tot een einde komende studie van de wet. Dankzij de impuls die uitgaat van hun studie,

---

[162] *apparaat* (vg 600).
[163] Waite, *The Secret Doctrine in Israel. cit.*, p. 240.

gebed en lofzang, kan de Shechina zich verheffen om één te worden met haar echtgenoot.

Hier staat tegenover dat de zonen van de leer een aandeel gegund is in de bijzondere invloed die verbonden wordt met het meest heilige middernachtelijk uur, de middernacht van de sabbat. Dit is het moment van de meest volmaakte gemeenschap in de wereld der sefirot. Door hun seksuele leven volledig in te richten naar de over de gewone weekdagen en de sabbat verdeelde plichten en voorrechten, kunnen de ingewijden beloond worden met 'kinderen van de heilige zijde', het onderwerp waaraan Waite zoveel aandacht heeft besteed. Wanneer zij hun echtgenotes verheugen op de middernacht van de sabbat, kan het op dat moment verwekte kind bedeeld worden met een heilige ziel.

De door Lucebert genoemde verordeningen stammen uit het systeem van regels voor de inrichting van het seksuele verkeer zoals dat ontwikkeld is voor de éne klasse van de ingewijden of geleerden. Het gebod dat liefde *beffen moet dragen* verwijst naar het verband tussen studie van de wet en de seksuele gemeenschap van de sefirot of, korter en tegelijk meer omvattend, tussen geleerdheid en seksualiteit. Het gebod dat liefde *hoge stoelen tussen de tanden moet zetten* verwijst naar de specifieke functie die door studie wordt vervuld, de functie van verheffing van de Shechina. Dankzij de geleerden die om middernacht opstaan en de wet bestuderen, kan de Shechina zich verheffen naar haar echtgenoot. De studie der geleerden is de onmisbare menselijke impuls achter de opstijging van de Shechina. Luceberts formulering van het gebod heeft echter nog wel enige toelichting nodig.

Wat de verheffing van de Shechina betreft staan studie, lofzang en gebed op één lijn, maar vooral voor de verheffende kracht van het gebed zijn indrukwekkende beelden ontworpen. De *Zohar* prijst diegene gelukkig, die de Shechina naar haar echtgenoot optilt door het gebed dat hij met zijn lippen uit; de impuls van het gebed is zo krachtig, dat de mond van degene die bidt vergeleken kan worden met de berg Sinai[164]. Ook wordt het uitspreken van het gebed vergeleken met de oprichting van een Jacobsladder, via welke de bruid of koningin kan opklimmen naar haar echtgenoot[165]. De duizelingwekkende hoogte die gemoeid is met de verheffing van de Shechina, klinkt door in *hoge* stoelen. De *stoelen* zijn vermoedelijk ingegeven door de vergelijking van de Shechina met een troon. Als laatste en laagste sefira is zij als een troon voor de zes sefirot boven haar, en in het bijzonder voor Tiferet. De troon is een *hoge stoel*, maar dient ook als zodanig *tussen de tanden gezet* te worden. De troon die staat voor de Shechina, moet door gebed opgetild worden naar haar echtgenoot, opdat hij erop kan plaatsnemen. Bij de vergelijking van de Shechina met een troon past de verwoording van de seksuele gemeenschap tussen Tiferet en Shechina als het zitten op de troon[166]. In *en een pas voor de klok voor de kus zal zien slaan*

---

[164] Tishby, *The Wisdom of the Zohar. cit.*, Vol.III, p. 1055 (Tikune Zohar, Tikun 21, 44b-45b).
[165] Müller, *Der Sohar. Das Heilige Buch der Kabbalah. cit.*, p. 283-284 (Zohar I 266b)
[166] Een tekst met deze beeldspraak is vertaald door Bischoff (Zohar III 296a): "Wenn sich die 'Matrone' (Malkuth) mit dem 'Könige' (Tiphereth) auf der Höhe des Sabbaths paart, so wird alles ein Leib. Denn dann 'sitzt' der Heilige, Gebenedeite auf seinem Thron." De tekst is eerst gepubliceerd in : Bischoff, *Die Elemente der Kabbalah. cit.*, I, p. 125, later herdrukt in: idem, *Die Kabbalah. cit.*, 1917², p. 144. Zie voorts: Tishby, *The Wisdom of the Zohar. cit.*, Vol.II, p. 589 (Zohar II 197b).

tenslotte vermoed ik een rem of moment van inhouding, vlak voor de klok slaat en de kus, eindelijk, gegeven mag worden.

De toespelingen op het magisch uur van middernacht uit de 'lente-suite' staan niet alleen. In het corpus komt het woord *middernacht* verschillende keren voor, in 'voorjaar' (vg 37) als *namiddernachts*, met in de context het woord *weerhaan*[167]. De relatie tussen haan en middernacht wordt verklaard door het feit dat de leraren der wet om twaalf uur 's nachts op moeten staan. Twee rabbi's die op reis ergens de nacht moeten doorbrengen, vragen hun gastheer of hij een haan heeft, omdat zij exact om middernacht gewekt willen worden:

> The host replied: A cock is not needed. By my bed is a water-clock. The water drips out drop by drop, until just at midnight it is all out, and then the wheel whirls back with a clatter which rouses the entire household. This clock I made for a certain old man who was in the habit of getting up each night at midnight to study Torah. To this Rabbi Abba said: Blessed be God for guiding me here.[168]

In 'simbad de luchtman' staan haan, wekken en water in twee regels bijeen *de haan kraait zijn doos vol de treurbes / wordt gewekt met hamerslagen taai water* (vg 39-40). In 'romance' klinkt het motief door, wanneer rekening gehouden wordt met het feit dat een *schel* ook een klok kan zijn *een haan gouden of duister / en met schellen graaft hij de avond* (vg 33). In 'romeinse elehymnen III' heet het *van de zuil van de nacht kraait de haan* (vg 32). In 'zonnerijzendans' tenslotte komt een haan voor in de context van de maan als een soort klok *de gong der maan* (vg 408) tekst 2[169].

Vooruitlopend op de wie? - vraag van tekst 3, vraagt de ik zich af wie er zal verschijnen als de genoemde verordeningen van de geleerden worden opgevolgd. Zal het Lilith zijn? Zij wordt op fantastische wijze aangeduid, met twee namen die uit verschillende woorden zijn opgebouwd en die hele regels vullen:

```
4    de - kleine - lachende - versierde - vitrine - lilith?
5        de kleinegichelversierdevitrinelilith?
```

De twee regels zijn bijna gelijk. De typografische bijzonderheid van de liggende streepjes tussen de woorden onderscheidt regel 4; de substitutie van *lachende* door *gichel* maakt regel 5 één lettergreep korter. Gegeven de semantische overeenkomst legt de woordvariatie van *lachende - gichel* alleen maar extra nadruk op de lachlust van Lilith. De overige bouwstenen wijzen haar kleinheid en haar verleidingskunst als haar essentie aan. De nadruk op het lachen past wonderwel in het portret, omdat Lilith door te glimlachen mannen in hun slaap verleidt[170]. Maar daarnaast lijkt er toch ook

---

[167] Het woord komt verder voor in 'ballade van de goede gang' *bak mij te middernacht* (vg 18-19) en 'exodus' *middernachtelijke torens* (vg 23-27).
[168] Scholem, *Zohar. The Book of Splendor. cit.*, p. 45-46 (Zohar I 92b).
[169] Zie voor de laatste locus: *apparaat* (vg 734). Het woord *haan* komt verder nog voor in 'minnebrief aan onze gemartelde bruid indonesia' *kamponghanen* (vg 401-403).
[170] Zie hiervoor: Müller, *Der Sohar. Das Heilige Buch der Kabbala. cit.*, p. 132-134 (Zohar I 55a). Voorts: Waite, *The Secret Doctrine in Israel. cit.*, p. 103.

vooral mee uitgedrukt te worden, dat Lilith veel lacht omdat ze zoveel dingen onzin vindt. Ze lacht om het imposante bouwsel van regels en voorschriften dat rondom de liefde en in het bijzonder ter afweer van haar verleiding is opgetrokken[171].

De twee regels ter aanduiding van Lilith zijn de vroegste voorbeelden van een merkwaardig fenomeen in Luceberts poëzie: de creatie van extreem lange woorden, die met gemak een regel vullen of zelfs meer[172]. Dat het om namen gaat, kan niet alleen uit de semantische kwaliteit van een opsomming van essenties afgeleid worden, maar ook uit de bijzondere schrijfwijze die, of er nu wel of niet verbindingsstreepjes worden gebruikt, de verschillende talige bouwstenen aan elkaar rijgt.

Net zoals de creatie *leliezon*, beschouw ik de twee namen die Lucebert hier voor Lilith creëert, als magische namen. Ze stammen uit een bijzondere traditie. In zijn inleiding bij de *Sitre Tora* vestigt Scholem er de aandacht op, dat Mozes de Leon in dit tekstfragment zeven maal een geheime godsnaam aangeeft, terwijl hij dat verder nergens meer op dezelfde nadrukkelijke wijze doet[173]. De auteur, aldus Scholem, maakt hier gebruik van een traditie uit de Joodse magie, die al lang voor de tijd van de *Zohar* geheime namen van 12, 14, 18, 42 of 72 letters kent. De twee namen uit tekst 2 van de 'lente-suite' tellen respectievelijk 38 en 36 letters.

In de *Sitre Tora* nu wordt, in de onmiddellijke context van zo'n lange, geheime naam, een boeiende exegese ontvouwd waarin letters en muzikale accenten de hoofdrol spelen. De naam in kwestie is de naam van 42 letters, een naam die wordt samengesteld uit de eerste 42 Hebreeuwse letters van de Bijbel[174]. Het vers dat aan exegese onderworpen wordt is (Dan.12:3): "Die tot inzicht brengen, zullen stralen als het stralen van het hemelgewelf, en die velen tot vroomheid brengen, als de sterren voor altijd"[175]. Het bewuste bijbelvers is van bijzonder belang, omdat het de *Zohar* z'n titel gegeven heeft: op de plaats van *het stralen* of *de glans* van het uitspansel staat in het origineel *zohar*[176]. De leraren der wet die tot inzicht brengen, zullen als hemellichten stralen. Rabbi Simeon dankt aan deze interpretatie van het vers uit Daniël zijn bijnaam "de Lamp"[177]. Vandaar komen bij Lucebert, in de onmiddellijke context van zon en maan, *lampen* voor, *zo, lampen menigmaal* (vg 22) en *met krankzinnige*

---

[171] Merkwaardig is dat in een roman van John Erskine ook het lachen van Lilith als een karakteristieke eigenschap is opgevat. In *Adam and Eve. Though He Knew Better* (1927), een twintigste-eeuwse roman-versie van de legende van Lilith als eerste vrouw van Adam, wordt benadrukt dat Lilith veel lacht, over het algemeen met een diep uit haar keel komend stemgeluid. Lucebert maakte in 1948 twee tekeningen van Adam en Lilith die blijkens het onderschrift bij de tekening van Lilith, bedoeld waren als illustratie voor *Adam and Eve* van John Erskine. Zie hiervoor: Picaron, *Lucebert: Early Works. Drawings & Gouaches 1942-1949. A Catalogue*. Picaron Editions Amsterdam 1990, p. 27 en 29.
[172] Het beroemdste voorbeeld is *vingerhoedsossenstaartogentroostkamelenkruispapillen-wormsegmentengewaad* in 'illusies onder de theemuts' (vg 323) uit *val voor vliegengod* (1959).
[173] Scholem, *Die Geheimnisse der Schöpfung..cit.*, p. 42.
[174] Zie voor de uitleg van deze en verschillende andere geheime godsnamen: Trachtenberg, *Jewish Magic and Superstition. cit.*, p. 90-98.
[175] In de *Statenvertaling*: "De leeraars nu zullen blinken als de glans des uitspansels, en die er velen rechtvaardigen, gelijk de sterren, altoos en eeuwiglijk".
[176] Franck, *Die Kabbala oder die Religionsphilosophie der Hebräer. cit.*, p. 50.
[177] Scholem, *Zohar. The Book of Splendor. cit.*, p. 47 (Zohar I 92b).

lampen (vg 23-27)[178].

De exegese hier luidt, dat het òfwel muzikale accenten òfwel letters zijn, die tot inzicht brengen. In het laatste geval, als het de letters zijn die tot inzicht brengen, zijn het de muzikale accenten die tot vroomheid brengen:

> *Die zur Einsicht bringen, werden strahlen* - so wie die Akzente, [die] in der Melodik [ihres Vortrages gleichsam »ausstrahlen« und den Sinn der Schriftverse dem Hörer »zur Einsicht bringen«]. Und ihrer Melodie gemäß folgen ihnen Konsonanten und Vokale und bewegen sich nach ihnen wie die Truppen nach ihrem König. Körper sind die Konsonanten und Seelen die Vokale, alle bewegen sich im Zuge hinter den Akzenten und halten mit ihnen zugleich in der Bewegung ein. Wenn die Melodie der Akzente sich bewegt, bewegen sich Konsonanten und Vokale ihnen nach. Bricht sie ab, so bewegen sie sich nicht und bleiben stehen.
> *Die zur Einsicht bringen, werden strahlen* - das sind [nach anderer Deutung] die Konsonanten und Vokale, *wie das Strahlen* - das ist die Melodie der Akzente, *des Himmelsgewölbes* - das ist die Entfaltung der Melodie wie jene Akzente, die sich ausbreiten und melodisch aufeinander folgen. *Und die viele zur Frömmigkeit bringen* - das sind die trennenden Akzente, die in ihrer Bewegung innehalten, wodurch die Rede verstanden wird.[179]

De regels 4 en 5 vertrouwen op de melodie als aanvoerder van de letters. Terwijl het in regel 5 volledig aan de 'melodie der accenten' wordt overgelaten om de aaneengeschreven naam begrijpelijk te maken, wordt door regel 4 gebruik gemaakt van de 'scheiding der accenten'. De liggende streepjes staan voor de pauzes die de accenten in hun melodische beweging inlassen om de taal begrijpelijk te maken. Tekstintern moet 16 *knip knip* in verband gebracht worden met de bijzondere typografische weergave van de twee namen. Op het eerste gezicht lijkt deze woordgroep alleen van toepassing op regel 4, waar de naam in doorzichtige bouwstenen wordt verdeeld of in stukken geknipt. Maar via de symboliek van de fotografie is *knip knip* evenzeer te verbinden met de stroom van letters van regel 5.

De tweede strofe start met een bijzondere muziek voor in bed 7 *een fluwelen liedje*. De relatie met de naam-regels is zeer nauw, omdat ook hier gezinspeeld wordt op een magisch gebruik. Met de openingsregels van de tweede strofe verwijst Lucebert naar een bezweringsformule uit de *Zohar* die is bedoeld om Lilith weg te houden van het echtelijk bed. De preoccupatie met Lilith is zo groot dat zij niet alleen met ongeoorloofde seksuele handelingen in verband wordt gebracht, maar ook met het volledig gewettigd echtelijk verkeer. Zij wordt voorgesteld als de demon wier begeerte naar het mannelijk zaad zo groot is, dat zij bij iedere seksuele gemeenschap tegenwoordig is. Zij komt echter stilletjes. Gekleed in fluweel nadert zij het echtelijk bed. De *Zohar* beveelt daarom de volgende bezweringsformule aan:

---

[178] In 'imagine those caesares' is sprake van *het stipte lidmaatschap der sterren* (vg 409).
[179] Scholem, *Die Geheimnisse der Schöpfung. cit.*, p. 49 (Zohar I 15b).

In weichen Samt Gehüllte - bist du hier?
Aufgehoben, Aufgehoben!
Tritt nicht ein und geht nicht aus!
Nichts von dir und nichts in deinem Teil!
Kehre um, kehre um, das Meer stürmt,
Seine Wellen rufen dich.
Ich aber ergreife den heiligen Teil,
Mit der Heiligkeit des Königs bin ich umhüllt.[180]

Wie Lilith met deze formule rechtstreeks aanspreekt, jaagt haar weg. De bezweringsformule wordt hier echter helemaal niet uitgesproken. Passend bij de fluwelen nadering van Lilith wordt een zacht muziekje opgezet, een fluwelen liedje. Nadat zij, vanzelfsprekend, op deze uitnodiging is ingegaan, breekt er meteen een veel pittiger muziek los[181].

In de muziek-isotopie die zich vervolgens over de hele rest van het gedicht uitbreidt, zie ik een extra reden om de taalmystieke interpretatie van het vers uit Daniël met tekst 2 te verbinden. De geciteerde passage uit de *Zohar* bevat immers een bijzondere waardering voor de melodische zijde van taal. De melodie is koning, de letters zijn niet meer dan de troepen die door de koning van de melodie worden aangevoerd. Hier komt echter nog iets anders bij. Dat de tot inzicht brengende accenten en letters zullen stralen als het stralen van het hemelgewelf, betekent, dat taalelementen zullen stralen als de lichten aan het firmament. De passage bevat dus de equatie van taal en licht die eveneens aan de orde is in de 'introductie'. Zoals de 'introductie' de gelijkstelling van taal en licht bevat, zo wordt in tekst 2 gespeeld met de innige verstrengeling van taal en muziek met licht.

Als muziekinstrumenten worden genoemd: 9 *de trom de trom de trom*, de bas in 10 *bast* en de 14 *tuba*. In het geluid van de trom, *torrelt*, is misschien nog een naklank van het koeren en de tortelduif te beluisteren. In *bast* lees ik niet alleen de allusie aan de schors of schil (zie p. 191), maar ook een bas-instrument of een basstem. De 10 *vracht van hangnaar* is een letterzetter-geval apart. Er stond oorspronkelijk

---

[180] G. Scholem, 'Tradition und Neuschöpfung im Ritus der Kabbalisten', in: *Eranos-Jahrbuch* 19 (1951), p. 180 (Zohar III 19a).

[181] Mijn onderzoek naar mogelijke bronnen van Lucebert stuit hier op een grens. Naar Tishby vermeldt is de vertaling met fluweel, "You who are clothed in velvet, are you here? Be gone! Be gone!", van de hand van Scholem. Volgens Chajim Vital (1542-1620) zou de vertaling moeten luiden: "You, who are wrapped in the sheet (where the couple are) and are present (to seize the child) let go (of your hold on the sheet)". Zie hiervoor: Tishby, *The Wisdom of the Zohar.* cit., Vol.III, p. 1376 noot 88. De vertalingen van de *Zohar* van de hand van De Pauly en van Sperling/Simon bevestigen wat Tishby vermeldt: in beide is geen fluweel te vinden. De vertaling van Scholem is echter pas gepubliceerd in 1951 en zelfs de oer-versie van de 'lente-suite' uit 1949 bevat de regels met fluweel al. Zie hiervoor: illustratie 10 en *apparaat* (vg 775).

Bij mijn gesprek met Lucebert op 5 november 1993 (zie p. 4) bevestigde hij, dat hij de formule uit de *Zohar* inderdaad niet gekend heeft. De intertekstuele relatie, *een fluwelen liedje* naast een spreuk ter afwering van de in het fluweel gehulde Lilith, stond niet ter discussie; Lucebert wist eenvoudig niet meer, waar het *fluweel* vandaan kwam, maar dacht eerder aan een literaire dan aan een mystieke intertekst.

hanghaar[182], ongetwijfeld een verwijzing naar het loshangend haar van Lilith. De kennelijke zetfout in de eerste druk van de bundel *hangbaar* is in de tweede druk gecorrigeerd. In plaats van *hanghaar* staat er nu echter, en in alle volgende drukken, *hangnaar*[183]. Mogelijk is deze verandering de bedoeling geweest, maar misschien ook niet. Indien het de bedoeling is geweest om het oorspronkelijke woord terug op zijn plaats te zetten, dan is *hangnaar* een prachtige zetfout, die ook om die reden gehandhaafd is. Wie zou zijn hang naar iets of iemand niet uitgedrukt willen zien in de iconische verschrijving *hangnaar*? Het woord verbeeldt het contact tussen aanhanger en aangehangene.

De relatie tussen muziek en licht wordt gelegd in 10 *klappert haar licht*, voortgezet in 11 *haar blazend licht* en definitief bevestigd in 14 *daar blaast haar licht een stoeiende tuba in de zoen*. In *klappert* kan zowel een klappend geluid als een toespeling op de vleugels van Lilith gelezen worden. Ze vliegt immers weg, als ze het niet met Adam eens kan worden (zie p. 231). Het licht van Lilith - er is driemaal sprake van 10,11,14 *haar licht*, eenmaal van 15 *het hippende licht* - wordt dus blazend en muzikaal voorgesteld, kortom als een blaasinstrument.

De relatie die tussen taal en licht wordt gelegd, is er één van scherpe tegenstelling. De 'ik' jaagt niet naar de letter (r.12+13), maar naar het licht (r.15). Het als een muziekinstrument blazende licht wordt dus nagejaagd, zoals ook blijkt uit 13 *ik luister* en uit de tegenstelling waarin deze handeling is ingebed: 13 *luister ik jaag niet naar de letter maar ik luister*. Licht najagen staat gelijk aan muziek beluisteren. Verder spreekt uit 15 *ik ademhaal ik jaag het hippende licht* imitatie van of aanpassing aan het blazend licht: wie zulk licht najaagt, neemt het door ademhaling in zich op. Het lijkt erop dat muziek en luisteren boven alle kritiek verheven zijn, dat voordracht en zang misschien ook aan kritiek ontsnappen, maar dat schrijven en lezen worden afgezworen.

De taalmystieke interpretatie van het vers uit Daniël voert naar het hart van de taalsymboliek die de Kabala hanteert voor het proces van emanatie van de sefirot, en precies daar moet gezocht worden getuige de uitspraak *ik jaag niet naar de letter*. Deze uitspraak is verbazend voor een dichter zonder meer. Maar zeker voor een dichter die elders beweert *men strompelt vrijwillig / van letter naar letter* (vg 49). Het is echter de kloppende en zelfs enig juiste uitspraak voor de dichter van *de analphabetische naam*.

De Kabala vat het proces van goddelijke emanatie onder andere op als een proces waarbij taal ontstaat. Met het eerste "En God zeide" uit Genesis (Gen.1:3) is het niveau van de stem aan de orde, dat gelijkgesteld wordt aan de centrale, zesde sefira. De totale ontwikkeling wordt voorgesteld als een ontwikkeling van denken naar de innerlijke, onhoorbare stem, en vandaar naar de stem die wel hoorbaar is maar nog ongearticuleerd, om tot slot uit te monden in gearticuleerde spraak. Opnieuw zijn het de twee paren van een mannelijke en een vrouwelijke sefira die de verschillende stadia markeren. De ontwikkeling verloopt van Chochma naar Bina en vandaar naar Tiferet en Shechina.

In de *Zohar* is de tekst van de *Sitre Tora* een karakteristiek voorbeeld van deze taalsymboliek. Emanatie wordt hier voor ogen gesteld als het ontstaan van stem en

---

[182] Zowel in het unicum *Festspiele met zwarte handen* als bij eerste publikatie in *Podium*.
[183] *apparaat* (vg 600-601)

spraak uit het zaad van de letters. Het 'oerpunt' van Chochma zaait zijn zaad in het 'paleis' van Bina:

> Was aber ist jener Same? Das sind die geistigen Formen der Konsonanten, die den geheimen Bau der Tora bilden und aus jenem Urpunkt entsprungen sind. Jener Urpunkt säte in dem 'Palast' die Saat der drei Vokalpunkte *Cholem* [o], *Schurek* [u], *Chirek* [i] aus [die über, in und unter die Konsonanten gesetzt werden]. Und Vokale und Konsonanten durchdringen einander und werden zu einem Geheimnis: zur Stimme, die in dieser Verbindung entsteht. Als diese entstand, entstand zugleich eine ihr gepaarte weibliche Kraft [die Rede], die alle Buchstaben in sich faßt und in [der Akkusativpartikel] *et* את [die aus dem ersten und letzten Buchstaben des Alphabets besteht] angedeutet ist. Davon heißt es im ersten Vers der Tora weiter *et ha-schamajim* »den Himmel«: die 'Himmel' genannte Stimme und was mit ihr gepaart ist.[184]

Het laatste niveau van emanatie wordt gelezen in de accusativus van *den hemel*. Het argument voor deze duiding wordt gevonden in het feit dat de grammaticale vorm accusativus, *et*, bestaat uit eerste en laatste letter van het alfabet, alef - taw.

Nadat de beschrijving van de emanatie der sefirot is voltooid, keert de *Sitre Tora* nog eens terug naar de taalsymboliek. Het beeld dat hier optreedt, is nog explicieter, nog concreter. Hier wordt namelijk niet gezegd dat het laatste niveau 'alle letters bevat' en daarom gerepresenteerd kan worden door het alef - taw, of, in termen van de letters van andere alfabetten, door het alpha - omega of het a - z, maar dat het einde der schepping neerkomt op het ontstaan van het alfabet, op de ordening der letters ten opzichte van elkaar:

> und alle Welten ließen sich an ihren Orten nieder. [Alle Welten sind aber durch die Bewegung und Verbindung der Buchstaben entstanden] und alle Buchstaben erhielten, als sie sich nach dem Urbild der richtigen Verbindung [zu Wörtern und Alphabeten] entfalteten, aus dieser ihrer Bewegung heraus ihre Ordnung.[185]

Met de voltooiing der sefirot is in principe alles voltooid. Alle 'werelden' krijgen hun plaats, en alle letters krijgen hun plaats. 'Naar het oerbeeld van de juiste verbinding' ontvouwen de letters zich. Concreet leidt deze ontplooiing tot de verbinding van letters tot woorden, abstract tot de aan de letters aangewezen plaats ten opzichte van elkaar, het alfabet.

De analphabetische naam kan verstaan worden, of op de inhoud van *de analphabetische naam* kan de hand gelegd worden, wanneer tenslotte in aanmerking genomen wordt, dat emanatie ook wordt opgevat als het proces waarbij God zichzelf een naam geeft. Zo wordt een lijst met namen van God opgesteld, die als het equivalent van de lijst der sefirot wordt begrepen. Precies deze symboliek van God als 'noemer' die een reeks van namen produceert, gebruikt Lucebert in 'as alles' (vg 429), en in dezelfde

---

[184] Scholem, *Die Geheimnisse der Schöpfung. cit.*, p. 47 (Zohar I 15b).
[185] ibidem, p. 82 (Zohar I 20a-20b)

context hoort 'voorjaar' thuis, met de regel *soms de roeper roept de noemer* (vg 37).

Ook in de opvatting van goddelijke emanatie als naamgeving nemen de twee man/vrouw - paren onder de sefirot een bijzondere positie in. Dé godsnaam, de naam JHWH, de naam die niet uitgesproken mag worden, wordt ofwel vereenzelvigd met de centrale, zesde sefira, ofwel over deze vier sefirot verdeeld. Deze verdeling van de naam JHWH verbindt de letter Jod met Chochma, de eerste He met Bina, de letter Waw met Tiferet en de tweede He met de Shechina. In overeenstemming met de vracht van speculaties over de gevaren waaraan de tiende en laatste sefira blootstaat, wordt de gedachte ontworpen dat de naam JHWH niet altijd volmaakt is, omdat de vierde letter ervan, de tweede He, onder voortdurende druk staat.

In de *Sitre Tora* wordt de zwakke status van de tweede He rechtstreeks verbonden met het gegeven dat de Shechina gesymboliseerd wordt door de maan[186]. De maan als het kleinere hemellicht is voor haar licht afhankelijk van de zon, en deze afhankelijkheid drukt zich ook uit in de naam of letter die aan de tiende sefira kan worden toegekend.

Elders wordt de zwakke status van de tweede He in verband gebracht met het religieuze handelen van Israel. Bij de bespreking van de kaarssymboliek (zie p. 148) is uiteengezet dat het samengestelde licht van de kaarsvlam de goddelijke eenheid symboliseert en de kaars de gemeenschap der gelovigen. Israël is als de kaars die het blauwe of zwarte licht dat onderaan in de vlam zichtbaar is voedt, zodat dit kan dienen als troon voor het witte licht erboven. Deze kaarssymboliek nu wordt vertaald in de lettersymboliek:

> Rabbi Simeon spoke: The description I have given may be taken as a symbol of the holy unity of God. In the holy name YHVH, the second letter *hé* is the blue or black light attached to the remaining letters *yod, hé, vav*, which constitute the luminous white light. But there come times when this blue light is not *hé* but *dalet*, which is to say, poverty; this means, when Israel fail to cleave to it from beneath and it in turn fails therefore to burn and cleave to the white light, the blue light is *dalet*, but when Israel make it to cleave to the white light, then it is *hé*. If male and female are not together, then *hé* is erased and there remains only *dalet* [poverty]. But when the chain is perfect, the *hé* cleaves to the white light, and Israel cleave to the *hé* and give substance for its light.[187]

De kwetsbare positie van de Shechina wordt dus vertaald in de toekenning van een andere letter aan de tiende sefira: in plaats van met een *he* wordt zij met een *dalet* (*dalut* betekent 'armoede') aangeduid. De Shechina verwerft de He-status dankzij het religieus handelen van de gelovigen. Dat wil dus zeggen, dat zij alleen He mag heten wanneer zij zich krachtens de menselijke impuls kan verheffen, en die verheffing dient weer geen ander doel dan de vereniging met haar echtgenoot[188].

---

[186] ibidem, p. 80-81 (Zohar I 20a)
[187] Scholem, *Zohar. The Book of Splendor. cit.*, p. 39-40 (Zohar I 50b).
[188] Uit Tishby, *The Wisdom of the Zohar. cit.*, Vol.I, p. 320-321, begrijp ik dat Scholem enigszins verkort vertaald heeft met "If male and female are not together, than *hé* is erased". Een extra argument om aan de Shechina als zij 'arm' is, de letter He te onthouden wordt ontleend aan

Het aanhangen van de Shechina komt neer op het 'maken' of 'één maken' van de naam[189]. De goddelijke naam is volmaakt als door het religieuze handelen van de mens de Shechina van dalet in he verandert en zo de 'tweede He' op de juiste plaats wordt gezet. Het gaat in heel bijzonere zin om de 'juiste plaats', omdat de letter waw in het alfabet volgt op de letter he: alef, bet, gimel, dalet, *he*, *waw*. De keten is volmaakt bij de volgorde Jod - *He* - *Waw* - *He*, dat wil zeggen als tweede He en Waw zich in seksuele gemeenschap kunnen verenigen en als He op grond daarvan de van Waw ontvangen invloed naar de lagere wereld kan doorgeven[190].

Tegen deze 'alphabetische naam' zet Lucebert zich schrap. In verzet ertegen wordt *de analphabetische naam* ontworpen. Eerder is gebleken hoe er in dit œuvre gekozen wordt voor Lilith en tegen de Shechina. In 'exodus' (vg 23-27) worden dichters geportretteerd als aanhangers van de afnemende maan. In 'mijn stad draagt dijen door, gekorven' (vg 408, tekst 4) legt de mond sefirot-vingers als een oud verenkleed af. In 'meditatie op een mond vol builenbal' (vg 415) wordt de sefirot-hand afgewezen. In de 'lente-suite' wordt in tekst 1 de tegenstelling geschapen van sefirot-vingers en de vingers van Lilith, en in tekst 2 de tegenstelling van het blaasinstrument-licht van Lilith en de letter van de Shechina. Het licht van Lilith wordt nagejaagd, de letter van de Shechina niet. De tegenstelling tussen Lilith en Shechina leidt tot de creatie van *de analphabetische naam*. De alphabetische naam van de Shechina wordt afgezworen, de analphabetische naam van Lilith wordt nagejaagd.

---

de spelling van *jongedochter* in (Deut.22:23): "Wanneer er eene jongedochter zal zijn, die eene maagd is". Het woord *na'arah*, meisje, heeft als laatste letter een he, maar is hier zonder he geschreven, naar kabalistische exegese 'omdat het een maagd betreft'. Deze tussenstap in de redenering is wel vertegenwoordigd bij Müller, *Der Sohar. Das Heilige Buch der Kabbala. cit.*, p. 239: "Der Beleg hiefür liegt in dem Satze: "Wenn ein Mädchen jungfräulich ist..." Hier erscheint das Wort: "Na'arah" (Mädchen) ohne H geschrieben, eben weil sie sich noch nicht mit einem Manne vereinigt hat, und wo keine Vereinigung eines Männlichen und Weiblichen stattgefunden, hat das H keinen Platz, sondern es geht von hinnen und bleibt nur das D."

[189] Scholem en Müller spreken in hun bloemlezingen respectievelijk over "to unify the holy Name" en "den heiligen Namen zur Einheit bringen" of "einen". Zie hiervoor: Scholem, *Zohar. The Book of Splendor. cit.*, p. 113 (Zohar III 8a), en Müller, *Der Sohar. Das Heilige Buch der Kabbala. cit.*, p. 321 (Zohar III 8a) en p. 305 (Zohar II 56b). Ook bij Waite komt de materie aan de orde. Hij legt de relatie tussen tweede He en Shechina, en zijn werk bevat voorts de noties van 'eenheid' en 'scheiding' in de heilige naam. Waite, *The Secret Doctrine in Israel. cit.*, p. 194-196 en 203-204.

[190] Tishby noemt de alfabetische volgorde als argument voor de aanduiding van de Shechina als *He*: "it (i.e. Malchut) is symbolized by the last *he* of the tetragrammaton, which, because of its proximity in the alphabet to the next letter, *vav*, indicates the flow of blessing which descends into it through the mystery of intercourse". Tishby, *The Wisdom of the Zohar. cit.*, Vol.I, p. 295. Waite motiveert de alfabetische volgorde door de tegenstelling van mannelijk en vrouwelijk. Hij merkt op dat de Shechina pas ná het huwelijk, bij de toestand van 'mannelijk en vrouwelijk', over iemand waakt: "This is why the *He* and the *Vau* follow each other in the alphabet - *Vau* being the symbol of the male and *He* of the female principle". Waite, *The Secret Doctrine in Israel. cit.*, p. 229.

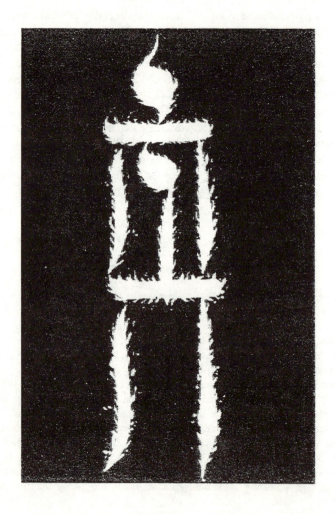

illustratie 6
Kabalistische tekening uit de 17e eeuw van het tetragrammaton als menselijke gestalte.
Een sprekend voorbeeld van 'lichamelijke taal'.

Lucebert, *zonder titel*, 1945. Zwarte en rode inkt op papier, gesigneerd L.J. Swaanswijk

Eerste pagina van de *Praagse Hagada*, 1526

Lucebert, omslag van Bert Schierbeek *Het boek ik*, 1951

Lucebert, *De dichter voedt de poëzie*, VII 1952. Waterverf en oostindische inkt op papier
(zwart-witreproduktie)

Lucebert, *zonder titel*, 1 8 1988. Oostindische inkt op papier

Lucebert, *Abbitte*, 1943. Waterverf en oostindische inkt op papier
(zwart-witreproduktie)

Lucebert, *zonder titel*, 1947. Oostindische inkt op papier

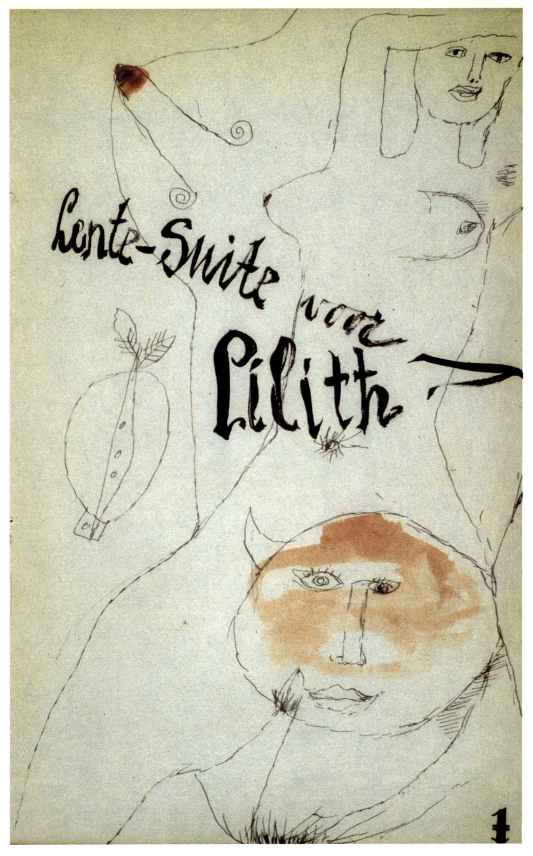

Lucebert, oerversie van de 'lente-suite voor lilith' uit het unicum *Festspiele met zwarte handen*, 1949

ooooh
zo god van slanke lavendel te zien
en de beek koert naar de keel
en de keel is van de anemonen
is van de zee - de monen zingende bov
gekom

Kleine dokter, jij drinkende hu*** **
zie een mond met de torens **** **
een wier van geluid, de libellen***

EN JY
wassen jij klein de vingers in de La in de Ve*
lavendel in de lente love lied
LAAT ZY GEUREN
PAGODEGEUREN
LAVENDELGODEN
GEUREN

Geleerden zeggen dat mijn liefde beffen moet dragen,
hoge stoelen tussen de tanden moet zetten
en een pas van de klok voor de kus zal zien slaan
                                        zal zij zijn
de - kleine - lachende - versierde - vitrine - lilith ?
dekleinegichelversierdevitrinelilith ?

Muzieken moet men in bed zóóó zachtjes opzetten:
een fluwelen mecaniekje, een fluwelen liedje
            maar lieve:
dAar torrelt de trom de trom de trom
en bast een vracht van hanghaar klappert haar licht
        haar blazend licht

En ik en ik ik ben ik jaag niet naar de letter,
luister, ik jaag niet naar de letter, maar ik luister:
daar blaast haar licht een stoeiende tuba in de zoen
            ik ademhaal
            ik jaag het hippende licht

knip·knip
en overal overal stroomt stroomt mijn oog:
RIVIER VAN FOTOGRAFIE.....

LILITH
DIE IS LIEF DIE LIEBE SUITE VAN DELIBES

WIE BLIEFT
WIE
DIE
WIE IS DIE
LILITH
WIE IS LILITH
LILITH
DIE IS LIEF DIE LIEBE SUITE VAN DELIBES

HA DAAR DRAGEN DE ORGELS HAAR ACHTER-
NA
KA KA
KYRIE ELEÏSON   KYRIE ELEÏSON
JA zon zon ZON
zy is de lila kieuw de leliezon

De duidelijkste aanwijzing dat de woorden *ik jaag niet naar de letter* verwijzen naar de letter van de Shechina, de tweede He uit de godsnaam, ligt besloten in 'poëziezo easy job', het gedicht met de felle uithaal naar de *koude communicatiecursus voor getrouwde merkantalisten* met als motto *wie niet lief heeft wordt gezien*. In dit gedicht wordt naar de materie van de godsnaam verwezen met het neologisme *he-filologie* of, zoals het woord in de eerste versie als tekening-gedicht verschijnt, *HE-FILOLOGIE*.

In de bekritiseerde cursus wordt men, voor het verwekken van 'gezonde kinderen', onderwezen in *autodidaktische inteelt* (vg 417-418):

> die zo sterk aan het intellektuele herinnert
> gelijk de he-filologie aan de tragedie der dieren die
> tegen de onderlip het kaaksteen schrapen om
> om in een oor de kraanvogel open te draaien over de kousjeuk
>   van verstijfde ogen

Luceberts aandacht strekt zich altijd uit tot voorbij het alleen-menselijke, zodat het niet hoeft te verwonderen dat *dieren* mede opgenomen zijn in het commentaar op de koude communicatiecursus. Hun *tragedie* blijkt uit hun verminkt gebruik van lippen en ogen. De uitgebreide vergelijking creëert overeenkomst tussen *de tragedie der dieren* en *de he-filologie* en, een stap verder terug in de vergelijking, *het intellektuele* en de *autodidaktische inteelt*. Hier wordt gedoeld op gevangenschap in een systeem van regels dat voor de seksualiteit ontworpen is. Om welk systeem het in het bijzonder gaat, blijkt uit het verbluffende neologisme *he-filologie*.

De op het eerste gezicht paradoxale uitspraak *ik jaag niet naar de letter* uit de 'lente-suite' heeft niets paradoxaals meer als zij gelezen wordt als de uitspraak van de dichter van *de analphabetische naam*. De schepping van *de analphabetische naam* is de uitwerking van de keuze voor Lilith en tegen de Shechina. Voor de dichter van de 'lente-suite' is he-filologie niet meer weggelegd. Hij jaagt niet naar de letter he, naar de letter van de Shechina, om op die manier de alphabetische naam te doen ontstaan. De letter he en de alphabetische naam worden afgezworen. Hiervoor in de plaats komt de jacht op het licht van Lilith. De equatie van taal en licht uit de 'introductie' garandeert dat wat er dan ontstaat, toch ook *talig* zal zijn: een letterbouwsel, een naam. Het is *de analphabetische naam*, de naam die door Lilith gedragen wordt, een nieuwe naam waar de afwijzing van de Shechina en de keuze voor Lilith achter staat[191]. Hoe deze naam luidt, zal blijken uit tekst 3.

Na het vrolijke, bevrijdende *knip knip* dat terugverwijst naar de twee naam-regels 4 en 5, besluit het gedicht met:

> en overal overal stroomt stroomt mijn oog:
> rivier van fotografie

---

[191] Vanzelfsprekend overstijgt deze conclusie het bestek van de 'lente-suite'. De 'lente-suite voor lilith' is het laatste gedicht van de eerste afdeling van de bundel; de tweede afdeling van de bundel draagt de titel *de analphabetische naam*. De conclusie is echter in overeenstemming met de appreciatie van de 'introductie' van de 'lente-suite voor lilith' als Luceberts belangrijkste poeticale gedicht. Op de verderstrekkende implicaties van de interpretatie die hier van *de analphabetische naam* gegeven is, zal ik in het slothoofdstuk ingaan.

Deze twee regels behoren naar mijn mening tot de mooiste en meest karakteristieke van de poëzie van Lucebert. Ze tonen, in alle ogenschijnlijke eenvoud, aan wat poëzie vermag. Er moet een slot geschapen worden voor een semantisch hermetische tekst, onder de oppervlakte waarvan zich scherpe kritiek op het gerecipieerde mystieke systeem verbergt. De eigen opstelling die in dialoog met dat systeem ontworpen is, dient hier synthetisch geformuleerd te worden. Morfologisch, fonologisch en semantisch wordt het uiterste gevergd om de synthese te formuleren. Een eerste accent wordt gezet door inversie: het onderwerp, *mijn oog*, is niet het juiste begin voor deze zin. Morfologisch wordt de bijzondere regel ontworpen van volledige woordherhaling. De woorden *overal* en *stroomt* zijn hier woorden die niets anders naast zich dulden dan nog eens hetzelfde woord. Zo wordt morfologisch uitdrukking gegeven aan het onbegrensd bereik van de stroom waarop hier gedoeld wordt.

Met het onderwerp, dat nu op fonologisch niveau aansluit, *oog*, wordt teruggegrepen op de waardering van de ogen als het erotisch zintuig bij uitstek. Ongebreidelde erotiek wordt bereikt langs de weg van de bevrijding van het oog. De ogen worden eerst als overal stromend voorgesteld, in de slotregel als opnamen makend. Hierin kan een variant herkend worden van *drinkend* uit tekst 1: ogen zijn ook hier 'opnemend'. Met *stroomt stroomt* en *rivier* grijpt Lucebert nog eens terug op de symboliek die het mystieke systeem zelf gebruikt: de symboliek van een stelsel van rivieren voor de wereld der sefirot wordt hier opnieuw voor de eigen poëzie benut.

In de slotregel wordt de fonologische troefkaart uitgespeeld. Hier wordt fonologisch uitdrukking gegeven aan de lengte van de stroom en aan de eenheid ervan. Het in zich rijmende woord *rivier* zet de toon. Voor rijm van de /v/ wordt gezorgd door *van*. Voor het interne rijm van *rivier* wordt vervolgens een superlatief gevonden in *fotografie*, dat bovendien alle voorgaande /v/'s, /r/'s en /i/'s nog eens laat meerijmen. Natuurlijk treedt *fotografie* ook nog buiten de oevers van zijn eigen regel door aansluiting bij de /o./'s uit de voorgaande regel.

Beschouwing van het semantisch niveau leert dat het begrip 'eenheid' ter karakterisering van de bedoelde stroom op zijn plaats is. De 'ik' die zijn oog overal laat stromen, doet een rivier van ogen ontstaan. Deze kijker-zijde van de stroom is uitgedrukt in *overal stroomt mijn oog*. Maar in *rivier van fotografie* zijn kijker en bekekene niet meer te scheiden. Het gaat hier zowel om een rivier van ogen, als om een lint van foto's, een film. De ik jaagt met zijn oog op licht[192]. Deze jacht doet een rivier van foto's ontstaan. Doordat de 'ik' met zijn oog als met een fototoestel knipt, opnamen maakt, bewerkstelligt hij de samenstroming van zichzelf en zijn object, de versmelting van het lint van ogen met het lint van foto's, de *rivier van fotografie*.

Het slot van tekst 2 verduidelijkt de belangrijke relatie die er bestaat tussen de 'lente-suite voor lilith' en 'ik tracht op poëtische wijze'. In laatstgenoemde tekst worden gedichten als foto's omschreven *mijn gedichten / die momentopnamen zijn* (vg 47).

---

[192] Dezelfde relatie tussen jagen en ogen kan aangewezen worden in: (vg 32) *ei en oer in de dans van het zaad / straalt de mens - hij kent de pijl hij kent de boog - / ben ik de jacht ben ik de jager van de laat / op land gebrachte ziel - zij staat gehoord zij staat gevangen in mijn oog*; (vg 36) *in de pupil zittende willoos van doelwit*; (vg 408) tekst 2 [*apparaat* (vg 734)] *de huid spant ogen*, waarin het hypogram van de gespannen boog herkend kan worden, vergelijk (vg 32); en in (vg 411-412) *jaag ik door de straten van mijn vaderland/ met de ogen van de adders*.

Voor deze aanduiding van gedichten wordt het fundament gelegd in de 'lente-suite'. In de 'introductie' wordt taal gelijkgesteld aan licht; in tekst 2 treedt fotografie naast poëzie. Beide kunstvormen verwezenlijken de nagestreefde synthese van licht en duisternis. Zoals het bij poëzie gaat om zwarte vlekken op wit papier, zo gaat het bij fotografie, 'lichtschrift', om de omzetting van licht in zwart en wit. Lucebert maakt Lilith tot de muze van poëzie en fotografie. Lilith is, ik zou bijna zeggen, de 'koningin van de afnemende maan' die op haar manier de synthese van licht en duisternis belichaamt. Ze laat zich niet alleen graag bezingen, ze laat zich ook alle bekijks met genoegen welgevallen, *versierd* als ze is, en zich opstellend in de *vitrine*. Bezongen en gefotografeerd levert ze hetzelfde 'eindbeeld' op van een synthese van zwart en wit[193].

4 'lilith'

De 'lente-suite' is het muzikaalst in tekst 3. Maar juist onder de oppervlakte van deze tekst, de meest melodieuze, zangerigste van de 'lente-suite', verbergt zich Luceberts scherpste aanval op het mystieke systeem. Hier wordt namelijk de Shechina vervangen door Lilith. In tekst 3 van de 'lente-suite' wordt Lilith op de plaats van de Shechina gezet.

De eerste en tweede strofe - de derde slaat een andere toon aan - maken het gedicht tot een unieke tekst. Bijna alle woorden van deze tien regels rijmen. De rijmende woordenstroom springt van taal naar taal. In de lange regels (r.2+10) wordt vrij gebruik gemaakt van het Duits van *die liebe* en het Frans van *suite* en *delibes*. In de korte regels (r.1+3-9) wordt met subtiele middelen verduidelijkt hoe de naam van Lilith in het Nederlands klinkt: de onmiddellijke context zet twee maal *die is* na en twee maal *wie is* voor *lilith*. Op semantisch niveau dragen niet alleen *suite* en *delibes* bij aan de muzikaliteit. Dezelfde bijdrage wordt geleverd door het vraag- en antwoordspel van *wie* en *die*, dat de gedachte aan een beurtzang oproept.

De vragen van het wat en het wie behoren tot het hart van de kabalistiek. Ze zijn de kabalistische uitdrukking van de kern van het streven van ieder mystiek systeem, kennis van het goddelijke. De *Bahir* biedt de eerste vindplaats, en vandaar hebben de speculaties over de mystieke categorieën van het *wat* en *wie* hun weg gevonden naar de gehele dertiende-eeuwse Kabala[194].

In de vragen naar het wie en het wat drukt zich opnieuw de scheidslijn tussen de drie hogere en de zeven lagere sefirot uit. De vraag naar het wat kan gesteld en

---

[193] Bij het slot van tekst 2 van de 'lente-suite' sluit een belangrijke groep gedichten die zich laat samenvatten onder de noemer 'fotografie', aan. Het betreft: (vg 31), (vg 36), (vg 47), (vg 53), (vg 55), (vg 410) en (vg 428). Hierin is sprake van: *lenzen, film, cinemafotografie, opnamen, gezichtsindrukken, lichtdruk* en *foto*.
[194] Scholem, *Das Buch Bahir. cit.*, p. 119, en: idem, *Major Trends in Jewish Mysticism. cit.*, p. 220-221.

beantwoord worden. De vraag naar het wat is een vraag naar de aspecten van God, en deze laat zich beantwoorden in termen van de zeven lagere sefirot. De vraag naar het wie beweegt zich om de derde sefira als de 'moeder' van haar zeven 'kinderen'. De derde sefira Bina stelt echter tegelijk de grens aan menselijke kennis. Wat achter Bina ligt, is onkenbaar, omdat in de tweede sefira Chochma de scheiding tussen kenner en gekende, tussen subject en object, nog niet heeft plaatsgevonden. In Bina wordt de scheiding tussen subject en object voltrokken en daarom is vanaf de derde sefira kennis mogelijk. Maar aan de scheiding tussen subject en object, zonder welke kennis onmogelijk is, gaat de tweede sefira Chochma vooraf.

De zeven lagere sefirot staan dus open voor contemplatie. Ze kunnen antwoord verschaffen op de vraag van het wat, en dat antwoord wordt samengevat in het woord *ele*, deze (plur.). Omdat de zeven lagere sefirot binnen het bereik van menselijke kennis komen, kunnen zij als *ele*, deze, worden aangeduid. Met de vraag van het wie, *mi*, wordt geraakt aan het goddelijk subject dat zich openbaart in Bina. Tegelijk wordt hier echter ook de grens getrokken: wat achter Bina ligt staat niet meer voor menselijke kennis open.

Troost voor de grens die in Bina aan kennis wordt gesteld, wordt gevonden in de godsnaam die aan de derde sefira wordt toegekend, de naam *Elohim*. Het eerste vers van de Tora duidt volgens de *Zohar* op het ontstaan van de derde sefira Bina. Gelezen als een regel die naar goddelijke emanatie verwijst, betekent "In den beginne schiep God", *bereshit bara Elohim*, het volgende: *bereshit* met het begin, dat wil zeggen met het *reshit*, begin, genoemde oerpunt Chochma, wijsheid, *bara* schiep, dat wil zeggen schiep het niet aangeduide want verborgen Niets (En-Sof of Keter, opgevat als subject van de verbale vorm *bara*) *Elohim*. *Elohim* is dus niet het subject, maar het object van de zin. 'Met het begin schiep het verborgen Niets Elohim'. Emanatie is dan op het niveau van de derde sefira Bina, op het niveau van de godsnaam Elohim. De betekenis die aan deze naam wordt gehecht, is enorm. Hij draagt de garantie voor het voortbestaan van de schepping in zich. *Elohim* bevat alle letters van het goddelijk subject *mi*, wie, enerzijds en het goddelijk object *ele* (alef - lamed - he), deze, anderzijds:

> Elohim is the name given to God after the disjunction of subject and object has taken place, but in which this gap is continuously bridged or closed.[195]

In de *Zohar* knopen Rabbi Simeons onthullingen over het geheim van de naam Elohim vast aan (Jes.40:26): "Heft uwe oogen op omhoog, en ziet wie deze dingen geschapen heeft"[196]. Door *wie*, *mi*, met *deze*, *ele*, te combineren, ontstaat *Elohim*. De bewuste tekst is zowel door Müller als door Bischoff vertaald[197], en ook de secundaire literatuur gaat niet aan de materie voorbij[198].

---

[195] Scholem, *Major Trends in Jewish Mysticism. cit.*, p. 221.
[196] *Zohar* I 1b-2a.
[197] Müller, *Der Sohar. Das Heilige Buch der Kabbala. cit.*, p. 55-56, en Bischoff, *Die Elemente der Kabbalah. cit.*, I, p. 132-137. Zie voorts: Tishby, *The Wisdom of the Zohar. cit.*, Vol.I, p. 331.
[198] Franck, *Die Kabbala oder die Religionsphilosophie der Hebräer. cit.*, p. 119 noot 1, en Waite, *The Secret Doctrine in Israel. cit.*, p. 59-60.

Heeft Lucebert nu alleen maar de bronnen van de taal geëxploiteerd door op *wie* niet *deze* maar *die* te laten volgen? De combinatie *wie - die* is mooier dan *wie - deze* omdat ze rijmt en melodieuzer is. Naar mijn mening is wat hier gemaakt wordt, *wie / die*, verstrekkender en wordt hier, nadat in tekst 2 met *ik jaag niet naar de letter* het concept van *de analphabetische naam* is ontworpen, in tekst 3 met *die* concreet *de analphabetische naam* geschreven[199].

Hierboven is meer dan eens gesignaleerd, hoeveel Lilith aan de Shechina en aan haar tegenstelling tot de Shechina te danken heeft. Ook Luceberts naam *die* voor haar - want voor zover ik kan overzien gaat het om een creatie - heeft zij aan de Shechina te danken. De tiende sefira is de zee waarin de rivieren uitstromen. Deze synthetische functie van de Shechina maakt dat ook de naam *deze*, *ele* (plur.) voor het totaal van de zeven lagere sefirot op haar van toepassing wordt geacht, en daarom heet zij ook zelfstandig *deze*, *zot* (sing.)[200]. Lucebert noemt Lilith *die* omdat de Shechina *deze* heet. Nergens in de primaire of secundaire literatuur heb ik aangetroffen dat *die* een naam voor Lilith zou zijn. Omdat de naam van de Shechina *deze* is, ontwerpt de dichter van *de analphabetische naam* voor Lilith de naam *die*. In antwoord op de vraag *wie?* laat Lucebert het rijmende, melodieuze *die* klinken. Het antwoord dat gegeven wordt, *die*, is *de analphabetische naam*, de naam voor Lilith waarmee de Shechina wordt afgezworen[201].

De derde en laatste strofe slaat een volledig andere toon aan. Hoe zangerig en melodieus de strofen één en twee ook zijn, er spreekt uit het voortdurend terugbuigend rijm een ingehoudenheid die in de derde strofe resoluut overboord wordt gezet. De trompetstoot van het eerste woord 11 *HA* bereidt de assonantie voor van 12 *daar dragen* de orgels *haar achterna*, van 13 *ka ka* en van het volmondige 15 *JA*. Deze /a./-assonantie klinkt in de slotregel nog even na in 16 *lila*. Daarnaast is er sprake van alliteratie van 13 *ka ka*, 14 *kyrië (..) kyrië* en 16 *kieuw*. Ik zie geen mogelijkheid om aan de gedichtelementen die de korte regels vullen, *HA / ka ka / JA*, verdere betekenissen, bijvoorbeeld letterbetekenissen, te ontlokken. Het zijn twee uitroepen aan het slot van een lange ode, *HA* en *JA*, waar het rijmende *ka ka* zich tussen nestelt.

Zoals *kyrië* door fonologische equivalentie is verbonden met *ka ka* en *kieuw*, zo wordt voor *eleison* rijm gevonden in de slotregel: *zon zon zon zij is de lila kieuw de leliezon*. Met *kyrië eleison kyrië eleison* wordt niet alleen de notie van een beurtzang voortgezet, maar ook wordt er nog eens de relatie tussen Lilith en de maan mee

---

[199] Schierbeek neemt de mystieke categorieën van het *wie* en *wat* op de volgende wijze in zijn eerste experimentele roman op: "ik geloof wel dat er in die tijd gebeden is, dat er door veel mensen in die tijd gebeden is tot God of tot Wie of Wat, want het bidden lag op de lippen bestorven en de kerken werden met de jaren te klein omdat de angst ommuurd wil zijn ... ja er is veel gebeden in die dagen en befehl war befehl und ausradieren die städte Englands, und ausradieren die Juden, die Semijuden und die judosemisten ..." Bert Schierbeek, *Het boek ik*, in: idem, *Het boek ik, De andere namen, De derde persoon. cit*, p. 84.
[200] Dat *deze* een naam voor de Shechina is, kan zowel bij Müller als bij Waite beluisterd worden. Zie hiervoor: Waite, *The Secret Doctrine in Israel. cit.*, p, 222, en: Müller, *Der Sohar. Das Heilige Buch der Kabbala. cit.*, p. 305-307 (Zohar II 56b-57a) en 320-321 (Zohar III 8a-8b). Zie voorts: Tishby, *The Wisdom of the Zohar. cit.*, Vol.III, p. 1051 en 1071.
[201] Niet alleen in de 'lente-suite', maar ook in 'zie de 4 mm. fantasiegerstekorrelpatronen die ik afschiet' (vg 421) varieert Lucebert met *wie - die* op *wie - deze*.

onderstreept. Het in de liturgie verzelfstandigde *Kyrië eleïson*, Heer ontferm U, is ontleend aan het evangelie van Mattheüs, waar verteld wordt hoe Jezus een maanzieke geneest (Matth.17:15): "Heere, ontferm U over mijn zoon, want hij is maanziek, en is in zwaar lijden; want menigmaal valt hij in 't vuur en menigmaal in 't water."

De kleur *lila* is fonologisch even passend voor *lilith* als de bloem *lelie*. Het kan zijn dat er ook nog een semantische reden voor de keus van deze kleur is. De enige kleuren die ondubbelzinnig met Lilith geassocieerd kunnen worden, zijn zwart, naar haar zwarte haar, en bruin, naar haar naam 'Bruine'. Lila, lichtblauw paars, heeft te maken met blauw en met rood. Blauw is de kleur van de Shechina, wanneer zij vereenzelvigd wordt met het blauw-zwarte licht dat onderaan in de vlam van de kaars zichtbaar is[202]. Maar daarnaast wordt zij als lelie 'veranderlijk van kleur' genoemd, veranderend van wit in rood (zie p. 242). Een tekst die ik niet in de oudere literatuur heb kunnen traceren, associeert de *versierde* Lilith met rood, roze en paarsrood[203]. Algemeen kan gesteld worden dat de kleuren wit, rood en groen staan voor rechts, links en midden van het schema der sefirot[204], zodat Lilith in elk geval ook met het rood van de linkerzijde te maken heeft.

Lila kan ook nog thematisch gemotiveerd zijn. Het voorbeeld van *de libbelen* uit tekst 1 maakt attent op de mogelijkheid van montage, zodat tekst 3 naast de naam *delibes* ook de naam *delila* zou kunnen bevatten, namelijk in de slotregel *zon zon zon zij is de lila kieuw de leliezon*. Daarmee zou verwezen worden naar een tweede vrouw wier essentie in verleiding gelegen is, en die voorts te maken heeft met haar. Nadat Simson voor haar verleiding bezweken is, snijdt de Filistijnse Delila zijn haren af, waardoor ze hem van zijn lichaamskracht berooft.

Het vuurwerk van de finale zit in 12 *de orgels* die Lilith *achterna dragen*. Het werkwoord roept ver dragende stemmen of klanken op, en herinnert via varianten als 'achternalopen' of 'achternazitten' aan het verliefde *najagen* van tekst 2. Het blaasinstrument uit tekst 2, de *tuba*, wordt in tekst 3 vervangen door *orgels*, waardoor een enorme hoeveelheid meer blaaskracht of wind wordt gesuggereerd. Met de keuze

---

[202] In (vg 421) treedt niet alleen tweemaal *bruine* op, maar ook driemaal blauw: *ik droomde al zo lang v. blauwe schrijfinkt* en .. *zie daar nu toch blauw-blauw kijk*. De kleur blauw wordt met de maan geassocieerd in 'romeinse elehymnen II' (vg 31): *de kelken maan vol blauwe dranken*. Opmerkelijk is voorts (vg 39-40) *een blauwkind*. Het woord *blauw* komt verder voor in: (vg 21) *een blauw en strakgespannen lijf*, (vg 23-27) .. *aan hun blauwe / donkerende ruggen, maar haar hals werd een blauwgewelfde vlinder, over blauwgroen vallende slangen* en (vg 50-52) .. *in de blauwe ademhalende vlucht*. In zijn commentaar bij de tekst over de kaarsvlam (Zohar I 50b-51b) verklaart Tishby de kleur blauw voor de Shechina als volgt: "Malkut in itself is dark, and has no light. But when it receives influence from the *sefirot* it becomes blue, which is compounded of all the colors." *The Wisdom of the Zohar. cit.*, Vol.I, p. 319 noot 130.

[203] "[This is] the finery that she uses to seduce mankind: her hair is long, red like a lily; her face is white and pink; six pendants hang at her ears; her bed is made of Egyptian flax; all the ornaments of the East encircle her neck; her mouth is shaped like a tiny door, beautified with cosmetic; her tongue is sharp like a sword; her words smooth as oil; her lips beautiful, red as a lily, sweetened with all the sweetnesses in the world; she is dressed in purple, and attired in thirty-nine items of finery". Tishby, *The Wisdom of the Zohar. cit.*, Vol.II, p. 538 (Zohar I 148a-148b).

[204] Scholem, *Die Geheimnisse der Schöpfung. cit.*, p. 68 (Zohar I 18b).

van *orgels* buit Lucebert opnieuw een etymologische relatie uit.

De naam *Lilith* is in verband gebracht met het Hebreeuwse woord voor 'nacht', *laila*, maar moet vermoedelijk herleid worden tot het Sumerische *lil*, een woord dat 'storm' of 'wind' betekent[205]. Naast het woord *orgel* komen ook de woorden *storm* en *wind* bij Lucebert in geladen zin voor. Ik citeer nog eens het slot van 'zie de 4 mm. fantasiegerstekorrelpatronen die ik afschiet', het gedicht met de Lilith-naam *bruine dat* door de *wie?*-vraag aan het slot ten nauwste met de 'lente-suite' verbonden is (vg 421):

> wie? wie die steekt 3 drie
> ▲ stormen in zijn mond
> & de 4de niet: = zal wel ......

In 'exodus' is twee maal sprake van *storm* (vg 23-27):

> dat het driestaartige voorhoofd
> van een steeds groeiende storm niet zal rusten
>
> (...)
>
> zo draait de grote allessmekende storm zijn kronkelende vaas
> boven een omzichtig voortstrompelend huis

In *allessmekend* lees ik een toespeling op de jaloezie en de alomtegenwoordigheid van Lilith[206].

Voor de zuiverste equatie van Lilith en wind moet ik een stap buiten het corpus zetten, naar 'ik draai een kleine revolutie af', het gedicht dat eerder (zie p. 249) met de tekening 'De dichter voedt de poëzie' in verband is gebracht (vg 64):

> op mijn rug rust een zeemeermin
> op mijn rug rust de wind

Syntactische en lexicale equivalentie construeren een semantische equivalentie: *zeemeermin* en *wind* staan beide voor Lilith. In 'ballade van de goede gang' valt de vraag *ben ik goed voor de wind* (vg 18-19). Een nauwe relatie tussen 'ik' en Lilith wordt voorts gesuggereerd in 'ik ben met de man en de macht' *ik ben in de wind / de wind die mij stukslaat* (vg 53). Een nauwe relatie tussen jacht, adem en wind wordt gelegd in 'er is een mooie rode draad gebroken in de ochtend' (vg 426): *ik ben op de doffe lucht van achtervolgers / langzaam uitgegleden uit / mijn eigen adem hijgt zijn zeilen / zijn zeezeilen zagen de wind / de wind valt om*[207].

---

[205] Scholem, 'Lilith', in: *Kabbalah. cit.*, p. 356; Montgomery, *Aramaic Incantation Texts from Nippur. cit.*, p. 76.
[206] Het woord *storm* komt uitsluitend in (vg 23-27) en (vg 421) voor.
[207] Het woord *wind* komt verder voor in: (vg 35) *in de springende wind biddende spieren*, (vg 37) *op lopers licht en wind de weerhaan hurkt*; (vg 401-403) *zie ik tel de wind van mijn slechte huizen* en (vg 414) *onder de wind van de wonden*. Bijzondere winden waaien in: (vg 31) *en*

Het woord *orgel* gebruikt Lucebert op vier plaatsen. Naast tekst 3 van de 'lente-suite' zijn dat: opnieuw 'exodus', opnieuw 'woe wei' en opnieuw 'ballade van de goede gang'. In 'exodus', waarin de allessmekende storm optreedt, is sprake van *de blonde orgels der wolken op de horizon* (vg 23-27). In 'woe wei', waarin met vrouwen die aderen strak strikken op Lilith gezinspeeld is, valt de uitroep *wat een orgel!* (vg 411-412). De laatste vindplaats, 'ballade van de goede gang', is de belangrijkste, omdat hier niet alleen wordt gevraagd *ben ik goed voor de wind*, maar ook wordt gezegd *ik ben een orgel* (vg 18-19):

> ben ik goed voor de grond
> ben ik goed voor de wijn
> ben ik goed voor de wind
> ah
> laat mij donker en dronken zijn
>
> donker en dronken zijn
> soldatenjargon op de maat
> van de dansende bah-bah-baal
> jurgen jurgen ik ben een orgel
>
> ik ben een keizerpijpje[208]

De *tuba* van Lilith is een singulier instrument. Ze krijgt er de rij van pijpen die met een *orgel* geassocieerd kan worden, mee aan het zingen. De notie van een met Lilith te verbinden muziek uit tekst 2 dient op haar beurt in verband gebracht te worden met de *wind*-kwaliteit van Lilith. Zoals orgelpijpen muziek laten horen wanneer er een krachtige wind doorheen wordt geblazen, zo blaast Lilith als wind het mannelijk geslacht aan. Als verleidster maakt ze zich meester van de uit de rij van orgelpijpen stromende muziek, die ze zelf als wind heeft opgeroepen. Lilith is de blazer. Verliefd, verbaasd en overwonnen dragen de orgels haar achterna[209].

---

mistralen zijn van leegte het bedrog en (vg 401-403) *de moed van de moesson*.

[208] Het gedicht bevat voorts hetzelfde *blazen* als tekst 2 van de 'lente-suite', in de onmiddellijke context van het geladen middernachtelijk uur: *bak mij te middernacht / ik blaas dan taptoe toe / als een zalige heilsoldaat*.

[209] Hoewel ik er nog een stap buiten het corpus voor moet zetten, wil ik hier toch de relatie met een veel later gedicht van Lucebert niet onvermeld laten. In het tekening-gedicht 'hammond' uit 1962 [zie *apparaat* (vg 755-756)] vergelijkt de dichter mensen met huizen met *orgels* en komt de bevrijding, het vrij opborrelen uit *de vette toongrond*, van Lilith als *de grote wind* (vg 465): de grote wind verlaat de kleine wegen / en alle huizen krijgen / een tastbare gelijkenis met orgels / op een stoel sterft een mond / uit een pot wordt een god geboren / alle mensen zijn eindelijk rond / vrij opborrelend uit de vette toongrond.

HOOFDSTUK V   HÖLDERLIN NAAST DE KABALA

In dit hoofdstuk stel ik nog eens de 'introductie' aan de orde om te demonstreren dat de poetica van Lucebert ook op de intertekst van Hölderlin is gefundeerd. Dit betekent dat Lucebert een verband tot stand heeft gebracht tussen Hölderlin en de Kabala. Dit hoofdstuk draagt dan ook een ander karakter dan de voorgaande, in het bijzonder de hoofdstukken II en IV, die te zien hebben gegeven dat het corpus als geheel kon worden omvaamd. Hier valt het licht op die teksten waarin ook Hölderlin kan worden getraceerd, en gaat de aandacht in hoofdzaak uit naar de plaats van Hölderlin naast de Kabala in het werk van Lucebert.

Verdere voorbeelden van gedichten die de verbinding tussen Hölderlin en Kabala laten zien, zoals die bij het begin van het onderzoek in 'het proefondervindelijk gedicht' en 'er is ik en er is' is aangewezen, sturen het onderzoek van de intertekst van Hölderlin in eerste instantie in de richting van de *Hyperion*, en in tweede instantie in de richting van de late poëzie. Bij de diepgaande receptie van Hölderlin die in het geval van het werk van Lucebert aan de orde is, dient het onderzoek zich met name ook te bewegen op het formele vlak. De essentiële tekst van 'het proefondervindelijk gedicht' blijkt ook hiervoor een bepaalde aanwijzing te bevatten. Op basis van de vergelijking van het voegwoordgebruik van Lucebert met dat van Hölderlin, wordt de conclusie bereikt dat Lucebert in het gedicht waarin hij aan zijn creatie van *de analphabetische naam* een plaats heeft gegeven, naar Hölderlin verwijst. Deze conclusie maakt verder onderzoek van het fundament onder de verbinding die Lucebert tussen Hölderlin en de Kabala legt, noodzakelijk.

§1   inleiding

Uit het onderzoek naar het belang van Hölderlin voor *apocrief / de analphabetische naam* is als voornaamste resultaat een dwarsverbinding in de intertekst naar voren gekomen, de verbinding van Hölderlin met de Kabala. Dit onderzoeksresultaat laat zich specificeren aan de hand van twee stellingen, waarvan er één 'waar' en één 'onwaar' is. De stelling dat overal in het werk van Lucebert waar de Kabala kan worden aangewezen, ook Hölderlin kan worden getraceerd, is niet waar. De omgekeerde stelling echter, dat overal in het werk van Lucebert waar Hölderlin kan worden getraceerd, óók de Kabala kan worden aangewezen, is waar. Deze constellatie van gegevens leidt tot de conclusie dat Lucebert een verband tot stand heeft gebracht tussen Hölderlin en de Kabala.

Uit het verschil in spreiding tussen de twee intertexten mag geen verschil in relevantie worden afgeleid. Lucebert heeft een verband tussen Kabala en Hölderlin gecreëerd en deze composiete intertekst tot het fundament van zijn poetica gemaakt. De eerder beschreven uitsluiting van mogelijke overige componenten van de intertekst (zie p. 34) is op deze verbinding tussen Hölderlin en Kabala gebaseerd. De aangewezen plaats voor de bewijsvoering van de stelling dat Hölderlin met de Kabala is verbonden en evenzeer in de poetica van Lucebert is geïntegreerd, is de 'introductie', het gedicht dat ik als Luceberts belangrijkste poeticale gedicht beschouw. Hieronder zet ik uiteen, dat Hölderlins roman *Hyperion oder der Eremit in Griechenland* als een tweede impuls achter de poetica van de 'introductie' moet worden beschouwd, naast de impuls vanuit de Kabala (zie p. 289 e.v.).

Het verband dat door Lucebert tussen Hölderlin en Kabala tot stand is gebracht, ligt bepaald niet voor de hand, maar lijkt wel op goede gronden gefundeerd te kunnen worden. Deze kwestie raakt de vraag van Hölderlins verhouding tot de Joodse mystiek, een probleem dat weliswaar door het Hölderlin-onderzoek is aangesneden, maar nog geenszins is opgelost.

De kwestie van een relatie tot Joodse mystiek komt vooral aan de orde in onderzoek van de geestelijk-religieuze achtergrond van Hölderlin en heeft zich toegespitst op de vraag naar de betekenis van het zogeheten Swabisch piëtisme voor het werk van Hölderlin. Centraal in dit onderzoek staat de figuur van Friedrich Christoph Oetinger (1702-1782), theosoof en voorman van dat Swabisch piëtisme, die bij Scholem terugkeert als een vertegenwoordiger van de zogeheten 'Christelijke Kabala'[1]. Door Ulrich Gaier is onderzoek gedaan naar de relevantie van Oetingers werk voor de theoretische opstellen van Hölderlin[2]. Zijn comparatistisch onderzoek is echter niet zonder problemen. De auteur verplaatst de weergave van de leer van Oetinger naar een aanhangsel, en gaat in de hoofdtekst van zijn boek a priori uit van een relatie tussen Hölderlins poetica en de theosofische leer van Oetinger. Het eigenlijke vergelijkende werk vindt plaats op een zo hoog niveau van abstractie - de auteur vergelijkt 'ritmes' van denken of openbaring -, dat teksten van Hölderlin slechts aan vluchtige analyse worden onderworpen. Naar de mening van Lawrence Ryan, een auteur die in het bijzonder de roman *Hyperion* heeft onderzocht[3], laat Gaiers werk de vraag naar de relatie van Hölderlin tot het Swabisch piëtisme nog open[4].

Gerhard Kurz heeft met betrekking tot een bepaalde strofe uit 'Der Rhein' geconstateerd, dat hierin een opvatting van God aan de orde is, volgens welke "das Schicksal des Absoluten unlösbar verbunden (ist) mit der Geschichte der Menschen"[5]. Hij spreekt in dit verband over een ketterse traditie in Joodse en protestantse mystiek, maar verwijst in een voetnoot hierbij naar de Kabala[6]. Inderdaad kan de door Hölderlin geformuleerde gedachte, dat de goden de mensen nodig hebben om zich te 'voelen', in verband gebracht worden met de visie van de Kabala, dat God voor zijn welzijn afhankelijk is van het rituele handelen van de mens (zie p. 261).

---

[1] Scholem, *Kabbalah. cit.*, p. 200.
[2] Ulrich Gaier, *Der Gesetzliche Kalkül. Hölderlins Dichtungslehre*. Hermaea Germanistische Forschungen Neue Folge Band 14. Max Niemeyer Verlag Tübingen 1962.
[3] Lawrence Ryan, *Hölderlins »Hyperion«. Exzentrische Bahn und Dichterberuf*. J.B. Metzlersche Verlagsbuchhandlung Stuttgart 1965.
[4] Lawrence Ryan, recensie van 'Ulrich Gaier, Der Gesetzliche Kalkül. Hölderlins Dichtungslehre', in: *Germanistik* 5 (1964), p. 297.
[5] Gerhard Kurz, *Mittelbarkeit und Vereinigung. Zum Verhältnis von Poesie, Reflexion und Revolution bei Hölderlin*. J.B. Metzlersche Verlagsbuchhandlung Stuttgart 1975, p. 151.
[6] ibidem, voetnoot nr. 245, p. 272.

Twee gedichten die verduidelijken dat de kern van Luceberts Hölderlin-receptie in de roman *Hyperion* gezocht moet worden, kunnen de stelling dat Lucebert Hölderlin met de Kabala in verband heeft gebracht, in eerste instantie adstrueren. In het titelloze gedicht met de openingsregel *anders anders bekend maar herkend toen,* uit de bundelafdeling 'apocrief' identificeert Lucebert zich met Hölderlin. Het gedicht wordt gekleurd door de versmelting van de romanfiguur Hyperion met de historische figuur van zijn schepper Hölderlin, een verstrengeling die typisch is voor de receptie van de roman. De regel *de dichter verdrijft men met spot van de akkers der aarde* (vg 16) laat zich lezen als een kernachtige samenvatting van het lot van Hyperion, die zijn grootse ambities gefnuikt ziet door de kleinheid van zijn tijd[7]. Hier staat tegenover dat in de eerste strofe op indringende wijze het beeld van Hölderlin zelf wordt opgeroepen. Lucebert tooit zich met het masker van Hölderlin in de regels *mijn masker die, die geslagen met bliksemend licht, / nu reclame - betaald als gezichten der teutschen -.* Hierin wordt niet alleen gezinspeeld op de voor het dichterschap belangrijke symboliek van de bliksem als goddelijk teken, maar ook op een bepaald portret van Hölderlin, dat dateert uit 1832, wanneer de dichter tweeënzestig jaar oud is. Door Max Picard, een auteur die verschillende publikaties over gelaatkunde op zijn naam heeft staan, is dit portret geduid als 'het sterrengezicht waarin de bliksem is ingeslagen'. In de reclame die voor zijn boek *Das Menschengesicht* door de uitgeverij is gemaakt, heeft het bewuste portret een voorname rol gespeeld[8].

De versmelting van Hyperion met Hölderlin berust onder andere op de bijzondere parallellie tussen de geschiedenis van de vrouwelijke hoofdfiguur Diotima en die van Hölderlins grote liefde Susette Gontard, de vrouw uit de werkelijkheid, op wie de dichter de naam Diotima heeft overgedragen. Susette Gontard (1769-1802), geboren Borckenstein en gehuwd met de Frankfurter bankier Jakob Gontard, komt in Hölderlins leven, nadat hij een aanstelling als huisleraar heeft aanvaard ten behoeve van haar oudste zoon Henry. In de roman sterft Diotima nadat zij van haar geliefde Hyperion is beroofd. In de historische werkelijkheid van eind achttiende, begin negentiende eeuw zien Hölderlin en Susette Gontard zich genoodzaakt een einde te maken aan hun verhouding. Hölderlin heeft het huis van de familie Gontard al in 1798 moeten verlaten. De definitieve scheiding vindt plaats in het voorjaar van 1800. Twee jaar daarna loopt Susette bij de verpleging van haar kinderen een ziekte op, waaraan zij in juni van het jaar 1802 bezwijkt.

Lucebert identificeert zich met Hölderlin aan de hand van de gestalte van Diotima (vg 16):

> anders anders bekend maar herkend toen,
> zij mij lucebert noemde diotima mij.

---

[7] Zie voor een korte samenvatting van de inhoud van de roman en voor Luceberts toespeling op de geschiedenis van Hyperion in de slotregels *want arm zijn is rijk in deze, de puilende tijd, / waar het markten gemis ons nog heftig betwist.*: F.J.M. de Feijter, 'Lucebert en Hölderlins Hyperion', in: *Spiegel der Letteren* jg.29 (1987) nr.1-2, p. 93-100.
[8] F.J.M. de Feijter, 'Anders anders bekend maar herkend toen. Over de blikseminslag in een vroeg gedicht van Lucebert', in: W.F.G. Breekveldt, J.D.F. van Halsema, E. Ibsch e.a. (red.), *De achtervolging voortgezet. Opstellen over moderne letterkunde aangeboden aan Margaretha H. Schenkeveld.* Bert Bakker Amsterdam 1989, p. 180-208.

Naast de morfologische equivalentie *bekend - herkend* (zie p. 240) zijn de inzet met het herhaalde *anders* en de herhaling van *mij* opmerkelijk. De bijzondere verlenging van het grammaticale patroon van subject - object, die uit de explicitering van *zij mij* door *diotima mij* voortvloeit, maakt de zin tot een anakoloet. Ik lees in deze anakoloet op deze plaats een eerste indicatie van de belangrijke rol die de grammatica speelt bij Luceberts receptie van Hölderlin (zie p. 33). Hölderlin maakt gebruik van een anakoloet om de eerste verschijning van de vrouwelijke hoofdpersoon van de roman te beschrijven. Het gaat om een passage uit de oudste versie van de roman (StA 3, 166):

> Ach! mir - in diesem schmerzlichen Gefühl meiner Einsamkeit, mit diesem freudeleeren blutenden Herzen - erschien mir *Sie*;

De mededeling van het gedicht, dat *diotima* op grond van herkenning de naam *lucebert* verleent, plaatst Diotima in de positie van de geliefde die aan haar hervonden wederhelft zijn 'ware' naam kan geven. De Diotima die een ware naam verleent, laat zich vergelijken met de Diotima die Hyperion aan de 'ware' betekenis van zijn naam herinnert, en inderdaad treedt Diotima in de roman als zodanig op. Zij duidt 'de heerlijke Hyperion des hemels' als zijn *Namensbruder* aan en houdt Hyperion voor dat hij zich niet in de 'hemel van zijn liefde' op mag sluiten, maar 'als de lichtstraal' naar beneden moet om de wereld niet te laten 'verkillen'[9]. Op dit punt is het verder mogelijk op te merken, dat de namen Lucebert en Hyperion elkaar semantisch wel heel dicht naderen: de éne naam betekent 'licht licht', de andere naam is de naam van de zonnegod. De druk van de éne intertekst op de tekst is hier zo groot, dat de aanwezigheid van de andere intertekst bijna verdrongen dreigt te worden. De andere intertekst is echter evenzeer aanwezig. Eerder is geconcludeerd, dat de naam *lucebert* ontleed kan worden als een kabalistisch pseudoniem (zie p. 111). Het pseudoniem *lucebert* is dus in twee interteksten tegelijk van kracht, die van de Kabala en die van Hölderlin. Wanneer de kabalistische kwaliteit van het pseudoniem bij de interpretatie van 'anders anders bekend maar herkend toen,' wordt betrokken, treedt de verbinding tussen Hölderlin en Kabala aan het licht: de aan Hölderlin gebonden Diotima verleent een naam, die op zijn beurt aan de Kabala verbonden is.

In het tweede gedicht liggen de verhoudingen in die zin omgekeerd, dat Hölderlin hier meer op de achtergrond blijft, terwijl de Kabala duidelijk naar voren treedt. Het gaat om het gedicht dat zich onderscheidt door de bijzondere combinatie van een aperte toespeling op de Kabala in *kabbelend* en een niet minder duidelijke allusie aan de platoonse Diotima in de openingsregel *een wijze vrouw beleerde een wijsgeer* (vg 413). Het gedicht als geheel laat de gestalte van een vrouw zien, die door een toespeling op de platoonse Diotima wordt geïntroduceerd, en vervolgens aan de hand van kabalistische symboliek wordt getekend (zie p. 186). De bijzondere combinatie van allusies laat zich interpreteren aan de hand van Hölderlin. Achter de combinatie van platoonse Diotima en Kabala gaat een andere combinatie schuil, die van Hölderlins Diotima en Kabala. Dat deze lezing gerechtvaardigd is, blijkt uit Hölderlins eerste omschrijving van de vrouwelijke hoofdpersoon van zijn roman als "Priesterin der Liebe" (zie p. 296). Hölderlins Diotima heet naar de platoonse 'priesteres van de liefde'. Indien in

---

[9] StA 3, 73 en 88.

Luceberts allusie aan de Diotima van Sokrates een indirecte verwijzing naar Hölderlins Diotima wordt gelezen, wordt hier dus opnieuw een verband tussen Hölderlin en Kabala tot stand gebracht. Ik concludeer dat Lucebert in twee gedichten een bijna onontwarbare verstrengeling van Hölderlin en Kabala tot stand heeft gebracht aan de hand van de gestalte van Diotima. Zoals de Diotima van 'anders anders bekend maar herkend toen,' kabalistische trekken krijgt doordat zij een kabalistisch pseudoniem verleent, zo wordt de Diotima van 'een wijze vrouw beleerde een wijsgeer' volledig in kabalistische termen getekend.

§2   een tweede impuls achter de poetica van de 'introductie'

1   Hölderlins roman *Hyperion oder der Eremit in Griechenland*

De pijlers waarop de poetica van de 'introductie' rust, zijn de equatie van taal en licht en de inspiratie door het paar van zon en maan. Voor deze beide zaken zijn echter niet alleen in de kabalistische intertekst aanknopingspunten te vinden, maar ook in Hölderlin. Dit brengt mij tot de conclusie dat Lucebert een tweede impuls voor zijn poetica heeft ontleend aan Hölderlin.

Om aan te tonen dat de poetica van de 'introductie' evenzeer op Hölderlin berust, dient de roman *Hyperion* centraal gesteld te worden. De roman in brieven *Hyperion oder der Eremit in Griechenland* is in twee delen in 1797 en 1799 verschenen[10]. Hoofdfiguren zijn Hyperion en Diotima. Dit paar van geliefden wordt onder andere als een paar van zon en maan gesymboliseerd. Omdat de tegenstelling tussen vereniging en scheiding van Hyperion en Diotima in kosmische termen wordt vertaald, waarbij in het bijzonder het ondergaan, verdwijnen of doven van het maanlicht met de betekenis van het 'zwijgen van Diotima' wordt geladen, kan geconcludeerd worden dat in Hölderlin niet alleen het paar van zon en maan als symbool voor een liefdespaar is te herkennen, maar ook de gelijkstelling van taal en licht.

Hyperion verlaat Diotima om deel te nemen aan de vrijheidsstrijd die de ontluisterde bodem van zijn vaderland van de smet van vreemde overheersing moet bevrijden. Hij ziet in de poging van de Grieken om het juk van Turkse overheersing af te werpen een middel tot regeneratie van zijn volk. Voor de tijd van hun scheiding, kiezen Hyperion en Diotima de sterrenhemel als het teken dat hun dialoog kan vervangen (Hyp. II 19):

---

[10] Deel 3 van de *Große Stuttgarter Ausgabe* is aan de *Hyperion* gewijd. Overeenkomstig het gebruik van de uitgever Friedrich Beißner wordt naar de definitieve versie van de roman (afgekort als *Hyp. I-II*) verwezen met deel en pagina van de eerste druk.

> Am Sternenhimmel wollen wir uns erkennen. Er sei das Zeichen zwischen
> mir und dir, so lange die Lippen verstummen.

Later, wanneer Hyperion op antwoord van Diotima op één van zijn brieven moet wachten, treedt hier een veel concreter opvatting van het hemellicht als taal naast. Hyperion houdt vast aan zijn vertrouwen in het afgesproken teken van de sterren, maar voegt aan het hemellicht van deze 'hogere sterren' het licht van de maan toe. Hij vergelijkt het uitblijven van het antwoord van Diotima met het ondergaan van het licht van de maan (Hyp. II 52-53):

> Ich habe lange gewartet, ich will es dir gestehn, ich habe sehnlich auf ein Abschiedswort aus deinem Herzen gehofft, aber du schweigst. Auch das ist eine Sprache deiner schönen Seele, Diotima.
> Nicht wahr, die heiligern Akkorde hören darum denn doch nicht auf? nicht wahr, Diotima, wenn auch der Liebe sanftes Mondlicht untergeht, die höhern Sterne ihres Himmels leuchten noch immer? O das ist ja meine lezte Freude, daß wir unzertrennlich sind, wenn auch kein Laut von dir zu mir, kein Schatte unsrer holden Jugendtage mehr zurükkehrt!

De dialoog tussen beide geliefden wordt onderbroken door een tijdelijk zwijgen van Diotima, dat wordt vergeleken met het afnemen van het licht van de maan. De vergelijking van het zwijgen van de éne helft van het paar van geliefden met ondergaand maanlicht, geeft, zeker gezien de betekenis van de naam Hyperion, de notie in van een dialoog tussen zon en maan. Hierdoor wordt de voorstelling opgeroepen van het liefdespaar als een paar van zon en maan, en in het verlengde daarvan de voorstelling van hun dialoog als een gesprek dat zich laat vatten in termen van het uit licht en duisternis samengestelde licht van zon en maan. Hölderlins vergelijking van Diotima's zwijgen met ondergaand maanlicht impliceert precies die gelijkstelling van taal aan licht, waarop de poetica van de 'introductie' is gebaseerd.

De geciteerde passage is niet de enige waarin Diotima met de maan wordt geassocieerd. Nadat Hyperion en Diotima samen Athene hebben bezocht, wordt beschreven hoe Diotima de confrontatie met het verleden doorstaat. Zij hervindt al gauw haar natuurlijk evenwicht en wordt daarom vergeleken met een voor even versluierde, maar onmiddellijk weer rustig glanzende maan (Hyp. I 154):

> sie hatte einen herrlichen Kampf bestanden mit dem heiligen Chaos von Athen. Wie das Saitenspiel der himmlischen Muse über den uneinigen Elementen, herrschten Diotima's stille Gedanken über den Trümmern. Wie der Mond aus zartem Gewölke, hob sich ihr Geist aus schönem Leiden empor; das himmlische Mädchen stand in seiner Wehmuth da, wie die Blume, die in der Nacht am lieblichsten duftet.

De belangrijkste passage is die uit het begin van de roman, waarin op de ontmoeting met Diotima vooruitgelopen wordt. Het gaat om de passage aan het eind van de brief die over Hyperions eerste 'stap naar buiten' handelt, het vertrek van het geboorte-eiland Tinos naar het Ionische Smyrna. Later zal Hyperion daar zijn vriend en strijdmakker Alabanda ontmoeten, maar in eerste instantie is hij onfortuinlijk in zijn contact met mensen. Teleurgesteld in zijn hooggespannen verwachtingen, trekt hij zich in eenzaamheid en afzondering terug. De vertellende Hyperion realiseert zich dat deze houding niet definitief was. Aan het eind van de bewuste brief beschrijft hij de vervulling van de liefde in de ontmoeting met Diotima, die voor de belevende Hyperion nog in de toekomst verborgen is (Hyp. I 38):

> Es lebte nichts, wenn es nicht hoffte. Mein Herz verschloß jezt seine Schäze, aber nur, um sie für eine bessere Zeit zu sparen, für das Einzige, Heilige, Treue, das gewiß, in irgend einer Periode des Daseyns, meiner dürstenden Seele begegnen sollte.
> Wie seelig hieng ich oft an ihm, wenn es, in Stunden des Ahnens, leise, wie das Mondlicht, um die besänftigte Stirne mir spielte? Schon damals kannt' ich dich, schon damals bliktest du, wie ein Genius, aus Wolken mich an, du, die mir einst, im Frieden der Schönheit, aus der trüben Wooge der Welt stieg! Da kämpfte, da glüht' es nimmer, diß Herz.
> Wie in schweigender Luft sich eine Lilie wiegt, so regte sich in seinem Elemente, in den entzükenden Träumen von ihr, mein Wesen.

Voor zijn blik in de toekomst maakt Hyperion gebruik van een maan-beeld. Het voorvoelde *Einzige, Heilige, Treue* wordt geassocieerd met maanlicht, waarna het beeld van een deels achter wolken schuilgaande maan wordt overgedragen op Diotima: *schon damals bliktest du ... aus Wolken mich an*. De tekst vervolgt met de beschrijving van de verschijning van Diotima, waarin haar relatie met Aphrodite of Urania, een bijnaam van Aphrodite, een rol speelt. Aphrodite is de uit de golven der zee geboren godin van de liefde. Diotima's relatie met Urania wordt geïmpliceerd door het beeld van het opstijgen uit een golf: *du, die mir einst, im Frieden der Schönheit, aus der trüben Wooge der Welt stieg*. De passage besluit met het beeld van een lelie, dat in de context wordt gemotiveerd door de eraan voorafgaande maan-vergelijking. Hyperion vergelijkt de beweging van zijn wezen in de verrukkende dromen over Diotima, zijn 'element', met het zich wiegen in zwijgende lucht van een lelie.

De besproken passage kan omschreven worden als een tekst waarin Diotima met de maan vergeleken wordt, en waarin verder de elementen *maan* en *lelie* gecombineerd optreden. In het kader van mijn onderzoek is de passage zo bijzonder, omdat zij een bepaalde samenhang laat zien, die mij uit ánder verband al vertrouwd is. Kennelijk kan Hölderlins Diotima geassocieerd worden met een semantisch complex waarin maan en lelie figureren, wat een constellatie van gegevens oplevert, die bekend is uit de Kabala. De combinatie van maan en lelie is immers in de Kabala op de Shechina van toepassing en indirect ook op Lilith (zie p. 236).

De vraag naar een mogelijk verband tussen Hölderlin en Kabala, dat zich in de gestalte van Diotima zou laten concretiseren, komt hieronder aan de orde (zie p. 296 e.v.). Hier ga ik eerst na welke overige plaatsen met *lelie* en *maan* de bewuste passage over Diotima zouden kunnen toelichten, en zet ik uiteen hoe Hölderlin, die Diotima met de maan associeert, aan het paar van Diotima en Hyperion gestalte heeft gegeven.

Een tweede lelie-locus uit de roman bevestigt het verband met Diotima. Wanneer Hyperion zijn geloof in een hereniging na de dood uitspreekt, roept hij de Lethe en het Elysium aan (Hyp. I 122):

O ihr Uferweiden des Lethe! ihr abendröthlichen Pfade in Elysiums
Wäldern! ihr Lilien an den Bächen des Thals! ihr Rosenkränze des Hügels!
Ich glaub' an euch, in dieser freundlichen Stunde, und spreche zu meinem
Herzen: dort findest du sie wieder, und alle Freude, die du verlorst.

Beißner legt een verband tussen beide plaatsen in de *Hyperion* waar een lelie voorkomt, en interpreteert de lelie als een symbool voor de zekerheid van een hereniging in het Elysium[11]. Hij kan daarbij ook verwijzen naar de laatste versie van 'Der Abschied'; daar beklaagt de dichter zich over de wreedheid van de scheiding van Diotima, waarbij hij zich alleen neer kan leggen op grond van de verwachting van het weerzien na de dood (StA 2, 27):

Staunend seh' ich dich an, Stimmen und süßen Sang,
    Wie aus voriger Zeit hör' ich und Saitenspiel,
        Und die Lilie duftet
            Golden über dem Bach uns auf.

De combinatie van lelies en rozen uit de geciteerde passage van de *Hyperion* keert terug in 'Elegie' en de latere bewerking van dit gedicht 'Menons Klagen um Diotima', waarin Menon de 'dag van de liefde' in herinnering roept door de 'schone kinderen van lente of meidag, stille rozen en lelies' aan te roepen (StA 2, 72 en 76).

Een verrassende bron voor een verdere vergelijking van de geliefde met de maan is 'Abbitte', het gedicht dat Lucebert in een zeer vroege, uit 1943 daterende tekening afschrijft (zie illustratie 7). In 'Abbitte' wordt voor een paar van geliefden het beeld van maan en wolken gecreëerd. De minnaar vraagt zijn geliefde hem te vergeven, dat hij zo vaak haar goddelijke rust heeft verstoord: 'als de wolk voor de maan ga ik weg, en jij, lieve licht, rust en glanst weer in al je schoonheid' (StA 1, 244). Door in zijn tekening van een minnend paar te kiezen voor een afschrift van 'Abbitte', kiest Lucebert voor het gedicht dat de geliefde associeert met de maan, zoals dat in de *Hyperion* ook gebeurt.

---

[11] StA 3, 448.

illustratie 7
Lucebert, *Abbitte*, 1943. Het door Lucebert geselecteerde gedicht van Hölderlin bevat de voorstelling van de geliefde als de maan en verwijst daarmee door naar de *Hyperion* met zijn voorstelling van de geliefden als paar van maan en zon.

Hoe nu heeft Hölderlin aan het paar Hyperion en Diotima gestalte gegeven? Zij zijn allereerst een hemels paar door hun associatie met godheden. Hyperion wordt met zijn hemels naamgenoot verbonden, de titaan en zonnegod Hyperion. Zijn leermeester Adamas is de eerste die hem wijst op de implicaties van zijn naam (Hyp. I 23-24):

> Jezt kam er herauf in seiner ewigen Jugend, der alte Sonnengott, zufrieden und mühelos, wie immer, flog der unsterbliche Titan mit seinen tausend eignen Freuden herauf, und lächelt' herab auf sein verödet Land, auf seine Tempel, seine Säulen, die das Schiksaal vor ihn hingeworfen hatte, wie die dürren Rosenblätter, die im Vorübergehen ein Kind gedankenlos vom Strauche riß, und auf die Erde säete.
> Sei, wie dieser! rief mir Adamas zu, ergriff mich bei der Hand und hielt sie dem Gott entgegen, und mir war, als trügen uns die Morgenwinde mit sich fort, und brächten uns in's Geleite des heiligen Wesens, das nun hinaufstieg auf den Gipfel des Himmels, freundlich und groß, und wunderbar mit seiner Kraft und seinem Geist die Welt und uns erfüllte.

Diotima, die voor Hyperion de vervulling van de liefde betekent, wordt verbonden met Aphrodite of Urania, de godin van de liefde. Zoals in de passage die op de ontmoeting met Diotima vooruitloopt, de relatie met Urania wordt vastgehouden door het beeld van het opstijgen uit een golf, zo wordt in een latere beschrijving van Diotima deze relatie geëxpliciteerd (Hyp. I 104):

> Man sagt sonst, über den Sternen verhalle der Kampf, und künftig erst, verspricht man uns, wenn unsre Hefe gesunken sey, verwandle sich in edeln Freudenwein das gährende Leben, die Herzensruhe der Seeligen sucht man sonst auf dieser Erde nirgends mehr. Ich weiß es anders. Ich bin den nähern Weg gekommen. Ich stand vor ihr, und hört' und sah den Frieden des Himmels, und mitten im seufzenden Chaos erschien mir Urania.[12]

In kosmische zin neemt dit hemels paar de trekken aan van het paar van zon en maan. De positie van Hyperion is in dit verband duidelijker, omdat zijn hemels naamgenoot de zonnegod is, terwijl Urania zeker geen maangodin is: de maangodin Selene of Luna is in de roman niet aan de orde. Desondanks wordt door Hölderlin een relatie tussen Diotima en de maan tot stand gebracht en zijn er in de *Hyperion* voorts twee passages aan te wijzen, die het beeld evoceren van zon en maan als liefdespaar.

Na zijn deelname aan de op een debâcle uitgelopen vrijheidsstrijd houdt Hyperion aan Diotima voor, hoe zij nog zouden kunnen vluchten naar 'een heilig dal in Alpen of Pyreneeën' om daar te leven als 'priesters der natuur'. Daarbij tekent hij een beeld van de nachthemel, waaraan de maan als geliefde van de zon verschijnt (Hyp II 76):

---

[12] De relatie tussen Diotima en Urania is ook van kracht in gedichten die aan Diotima zijn gewijd. Urania wordt genoemd in de zogeheten middelste versie van 'Diotima' (Lange todt und tiefverschlossen,), en geïmpliceerd in 'Diotima' (Komm und besänftige...), gedichten die dateren uit dezelfde jaren waarin Hölderlin ook aan de roman heeft gewerkt (StA 1, 218 en 231).

> Oft werden wir in heiterer Nacht im Schatten unsers Obstwalds wandeln und den Gott in uns, den liebenden, belauschen, indeß die Pflanze aus dem Mittagsschlummer ihr gesunken Haupt erhebt und deiner Blumen stilles Leben sich erfrischt, wenn sie im Thau die zarten Arme baden, und die Nachtluft kühlend sie umathmet und durchdringt, und über uns blüht die Wiese des Himmels mit all' ihren funkelnden Blumen und seitwärts ahmt das Mondlicht hinter westlichem Gewölk den Niedergang des Sonnenjünglings, wie aus Liebe schüchtern nach -

Door Diotima's dood wordt een dergelijke toekomst verijdeld. Hyperion vlucht weliswaar, maar alleen. Aan het slot van de roman, wanneer Hyperion door de 'hemelse lente' wordt opgehouden in Duitsland, het land waarin hij aan het eind van zijn omzwervingen terechtgekomen is, komt een tweede liefdesbeeld van zon en maan voor (Hyp. II 120):

> Und wenn ich oft des Morgens, wie die Kranken zum Heilquell, auf den Gipfel des Gebirgs stieg, durch die schlafenden Blumen, aber vom süßen Schlummer gesättiget, neben mir die lieben Vögel aus dem Busche flogen, im Zwielicht taumelnd und begierig nach dem Tag, und die regere Luft nun schon die Gebete der Thäler, die Stimmen der Heerde und die Töne der Morgengloken herauftrug, und jezt das hohe Licht, das göttlichheitre den gewohnten Pfad daherkam, die Erde bezaubernd mit unsterblichem Leben, daß ihr Herz erwarmt' und all' ihre Kinder wieder sich fühlten - o wie der Mond, der noch am Himmel blieb, die Lust des Tags zu theilen, so stand ich Einsamer dann auch über den Ebnen und weinte Liebesthränen zu den Ufern hinab und den glänzenden Gewässern und konnte lange das Auge nicht wenden.

Tenslotte geeft Hölderlin het paar van Hyperion en Diotima gestalte als paar van zon en aarde. De betreffende passage wordt wel aangeduid als de hymne op de aarde. Wanneer Hyperion voor het eerst een bezoek brengt aan het huis van Diotima, spreken zij maar weinig met elkaar. Zij zien elkaar, maar durven hier nog niet over te spreken. In hun gesprek over de aarde vinden zij een oplossing voor hun stilte. Aldus ingeleid, neemt de hymne op de aarde een duidelijk plaatsvervangend karakter aan. Hyperion en Diotima spreken over het paar van zon en aarde, als zij nog niet over zichzelf durven te spreken (Hyp. I 96):

> Wir nannten die Erde eine der Blumen des Himmels, und den Himmel nannten wir den unendlichen Garten des Lebens. Wie die Rosen sich mit goldnen Stäubchen erfreuen, sagten wir, so erfreue das heldenmüthige Sonnenlicht mit seinen Strahlen die Erde; sie sey ein herrlich lebend Wesen, sagten wir, gleich göttlich, wenn ihr zürnend Feuer oder mildes klares Wasser aus dem Herzen quille, immer glüklich, wenn sie von Thautropfen sich nähre, oder von Gewitterwolken, die sie sich zum Genusse bereite mit Hülfe des Himmels, die immer treuer liebende Hälfte des Sonnengotts, ursprünglich vielleicht inniger mit ihm vereint, dann aber durch ein allwaltend Schiksaal geschieden von ihm, damit sie ihn suche, sich nähere, sich entferne und unter Lust und Trauer zur höchsten Schönheit reife.

Ook bij deze symbolisering blijft Hyperion dus ondubbbelzinnig in het register 'zon' staan, terwijl Diotima van 'maan' naar 'aarde' verschuift. Ter symbolisering van het liefdespaar Hyperion en Diotima als paar van zon en aarde zinspeelt Hölderlin op het 'heilig huwelijk' van hemel en aarde, dat vervolgens vertaald wordt in termen van de in Plato's *Symposium* door Aristophanes verhaalde mythe van de twee gescheiden 'helften', die dient om de menselijke drijfveer van de liefde te verklaren als het streven naar herstel van oorspronkelijke eenheid. Bij de als een toespeling op platoonse anamnese te interpreteren woorden *Schon damals kannt' ich dich* (zie p. 291), die duiden op de voorbestemming van Hyperion en Diotima voor elkaar[13], voegt zich dus de opvatting van de liefde tussen zon en aarde als het streven naar hereniging van twee oorspronkelijk een eenheid vormende helften.

Uit de samenvatting van de verschillende lijnen van symbolisering resulteert het volgende, samengestelde beeld. Hölderlin heeft aan het liefdespaar van Hyperion en Diotima gestalte gegeven door hen te verbinden met de godheden Hyperion en Urania, en door voor dit hemels paar twee kosmische parallellen te creëren, die van het paar van zon en maan en die van het paar van zon en aarde. Het liefdespaar van zon en maan dat de paradoxen van licht en duisternis uit de 'introductie' verklaart, is, zo mag geconcludeerd worden, niet slechts door de liefdessymboliek van de wereld der sefirot geïnspireerd, maar evenzeer door het liefdespaar van Hyperion en Diotima.

2   de gestalte van Diotima

Uit de diversiteit van symboliseringen van het paar van Hyperion en Diotima resulteert volgens Wolfgang Binder een probleem. In zijn ogen heeft het romanpersonage Diotima iets tegenstrijdigs, omdat zij hemels en aards tegelijk is. Binder neemt een tegenstelling waar tussen de associatie met Urania en die met de aarde, en is van mening dat de hieruit voortvloeiende discrepantie in de gestalte van Diotima herleid moet worden tot de ontstaansgeschiedenis van de roman.

De naam van de vrouwelijke hoofdpersoon van Hölderlins roman heeft niet van het begin af aan vastgestaan. Zij heette eerst *Melite*, later *Diotima*. Van de roman *Hyperion* zijn vier vroegere versies overgeleverd: het zogeheten *Fragment von Hyperion*, de *Metrische Fassung*, waarvan slechts een paar honderd verzen bewaard zijn gebleven, die Hölderlin vrijwel onmiddellijk weer in het proza van *Hyperions Jugend* heeft opgelost, en de zogeheten *Vorletzte Fassung*. In de oudste versie, het *Fragment von Hyperion*, heet de vrouwelijke heldin nog Melite. Bij haar eerste verschijnen wordt zij als 'priesteres van de liefde' aangeduid. Deze eerste kenschets van Melite impliceert de verwijzing naar de platoonse gestalte, en in *Hyperions Jugend* heet zij dan ook al Diotima.

---

[13] Vergelijk *Eh' es eines von uns beeden wußte, gehörten wir uns an.* (Hyp. I 109).

Binders overwegingen over Diotima zijn afkomstig uit een omvangrijke studie van de naamsymboliek bij Hölderlin[14]. Aan de naam van Diotima onderscheidt hij een 'intellectuele' en een 'historische' betekenis. *Diotima* bevat de bestanddelen Zeus, waarbij een genitivus διος hoort, of algemener god en goddelijk (vergelijk *divus*), en eer, τιμη. De naam betekent de drie mogelijke relaties van deze elementen: als object van eer is Diotima 'de door de goden geëerde'; als subject van eer is zij 'de goden erende'; en tenslotte is zij 'de eer der goden' zelf. Bij de behandeling van de historische betekenis van de naam Diotima signaleert Binder bovengenoemde tegenstrijdigheid:

> Die Beziehung zur Platonischen Diotima [...] tritt ganz zurück; es müßte ja auch, Hyperions Verwandtschaft mit dem Sonnengott entsprechend, eine Gottheit sein, welcher Diotima in besonderer Weise zugeordnet wäre. Nun gibt es keine Göttin des Namens Diotima, aber zum Sonnengott gehört seit der 'Hyperion'-Zeit untrennbar die Erde. Und wirklich finden sich Stellen, die zwischen Diotima und der Erde eine Beziehung herstellen, die nicht zufällig sein kann. Da aber Diotima seit der Zeit, da sie noch nicht Diotima hieß, die Himmlische ist und dann auch Urania genannt wird, gerät jenes Motiv mit diesem in einen gewissen Widerspruch und kann sich nicht ganz so frei entfalten wie Hyperions Beziehung zum Sonnengott.[15]

Na de mythe van Hyperion en Diotima als paar van zon en aarde besproken te hebben, concludeert Binder dat deze in strijd is met 'Diotima's uranische herkomst en natuur'. Hij wijt deze tegenstrijdigheid aan de lange ontstaansgeschiedenis van de roman:

> Hölderlin muß sich während der Arbeit am ersten Band und im Blick auf den zweiten entschlossen haben, Hyperions solare Natur stärker hervorzuheben, und daraus folgte die Umdeutung der uranischen Diotima in eine tellurische Gestalt. Von einem Gestaltbruch kann dabei keine Rede sein, nur von einer Verschiebung innerhalb des bleibenden Horizontes der Gestalt, den wir mit den Begriffen Schönheit, Ewigkeit und Unendlichkeit zu umreißen suchten. Denn die himmlische Diotima wird ja nicht eine irdische, sondern sie erhält in der Gottheit der Erde ihr mythisches Pendant.[16]

De conclusie dat Diotima's goddelijke symbolisering zich minder vanzelfsprekend ontwikkelt dan die van Hyperion, omdat zij geen goddelijk naamgenoot heeft zoals Hyperion, is gemakkelijk genoeg te volgen. Maar de conclusie dat er eigenlijk sprake zou zijn van een breuk tussen de delen I en II van de roman, die voort zou vloeien uit de noodzaak om Diotima's tellurische natuur meer dan voorheen te benadrukken, is dat niet.

De argumenten die Binder aan de vroegere versies ontleent, laten zich door tegenargumenten relativeren. De auteur poneert dat er noch voor de tellurische aard

---

[14] Wolfgang Binder, 'Hölderlins Namenssymbolik', in: *Hölderlin-Jahrbuch* 12 (1961-1962), p. 95-204.
[15] ibidem, p. 153.
[16] ibidem, p. 157.

van Diotima, noch voor de hymne van zon en aarde voorvormen in de vroegere versies te vinden zijn. Tegen de eerste stelling kan een passage uit het *Fragment von Hyperion* aangevoerd worden. Wanneer Hyperion bij zijn thuiskomst als 'door een doodsoordeel getroffen wordt' omdat hij Melite daar niet meer aantreft, herstelt hij door een ingrijpende ontmoeting met de natuur. Hij schrijft, dat de onbegrijpelijke liefde in hem nog niet gestorven is (StA 3, 183):

> Aus dem Innern des Hains schien es mich zu mahnen, aus den Tiefen der Erde und des Meers mir zuzurufen, warum liebst du nicht *mich*?

Tegen de tweede stelling kan Diotima's monoloog over een andere, betere wereld uit *Hyperions Jugend* aangevoerd worden. In deze monoloog is de kiem van de hymne van zon en aarde uit de definitieve versie te herkennen (StA 3, 224):

> und wenn auf unsern Wiesen die goldne Blume glänzt, in seiner bläulichen Blüthe das Ährenfeld uns umrauscht, und am heißen Berge die Traube schwillt, dann freun wir uns der lieben Erde, daß sie noch immer ihr friedlich schönes Leben lebt, und die sie bauen, singen von ihr, wie von einer freundlichen Gespielin; auch sie lieben wir alle, die Ewigjugendliche, die Mutter des Frühlings, willkommen, herrliche Schwester! rufen wir aus der Fülle unsers Herzens, wenn sie herauf kömmt zu unsern Freuden, die Geliebte, die Sonne des Himmels;[17]

Het lijkt mij dat de lange ontstaanstijd van de roman niet kan dienen als overtuigende verklaring voor de in Diotima waargenomen discrepantie. Het is verder de vraag of de gesignaleerde discrepantie zélf wel kan overtuigen. In ieder geval kan geconcludeerd worden, dat Binder uitsluitend aandacht heeft voor de uranisch-tellurische Diotima, en níet voor haar associatie met de maan, dat dubbelzinnige hemellicht, dat uitstekend als schakel tussen hemel en aarde zou kunnen dienen.

Binder sluit de behandeling van de naam Diotima af met beschouwingen over andere teksten dan de *Hyperion*. Daarbij blijkt, dat hij met zijn visie op de romanfiguur Diotima een werkelijk intrigerend probleem loswoelt, dat naar mijn mening samenhangt met Diotima's associatie met aarde én maan.

Binder kan andere teksten bij zijn bespreking betrekken, omdat de naam Diotima niet slechts in de *Hyperion*, maar ook nog in later werk voorkomt. Hij kan dit echter vooral, omdat niet alleen de naam van Diotima voortbestaat, maar ook de inhoud van haar naam. Dit bijzondere gegeven wordt door Binder in verband gebracht met Hölderlins vertaling van de *Antigone*, waarin de dichter de naam Zeus door de aanduiding *Vater der Zeit* heeft vervangen:

---

[17] De geciteerde passage bezit parallellen in de woorden van de mentor op Delos en in de omschrijving van het blijvend beeld van de geliefde door Hyperion, twee passages, waarin eveneens zon en aarde als een paar worden gecombineerd (StA 3, 208 en 217).

> Diotimas Name lebt weiter, nur nicht in seiner griechischen, sondern in seiner deutschen Form, und wenigstens in späten Gedichten erinnert dies an das Verfahren, wie in: "Zeus - Vater der Zeit" Namen durch wesenerhellende Bezeichnungen zu ersetzen.[18]

Het voortbestaan van de inhoud van de naam Diotima kan aan de hand van een bepaalde lijn van de aarde-mythe in Hölderlins late poëzie zichtbaar gemaakt worden. Binders uitgangspunt is de tekst uit de roman, waar Diotima zich Hyperions kind noemt (Hyp. II 97). De met de aarde geassocieerde romanfiguur Diotima is dus kind en geliefde tegelijk, en deze constellatie keert in het latere werk met betrekking tot de aarde terug:

> In der 'Rhein'-Hymne ist (V.176ff.) die Erde die "Schülerin" des "Bildners", des Tagesgottes, in einer Lesart der Stelle auch seine "Braut" und er der "herrliche Pygmalion". Daraus erklären sich die Verse (5ff.) des Fragments 'Wenn aber die Himmlischen haben gebaut', die auf die heilige Hochzeit von Erde und Himmel anspielen: *Denn es traf/ Sie, da den Donnerer hielt / Unzärtlich die gerade Tochter / Des Gottes bebender Strahl.* An Helios' Stelle ist der Donnerer getreten, aber die Erde ist wie Diotima Tochter und Geliebte zugleich.[19]

De plaatsen die Binder aanwijst, komen neer op twee herhalingen van het patroon uit de roman: Diotima als kind en geliefde. In 'Der Rhein' is de aarde leerlinge en bruid van de zon, in 'Wenn aber die Himmlischen...' is zij dochter en geliefde van de dondergod.

Binder vervolgt met te wijzen op een tekst die de aarde-mythe verbindt aan de inhoud van Diotima's naam. Het gaat om 'Der Mutter Erde', een onvoltooid gebleven hymne, waarbij een ontwerp voor het vervolg in proza is overgeleverd. In dit ontwerp keert de betekenis van Diotima's naam 'eer der goden' terug. Aan de aarde als plaatsvervangster voor een hogere god is 'de eer toevertrouwd'. Ik citeer de regels die Binder uit het proza-ontwerp van 'Der Mutter Erde' aanhaalt, en het vervolg van zijn commentaar:

> *Und siehe mir ist, als hört' ich den großen Vater sagen, dir sei von nun die Ehre vertraut, und Gesänge sollest du empfangen in seinem Namen, und sollest indeß er fern ist und alte Ewigkeit verborgener und verborgener wird, statt seiner sein den sterblichen Menschen.*
>
> Die mythologischen Bezüge sind nicht ganz klar. Der Vater wird zwar deutlich als der Herr des ewigen Seins bezeichnet, dessen Verborgenheit

---

[18] Binder, 'Hölderlins Namenssymbolik', cit., p. 151.
[19] ibidem, p. 158-159. Prof.dr. Gerhard Kurz heeft mij erop gewezen dat 'Wenn aber die Himmlischen...' wellicht ten onrechte door Binder is betrokken in zijn beschouwing van Hölderlins mythe van de aarde. Het gaat bij de *gerade Tochter* mogelijk niet om de aarde, maar om Dike, godin van het recht. Zie hiervoor: Friedrich Hölderlin, *Sämtliche Werke und Briefe*. 3 Bände. Herausgegeben von Jochen Schmidt. Deutscher Klassiker Verlag Frankfurt am Main 1992 ff., Band I *Gedichte*, 1992, p. 1070.

während der Zeit schon die antike Mythologie kennt und mit Kronos' Asyl in Latium namenssymbolisch verknüpft (Latium - latere). Daß aber die Erde vielleicht seine Tochter, jedenfalls sein Weib ist, das ihm "Kinder gebar und erzog", widerspricht der Hesiodischen Lehre, wonach sie seine Mutter ist. Indessen erscheint sie an den zuvor zitierten Stellen sogar dem Donnerer, seinem Sohn, vermählt, und der Mythus vom Verbergen der Kinder vor dem Vater, auf den Hölderlin weiter oben anspielt, wird schon in der Antike von der ersten auf die zweite Göttergeneration übertragen. Nicht auf genealogische Richtigkeit, sondern auf den Hölderlinischen Sinn des Mythus kommt es an [...].[20]

Binder observeert hier onduidelijkheid in de mythologische relaties. Hij associeert de 'grote vader' met Kronos en constateert, dat het in strijd met Hesiodus is, dat de aarde 'misschien zijn dochter, in elk geval zijn vrouw' zou zijn. Bij Hesiodus is Gaia de moeder van Kronos. Verder merkt hij op, dat de aarde op de eerder geciteerde plaatsen uit 'Der Rhein' en 'Wenn aber die Himmlischen...' zelfs de vrouw lijkt te zijn van Zeus, en dat is de zoon van Kronos. Maar na deze 'genealogische onjuistheden' opgemerkt te hebben, schuift Binder de kwestie terzijde met te zeggen, dat het niet daarom gaat, maar om de betekenis die Hölderlin aan de mythe van de aarde gegeven heeft.

Naar mijn mening heeft Binder de kwestie van de genealogische juistheid of onjuistheid te gemakkelijk terzijde geschoven. Zo kort mogelijk geformuleerd komt het probleem van de genealogie op het volgende neer. In de klassieke mythologie staat Gaia aan het begin van de verschillende godengeneraties. De genealogische reeks is de volgende: Gaia - Ouranos - Kronos - Zeus. Gaia is moeder en ook vrouw van Ouranos. Als vrouw van Ouranos schenkt zij het leven aan Kronos. De zoon van het eerste godenpaar Kronos wordt op zijn beurt vader van Zeus. Bij Hölderlin zijn twee patronen met betrekking tot de aarde te ontwaren, die de volgorde van deze genealogische reeks omkeren: de aarde als dochter en vrouw van Kronos, en de aarde als dochter en vrouw van Zeus. Het patroon 'moeder en vrouw' (Gaia) wordt dus vervangen door het patroon 'dochter en vrouw' (de aarde en Diotima).

Het is misschien goed om op te merken dat Hölderlin weliswaar in de volgorde ingrijpt, maar aan het criterium van generatievermenging vasthoudt. Gaia overschrijdt de grens van de generatie door te trouwen met haar zoon. Gaia als moeder en vrouw is eerder uitzondering dan regel in de klassieke mythologie. Over het algemeen trouwen Griekse godinnen met hun broers: Rhea is zuster en vrouw van Kronos, Hera is zuster en vrouw van Zeus. Zoals Gaia vertegenwoordigt ook Persephone een uitzondering. Zij wordt de vrouw van Pluto, die de broer van haar vader en moeder Zeus en Demeter is. Beide overschrijden de grens van de generatie: Gaia huwt met iemand uit de volgende generatie, Persephone met iemand uit de voorgaande. Het intrigerende hieraan is, dat Persephone als dochter van de aardegodin Demeter en als degene die de wisseling der seizoenen op aarde belichaamt, ten nauwste betrokken is op Gaia als moeder aarde. Interessant met het oog op Hölderlins roman is de positie van Hyperion. Hyperion is een titaan als Kronos en heeft drie kinderen: Helios, Eos en Selene. Binnen één generatie bestaat er dus met Helios en Selene een paar van zon en maan. De relaties

---

[20] ibidem, p. 159.

worden in dit geval echter vervaagd, doordat Hyperion al bij Homerus gelijk is gesteld aan Helios. Toch heeft zich hier geen 'dochter en vrouw'-patroon ontwikkeld: de maangodin Selene is de geliefde van Endymion. Mogelijk heeft ook het paar van broer en zus Apollo en Artemis aan een dergelijke ontwikkeling in de weg gestaan: als kinderen van Zeus herhalen zij als het ware in de volgende godengeneratie de zon en maan-combinatie van broer en zus Helios en Selene.

Hölderlins creatie voor Diotima en de aarde van het patroon 'dochter en vrouw' is van belang voor de aanduiding van Zeus als *Vater der Zeit* in de vertaling van de *Antigone*. Binder lijkt dit weliswaar op te merken (zie p. 298-299), maar het gaat hem meer om een formeel dan om een inhoudelijk verband. In elk geval wordt door hem niet expliciet opgemerkt, dat er een inhoudelijk verband bestaat tussen de aarde die niet als moeder maar als dochter wordt voorgesteld, en Zeus die niet als zoon van Kronos maar als 'vader van de tijd' wordt aangeduid. Dit verband wordt wel gesignaleerd door Friedrich Beißner die in zijn annotatie bij 'Wenn aber die Himmlischen...' opmerkt, dat het merkwaardig is:

> daß die Erde, nach Hesiod (Theog. v.126 f. und 133) die Mutter und dann die Gattin des Uranos, hier als *Tochter* des Donnerers erscheint. Eine ähnliche Umkehrung findet in der Auffassung des Zeus statt, der in der Ode 'Natur und Kunst oder Saturn und Jupiter' v.26 f. noch *ein Sohn / Der Zeit* (des Kronos oder Chronos) gemäß der antiken Mythologie genannt wird, in der Antigonä aber v.987 (949) *Vater der Zeit*.[21]

Beißner ziet dus in de omkering van de 'zoon van de tijd' in een 'vader van de tijd' een parallel voor de omkering van de 'moeder aarde' in een dochter. In het vervolg van zijn annotatie interpreteert hij deze omkering in het licht van Hölderlins 'hesperische voorstellingswijze', de 'eigen' wijze van voorstellen die door de school van de Griekse Oudheid is gegaan en die naar Hölderlins aanduiding van het avondland of het niet-Griekse, westelijke Europa als *Hesperien* in 'Brod und Wein' (StA 2, 90-95), 'hesperisch' heet. Voor de Grieken is de donkere aarde moeder van de lichte hemel. In de hesperische voorstelling wordt dit omgekeerd en treedt de lichte hemel naar voren als vader van de donkere aarde.

Indien Hölderlin voor zijn mythe van Diotima en de aarde een patroon van 'dochter en vrouw' creëert dat afwijkt van de verhoudingen zoals die in de klassieke mythologie bestaan, welke betekenis kan er dan aan deze omkering worden toegekend? Hierboven is al opgemerkt dat Hölderlin aan het criterium van generatievermenging vasthoudt. De gecreëerde oppositie van de aarde als dochter versus de aarde als moeder forceert een opening, die te maken heeft met de dimensie tijd. Uit de Griekse voorstelling van de opeenvolging van verschillende godengeneraties, waarbij Gaia aan het begin en Zeus aan het einde staat, wordt door omkering een hesperische voorstelling afgeleid, aan het begin waarvan Zeus en aan het einde waarvan de aarde staat. Wat is omgekeerd, is de opeenvolging van verschillende godengeneraties of de opeenvolging van verschillende tijdperken.

---

[21] StA 2, 857.

Hölderlins omkering van de volgorde van verschillende tijdperken of era's houdt verband met zijn opvatting van de geschiedenis. In 'Brod und Wein' wordt het avondland voorgesteld als de plaats waar de klassieke Oudheid een wedergeboorte beleeft (StA 2, 95):

> Was der Alten Gesang von Kindern Gottes geweissagt,
> Siehe! wir sind es, wir; Frucht von Hesperien ists!

Hölderlins visie op de historie, in termen van het *Werden im Vergehen* geformuleerd, houdt een cyclische opvatting van de wereldgeschiedenis in, die de mogelijkheid denkbaar maakt van een terugkeer of wederopbloei in het heden van een gouden tijdperk uit het verleden. Er is een golfbeweging, een op en neer in de opeenvolging der tijden, die correspondeert met bloei en teloorgang van de eer der goden. Goddeloze tijden wisselen van goddelijkheid vervulde periodes af, en in deze verschillende tijdperken is de eer der goden meer of minder zichtbaar.

Zoals de omkering van de verhouding van ouder en kind tussen Kronos en Zeus, of de opvatting van Zeus als 'vader van de tijd' de wereldgeschiedenis cyclisch kleurt, zo introduceert Hölderlins mythe van Diotima en de aarde een zelfde cyclische notie in het domein van het goddelijke. Niet alleen wordt uit de klassieke 'moeder aarde' een hesperische 'dochter aarde' gemaakt, maar de aarde is ook dochter en vrouw tegelijk. In dit patroon gaat een streven naar evenwicht of gelijkheid schuil, dat de dochter gelijkstelt aan de vader. Ondanks haar behoren tot een volgende generatie, is de dochter goddelijk zoals de vader, reden waarom zij niet slechts 'dochter' blijft, maar ook tot echtgenote kan worden. Deze cyclische opvatting, waarbij enerzijds aan het goddelijke de ruimte wordt gelaten om zich over verschillende generaties te verdelen, maar anderzijds de verschillende takken van de stamboom toch ook weer aan elkaar gelijk worden gesteld, doet denken aan emanatieleer, aan een systeem van gefaseerde openbaring, waarbij het goddelijke zich als het ware trapsgewijs onthult. Als 'even goddelijk' schaart de volgende fase van openbaring of de volgende godengeneratie zich naast de voorgaande: Diotima en de aarde zijn dochter én vrouw.

De aarde en Diotima zijn de 'eer der goden' als emanatie van het goddelijke. Zij vervullen de rol van plaatsvervangster of dochter, maar zijn óndanks de lagere trede van emanatie waarop zij staan, even goddelijk als de aan hen voorafgegane treden van emanatie, een vorm van gelijkheid, die zich met behulp van het patroon 'dochter en vrouw' laat uitdrukken. Tegenover de voorstelling van de klassieke mythologie waarin de moeder aarde de hemel baart, plaatst Hölderlin een emanatie-opvatting van de aarde. Binnen de voorstelling van een trapsgewijs neerdalen van het goddelijke verschijnt de aarde in nieuw licht: zij is de voor mensen zichtbare, tastbare emanatietrede van het goddelijke, de 'dochter' die de positie van echtgenote in kan nemen en de 'vader' kan vervangen.

De twee door Binder gesignaleerde problemen, de kwestie van een discrepantie in de Diotimafiguur en die van de genealogische onjuistheden, hangen samen. Binder merkt een discrepantie tussen Diotima's hemelse en aardse natuur op, maar Diotima's aardse trekken zijn juist in overeenstemming met haar hemelse natuur. Twee aspecten dringen zich op de voorgrond: de associatie van Diotima met aarde én maan, en het emanatie-aspect in Hölderlins opvatting van de aarde. Diotima wordt niet slechts met de aarde verbonden, maar ook met de maan, waardoor de aarde die voor haar staat, al enigszins aan haar eigen grenzen ontstijgt, en zij is geen 'moeder', maar een 'dochter' aarde, die goddelijk is zoals haar hemelse vader en daarom plaatsvervangend kan optreden en ook als echtgenote kan gelden.

Aan de hand van deze evaluatie van de door Binder behandelde materie kan een nieuw probleem aan de orde gesteld worden, het probleem van een mogelijk kabalistische achtergrond van de romanfiguur Diotima. De schemata die door Hölderlin op Diotima worden toegepast, zijn de schemata die in de Kabala gelden voor de Shechina. Niet alleen de associatie van Diotima met lelies en rozen doet kabalistisch aan, maar vooral haar associatie met aarde en maan. De Kabala stelt immers een semantisch universum beschikbaar, waarin de beide symboliseringen van het paar van geliefden als paar van zon en maan en als paar van zon en aarde zich naadloos met elkaar laten verbinden. Bovendien kan het patroon van 'dochter en vrouw' dat voor Diotima en de aarde is gecreëerd, als kabalistisch beschouwd worden. In de Joodse mystiek is de laatste en laagste trede van emanatie, de Shechina, dochter en bruid van God.

Zo summier mogelijk vat ik hier nog eens die hoofdzaken uit de kabalistische voorstelling van de wereld der sefirot samen die voor de onderhavige probleemstelling het meest relevant zijn. De sefirot worden onder andere begrepen als de vrucht van mystieke voortplanting. Uit het totaal van de tien sefirot worden er vier in het bijzonder belicht. De tweede en derde sefira worden begrepen als 'vader' en 'moeder', de zesde en tiende als 'zoon' en 'dochter' of als 'koning' en koningin'. Het centrale gegeven in de keten van goddelijke emanatie is het 'heilig huwelijk van koning en koningin'. Omdat alle hogere sefirot in de centrale zesde sefira als het ware worden samengebald, kan het huwelijk tussen koning en koningin ook begrepen worden als een huwelijk tussen vader en dochter, waarmee de als koningin aangeduide tiende en laatste sefira wordt tot de dochter en bruid van God.

Voor de kosmische beschrijving van de wereld der sefirot put de Kabala uit Genesis. In de kabalistische uitleg bij de tekst van het scheppingsverhaal wordt de Shechina geïdentificeerd met de aarde. De als aarde opgevatte Shechina wordt geassocieerd met het vrouwelijke en donkere, en de boven haar gelegen sfeer wordt met het mannelijke en lichte verbonden: boven de aarde strekt zich de negende sefira uit als het hemelgewelf, waaraan alle lichten hangen die de van nature donkere aarde verlichten. Het resulterend beeld is het beeld van een paar van hemel en aarde, dat gestructureerd wordt door de tegenstellingen van vrouwelijk en mannelijk, hoog en laag, donker en licht.

Naast de voorstelling van een huwelijk van hemel en aarde treedt de voorstelling van een huwelijk van zon en maan. Het paar van zesde en tiende sefira wordt opgevat als paar van zon en maan, 'de lichten van dag en nacht'. Het paar van zon en maan is duidelijk parallel aan dat van hemel en aarde geconstrueerd: zoals de aarde haar licht ontvangt van het alle lichten in zich verzamelend hemelgewelf, zo ontvangt de maan - 'die geen eigen licht heeft', zoals het steeds opnieuw in de *Zohar* wordt uitgedrukt (zie p. 149) - haar licht van de zon. Op het terrein van alle genoemde opposities - vrouwelijk versus mannelijk, hoog versus laag, donker versus licht - neigt de maan naar de aarde. Van alle lichten staat de maan het dichtst bij de aarde en verder is de maan soms donker zoals de aarde: door haar in kracht beurtelings toe- en afnemend licht doorloopt de maan een cyclus van gestalten, zoals de aarde de cyclus der seizoenen kent.

De tegenstelling van hoog en laag klinkt verder nog door in de bloemensymboliek die voor de Shechina wordt gebruikt. Als bloeiende gemeenschap van Israël heet zij 'een roos van Saron'. Als laatste en laagste sefira, die gevonden wordt op de diepste plaats, heet zij 'een lelie der dalen'.

De met lelies en rozen geassocieerde Shechina is dus de vrouwelijke helft uit het goddelijk huwelijk, die in kosmische zin gestalte krijgt als aarde én als maan. Opgevat als representant van het vrouwelijke en staand op de laatste trede van emanatie, neemt de Shechina de gestalte aan van een dochter van God. Als hoogtepunt en slotsom van het goddelijk emanatieproces geldt het heilig huwelijk, de eenwording van de wereld der sefirot in de verbinding van God met zijn dochter en bruid. In kosmische zin krijgt de verbintenis tussen God en Shechina twee parallellen: het huwelijk van hemel en aarde en het huwelijk van zon en maan.

Ik concludeer dat de mystiek-religieuze schemata die Hölderlin op Diotima en de aarde van toepassing heeft gemaakt, die van de Kabala zijn en neem dus kabalistische invloed aan. In het perspectief van goddelijke emanatie is de aarde de op de laatste trede van emanatie staande dochter en bruid van God. Diotima's verhouding tot Hyperion is dezelfde: hij is haar geliefde, maar ook haar 'vader', als de zon die haar wekt, het licht waaraan zij ontvlamt. De wijze waarop Hölderlin Diotima's verdere ontwikkeling zag, heeft de parallellie met het kabalistisch systeem alleen maar begunstigd. Ontstoken aan Hyperions vlam, blijven 'de krachten van hemel en aarde' (Hyp. II 97) in Diotima niet in evenwicht. Het vuur van Hyperion gaat in haar over en zij wordt hierdoor verteerd. Aan de hand van de kabalistische symbolisering van het paar van geliefden als paar van zon en maan, laat Diotima's ontwikkeling zich in kosmische termen vertalen: zoals de maan neemt Diotima in lichtkracht toe aan haar zon Hyperion, maar van zijn aanwezigheid beroofd, wordt zij verteerd door innerlijk vuur en nemen haar krachten af. Diotima als hemelse lichtkracht, als de aan haar geliefde ontvlamde, als de door haar zon tot licht gewekte, is als de maan: zij groeit naar hem toe, maar op het hoogtepunt van deze ontwikkeling volgt de omgekeerde beweging.

De beschrijving van Diotima's ontwikkeling in termen van zon en maan, in lichttermen, herinnert aan de woorden van Hölderlin uit de zogeheten tweede brief aan Böhlendorff, geschreven na zijn terugkeer uit Bordeaux *daß mich Apollo geschlagen* (StA 6, 432). Hier plaatst Hölderlin zichzelf in een soortgelijke positie als Diotima. Ook doet Diotima's maan-ontwikkeling denken aan de in 'Wie wenn am Feiertage...' verhaalde mythe van Semele. Deze godin, die van haar geliefde Zeus verlangt, zich in zijn volle majesteit aan haar te tonen, wordt door zijn bliksem verteerd. Door de klank van haar naam kán Semele voor Hölderlin nog verbonden zijn geweest met de maangodin Selene, maar op zichzelf volstond de kabalistische maansymboliek om aan Diotima naast de 'solaire' Hyperion vorm te geven als 'uranisch-tellurische of lunaire' gestalte.

Het systeem van de Kabala heeft voor Hölderlin waarden vertegenwoordigd die aansloten bij zijn religieuze opvattingen. De belangrijkste daarvan is de in mystiekreligieuze zin noodzakelijke band tussen hogere en lagere wereld, die de Kabala tot stand heeft gebracht in de laatste en laagste sefira, de representatie van het goddelijke op het laagst denkbare niveau. De Kabala heeft de Shechina vormgegeven als 'de lage hoge', en ín haar de tegenstelling tussen hogere en lagere wereld gerelativeerd. De Shechina is de schakel tussen hemel en aarde. De tegenstelling tussen hoog en laag schemert door al haar symboliseringen heen: zij krijgt gestalte als dochter en bruid, als lelie en roos, als aarde en maan.

De roman plaatst Diotima in dezelfde positie. Diotima, de geliefde van Hyperion, noemt zich ook zijn kind (Hyp. II 97), zodat zij zich voegt in het patroon van dochter en bruid. De twee lelie-plaatsen in de roman exploiteren de oppositie van hoog en laag: op de éne plaats staat tegenover de lelie de maan (Hyp. I 38), op de andere plaats staan tegenover de lelies in het dal de rozen op de heuvel (Hyp. I 122). Diotima's aardse trekken worden met haar hemelse natuur verzoend door haar associatie met de maan (Hyp. I 38, I 154 en II 52). Twee liefdesbeelden van zon en maan (Hyp. II 76 en II 120) ondersteunen de dubbele symbolisering van het paar van geliefden, die als zon en aarde en die als zon en maan.

In het gegeven dat Diotima in verband gebracht wordt met een utopische of onzichtbare kerk, kan een bevestiging van haar kabalistische achtergrond gelezen worden. In de Kabala wordt de Shechina begrepen als een kerk. De tiende sefira als laatste en laagste trede van emanatie, die alle voorgaande sefirot of treden van emanatie in zich opneemt, representeert God in zijn alomvattende manifestatie. De belangrijkste namen van de tiende sefira zijn *Malkhut*, koninkrijk, *Shechina*, goddelijke tegenwoordigheid, en *Keneset Israël*, gemeenschap van Israël. Terwijl de eerste twee namen duiden op het alomvattend karakter en op het aspect van immanentie van de laatste sefira, legt de derde naam het verband met de gemeenschap van gelovigen. In het goddelijk bereik is de Keneset Israël een soort mystieke kerk, waarvan het volk van Israël het aards symbool is. Alle verscheurdheid en geluk waaraan het volk van Israël in het leven op aarde deel heeft, wordt in de wereld der sefirot gedragen door de tiende sefira als Keneset Israël. Zij is, in de woorden van Scholem, "a sort of Invisible Church, representing the mystical idea of Israel in its bond with God and in its bliss, but also in its suffering and its exile."[22]

Hölderlin brengt een verband tot stand tussen Diotima en de 'nieuwe kerk'. De *neue Kirche* is, naast *Bund*, *Gemeinschaft der Geister* en *Reich Gottes*, één van de revolutionair-utopische leuzen bij Hölderlin en in zijn vriendenkring, die door Kurz worden besproken onder de noemer van "Utopische Bilder des freien Lebens"[23]. Zoals Hölderlin in zijn brieven spreekt over een "ästhetische Kirche" en een "unsichtbare streitende Kirche" (StA 6, 330 en 185), zo spreekt hij in de *Hyperion* over de "neue Kirche". Ten tijde van de veldtocht over de Peloponnesus blijkt hoe belangrijk Diotima is voor de vrijstaat die Hyperion wil stichten. Zij wordt door Hyperion verheven tot het model voor de nieuwe wereld: "Auch die deine, Diotima, denn sie ist die Kopie von dir. O du, mit deiner Elysiumsstille, könnten wir das schaffen, was du bist!" (Hyp. II 40)[24]. Eerder, nog voor de ontmoeting met Diotima, heeft Hyperion aan zijn kritiek op de staat vorm gegeven in de verwoording van het ideaal van de *neue Kirche* (Hyp. I 54):

---

[22] Scholem, *Major Trends in Jewish Mysticism. cit.*, p. 230.
[23] Kurz, *Mittelbarkeit und Vereinigung. cit.*, p. 203-204.
[24] Bij zijn bespreking van de anagrammatische toespelingen op Susette Gontard en *Diotima* in het werk van Hölderlin, dient de geciteerde regel uit de *Hyperion*, waarin de beginklank van de naam Diotima 'een weelderige alliteratieketen' op gang brengt, Jakobson tot voorbeeld. Zie hiervoor: Roman Jakobson, Grete Lübbe-Grothues, 'Ein Blick auf «Die Aussicht von Hölderlin»', in: Roman Jakobson, *Hölderlin. Klee. Brecht. Zur Wortkunst dreier Gedichte*. Eingeleitet und herausgegeben von Elmar Holenstein. Suhrkamp Frankfurt am Main 1976, p. 91.

illustratie 8
Lucebert, muurschildering Parijs 1953 [fragment, foto Ed van der Elsken].
Voorstelling van een vrouw aan het kruis als Christus die berust op de kabalistische opvatting van de Shechina als 'dochter en bruid' van God en verder op de plaats die Hölderlin aan Diotima verleent, een plaats naast Herakles en Dionysus en daarmee naast Christus. Ook Lilith als nimmer aflatend tegenspeelster van de Shechina heeft haar stempel op de voorstelling gedrukt, getuige de éne, zwarte helft van het haar van de vrouw en de sikkel van de afnemende maan.

O Regen vom Himmel! o Begeisterung! Du wirst den Frühling der Völker uns wiederbringen. Dich kann der Staat nicht hergebieten. Aber er störe dich nicht, so wirst du kommen, kommen wirst du, mit deinen allmächtigen Wonnen, in goldne Wolken wirst du uns hüllen und empor uns tragen über die Sterblichkeit, und wir werden staunen und fragen, ob wir es noch seyen, wir, die Dürftigen, die wir die Sterne fragten, ob dort uns ein Frühling blühe - frägst du mich, wann diß seyn wird? Dann, wann die Lieblingin der Zeit, die jüngste, schönste Tochter der Zeit, die neue Kirche, hervorgehn wird aus diesen beflekten veralteten Formen, wann das erwachte Gefühl des Göttlichen dem Menschen seine Gottheit, und seiner Brust die schöne Jugend wiederbringen wird, wann - ich kann sie nicht verkünden, denn ich ahne sie kaum, aber sie kömmt gewiß, gewiß.

Het verband met de mythe van Diotima en de aarde blijkt uit het feit, dat de nieuwe kerk als *die Lieblingin der Zeit* wordt aangeduid, als 'jongste en mooiste dochter van de tijd'.

Tenslotte dient de kwestie van Diotima's relatie tot Hölderlins opvatting van Christus aan de orde te komen. De omkering van de 'moeder' aarde in een 'dochter' doet denken aan Hölderlins opvatting van Dionysus en Herakles als godenzonen of als 'zonen van dezelfde vader' naast Christus. Hölderlin begrijpt Christus als de gestalte die een tijdperk beëindigt. Christus is degene die de tijd of de 'dag' der goden beëindigt, en met wiens verscheiden van deze wereld de tijd van de 'nacht' of onze era begint. In 'Brod und Wein' wordt Christus voorgesteld als degene die *des Tags Ende verkündet'* en wordt door de dichter een koor van hemelingen geëvoceerd, waarvan Christus als godenzoon onder andere godenzonen deel uitmaakt. Ten teken dat zij eens op aarde gewandeld hebben en terug zullen keren, laat het hemels koor, waarvan Christus de laatste representant is, de gaven van brood en wijn achter (StA 2, 94). In 'Der Einzige' wordt Christus expliciet als de laatste uit het godengeslacht aangeduid. Hij wordt als het kleinood uit het huis der goden beschreven (StA 2, 154):

Viel hab' ich schönes gesehn,
Und gesungen Gottes Bild,
Hab' ich, das lebet unter
Den Menschen, aber dennoch
Ihr alten Götter und all
Ihr tapfern Söhne der Götter
Noch Einen such ich, den
Ich liebe unter euch,
Wo ihr den lezten eures Geschlechts
Des Haußes Kleinod mir
Dem fremden Gaste verberget.

Uit Christus' voorstelling als laatste vloeit de opvatting voort, dat aan andere godenzonen een plaats náást Christus moet worden toegekend. In 'Der Einzige' treden Dionysus en Herakles in deze positie. Christus wordt een broer van Herakles en ook van Dionysus genoemd, die hierdoor als 'zonen van dezelfde vader' op één lijn met Christus komen te staan. 'Der Einzige' behoort tot het late werk van Hölderlin. Van het gedicht bestaan verschillende versies en in de laatste hiervan wordt expliciet aangegeven, welk doel de bijzondere opvatting van Dionysus, Herakles en Christus als 'zonen van dezelfde vader' dient. Vergelijking is noodzaak, 'omdat zonder houvast God onbegrijpelijk is'. Dionysus, Herakles en Christus vormen (StA 2, 163):

> Ein Kleeblatt. Ungestalt wär, um des Geistes willen, dieses, dürfte von solchen
> Nicht sagen, gelehrt im Wissen einer schlechten Gebets, daß sie
> Wie Feldherrn mir, Heroën sind. Deß dürfen die Sterblichen wegen dem, weil
> Ohne Halt verstandlos Gott ist.

Lucebert heeft Hölderlins opvatting van Christus als laatste geïntegreerd in zijn werk. Van het lange gedicht 'exodus', dat met een keur van personages is gestoffeerd, is Christus de laatste hoofdpersoon[25]. Vrij vooraan in dit gedicht, in de tweede strofe, laat zich een zestal regels isoleren, die begrepen kunnen worden als een korte ode aan Hölderlin (vg 23-27):

> alleen waar is
> dat wat in glinsterende gebouwen de dichters
> zingende makend hebben aangeraakt
> hare en zijne allerheiligste majesteit
> zij van cyprus en die vermeld werd op patmos
> zijn in koele zwarte takketorens een gloeiende appel

Het hypogram waarop Lucebert hier varieert, is het vers waarmee Hölderlin 'Andenken' besluit *Was bleibet aber, stiften die Dichter* (StA 2, 189). Het door Hölderlin voor het dichterlijk scheppen gebruikte *stiften* wordt door Lucebert geconcretiseerd in *gebouwen*, waarmee tegelijkertijd het in *bleibet* uitgedrukte aspect van bestendigheid wordt vastgehouden. Het *zingende makend* scheppen van dichters is als het neerzetten van bestendige gebouwen. Vervolgens wordt een paar van twee 'zeer heilige majesteiten' geëvoceerd, in wie, dankzij de eilanden waarmee zij zijn geassocieerd, Cyprus en Patmos, Aphrodite en Johannes kunnen worden herkend. Aphrodite, die in de mythologie als de uit de golven der zee geborene met eilanden is geassocieerd, in het bijzonder met Cythera en Cyprus, komt in het werk van Hölderlin behalve onder de naam Urania, ook voor als Cytherea en *Cypria* (StA 1, 185). Johannes de evangelist heeft eens een toevlucht gevonden op *Patmos* (StA 2, 166), het eiland dat in de hymne 'Patmos' de aanleiding vormt tot de bespreking van de dood van Christus en de verspreiding van de discipelen daarna. Luceberts schepping van het paar van Aphrodite en Johannes laat zich als een syncretistisch paar van twee grootheden uit klassieke

---

[25] Zie hiervoor: F.J.M. de Feijter, 'Exodus. Over de relatie tussen Lucebert en Hölderlin', cit., p. 69-77.

oudheid en christendom begrijpen, en daarmee als variant van Hölderlins paar van Dionysus of Herakles en Christus.

Hölderlins omkering van de 'moeder' aarde in een 'dochter' brengt Diotima in de onmiddellijke nabijheid van Dionysus en Herakles. Dankzij het voortbestaan van de inhoud van Diotima's naam, dient aan het verband tussen Diotima en de aarde groot gewicht toegekend te worden. Dit betekent dat ook van Diotima een 'dochter van dezelfde vader' gemaakt wordt, zodat zij op haar beurt naast Dionysus en Herakles komt te staan en haar plaats inneemt in de door Hölderlin om de gestalte van Christus geschapen reeks.

Misschien is in Luceberts creatie van het paar van Aphrodite en Johannes uit 'exodus' al een indirecte verwijzing naar Diotima te lezen. Diotima wordt immers in de *Hyperion* met Aphrodite Urania geassocieerd (zie p. 294). Wat hier ook van zij, er is een werk van de schilder Lucebert, waarin de lijn van Hölderlin die Diotima náást Christus plaatst, in die zin wordt doorgetrokken, dat Diotima áls Christus wordt afgebeeld.

Het gaat om een muurschildering, die Lucebert in het huis van Rudy Kousbroek in Parijs heeft gemaakt (zie illustratie 8). Het werk heeft maar korte tijd bestaan. Het wordt in 1953 gedateerd[26], en is in elk geval in datzelfde jaar, op verzoek van de eigenares van het huis, vernietigd. Foto's ervan zijn eerder in het *Schrijvers Prentenboek* over de Beweging van Vijftig en in de dissertatie over Cobra van Willemijn Stokvis verschenen[27].

De muurschildering laat een vrouw aan het kruis zien, met verschillende figuren om haar heen. De twee figuren die met zon en maan zijn getooid of toegerust, de figuur rechtsonder de vrouw met een stralenkrans zoals de zonnegod, en de figuur linksboven haar met een maansikkel in zijn hand, wijzen de weg van interpretatie. De figuur met de maan in zijn hand lees ik als degene die de kruisiging van de vrouw verklaart: hij houdt de maansikkel omhoog in de richting van de vrouw. De verklaring die deze figuur geeft, maakt de vrouw herkenbaar als de Shechina, de 'dochter en bruid' van God, wier kracht of invloed afhankelijk is van het beurtelings wassen en afnemen van de maan. De tekst die in de mond van de figuur linksonder is gelegd, wijst in dezelfde richting. In het ballonnetje staat de Griekse tekst περιμενομεν ἑως ἀν ἀνοιχθηι ἡ θυρα, 'wij wachten af, totdat de deur geopend wordt'. Deze woorden zinspelen op de functie van de Shechina van toegangspoort tot de wereld van het goddelijke: als laatste en laagste sefira staat de vrouwelijke Shechina voor de sfeer die zich als eerste opent voor de mens, in het bijzonder voor de mysticus. De erotische lading hiervan, waarmee Lucebert in 'een wijze vrouw beleerde een wijsgeer' (vg 413) speelt (zie p. 186), wordt bevestigd door de bijzondere voorstelling van het haar van de vrouw, dat door een scheiding op het midden van het hoofd in twee helften wordt verdeeld. Vanwege de last die in de Kabala op het zwarte haar van Lilith wordt gelegd, mag in de scheiding van het haar in een blonde en een zwarte helft de toespeling gelezen worden op de twee tegenspeelsters Shechina en Lilith.

---

[26] *De beweging van vijftig. cit.*, p. 77. Zie verder: Erik Slagter, *Tekst en Beeld. Cobra en Vijftig, een bibliografie*. Met bijdragen van Piet Thomas en Lucebert. Lannoo Leuven 1986, p. 23.
[27] *De beweging van vijftig. cit.*, p. 76-77 en omslag; Stokvis, *Cobra. cit.*, p. 213.

Het feit dat de vrouw gekruisigd is voorgesteld, plaatst de Shechina als dochter van God naast Christus als zoon van God. Het motief voor deze voorstelling wordt geboden door Hölderlins mythe van de aarde en Diotima. Hölderlins omkering van de moeder aarde in een dochter, plaatst Diotima naast Dionysus en Herakles en daarmee naast Christus. Luceberts muurschildering trekt deze lijn door. Diotima's plaats naast Christus wordt uitgedrukt door de afbeelding als Christus. Door de voorstelling van de vrouw aan het kruis stelt Lucebert 'de dochter van dezelfde vader' gelijk aan de zoon van God.

§3   een tweede impuls achter de 'nieuwe taal' van *apocrief / de analphabetische naam*

Wanneer de notie dat Lucebert stelling neemt tegen de taal die uitmondt in 'de alphabetische naam', wordt gecombineerd met de notie dat de dichter van *de analphabetische naam* in expliciete bewoordingen het belang van Hölderlin voor zijn poëzie heeft aangegeven, wordt een nieuwe vraagstelling mogelijk. De vraag luidt dan in hoeverre Hölderlin, de dichter die evenzeer als de Kabala achter de poetica van de 'introductie' staat, ook het spreken of de stem van de dichter die een nieuwe taal heeft willen schrijven, heeft bepaald. Het is in dit verband misschien niet zonder belang om nog eens terug te keren naar 'het proefondervindelijk gedicht' met oog voor een tot nu toe onderbelicht aspect daarvan. Niet alleen het belang van Hölderlin en Arp wordt aangegeven, maar ook wordt het gehoor aangewezen als constitutief voor de eigen poëzie (vg 432):

> mijn gedichten zijn gevormd
> door mijn gehoor
> en door de bewondering voor
> en de verwantschap met
> friedrich hölderlin* & hans arp*

Op het bijna onlosmakelijke verband tussen Hölderlin en Arp dat door Lucebert wordt aangebracht, kan ik - ik herhaal het nog maar eens - helaas niet ingaan (zie p. 32-33). Ik wil de aandacht vestigen op een ander verband in deze strofe. Lucebert zegt hier in ieder geval dat zowel het gehoor als de poëzie van Hölderlin constitutief zijn voor de eigen poëzie en het lijkt mij niet onmogelijk om in dit verband een verdergaande betekenis te lezen. Wie houdt van Hölderlin, is zich bewust van het feit hoe belangrijk het aandeel van het gehoor is in deze waardering. Mogelijk is het zelfs zo, dat waardering en bewondering voor Hölderlin langs de weg van het gehoor gaande worden gemaakt. Zo bezien zegt Lucebert hier dus eigenlijk twee keer 'hetzelfde': dat zijn gedichten zijn gevormd door zijn gehoor en door de bewondering voor een dichter die juist het gehoor in hoge mate aanspreekt.

Hölderlin is de dichter van groots opgezette strofen, die worden gevuld door ingewikkelde samengestelde zinnen. Zijn poëzie overrompelt als een brede klankenstroom het gehoor. In een belangrijke passage van 'Brod und Wein' over de nacht lijkt

Hölderlin zelf een treffende karakteristiek te geven van deze brede dictie. Het gaat om de laatste drie disticha van de tweede strofe, waarin de dichter spreekt over 'het stromende woord'. Nadat in de voorgaande regels is uitgesproken dat het ons past om aan de nacht 'kransen te wijden en gezang', wordt hier gezegd, dat er ook omgekeerd een geschenk van de nacht aan ons verwacht wordt (StA 2, 91):

> Aber sie muß uns auch, daß in der zaudernden Weile,
>   Daß im Finstern für uns einiges Haltbare sei,
> Uns die Vergessenheit und das Heiligtrunkene gönnen,
>   Gönnen das strömende Wort, das, wie die Liebenden, sei,
> Schlummerlos und vollem Pokal und kühneres Leben,
>   Heilig Gedächtniß auch, wachend zu bleiben bei Nacht.

De zin zet in met het voor Hölderlin karakteristieke *Aber* en laat een krachtige tendens tot nevenschikking zien. De bijzin met 'opdat' is in de hoofdzin ingelast en over twee verschillende aanzetten verdeeld *daß in der zaudernden Weile, / Daß im Finstern*, zodat nevenschikking zich ook ín onderschikking doet gelden. De nevenschikking zet zich voort in de opmerkelijke herhaling van *uns* en culmineert in de herhaling van het werkwoord dat zowel aan het eind van de éne als aan het begin van de volgende regel wordt geplaatst, en dat door zijn klinkendste vocaal, [œ], vooruitwijst naar het meest begeerde geschenk, het stromende woord: *Aber sie muß uns auch ... / Uns die Vergessenheit und das Heiligtrunkene gönnen, / Gönnen das strömende Wort*.

De regels van Lucebert die ik hier naast zou willen plaatsen, omdat ik er een echo van Hölderlins stromende woord in meen te beluisteren, zijn de regels die tekst 2 van de 'lente-suite voor lilith' besluiten (vg 42-43):

> en overal overal stroomt stroomt mijn oog:
> rivier van fotografie

Hier wordt fotografie naast poëzie geplaatst (zie p. 278-279). Het beeld van de rivier van foto's berust op het beeld van de woordenstroom en wordt geschapen in woorden die hiervan een treffend voorbeeld zijn. Het resultaat is, dat het aan de mond ontlokte stromende woord van de poëzie, uitdrukking geeft aan fotografie als haar evenknie, de aan het oog ontlokte stroom die zich tot een fotorivier ontwikkelt. De middelen die Lucebert hier inzet voor de schepping van anderhalve regel poëzie, doen denken aan de middelen die Hölderlin gebruikt om uitdrukking te geven aan het begeerde geschenk van het *strömende Wort*. Een nieuwe zin wordt ingezet met het nevenschikkend voegwoord *en*, waarop een kras voorbeeld van lexicale equivalentie volgt, dat als het ware bescheidener of smaller voortstroomt in het erop aangesloten voorbeeld van fonologische equivalentie.

1   de brede dictie van Hölderlin

Een indrukwekkend voorbeeld van het stromende woord of van de breedte van de dictie van Hölderlin is de over twee strofen gespannen homerische vergelijking van 'Wie wenn am Feiertage...' (StA 2, 118):

> Wie wenn am Feiertage, das Feld zu sehn
> Ein Landmann geht, des Morgens, wenn
> Aus heißer Nacht die kühlenden Blize fielen
> Die ganze Zeit und fern noch tönet der Donner,
> In sein Gestade wieder tritt der Strom,
> Und frisch der Boden grünt
> Und von des Himmels erfreuendem Reegen
> Der Weinstok trauft und glänzend
> In stiller Sonne stehn die Bäume des Haines:
>
> So stehn sie unter günstiger Witterung
> Sie die kein Meister allein, die wunderbar
> Allgegenwärtig erzieht in leichtem Umfangen
> Die mächtige, die göttlichschöne Natur.
> Drum wenn zu schlafen sie scheint zu Zeiten des Jahrs
> Am Himmel oder unter den Pflanzen oder den Völkern
> So trauert der Dichter Angesicht auch,
> Sie scheinen allein zu seyn, doch ahnen sie immer.
> Denn ahnend ruhet sie selbst auch.

Wat onmiddellijk opvalt is de strofenscheiding tussen bijzin en hoofdzin. De spanning die in de bijzin met 'zoals wanneer' wordt opgebouwd, is zo groot, dat het 'zo' van de hoofdzin nergens anders meer kan staan dan aan het begin van een nieuwe strofe. Eveneens bijzonder zijn de vorm van de tussenzin en het zeer lange uitstel van de nadere invulling van het onderwerp van de hoofdzin.

Uit de bijzin wordt het tijdstip waarop de landman erop uitgaat, voor nadere toelichting uitgekozen. Aan deze nadere bepaling van het moment wordt een nieuwe bijzin verbonden: *am Feiertage, ... des Morgens, wenn / Aus heißer Nacht die kühlenden Blize fielen / Die ganze Zeit*. Hierna wordt een reeks van hoofdzinnen in parenthese ingelast. Deze tussenzin wordt gekenmerkt door spanning tussen het al dan niet toegeven aan inversie: terwijl de onderwerpen *der Donner, der Strom* en *die Bäume des Haines* door inversie achteraan de regel staan, wordt aan deze beweging tegenwicht geboden door *der Boden* en *Der Weinstok*. Het onderwerp van de hoofdzin *So stehn sie*, wordt in de volgende regel weliswaar hernomen *Sie*, maar in een bijvoeglijke bijzin waarvan *Die ... Natur* subject is, nog slechts ontwijkend beschreven. Pas in de hierop volgende samengestelde zin, die door het voegwoordelijk bijwoord 'daarom' met de voorgaande zin wordt verbonden en die begint met een bijzin waarvan nog steeds *Die ... Natur* onderwerp is, krijgt het onderwerp *Sie* zijn nadere, dichterlijke invulling: *Drum wenn zu schlafen sie scheint ..., So trauert der Dichter Angesicht auch*.

Rilke heeft in het gedicht 'An Hölderlin' de lengte van een regel van Hölderlin als onvermijdelijk voorgesteld. Het slot ervan is als door het noodlot bepaald *wenn du es aussprachst, / die Zeile schloß sich wie Schicksal*[28]. Indien iets van dezelfde noodzakelijkheid ook het groter poëtisch geheel van de strofe eigen is, kan dat niet alleen aan de strofenscheiding tussen bijzin en hoofdzin gedemonstreerd worden, maar ook aan de samengestelde zin die begint met *Drum wenn*. De verregaande lexicale equivalentie van de voegwoordelijke elementen van de beide samengestelde zinnen, *Wie wenn ... // So - Drum wenn ... / So*, rondt het geheel van de twee strofen af en maakt dit tot een in zichzelf gesloten geheel[29]. De landman van de eerste vergelijking is uit de tweede verdwenen. Natuur en dichters worden nu rechtstreeks op elkaar betrokken, waarbij een markante tegenstelling tot stand komt. De winterslaap van de natuur wordt geplaatst tegenover het nieuwe en frisse dat de natuur eigen is op een zomerse zondagmorgen nadat een machtig onweer alles heeft schoongespoeld. De goddelijke natuur, door wie de dichters worden opgevoed, is dus ook in die zin 'alomtegenwoordig', dat zij te allen tijde op de dichters van invloed is. Zoals de toestand van de natuur na een verkoelend nachtelijk onweer zijn uitwerking op de dichters niet mist, zo doet het tijdelijk slapen van de natuur dat evenmin.

Het slapen van de natuur wordt in de bijzin met 'wanneer' zowel temporeel als locaal uitgewerkt. De locale uitwerking - wanneer de natuur lijkt te slapen *Am Himmel oder unter den Pflanzen oder den Völkern* - benut Hölderlin voor de significante nevenschikking van hemel, planten en volken. In deze regel culmineert de tendens tot nevenschikking. Waar deze in de eerste strofe aan de oppervlakte komt in de nadere bepaling van *am Feiertage* door *des Morgens* en in de lange tussenzin met zijn viervoudig *und*, schuilt zij in tweede strofe in de herneming van *sie* en in de opbouw van de bijvoeglijke bijzin bij *Sie*, die twee keer inzet, eerst negatief, dan positief *Sie die kein Meister allein, die wunderbar / Allgegenwärtig erzieht in leichtem Umfangen / Die mächtige, die göttlichschöne Natur*. Na de piek in de regel die hemel, planten en volken naast elkaar plaatst, neemt de tendens tot nevenschikking in de twee slotregels een minder op de voorgrond tredende vorm aan. Hier klinkt zij door in de gebruikte

---

[28] SW II, 93.
[29] In de analyse van 'Wie wenn am Feiertage...' door Wolfgang Martin, waarin de eerdere literatuur over de hymne is geïntegreerd en reliëf wordt gegeven aan de dialoog van Hölderlin met Pindarus, wordt op het belang van de herhaling van *wenn* gewezen. De auteur vestigt de aandacht op het feit, dat de situatie van de landman gekenmerkt wordt door een iteratief aspect: "Er wird vernehmbar in der konjunktionalen Einleitung des Vergleichsgefüges ("Wie wenn..."). Primärer als dessen vordergründige Bedeutung, einen Vergleich zu eröffnen, empfängt das "wenn" eine Schwingung vom iterativen Aspekt des inneren Themas. Nicht allein daß der Leser während der Lektüre bereit wird, den anfangs angeschlagenen Zweck des Vergleichs zu vergessen - wie die Hölderlin-Forschung dokumentiert, gehört eine philologische Anstrengung dazu, die Frage nach einem tertium comparationis wieder zu stellen (wie wünschenswert wäre eine an dieser Stelle ausnahmsweise textgemäßere Vergeßlichkeit der Leser) - der Text selber gelangt in der Folgestrophe bei dem Versuch, der ersten Strophe das ausdrückliche poetologische Hauptthema erneut abzugewinnen, in die Analogie zu einer iterativen Zeit-Auffassung. Deshalb wird auch noch diese zweite Strophe von der temporalen Schwingung eines *'immer wenn'* durchherrscht." Wolfgang Martin, *Mit Schärfe und Zartheit. Zu einer Poetik der Sprache bei Hölderlin mit Rücksicht auf Herder.* Bouvier Verlag Bonn 1990, p. 134-135.

voegwoorden en in de zachtere accenten die door de variërende herhaling *ahnen - ahnend* en de semantische equivalentie *ruhen - schlafen* worden gelegd *Sie scheinen allein zu seyn, doch ahnen sie immer. / Denn ahnend ruhet sie selbst auch.*[30].

De filosoof Adorno heeft een gespannen verhouding tussen onder- en nevenschikkende syntaxis in de latere poëzie van Hölderlin gesignaleerd[31]. Hij stelt dat de poëzie van Hölderlin, 'gestaald als zij is aan de Griekse verskunst, niet zonder stoutmoedige hypotactische constructies kan, maar dat deze gestoord worden door parataxis'[32]. Het lijkt mij dat de syntaxis van de eerste twee strofen van 'Wie wenn am Feiertage...' hem gelijk geeft. Naar de mening van Adorno wordt in de poëzie van Hölderlin de syntaxis langs twee verschillende wegen onder druk gezet: de radicale weg van de parataxis en de conventionele weg van de inversie. Het gaat bij deze laatste, conventionele weg niet om inversie in de zin, maar om inversie *ván* zinnen, een ingreep in de natuurlijke, logische syntaxis, ter adstructie waarvan Adorno de volgende overweging over de verhouding tussen hoofd- en bijzin van Hölderlin zelf aanhaalt:

> Man hat Inversionen der Worte in der Periode. Größer und wirksamer muß aber dann auch die Inversion der Perioden selbst sein. Die logische Stellung der Perioden, wo dem Grunde (der Grundperiode) das Werden, dem Werden das Ziel, dem Ziele der Zweck folgt, und die Nebensätze immer nur hinten angehängt sind an die Hauptsätze, worauf sie sich zunächst beziehen, - ist dem Dichter gewiß nur höchst selten brauchbar.[33]

Hölderlins gebruik van onderschikking, niet zonder meer, maar met omzetting van de logische volgorde van hoofd- en bijzin, gecombineerd met de daar tegenin gaande tendens tot nevenschikking die stap voor stap wordt opgebouwd en die culmineert in een zin als *Am Himmel oder unter den Pflanzen oder den Völkern* of een woordherhaling over de regelgrens als *gönnen, / Gönnen*, levert de karakteristieke breedte van zijn dictie op, waarvoor het gehoor zo gevoelig is en die bondig is verwoord in *das strömende Wort*.

Een vergelijkbare breedte bezit de dictie van Lucebert in een aantal strofen die hun kracht aan de spanning tussen onder- en nevenschikking ontlenen. In de 'minnebrief aan onze gemartelde bruid indonesia' gaat een over zeven regels uitgesponnen conditionele bijzin vooraf aan een hoofdzin die één regel vult. Nevenschikking die onderschikking weerstreeft blijkt uit de interne bouw van zowel hoofd- als bijzin. De bijzin laat een veelvuldig gebruik van het voegwoord *en* zien, dat zevenmaal zinnen en eenmaal zinsdelen aaneenlast, en de hoofdzin wordt in drieën geleed (vg 401-403):

---

[30] Op het geheel van de twee strofen die zomer en winter tegenover elkaar stellen, volgt de derde strofe waarin Hölderlin naar het uiterste van het zomers onweer terugkeert om dit te duiden in historische zin. Dan vallen de naar de eigen tijd en de Franse revolutie verwijzende woorden *Die Natur ist jezt mit Waffenklang erwacht*, waarop Lucebert in 'door die groene of moede' varieert met de tegenstellingen van *groene* versus *moede musici* en *krijgshaftig* versus *neerslachtig najaarsweer* (vg 17).

[31] Theodor W. Adorno, 'Parataxis. Zur späten Lyrik Hölderlins', in: Jochen Schmidt (Hrsg.), *Über Hölderlin*. Aufsätze von Theodor W. Adorno, Friedrich Beißner, Walter Benjamin u.a. Insel Verlag Frankfurt am Main 1970, p. 339-378.

[32] ibidem, p. 360-361.

[33] ibidem, p. 364-365 (StA 4, 233).

> als jij nu met de geranselde zij-deuren torso worstelt voor onze deur
> en je stem loopt blaren op onze trap en je ogen staan als kelders op
> en de ratten van ons knagen rennen door je scherven hals
> en je heft de bommenkraters busten rokende vulkanen op onze
> sprei en schrijftafels
> en je met sperrvuur pneumatische boren gevilde zilveren longen
> gillen ons: zalf ons
> zalf ons en de geblakerde slapen kreten ruïne haschischgassende
> schuilkelder heupen
> en je wrikt nog wrikt nog met de soebatten tools, de vreemde
> de vreemde ons dicht spijkeren provincien
> zullen wij zwijgen, doen wij onze kaden wennen, battle-dress
> boetseren onze tong

De tendens tot nevenschikking spreekt verder uit onconventionele substantiefcombinaties als *scherven hals* en *schuilkelder heupen*. Een conventioneel gebouwde woordgroep als *rokende vulkanen*, opgebouwd uit bepaling en kern, wordt in een onconventionele substantiefopeenhoping ingelast: *de bommenkraters busten rokende vulkanen*. De nevenschikkende tendens culmineert in de woordherhalingen uit de laatste zin van de bijzin, waar het soebatten als instrument wordt aanbevolen aan de bruid om haar door vervreemding afgesloten bruidegom open te doen staan voor haar klacht: *en je wrikt nog wrikt nog met de soebatten tools, de vreemde de vreemde ons dicht spijkeren provincien*.

In 'ik tracht op poëtische wijze' vult een uitgebalanceerde irrealis de tweede strofe (vg 47):

> ware ik geen mens geweest
> gelijk aan menigte mensen
> maar ware ik die ik was
> de stenen of vloeibare engel
> geboorte en ontbinding hadden mij niet aangeraakt
> de weg van verlatenheid naar gemeenschap
> de stenen stenen dieren dieren vogels vogels weg
> zou niet zo bevuild zijn
> als dat nu te zien is aan mijn gedichten
> die momentopnamen zijn van die weg

Een paar van bijzinnen die verbonden worden door het nevenschikkend voegwoord *maar*, wordt gevolgd door een paar van hoofdzinnen die zonder verbindingswoord aaneengeregen zijn. Van dit paar hoofdzinnen is de tweede aanzienlijk langer door de inlas van een tussenzin en de aanhechting van een nieuwe bijzin met *als*, die op zijn beurt een betrekkelijke bijzin bij zich krijgt. Na de nevenschikking die het onderwerp van de eerste zin en de bepaling bij het onderwerp van de tweede zin kenmerkt: *geboorte en ontbinding* hadden mij niet aangeraakt / de weg *van verlatenheid naar gemeenschap*, bereikt de tendens tot nevenschikking haar hoogtepunt in de regel *de stenen stenen dieren dieren vogels vogels weg*. De verschuiving van de kern van het onderwerp van de plaats vooraan in de regel naar die achteraan: *de weg* van verlatenheid naar gemeenschap / de stenen stenen dieren dieren vogels vogels *weg*, bewerkt een enorme vertraging van het ritme, die de breedte van de zin vooral ook hoorbaar maakt. Door de laatste herhaling van het woord *weg*, nu als slotwoord van de betrekkelijke bijzin die aan de bijzin met *als* is gehecht, wordt het woord gereleveerd waaraan de irrealis het leeuwedeel van zijn omvang dankt, en wordt de brede dictie van de strofe als geheel geaccentueerd.

In deze strofen uit 'ik tracht op poëtische wijze' en 'minnebrief aan onze gemartelde bruid indonesia' wordt tegenwicht geboden aan onderschikking door omkering van de volgorde tussen hoofd- en bijzin en door een krachtige tendens tot nevenschikking, die onder andere de extreme vorm van lexicale equivalentie aanneemt. Om aannemelijk te maken dat inderdaad Hölderlin de motor is achter de brede dictie van Lucebert in strofen zoals deze, dient het onderzoek op een bepaald aspect van de dictie van Hölderlin te worden toegespitst. Ik doel op Hölderlins gebruik van voegwoorden. De brede dictie die berust op de vooropplaatsing van de bijzin zoals in 'Wie wenn am Feiertage...', maakt attent op het feit dat een strofe - en in dit geval zelfs een gedicht - begint met een voegwoord. Dit is verre van ongebruikelijk voor Hölderlin en hetzelfde verschijnsel laat zich bij Lucebert aanwijzen. Op grond van een aantal verdere bijzonderheden van het voegwoordgebruik van Hölderlin die allemaal eveneens bij Lucebert aangewezen kunnen worden, kan de hypothese geformuleerd worden dat Lucebert met zijn gebruik van voegwoorden naar Hölderlin verwijst. Hij maakt een zodanig gebruik van voegwoorden, in het bijzonder van *maar* en *namelijk*, dat hierin Hölderlins *Aber* en *Nämlich* herkend kunnen worden.

Hieronder zal eerst het bijzonder voegwoordgebruik van beide dichters besproken worden. Aan de hand van de overeenkomst die daarbij aan het licht komt, laat de notie dat Hölderlins stem op sommige plaatsen in de poëzie van Lucebert doorklinkt, zich aanzienlijk verdiepen. Er is sprake van een diepgaande overeenkomst tussen Hölderlin en Lucebert, die te maken heeft met Adorno's observatie dat de spanning tussen onder- en nevenschikking tegen het eind van Hölderlins dichterschap meer en meer in het voordeel van parataxis wordt opgelost.

2 voegwoordgebruik

In de latere poëzie van Hölderlin zijn zoveel strofen die beginnen met een voegwoord aan te wijzen, dat het verschijnsel als karakteristiek voor zijn dictie mag worden beschouwd[34]. De dichter geeft aan nevenschikking de voorkeur. Naast enkele tientallen

---

[34] Met de editie van Günter Mieth als leidraad, die de late poëzie in 1799 laat beginnen, zijn er op een totaal van 579 strofen 160 die beginnen met een voegwoord. De late Hölderlin begint een strofe dus met een voegwoord in iets minder dan een vierde deel van het totale aantal. Mogelijk ten overvloede wijs ik op de in het geval van Hölderlin uitzonderlijke geschiedenis van de editie van zijn werk - na de monumentale editie van de *Große Stuttgarter Ausgabe* nadert inmiddels de *Frankfurter Ausgabe* haar voltooiing -, die maakt dat deze getallen niet verabsoluteerd mogen worden, maar slechts mogen worden beschouwd als indicatie voor de frequentie van het verschijnsel.

voorbeelden van *Doch*, *Aber* en *Denn* elk, zijn er vele tientallen voorbeelden van *Und*. De groep van onderschikkende voegwoorden, waarvan alleen *Wenn* met meer dan een tiental voorbeelden is vertegenwoordigd, wordt overvleugeld door de groep van *Und*, *Doch*, *Aber* en *Denn*, die nog aangevuld kan worden met de zeldzame voorbeelden van *Darum*, *Zwar*, *Auch*, *Nämlich* en *Dennoch*. Om te demonstreren hoe belangrijk het verschijnsel van de opening van een strofe met een voegwoord is, kan worden volstaan met een blik op een paar van de beroemdste late elegieën en hymnen. Van de zes strofen van 'Stutgard' openen er drie met *Aber*. 'Brod und Wein', dat negen strofen telt, laat ter opening van een strofe *Auch*, *Und*, *Aber* en *Nemlich* zien. Vijf van de twaalf strofen van 'Friedensfeier' openen met een voegwoord: twee met *Und*, twee met *Denn* en één met *Wie*. In 'Der Rhein' met vijftien strofen staan *Drum* en *Doch* tweemaal en *Und* eenmaal aan het begin van een strofe. Van de vijftien strofen van 'Patmos' openen er eveneens vijf met een voegwoord: twee met *Doch*, twee met *Wenn* en één met *Und*. Deze voorbeelden laten niet alleen zien dat het nevenschikkend voegwoord de voorkeur heeft, maar ook dat de opening van een strofe met een voegwoord zich herhaaldelijk voordoet in één gedicht en dus een belangrijk vormbeginsel is.

Bij Lucebert is het verschijnsel veel minder prominent, maar laat zich desalniettemin een significante groep van voorbeelden aanwijzen. De opening van een strofe met een voegwoord doet zich in ongeveer een zevende deel van de strofen voor. Op een totaal van ongeveer driehonderd strofen[35], zijn er negenendertig die beginnen met een voegwoord. Het nevenschikkend voegwoord heeft ook bij Lucebert de voorkeur. Er zijn twaalf voorbeelden van onderschikking en zevenentwintig van nevenschikking. Door een viertal bijzondere gevallen die hierna apart aan de orde gesteld zullen worden, worden de getalsverhoudingen nog enigszins aangescherpt. Van de in totaal drieënveertig voorbeelden van een voegwoord aan het begin van de strofe of op een andere markante grens, zijn er dertien onderschikkend en dertig nevenschikkend.

Als onderschikkende voegwoorden ter opening van een strofe komen voor: *zoals*, *wanneer*, *daar*, *toen* en *als* in temporele, conditionele en vergelijkende zin. Hiervan zijn *toen* en het vergelijkende *als* het frequentst. Een bijzonder geval bij de onderschikkende voegwoorden is *omdat* in de tweede strofe van 'als het komt' (vg 55). De tekst verspringt in de tweede strofe van poëzie naar proza en de plaats waarop dit gebeurt, is die van het voegwoord *omdat*. Het onderschikkend voegwoord staat hier dus ín de strofe op de scheidslijn tussen poëzie en proza. Als nevenschikkende voegwoorden komen voor: *en*, *maar*, en *want*. Het voegwoord *maar* is het frequentst.

---

[35] Zoals het vaststellen van het aantal gedichten in het corpus niet zonder problemen is (zie p. 5-6), zo is het vaststellen van het aantal strofen dat evenmin. Indien alleen daar waar regels door wit omgeven zijn, strofen worden geteld, zijn er driehonderd strofen. De groep van teksten die een eerste publikatie als tekening-gedicht hebben beleefd, stelt in dezen voor problemen. Sommige van deze teksten maken geen gebruik van het tussenwit ter geleding, maar zetten hiervoor andere middelen in. In het geval van 'baars van de smaad' (vg 404) en 'de boom! bom' (vg 405) wordt de tekst in onderdelen verdeeld door de tekening; in het geval van 'Diep onder de kath. kerk in de ichtus-lärm' (vg 419-420) gebeurt dit door inspringing en inkadering. Ik vestig verder de aandacht op de regel met puntjes uit 'voorjaar' (vg 37) en de twee regels met streepjes uit 'de aarde is het paradijs' (vg 430) die, omdat ze met wit omgeven zijn, als strofen zijn geteld.

Eveneens frequent is *en*, terwijl *want* betrekkelijk zeldzaam is. De hoofdgroep van deze drie nevenschikkende voegwoorden wordt aangevuld door de voegwoordelijke bijwoorden *nochtans* en *alleen*, *eveneens* en *ook*, en *daarom*, die elk één keer voorkomen[36]. Bijzondere gevallen bij de nevenschikkende voegwoorden zijn *en* aan het eind van een strofe, *namelijk* aan het eind van een gedicht en *maar* in het midden van een gedicht. *En* staat aan het eind van de voorlaatste strofe van 'bed in mijn hand'. De regel die hiervan het resultaat is, is het spiegelbeeld van de regel die de volgende en laatste strofe besluit *gaat niet uit en // [...] en gaat niet in* (vg 50-52). Op de beide andere voorbeelden, *N.L.* voor *namelijk* aan het eind van 'poëziezo easy job' (vg 417-418) en *maar* in het midden van 'Diep onder de kath. kerk in de ichtus-lärm' (vg 419-420), kom ik nog terug (zie p. 324-325).

De markante bijzonderheid bij Hölderlin dat van de omvangrijke gedichten 'Stutgard' en 'Der Rhein' de helft of een derde deel van de strofen met een nevenschikkend voegwoord begint, maakt attent op de frequentie van dit verschijnsel binnen de grenzen van een gedicht. Wat de opening van meerdere strofen met een nevenschikkend voegwoord betreft, springt één gedicht van Lucebert eruit. Dit is 'de schoonheid van een meisje', het openingsgedicht van de bundelafdeling 'de analphabetische naam'. Het gedicht telt vier strofen, waarvan er twee beginnen met een nevenschikkend voegwoord en één met een voegwoordelijk bijwoord. Nadat in de eerste strofe de stelling is geschetst die het gedicht als uitgangspunt dient, opent de tweede strofe met *maar*. De derde strofe begint met *daarom*, waarna de vierde ter opening nog eens gebruik maakt van *maar*. In 'de schoonheid van een meisje' is kortom een gedicht aan de orde, dat door het herhaald gebruik van een nevenschikkend voegwoord ter opening van een strofe doet denken aan de dictie van Hölderlin.

Op het uitzonderlijke voorbeeld van 'de schoonheid van een meisje', dat hieronder in extenso geanalyseerd zal worden (zie p. 340 e.v.), kom ik later terug. Eerst ga ik in op een aantal verdere bijzonderheden aan Hölderlins voegwoordgebruik, die de hypothese dat voegwoorden van Hölderlin als interpretant voor voegwoorden van Lucebert beschouwd moeten worden, aannemelijk kunnen maken.

Hölderlin opent strofen niet alleen met een voegwoord, hij laat op deze karakteristieke opening ook regels volgen die eveneens met een voegwoord beginnen, zodat zich in het geheel van een strofe een reeks van voegwoorden vormt. Een strofe uit 'Patmos' kan dit illustreren. Aan de orde is de uitstorting van de Heilige Geest over de apostelen met Pinksteren, het moment dat door Hölderlin wordt voorgesteld als de laatste verschijning van Christus aan zijn discipelen en daarmee als het einde van de dag der goden, 'de avond' (StA 2, 167-168):

Doch trauerten sie, da nun
Es Abend worden, erstaunt,
Denn Großentschiedenes hatten in der Seele

---

[36] *Nochtans* in 'christuswit' *nochtans ik dacht dat christus jij mij wit was* (vg 28-29), *alleen* in 'verdediging van de 50-ers' *alleen weet, vredig nederland, ik en mijn kameraden,* (vg 406-407), *eveneens* in 'exodus' *eveneens hij is verdwenen* (vg 23-27), *ook* in 'woe wei' *ook mijn schouder bouwt zich een nest* (vg 411-412), *daarom* in 'de schoonheid van een meisje' *daarom mij mag men in een lichaam* (vg 46).

> Die Männer, aber sie liebten unter der Sonne
> Das Leben und lassen wollten sie nicht
> Vom Angesichte des Herrn
> Und der Heimath. Eingetrieben war,
> Wie Feuer im Eisen, das, und ihnen gieng
> Zur Seite der Schatte des Lieben.
> Drum sandt' er ihnen
> Den Geist, und freilich bebte
> Das Haus und die Wetter Gottes rollten
> Ferndonnernd über
> Die ahnenden Häupter, da, schwersinnend
> Versammelt waren die Todeshelden,

De slotstrofe van 'exodus' waarin Lucebert aan Christus als laatste gestalte geeft (zie p. 308), kan hier niet alleen om thematische redenen naast geplaatst worden, maar ook om de opmerkelijke reeks van voegwoorden aan het begin van de regels. Op de inzet met *eveneens* volgen onmiddellijk *maar* en *en*. Hierna volgt een brede samengestelde zin met *als* in de zin van 'alsof'. In een nieuwe zin die begint met *maar* en een volgende die aangehecht wordt door *en*, wordt de breedte vastgehouden, waarna de vloeiende beweging wordt afgerond door een zin met *daarom* (vg 23-27):

> eveneens hij is verdwenen
> maar met een zak vol kinderzakdoeken
> en stuiters en kersen en takjes zeemos
> in samos is hij gezien
> wassend kijkend naar het oosten
> nog vroeg
> overal plantte hij de wijnstok
> dronk met zijn zonen zingend
> als was de verminkte maan hun moeder
> was de volwassen zon hun voedster
> maar op bliksems dreven veel autoos
> met krankzinnige lampen door de bergen
> en de motoren ontbladerden
> het groene jubelen van het voorjaar
> daarom ging christus
> een grot bewonen met de bokken en dan
> geheimzinnig
> ontstonden de vrouwen

Een tweede voorbeeld van een door een reeks van voegwoorden gestructureerde strofe van Hölderlin ontleen ik aan 'Der Rhein'. De strofe opent met een zin met *Doch*, een frequent nevenschikkend voegwoord, en laat hierop onmiddellijk een zin met *Denn* volgen, waarna de extreme tendens tot nevenschikking zich in de rest van de strofe manifesteert in een lint van nevenschikkende constructies met *Und*. Het enige voorbeeld van hypotaxis, de bijzin met *ehe*, die overigens ook in zichzelf door nevenschikking gekenmerkt is, werpt tegen deze vloed van nevenschikking slechts een smalle dam op (StA 2, 144-145):

Doch nimmer, nimmer vergißt ers.
Denn eher muß die Wohnung vergehn,
Und die Sazung und zum Unbild werden
Der Tag der Menschen, ehe vergessen
Ein solcher dürfte den Ursprung
Und die reine Stimme der Jugend.
Wer war es, der zuerst
Die Liebesbande verderbt
Und Strike von ihnen gemacht hat?
Dann haben des eigenen Rechts
Und gewiß des himmlischen Feuers
Gespottet die Trozigen, dann erst
Die sterblichen Pfade verachtend
Verwegnes erwählt
Und den Göttern gleich zu werden getrachtet.

De strofe bevat een tweetal verdere bijzonderheden. Op de inzet van de eerste regel met *Doch* volgt woordherhaling, *nimmer, nimmer*, extreem voorbeeld van nevenschikking. Een zwakkere versie van deze lexicale equivalentie kan beluisterd worden in de herhaling van *Dann* aan het eind van de strofe. Het werkwoord van de eerste zin, *vergißt*, wordt herhaald in de bijzin met *ehe* en attendeert op de morfologische equivalentie die *vergißt* verbindt met *vergehn, vergessen, verderbt, verachtend* en *Verwegnes*. Aan het ik zou bijna zeggen onstuitbaar voortstromen van de taal dat door het lint van voegwoorden tot stand wordt gebracht, dragen deze voorbeelden van lexicale en morfologische equivalentie het hunne bij. De tweede bijzonderheid waarop ik de aandacht wil vestigen, is de vraagzin in het midden van de strofe: *Wer war es, der zuerst / Die Liebesbande verderbt / Und Strike von ihnen gemacht hat?* Hölderlin last graag een vraag in in zijn elegieën en hymnen, bijvoorbeeld een vraag als *aber was ist diß?* in 'Mnemosyne' of *Wo aber sind die Freunde?* in 'Andenken'. Van 'Brod und Wein', waaruit Hölderlins beroemdste vraag *wozu Dichter in dürftiger Zeit?* stamt, zijn hele brokstukken met behulp van de vragende vorm gestructureerd en alle drie de versies van 'Der Einzige' beginnen met dezelfde vraag *Was ist es, das / An die alten seeligen Küsten / Mich fesselt, daß ich mehr noch / Sie liebe, als mein Vaterland?* Er spreekt een wil tot communiceren uit, die bijvoorbeeld ook in de herhaling van *uns* in de geciteerde regels uit 'Brod und Wein' (zie p. 311) beluisterd kan worden[37].

Naast Hölderlins Rijn-strofe kan een strofe van Lucebert geplaatst worden, die weliswaar niet met een voegwoord begint, maar waarin zich een opmerkelijk voegwoordlint ontrolt. Het gaat om een strofe waarin Lucebert bovendien gebruik maakt

---

[37] Roland Reuß, de auteur van een zeer omvangrijke dissertatie over twee late gedichten, spreekt over 'het alomtegenwoordige vragen in Hölderlins werk'. Hij ziet in de talrijke vragen een teken voor de communicatieve openheid van Hölderlins poëzie, die evenzeer in het grote aantal wensen, verzoeken en apostrofen, waarbij het poëtisch ik zich rechtstreeks tot een persoon of zaak richt, tot uitdrukking komt. R. Reuß, »*.../Die eigene Rede des andern«. Hölderlins Andenken und Mnemosyne*. Stroemfeld/Roter Stern Frankfurt am Main 1990, p. 64. De auteur onderscheidt zich door zijn uitgesproken aandacht voor formele analyse. Met name opmerkelijk is de aandacht voor de semantisering die het resultaat is van metrische equivalentie.

van de vragende vorm, en waarvan het slotwoord *verstaan* doorverwijst naar 'er is ik en er is' en daarmee naar Hölderlin (zie p. 30). Door het begin van de regels van de derde strofe van 'romance' wordt een lint van voegwoorden gevlochten. Van de zestien regels van deze strofe begint de helft met een voegwoord. Na het onderschikkend voegwoord *omdat* valt er een rust, waarna met *maar* een nieuwe, breed uitwaaierende zin wordt ingezet. De vraag *hoe?* dient ter inleiding van het laatste deel van de strofe dat uit twee paren van door nevenschikking gekenmerkte zinnen bestaat, waarvan het laatste opnieuw vragend is. Opvallende woordherhalingen komen in zowel het eerste als het tweede en derde deel van de strofe voor en geven mede vorm aan de krachtige tendens tot nevenschikking (vg 33):

>   toen kwamen wij in de weerspannige dorpen
>   als haren daar stonden de mannen de vrouwen de mannen
>   en luidend hun bronzen vlammen galmend
>   aan elkander galmend
>   want geen hield van ons daar
>   omdat wij raar waren
>   maar een pleisterplaats is uw stem
>   een ruggedraai als rook een damp
>   vaststaande naast de vorstinnen
>   en alleen met uw zingen
>   kan ik zingen van de rijkdom en van de
>   gezalfde hoeven die daarop sloegen
>   hoe? een boom ben ik verbrand in de wolken
>   of een stenen stroom in de grond
>   wie zal deze dan horen
>   en wie zal deze verstaan[38]

Naast de reeks van voegwoorden die het begin van de regels van een strofe beslaat, laat de late poëzie van Hölderlin ook voorbeelden zien van een veelvoud van voegwoorden die zich in een paar regels van een strofe ophopen. Dit bijzonder gebruik van voegwoorden, waarin zich eveneens een krachtige tendens tot nevenschikking manifesteert, kan opnieuw aan de hand van een voorbeeld uit 'Patmos' worden geïllustreerd. Van 'Patmos' bestaat niet alleen een afgeronde eerste versie, maar zijn ook verschillende latere versies overgeleverd, die meer of minder ver ontwikkeld maar geen van alle afgerond zijn. Een vijftal verzen uit één van deze latere versies kan de opeenhoping van voegwoorden demonstreren (StA 2, 182):

---

[38] Fragmenten van een vergelijkbaar voegwoordlint komen verder voor in de eerste en achtste strofe van 'exodus' (vg 23-27), de tweede strofe van 'bed in mijn hand' (vg 50-52) en de eerste strofe van 'in de hitte' (vg 58-59).

                                                            denn nie genug
     Hatt er, von Güte, zu sagen
     Der Worte, damals, und zu bejahn bejahendes. Aber sein Licht war
     Tod. Denn karg ist das Zürnen der Welt.
     Das aber erkannt' er. Alles ist gut. Drauf starb er.

Bij Lucebert laat zich slechts één voorbeeld aanwijzen van een veelvoud van voegwoorden, die zich opeenhopen in een strofe. De uniciteit van het verschijnsel doet echter niets af aan het gewicht ervan, in het algemeen niet en in dit geval in het bijzonder niet. Het enige voorbeeld van een cluster van voegwoorden komt namelijk voor in 'anders anders bekend maar herkend toen,' en dat is het gedicht, waarin Lucebert zich met Hölderlin identificeert (zie p. 287). Nadat de voorlaatste strofe besloten is met de regel waarin een samenvatting van het lot van Hyperion gelezen kan worden: *de dichter verdrijft men met spot van de akkers der aarde*, wordt het gedicht besloten met de volgende strofe (vg 16):

     zingende steeds, maar zinloos, wijl geen nest meer
     en geen blijvend genoegen van node, want naakt,
     want arm zijn is rijk in deze, de puilende tijd,
     waar het markten gemis ons nog heftig betwist.

Tenslotte moet voor een laatste bijzonderheid van Hölderlins voegwoordgebruik een beroep gedaan worden op de zogeheten "Hymnische Entwürfe". Dit is een verzameling gedichtontwerpen die eveneens tot het late werk gerekend wordt, en waarvan een aantal van Hölderlins beroemde teksten deel uitmaakt. Ze zijn lang niet allemaal van dezelfde onvoltooide staat. Sommige zijn bijna voltooid, andere zijn in de ware zin van het woord ontwerp. Vanwege hun datering en hun onvoltooidheid staan deze teksten dichtbij de latere versies van 'Patmos'[39].

'Patmos' laat het bijzonder gebruik van voegwoorden zien, en wel in drieledige zin. Zij worden gebruikt ter opening van een strofe, nemen ook de plaats aan het begin van volgende regels van een strofe in, of hopen zich in een strofe op. Op bijna nog indringender wijze laten de "Hymnische Entwürfe" het bijzonder voegwoordgebruik van Hölderlin zien. Wie bladert door deze verzameling van bijna voltooide of ontwerp gebleven teksten, ziet brokstukken volledig of bijna volledig afgesloten tekst aan het oog voorbijgaan, met daartussen open plekken. Meer dan eens staat op deze open plekken nog bijna niets, behalve de zo karakteristieke voegwoorden. Op de open plekken in de "Hymnische Entwürfe" staat de aanzet tot een regel of een zin met een voegwoord en staat soms zelfs alleen een voegwoord. Het is alsof deze voegwoordelijke kernen

---

[39] De aandacht voor deze gedichtontwerpen, die in het Hölderlin-onderzoek overigens van het begin af aan niet veronachtzaamd zijn, lijkt de laatste decennia alleen nog maar toe te nemen. Dit wordt goed geïllustreerd door het *Revisor*nummer uit 1987 onder gastredactie van Ben Schomakers dat aan Hölderlin was gewijd. Hier werd door zowel Maarten van Nierop als Doro Franck over dit onderwerp geschreven, terwijl verder van de hand van Kester Freriks en Ben Schomakers vertalingen verschenen van twee van de "Hymnische Entwürfe", respectievelijk 'Einst hab ich die Muse gefragt...' en 'Vom Abgrund nemlich...'. Zie hiervoor: *De Revisor* jg.14 (1987) nr.2, p. 42-49 en 60-67.

de kracht vasthouden, waaruit in een volgende fase van bewerking moeiteloos een zin of een aantal verzen ontwikkeld zouden kunnen worden. In 'An die Madonna' (StA 2, 211-216) staan op open plekken bijvoorbeeld de aanzetten *Denn weil ich* en *Doch wenn unheilige schon*. In 'Die Titanen' (StA 2, 217-219) staat tweemaal *Wenn aber* op een open plek. In 'Wenn aber die Himmlischen...' (StA 2, 222-225) staat op een open plek *oder es schafft / Auch andere Art, / Es sprosset aber*. In 'Sonst nemlich, Vater Zevs...' (StA 2, 226-227) vult *Denn* een open plaats en staat op een verdere open plek de aanzet *Doch allzuscheu nicht,*. Aan het begin van de aanzet tot een zin in '...Meinest du es solle gehen...' (StA 2, 228) staat *Also*. In 'Ihr sichergebaueten Alpen...' (StA 2, 231-232) staan *Und* en *Wann aber* alleen. In 'Dem Fürsten' (StA 2, 246-248) staat *aber* alleen. Heel bijzonder is 'Kolomb' (StA 2, 242-245). Deze tekst, nog echt ontwerp, laat kleine fragmenten van bijna of volledig voltooide tekst zien, die beginnen met de nevenschikkende voegwoorden *Und*, *Doch*, *Denn* en *Nemlich*. Als aanzetten tot zinnen op open plekken komen voor *So du / Mich aber fragest* en *damit / Mit Lissabon*. Als voegwoorden die alleen een open plek vullen, komen voor *Dennoch*, *Darum auch* en *Entweder*. 'Kolomb' is een ontwerp van omvang dat hier niet in zijn geheel geciteerd kan worden; het was waarschijnlijk een hymne van lange adem geworden, indien het was voltooid. Iets meer van de bijzonderheid van een ontwerp als 'Kolomb' kan gedemonstreerd worden aan de hand van een ontwerp van bescheidener afmeting. Het gaat om een tekst uit de zogeheten "Pläne und Bruchstücke", een genummerde verzameling van soms niet meer dan de titel voor een voorgenomen gedicht, die daarnaast meer en minder ver gevorderde ontwerpen omvat. Nummer 46 biedt een interessant voorbeeld van een ontwerp, dat zijn voegwoordelijke kernen duidelijk laat zien (StA 2, 327):

          wir aber singen
Den Schiksaalshügel, nemlich

         die Berge
Des Frankenlandes,

         und die Wartburg
Schon blühen   daselbst

       heiligen Nahmen, o Gesang, aber
Den Bußort
Von Deutschland nennest du ihn;

Dit ontwerp wordt bijeengehouden door de twee voorbeelden van *aber* en door *nämlich* en *und*. Ik vestig in het bijzonder de aandacht op het voegwoord dat een open plek vult. Het plan om in de tweede regel uiteen te zetten wát er gezongen wordt, is zo vast, dat *nemlich* er alvast staat.

Bij Lucebert doen zich twee gevallen voor van het voegwoord op een overigens open plek. *Maar* staat alleen aan het begin van een regel met puntjes in 'Diep onder de kath. kerk in de ichtus-lärm'. Het gaat hierbij om één van die teksten die eigenlijk in hun originele vorm, als tekening-gedicht, gelezen moeten worden[40]. Het gedicht is niet door tussenwit in strofen verdeeld, maar hanteert andere middelen ter geleding. De tekst die op de *maar*-regel volgt, springt niet alleen naar rechts in, maar staat ook in een kader, waarna de vervolgtekst in het handschrift ook enigszins inspringt ten opzichte van de eerste helft van de tekst, die met het geïsoleerde voegwoord besluit (vg 419-420):

[...]
Dein IST MEIN CASPAR
maar...............
               Sören je en literair anmeldese las
               grafschenner 1846 genaamd:
               DE HONDERD LITT. MEESTERWERKEN
               hebben een gaarde en
               het is herfstig...
Het is herfstig als eens in GRIEBO
Bij de ELBE een herfstbel van onweer en een →
               pijlsnel jaargetijde op 1-s v. REUZENEUZEN
Boos als bij Bordeaux waar
de muren spraakloos staan [...]

Onder de verwijzingen naar het literaire métier nemen die naar Hölderlin een prominente plaats in. Naar zijn biografie wordt verwezen met *Bordeaux*, de plaats waar hij zijn laatste betrekking als huisleraar vervuld heeft; naar zijn werk met de volgende regel, de vertaling van *Die Mauern stehn / Sprachlos*, anderhalve regel uit het eerder geciteerde 'Hälfte des Lebens' (zie p. 29-30)[41].

Zomogelijk nog indringender dan het alleenstaande *maar* met een reeks puntjes is het gebruik van *namelijk* met daarachter een reeks puntjes aan het slot van 'poëziezo easy job'. In de laatste regels van dit gedicht spreekt Lucebert over de schrijver van een 'visionair lexicon' dat voor generaties dichters maatgevend is geweest. Op het moment waarop de dichter iets van dit lexicon wil expliciteren, zoals uit *namelijk* blijkt, verschijnen de puntjes (vg 417-418):

---

[40] *apparaat* (vg 743).
[41] Naast het alleenstaande *maar* valt een tweede voegwoord dat bijzonder gebruikt is, op. Het gedicht wordt besloten met een lange, over zeven regels uitgesponnen enumeratio: *[...] en / hier jij mijn ankerafwikkelaar Wattson / Voltaire / eveneens Bach Buxtehude beeft Bob / TRIC TRAC / en jij kleine onder mij de jij de rose / zalmoogsten in het oog / jij ook*. Als aanloop fungeert *en*, dat staat aan het eind van de regel die aan de enumeratio voorafgaat. Het voegwoord wordt met hoofdletters geschreven en de twee letters ervan worden niet naast, maar onder elkaar geplaatst. Het is alsof hierdoor de functie van springplank van *EN* ook visueel is aangegeven.

in de prozaische bedwelming een mens met gemeste nagels schrijvende
    het visionnaire lexikon voor 4 (vier) generaties litteraten
in de zelfde graad die befrAagerin ener begravenis
schrijft hij de laatste poëzie die te verdragen is
nl. ....

De geciteerde regels besluiten de derde en laatste strofe, die in haar geheel is gewijd aan het vak van de poëzie. Dit onderwerp is in de titel *poëziezo easy job* verrassend verwoord, op een wijze die uitnodigt tot vertaling. Naar mijn mening moet het onderwerp van het métier van de poëzie ook in het Duits van Hölderlins gedichttitel *Dichterberuf* worden vertaald[42]. Door Luceberts uitzonderlijk gebruik van *namelijk* schemert het gebruik dat Hölderlin van *nämlich* maakt. Het woord is in het bijzonder karakteristiek voor het latere werk[43]. Het komt frequent voor in de latere versies van 'Patmos' en 'Der Einzige'. *Nämlich* wordt niet alleen op de grens van een strofe gebruikt[44], maar hoopt zich ook in een voegwoordcluster op[45], terwijl het bovendien gebruikt wordt op de open plek van een ontwerp, die overigens nog bijna of zelfs helemaal leeg is[46]. Naast de strofe van 'het proefondervindelijk gedicht' waarin Hölderlin met name wordt genoemd, treedt dus de laatste strofe van 'poëziezo easy job' waarin de dichter die als weinig anderen door vakgenoten is geroemd, wordt gehuldigd als de auteur van een voor generaties bepalend lexicon.

Wanneer in de schrijver van het 'visionaire lexicon' Hölderlin is ontdekt, kan in het curieuze detail van de nagels een toespeling op Hölderlins biografie worden gelezen. Lucebert spreekt over *een mens met gemeste nagels*. Het historisch gegeven van de lange nagels van Hölderlin zou vermoedelijk niet het gewicht dat Lucebert er kennelijk aan gehecht heeft, verworven hebben, indien het niet ook een rol had gespeeld in het drama van Hölderlins transport van Homburg naar Tubingen.

De gebeurtenissen waarom het gaat, spelen zich af in september van het jaar 1806. Hölderlin is van 1804 tot 1806 verbonden aan het hof van de landgraaf aan wie

---

[42] StA 2, 46-48.
[43] Zoals in één oogopslag te zien is in de concordantie op de gedichten, die voor de poëzie tot 1800 geen vindplaatsen van *nämlich* geeft, en voor de poëzie van na 1800 een totaal van eenenzeventig. Zie hiervoor: *Wörterbuch zu Friedrich Hölderlin. I.Teil: Die Gedichte*. Auf der Textgrundlage der Großen Stuttgarter Ausgabe. Bearbeitet von Heinz-Martin Dannhauer u.a. Max Niemeyer Verlag Tübingen 1983, s.v.
[44] *Nemlich* wordt gebruikt ter opening van een strofe in 'Brod und Wein' *Nemlich, als vor einiger Zeit, uns dünket sie lange,* (StA 2, 94) en staat aan het einde van een strofe in 'Der Einzige' *Nemlich frisch // Noch unerschöpfet und voll mit Loken* (StA 2, 159) en 'Der Ister' *Nemlich wenn // Angehen soll der Tag* (StA 2, 191-192).
[45] In een paar regels van één van de latere versies van 'Der Einzige' *[...] Nemlich Christus ist ja auch allein / Gestanden unter sichtbarem Himmel und Gestirn, sichtbar / Freiwaltendem über das Eingesezte, mit Erlaubniß von Gott, / Und die Sünden der Welt, die Unverständlichkeit / Der Kenntnisse nemlich, wenn Beständiges das Geschäfftige überwächst / Der Menschen und der Muth des Gestirns war ob ihm. Nemlich immer jauchzet die Welt / Hinweg von dieser Erde, daß sie die / Entblößet; [...]* (StA 2, 163).
[46] Naast het hierboven geciteerde voorbeeld uit de "Pläne und Bruchstücke", kan in de verzameling "Hymnische Entwürfe" gewezen worden op 'Sonst nemlich, Vater Zevs...' (StA 2, 226), '...Meinest du es solle gehen...' (StA 2, 228) en 'Kolomb' (StA 2, 244).

hij 'Patmos' heeft opgedragen, landgraaf Friedrich V von Hessen-Homburg. Zijn aanstelling als hofbibliothecaris is een formaliteit. Wanneer er in 1805 een proces wegens hoogverraad tegen Isaac von Sinclair, diplomaat in dienst van de landgraaf, wordt gevoerd, raakt Hölderlin hierbij zijdelings betrokken. De landgraaf weet hem voor uitlevering te behoeden, maar de troebelen rond Sinclair missen hun uitwerking op de dichter niet. In september 1806 wordt Hölderlin naar Tübingen gebracht om daar in de pas geopende kliniek van dokter Authenrieth te worden opgenomen. Hij is echter in de beslissing om tot psychiatrische behandeling over te gaan níet gekend. Op het moment waarop hij aan de zorg van degenen die zich in Homburg over hem hadden ontfermd, werd onttrokken, heeft hij niet geweten wie hem kwamen halen en met welk doel dat gebeurde. Mogelijk had hij zich ook teweergesteld, indien hij dit wel geweten had; misschien ook is hem een deel van zijn angst ingegeven door de arrestatie van Sinclair, die nog maar zo kort geleden plaatsgevonden heeft[47]. Wat hier ook van zij, hij heeft zich heftig verzet en daarbij van zijn lange nagels als wapen gebruik gemaakt. In een brief van de echtgenote van de landgraaf, gravin Caroline von Hessen-Homburg, aan één van haar dochters is dit dramatische moment vastgelegd:

> Le pauvre Holterling a été transporté ce matin [...]. Il a fait tous ses efforts pour se jetter hors de la Voiture, mais l'homme qui devoit avoir soin de lui le repoussa en Arrière. Holterling crioit que des Harschierer l'amenes, et faisoit de nouveaux efforts et grata cet homme, au point, avec ses Ongles d'une longueur énorme qu'il étoit tout en sang.[48]

Ik vestig er in het bijzonder de aandacht op, dat het gedicht een kras voorbeeld van de dwarsverbinding tussen de twee interteksten laat zien. Juist in 'poëziezo easy job' namelijk zijn handen, vingers en nagels in kabalistische zin geladen (zie p. 264), en op dit semantisch complex wordt Hölderlin, doordat hij als *een mens met gemeste nagels* wordt voorgesteld, betrokken. Dit voorbeeld van de verbinding of kruising van de twee interteksten van Hölderlin en Joodse mystiek is zo merkwaardig, omdat het ervoor geselecteerde detail zo curieus is. De keuze voor het detail van de vingernagels laat zich niet gemakkelijk interpreteren, maar ik proef er de neiging in om het met het afscheid van de sabbat verbonden ritueel van de beschouwing van de vingernagels in verband te brengen met het voor het werk van Hölderlin zo belangrijke thema van

---

[47] Aldus: Werner Kirchner, *Der Hochverratsprozeß gegen Sinclair. Ein Beitrag zum Leben Hölderlins*. Simons Verlag Marburg (Lahn) 1949, p. 136, aan wiens speurzin de ontdekking van het hierna te citeren dokument te danken is.

[48] StA 7, 353-354. Adolf Beck annoteert dat met *Harschierer* worden bedoeld *Hartschier*, dat wil zeggen 'lijfwachten', en vestigt er verder de aandacht op, dat ook Wilhelm Waiblinger, de eerste biograaf van Hölderlin die hem in 1822 leert kennen, melding maakt van lange nagels. Bertaux is van mening dat in het detail van de lange nagels al te gemakkelijk een teken van verwaarlozing is gelezen, en stelt hier de interpretatie als een 'indice social' tegenover. Zijns inziens liet de hofbibliothecaris of huisleraar Hölderlin zijn nagels groeien, om zich zo te onderscheiden van het huishoudelijk personeel. Zie hiervoor: Pierre Bertaux, *Hölderlin ou Le temps d'un poète*. Gallimard Paris 1983, p. 97.

de *Entflohene Götter*[49].

Het uitblijven van de explicatie na het gebruik van namelijk is in menig opzicht veelzeggend. De leegte die door de puntjes wordt geëxpliciteerd, is te verbinden met het einde der poëzie dat beluisterd kan worden in de woorden *de laatste poëzie die te verdragen is*, én met het feit dat voor Hölderlins visionaire lexicon op merkwaardig pertinente wijze een eindig bereik wordt aangegeven. Hölderlin is maatgevend *voor 4 (vier) generaties litteraten*[50]. Hölderlin is kortom gewaardeerd als de dichter die bepalend is voor een toekomst van nauwkeurig omschreven omvang, en tegelijk gezien als de dichter in wiens werk zich het einde der poëzie aankondigt. Door de toespeling op Hölderlins biografie kan de reeks puntjes evenzeer geïnterpreteerd worden als teken voor het einde van het dichterschap van Hölderlin zelf, waarvan de aankondiging juist door de open plekken in de ontwerp gebleven gedichten, waarop soms *nämlich* staat, zo indringend wordt vastgehouden.

Afsluitend concludeer ik dat Luceberts gebruik van voegwoorden is gerelateerd aan dat van Hölderlin. Niet alleen de diverse bijzonderheden van Hölderlins voegwoordgebruik zijn bij Lucebert terug te vinden. Daar komt bij dat de twee besproken voorbeelden van het voegwoordlint en de uitzonderlijke voorbeelden van de éne voegwoordcluster en de twee alleenstaande voegwoorden allemaal zijn ingebed in een context die de aanwezigheid van de intertekst van het werk van Hölderlin ook overigens tastbaar maakt. Voor de slotstrofe uit 'exodus' heb ik gewezen op de thematiek van Christus als 'laatste', voor het voegwoordlint uit de strofe van 'romance' op de vraagvorm. De voegwoordcluster van 'anders anders bekend maar herkend toen,' is ingebed in een context waarin Hyperion en Diotima aanwezig zijn, terwijl de twee voegwoorden op een overigens lege plek afkomstig zijn uit contexten die Hölderlin voor het beroep van dichter model laten staan. Deze constellatie van gegevens rechtvaardigt de conclusie dat Lucebert met zijn gebruik van voegwoorden naar Hölderlin verwijst.

---

[49] Uit 'Germanien' (StA 2, 149). Mogelijk speelt ook het beeld waarmee de slotstrofe van 'Patmos' opent, hier nog een rol. De godvergetenheid van de in de nacht levende mens is zo groot, dat hij kan worden voorgesteld als een blinde die door de goden bij de hand genomen moet worden *Zu lang, zu lang schon ist / Die Ehre der Himmlischen unsichtbar. / Denn fast die Finger müssen sie / Uns führen* (StA 2, 171).

[50] Het benadrukte getal 4 keert in de voetnoot die bij het gedicht gevoegd is, terug. Deze noot, die in een kader is gezet en voorzien is van een tekeningetje van een kanon met een stapel kogels, zinspeelt op verplichtingen die uit het maatgevend lexicon voortvloeien voor dichters van de vier volgende generaties: *het niet doen van de vereiste aangifte wordt door de wet op de verhogingsheffing ineens gestraft met een hechtenis van ten hoogste 4 maanden of geldboete van ten hoogste 4oo gulden*. De voetnoot komt in de zeer dichte nabijheid van de noot die in 'het proefondervindelijk gedicht' bij de namen van Hölderlin en Arp is geplaatst: *heeft een werkgever geen werknemers meer in dienst en is hij niet voornemens binnenkort weer werknemers in dienst te nemen dan kan hij de Inspecteur verzoeken van de hierboven omschreven verplichtingen te worden vrijgesteld.* (vg 432).

Het verband tussen tekst en voetnoot kan het curieuze gebruik van *litteraten* verklaren. Dit is merkwaardig, omdat het woord een pejoratieve betekenis heeft. De keuze voor het woord *litteraten* moet verband houden met de uithaal naar collega-dichters uit 'verdediging van de 50-ers' (zie p. 198). Zoals in 'poëziezo easy job' gezinspeeld wordt op een boete voor *litteraten* die de vereiste aangifte niet doen, zo wordt in 'verdediging van de 50-ers' geponeerd dat *de hollandse cultuur hol van helen (is)* (vg 406-407).

3 de twee gezichten van dominantie van parataxis

Zoals uit de tegenstelling van de reeks of het lint van voegwoorden enerzijds en de voegwoordcluster anderzijds al geproefd kan worden, staat het voortstromen van de taal in een strofe als die uit 'Der Rhein' die met een lint van voegwoorden en lexicale equivalentie doorvlochten is, haaks op het staccato van die paar regels uit 'Patmos' waarin opeenvolgende korte zinnen door de voegwoorden die zich erin ophopen, eerder op elkaar botsen dan dat ze met elkaar versmolten worden. Iets vergelijkbaars heeft Beißner opgemerkt over de latere variant van de beroemde openingsregels van 'Patmos'. Terwijl een nadrukkelijk leesteken de scheiding tussen twee zinnen onderstreept, moet toch aangenomen worden dat er van samentrekking sprake is, omdat beide zinnen het moeten stellen met één en dezelfde nominale constituent die in de éne als subject en in de andere als object dient (StA 2, 179):

> Voll Güt ist; keiner aber fasset
> Allein Gott.

Beißner annoteert dat het subject van de eerste zin aan het object van de tweede ontleend moet worden, en herleidt deze ongrammaticalitiet tot de "immer stärkere Wille zu härtester Sprachfügung"[51]. In voegwoordcluster en een voorbeeld van samentrekking zoals dit, laat zich een nieuw gezicht van dominantie van nevenschikking zien, dat ingrijpend verschilt van het gezicht dat door de brede dictie van het stromende woord wordt vertoond. In het verlengde van de observatie dat parataxis in het late werk allengs meer gaat overheersen, kan geconstateerd worden dat deze tendens twee gezichten heeft. Indien ik mij ter omschrijving van de twee uitersten waarom het in dezen gaat, een poëtische vrijheid mag veroorloven, zou gezegd kunnen worden dat dominantie van nevenschikking zowel tot stromende als tot strandende taal aanleiding geeft. Haaks op de voorbeelden waarin een vloed van woorden onstuitbaar voortstroomt, staan voorbeelden waarin de stem juist stokt en de taal strandt. Er kan met recht van 'stranden' gesproken worden, omdat het aan de andere pool van dominantie van nevenschikking niet blijft bij het staccato van zinnen die op elkaar lijken te botsen, maar voorts komt tot het vastlopen van zinnen in de aperte ongrammaticaliteit van de anakoloet. Het is deze polariteit van stromende versus strandende taal die Lucebert met Hölderlin verwant maakt.

Om deze polariteit bij Hölderlin nader toe te lichten, kunnen de eerder besproken voorbeelden van stromende taal uit 'Wie wenn am Feiertage...' en 'Der Rhein' gecontrasteerd worden met twee strofen uit 'Patmos'. De stuwende kracht die in de opening van een strofe met een onderschikkend voegwoord besloten kan liggen, wordt gedemonstreerd door de homerische vergelijking van 'Wie wenn am Feiertage...', waarin aan onderschikking tegenwicht geboden wordt door nevenschikking en de dominante tendens van nevenschikking leidt tot een indrukwekkend voorbeeld van stromende taal. Haaks hierop staat het voorbeeld van een strofe met *Wenn* uit 'Patmos', waarin

---

[51] StA 2, 795.

nog wel met een onderschikkende structuur wordt ingezet, maar de stem stokt. Hier is geen sprake van spanning tussen onder- en nevenschikking, maar wordt een structuur van onderschikking ter plekke ondergraven, zodat zich het andere gezicht van de anakoloet vertoont. Sprekend over het gevaar dat met het ontijdig oprichten van een beeld van God gepaard gaat, maakt Hölderlin een sprong tussen conditionele bijzin en hoofdzin (StA 2, 170):

> Wenn aber einer spornte sich selbst,
> Und traurig redend, unterweges, da ich wehrlos wäre
> Mich überfiele, daß ich staunt' und von dem Gotte
> Das Bild nachahmen möcht' ein Knecht -
> Im Zorne sichtbar sah' ich einmal
> Des Himmels Herrn, nicht, daß ich seyn sollt etwas, sondern
> Zu lernen. [...]

De hoofdzin spreekt niet, in aansluiting op de bijzin, over een mogelijkheid, maar over een werkelijkheid, zodat de onderschikkende structuur wordt ondergraven. Een variant die de aanzet tot de bewuste regels bevat, laat de oorspronkelijke syntactische structuur nog intact (StA 2, 775):

> Wenn aber einmal sich Unheiliges
> und die Edeln un   nachahmet ein Knecht,
> Dann kommen, im Zorne sichtbar die Götter

Doordat het *einmal* uit de bijzin naar de hoofdzin is verplaatst, wordt in plaats van de mogelijkheid van Gods toorn de realiteit daarvan uitgedrukt. Beißner spreekt met betrekking tot deze regels van een 'effectieve anakoloet' waarin over de ervaring van Gods toorn wordt bericht[52].

Tegenover de strofe met *Doch* uit 'Der Rhein' kan een strofe met *Doch* uit 'Patmos' gesteld worden. Terwijl in de strofe uit 'Der Rhein' de stuwende kracht van het lint van voegwoorden onmiskenbaar is, volgt in de strofe uit 'Patmos' die opent met *Doch*, een tweede zin met *Denn* waarin de taal strandt. Deze tweede zin laat een brede aanzet zien, maar wordt door een tussenzin onderbroken en blijft onvolledig (StA 2, 168-169):

> Doch furchtbar ist, wie da und dort
> Unendlich hin zerstreut das Lebende Gott.
> Denn schon das Angesicht
> Der theuern Freunde zu lassen
> Und fernhin über die Berge zu gehn
> Allein, wo zweifach
> Erkannt, einstimmig
> War himmlischer Geist; und nicht geweissagt war es, sondern
> Die Loken ergriff es, gegenwärtig,
> Wenn ihnen plözlich

---

[52] StA 2, 793.

Ferneilend zurük blikte
Der Gott und schwörend,
Damit er halte, wie an Seilen golden
Gebunden hinfort
Das Böse nennend, sie die Hände sich reichten -

De polariteit van stromende versus strandende taal laat zich bij Lucebert aanwijzen in de groep van voorbeelden van strofen die openen met *toen*, *en* en *maar*. De strofen die openen met *toen* laten een glijdende schaal van grammaticaliteit zien, aan het einde waarvan de anakoloet staat. Het titelloze gedicht waarin de geboorte van de 'ik' wordt voorgesteld als het ontstaan van een gedicht, opent met een temporele bijzin (vg 56):

toen wij met een witte motor vlees sneden
werd ik zelf geboren
geboren als een plas
zich uitslaat slaat het hart
een plas adem
een meer woorden
na parijs en rome
na af en aanwezigheden
loei en kef ik
lucebert

Gereleveerd door de opvallende contour van het gedicht (zie p. 92 e.v.), suggereert de lange temporele bijzin direct breedte. Het is de langste regel van het gedicht dat alle volgende regels korter houdt, en besluit met de kortste regel. De opening met de bijzin vestigt voorts de aandacht op het ritme. Vooropplaatsing van de bijzin met *toen* veroorzaakt inversie, zodat het tempo van de tweede regel in vergelijking met dat van de eerste wordt vertraagd. Hierop volgt met de herhaling van *geboren* over de regelgrens een nieuw voorbeeld van stromende taal. De woordgroep *geboren / geboren* vergt het uiterste van de aandacht voor het ritme en is één van de middelen waarmee de bepaling van de geboorte als een ademhalingskwestie vorm krijgt. Door herhaling van *geboren* komt er een accent te liggen op de toch al lange [o:], waardoor verdergaande vertraging veroorzaakt wordt, die op haar beurt voorbereidt op een zeer langzame lezing van *als een plas*, dat langzaam gelezen móet worden omdat het dubbel moet gelden. De woordgroep dient als bijwoordelijke bepaling bij *geboren* enerzijds en als start van een nieuwe temporele bijzin bij de nieuwe hoofdzin *slaat het hart* anderzijds. In *geboren / geboren als een plas / zich uitslaat slaat het hart* culmineert de spanning tussen onder- en nevenschikking. Terwijl *geboren* en *slaat* worden herhaald, moet het niet-herhaalde *als een plas* als een apokoinou-constructie gelezen worden.

Een extreem voorbeeld van spanning tussen onder- en nevenschikking biedt 'de aarde is het paradijs', waarin Lucebert experimenteert met het verschil tussen een regel en een zin. Op bedrieglijk eenvoudige wijze legt hij het syntactisch geheel van een zin over of op de regelgrens, om de lezer uiteindelijk te verrassen met een synthese die in syntactisch opzicht onmogelijk is. Het gedicht bezit een opvallend uniform lexicon dat als het ware in de titel wordt samengevat, en de tekst in tweeën verdeelt. Om de kern van de binnenste strofen, die geen deel hebben aan dit lexicon, stulpt zich de periferie van de buitenste strofen, die uit de eerste, tweede en zevende strofe bestaat. Het uniforme lexicon schuilt in de zang waarvan sprake is in eerste en tweede strofe, en die in de zevende strofe wordt samengevat.

De drie strofen van de periferie beginnen elk met een voegwoord, de eerste en de laatste met *toen*. De eerste strofe is syntactisch welgevormd. Desondanks schuilt er een bijzonderheid in, die voorbereidt op de ongrammaticaliteit uit de slotstrofe. Bijzin en regel vallen niet samen. De werkwoordsvormen uit de twee opeenvolgende temporele bijzinnen staan net óver de grens van de regel, zodat ze op één lijn staan met het werkwoord uit de hoofdzin dat door inversie vooraan in de regel staat (vg 430):

> toen we heel moe en neerslachtig
> waren lappen benzine langs de weg
> hingen in een wildernis van koude
> zongen plotseling twee rillend en
> met ijzig heldere stemmen
> de aarde is het paradijs der sterren

Het onwaarschijnlijke rijtje van /*waren* - /*hingen* - /*zongen* preludeert op de uiteindelijke ongrammaticaliteit. De opvallende equivalentie van positie van de drie verbale vormen uit de samengestelde zin suggereert een verdergaande overeenkomst die de hiërarchie van de onderschikkende syntaxis bedreigt. De syntaxis wórdt ondermijnd in de slotstrofe, die de synthese van de zang uit eerste en tweede strofe bevat:

> toen we heel veel liefde wisten
> toen we heel veel haat hoorden
> gingen we in een wildernis van koude
> de haat de liefde ijzig helder overstemmen
> het paradijs der sterren
> het paradijs der mensen
> de aarde is het paradijs der sterren en der mensen

De vooropgeplaatste bijzinnen passen nu nadrukkelijk wél in de regel: de werkwoordsvormen *wisten/* en *hoorden/* staan achteraan. De omgeving waarin gezongen wordt en de kwaliteit van de stemmen zijn nog steeds dezelfde. Alleen wordt het *zingen* vervangen door *overstemmen*, dat weliswaar een object bij zich kan hebben, maar niet het dubbele object dat de objecten van de voorgaande bijzinnen samenvat. De synthese maakt een ondermijning van de syntaxis noodzakelijk die *de haat* en *de liefde* zonder nader verbindingswoord naast elkaar plaatst.

Terwijl de ongrammaticaliteit in 'toen wij met een witte motor vlees sneden' enigszins verdoezeld wordt onder de stijlfiguur van de apokoinou-constructie, treedt zij in 'de aarde is het paradijs' scherper aan het daglicht. Aan het einde van deze glijdende schaal van grammaticaliteit staat de anakoloet van een strofe met *toen* in de 'minnebrief aan onze gemartelde bruid indonesia'. Haaks op de temporele bijzin wordt een uitroep geplaatst. De aperte ongrammaticaliteit maakt het stokken van de stem, die juist zo nadrukkelijk naar breedte streeft, op significante wijze hoorbaar (vg 401-403):

> toen met witte luchtapen de maan optrok heelal van legers
> en je dromen zuchtten als de jungle, 's avonds zilvere harpijen
> de harpen van de spin over je ogen trilden van de tamarindeminnaar
> waar zou hier wolf niet huilen van begeerte en de wanhoop
> het opgemaakte vuur als bedden voor asbesten vorst
> maar zelfs de maan beklom je niet ik zag hem stoeien met koraal en zee

Ook in de strofen die openen met *en* laat de polariteit van stromende versus strandende taal zich aanwijzen. Een voorbeeld van een strofe met *en* die strandt in een anakoloet, is te vinden in 'romeinse elehymnen II' (vg 31):

> en ik rotonde mijner ogen dwalen
> zingt de zichtbaarheid van pantomimelied
> zaal zo donkerwoelend ziet
> de aarde mij aan - ik wil haar bestralen
> vanuit orale oogportalen
> wil haar maskeren met dans en lied

Een latere variant smeedt de eerste zin om tot een conditionele bijzin, maar laat onverlet dat *zaal* gelezen moet worden als een uitroep die de zinsstructuur onderbreekt:

> en wil ik in de rotonde mijner ogen dwalen
> zingen zichtbaarheid van pantomimelied
> zaal zo donkerwoelend ziet
> de aarde mij aan - ik wil haar bestralen
> vanuit orale oogportalen
> wil haar maskeren met dans en lied[53]

Hiertegenover staan sterke voorbeelden van stromende taal, die op de opening met *en* verdere voegwoorden plus meer of minder extreme vormen van woordherhaling laten volgen, en ofwel binnen de grenzen van het grammaticale blijven ofwel hier overheen gaan. Bijzonder is de slotstrofe van 'onder de wind van de wonden', waarin de ongrammaticaliteit als het ware wordt afgedwongen door rijm. In de eerste regel is de ongrammaticaliteit van *ging uit* in plaats van *uitging* opvallend; deze wordt door het doorlopen van de zin in de volgende regel weliswaar ondervangen, maar lokt dan alsnog ongrammaticaliteit uit (vg 414):

> en hoe ik ook ging en ging uit
> de deur de deur de deur
> en in mijn lippen ik sluit
> nog de vluchtige voet van je geur

En treedt verder op aan het begin van twee strofen uit de 'lente-suite voor lilith'. In tekst 2, die wordt besloten met het eerder besproken voorbeeld van de woordenstroom

---

[53] In: *Gedichten 1948-1963*. Zie hiervoor: *apparaat* (vg 595-596).

ter uitdrukking van de fotografierivier (zie p. 311), opent het de slotstrofe. Verdere voegwoorden en extreme voorbeelden van lexicale equivalentie vullen de regels (vg 42-43):

    en ik en ik ik ben ik jaag niet naar de letter
    luister ik jaag niet naar de letter maar ik luister

In tekst 1 opent *en* eveneens de laatste strofe. Hier staat het nevenschikkend voegwoord bij uitstek aan het begin van een strofe die door het radicaal gebruik van fonologische en morfologische equivalentie als geheel tot een treffend voorbeeld van stromende taal wordt, waaraan alleen het woord *wassen* zich onttrekt (vg 42-43):

    en jij
    wassen *jij klein en vingers in de la in de ven*
    lavendel in de lente love lied
    laat zij geuren
    pagodegeuren
    lavendelgoden
    geuren

De groep met *maar* laat het duidelijkst zien tot welke twee uitersten dominantie van nevenschikking kan leiden. Verschillende voorbeelden van strofen die op de opening met *maar* lexicale equivalentie laten volgen, staan tegenover verschillende voorbeelden van strofen die na de opening met dit voegwoord stranden in de ongrammaticaliteit van de anakoloet.

    Voorbeelden van strofen met *maar* waarin zich het éne uiterste van de stromende taal laat aanwijzen, worden door meer of minder radicale vormen van woordherhaling geschapen. Een minder extreem voorbeeld, dat echter in zijn semantische implicaties verstrekkend is (zie p. 184), doet zich voor in de slotstrofe van 'een wijze vrouw beleerde een wijsgeer'. Hier treedt herhaling van het verbum over de regelgrens op en kan dankzij het cruciale *veranderen* voor het eerst gebruik gemaakt worden van het persoonlijk voornaamwoord *wij*, terwijl dit meervoud in de voorgaande regel en in alle voorgaande strofen nog uiteenvalt in een 'ik' en een 'zij' (vg 413):

    maar ik lees mee met haar boek en verander
    wij veranderen in elkander

In de slotstrofe van 'woe wei' worden *onder* en *glanst* herhaald (vg 411-412):

    maar onder het loden nest
    onder de moor van de telefoon
    onder het stapelvee van de dood
    onder theelelieliefde gebroken
    het hart van het gras glanst
    glanst dansend van zomerhoop

Terwijl de vooropplaatsing van de bijwoordelijke bepaling, waarop door het driemaal herhaalde *onder* aan het begin van opeenvolgende regels zwaar de nadruk wordt gelegd, inversie vereist: *maar onder het loden nest* (...) 'glanst het hart van het gras', staat herhaling van *glanst* over de regelgrens: *het hart van het gras glanst / glanst dansend* hieraan in de weg.

Een extreem voorbeeld van woordherhaling doet zich voor in een strofe met *maar* uit de 'minnebrief aan onze gemartelde bruid indonesia'. Om aan de roep van de bruid vorm te geven, volgt op de opening met *maar* - het aangewezen woord op deze plaats vanwege de fonologische equivalentie met het kernwoord - een woordenstroom die in hoofdzaak uit het woord *minnaar* bestaat. Het nevenschikkend aspect wordt verder benadrukt door het procédé van samenstelling met behulp waarvan bepalingen voor de constante kern van het woord *minnaar* worden geplaatst (vg 401-403):

> maar nu roepen java en sumatra minnaar dichterminnaar
> nu roepen zij mijnwerkerminnaar asbakkenmannenminnaar
> metaalbewerkerminnaar, zij roepen mijn kameraden minnaar

Zowel bij de voorbeelden met *en* als bij die met *maar* is dus een extreem geval van lexicale equivalentie te vinden. Het procédé van de uitbreiding van de door een nevenschikkend voegwoord ingezette structuur met lexicale equivalentie, dat bij Hölderlin in de strofe uit 'Der Rhein' is aangewezen, wordt door Lucebert geradicaliseerd. In de *minnaar*-strofe uit de 'minnebrief aan onze gemartelde bruid indonesia' en de *lavendel*-strofe uit tekst 1 van de 'lente-suite voor lilith' laat Lucebert radicale voorbeelden van woordherhaling zien. In de *minnaar*-strofe hecht hij aan de opening met het nevenschikkend voegwoord *maar* een extreem voorbeeld van herhaling van één en hetzelfde woord. Hier wordt door nevenschikking een strofe opgebouwd uit één woord. In de *lavendel*-strofe laat hij op de opening met *en* een vorm van lexicale equivalentie volgen, die over verschillende woorden is verdeeld en demonstreert dat ook uit de resten van een woord regels kunnen worden opgebouwd. Zoals in het eerste voorbeeld woordherhaling de strofe constitueert, zo lost in het tweede voorbeeld woordherhaling in fonologische en morfologische equivalentie op.

Tegenover de besproken voorbeelden van strofen met *maar* waarin de taal krachtig voortstroomt, staan strofen met *maar* waarin de stem stokt en de taal strandt. Deze komen uit 'de schoonheid van een meisje', 'exodus' en 'met ijsvulkanen oh noorwegen in de lucht'. Op het eerste voorbeeld zal ik hierna bij de analyse van het betreffende gedicht als geheel ingaan (zie p. 340), de beide andere voorbeelden stel ik hier aan de orde.

In 'exodus' komt een strofe met *maar* voor, die verder door de vragende vorm wordt gekenmerkt. Zoals de strofe uit 'romance' een voegwoordlint met vragen combineert (zie p. 320-321), zo combineert de vierde strofe van 'exodus' de opening van de strofe door *maar* met vragende zinnen die beginnen met *wie* en *waarom* (vg 23-27):

> maar wie jaagt en waarom gaan
> aan de boom boven de baaierd
> knapen-meisjesachtige bladeren verward opwaarts
> als kneedde een hand haastig
> de op donkre gronden drijvende oogappel of ook

>als huilden de prachtige lippen
>van het paardmens in de grassen
>die van het volk dat
>afgenomen de kracht van een oude god
>en heeft met zwarte handen verdeeld
>over gewas en waterwerken ent gebergte en de vol
>tallig draaiende vlammen?

Lucebert knoopt hier aan een kort gehouden *wie*-vraag, een vraag met *waarom* die zich uitbreidt over elf regels. De tweede vraag krijgt lengte door een paar van bijzinnen met *als* in de zin van 'alsof', die door het nevenschikkende *of ook* verbonden worden, en door een relatieve bijzin met *die*. De *waarom*-vraag betreft een kennelijk niet als bedoeld verlopen schepping: de wijze waarop de bladeren aan de boom opstijgen, is *verward*. De vreemde schepping suggereert overeenkomst met andere, minder gelukkige creaties. De oogappel lijkt niet-welgevormd, omdat hij 'haastig gekneed' is; de lippen van het paardmens 'huilen in de grassen', terwijl ze deze zouden moeten verzamelen. De syntactische relaties zijn tot hier toe duidelijk. Problemen rijzen met de betrekkelijke bijzin. De regel *die van het volk dat* heeft een vorm die op zichzelf al de aandacht op de syntaxis vestigt: relativum - bijvoeglijke bepaling - relativum. Het eerste relativum, *die*, kan zowel naar *grassen* als, over het paar van bijzinnen heen, naar *knapen-meisjesachtige bladeren* terugverwijzen. Het tweede relativum, *dat*, sluit een paar door nevenschikking verbonden bijzinnen bij *het volk* aan. Dit paar van zinnen vertoont leemtes die slechts door semantische equivalentie kunnen worden opgelost. De eerste zin mist het hulpwerkwoord, de tweede een lijdend voorwerp. De semantische relatie tussen *afgenomen ... van* en *verdeeld over* suggereert dat beide zinnen hetzelfde object delen, zodat hier sprake is van een volk dat aan een oude god zijn kracht heeft ontnomen, om deze vervolgens te verdelen over een meervoud van andere grootheden. Het lijkt erop dat de weglating van een naar het object terugverwijzend woord de verplaatsing van het hulpwerkwoord heeft veroorzaakt. Er staat: *het volk dat afgenomen de kracht van een oude god en heeft met zwarte handen verdeeld* in plaats van 'het volk dat afgenomen *heeft* de kracht van een oude god en *deze* met zwarte handen verdeeld'.

Met betrekking tot dit paar van vraagzinnen van de strofe met *maar* uit 'exodus' moet weliswaar geconcludeerd worden, dat het ongrammaticaliteit in zich draagt, maar toch ook dat deze zich slechts plaatselijk manifesteert. Terwijl de nevenschikking aan het eind van de besproken regels uit het spoor raakt, wordt voor het overige de teugel van de syntaxis juist strak gehouden. Dit is elders volslagen anders. Het gedicht 'met ijsvulkanen oh noorwegen in de lucht' bestaat uit drie strofen, waarvan de laatste opent met *maar*. Een onmiskenbare anakoloet vult deze *maar*-strofe (vg 22):

>maar die steden dansende aziaties waar
>mongools het geloof
>en daar waar eveneens krakende
>ernstig het ijs is der wetenschap
>komisch ook, maakt zolen de wet

> want monds gelijk de zonde
> wandelt hij wenkende, gelijk de weg
> gelijk de wegen zijn
> dat is:
> vergiftigend

De woorden *daar waar* sluiten noch op *die steden*, noch op *waar* goed aan. Ze suggereren weglating van een voorzetsel voor *die steden*: 'maar [in] die steden ... waar ... en daar waar ...'. Het vervolg van de zin berooft de lezer in ieder geval van de illusie dat *steden* onderwerp zou kunnen zijn: *maar die steden (...) maakt zolen de wet*. Deze syntactische structuur maakt *de wet* tot onderwerp en *die steden* tot meewerkend voorwerp, en drukt uit dat de wet zolen verschaft aan steden. Mogelijk ligt de fonologische equivalentie *stad - staan* als talig hypogram aan de zin ten grondslag; in de eerste strofe komt naast het enkelvoud *stad* een vorm van het werkwoord *vallen* voor. Zeker is, dat de bepaling *dansende* en de suggestie van een krakende (ijs)vloer, die in de tweede bijzin met *waar* beluisterd kan worden, in dezelfde richting wijzen. Er wordt dan niet slechts uitgedrukt dat de wet zolen verschaft aan steden, maar meer in het bijzonder dat de wet zolen maakt voor steden waar veel voetenwerk wordt verricht.

De vooropplaatsing van het object *zolen* veroorzaakt een intrigerende parallel met de volgende regel:

> komisch ook, maakt *zolen de wet*
> want *monds gelijk de zonde*

De tegenstelling van *wet* en *zonde* en de equivalentie van positie van *zolen* en *monds gelijk* suggereert dat voet en mond als wet en zonde tegenover elkaar staan. De verbinding van de twee zinnen door *want* veroorzaakt dat de zoektocht naar het onderwerp van de eerste zin opnieuw moet worden voortgezet. *Want* noemt de reden voor het voorgaande, in casu *maakt zolen de wet*, en stuurt aan op een nieuwe betekenis van *maken*, namelijk 'zolen tot wet maken'. Omdat *monds gelijk*, het gelijk van de mond, *de zonde* is, worden zolen tot wet verheven. Misschien moet het verloren onderwerp van *maakt* in één van de twee bijzinnen gezocht worden; op semantische gronden komen zowel *geloof* als *wetenschap* ervoor in aanmerking.

Door herhaling van *gelijk* in het vervolg staat er druk op de woorden *monds gelijk de zonde*. Door *gelijk* apokoinou op te vatten, zou de zin met dit woord door kunnen lopen *gelijk de zonde wandelt hij wenkende, gelijk de weg / gelijk de wegen zijn*. Maar doordat *zolen* tot wet verheven zijn, krijgen *wandelen* en *weg* een wettelijke connotatie, die aan de vergelijking van het wandelen met zonde in de weg staat. Ik zie daarom voor *wandelt hij wenkende* eerder mogelijkheid tot aansluiting bij *daar waar*, de woorden die zo 'verkeerd' in de eerste samengestelde zin staan. De zin loopt pas door vanaf *wandelt*, een gegeven dat door de uitgebreide woordherhaling *gelijk de weg / gelijk de wegen* en de /w/-alliteratie benadrukt wordt. De breedte van de zin wordt hierna ingesnoerd tot het expliciterende *dat is:*, dat tamelijk hard van klank is, harder dan bijvoorbeeld *dat wil zeggen*. Het wandelen wordt vergeleken met de hoedanigheid van de weg of de wegen, een hoedanigheid die met één woord nader wordt omschreven, het woord *vergiftigend*, waarmee het gedicht besluit.

Om op de betekenis van deze anakoloet - de verregaandste van de tot nu toe besproken voorbeelden bij Lucebert - iets dieper in te gaan, is de wijdere context van het gedicht als geheel en verder van de intertekst nodig. Door de suggestie dat zolen tot wet verheven worden, die een bepaalde connotatie aan de woorden *wandelen* en *weg* verleent, wordt uit de taalschat het hypogram "de wettige weg bewandelen" losgeweekt. Door *het geloof* in de derde strofe en *de heer* in de eerste wordt de allusie aan een wettige weg toegespitst in religieuze zin. Als hypogram komt de aanduiding van de wet in de Joodse religie in aanmerking, een aanduiding die *wet* en *wandel* met elkaar versmelt. De wet heet hier *halacha*, 'wandel' en vandaar 'levenswandel'. Halacha is 'de godsdienstige wet', 'de wet die men volgt' of 'de wettige levenswandel'. Het woord is afgeleid van een werkwoord dat 'gaan of 'volgen' betekent, en het wenken uit *wandelt hij wenkende* nodigt uit tot dit volgen.

Bij de zinspeling op de aanduiding van de wet in de Joodse religie als *halacha*, voegen zich verwijzingen naar de Kabala. Lucebert verwijst in eerste en tweede strofe in het bijzonder naar de tegenstelling tussen Lilith en de Shechina. In de eerste strofe voert hij God in relatie tot de maan ten tonele *landelijk tuurt de heer en veegt / met slanke sponzen weg de maan...* In de tweede tekent hij de verhouding van Lilith en Shechina:

hoe met vacantie de maagd
strekt de feminist zich
wettelik uit

Wat hier aan de orde is, is de strijd tussen Shechina en Lilith, die de *Zohar* verbeeld zag in de verschillende maanstanden. Naar de tijdelijke krachteloosheid van de Shechina die correspondeert met de afnemende maan, verwijst Lucebert met het beeld van een uitgeveegde maan. Deze toestand wordt vervolgens als *vacantie* aangeduid, een verwoording waarin mogelijk relativering doorklinkt, maar dat niet alleen. Wanneer namelijk bedacht wordt dat in de tijdelijke afwezigheid van huis die de vakantie is, ook een verwijzing naar ballingschap schuil zou kunnen gaan, is het woord allerminst relativerend. Onversneden kritiek spreekt in ieder geval uit het vervolg, uit de verbinding van dat wat *wettelik* is met *de feminist*. Het lijkt erop dat God hier hypocrisie verweten wordt. Aan de feminist als tijdelijk plaatsvervangster van de maagd (zie p. 241-242) wordt een paradoxale, zogenaamd gewettigde status verleend.

De kritische beschouwing van het mystieke systeem wordt in de derde strofe tot verwerping. Deze verwerping spreekt uit de scherpe veroordeling van het slot, waar de wettige weg als *vergiftigend* wordt gekwalificeerd. De wet wordt hoe dan ook - de wet màakt zolen of zolen zijn wet - met zolen geassocieerd, en zoals wet en levenswandel met voet en zool in verband staan, zo wordt de zonde met de mond geassocieerd. De tegenstelling tussen Shechina en Lilith laat er geen twijfel over bestaan dat de zonde op het vlak van de seksualiteit gezocht moet worden. Voor de ontraadseling van de merkwaardige omschrijving van de zonde als *monds gelijk* kan de 'lente-suite voor lilith' helpen, in het bijzonder de 'introductie' daarvan. Daar worden, in de kritiek op de dovenetels, die in tweeledige zin inert zijn, taal en seksualiteit aan elkaar gelijkgesteld. In 'met ijsvulkanen oh noorwegen in de lucht' kan dus een voorbereiding op de 'lente-suite voor lilith' gelezen worden. Terwijl Lucebert in de 'lente-suite' als pleitbezorger van Lilith zal ageren voor een nieuwe wet, onderwerpt hij in het onderhavige gedicht de oude wet aan zijn kritiek om haar uiteindelijk te verwerpen. Hij stelt de oude wet hier voor als de wet volgens welke *monds gelijk* de zonde is en geeft daarmee een omschrijving van de zonde waarin de kernachtige samenvatting van de equatie van taal en seksualiteit gelezen kan worden.

Wanneer ik tenslotte de vraag stel naar het waarom van het stranden van de taal in de slotstrofe met *maar* van 'met ijsvulkanen oh noorwegen in de lucht', dan is daarmee de vraag naar de iconiciteit van de anakoloet gesteld. Lucebert laat in de strofe met de anakoloet de taal stranden. Indien de niet-lopende zin begrepen kan worden als afbeelding van zijn inhoud, is er sprake van iconiciteit.

Ondanks het niet lopen van de zin, zijn er fragmenten van de strofe die juist wel de breedte en het rustig zich ontwikkelen van een samengestelde zin te zien geven. Eigenlijk concentreren alle problemen zich in anderhalve regel: *maakt zolen de wet / want monds gelijk de zonde*. Hier stokt de zinsbeweging en strandt de zin, die daarna juist opvallend vloeiend verder loopt. Wanneer ik de vraag of de anakoloet iconisch is, tot dit fragment beperk, kan het antwoord zonder meer positief zijn. Dat de zin juist strandt bij de merkwaardige definitie van wet en zonde, is betekenisvol, omdat de wet en zonde waarop hier gedoeld wordt, een rem aan seksualiteit opleggen die voor de dichter gelijkstaat aan een rem op taal. Het feit dat de anakoloet juist hier stokt, in de anderhalve regel waar uitdrukking gegeven moet worden aan de zware dam die de *Zohar* tegen de seksualiteit opwierp en waarvan de 'lente-suite voor lilith' een indruk heeft gegeven, kan begrepen worden als afbeelding van de inhoud. De inhoud, dat wil zeggen de inhoud van wet en zonde die zich bondig laat samenvatten als rem op seksualiteit, wordt afgebeeld door het stranden van de zin.

Ondanks de druk die de kabalistische intertekst op de tekst uitoefent, is toch ook Hölderlin hier niet ver weg. Dit blijkt niet alleen uit het feit dat zich een anakoloet voordoet in een *maar*-strofe, maar ook uit het feit dat de breedte van de zin wordt ingesnoerd door *dat is:*. Deze twee woorden met dubbele punt die de voorlaatste regel vullen, vormen een aanzet tot explicatie die dichtbij *dat wil zeggen* en *namelijk* ligt. De aanwezigheid van de intertekst van het werk van Hölderlin wordt verder bevestigd door de term *aziaties* uit de merkwaardige reeks *noorwegen, nubies, aziaties* en *mongools*, die maakt dat het gedicht een belangrijke positie in het semantisch veld 'natie' (zie p. 219 noot 51) inneemt.

De elementen *aziaties* of *aziatisch* en *azië* in het corpus[54] zijn geladen met een betekenis die op Hölderlins opvatting van de verhouding tussen oost en west duidt. Dat een oost/west-relatie aan de orde komt in het werk van Lucebert, blijkt uit *het verstijvend hinkend occident* in 'romeinse elehymnen I' (vg 30) en *nu glijden wij gescheiden door azië en europa* in 'een liefde' (vg 34). In het semantisch veld 'natie' valt een specifieke groep namen op, met behulp waarvan de bewuste thematiek nader kan worden toegelicht. Het gaat om een groep eilandnamen waaruit *patmos* naar voren springt vanwege Hölderlins hymne van die naam, maar die ook in haar geheel significant is.

Tegenover de Griekse eilanden *cyprus, patmos* en *samos* in 'exodus' enerzijds staan de met de Nederlandse geschiedenis verbonden eilanden *java* en *sumatra* in

---

[54] In 'met ijsvulkanen oh noorwegen in de lucht' (vg 22), 'exodus' (vg 23-27) en 'een liefde' (vg 34).

'minnebrief aan onze gemartelde bruid indonesia' en *molukken* in 'zonnerijzendans' (vg 408, tekst 2) anderzijds. 'Exodus' en 'minnebrief aan onze gemartelde bruid indonesia' zijn voorts de enige twee gedichten waarin de woorden *oostelijke* en *oosten* voorkomen. Van de genoemde eilanden worden er drie expliciet met het oosten geassocieerd, Samos enerzijds en Java en Sumatra anderzijds. In 'exodus' heet het van één van de hoofdfiguren murphew *in samos is hij gezien / wassend kijkend naar het oosten* (vg 23-27); in de 'minnebrief aan onze gemartelde bruid indonesia' dringen de vrouwen van de minnaars die door de roep van *java en sumatra* tot handelen zijn aangezet, hun mannen *voor de vensters naar het oosten* (vg 401-403). Hiermee laat Lucebert precies die Grieks-Aziatische opvatting van het oosten zien, die voor Hölderlin kenmerkend is. Als tegenpool voor de westelijke wereld van het avondland "Hesperien" wijst Hölderlin Griekenland aan en het verdere oosten van het zich achter Griekenland openende Asia Minor en de rest van Azië. Zijn Grieks-Aziatische opvatting van het oosten en zijn verwachting van de wederopbloei van de dag der goden in het westelijk avondland maken Azië tot de bakermat van de Europese cultuur. Dat ten behoeve van deze verhouding tussen oost en west Griekenland en Azië volledig met elkaar versmolten worden, kan opnieuw aan de hand van 'Patmos' worden gedemonstreerd. In deze hymne, waarin het poëtisch ik van de Alpen naar het eiland Patmos wordt gedragen, en dus naar de voor de kust van Klein-Azië gelegen Sporaden, doemt eerst *Asia* en daarna pas *Patmos* op[55].

Tenslotte vestig ik er de aandacht op, dat de *maar*-strofe uit 'met ijsvulkanen oh noorwegen in de lucht' die de nauwe verbinding van Kabala met Hölderlin laat zien, vergelijkbaar is met de *maar*-strofe uit 'exodus' (zie p. 334) die hetzelfde verband demonstreert. In 'exodus' wordt door de opening met *maar* en door de met *wie* en *waarom* beginnende vraagzinnen Hölderlin geëvoceerd, terwijl tegelijkertijd de nabijheid van de intertekst van de Kabala beluisterd kan worden in de woorden *de boom boven de baaierd* (zie p. 127). Wat de dwarsverbinding in de intertekst betreft staan beide gedichten op één lijn met 'poëziezo easy job' (vg 417-418), waarin die curieuze verbinding tussen Hölderlin en Kabala in het detail van de vingernagels is aangewezen (zie p. 326), en verder terug in het betoog met 'anders anders bekend maar herkend toen,' en 'een wijze vrouw beleerde een wijsgeer' (zie p. 287 e.v.). Al deze gedichten concretiseren de verbinding tussen de twee intertexten van Hölderlin en Kabala, die als het fundament van de poetica van de 'introductie' is aangewezen.

Mijn conclusie kan kort zijn. De bevinding dat Luceberts voegwoordgebruik is verbonden met dat van Hölderlin en op sommige plaatsen verwijzende kracht in zich draagt, rechtvaardigt verder onderzoek, waardoor in het bijzonder de laatste van de twee termen waarin Lucebert zich in 'het proefondervindelijk gedicht' uitdrukt - hij spreekt daar over *bewondering* en *verwantschap* -, inhoud krijgt. Het overeenkomstig gebruik van het voegwoord ter opening van een strofe door Hölderlin en door Lucebert maakt een verdere, diepgaande overeenkomst tussen de dictie van beide dichters zichtbaar, die maakt dat gesproken kan worden van verwantschap. Zowel bij Hölderlin

---

[55] StA 2, 166. Van de elementen die het semantisch veld 'natie' vullen (zie p. 219 noot 51), hebben de namen *Bordeaux* (zie p. 324) en *patmos* een kracht in zich die vrijwel onmiddellijk naar Hölderlin verwijst. Naast de besproken groep van eilandnamen valt verder de groep van rivieren op. Tegenover Rijn en Donau bij Hölderlin staan *seine, nijl* en *elbe* bij Lucebert.

als bij Lucebert leidt dominantie van nevenschikking tot de beide uitersten van stromende en strandende taal. Enerzijds drukt de afstand in de tijd die tussen beide dichters bestaat, zich uit in het feit dat lexicale equivalentie door Lucebert wordt geradicaliseerd, zoals de uitzonderlijke voorbeelden van de *minnaar-* en de *lavendel-* strofe te zien hebben gegeven. Anderzijds zijn de anakoloeten die als voorbeelden van strandende taal zijn aangewezen, bij beide dichters nauwelijks verschillend. Slechts in lichte afwijking van wat Beißner, die spreekt over een 'effectieve anakoloet' (zie p. 329), met betrekking tot Hölderlin heeft geconstateerd, heb ik de anakoloeten van Lucebert iconisch genoemd.

§4 de bundelafdeling *de analphabetische naam*

1 'de schoonheid van een meisje'

Het tweede voorbeeld van een strofe die opent met *maar* en strandt in een anakoloet, treedt op in 'de schoonheid van een meisje'. Ik begin mijn analyse van dit gedicht bij het eind, bij de slotstrofe met de anakoloet (vg 46):

> maar mij het is blijkbaar is wanhopig
> zo woordenloos geboren slechts
> in een stem te sterven

De anakoloet vertoont leemtes die door een sterke tendens tot nevenschikking veroorzaakt worden. In de constructie met *het is* kan de rest van een samengestelde zin met een onderwerpszin bespeurd worden: *het is (mij) blijkbaar ... slechts gegeven of vergund in een stem te sterven*. In de woorden aan het eind van de eerste regel schuilt de rest van een tussenzin: - *het is wanhopig* -. Vooropplaatsing van *mij* had inversie moeten veroorzaken of weglating van *het*: *mij is (het) ... slechts gegeven*. Doordat *het is* gehandhaafd is, wordt het onpersoonlijke van de constructie benadrukt: de 'ik' die elders in het gedicht wèl de functie van subject vervult, is hier nadrukkelijk van die functie ontheven. Handhaving van *het is* heeft vervolgens het tweede *het* van de tussenzin opgeslokt. Dat de anakoloet een structuur vertoont waaruit onderschikking door nevenschikking is verdréven, blijkt uit *zo woordenloos geboren*. Deze bijvoeglijke bepaling is vooraan in de regel geplaatst, zoals *mij* vooraan in de voorgaande regel staat. Vanwege de precieze semantische tegenstelling met het vervolg kan in deze bepaling de rest van een bijzin met *terwijl* of *hoewel* gelezen worden: terwijl of hoewel ik toch *woordenloos geboren* ben.

De structuur van de anakoloet sluit aan bij de structuur van het gedicht als geheel. De ontspoorde nevenschikking van de laatste strofe vormt het slotakkoord van een gedicht dat als geheel door nevenschikking wordt gedomineerd. Dit blijkt het duidelijkst uit het feit dat de geleding van het gedicht in strofen een geleding door nevenschikkende voegwoorden is. Nadat in de eerste strofe het vertrekpunt van de redenering is getekend, opent de tweede strofe met *maar*, de derde met het redengevende *daarom* en de vierde opnieuw met het tegenstellende *maar*:

> de schoonheid van een meisje
> of de kracht van water en aarde
> zo onopvallend mogelijk beschrijven
> dat doen de zwanen
>
> maar ik spel van de naam a
> en van de namen a z
> de analphabetische naam
>
> daarom mij mag men in een lichaam
> niet doen verdwijnen
> dat vermogen de engelen
> met hun ijlere stemmen
>
> maar mij het is blijkbaar is wanhopig
> zo woordenloos geboren slechts
> in een stem te sterven

Het gedicht berust op de tegenstelling van mens en natuur. De eerste strofe beschrijft de situatie van de natuur; de tweede stelt hier de menselijke situatie tegenover. Derde en vierde strofe bevatten de tegenstelling beide in zich.

De tegenstelling wordt toegespitst op de problematiek van de taal. In tegenstelling tot de rest der natuur, is de mens begiftigd met taal. Voor de 'ik' van dit gedicht blijkt het geschenk van de taal van paradoxaal karakter. Terwijl de natuur, zonder taal, probleemloos kan beschrijven, raakt de mens, dankzij het geschenk van de taal, verstrikt in een wanhopige situatie.

In de tegenstelling van mens en natuur ligt die van mens versus god besloten. Het gedicht biedt hiervoor drie verschillende indicaties. De eerste is de keuze uit de natuur voor de zwanen, die als allusie aan de mythe van Zeus en Leda geïnterpreteerd kan worden. De god Zeus nam de aardse gestalte van de zwaan aan, om zo zijn geliefde te kunnen benaderen. Een tweede indicatie hiervoor bieden de engelen uit de derde strofe. Uit *de stenen of vloeibare engel* in 'ik tracht op poëtische wijze' blijkt, dat engelen net als Zeus een aardse gedaante aan kunnen nemen. Zoals de zwaan er via de allusie aan Zeus op wijst dat het goddelijke in het natuurlijke besloten is, zo waarborgt de engel die een aardse gedaante aanneemt, de goddelijkheid van de natuur. Engelen en zwanen staan dus op één lijn in die zin, dat zij beide verwijzen naar een natuur waarin het goddelijke geborgen is. Een derde indicatie voor de tegenstelling van mens versus god wordt geboden door de omschrijving van de taal. Hier treedt naast de toespeling op Zeus en de vermelding van de engelen de verwijzing naar de oud-testamentische God of, specifieker, naar God zoals die zich volgens de Kabala in zijn sefirot-namen heeft geopenbaard en wiens volledige ontplooiing volgens de *Zohar* gelijkstaat aan de rangschikking van de letters als het alfabet. Zoals de *Zohar* spreekt over het alef-taw, zo roept Lucebert het alfabet op door het noemen van eerste en laatste letter. Aan het begin van de taal staat één eerste naam: *de naam a* waaruit alle volgende namen zijn voortgevloeid, en de taal als geheel wordt voorgesteld als een alles omvattende verzameling namen: *de namen a z*. Hier blijkt hoe het godsgeschenk van de taal in hoofdzaak gezien wordt. De gave van de taal is niet zozeer een begiftiging met spraakvermogen, maar veeleer een kant en klare taalschat die het dichterlijk spreken als het ware a priori in zijn mogelijkheden beknot.

Naast de anakoloet en de opmerkelijke geleding door voegwoorden bezit het gedicht twee verdere formele bijzonderheden, die van cruciaal belang zijn: een centrale equivalentie en een centrale oppositie. De centrale equivaléntie van het gedicht is die van *naam* en *lichaam*, een equivalentie die door de fonologische structuur van het gedicht als geheel wordt onderstreept en die door het enige eindrijm van het gedicht wordt geschapen *de analphabetische naam // daarom mij mag men in een lichaam*. Dit rijm overbrugt de kloof tussen tweede en derde strofe of tussen de eerste strofe die opent met *maar* en de strofe die opent met *daarom*.

De volledige gelijkwaardigheid of verwisselbaarheid van *naam* en *lichaam* is de uitdrukking van de ideale verhouding tussen het menselijke, het natuurlijke en het goddelijke. Zoals de zwaan de schoonheid van een meisje kan beschrijven, zijn *lichaam* als een teken voor haar schoonheid kan staan en dus als *naam* begrepen kan worden, zo zou een lichaam als naam voor de engel kunnen dienen, bijvoorbeeld het lichaam van water of aarde, waaruit *de stenen of vloeibare engel* voortkomt, en zo dienden de eerste tien *namen* van God in de kabalistische sefirot-leer tegelijk als zijn *lichaam*.

De centrale oppositie van het gedicht is die van *lichaam* versus *stem*, een oppositie die door syntactische en semantische equivalentie wordt gecreëerd. Tegenover *in een lichaam verdwijnen* staat *in een stem sterven*. In het lichaam van de zwanen verdwijnen *de schoonheid van een meisje / of de kracht van water en aarde. In een lichaam verdwijnen* is wat Zeus en engel kunnen: Zeus die de aardse gedaante van de zwaan aannam, en engelen die aardse gedaante aannemen, verdwijnen in lichamen. Misschien is, uit het geheel van de natuur, de zwaan bij uitstek geschikt om de schoonheid van een meisje in zijn lichaam te doen verdwijnen, omdat hem nog altijd de vroegere gedaanteverwisseling van Zeus aankleeft.

Zeus, zwaan en engel verwijzen naar belichaming van het goddelijke in het natuurlijke en daarmee naar ontstijging aan de tegenstelling tussen dood en leven. De tegenstelling tussen dood en leven, die eigenlijk al gegeven is met de tegenstellingen van mens versus natuur en mens versus god, wordt geëxpliciteerd door de anakoloet, waarin sprake is van geboorte en dood. De zwaan die de schoonheid van een meisje in zijn lichaam doet verdwijnen, wordt tot uitdrukking of teken voor die schoonheid, die dus tegelijk verdwijnt èn herverschijnt of sterft en herrijst.

De betekenisovereenkomst van *verdwijnen* en *sterven* is een bestaande semantische equivalentie. Hier bovenop creëert het gedicht een verder gaande semantische overeenkomst, waardoor de betekenis van beide woorden in haar tegendeel verkeert. Lucebert laat *verdwijnen* assoneren met *ijlere*, een kenmerk van de stem van de engelen, en verder terug in het gedicht met *beschrijven*, *meisje* en *schoonheid*. De engelen *met hun ijlere stemmen* kunnen zich in een lichaam laten *verdwijnen*; de zwaan laat *de schoonheid van een meisje* in zijn lichaam verdwijnen èn herrijzen en dát is *beschrijven*. Enerzijds wordt door het paradoxale *verdwijnen* dat tegelijk herverschijnen inhoudt, dus aan de betekenis van *sterven* gewrikt. Anderzijds wordt juist dóór *sterven* in *verdwijnen* geduid op de herrijzenis die is gemoeid met het aannemen van aardse gedaante.

De verder gaande semantische equivalentie van beide werkwoorden wordt mede door een Rilke-interpretant gesteund. Rilke, wiens poëzie in het teken van de overwinning van de tegenstelling tussen dood en leven staat, beschrijft in het gedicht 'Leda' de metamorfose van de god Zeus in het aardse lichaam van de zwaan als een vorm van *verdwijnen*:

> Als ihn der Gott in seiner Not betrat,
> erschrak er fast, den Schwan so schön zu finden;
> er ließ sich ganz verwirrt in ihm verschwinden.[56]

Rilke's *verschwinden* heeft dezelfde paradoxale inhoud als Luceberts *verdwijnen*. Omdat Rilke het engelachtige of goddelijke gelijkstelt met het onzichtbare en de goddelijke Zeus thuishoort in het bereik van de onzichtbaarheid, laat Zeus zich als zodanig verdwijnen wanneer hij aardse gedaante aanneemt: hij verdwijnt door in de gedaante van de zwaan te verschijnen, hij wordt onzichtbaar door zichtbaar te worden. *Verschwinden* betekent dus zijn tegendeel, 'zichtbaar worden'. Met dit paradoxale *verschwinden* is aangegeven, dat de onsterfelijke god, die verheven is boven de tegenstelling van leven en dood of, om het met de woorden van 'ik tracht op poëtische wijze' uit te drukken, onaangeraakt door geboorte en ontbinding, zich gerust in een aards lichaam kan laten verdwijnen omdat deze vorm van sterven hem louter doet herrijzen.

De analyse van 'de schoonheid van een meisje' kan worden afgerond door een beschrijving van de situatie, waarin de tussen zwanen en engelen staande 'ik' van het gedicht zich geplaatst ziet. Vanwege de centrale problematiek van het gedicht, de problematiek van de taal of specifieker van de lichamelijke taal, en vanwege het feit dat de tweede helft van de titel van de bundel, *de analphabetische naam*, is ontleend aan dit gedicht, zal ik deze 'ik' hieronder ook kortweg aanduiden als de dichter of als Lucebert.

De dichter geeft aan de vergelijking die hij trekt tussen zichzelf enerzijds en zwanen en engelen anderzijds, de vorm van een confrontatie. Terwijl engelen zich in de natuur kunnen uitdrukken en zwanen als teken voor het menselijke en het goddelijke kunnen dienen, staat hem de taal, het dichterlijk uitdrukkingsmiddel bij uitstek, niet zonder meer ter beschikking. Zij dient aan een grondige herschrijving onderworpen te worden. De taal wordt begrepen als een alomvattende verzameling namen, die in haar geheel is afgeleid van de eerste naam van God. De 'lente-suite voor lilith' heeft te zien gegeven, dat de naam van God in zijn lettervolgorde wordt aangevochten. Hier formuleert Lucebert het standpunt dat hij alle namen aanvecht en de taal in analphabetische zin wil herschrijven. Alle bestaande namen zijn als afgeleide van de naam van God doordrenkt van deze eerste of alphabetische naam, waarom ván al deze namen *de analphabetische naam* gespeld moet worden.

Wat de dichter van de lichamelijke taal wil, is een taal waarin hij zich belichaamd kan weten, dus juist een taal als een verzameling namen waarin hij als in een lichaam kan verdwijnen. Dat waarmee hij zich geconfronteerd ziet, is een taal, die zozeer de

---

[56] SW I, 558.

belichaming van de eerste naamgever of noemer is, dat hij zich er niet meer in kan uitdrukken. De taal is een verzameling namen waarin hij niet als in een lichaam kan verdwijnen.

De engelen lijken tegenover de dichter te staan als degenen die de taal helemaal niet aanvechten: zij hebben een ijlere stem dan die van de spellende dichter. In elk geval laten zij zich in lichamen verdwijnen, die hen vervolgens beschrijven en dus als hun naam begrepen kunnen worden. De zwanen leveren de smartelijkste tegenstelling op. Zij zijn naam en lichaam tegelijk. Zij zijn betekenaar voor de betekenden die zij in hun lichaam doen verdwijnen. De lichamelijke naam van de zwanen beschrijft Zeus, het meisje, water en aarde, en mogelijk ook de engelen. De zwaan houdt de dichter de gelijkwaardigheid van naam en lichaam voor, een ideaal waarin de dichter zou willen maar niet kán delen, omdat hij het godsgeschenk van de taal juist begrijpt als een last die aan belichaming in de weg staat. Hij kan zich juist in de van God gegeven taal niet belichamen. Hij kan niet in een naam als in een lichaam verdwijnen, zolang de taal een verzameling alphabetische namen is die herleid kan worden tot de eerste, alphabetische naam van God. Zijn werk is herschrijving van de taal, het opnieuw spellen van de namen.

Omdat *in een lichaam verdwijnen* niet mogelijk is, is het enig mogelijke *in een stem sterven*. Vlak voordat zijn stem versaagt, realiseert de dichter zich nog, als in een flits, hoe paradoxaal zijn situatie is. Hij is immers, zoals het meisje, de zwanen en water en aarde, woordenloos geboren, maar een woordenloze dood, een dood die met deze geboorte zou corresponderen, is hem niet gegeven. Bij 'woordenloos geboren zijn' zou 'woordenloos sterven' moeten horen, dat wil zeggen in een lichaam sterven of in een lichaam verdwijnen. Zoals de natuur niet begiftigd is met taal, zoals bijvoorbeeld water en aarde woordenloos geboren zijn, zo sterven zij woordenloos: zij verdwijnen in het lichaam van de zwaan. De ijlheid van de stem van de engel wijst erop, dat deze niet aan zijn belichaming in de natuur aan de weg staat: de engel laat zijn stem mee verdwijnen in een lichaam. Juist de kracht van de stem van Lucebert maakt een dergelijke verdwijning in een lichaam mede onmogelijk. Als aanvechter van de taal is hij genoopt tot herspelling van de namen. Hoewel de dichter dus ook woordenloos geboren is, kan hij niet in een lichaam verdwijnen. De kwaliteit van zijn stem, zijn opstelling tegenover de taal staat hieraan in de weg. Omdat hij in geen enkele bestaande naam als in een lichaam kan verdwijnen, is hem slechts gegeven in een stem te sterven.

Om de beschrijving van de situatie van de 'ik' af te ronden, dient als laatste formele bijzonderheid van het gedicht het elliptisch karakter van de derde strofe aan de orde te komen. De derde strofe opent met een wel zeer veel vergend *daarom*. De spanning tussen tweede en derde strofe die hieruit resulteert, wordt door het rijm dat de kloof tussen tweede en derde strofe dicht, de equivalentie *naam - lichaam*, opgelost.

Het gedicht wordt in strofen geleed door *maar, daarom* en *maar*. Het eerste *maar* roept de schrille tegenstelling tussen zwaan en dichter op. De zwaan beschrijft met zijn lichaam dat tegelijk een naam is; de dichter herspelt de bestaande namen. Met een snelheid die bijna niet bij te benen is, trekt *daarom* uit de geschetste tegenstelling de slotsom. Tot nu toe ben ik stilzwijgend voorbij gegaan aan het feit dat, vóórdat de syntaxis in de vierde strofe in een anakoloet ontspoort, in de derde strofe al syntactische problemen dreigen. De derde strofe is elliptisch. De tussenstap die van de lezer gevergd wordt, is de zin: "ik kan mij in geen van de namen van a tot z belichamen". Het gedicht geeft: *daarom mij mag men in een lichaam / niet doen verdwijnen*. Hierna verwijst *dat* uit *dat vermogen de engelen* terug naar de ellips: wat de engelen met hun ijlere stemmen wèl kunnen en de 'ik' niet, is de bestaande taal accepteren en in een lichaam verdwijnen. Het onpersoonlijke *men* van de derde strofe sluit aan bij de onpersoonlijke constructie van de anakoloet: in de tweede helft van het gedicht is de dichter geen onderwerp meer, maar voorwerp. Toch is er nog wel een verschil in betekenis van beide constructies. Terwijl de structuur van de anakoloet in de richting van een beschikking òver het lot van de 'ik' wijst, wijst de derde strofe nog op subjectfunctie van de 'ik'. Het elliptisch karakter van de derde strofe verduidelijkt, dat de 'ik' hier een verbod formuleert: omdat de dichter zich niet in de bestaande taal kan belichamen, staat hij niet toe dat men hem in een lichaam doet verdwijnen. Het tweede *maar* vormt de inleiding tot de conclusie, die uit de confrontatie met engelen en zwanen getrokken moet worden. Zoals hem het lichamelijk beschrijven van de zwanen niet gegeven is, hoewel hij woordenloos geboren is, zo is hem, toegerust als hij is met stem, evenmin het in een lichaam verdwijnen van de engelen gegeven. Hem, de dichter, is het slechts gegeven in een stem te sterven.

Met de bespreking van de geleding van het gedicht in strofen keer ik terug naar de vergelijking van het voegwoordgebruik van Lucebert met dat van Hölderlin. Voor de stelling dat Lucebert met zijn gebruik van voegwoorden naar Hölderlin verwijst, is 'de schoonheid van een meisje' het belangrijkste bewijsstuk. Het gedicht laat een bijzondere opeenhoping van de voor Hölderlin karakteristieke opening van een strofe met een nevenschikkend voegwoord zien. Het is in zijn geheel door voegwoorden geleed. Het herhaalde *maar* en het veeleisende *daarom* dat daartussen staat, maken van de geleding van het gedicht in strofen een geleding door voegwoorden. Deze voegwoordgeleding verwijst naar Hölderlin.

Ik loop het gedicht nog eenmaal door. De brede, vloeiende zin van de eerste strofe krijgt in de tweede strofe met *maar* een zin tegenover zich, die qua volgorde van de zinsdelen zijn precieze spiegelbeeld is en waaruit alle breedte en al het vloeiende is verdwenen. De overgang van de samengestelde zin van de eerste strofe naar de niet-samengestelde van de tweede levert een aanzienlijke versmalling op, waaraan voorts uitdrukking wordt gegeven door het feit, dat in de tweede geen plaats meer is voor een dubbel object - *de analphabetische naam* tegenover *de schoonheid ... of de kracht* - en evenmin voor een bijwoordelijke bepaling - *ik spel* tegenover *zo onopvallend mogelijk beschrijven*. Het *daarom* van de derde strofe komt te snel en wijst op verdere versmalling in de extreme vorm van een ellips. De bedreiging van de syntaxis die hiervan uitgaat, wordt werkelijkheid in de laatste strofe met *maar*, waarin een anakoloet uitdrukking geeft aan het versagen van de stem. De dichter die zichzelf tegenover zwanen en engelen heeft gesteld, ziet geen andere mogelijkheid dan *in een stem te sterven* en laat de syntaxis ontsporen. De ontregelde syntactische structuur die de anakoloet is, levert een treffend voorbeeld van iconiciteit op: zij beeldt het sterven van de stem af.

De door voegwoorden gemarkeerde overheersing van nevenschikking verwerft dus een bijzondere betekenis: nevenschikking mondt uit in een anakoloet. De verwijzing naar Hölderlin die wordt opgebouwd door de voegwoordgeleding van het gedicht, culmineert in de anakoloet. Deze beeldt niet slechts het sterven van de stem af, maar in het bijzonder het sterven van de stem van Hölderlin. Van Hölderlin kan immers gezegd worden, dat zijn stem gestorven is. Zijn leven valt als het ware uiteen in twee helften, die van de dichter die het uiterste van zijn taal heeft gevergd, en die van de dichter wiens stem is verstomd. Bovendien is het verstommen of versagen van de stem van Hölderlin opgetreden na een fase van zijn dichterschap die door een versterkte tendens tot nevenschikking wordt gekenmerkt, een tendens die, zoals uiteengezet (zie p. 328), twee kanten heeft, die van de stromende taal en die van de strandende taal.

De dichterlijke situatie zoals Lucebert die in 'de schoonheid van een meisje' uiteenzet, laat zich door de verwijzing naar het versagen of verstommen van de stem van Hölderlin nader bepalen. Omdat de dichter zich niet in de bestaande taal kan belichamen, rest hem niets dan het sterven in een stem. Op grond van het feit dat de iconische anakoloet naar Hölderlin verwijst, mag het vermoeden uitgesproken worden, dat Lucebert Hölderlin heeft betrokken op zijn taalproblematiek, op zijn gevecht met de van God gegeven taal. Voorlopig concludeer ik dat het bij *in een stem sterven* gaat om een dichterlijke situatie waarvoor Hölderlin dient als model. Zoals Hölderlin in 'anders anders bekend maar herkend toen,' model staat voor de dichter Lucebert en in 'poëziezo easy job' het model levert voor het vak van dichter, zo is hij gemoeid in het *in een stem sterven* uit 'de schoonheid van een meisje'.

Tal van vragen blijven nog onbeantwoord. Voor een verdere interpretatie van het sterven in een stem verwijs ik naar de bespreking van 'dit is mijn poppenpak' (zie p. 349 e.v.); voor de betrekking van Hölderlin in de problematiek van alphabetische en analphabetische taal verwijs ik naar de bespreking van het verband tussen Hölderlin en Kabala, zoals dat door Lucebert in zijn werk tot stand wordt gebracht (zie p. 354 e.v.). Hier wil ik nog op één bijzonderheid de aandacht vestigen.

'De schoonheid van een meisje' maakt een verrassend verband tussen de twee eerste gedichten van de bundelafdeling 'de analphabetische naam' zichtbaar. In het voorgaande heb ik herhaaldelijk gebruik gemaakt van 'ik tracht op poëtische wijze' (vg 47). De tegenstelling tussen mens en engel en die tussen geboorte en dood is in beide gedichten, die bovendien verbonden zijn door hun evidente poeticale lading, aan de orde. Er is echter ook een formele grond voor het in verband brengen van de twee gedichten.

'De schoonheid van een meisje' is uniek door zijn voegwoordgeleding, maar het is niet het enige gedicht dat zich door dominantie van parataxis onderscheidt. Het uitzonderlijke voorbeeld van 'de schoonheid van een meisje', het eerste gedicht van de bundelafdeling 'de analphabetische naam', attendeert op een tweede gedicht dat in zijn geheel door nevenschikking wordt gedomineerd en deze overheersende tendens door voegwoorden onderstreept, ook al staan die voor het merendeel op een andere plaats dan die van het begin van de strofe. Dit is 'ik tracht op poëtische wijze', het tweede gedicht van de bundelafdeling 'de analphabetische naam'. De twee eerste gedichten van de bundelafdeling 'de analphabetische naam' laten zich dus vergelijken op het punt van dominantie van nevenschikking, het kenmerk dat voor de vergelijking van de dictie van Lucebert met die van Hölderlin van zo groot belang is.

Over 'de schoonheid van een meisje' hoeft in dezen niets meer gezegd te worden, bij 'ik tracht op poëtische wijze' moet ik kort stilstaan. Eerder is gewezen op de brede dictie van de irrealis uit de tweede strofe van dit gedicht, waarin aan onderschikking tegenwicht wordt geboden door nevenschikking (zie p. 315). In de hele rest van het gedicht manifesteert de tendens tot nevenschikking zich zo sterk, dat het gedicht als geheel door dominantie van parataxis wordt gekenmerkt.

De derde strofe bestaat uit drie zinnen die zonder nader verbindingswoord aaneengeregen zijn. Nevenschikking gaat gepaard met lexicale equivalentie. In de eerste zin valt de herhaling van *schoonheid* op, in de volgende twee de herhaling van *zij troost*. Deze identieke inzet maakt de derde zin tot een nadere uitwerking van de tweede. De derde en laatste is een samengestelde zin met *maar*, waarvan de tweede zin nog weer wordt onderverdeeld door *en*. Nevenschikking kenmerkt voorts het object van het tweede *troost* (vg 47):

in deze tijd heeft wat men altijd noemde
schoonheid schoonheid haar gezicht verbrand
zij troost niet meer de mensen
zij troost de larven de reptielen de ratten
maar de mens verschrikt zij
en treft hem met het besef
een broodkruimel te zijn op de rok van het universum

Als variant van *maar* treedt de verbinding *niet alleen - maar ook* op, die het geheel van de vierde strofe structureert:

niet meer alleen het kwade
de doodsteek maakt ons opstandig of deemoedig
maar ook het goede
de omarming laat ons wanhopig aan de ruimte
morrelen

In eerste en laatste strofe treden niet minder duidelijke voorbeelden van voegwoorden op. In de eerste strofe is de voeg tussen de regels 1 en 3 opmerkelijk:

ik tracht op poëtische wijze
dat wil zeggen
eenvouds verlichte waters

Ter inleiding van de nadere omschrijving van de wijze van de poëzie gebruikt Lucebert *dat wil zeggen*, een koppeling die dichtbij *namelijk* ligt, en herinnert aan de voorbeelden van *n.l.* en *dat is:* in 'poëziezo easy job' (vg 417-418) en 'met ijsvulkanen oh noorwegen in de lucht' (vg 22). In de vijfde strofe zorgt het voegwoordelijk bijwoord *daarom* in de eerste zin *ik heb daarom de taal / in haar schoonheid opgezocht*, voor de verbinding van de laatste strofe aan het voorgaande.

De twee eerste gedichten van de bundelafdeling 'de analphabetische naam' worden dus beide in hun geheel door nevenschikking gedomineerd. Terwijl 'de schoonheid van een meisje' de bijzonderheid van de opening van drie opeenvolgende strofen met een nevenschikkend voegwoord laat zien, wordt in 'ik tracht op poëtische wijze' de dominante tendens tot nevenschikking onderstreept door het gebruik van *niet meer alleen ... maar ook, dat wil zeggen* en *daarom*. Het bijzondere is nu, dat, waar 'de schoonheid van een meisje' strandt, 'ik tracht op poëtische wijze' breed en machtig voortrolt. De twee gedichten vertonen dus de twee gezichten die aan dominantie van nevenschikking kleven. Ze laten de polariteit van stromende versus strandende taal zien, die door Lucebert en Hölderlin wordt gedeeld. Hiermee geeft Lucebert aan de bundelafdeling 'de analphabetische naam' een opmaat, die het belang dat hij aan Hölderlin heeft gehecht, scherp voor ogen stelt.

De bijzonderheid dat de polariteit van stromende versus strandende taal door de twee eerste gedichten van de bundelafdeling 'de analphabetische naam' wordt uitgedrukt, kan misschien een deel van de misvatting van Van de Watering omtrent 'ik tracht op poëtische wijze' verklaren. Hij ziet tussen de twee eerste gedichten van de bundelafdeling meer verschil dan overeenkomst en trekt hieruit de conclusie, dat 'ik tracht op poëtische wijze' ten onrechte is gerecipieerd als Luceberts beroemdste poeticale gedicht. Het is zelfs zo, dat hij aan 'ik tracht op poëtische wijze' poeticale status zou willen onthouden. De 'grotere toegankelijkheid' ervan in vergelijking met 'de schoonheid van een meisje', en de "soms meer dan lichtelijk retorische toon"[57], vat hij op als indicaties voor een opstelling van de dichter die mij zeer verwrongen voorkomt. Lucebert zou in dit gedicht 'tijdelijk afstand nemen van zijn eigen taalproblematiek en taalopvatting' en zelfs 'zijn programma in zekere zin verloochenen'. Dat Van de Watering deze mogelijkheid als realiteit beschouwt, blijkt uit het feit dat hij de receptie van 'ik tracht op poëtische wijze' als 'ironisch' kenschetst:

> De ironie van de situatie schuilt hierin, dat uitgerekend het gedicht waarin
> de dichter zijn programma tot op zekere hoogte verloochent, het vaakst
> als programma wordt geciteerd.[58]

Naar mijn mening worden 'ik tracht op poëtische wijze' en 'de schoonheid van een meisje' weliswaar door een diepe kloof gescheiden, namelijk door de kloof die tussen de uitersten van stromende en strandende taal gaapt, maar staat hier tegenover dat juist in die polariteit een krachtiger factor schuilt, die verband aanbrengt en de kloof overbrugt. De uitdrukking van de polariteit van stromende versus strandende taal is een bijzonderheid die de beide gedichten meer verbindt dan scheidt. Zij horen onder de éne noemer van dominantie van parataxis. De twee gedichten worden verbonden door dezelfde dominante tendens tot nevenschikking, die in beide 'slechts' haar twee verschillende gezichten laat zien. De lading van voegwoorden in andere gedichten van Lucebert, met name van *maar*, *n.l.* en *dat is:*, geeft aan de voeg *dat wil zeggen* uit 'ik tracht op poëtische wijze' een betekenis, waaraan de naar Hölderlin verwijzende kracht evenmin ontzegd kan worden. Met de twee gedichten waarmee hij de bundelafdeling 'de analphabetische naam' laat beginnen, geeft Lucebert uitdrukking aan de polariteit die hem met Hölderlin verbindt.

---

[57] Van de Watering, *Met de ogen dicht. cit.*, p. 101.
[58] ibidem, p. 102.

2 'dit is mijn poppenpak'

In de anakoloet van 'de schoonheid van een meisje' geeft Lucebert uitdrukking aan het sterven van de stem. Daarenboven verwijst de anakoloet naar Hölderlin. Hölderlins stem die in het late werk meer en meer in structuren die door nevenschikking worden beheerst, heeft geklonken, is daarna verstomd. Wat betekent het echter om met behulp van een anakoloet het sterven van de stem uit te drukken en daarbij te verwijzen naar Hölderlin? Is niet juist de stem van Hölderlin een blijven vergund? En is Lucebert niet juist één van degenen die, in het Nederlandse taalgebied, deze stem haar duurzaamheid mede verleend heeft?

Deze retorische vragen worden door de tekst van 'de schoonheid van een meisje' opgeroepen. De centrale oppositie van het gedicht, *in een lichaam verdwijnen* versus *in een stem sterven*, toont in *verdwijnen* de betekenis 'herverschijnen' aan en in *sterven* de betekenis 'herrijzen'. De paradoxale betekenis van *in een stem sterven* laat zich op Hölderlin toepassen. Hölderlin is in zijn stem gestorven en herrezen. De dichter voor wie de lengte van het leven de duur van het produktieve schrijverschap verre overtrof, is in zijn stem gestorven; hij is hierin herrezen voorzover zijn werk de duurzaamheid verworven heeft die hij zelf ook juist aan het dichterschap wilde toeschrijven, zoals door de beroemde slotwoorden van 'Andenken' te kennen wordt gegeven *Was bleibet aber, stiften die Dichter.*

De paradoxale betekenis van *in een stem sterven* maakt het verder mogelijk om ook de rest van de tussenzin die in de anakoloet schuil gaat, in nieuw licht te bezien. De omschrijving van de dichterlijke situatie als wanhopig vloeit voort uit de confrontatie met zwanen en engelen. Deze houden de dichter een ideaal voor, waarin hij zou willen maar niet kán delen. Dit neemt echter niet weg, dat een uitweg uit de eigen situatie toch al geformuleerd kan worden. Met name de tweede strofe, waar blijkt dat de dichter de taak waarvoor hij zichzelf gesteld ziet, nauwkeurig en treffend weet te omschrijven, wijst erop dat overwinning van wanhoop tenminste in het verschiet ligt. Al komt die taakstelling voort uit een situatie waarvan de dichter zich het slachtoffer acht, veel van die status laat hij achter zich, wanneer hij in antwoord hierop en in verzet hiertegen het doel van zijn dichterschap weet te formuleren.

In dezelfde richting wijst de oppositie die het geheel van de bundelafdeling 'de analphabetische naam' omspant. De bundelafdeling wordt geopend door het gedicht 'de schoonheid van een meisje' en besloten door het gedicht 'dit is mijn poppenpak'. Deze beide gedichten creëren een saillante, op de stem betrokken oppositie, die maakt dat het geheel van de bundelafdeling omsloten wordt door de tegenstelling tussen in een stem sterven en in een stem geboren worden. Tegenover het sterven in een stem van het openingsgedicht stelt het slotgedicht van de bundelafdeling de geboorte in een stem (vg 61):

dit is mijn poppenpak
ik kijk gekromd

deze nerveuze leeggepompte mond
waarin de worm zich kronkelt
zich opheft als het doodshoofd
dat iets vergeten heeft en denkt
denkt kijkend op
de poort van de geboorte

geen huis
geen steen

helemaal stem

'Dit is mijn poppenpak' draait, zoals 'de schoonheid van een meisje', om de tegenstelling van dood en leven, maar werkt hiervan, als ik dat zo zeggen mag, de keerzijde uit. In het slotgedicht van de bundelafdeling is de zijde van dood naar leven aan de orde, de zijde van wedergeboorte of regeneratie. Om deze andere zijde van de tegenstelling tussen dood en leven gestalte te geven, maakt Lucebert gebruik van de vlinder, traditioneel symbool voor onsterfelijkheid.

In het gedicht ontvouwt zich de semantische equivalentie *poppenpak - worm - doodshoofd*, die verduidelijkt dat de geboorte in een stem in verband gebracht wordt met de geboorte of gedaanteverwisseling van een vlinder. De vergelijking *als het doodshoofd* is van toepassing op *de worm*. Omdat deze 'zich kronkelt in de mond', neem ik voorlopig aan dat de worm staat voor de tong. De mond op zijn beurt is als *poppenpak* aangeduid. Het *poppenpak* is de *mond / waarin de worm zich kronkelt*. Zoals een worm in de zin van een insektelarve van gedaante verwisselt, of zoals een rups zich ontpopt als een vlinder, zo ontpopt *de worm* van de tong die in het *poppenpak* van de *mond* zit, zich als stem[59].

Door een netwerk van equivalenties worden *ik* en *worm* op elkaar betrokken. De 'ik' zit in het poppenpak zoals de worm in de mond zit. De vergelijking met het doodshoofd is dus indirect ook op de 'ik' van toepassing en aan de hand daarvan wordt

---

[59] De vlinder-metaforiek krijgt gestalte in het semantisch veld dat op de woordreeks *larf - worm - made - rups - pop - vlinder* berust en zich over de volgende teksten uitbreidt: 'ballade van de goede gang' (vg 18-19), 'het vlees is woord geworden' (vg 20), 'vaalt' (vg 21), 'exodus' (vg 23-27), 'ik tracht op poëtische wijze' (vg 47), 'bed in mijn hand' (vg 50-52), 'eten' (vg 54), 'dit is mijn poppenpak' (vg 61); 'de boom! bom' (vg 405), 'verdediging van de 50-ers' (vg 406-407), 'overal overeengekomen over ons heen:' (vg 427) en 'wambos' (vg 433). Ik beperk mij hier tot de verwijzing naar *de rups der tongen* in 'de boom! bom' (vg 405) en naar *taal die in wormen spuwt* in 'bed in mijn hand' (vg 50-52). Vergelijk in dat laatste gedicht voorts *kolommen steenworpen als wormen*. Op de *maden* van 'het vlees is woord geworden' (vg 20) kom ik nog terug (zie p. 361).

duidelijk, dat de geboorte uiteindelijk de 'ik' zelf betreft[60]. Tegenover 'de schoonheid van een meisje' waarin de 'ik' sterft in een stem, stelt 'dit is mijn poppenpak' dus een 'ik' die in een stem wordt geboren.

Voor de laatste drie regels heb ik eerder kabalistische interpretanten aangewezen. Achter *huis* en *steen* schuilt de metaforiek van het *Sefer Jetsira* met behulp waarvan letters als *stenen* en woorden als *huizen* kunnen worden aangeduid. Wanneer ik het algemene begrip 'woord' door het specifieke begrip 'naam' vervang - en die substitutie is gerechtvaardigd in het geval van een dichter die de bestaande taal ziet als een verzameling namen, die is afgeleid uit de eerste of alphabetische naam -, staat dus ook hier, net zoals in 'de schoonheid van een meisje', dat er voor de dichter van *de analphabetische naam* geen naam en zelfs geen letter om in te verdwijnen of te metamorfoseren beschikbaar is. Deze dichter, die zich tot herschrijving van de taal genoopt ziet, en zich tot taak stelt van alle bestaande namen *de analphabetische naam* te spellen, is de 'ik' die in 'de schoonheid van een meisje' in een stem sterft en in 'dit is mijn poppenpak' in een stem wordt herboren of geboren. Lucebert laat dus de paradoxale betekenis van *in een stem sterven* ook op zichzelf van toepassing zijn. Hij sterft en herrijst in een stem.

Fascinerend is de wijze waarop Lucebert in beide gedichten niet alleen dood en leven ten nauwste op elkaar betrekt, maar ook in zijn Rilkeaans aandoende voorstelling van de eenheid van dood en leven allusies aan herinnering invlecht. Terwijl de 'ik' uit 'de schoonheid van een meisje' zich, als in een flits, zijn woordenloze geboorte herinnert vlak voordat hij sterft in een stem, poogt de met een doodshoofd vergeleken 'ik' uit 'dit is mijn poppenpak' zich iets te binnen te brengen vlak voordat hij geboren wordt in een stem *als het doodshoofd / dat iets vergeten heeft en denkt / denkt kijkend op / de poort van de geboorte*. Hiermee wordt opnieuw gezinspeeld op anamnese (zie p. 238 e.v.). Op het moment waarop zijn Diotima hem Lucebert noemde, noemt de dichter zich *anders anders bekend maar herkend* (vg 16). De vereniging met de geliefde komt neer op herkenning. Daarom ook waait op de drempel van het oog de wimper - *wimpel van de heugenis* (vg 38), en worden dichters die de liefde dienen, gedreven door *een eenzaam zoekend achterhoofd* (vg 42). Zoals het vinden van de geliefde niets is dan herkenning, zo is de zoektocht naar de geliefde niets dan de volgehouden poging om de bij de geboorte verloren wederhelft te hervinden. Voor het beeld van het *achterhoofd* uit de 'introductie' wordt in 'dit is mijn poppenpak' met het *doodshoofd* een pendant geschapen. Het diep denkende doodshoofd dat op het punt staat om geboren te worden, zet zich op het moment van geboorte schrap, in een uiterste poging om zich te herinneren.

Tenslotte kan geconcludeerd worden, dat de identificatie van Lucebert met Hölderlin voor het geheel van het historisch debuut van kracht is. In de bundelafdeling 'apocrief' identificeert Lucebert zich met Hölderlin via de gestalte van Diotima. In het gedicht 'anders anders bekend maar herkend toen,' is het *diotima* die hem zijn dichtersnaam *lucebert* verleent (vg 16). Via de anakoloet die het sterven van de stem afbeeldt, zet hij zijn identificatie met Hölderlin in de tweede afdeling van de bundel

---

[60] Vergelijk het scheppend spreken als spreken waaruit de 'ik' ontstaat, in 'waar ben ik' (vg 15) en de verwevenheid van dat gedicht, aan het einde waarvan *is mij* staat, met 'toen wij met een witte motor vlees sneden', aan het einde waarvan *lucebert* (vg 56) staat. Zie p. 93-94.

voort. Doordat de bundelafdeling 'de analphabetische naam' als geheel omsloten wordt door de tegenstelling van het sterven en geboren worden in een stem, maakt Lucebert de paradoxale betekenis van het sterven in een stem die naar Hölderlin verwijst, op zichzelf van toepassing, en reikt de identificatie met Hölderlin van 'de schoonheid van een meisje' (vg 46) naar 'dit is mijn poppenpak' (vg 61).

3 Diotima of de zwaan

De synthese van het sterven en herrijzen in een stem wordt niet alleen bewezen door het verband tussen 'de schoonheid van een meisje' en 'dit is mijn poppenpak', maar ligt ook in het eerste gedicht van de bundelafdeling 'de analphabetische naam' alleen besloten. Door de centrale oppositie van het gedicht, *in een lichaam verdwijnen* versus *in een stem sterven*, verwerven de verba *verdwijnen* en *sterven* een paradoxale betekenis. Deze opent het verschiet op de mogelijkheid van een synthese, die door de *zwanen* van 'de schoonheid van een meisje' wordt bevestigd. Bij nader toezien blijkt dat de zwanen niet alleen staan voor het dichterlijk ideaal van de lichamelijke taal, maar ook voor de op de stem betrokken overwinning van de tegenstelling tussen leven en dood.

De keuze voor de *zwanen* laat zich op verschillende gronden verklaren. Het mooie en tegelijk sterke dier dat de zwaan is, kan zowel *de schoonheid van een meisje* als *de kracht van water en aarde* representeren. Verder speelt de mythe van Zeus en Leda een rol. Die verleent aan de zwaan een erotisch aspect, dat zich met de poetica van de 'introductie' laat verbinden. De keuze van de zwaan lijkt echter in hoofdzaak gemotiveerd te worden door de zwanezang. Op de dichterlijke problematiek zoals die in 'de schoonheid van een meisje' wordt uiteengezet, is de zang die de zwaan volgens de overlevering bij zijn sterven zingt, bij uitstek van toepassing.

Het is gemakkelijk in te zien, dat door het gedicht ook de snaar van de zwanezang wordt beroerd. Dit blijkt uit het simpele feit dat binnen de grenzen van het éne gedicht zowel sprake is van *zwanen* als van *in een stem sterven*. Hierdoor wordt veroorzaakt, dat er een verder verband tussen zwaan en dichter tot stand komt. Dichter en zwaan zíjn verbonden door het ideaal van de equatie van lichaam en naam. Dat wat de zwanen kunnen, is wat de dichter najaagt: hun lichamelijk beschrijven is zijn ideaal. De dichter is van de zwanen gescheiden door zijn onvermogen om zich in de bestaande taal te belichamen, maar met de oplossing van *de analphabetische naam* wijkt hij niet af van het ideaal dat hem door de zwanen wordt voorgehouden. Hij stelt zich ten doel van alle bestaande namen *de analphabetische naam* te spellen, opdat hij zich in een naam als in een lichaam zal kunnen laten verdwijnen. Hij streeft naar dezelfde equatie van naam en lichaam als die van de zwanen. Het vérdere verband tussen zwaan en dichter is gelegen in het feit, dat zij beide 'sterven in een stem'. Zwanen die bij hun dood hun zwanezang zingen, en de dichter die zich niet in de bestaande taal kan belichamen, zij beide sterven in een stem.

Gegeven de paradoxale betekenis van *in een stem sterven*, rijst de vraag hoe de zwaan zich verhoudt tot het sterven en herrijzen in een stem. Is wat een zwaan bij zijn zwanezang doet, alleen 'sterven in een stem', of is hiermee ook 'herrijzen in een stem' gemoeid? Omdat Lucebert met de anakoloet die het sterven van de stem afbeeldt, naar Hölderlin verwijst, is het gerechtvaardigd om het antwoord op die vraag ook bij Hölderlin te zoeken. Ik kan op het poeticale belang van de zwaan in Hölderlins poëzie niet ingaan[61]. Het fundament ervoor ligt in de *Hyperion*, waarin Diotima wordt vergeleken met een zwaan.

In de roman van Hölderlin is net als in het gedicht van Lucebert het thema van de zwanezang aan de orde. De voorbereiding van dit thema is het interessantst. Voordat Diotima haar 'eigenlijke' zwanezang zingt, de brief waarin zij Hyperion op de hoogte stelt van haar naderende dood, wordt zij vergeleken met een zwaan. Het intrigerende is, dat niet haar schoonheid, maar haar stem het tertium comparationis vormt (Hyp. I 99):

Man kennt den stolzhinschiffenden Schwan nicht, wenn er schlummernd am Ufer sizt.
Nur, wenn sie sang, erkannte man die liebende Schweigende, die so ungern sich zur Sprache verstand.
Da, da gieng erst die himmlische Ungefällige in ihrer Majestät und Lieblichkeit hervor; da weht' es oft so bittend und so schmeichelnd, oft, wie ein Göttergebot, von den zarten blühenden Lippen. Und wie das Herz sich regt' in dieser göttlichen Stimme, wie alle Größe und Demuth, alle Lust und alle Trauer des Lebens verschönert im Adel dieser Töne erschien!

In de vergelijking van Diotima met de zwaan komt dus precies die gebondenheid van de zwaan aan *water en aarde* tot uitdrukking, die ook in het gedicht een rol speelt, en die zo verschillende zwanen oplevert. Zoals Diotima als ze zwijgt, vergeleken kan worden met een zwaan die 'sluimerend op de oever zit', zo kan de Diotima die zich in de kracht van haar stem ontplooit en zich alleen in haar gezang laat kennen, met 'de trots wegvarende' zwaan vergeleken worden.

Deze vergelijking geeft extra diepte aan de toespeling op de zwanezang in het gedicht. In de woorden van Lucebert is Diotima degene die haar stem in het lichaam van de zwaan laat verdwijnen. Zij komt hierdoor op één lijn met Zeus te staan. Zoals de verliefde god Zeus zich gerust in het lichaam van de zwaan kan laten verdwijnen, omdat deze vorm van verdwijnen of sterven hem louter doet herrijzen en zijn onsterfelijkheid niet raakt, zo kan de in haar gezang opbloeiende Diotima zich in het lichaam van de zwaan laten verdwijnen. Het zwanelichaam is als een naam voor de schoonheid van haar stem. In de lichamelijke naam van de zwaan is de stem van Diotima geborgen. Op het moment waarop Diotima haar gezang in het lichaam van

---

[61] In de context van het verzoek aan de nacht om het geschenk van het stromende woord, wordt om het geschenk van *das Heiligtrunkene* verzocht (zie p. 311). Dit unieke woord uit 'Brod und Wein' krijgt zijn even unieke pendant in 'Hälfte des Lebens', waarin de dichter zich tot de zwanen richt *Ihr holden Schwäne, / Und trunken von Küssen / Tunkt ihr das Haupt / Ins heilignüchterne Wasser*. (StA 2, 117). Het verband tussen dichter en zwaan wordt bevestigd door 'Deutscher Gesang', waarin sprake is van een dichter die zingt *wenn er des heiligen nüchternen Wassers / Genug getrunken* (StA 2, 202). Zie voor de zwanen voorts: 'Elegie' en 'Menons Klagen um Diotima' (StA 2, 72 en 76). Zie voor de uniciteit van *heiligtrunken* en *heilignüchtern*: *Wörterbuch zu Friedrich Hölderlin. I.Teil: Die Gedichte. cit.*, s.v.

de zwaan laat verdwijnen, sterft haar stem; op het moment waarop de zwaan sterft en zijn zwanezang zingt, klinkt de zang van Diotima opnieuw en herrijst haar stem. Door de vergelijking uit de roman is de synthese van het sterven en herrijzen in een stem dus ook voor de zwaan van kracht: in de zwanezang van de stervende zwaan is de herrijzenis van de zang van Diotima te beluisteren.

De weg die eerst de stem van Diotima is gegaan, de weg van het verdwijnen of sterven in de zwaan en van het opnieuw verschijnen of herrijzen in de zwanezang, is de weg van de dichter. Diotima, wier stem sterft en herrijst in de zwaan, geeft het traject voor de dichterlijke stem aan. Dat Diotima sterft en herrijst in de zwaan, maakt de zwaan tot hét voorbeeld voor de dichter. De uiteindelijke verwisselbaarheid van zwaan en dichter veroorzaakt dat 'de schoonheid van een meisje' dezelfde duizelingwekkende cyclische structuur gaat vertonen, die uit de 'introductie' bekend is. De verdere Hölderlin-interpretant van de vergelijking van Diotima met een zwaan uit de *Hyperion* maakt dat in het éne gedicht de synthese van het sterven en herrijzen in een stem is besloten, die door de twee gedichten die de bundelafdeling als geheel omspannen, wordt geëxpliciteerd. In 'de schoonheid van een meisje' wordt de mogelijkheid om in een stem geboren te worden gegarandeerd door Diotima of de zwaan.

§5   het verband tussen Hölderlin en de Kabala in het werk van Lucebert

1   'de schoonheid van een meisje' naast de 'introductie'

De onderzoeksresultaten met betrekking tot 'de schoonheid van een meisje' kunnen beschouwd worden als aanvulling op het resultaat van onderzoek dat in de eerste paragraaf van dit hoofdstuk met betrekking tot de 'introductie' is bereikt. Zoals de poetica van de 'introductie' zowel door de intertekst van de Joodse mystiek als door die van het œuvre van Hölderlin is geïnspireerd, zo valt aan 'de schoonheid van een meisje' dezelfde verbinding tussen Hölderlin en Kabala af te lezen. In zijn vorm verwijst het gedicht naar Hölderlin, omdat Luceberts in een anakoloet culminerende voegwoordgebruik hier de grootste, naar Hölderlin verwijzende kracht bereikt, terwijl het inhoudelijk eigenlijk bepaald wordt door de kabalistische intertekst, omdat in deze tekst *de analphabetische naam* een plaats heeft gekregen, de naam die is ontworpen in verzet tegen het kabalistisch concept van de alphabetische naam.

In deze paragraaf wil ik een antwoord trachten te geven op de vraag wat het betekent, dat Lucebert aan zijn creatie van *de analphabetische naam* een plaats heeft gegeven in een gedicht, dat hij door zijn vorm naar Hölderlin laat verwijzen. Ik kan mij niet aan de indruk onttrekken dat Lucebert hiervoor een diepere reden heeft gezien.

De dichter van *de analphabetische naam* wil een taal scheppen die van alle belichaming Gods is bevrijd.

Ook bij Hölderlin kan de notie van een 'nieuwe taal' worden bespeurd, maar dat gegeven alleen kan nog niet het verband verklaren dat door Lucebert in zijn werk tussen Hölderlin en de Kabala wordt gelegd. Gegeven het feit dat Lucebert in verschillende gedichten Hölderlin portretteert als het model voor het moderne dichterschap, en gegeven het feit dat hij aan zijn creatie van *de analphabetische naam* een plaats geeft in een gedicht dat naar Hölderlin verwijst, luidt de met betrekking tot 'de schoonheid van een meisje' toegespitste vraag dan ook, wat het is in het werk van Hölderlin, waarin Lucebert de kans heeft gezien om Hölderlin als het ware te mengen in zíjn door de Kabala geïnspireerde project van de creatie van een nieuwe taal.

Het aanknopingspunt is gelegen in de gestalte van Christus. Hölderlin brengt de hoge verantwoordelijkheid die in zijn ogen aan het dichterschap is verbonden, in verband met het middelaarschap van Christus. Dit houdt in eerste instantie in, dat aan de dichter als een soort heros een plaats geboden wordt naast klassieke heroën, maar voorts ook dat de dichter als interpreet van de taal een bijzondere verantwoordelijkheid heeft sinds Christus.

2   de opvatting van Christus als betrokken in de problematiek van de nieuwe taal

Bij Hölderlin neemt de notie van een nieuwe taal sterke kabalistische trekken aan in de ode 'Ermunterung'. Het gaat om een ode waarvan twee versies bestaan, en die gedateerd wordt op het begin van het jaar 1801. In het gedicht wordt de hoop uitgesproken op een tijd, waarin hemel en aarde opnieuw vereend zullen zijn en een nieuwe taal zal klinken (StA 2, 33-34):

> O Hoffnung! bald, bald singen die Haine nicht
>   Der Götter Lob allein, denn es kommt die Zeit,
>   Daß aus der Menschen Munde sich die
>   Seele, die göttliche, neuverkündet.
>
> [...]
>
> Und er, der sprachlos waltet, und unbekannt
>   Zukünftiges bereitet, der Gott, der Geist
>   Im Menschenwort, am schönen Tage
>   Wieder mit Nahmen, wie einst, sich nennet.

In de zeer dichte nabijheid van het voor de Kabala kardinale concept van de 'naam' komt dit gedicht, doordat een variant de godsnaam *Jova* bevat[62]. Hierdoor wordt extra gewicht gelegd op de openbaring of uitdrukking van God in de naam, en krijgt de slotstrofe van 'Ermunterung' met de tegenstelling van de god die *sprachlos waltet* en

---

[62] De variant *Beim Jova!* voor *O Hoffnung!* in de tweede versie van 'Ermunterung' (StA 2, 455). Beißner annoteert dat *Jova* 'een zelden voorkomende samentrekking van de godsnaam Jehova is' en verwijst hierbij naar Klopstock en Schubart. Het *Wörterbuch zu Friedrich Hölderlin. I.Teil: Die Gedichte. cit.*, s.v., geeft te zien dat het om een hapax gaat.

Im Menschenwort, ... Wieder mit Nahmen, wie einst, sich nennet wel een heel sterk kabalistisch accent.

Bij het onderzoek naar het paar van Hyperion en Diotima is gebleken, dat dit paar niet besproken kon worden zonder tegelijk de lijn door te trekken naar Hölderlins Christus-opvatting (zie p. 307 e.v.). Hölderlin plaatst Diotima naast Dionysus en Herakles en daarmee naast Christus. Het revolutionaire van zijn Christus-opvatting is gelegen in het feit dat hij aan anderen naast Christus een plaats geeft, zoals dat zo paradoxaal door de titel 'Der Einzige' wordt uitgedrukt. In dit gedicht geeft Hölderlin aan Christus gestalte als een soort Benjamin, jongste zoon en oogappel van Jakob, het 'kleinood des huizes', dat het huis der goden tot op het laatste moment bij zich gehouden heeft, maar dan uiteindelijk toch aan wereld en mensen heeft prijsgegeven[63].

Er is één plaats waar Hölderlin Christus rechtstreeks in verband brengt met het begrip 'naam'. Christus als het vlees geworden Woord laat de taal niet ongemoeid. In één van de latere versies van 'Patmos' schrijft Hölderlin (StA 2, 181-182):

> Johannes. Christus. Diesen möcht'
> Ich singen, gleich dem Herkules, oder
> Der Insel, welche vestgehalten und gerettet, erfrischend
> Die benachbarte mit kühlen Meereswassern aus der Wüste
> Der Fluth, der weiten, Peleus. Das geht aber
> Nicht. Anders ists ein Schiksaal. Wundervoller.
> Reicher, zu singen. Unabsehlich
> Seit jenem die Fabel. Und jezt
> Möcht' ich die Fahrt der Edelleute nach
> Jerusalem, und das Leiden irrend in Canossa,
> Und den Heinrich singen. Daß aber
> Der Muth nicht selber mich aussezze. Begreiffen müssen
> Diß wir zuvor. Wie Morgenluft sind nemlich die Nahmen
> Seit Christus. Werden Träume. Fallen, wie Irrtum
> Auf das Herz und tödtend, wenn nicht einer
>
> Erwäget, was sie sind und begreift.

Na de inzet van de strofe met het eenvoudige noemen van de namen van Johannes en Christus wijkt de dichter uit naar Herkules en Peleus. Hij ontzegt zich hier echter de gelegenheid om ook over grootheden uit de Oudheid te zingen, en richt zich opnieuw op de era waarmee hij de strofe begon. Van onafzienbare omvang is de stof die in

---

[63] Aan de studie van Jochen Schmidt over 'Der Einzige' dank ik de verwijzing naar Momme Mommsen, die in 1963 de intertekst van Hölderlins uitzonderlijke omschrijving van Christus als het 'kleinood des huizes' heeft aangewezen. De woorden *Kleinod des Hauses* zijn Hölderlins vertaling van δομων ἄγαλμα, woorden uit de *Agamemnon* van Aeschylus ter omschrijving van Iphigeneia (v.208). Hölderlin heeft dus in 'Der Einzige' Christus omschreven met woorden, die hem verbinden met de dochter van Agamemnon Iphigeneia, die ten behoeve van een gunstige wind voor de Griekse vloot naar Troje aan Artemis geofferd moest worden. Zie hiervoor: Jochen Schmidt, 'Zur Funktion synkretistischer Mythologie in Hölderlins Dichtung «Der Einzige» (Erste Fassung)', in: *Hölderlin-Jahrbuch* 25 (1986-1987), p. 200.

de poëzie aan de orde gesteld kan en moet worden sinds Christus. De dichter stelt zich een aantal onderwerpen waarover hij zou willen schrijven voor en keert dan naar het waarom van de onafzienbare stof terug: *Wie Morgenluft sind nemlich die Nahmen / Seit Christus.* Hier wordt de vleeswording van het Woord begrepen als een proces dat de taal vernieuwt. De belichaming Gods in Christus maakt de namen nieuw, zoals de dag die herrijst uit de nacht de morgenlucht nieuw maakt[64]. Aan het einde van de strofe, dat doorloopt in de volgende strofe, wordt geïnsisteerd op de implicaties die hieruit voor de dichter voortvloeien. De hoge eer en tegelijk zware last die het dichterschap met zich meebrengt, bestaat in de duiding van de sinds Christus nieuwe namen. De nieuwe namen dragen het gevaar van waanvoorstelling en dwaling in zich, ze kunnen zelfs dodelijk zijn, ténzij de dichter uitlegt, wat zij zijn.

Het lijkt mij dat de dichter die in verzet tegen de alphabetische naam *de analphabetische naam* heeft geschapen, niet anders dan gefascineerd heeft kunnen zijn door deze opvatting van de betekenis van Christus. In het tijdperk dat, naar de visie van Hölderlin, met Christus wordt besloten, was de taal van andere orde dan na hem. Christus' leven op aarde heeft de taal radicaal vernieuwd. In de tijd sinds Christus, déze tijd, moet de poëzie handelen over de transformatie van de namen die het gevolg is geweest van de vleeswording van het Woord. Zoals Hölderlin ruimte heeft geschapen voor de opvatting van Christus als de verzoende in die zin, dat hij met anderen naast zich verzoend is, zo heeft hij ruimte geschapen voor de gedachte dat de vleeswording van het Woord de taal sinds Christus van andere orde heeft gemaakt.

In het verlengde van deze radicale opvattingen creëert Lucebert *de analphabetische naam*. Zoals Hölderlin de dichter voorstelt als interpreet van een herschapen taal, zo begrijpt Lucebert de dichter als herschrijver van de taal. In het licht van het belang van Johannes voor Hölderlin dient nog eens de aandacht gevestigd te worden op het paar van Aphrodite en Johannes uit 'exodus' (zie p. 308). Lucebert heeft hen gestalte gegeven als *hare en zijne allerheiligste majesteit / zij van cyprus en die vermeld werd op patmos* (vg 23-27). Weliswaar komen zij beide bij Hölderlin voor, maar níet als het paar dat Lucebert van hen heeft gemaakt. Lucebert heeft een syncretistisch paar van grootheden van klassieke oudheid en christendom geschapen en zich daarbij gericht naar het model van Hölderlins paar van Herakles of Dionysus en Christus. In zijn keuze voor Aphrodite van Cyprus en Johannes van Patmos, die mede door de plaats van Diotima naast Herakles en Dionysus én door de prachtige eiland-equivalentie is gemotiveerd, is voorts een onderstreping van het grote belang van Johannes voor Hölderlin te lezen.

Bij Lucebert is het verband tussen taal- en Christusproblematiek evident. Dit blijkt uit 'het vlees is woord geworden' (vg 20), een gedicht met een titel die de woorden uit het evangelie van Johannes "het Woord is vleesch geworden" (Joh. 1:14) omkeert. Voordat ik op dit uitermate belangrijke gedicht dieper in zal gaan, dient kort uiteengezet te worden, hoe aanwezig Christus is in de oudste poëzie van Lucebert.

---

[64] Hetzelfde verband tussen naam en morgenlucht is aan de orde in 'Germanien': *O trinke Morgenlüfte, / Biß daß du offen bist, / Und nenne, was vor Augen dir ist, / Nicht länger darf Geheimniß mehr / Das Ungesprochene bleiben* (StA 2, 151).

illustratie 9
Lucebert, *zonder titel*, 1947. Voor zover mij bekend, is dit de enige tekening van Lucebert die hij signeert met een hoofdletter *L* waarvan met een dwarsstreep een kruis is gemaakt.

In 'exodus' geeft Lucebert naar Hölderlin gestalte aan Christus als laatste. Dezelfde voorstelling klinkt in de woorden *DU LETZTER HERR* uit 'Diep onder de kath. kerk in de ichtus-lärm' (vg 419-420) door. De gestalte van Jezus in 'ballade van de goede gang' is geënt op kabalistische voorstellingen omtrent de wereld van het kwaad (zie p. 196). Verder verwijst Lucebert in 'de boom! bom' naar Christus met de woorden *man van smarten* (vg 405), en maakt hij in de gedichten 'christuswit' en 'in de hitte' van zijn naam de neologismen *christuswit* (vg 28-29) en *jezusmeters* (vg 58-59). In de tegenstelling tussen de eigen creatie *christuswit* en de woorden van de profeet Jesaja *man van smarten* (Jes. 53:3) kan een eerste indicatie gelezen worden van de richting die Luceberts Christus-opvatting neemt. Hij concentreert zich op de notie van Christus als de onschuldig veroordeelde, als degene die, hoewel hij onschuldig was, toch tot de dood veroordeeld werd, als het 'lam ter slachting geleid'(Jes. 53:7).

Ik vestig nog eens in het bijzonder de aandacht op het dubbelzinnige spellen van 'christuswit': door de werkwoordsvorm *spelde* wordt de vorm *speldde* opgeroepen, waarmee op de equivalentie van naam en gewaad wordt gedoeld, die niets anders is dan een variant van de equivalentie van *naam* en *lichaam* (zie p. 123). Uit het spellen of spelden van 'christuswit' komt *een moeizaam tafelkleed voor ene beker* (vg 28-29) voort, woorden waarin een toespeling op het gebed van Jezus in de tuin van Gethsemané gelezen kan worden (Matth. 26:36-46).

In het gedicht met de titel 'het vlees is woord geworden' (vg 20) gaat Lucebert de dialoog met het evangelie van Johannes aan. Als het ware aan de hand van Johannes geeft Lucebert aan Christus gestalte door de woorden uit het evangelie om te keren. Er bestaan drie versies van het gedicht. De eerste is afkomstig uit het unicum *Een Lucebert-souvenir* dat circa 1949 wordt gedateerd. De tweede is die van de eerste publikatie van het gedicht in het door Remco Campert en Rudy Kousbroek geredigeerde tijdschrift *Braak*. De derde is die van de bundel en pas dan draagt het gedicht zijn titel[65]. Vanwege een variant die voor de exploitatie van kabalistische symboliek door het gedicht van belang is, en vanwege het feit dat het gedicht in de tweede versie de duidelijkste interpunctie heeft - een bijzonderheid die een aantal problemen helpt oplossen -, citeer ik het gedicht naar de eerste publikatie in *Braak* uit juli 1950. In het derde nummer van *Braak* verschijnt het als tekening-gedicht, nog zonder titel en met de datering december 1948:

> nu komen ook de kooien van de poëzie
> weer open voor 't gedierte van Miró;
> een vloo, een lekkerkerker en een julikever
> raken met hun tentakels in de taal.

---

[65] *apparaat* (vg 592-594).

5   O droomkadaster, gevoelig Vatikaan,
nu komen devoten veel in uw terrarium.
als kikkerstarren, ademend op avondmis
een AERA lang - duister als bankgebouwen
onder de onweerlucht - ruisend van inflatiegerucht.

10   maar 's nachts ontwaken de kanonnen hunner tongen
en kwakend gaan de granaten van hun kreten
over het ijshouten woud.
kinderen op hun ogen, koud
en schamel, hurken om de stulpen van hun lippen
15   daar knettert het geraamte van de kerststal al
er is een heiland in met door zijn lijf
vijf kogeltrechters voor een nagelval:

de tranen van de dood
de maden van kristal

Het gedicht heeft aanleiding gegeven tot sterk uiteenlopende interpretaties, waaraan de bijzondere beeldspraak en verstrekkende betekenis zeker debet zijn. Volgens Jan Oegema is het ondenkbaar dat het geweld dat in de derde strofe losbarst, van kunstenaars met wie Lucebert zich verbonden voelt, zou kunnen komen. Zo komt hij ertoe een tegenstelling tussen *gedierte* en *devoten* te veronderstellen en in de *devoten* de surrealisten te lezen. Hij beschouwt het gedicht als een aanval op het surrealisme, waarvan dan alleen de schilder Miró uitgesloten zou zijn. De beweging die eerder haar agressie op het katholicisme heeft gericht, het surrealisme, zou op haar beurt het doelwit van Luceberts kritiek zijn geworden[66]. Eerder hebben Fens en Cornets de Groot geen reden voor een breuk tussen eerste en tweede strofe gezien. Naar de mening van Kees Fens zijn het *gedierte van Miró* en de *devoten* even negatief geladen. Hij leest in de *devoten* schijnheiligen, quasi-dichters of quasi-gelovigen, en beschouwt het gedicht als een krasse uithaal naar gelegenheidspoëzie, die in één beweging afrekent met degenen die alleen rond kerstmis gedichten schrijven, én met de kerstnacht zelf. Mede door *Miró* acht hij het niet onmogelijk dat in de derde strofe verwezen wordt naar de houding van de kerk ten tijde van de Spaanse burgeroorlog[67]. Consequent de lijn van het gedicht volgend, concludeert Cornets de Groot dat *droomkadaster* een metafoor voor 'taal' moet zijn. In tegenstelling tot Fens hecht hij aan *gedierte* en *devoten* een positieve betekenis. Hij leest in het 'in hoofdzaak vliesvleugelig' *gedierte* de betekenis 'de macht der poëzie', en begrijpt de *devoten* als dichters of lezers. Waar het om gaat is dat deze devoten zich over de woordenschat buigen, waarbij met name hét woord of Christus het moet ontgelden[68].

---

[66] Jan Oegema, 'Kritiek op de surrealisten? Een lezing van twee vroege gedichten van Lucebert', in: *De nieuwe taalgids* jg.84 (1991) nr.5, p. 385-401.
[67] Kees Fens, 'Kerstmis bij Lucebert', in: idem, *De tweede stem. Over poëzie.* Querido Amsterdam 1984, p. 112-115.
[68] Cornets de Groot, *Met de gnostische lamp. cit.*, p. 161-165.

Naar mijn mening komt Cornets de Groot het dichtst bij de kern. Ter ondersteuning van zijn interpretatie van het *droomkadaster* als het woordenboek of de woordenschat wijs ik op de bouwkunstige isotopie die zich vanaf de eerste regel met *kooien* ontwikkelt. Bij Lucebert betekent *bouwen* 'spreken'[69]. Deze betekenis kan niet slechts gebaseerd worden op de *gebouwen* van 'exodus' (vg 23-27) waarin Lucebert Hölderlins *stiften* heeft geconcretiseerd (zie p. 308), maar vooral ook op het *Sefer Jetsira*, waarin letters als *stenen* en woorden als *huizen* worden gesymboliseerd (zie p. 85). Omdat *bouwen* 'spreken' is, kan een woord worden voorgesteld als gebouw of als huis. De verbeelding van de taal als het register van deze bouwsels, als het register waarin alle gebouwen of huizen en opstallen staan genoteerd, als *kadaster* dus, vloeit hieruit logisch voort.

Bij de constructie van een nieuwe taal kan op verschillende manieren te werk worden gegaan. Het is geenszins zo, dat Lucebert vanuit een nulpunt zou kunnen of willen vertrekken. Het is veeleer zo, dat er in de *-kerker* van de taal binnengegaan moet worden, opdat van binnenuit de kooiende taal kan worden belaagd om deze in rook op te doen gaan. Dat de nieuwe dichters in een taal kruipen die in hun ogen in een overgangsstadium verkeert, wordt aangegeven door de dubbele omschrijving aan het begin van de tweede strofe. De nieuwe, gedroomde staat spreekt uit *droomkadaster*, de oude uit *Vatikaan*.

De vraag of de dieren uit de eerste strofe die *kooien* betreden, op één lijn staan met de vromen uit de tweede strofe die het *terrarium* binnengaan, kan op basis van semantische en lexicale equivalenties positief beantwoord worden. *Kooien*, *-kerker*, *Vatikaan* en *terrarium* zijn als bouwsels of bouwwerken equivalent. Verder wordt niet alleen het werkwoord 1+6 *komen* herhaald, maar ook het voorzetsel 4+6 *in*, waardoor aan de gang van dieren en dichters zelfs een licht erotische toets wordt verleend.

Voor de bijzondere verstrengeling van het dichterlijke met het dierlijke die het gedicht als geheel omvaamt, wordt de toon eveneens in de eerste regel gezet: *de kooien van de poëzie*. De dichters zijn inderdaad vliesvleugelig, maar zij zijn ook 7 *kikkerstarren*. Wat een vlo, een julikever en een kikker gemeen hebben, is dat het dieren met gedaanteverwisseling zijn (zie p. 350). Het belangrijkste woord van de dierlijke isotopie is wellicht het laatste woord ervan, *maden*. In een uitstekend artikel over de relatie tussen Lucebert en Miró van de hand van Lieve Scheer zijn al op de tweede pagina allerlei beestjes aan de orde, onder andere dikkopjes, spoel- en regenwormen. De auteur spreekt over "het vreemdsoortig Boschachtig ongedierte [...] dat overal bij Miró woekert met een onblusbare vitaliteit"[70]. Ook in 'het vlees is woord geworden' schuilt deze vitaliteit, een niet te stuiten daadkracht die veroorzaakt dat oude woorden zich als nieuw ontpoppen. In de uitwerking van het *gedierte* als 3 *een vloo, een lekkerkerker en een julikever* is dit aspect het duidelijkst te beluisteren in dat curieuze neologisme *lekkerkerker*[71]. Dichters gaan de kooien van de taal binnen met de wil

---

[69] Vergelijk *ik bouw nauwgezet en wanhopig*, de slotregel van 'de slaap zijn schaduw' (vg 117), het laatste gedicht van de bundel *triangel in de jungle* gevolgd door *de dieren der democratie* (1951).
[70] Lieve Scheer, 'Lucebert: Miró. Een creatieve interpretatie', cit., p. 273.
[71] Cornets de Groot heeft met Lucebert over dit woord gecorrespondeerd. Bij deze briefwisseling is de betekenis van een persoonsnaam, waardoor *lekkerkerker* op één lijn met *Miró* zou zijn komen te staan, uitgesloten. Cornets de Groot, *Met de gnostische lamp. cit.*, p. 162-163.

tot schepping, als het ware om er te broeden op de nieuwe taal. In ruimere zin wordt er in de kooien van literatuur en schilderkunst zowel gebroed op nieuwe woorden als op nieuwe beelden. De produkten van de nieuwe kunstenaars, de voortbrengselen van hun 10 *tongen* en 13 *ogen*, hun nieuwe woorden en beelden, zijn 13 *kinderen* zoals het kind in de kerststal[72].

De taal wordt van binnenuit door de dichters bestookt. In het *gevoelig Vatikaan* ontwikkelen zij de kracht van hun stem, om vervolgens hun kreten over het *ijshouten woud* te laten gaan[73]. Omdat *Vatikaan* en *woud* als 'gevoelig versus ongevoelig' tegenover elkaar zijn geplaatst, neem ik aan dat de taal ook is voorgesteld als een ijzig bos, een groots opgezette constructie van een veelvoud van bomen of van één zich machtig uitbreidende boom. Voor deze laatste voorstelling van de taal biedt de symboliek van de Kabala voortreffelijke aanknopingspunten. Door de metafoor *het ijshouten woud* wordt gebruik gemaakt van het beeld van de boom van emanatie (zie p. 124). 'Hout' is niet alleen in 12 *woud*, maar ook in 15 *het geraamte van de kerststal* aan de orde. Hiernaast is er sprake van semantisch verband tussen 12 *ijs*, 18 *tranen* en 19 *kristal*. De dichters slaken hun kreten die met 11 *granaten* vergeleken worden, over het *ijshouten woud* van de taal. Hun activiteit veroorzaakt dat er iets van het ijzige hout afbrokkelt, *kristal*. Het gaat niet zomaar om schilfers of splinters van ijs, die met kristal vergeleken zouden kunnen worden, maar om *maden van kristal*. Op hun beurt ontpoppen deze kristallen maden zich als *de tranen van de dood*.

De dichters laten de oude taal in rook opgaan door er de ware aard of een nieuwe betekenis van aan te tonen. Dat het dichterlijk broeden op de taal destructief en constructief tegelijk is, blijkt naar mijn mening vooral uit de vergelijking met onweer. Zoals Hölderlin in 'Wie wenn am Feiertage...' aan de dichtergod Bacchus, voortgesproten uit de bliksemconfrontatie van Zeus en Semele, gestalte geeft als de "Frucht des Gewitters", zo associeert Lucebert dichters met onweer[74]. De kwakende kikkerstarren heten 7 *ademend*, de bankgebouwen 9 *ruisend*. De dichterlijke adem legt zich als een stolp over de woorden zoals een onweerslucht zich over bankgebouwen welft; de *bankgebouwen*, een nieuwe metafoor voor woorden, gaan hiervan *ruisen van inflatiegerucht*. De vrucht van de destructie is de flits of bliksemschicht van een inzicht of de onthulling van een betekenis. De betekenis die hier onthuld wordt is, dat Christus niet eens begrepen kan worden als degene aan wie slechts een kort leven beschoren was, een leven als een ademtocht. Hij wordt voorgesteld als zozeer voorbestemd voor de dood, dat hij als het kind in de kerststal reeds met de tekenen van de kruisdood was gemerkt.

---

[72] Er is voor *kinderen op hun ogen* de variant *kinderen van hun ogen*. De reeks van genitiefmetaforen die de tongen, kreten en lippen van de dichters of dichters en schilders verbeeldt als *kanonnen*, *granaten* en *stulpen*, dient dus uitgebreid te worden met de genitiefmetafoor die herschreven kan worden als 'hun ogen zijn of hebben kinderen'.

[73] De woorden *het ijshouten woud* zijn de variant waardoor de tweede versie zich onderscheidt (zie p. 359). Eerste en derde versie hebben hier *het ijskoude woud*.

[74] Zie voor Luceberts verwerking van de bliksemsymboliek van Hölderlin: F.J.M. de Feijter, 'Anders anders bekend maar herkend toen. Over de bliksemsinslag in een vroeg gedicht van Lucebert', cit., p. 180-208.

Ik keer nog eens terug naar de aan het begin van deze paragraaf geformuleerde vraag en concludeer dat zowel bij Lucebert als bij Hölderlin de samenhang tussen taalproblematiek en Christus-opvatting ontwaard kan worden. Met betrekking tot 'het vlees is woord geworden' concludeer ik, dat het tot de belangrijkste gedichten van *apocrief / de analphabetische naam* gerekend moet worden. Het gedicht, dat zo zachtzinnig maar tegelijk raadselachtig begint, *nu komen ook de kooien van de poëzie / weer open*, en hardhandig eindigt met de aanduiding van de kerststal als het omhulsel voor *een heiland ... met door zijn lijf / vijf kogeltrechters voor een nagelval*, is typisch voor de kracht die Lucebert binnen een luttele twintig regels kan ontwikkelen. De belangrijkste conclusie die op grond van het gedicht getrokken kan worden is, dat Luceberts Christus-opvatting aangemerkt moet worden als een pijler onder zijn poetica.

Wat in 'het vlees is woord geworden' aan de orde is, is níet een gevecht met Christus, maar een gevecht met God. Het kostbaar goed dat de inzet van dit gevecht vormt, is de taal. Niet Christus wordt bestookt, maar God, en dit gebeurt aan de hand van Christus als het vleesgeworden Woord of als het door God gesproken woord. Christus is één van de redenen waarom Lucebert zijn pen opneemt, en zich zet aan de creatie van de nieuwe of analphabetische taal. Christus neemt zo'n voorname positie in in de poetica van Lucebert, omdat die poetica draait om het verzet tegen de alphabetische naam of de naam van God, de naam die aan het begin van de taal staat en waaruit alle namen van a tot z zijn voortgevloeid. Christus is van eminent belang voor de taal, omdat hij hét woord van God is. In Christus als een in de alphabetische taal van God gesproken woord, Christus als het vleesgeworden Woord van God die zich in de alphabetische naam belichaamd heeft, is één van de gronden gezien voor het verzet tegen die alphabetische naam. In 'het vlees is woord geworden' is de gestalte van het tot de kruisdood veroordeelde kerstkind de drijvende kracht achter het streven naar een nieuwe taal. Christus is begrepen als het fundament voor de poging om een nieuwe taal te scheppen.

Luceberts pleidooi voor de analphabetische taal dat in het verlengde van de creatie van *de analphabetische naam* ligt, is gevoed door deze visie op Christus. Het verband tussen taal- en Christusproblematiek maakt het zelfs mogelijk om een lijn te trekken van de oudste poëzie van Lucebert naar de nieuwste, zodat het vermoeden uitgesproken kan worden, dat in déze stof het grote thema van het werk van Lucebert aangewezen kan worden. Tussen het historisch debuut *apocrief / de analphabetische naam* uit 1952 en de recent verschenen bundel *van de roerloze woelgeest* uit 1993 welft zich een spanningsboog, die geschapen wordt door de samenhang tussen de problematiek van de nieuwe of analphabetische taal en de visie op Christus als het door God in de alphabetische taal gesproken Woord. Deze spanningsboog laat de constante drijvende kracht achter het dichterschap van Lucebert naar voren komen. Naar mijn mening gaat het hierbij om een kracht die geput wordt uit de overtuiging, dat het dichterlijk spreken stelling dient te nemen tegen het spreken van God[75].

---

[75] Anja de Feijter, 'Lucebert. Alleen wat dichters brengen het te weeg', in: Anja de Feijter, Aron Kibédi Varga (red.), *Dichters brengen het te weeg. Metafysische vraagstellingen in de moderne Europese Poëzie.* Kok Kampen 1994 [in druk].

3	het antwoord van *de analphabetische naam*

Lucebert heeft God als eerste naamgever of *noemer*, zoals God in 'as alles' wordt aangeduid (vg 429), of nóg algemener als eerste spreker voorgesteld. Hij heeft God als zodanig van zijn plaats willen verdringen, om een taal te scheppen die als de analphabetische taal van alle belichaming Gods was bevrijd. Nergens spreekt hij zo duidelijk over God als eerste spreker of enige stem zelfs, als in één van de gedichten uit de afdeling 'ongebundelde gedichten 1949-1951'. Ik doel op 'meditatie op een mond vol builenbal'.

Een mystiek geïnspireerd dichter die God zoekt door hem te onderzoeken, en die zo zijn tanden zet in de woorden "het Woord is vleesch geworden" (Joh. 1:14), zal de kracht van zijn stem evenzeer ontketenen met betrekking tot het vers waarmee het evangelie van Johannes opent: "In den beginne was het Woord, en het Woord was bij God, en het Woord was God." (Joh. 1:1). Dit gebeurt in 'meditatie op een mond vol builenbal'. Terwijl de dialoog met het evangelie van Johannes in 'het vlees is woord geworden' de vorm aanneemt van omkering van de woorden van Johannes, neemt dezelfde dialoog in 'meditatie op een mond vol builenbal' de vorm aan van substitutie. De eerste woorden van Johannes vormen het hypogram van de regels waarmee het gedicht opent en besluit (vg 415):

> in den beginne was er een gat
> en het gat was bij god
> en het gat was god

Het gedicht handelt over de schepping van een man en een vrouw, die uiterst pijnlijk verloopt, hen vooral in hun stemgebruik treft en ook voor hun kinderen niet zonder gevolgen blijft (zie p. 254-255). In het midden van het gedicht wordt in zinnen die de gedachte oproepen aan een grammofoon en aan luidsprekers, de stem van God beschreven. De stem van God is de enige stem die het recht van spreken heeft:

> er is maar één stem
>   er staat maar op één sterke stem
>   één sterkte van stem is overal opgezet
>   en het zegt:
>
> er is geen recht van spreken voor de krekels
> de bomen hebben hun vogels gesloten
> de beken hebben hun slangen geslacht
> er is een TETTEN krom getrokken in het kindergezicht

Er zit iets speels in de modernisering van de stem van God, die blijkt uit de allusie aan moderne communicatiemiddelen. De eerste helft van het citaat is echter in hoofdzaak grimmig van toon. Door de toespeling op moderne apparatuur voor het afspelen van muziek en het toespreken van een menigte wordt de duurzaamheid én onontkoombaarheid van de stem van God geëvoceerd, de stem die het alleenrecht van spreken heeft. De tweede helft van het citaat is een klacht over de toestand van de taal. Die klacht is bezworen met de analphabetische naam.

BESLUIT

Luceberts selectie uit de traditie is eigenzinnig en bijzonder. Hij kiest voor Hölderlin en Kabala. De combinatie van de twee is niet minder bijzonder. Lucebert heeft zijn poetica gefundeerd op een composiete intertekst, waarin aan Hölderlin een plaats is gegeven naast de Kabala. De Joodse mystiek verschaft hem de equatie van lichaam en naam, die hij tot de kern van de poetica van de lichamelijke taal heeft gemaakt. Het œuvre van Hölderlin biedt hem die uitzonderlijke Christus-opvatting, waarvan hij als van een springplank gebruik maakt voor een aanval op de taal die gelijkstaat aan een aanval op God. De dichter zet zich aan de schepping van een nieuwe taal, die, getuige de creatie van *de analphabetische naam*, geïnspireerd is door het kabalistisch concept van de naam van God als 'alphabetisch', en in tegenstelling tot deze van God gegeven taal *analphabetisch* wil heten.

Luceberts receptie van Hölderlin en Kabala is gericht geweest op de opbouw van een poetica. Wat Hölderlin betreft kunnen de titels *romeinse elehymnen* en *poëziezo easy job* als sterke indicaties hiervoor gelden, en wat de Joodse mystiek betreft de verwerking van de steenmetaforiek van het *Sefer Jetsira* in het slotgedicht van de bundelafdeling 'de analphabetische naam', het gedicht 'dit is mijn poppenpak' en verder de bijzondere omschrijving in 'het proefondervindelijk gedicht' van de experimentele poëzie als een zee aan de mond van tal van rivieren, die is ingegeven door de symboliek met behulp waarvan de *Zohar* de emanatie der sefirot beschrijft.

Bij deze overeenkomst in gerichtheid op poeticale exploitatie voegt zich de overeenkomst van diepgang. Lucebert heeft beide intertekstein grondig verkend. De geverseerdheid in de symboliek van de Kabala spreekt uit een groot aantal gedichten. De creatie van het paar van Aphrodite en Johannes in 'exodus' releveert Hölderlins visie op de plaats van godenzonen als Dionysus en Herakles. Het markante gebruik van *dat wil zeggen* in 'ik tracht op poëtische wijze' en het oningevulde *N.L.* voor *namelijk* aan het slot van *poëziezo easy job*, stelt het bijzondere stokken van de stem in het licht dat in Hölderlins late werk te bespeuren is. De complexe achtergrond van de paradoxen van licht en duisternis in de 'introductie', waar zich zowel de kabalistische zon en maan als Hyperion en Diotima achter verschuilen, wijst in Hölderlin het belang aan van de mythe van Diotima en de aarde en in de Kabala het belang van Lilith.

Er is één ingrijpend verschil. Luceberts weg door de Kabala is in de ware zin van het woord complex: samengesteld uit de uitersten van waardering en verwerping, aanvaarding en afwijzing. Zijn weg door Hölderlin is dat niet. Luceberts Hölderlin-receptie laat zich vatten in de termen van bewondering en verwantschap waaraan in 'het proefondervindelijk gedicht' uitdrukking is gegeven. Wat Lucebert rond 1950, dat wil zeggen ongeveer anderhalve eeuw nadat de *Hyperion* en gedichten als 'Der Einzige' en 'Patmos' geschreven zijn, uit Hölderlin naar voren haalt, is zijn verwijding van de ruimte om Christus en het verband tussen deze Christus-opvatting en de problematiek van de taal. Uitzonderlijk is de gedeelde polariteit van gedichten waarin de taal machtig en onstuitbaar voortstroomt, versus gedichten waarin aan de onmacht het woord wordt gelaten en de stem stokt. Luceberts verwerking van de Kabala doorloopt de hele scala van aanvaarding tot verwerping. In tal van gedichten wordt trefzeker gebruik gemaakt van de rijke en gevarieerde kabalistische symboliek. De harde kern van de poetica van de lichamelijke taal is geput uit de Kabala. Maar *de analphabetische naam* is de omkering van de alphabetische naam en de ode aan Lilith is een ware "Umwertung aller Werte". Luceberts 'lente-suite voor lilith' maakt van een furie een nimf. Tegenover de aanvaarding en waardering van het materiaal dat de traditie van de Joodse mystiek als een schat in zich verborg, staan aan het andere uiterste verwerping en afwijzing. In het hermetische gedicht 'as alles' slaat het gebruik van de symboliek van God als noemer met verschrikkelijke kracht terug op God de schepper zoals hij door de Kabala is waargenomen. De evocatie van een wereld waarin alleen aan God het recht van spreken is verleend en de mens wordt gereduceerd tot de status van een uitgebraakte naam, maakt duidelijk dat de kabalistische symboliek is omgesmeed tot een wapen in de hand van de dichter die zíjn stem wil en moet verheffen.

Wat uiteindelijk oprijst is het beeld van een dichter die de dialoog met Hölderlin direct en klaarblijkelijk moeiteloos is aangegaan en die in het debat met de Kabala onmiddellijk op scherp gesteld is geweest. Lucebert is zijn carrière als dichter met *apocrief / de analphabetische naam* op indrukwekkende wijze begonnen. Door zijn werk aan de taal, zijn verwoording van het grote thema van de gave van de taal als een paradoxaal godsgeschenk, heeft hij zich verzekerd van een belangrijke positie op het toneel van de Europese poëzie van het midden van de twintigste eeuw.

Lijst van illustraties

1 (p. 48)
Lucebert, *zonder titel*, 1945. Zwarte en rode inkt op papier, 25,5 x 17,3 cm. Gesigneerd L.J. Swaanswijk. Amsterdam, collectie F.J.M. de Feijter

2 (p. 70)
Pagina 1 van de *Praagse Hagada*, uit: *Die Pessach Haggadah des Gerschom Kohen*, Josef Altmann Berlin, 1926

3 (p. 71)
Lucebert, omslag van Bert Schierbeek, *Het boek ik*, De Bezige Bij Amsterdam, 1951

4 (p. 244)
Lucebert, *De dichter voedt de poëzie*, VII 1952. Waterverf en oostindische inkt op papier, 42 x 56,5 cm. Amsterdam, Stedelijk Museum, inv.n. 164-G [voorheen collectie Groenendijk-Voûte]

5 (p. 245)
Lucebert, *zonder titel*, I 8 1988. Oostindische inkt op papier, 32,5 x 23 cm. Amsterdam, collectie F.J.M. de Feijter

6 (p. 276)
Kabalistische tekening van het tetragrammaton als menselijke gestalte, uit: Warren Kenton, *Kabbalah: Tradition of Hidden Knowledge*, Thames and Hudson London, 1979; daterend uit de zeventiende eeuw volgens: Claude Gandelman, *Reading Pictures; Viewing Texts*. Indiana University Press Bloomington and Indianapolis, 1991, p. 63

7 (p. 293)
Lucebert, *Abbitte*, 1943. Waterverf en oostindische inkt op papier, 26,7 x 19,5 cm. Amsterdam, Stedelijk Museum, inv.n. 31-G [voorheen collectie Groenendijk-Voûte]

8 (p. 306)
Lucebert, muurschildering Parijs 1953 [fragment]. Titel, formaat en techniek onbekend. Niet bewaard gebleven; foto: Ed van der Elsken

9 (p. 358)
Lucebert, *zonder titel*, 1947. Oostindische inkt op papier, 24,2 x 23 cm. Amsterdam, collectie F.J.M. de Feijter

10 (p. 145)
Lucebert, 'lente-suite voor lilith', uit: *Festspiele met zwarte handen* [unicum], 1949. Amsterdam, collectie Groenendijk-Voûte

LIJST van sefirotnamen, met verantwoording van de transcriptie van het Hebreeuws

1	Keter	kroon
	Keter eljon	verheven kroon
2	Chochma	wijsheid
3	Bina	intelligentie
4	Chesed	liefde
	Gedula	grootheid
5	Gevura	macht
	Din	oordeel
6	Tiferet	schoonheid
	Rachamim	mededogen
7	Netsach	voortdurend geduld
8	Hod	majesteit
9	Jesod	fundament
10	Malchut	koninkrijk
	Shechina	goddelijke tegenwoordigheid

De norm voor wetenschappelijke transcriptie, de ISO (International Organization for Standardization), is weinig behulpzaam wanneer men geen obstakels wenst op te werpen voor niet-Hebraïsten die een goede uitspraak van het Hebreeuws willen benaderen.

De criteria voor de transcriptie van Hebreeuwse woorden en namen die in dit boek zijn gehanteerd luiden als volgt:
- niet uitgesproken letters (*alef*, slot-*he*, *ajin*) worden niet getranscribeerd; een uitzondering is gemaakt voor de slot-*he* van de godsnaam *Jah*
- verschillende tekens met dezelfde uitspraak worden door één teken weergegeven: *chet* en de geaspireerde kaf als /ch/, *tet* en *taw* als /t/, *samech* en de als sin uitgesproken *shin* als /s/, *kaf* en *kof* als /k/
- de versterking van een letter door een *dagesh* die voor de uitspraak van de letter geen verschil maakt, is niet overgenomen: niet *kabbala* maar *kabala*
- de letters waarbij het al dan niet optreden van een dagesh nog wel voor de uitspraak van belang is, zijn bet, kaf en pe; de *bet* zonder dagesh is weergegeven als /v/, de *kaf* zonder dagesh als /ch/ en de *pe* zonder dagesh als /f/
- de letter *gimel*, weergegeven als /g/, wordt uitgesproken als in het Franse *gauche*
- de met de sj-klank gerealiseerde *shin* is weergegeven als /sh/: *shechina*
- de met de oe-klank gerealiseerde tekens zijn weergegeven als /u/: *tsimtsum*
- de *shewa*, de toonloze e, wordt in de transcriptie wel weergegeven: niet *sfira*, maar *sefira*
- de klemtoon ligt op de laatste lettergreep van het woord: *bina*, *shechina*, *kabala*

BIBLIOGRAFIE *

A primaire literatuur

1 Lucebert

Lucebert [pseudoniem van Lubertus Jacobus Swaanswijk]

apocrief / de analphabetische naam. Met een omslag en twee tekeningen van Lucebert. Typografische verzorging B.C. van Bercum. Ultimatumreeks no.3. De Bezige Bij Amsterdam 1952
 Festspiele met zwarte handen. 1949. Unicum in het bezit van de heer C.A. Groenendijk te Amsterdam. Bevat in handschrift en geïllustreerd met inkttekeningen en aquarellen de oerversie van de gedichten 'horror' en 'lente-suite voor lilith'
 triangel in de jungle gevolgd door *de dieren der democratie*. A.A.M. Stols 's-Gravenhage 1951
 de amsterdamse school. A.A.M. Stols 's-Gravenhage 1952
 Gedichten 1948-1963. Verzameld door Simon Vinkenoog. De Bezige Bij Amsterdam 1971[4] (1965[1])
 verzamelde gedichten. Met een omslag en 30 illustraties van Lucebert, 560 p. Verzorgd door de Werkgroep Lucebert. Met een *apparaat* als afzonderlijk, tweede deel: *verzamelde gedichten. Verantwoording, varianten, dokumentatie, bibliografie en registers*. Met afbeelding in facsimile van 37 tekening-gedichten, 256 p., genummerd van 561-816. Verzorgd door C.W. van de Watering, in samenwerking met Lucebert, C.A. Groenendijk en Aldert Walrecht. De Bezige Bij Amsterdam 1974.
 apocrief / de analphabetische naam. De Bezige Bij Amsterdam 1980[10] [fotografische herdruk op basis van de editie uit *verzamelde gedichten*]
 ongebundelde gedichten. De Bezige Bij Amsterdam 1983 [fotografische herdruk van de afdeling 'ongebundelde gedichten' uit de *verzamelde gedichten*]
 Lucebert in het Stedelijk. Catalogus van alle schilderijen, tekeningen, gouaches, aquarellen en prenten in de verzameling. Samengesteld door Ad Petersen. Stedelijk Museum Amsterdam 1987
 Lucebert schilder - dichter. Met bijdragen van Jan G. Elburg, Paul Hefting, Mabel Hoogendonk e.a. Meulenhoff Amsterdam / Frans Halsmuseum Haarlem 1991
 van de roerloze woelgeest. De Bezige Bij Amsterdam 1993

---

* Deze bibliografie somt alleen de geciteerde werken op.

zie ook:
  Lucebert / Bert Schierbeek
  Picaron
  Schierbeek
  Slagter

2   overig

Arp, Hans
  Unsern Täglichen Traum... Erinnerungen, Dichtungen und Betrachtungen aus den Jahren 1914-1954. Die Arche Zürich 1955
Bijbel
- *Bijbel dat is De gansche Heilige Schrift bevattende alle de canonieke boeken des Ouden en Nieuwen Testaments.* Op last van de hoog-mogende heeren Staten-Generaal der Vereenigde Nederlanden en volgens het besluit van de nationale synode gehouden te Dordrecht in de jaren MDCXVIII en MDCXIX uit de oorspronkelijke talen in onze Nederlandsche getrouwelijk overgezet. Het Nederlandsch Bijbelgenootschap Amsterdam 1935 [1637¹]
- *Bijbel. Nieuwe Vertaling* in opdracht van het Nederlandsch Bijbelgenootschap bewerkt door de daartoe benoemde commissies. Het Nederlandsch Bijbelgenootschap Amsterdam 1958 [1951¹]
- *Die Bibel oder Die ganze Heilige Schrift Alten und Neuen Testaments.* Nach der deutschen Uebersetzung Dr. Martin Luthers, mit in den Text eingeschalteter Auslegung, ausführlicher Inhaltsangabe zu jedem Abschnitt und den zur weiteren Vertiefung in das Gelesene nöthigsten Fingerzeigen, meist in Aussprüchen der bedeutendsten Gottesgelehrten aus allen Zeitaltern der Kirche. Herausgegeben von August Dächsel. 7 Bde. Verlag von Justus Naumann Leipzig 1876-1881
- *Die Bibel oder die ganze Heilige Schrift des Alten und Neuen Testaments.* Nach der deutschen Übersetzung D. Martin Luthers. Neu durchgesehen nach dem vom Deutschen Evangelischen Kirchenausschuß genehmigten Text. Mit erklärenden Anmerkungen und Biblischem Nachschlagewerk. Privileg. Württ. Bibelanstalt Stuttgart 1931 (Stuttgarter Jubiläumsbibel)
Bischoff, Erich
- 'Auszüge aus dem Sohar', in: Erich Bischoff, *Die Elemente der Kabbalah.* 2 Tle. I.Teil: *Theoretische Kabbalah,* II.Teil: *Praktische Kabbalah.* Hermann Barsdorf Verlag Berlin 1913-1914, I.Teil, p. 81-137 en 221-232
- 'Das Buch Jezirah', in: Erich Bischoff, *Die Elemente der Kabbalah.* 2 Tle. I.Teil: *Theoretische Kabbalah,* II.Teil: *Praktische Kabbalah.* Hermann Barsdorf Verlag Berlin 1913-1914, I.Teil, p. 63-80 en 174-221
Chlebnikov, Velimir
  Zaoem. Samengesteld door Jan H. Mysjkin. Vertaald in samenwerking met Miriam Van hee. Kritak Leuven 1989
Erskine, John
  Adam and Eve. Though He Knew Better. The Bobbs-Merrill Company Publishers Indianapolis 1927
Goldschmidt, Lazarus
  Sepher Jesirah, Das Buch der Schöpfung. Nach den sämtlichen Recensionen

möglichst kritisch redigirter und vocalisirter Text, nebst Uebersetzung, Varianten, Anmerkungen, Erklärungen und einer ausführlichen Einleitung von Lazarus Goldschmidt. In Commission bei J. Kauffmann Frankfurt am Main 1894

Hagada
- Die Pessach Haggadah des Gerschom Kohen 5287 / 1527. Monumenta Hebraica et Judaica, Vol.I. Ediderunt Benzion Katz et Heinrich Loewe. Josef Altmann Berlin 5686 / 1926
- The Haggadah of Passover. A Facsimile of the Prague Haggadah / 1526. Shulsinger Brothers New York 1964

Hölderlin, Friedrich
- Sämtliche Werke. Große Stuttgarter Ausgabe. Herausgegeben von Friedrich Beißner und Adolf Beck. 8 Bde. Kohlhammer Stuttgart 1943-1985
- Sämtliche Werke und Briefe. 2 Bde. Herausgegeben von Günter Mieth. Carl Hanser Verlag München 1981^3 (1970^1)
- Sämtliche Werke und Briefe. 3 Bde. Herausgegeben von Jochen Schmidt. Bibliothek deutscher Klassiker. Deutscher Klassiker Verlag Frankfurt am Main 1992 ff., Band I Gedichte, 1992

Lucebert / Bert Schierbeek
Chambre - Antichambre. Ingeleid door R.A. Cornets de Groot. BZZTôH 's-Gravenhage 1978

Meyer, Joh. Friedrich von
Das Buch Jezira, die älteste kabalistische Urkunde der Hebräer. Nebst den zweyunddreyßig Wegen der Weisheit. Hebräisch und Teutsch, mit Einl., erläuternden Anmerkungen und einem punktirten Glossarium der rabbinischen Wörter. Hrsg. von Joh. Friedrich von Meyer. Reclam Leipzig 1830

Müller, Ernst
- Der Sohar. Das Heilige Buch der Kabbala. Nach dem Urtext herausgegeben von Ernst Müller. Dr. Heinrich Glanz [Wenen 1932]
- Der Sohar. Das Heilige Buch der Kabbala. Nach dem Urtext ausgewählt, übertragen und herausgegeben von Ernst Müller. Auf der Grundlage der Ausgabe Wien 1932 neu ediert. Eugen Diederichs Verlag Köln 1982^2

Pauly, Jean de
Sepher ha-Zohar (Le Livre de la Splendeur). Doctrine ésotérique des Israélites. Traduit pour la première fois sur le texte chaldaïque et accompagnée de notes par Jean de Pauly. Œuvre posthume entièrement revue, corrigée et complètée. Publiée par les soins de Émile Lafuma-Giraud. 6 Tomes. Ernest Leroux Paris 1906-1911

Picaron
Lucebert: Early Works. Drawings & Gouaches 1942-1949. A Catalogue. Picaron Editions Amsterdam 1990 [niet door de kunstenaar geautoriseerde uitgave]

Rilke, Rainer Maria
Sämtliche Werke. Herausgegeben vom Rilke-Archiv in Verbindung mit Ruth Sieber-Rilke. Besorgt durch Ernst Zinn. 6 Bde. Insel Verlag Frankfurt am Main 1955-1966

Schierbeek, Bert
- Het boek ik. Met een omslag van Lucebert. De Bezige Bij Amsterdam 1951
- Het boek ik, De andere namen, De derde persoon. [Verzameld werk dl.2].

De Bezige Bij Amsterdam 1978

Scholem, G.
    zie: Scholem, Gerschom G.

Scholem, Gerschom G.
- *Das Buch Bahir. Ein Schriftdenkmal aus der Frühzeit der Kabbala.* Auf Grund der kritischen Neuausgabe von Gerhard Scholem. Wissenschaftliche Buchgesellschaft Darmstadt 1980^3 (1923^1)
- *Die Geheimnisse der Schöpfung. Ein Kapitel aus dem Sohar von G. Scholem.* Schocken Verlag Berlin 1935
- *Die Geheimnisse der Schöpfung. Ein Kapitel aus dem Sohar von G. Scholem.* Insel Verlag Frankfurt am Main [1971^2]
- *Zohar. The Book of Splendor.* Selected and edited by Gershom Scholem. Schocken Books New York 1963 (1949^1)

Sefer Habahir
Scholem, Gerhard
    Das Buch Bahir. Ein Schriftdenkmal aus der Frühzeit der Kabbala. Auf Grund der kritischen Neuausgabe von Gerhard Scholem. Wissenschaftliche Buchgesellschaft Darmstadt 1980^3 (1923^1)

Sefer Hazohar
Pauly, Jean de
    Sepher ha-Zohar (Le Livre de la Splendeur). Doctrine ésotérique des Israélites. Traduit pour la première fois sur le texte chaldaïque et accompagnée de notes par Jean de Pauly. Œuvre posthume entièrement revue, corrigée et complètée. Publiée par les soins de Émile Lafuma-Giraud. 6 Tomes. Ernest Leroux Paris 1906-1911

Sefer Hazohar
Bischoff, Erich
    'Auszüge aus dem Sohar', in: Erich Bischoff, *Die Elemente der Kabbalah.* 2 Tle. *I.Teil: Theoretische Kabbalah, II.Teil: Praktische Kabbalah.* Hermann Barsdorf Verlag Berlin 1913-1914, I.Teil, p. 81-137 en 221-232

Sefer Hazohar
Sperling, Harry, Maurice Simon
    The Zohar. Translated by Harry Sperling and Maurice Simon. 5 Vols. The Soncino Press London 1931-1934

Sefer Hazohar
Müller, Ernst
    Der Sohar. Das Heilige Buch der Kabbala. Nach dem Urtext herausgegeben von Ernst Müller. Dr. Heinrich Glanz [Wenen 1932]

Sefer Hazohar
Scholem, G.
    Die Geheimnisse der Schöpfung. Ein Kapitel aus dem Sohar von G. Scholem. Schocken Verlag Berlin 1935

Sefer Hazohar
Scholem, Gershom
    Zohar. The Book of Splendor. Selected and edited by Gershom Scholem. Schocken Books New York 1963 (1949^1)

Sefer Hazohar

Tishby, Isaiah
> *The Wisdom of the Zohar. An Anthology of Texts*. Systematically arranged and rendered into Hebrew by Fischel Lachower and Isaiah Tishby. With extensive introductions and explanations by Isaiah Tishby. English translation by David Goldstein. 3 Vols. [vertaling van *Mishnat ha-Zohar*, 2 dln, Jeruzalem 1949-1961]. The Littman Library of Jewish Civilization. Oxford University Press New York 1989

Sefer Jetsira
Meyer, Joh. Friedrich von
> *Das Buch Jezira, die älteste kabalistische Urkunde der Hebräer*. Nebst den zweyunddreyßig Wegen der Weisheit. Hebräisch und Teutsch, mit Einl., erläuternden Anmerkungen und einem punktirten Glossarium der rabbinischen Wörter. Hrsg. von Joh. Friedrich von Meyer. Reclam Leipzig 1830

Sefer Jetsira
Goldschmidt, Lazarus
> *Sepher Jesirah, Das Buch der Schöpfung*. Nach den sämtlichen Recensionen möglichst kritisch redigirter und vocalisirter Text, nebst Uebersetzung, Varianten, Anmerkungen, Erklärungen und einer ausführlichen Einleitung von Lazarus Goldschmidt. In Commission bei J. Kauffmann Frankfurt am Main 1894

Sefer Jetsira
Bischoff, Erich
> 'Das Buch Jezirah', in: Erich Bischoff, *Die Elemente der Kabbalah*. 2 Tle. *I.Teil: Theoretische Kabbalah, II.Teil: Praktische Kabbalah*. Hermann Barsdorf Verlag Berlin 1913-1914, I.Teil, p. 63-80 en 174-221

Sefer Jetsira
Stenring, Knut
> *The Book of Formation (Sepher Yetzirah)* by Rabbi Akiba ben Joseph. Translated from the Hebrew, with annotations, by Knut Stenring. Including The 32 Paths of Wisdom, their correspondence with the Hebrew alphabet and the Tarot symbols. With an Introduction by Arthur Edward Waite. William Rider & Son London 1923

Sperling, Harry, Maurice Simon
> *The Zohar*. Translated by Harry Sperling and Maurice Simon. 5 Vols. The Soncino Press London 1931-1934

Stenring, Knut
> *The Book of Formation (Sepher Yetzirah)* by Rabbi Akiba ben Joseph. Translated from the Hebrew, with annotations, by Knut Stenring. Including The 32 Paths of Wisdom, their correspondence with the Hebrew alphabet and the Tarot symbols. With an Introduction by Arthur Edward Waite. William Rider & Son London 1923

Tishby, Isaiah
> *The Wisdom of the Zohar. An Anthology of Texts*. Systematically arranged and rendered into Hebrew by Fischel Lachower and Isaiah Tishby. With extensive introductions and explanations by Isaiah Tishby. English translation by David Goldstein. 3 Vols. [vertaling van *Mishnat ha-Zohar*, 2 dln, Jeruzalem 1949-1961]. The Littman Library of Jewish Civilization. Oxford University Press New York 1989

Vinkenoog, Simon
> *Atonaal.* Bloemlezing uit de gedichten van hans andreus, remco campert, hugo claus, jan g. elburg, jan hanlo, gerrit kouwenaar, hans lodeizen, lucebert, paul rodenko, koos schuur, simon vinkenoog. Samengesteld en ingeleid door Simon Vinkenoog. A.A.M. Stols 's-Gravenhage 1951

B   secundaire literatuur

Adorno, Theodor W.
> 'Parataxis. Zur späten Lyrik Hölderlins', in: Jochen Schmidt (Hrsg.), *Über Hölderlin.* Aufsätze von Theodor W. Adorno, Friedrich Beißner, Walter Benjamin u.a. Insel Verlag Frankfurt am Main 1970, p. 339-378

Bakker, Siem
> *Het literaire tijdschrift HET WOORD. 1945-1949.* De Bezige Bij Amsterdam 1987

Bakker, Siem, Jan Stassen
> *Bert Schierbeek en het onbegrensde. Een inleidende studie over de experimentele romans.* De Bezige Bij Amsterdam 1980

Bertaux, Pierre
> *Hölderlin ou Le temps d'un poète.* Gallimard Paris 1983

Beweging
> *De beweging van vijftig.* Schrijvers Prentenboek deel 10. Samengesteld door Gerrit Borgers, Jurriaan Schrofer, Simon Vinkenoog e.a. Uitgave van het Nederlands Letterkundig Museum en Documentatiecentrum te 's-Gravenhage. De Bezige Bij Amsterdam 1972 (1951[1])

Binder, Wolfgang
> 'Hölderlins Namenssymbolik', in: *Hölderlin-Jahrbuch* 12 (1961-1962), p. 95-204

Birtwistle, Graham
> - *Living Art. Asger Jorn's comprehensive theory of art between Helhesten and Cobra (1946-1949).* Reflex Utrecht 1986
> - 'Terug naar Cobra. Polemiek en problemen in de historiografie van Cobra', in: *Jong Holland* jg.4 (1988) nr.5, p. 10-20

Bischoff, Erich
> - *Die Kabbalah. Einführung in die jüdische Mystik und Geheimwissenschaft.* Th.Grieben's Verlag Leipzig 1903
> - *De Kabbala. Inleiding tot de Joodsche Mystiek en Geheime Wetenschap.* Craft & Co. Amsterdam [1906]
> - *Die Kabbalah. Einführung in die jüdische Mystik und Geheimwissenschaft.* 2., vollst. neu bearb., stark vermehrte Aufl. Th.Grieben's Verlag Leipzig 1917
> - *Die Elemente der Kabbalah.* 2 Tle. I.Teil: Theoretische Kabbalah, II.Teil: Praktische Kabbalah. Hermann Barsdorf Verlag Berlin 1913-1914

Blok, W.
> 'Visie op Lucebert', in: *De Nieuwe Taalgids* jg.73 (1980) nr.3, p. 198-209

Brems, Hugo
> 'In een gipsen snaar gevangen. Over Lucebert, «mijn duiveglans mijn glanzende

adder van glas»', in: Deel, T. van, R.L.K. Fokkema, J. Hoogteijling (red.), *Over gedichten gesproken*. Analyses van gedichten door F. Balk-Smit Duyzentkunst e.a. Wolters-Noordhoff Groningen 1982, p. 79-92

Bronzwaer, W.J.M.
- 'Inleiding', in: Gerard Manley Hopkins, *Gedichten*. Keuze uit zijn poëzie met vertalingen en commentaren samengesteld door W.J.M. Bronzwaer. Ambo Baarn 1984, p. 9-14
- *Lessen in lyriek. Nieuwe Nederlandse poëtica*. SUN Nijmegen 1993

Chantraine, Pierre
Dictionnaire Étymologique de la Langue Grecque. Histoire des Mots. Tome I-IV. Klincksieck Paris 1968-1980

Cornets de Groot, R.A.
- 'Domesday Book (III)', in: *Soma* jg.3 (1972) nr.24-25 (juni-juli), p. 34-36 en 81-82
- *Met de gnostische lamp. Krimi-essay over de dichtkunst van Lucebert*. BZZTôH 's-Gravenhage 1979

Coser, Lewis A.
Refugee Scholars in America. Their impact and their experiences. Yale University Press New Haven and London 1984

Deel, T. van, R.L.K. Fokkema
'Echte poëzie is spelen met vuur. In gesprek met Paul Rodenko', in: *De Revisor* jg.2 (1975) nr.2 (mei), p. 22-27

Delcroix, Maurice, Walter Geerts (eds.)
«Les Chats» de Baudelaire: Une confrontation de méthodes. Presses Universitaires de Namur / Presses Universitaires de France Namur 1980

Dijk, C. van
Alexandre A.M. Stols 1900-1973. Uitgever / Typograaf. Een documentatie. Met een lijst van door Stols uitgegeven en / of typografisch verzorgde boeken door C. van Dijk en H.J. Duijzer. Walburg Pers Zutphen 1992

Duden
Duden Deutsches Universalwörterbuch. Herausgegeben und bearbeitet vom Wissenschaftlichen Rat und den Mitarbeitern der Dudenredaktion unter Leitung von Günther Drosdowski. Dudenverlag Bibliographisches Institut Mannheim Wien Zürich 1983

Eco, Umberto
A Theory of Semiotics. Indiana University Press Bloomington & London 1979 (1976[1])

Elburg, Jan G.
- *Geen letterheren. Uit de voorgeschiedenis van de vijftigers*. Meulenhoff Amsterdam 1987
- 'Begint de pen die krast opeens te zingen. Over aanschouwelijkheid en uiting in Luceberts werk', in: Lucebert, *Lucebert schilder - dichter*. Met bijdragen van Jan G. Elburg, Paul Hefting, Mabel Hoogendonk e.a. Meulenhoff Amsterdam / Frans Halsmuseum Haarlem 1991, p. 52-79

Feijter, F.J.M. de
- 'Lucebert en Hölderlins Hyperion' in: *Spiegel der Letteren* jg.29 (1987) nr.1-2, p. 93-100

- 'Over Michael Riffaterre «Semiotics of Poetry»', in: *Spektator* jg.17 (1987-1988) nr.1, p. 51-59
- 'Exodus. Over de relatie tussen Lucebert en Hölderlin', in: *De Revisor* jg.14 (1987) nr.2 (april), p. 69-77
- 'Anders anders bekend maar herkend toen. Over de bliksemslag in een vroeg gedicht van Lucebert', in: W.F.G. Breekveldt, J.D.F. van Halsema, E. Ibsch e.a. (red.), *De achtervolging voortgezet. Opstellen over moderne letterkunde aangeboden aan Margaretha H. Schenkeveld*. Bert Bakker Amsterdam 1989, p. 180-208
- 'Poëzie-analyse', in: P. Zeeman (red.), *Literatuur en Context. Een inleiding in de literatuurwetenschap*. SUN Nijmegen 1991, p. 59-96
- 'Lucebert. Alleen wat dichters brengen het te weeg', in: Anja de Feijter, Aron Kibédi Varga (red.), *Dichters brengen het te weeg. Metafysische vraagstellingen in de moderne Europese poëzie*. Kok Kampen 1994 [in druk]

Fens, Kees
'Kerstmis bij Lucebert', in: Kees Fens, *De tweede stem. Over poëzie*. Querido Amsterdam 1984, p. 112-115

Fokkema, R.L.K.
Het Komplot der Vijftigers. Een literair-historische documentaire. De Bezige Bij Amsterdam 1979

Franck, Adolphe
- *La Kabbale ou la philosophie religieuse des Hébreux*. Hachette Paris 1843 (1889^2, 1892^3, 1981^4)
- *Die Kabbala oder die Religions-Philosophie der Hebräer*. Aus dem Französischen übersetzt, verbessert und vermehrt von Ad. Gelinek [Adolf Jellinek]. Heinrich Hunger Leipzig 1844
- *The Kabbalah. The Religious Philosophy of the Hebrews*. Translated from the French. With an introduction by John C. Wilson. Bell Publishing Company New York 1967^3 (1926^1, 1940^2)
- *Die Kabbala oder die Religionsphilosophie der Hebräer*. Aus dem Französischen übersetzt, erweitert und überarbeitet von Adolf Jellinek. Bibliographisch überarbeitet und mit einem Nachwort versehen von A.K. Offenberg. Edition Weber Amsterdam 1990

Frisk, Hjalmar
Griechisches Etymologisches Wörterbuch. 2 Bde. Carl Winter Heidelberg 1960-1970

Gaier, Ulrich
Der Gesetzliche Kalkül. Hölderlins Dichtungslehre. Hermaea Germanistische Forschungen Neue Folge Bd.14. Max Niemeyer Verlag Tübingen 1962

Gandelman, Claude
Reading Pictures, Viewing Texts. Indiana University Press Bloomington and Indianapolis 1991

Gaster, Moses
- 'Lilith und die drei Engel', in: *Monatsschrift für Geschichte und Wissenschaft des Judentums* XXIX (1880-1881) p. 553-565, en in: Moses Gaster, *Studies and Texts. In Folklore, Magic, Mediaeval Romance, Hebrew Apocrypha and Samaritan Archaeology*. 3 Vols. Maggs Bros. London 1925-1928, Vol.II, p. 1252-1265

- 'Two Thousand Years of a Charm against the Child-Stealing Witch', in: *Folk-Lore* XI (1900) p. 129-162, en in: Moses Gaster, *Studies and Texts. In Folklore, Magic, Mediaeval Romance, Hebrew Apocrypha and Samaritan Archaeology.* 3 Vols. Maggs Bros. London 1925-1928, Vol.II, p. 1005-1038.

Groot, A.W. de
Algemene Versleer. Servire Den Haag 1946

Guardini, Romano
Rainer Maria Rilkes Deutung des Daseins. Eine Interpretation der Duineser Elegien. Kösel-Verlag München 1977^3 (1953^1)

Halle, Morris
'Homage', in: Roman Jakobson, *A Tribute to Roman Jakobson, 1896-1982.* Proceedings of a Tribute which was held at the Massachusetts Institute of Technology in Cambridge on November 12, 1982. Mouton Berlin New York Amsterdam 1983, p. 72-75

Hegi, Gustav
Illustrierte Flora von Mittel-Europa. 7 Bde. Carl Hanser Verlag München 1909-1931

Heukels, H.
De Flora van Nederland. 3 dln. Brill-Noordhoff Leiden-Groningen 1909-1911

Internationale Hölderlin-Bibliographie
Internationale Hölderlin-Bibliographie (IHB). Herausgegeben vom Hölderlin-Archiv der Württembergischen Landesbibliothek Stuttgart. Erste Ausgabe 1804-1983. Bearbeitet von Maria Kohler. Frommann-Holzboog Stuttgart 1985

Ivanov, Vjaceslav V.
'Roman Jakobson: The Future', in: Roman Jakobson, *A Tribute to Roman Jakobson, 1896-1982.* Proceedings of a Tribute which was held at the Massachusetts Institute of Technology in Cambridge on November 12, 1982. Mouton Berlin New York Amsterdam 1983, p. 47-57

Jakobson, Roman
- 'Novejsjaja Roesskaja Poezija / Die neueste Russische Poesie', in: W.-D. Stempel (Hrsg.), *Texte der Russischen Formalisten Band II. Texte zur Theorie des Verses und der poetischen Sprache.* Fink München 1972, p. 18-135 (1921^1)
- 'Closing Statement: Linguistics and Poetics', in: Thomas A. Sebeok (ed.), *Style in Language.* Massachusetts Institute of Technology Press Cambridge, Massachusetts 1960, p. 350-377; ook in: Roman Jakobson, *Selected Writings Part III. Poetry of Grammar and Grammar of Poetry.* Edited, with a preface, by Stephen Rudy. Mouton The Hague Paris New York 1981, p. 18-51
- *Selected Writings Part III. Poetry of Grammar and Grammar of Poetry.* Edited, with a preface, by Stephen Rudy. Mouton The Hague Paris New York 1981
- *A Tribute to Roman Jakobson, 1896-1982.* Proceedings of a Tribute which was held at the Massachusetts Institute of Technology in Cambridge on November 12, 1982. Mouton Berlin New York Amsterdam 1983

Jakobson, Roman, Claude Lévi-Strauss
'«Les Chats» de Charles Baudelaire', in: Roman Jakobson, *Selected Writings Part III. Poetry of Grammar and Grammar of Poetry.* Edited, with a preface, by Stephen Rudy. Mouton The Hague Paris New York 1981, p. 447-464; ook in: Roman Jakobson, *Language in Literature.* Edited by Krystyna Pomorska and

Stephen Rudy. Harvard University Press Cambridge, Massachusetts London 1987, p. 180-197 (1962[1])

Jakobson, Roman, Grete Lübbe-Grothues
'Ein Blick auf «Die Aussicht» von Hölderlin', in: Roman Jakobson, *Hölderlin. Klee. Brecht. Zur Wortkunst dreier Gedichte.* Eingeleitet und herausgegeben von Elmar Holenstein. Suhrkamp Frankfurt am Main 1976, p. 27-96; ook in: Roman Jakobson, *Selected Writings Part III. Poetry of Grammar and Grammar of Poetry.* Edited, with a preface, by Stephen Rudy. Mouton The Hague Paris New York 1981, p. 388-446

Jessurun d'Oliveira, H.U.
- 'De limiet van het middenwit', in: *Merlijn* jg.1 (1962-1963) nr.2, p. 38-54
- 'Lucebert', in: *Scheppen riep hij gaat van Au.* Polak & Van Gennep Amsterdam 1965, p. 36-49
- 'Lucebert: Nimrod en prikkebeen', in: Kees Fens, H.U. Jessurun d'Oliveira en J.J. Oversteegen (red.), *Literair Lustrum I. Een overzicht van vijf jaar Nederlandse literatuur 1961-1966.* Polak & Van Gennep Amsterdam 1967, p. 189-206

Kindler
Kindlers Literatur Lexikon. Wissenschaftliche Vorbereitung Wolfgang von Einsiedel unter Mitarbeit zahlreicher Fachberater. 7 Bde. Kindler Zürich 1965-1974

Kirchner, Werner
Der Hochverratsprozeß gegen Sinclair. Ein Beitrag zum Leben Hölderlins. Simons Verlag Marburg (Lahn) 1949

Kunitzsch, Paul
Arabische Sternnamen in Europa. Otto Harrassowitz Wiesbaden 1959

Kurz, Gerhard
Mittelbarkeit und Vereinigung. Zum Verhältnis von Poesie, Reflexion und Revolution bei Hölderlin. J.B. Metzlersche Verlagsbuchhandlung Stuttgart 1975

Liddel, Henry George, Robert Scott, Henry Stuart Jones
Greek-English Lexicon. Revised Edition. With a Supplement. Oxford University Press Oxford 1968[9]

Lotman, Jurij M.
Die Struktur literarischer Texte. Übersetzt von Rolf-Dietrich Keil. Fink München 1972 [1970[1]]

Martin, Wolfgang
Mit Schärfe und Zartheit. Zu einer Poetik der Sprache bei Hölderlin mit Rücksicht auf Herder. Literatur und Reflexion, Herausgegeben von Beda Allemann, Neue Folge Bd.6. Bouvier Verlag Bonn 1990

Montgomery, James A.
Aramaic Incantation Texts from Nippur. University of Pennsylvania / The University Museum Philadelphia 1913 [fotografische herdruk 1984; University Microfilms International Ann Arbor, Michigan]

Müller, Ernst
Der Sohar und seine Lehre. Einleitung in die Gedankenwelt der Kabbalah. R.Löwit Verlag Wien Berlin 1920

Oegema, Jan
'Kritiek op de surrealisten? Een lezing van twee vroege gedichten van Lucebert',

in: *De nieuwe taalgids* jg.84 (1991) nr.5, p. 385-401

Paardt, Willem J. van der
'Tachtig tegen vijftig over tachtig. Lucebert en de grazende vrede', in: *De Revisor* jg.9 (1982) nr.5 (okt.), p. 58-71

Pauly-Wissowa
Realencyclopädie der classischen Altertumswissenschaft. Neue Bearbeitung August Pauly. Begonnen von Georg Wissowa, fortgeführt von Wilhelm Kroll und Karl Mittelhaus. Unter Mitwirkung zahlreicher Fachgenossen herausgegeben von Konrat Ziegler und Walther John. 75 Tle. J.B. Metzlersche Verlagsbuchhandlung Stuttgart 1894-1980

Peucker, Brigitte
Lyric Descent in the German Romantic Tradition. Yale University Press New Haven and London 1987

Posner, Roland
'Stukturalismus in der Gedichtinterpretation. Textdeskription und Rezeptionsanalyse am Beispiel von Baudelaires »Les Chats«', in: Heinz Blumensath (Hrsg.), *Strukturalismus in der Literaturwissenschaft.* Kiepenheuer & Witsch Köln 1972, p. 202-242 (1969[1])

Prellwitz, Walther
Etymologisches Wörterbuch der Griechischen Sprache. Vandenhoeck & Ruprecht Göttingen 1905[2]

Presser, J.
Ondergang. De vervolging en verdelging van het Nederlandse Jodendom 1940-1945. 2 dln. Staatsuitgeverij / Martinus Nijhoff 's-Gravenhage 1965[4] (1965[1])

Raphael, Chaim
A Feast of History. The drama of Passover through the ages. With a new translation of the Haggadah for use at the Seder. Weidenfeld and Nicolson London / Jerusalem 1972

Revisor
*Revisor*nummer over Hölderlin onder gastredactie van Ben Schomakers. Met bijdragen van Ben Schomakers, Gerhard Kurz, Kester Freriks e.a. *De Revisor* jg.14 (1987) nr.2 (april)

Reuß, Roland
».../Die eigene Rede des andern«. Hölderlins Andenken und Mnemosyne. Stroemfeld/Roter Stern Frankfurt am Main 1990

Riffaterre, Michael
Semiotics of Poetry. Methuen London 1980 (1978[1])

Rodenko, Paul
- 'Den Besten en de Geest', in: *Maatstaf* II (1954-1955) nr.2 (mei 1954), p. 43-51; ook in: Paul Rodenko, *Verzamelde essays en kritieken deel 2. Over Gerrit Achterberg en over de 'experimentele poëzie'.* Bezorgd door Koen Hilberdink. Meulenhoff Amsterdam 1991, p. 172-179
- 'Met twee maten', in: *Met twee maten. De kern van vijftig jaar poëzie, geïsoleerd en experimenteel gesplitst door Paul Rodenko.* Bert Bakker Den Haag 1974[3], p. 97-139 (1956[1], 1969[2]); ook in: Paul Rodenko, *Verzamelde essays en kritieken deel 2. Over Gerrit Achterberg en over de 'experimentele poëzie'.* Bezorgd door Koen Hilberdink. Meulenhoff Amsterdam 1991, p. 224-262

- 'De experimentele reactie. *Podium* en de poésie satisfaite', in: Paul Rodenko, *Verzamelde essays en kritieken deel 2. Over Gerrit Achterberg en over de 'experimentele poëzie'*. Bezorgd door Koen Hilberdink. Meulenhoff Amsterdam 1991, p. 262-273 (1957[1])
- 'Bij de tweede druk van «Met twee maten»', in: Paul Rodenko, *Verzamelde essays en kritieken deel 2. Over Gerrit Achterberg en over de 'experimentele poëzie'*. Bezorgd door Koen Hilberdink. Meulenhoff Amsterdam 1991, p. 217-223 (1969[1])
- 'De experimentele explosie in Nederland. Context en achtergronden van de experimentele poëzie', in: *De Gids* jg.140 (1977) nr.7 (september), p. 468-477, nr.8 (oktober), p. 568-579, nr.9-10 (november-december), p. 721-740, jg.141 (1978) nr.1 (januari), p. 37-48; ook in: Paul Rodenko, *Verzamelde essays en kritieken deel 2. Over Gerrit Achterberg en over de 'experimentele poëzie'*. Bezorgd door Koen Hilberdink. Meulenhoff Amsterdam 1991, p. 352-434
- *Verzamelde essays en kritieken deel 2. Over Gerrit Achterberg en over de 'experimentele poëzie'*. Bezorgd door Koen Hilberdink. Meulenhoff Amsterdam 1991

Roggeman, Willem M.
    'Lucebert', in: *Beroepsgeheim 5. Gesprekken met schrijvers*. Facet Antwerpen 1986, p. 113-131

Rothuizen, William
    'Lucebert', in: *Kunstschrift* jg.28 (1984) nr.2 (maart-april), p. 48-49

Rudy, Stephen
    'Preface', in: Roman Jakobson, *Selected Writings Part III. Poetry of Grammar and Grammar of Poetry*. Edited, with a preface, by Stephen Rudy. Mouton The Hague Paris New York 1981, p. XI-XVIII

Ruysbeek, Erik van
    'Van Ostaijen-Lucebert en de metafysika', in: *Nieuw Vlaams Tijdschrift* jg.32 (1979) nr.2 (febr.), p. 174-176

Ryan, Lawrence
- 'Ulrich Gaier «Der Gesetzliche Kalkül. Hölderlins Dichtungslehre»' [Rezension], in: *Germanistik* 5 (1964), p. 297
- *Hölderlins »Hyperion«. Exzentrische Bahn und Dichterberuf*. J.B. Metzlersche Verlagsbuchhandlung Stuttgart 1965

Scheer, Lieve
- 'Lucebert - Moore', in: *Spiegel der Letteren* jg.16 (1974) nr.1, p. 22-42
- 'Lucebert: Miró. Een creatieve interpretatie', in: *Dietsche Warande & Belfort* jg.121 (1976) nr.4 (mei), p. 272-280; bewerkt tot 'Speelsheid en weemoed bij Miró', in: Piet Thomas (red.), *Woord en Beeld. Drie strekkingen in de Nederlandse poëzie en de schilderkunst na 1945*. Lannoo Tielt 1980, p. 105-111
- 'Lucebert en de brandende draad van Klee', in: *Dietsche Warande & Belfort* jg.123 (1978) nr.3 (maart-april), p. 175-188
- 'Luceberts Brancusi: een spel van stem en stilte', in: *Nieuw Vlaams Tijdschrift* jg.32 (1979) nr.2 (febr.), p. 102-115
- 'Luceberts Rousseau le douanier: van Parijs tot Mexico', in: *Streven* (Vlaamse editie) jg.32 (1978-1979) nr.10 (juli 1979), p. 920-927

Schmidt, Jochen
    'Zur Funktion synkretistischer Mythologie in Hölderlins Dichtung «Der Einzige»

(Erste Fassung)', in: *Hölderlin-Jahrbuch* 25 (1986-1987), p. 176-212
Scholem, Gershom G.
- 'Alchemie und Kabbala', in: *Monatsschrift für Geschichte und Wissenschaft des Judentums* jg.69 (1925), p. 13-30, 95-110, 371-374
- *Bibliographia Kabbalistica. Verzeichnis der gedruckten die Jüdische Mystik (Gnosis, Kabbala, Sabbatianismus, Frankismus, Chassidismus) behandelnden Bücher und Aufsätze von Reuchlin bis zur Gegenwart. Mit einem Anhang: Bibliographie des Zohar und seiner Kommentare.* Verlag von W. Drugulin Leipzig 1927
- *Major Trends in Jewish Mysticism.* Schocken Books New York 1961[4] [1941[1], 1946[2], herz. druk, 1954[3]]
- 'Tradition und Neuschöpfung im Ritus der Kabbalisten', in: *Eranos-Jahrbuch* 19 (1951), p. 121-180; ook in: Gershom Scholem, *Zur Kabbala und Ihrer Symbolik.* Rhein-Verlag Zürich 1960, p. 159-207
- *Kabbalah.* Meridian New American Library New York Ontario 1978 (1974[1])
- 'Lilith', in: Gershom G. Scholem, *Kabbalah.* Meridian New American Library New York Ontario 1978, p. 356-361

Sklovskij, Viktor
'Die Kunst als Verfahren', in: Jurij Striedter (Hrsg.), *Russischer Formalismus. Texte zur allgemeinen Literaturtheorie und zur Theorie der Prosa.* Fink München 1971[2], p. 3-35 (1969[1]) [1917[1]]

Slagter, Erik
Tekst en Beeld. Cobra en Vijftig, een bibliografie. Met bijdragen van Piet Thomas en Lucebert. Lannoo Leuven 1986

Sophocles, E.A.
Greek Lexicon of the Roman and Byzantine Periods (From B.C. 146 to A.D. 1100). Ungar New York 1887[3] (1870[2])

Stokvis, Willemijn
Cobra. Geschiedenis, voorspel en betekenis van een beweging in de kunst van na de tweede wereldoorlog. De Bezige Bij Amsterdam 1980[2] (1974[1])

Trachtenberg, Joshua
Jewish Magic and Superstition. A Study in Folk Religion. Atheneum New York 1974 (1939[1])

Unnik, W.C. van
'Inleiding bij de uitgave van de Apocriefen van het Oude Testament', in: *De Apocriefe Boeken. Volledige herdruk volgens de oorspronkelijke uitgave van Jacob en Pieter Keur.* 2 dln. Kok Kampen 1958, deel I, p. 5-7

Van Dale Duits-Nederlands
Van Dale Groot woordenboek Duits-Nederlands. Door prof.dr. H.L. Cox. Van Dale Lexicografie Utrecht Antwerpen 1983

Verhoeven, Cornelis
'Wat zong de oude? Bij een gedicht van Lucebert', in: Cornelis Verhoeven, *Een velijnen blad. Essays over aandacht en achterdocht.* Ambo Baarn 1989, p. 22-32

Vos, Luk de
'Lilith. Mythologie en de vroege levensopvatting van Lucebert', in: *Revue des Langues Vivantes / Tijdschrift voor Levende Talen* jg.44 (1978) nr.3, p. 206-228

Vries, A. de
- *Dictionary of Symbols and Imagery.* North-Holland Publishing Company Amsterdam-London 1974

Wahrig
- *Wahrig Deutsches Wörterbuch.* Mit einem "Lexikon der Deutschen Sprachlehre". Herausgegeben in Zusammenarbeit mit zahlreichen Wissenschaftlern und anderen Fachleuten. Völlig überarbeitete Neuausgabe von Ursula Hermann. Mosaik Verlag München 1982

Waite, Arthur Edward
- *The Secret Doctrine in Israel. A Study of the Zohar and its connections.* William Rider & Son London 1913
- *The Holy Kabbalah. A Study of the Secret Tradition in Israel as unfolded by Sons of the Doctrine for the Benefit and Consolation of the Elect dispersed through the Lands and Ages of The Greater Exile.* Williams and Norgate London 1929

Walde, Alois
- *Lateinisches Etymologisches Wörterbuch.* 3., Neubearb. Aufl. von J.B. Hofmann. 2 Bde. Carl Winter Heidelberg 1938-1954

Walrecht, Aldert
- 'Ruimtevrees', in: *Raam* 53 (1969), p. 3-20
- 'Lucebert en Hans Arp', in: *Mededelingen. Bulletin van de Vereniging van Vrienden van het Frans Halsmuseum* nr.8 (aug. 1991), zonder pag. [p. 3-6]

Watering, C.W. van de
- *Met de ogen dicht. Een interpretatie van enkele gedichten van Lucebert als toegang tot diens poëzie en poetica.* Coutinho Muiderberg 1979

Wengrov, Rabbi Charles
- *Haggadah and Woodcut. An introduction to the Passover Haggadah completed by Gershom Cohen in Prague Sunday, 26 Teveth, 5287 / December 30, 1526.* Published, to accompany its facsimile edition, by Shulsinger Brothers New York 1967

Westermann, Claus
- *Genesis. Biblischer Kommentar Altes Testament.* Bd I/ 2.Teilband, Genesis 12-36. Neukirchener Verlag Neukirchen Vluyn 1981

Wörterbuch zu Friedrich Hölderlin
- *Wörterbuch zu Friedrich Hölderlin. I.Teil: Die Gedichte.* Auf der Textgrundlage der Großen Stuttgarter Ausgabe. Bearbeitet von Heinz-Martin Dannhauer, Hans Otto Horch und Klaus Schuffels in Verbindung mit Manfred Kammer und Eugen Rüter. Indices zur Deutschen Literatur Bde 10/11. Max Niemeyer Verlag Tübingen 1983
- *Wörterbuch zu Friedrich Hölderlin. II.Teil: Hyperion.* Auf der Textgrundlage der Großen Stuttgarter Ausgabe. Bearbeitet von Hans Otto Horch, Klaus Schuffels und Manfred Kammer in Verbindung mit Doris Vogel und Hans Zimmermann. Indices zur Deutschen Literatur Bd 19. Max Niemeyer Verlag Tübingen 1992

Zuiderent, Ad
- 'Lucebert in het Duits', in: *Spektator* jg.5 (1975-1976) nr.2 (sept.), p. 81-98
- 'Boekbeoordeling van C.W. van de Watering «Met de ogen dicht»', in: *Tijdschrift voor Nederlandse Taal- en Letterkunde* jg.98 (1982) nr.1, p. 68-80

INDEX*

vg   titel

apocrief

vg	titel
13	sonnet 28, 90, 99-100
14	school der poëzie 67, 90, 192, 194
15	(waar ben ik) 85, 90-100, 104, 138, 218, 351
16	(anders anders bekend maar herkend toen,) 30, 219, 240, 287-288, 322, 346, 351
17	(door die groene of moede) 100, 314
18-19	ballade van de goede gang 67, 81, 98, 100, 144, 168, 192, 194, 195, 196-197, 212, 215, 219, 220-222, 268, 283-284, 350, 359
20	het vlees is woord geworden 23, 98, 192, 219, 249, 350, 357, 359-363
21	vaalt 192, 193, 194, 195, 213-216, 218, 219, 220, 262, 282, 350
22	(met ijsvulkanen oh noorwegen in de lucht) 113, 214, 219, 222, 269, 335-339, 347
23-27	exodus 19, 86, 89, 98, 127-128, 131, 134, 165, 168, 188, 192, 211, 216, 219, 220, 221, 222, 230, 236-238, 255, 262, 268, 270, 275, 282, 283-284, 308, 318, 319, 321, 334-335, 338, 339, 350, 357, 359, 361
28-29	christuswit 109, 113, 123, 134, 149, 184, 192, 194, 222, 236, 318, 359
30-32	romeinse elehymnen 27, 60, 88
30	romeinse elehymnen / I 60, 86, 88, 89, 100, 192, 195, 219, 262, 338
31	romeinse elehymnen / II 88, 89, 192, 194, 219, 263, 279, 282, 283, 332
32	romeinse elehymnen / III 11, 60, 88, 219, 222, 268, 278
33	romance 134, 141, 192, 219, 222, 258-259, 268, 321
34	een liefde 192, 219, 338
35	de ochtend 86, 134, 221, 222, 283
36	film 88, 165, 192, 219, 222, 278, 279
37	voorjaar 86, 192, 268, 274, 283, 317
38	(het licht is dichter dan) 52, 88, 134, 219, 240, 351
39-40	simbad de luchtman 192, 262, 268, 282
41	horror 134, 135, 192, 193, 222, 223-226, 234
42	lente-suite voor lilith / introductie 24, 44, 85, 111, 134, 145-177, 179-182, 186-189, 197, 222, 236-239, 241, 243, 252, 255, 266, 271, 277, 279, 286, 289, 296, 351, 354
42-43	lente-suite voor lilith 146, 149, 179-182, 192, 226, 249-251, 277, 278-279, 337, 343
tekst1	252-265, 275, 278, 282, 333
tekst2	134, 248, 255, 257, 260, 265-279, 281, 282, 284, 311, 332-333
tekst3	148-149, 233, 237, 256, 268, 279-284

---

* van gedichten zonder titel is tussen haakjes de openingsregel opgenomen

vg   titel

de analphabetische naam

46   (de schoonheid van een meisje)   24, 27, 32, 219, 318, 334, 340-349, 352-354
47   (ik tracht op poëtische wijze)   20, 31, 73, 86, 89, 98, 137, 140, 142, 145, 160, 174-177, 193, 218, 278-279, 315-316, 341, 346-348, 350
48   (wij zijn gezichten)   84
49   (nu na twee volle ogen vlammen)   5, 6, 24, 50, 85, 86, 96, 99, 103, 106, 136, 138, 143, 160, 176, 272
50-52   (bed in mijn hand)   6, 31, 82, 94, 98, 102-104, 107, 108, 112-113, 134, 141, 142, 193, 219, 222, 282, 318, 321, 350
53   (ik ben met de man en de macht)   26, 37-41, 49-55, 85, 88, 92, 98, 106-108, 112-113, 134, 135-139, 141-142, 165, 219, 222, 279, 283
54   (eten)   87-88, 94, 95-96, 102, 165, 193, 350
55   (als het komt)   134, 193-194, 219, 258, 279, 317
56   (toen wij met een witte motor vlees sneden)   82, 93-94, 96, 99, 100, 219, 221, 222, 330, 351
57   (er is ik en er is)   23, 30, 34, 81, 98, 100, 112, 321
58-59   (in de hitte)   141, 165, 193, 222, 254, 321, 359
60   (er is alles in de wereld het is alles)   193, 219, 221, 256
61   (dit is mijn poppenpak)   85-86, 94, 349-352

vg   titel

'ongebundelde gedichten 1949-1951'

401-403	minnebrief aan onze gemartelde bruid indonesia 10, 11, 12, 134, 141, 168, 193, 195, 219, 220, 222, 258, 268, 283, 284, 314-315, 331-332, 334, 339
404	(baars van de smaad) 11, 15, 317
405	(de boom! bom) 11, 15, 105, 134, 135, 219, 317, 350, 359
406-407	verdediging van de 50-ers 10, 11, 89, 134, 193, 194, 195, 197-198, 219, 220, 318, 327, 350
408	cobra-souvenirs 13, 14, 15
tekst1	15, 193
tekst2	13, 141, 142, 219, 268, 278, 339
tekst3	219
tekst4	193, 219, 254, 259, 262-263, 275
409	(imagine those caesares) 10, 15, 193, 195, 270
410	gedicht voor de komende oorlog 134, 142, 193, 195, 218, 254, 279
411-412	woe-wei 33, 86, 134, 149, 192, 193, 194, 195, 219, 234, 278, 284, 318, 333-334
413	(een wijze vrouw beleerde een wijsgeer) 31, 182-189, 193, 243, 258, 288, 309, 333
414	(onder de wind van de wonden) 193, 222, 283, 332
415	meditatie op een mond vol builenbal 36, 86-87, 132, 134, 193, 218, 221, 222, 224, 254-255, 262-263, 275, 364
417-418	poëziezo easy job 10, 141, 142, 192, 193, 194, 195, 219, 259, 264, 277, 318, 324-327, 339, 346, 347
419-420	(Diep onder de kath. kerk in de ichtus-lärm) 10, 29, 81, 86, 104, 184, 219, 317, 318, 324, 359
421	(zie de 4 mm. fantasiegerstekorrelpatronen die ik afschiet) 11, 81, 104, 193, 219, 221, 233-235, 256, 259, 281, 282, 283
422-423	(aan elke slaaf een duiventree om het licht in te trappen van zijn ondergang) 193, 194, 195, 196, 219, 221, 225, 254
424-425	(een dichter dringt door tot de aarde) 86, 134, 141, 142, 193, 195, 219, 259
426	(er is een mooie rode draad gebroken in de ochtend) 94, 96, 134, 135, 188, 193, 283
427	(overal overeengekomen over ons heen:) 193, 194, 219, 350
428	(vrolijk babylon waarin ik) 10, 11, 129-134, 139-140, 141, 193, 194-195, 216-217, 218, 219, 279
429	(as alles) 30, 35-37, 193, 195, 198-213, 218, 219, 224, 273, 364
430	de aarde is het paradijs 134, 219, 221, 222-223, 317, 330-331
431	[Podium-souvenirs] 15
tekst1	81
tekst2	
tekst3	
tekst4	
432	het proefondervindelijk gedicht 10, 11, 29, 30, 34, 60, 94, 140-144, 220, 310, 327, 339
433	wambos 11, 193, 350

BUITEN HET CORPUS

vg titel

bundelafdeling 'de getekende naam' uit *apocrief / de analphabetische naam*
64 (ik draai een kleine revolutie af) 249, 283
65 de kleine wind 8
66 de grote wind 8
68 arp 33, 214
69 brancusi 9
70 moore 9
72 rousseau le douanier 9
73 miró 9, 361
74 klee 9

triangel in de jungle gevolgd door *de dieren der democratie*
81 (ik zing de aarde aarde:) 105, 238
94 medusa 227
96 (een der heiligste) 250
97 (ik a classic) 11
117 de slaap zijn schaduw 361

de amsterdamse school
121 lied tegen het licht te bekijken 149
132 (mijn duiveglans mijn glansende adder van glas) 254
147 voor de dichter g.k. 235

van de afgrond en de luchtmens
155-156 gedicht 260
161 de rivier 260
162-163 die rigoryei 226
176-177 elegie 251
178 seizoen 260
179 nazomer 221
180 oogst 260
195-196 hymne 88, 260
205 visser van ma yuan 34

alfabel
230 gewonde aarde, water & lucht 44

amulet
257 het gedicht lily mix 226, 234, 236
282 mijn gedicht 92

val voor vliegengod
313 parcival 215
323 illusies onder de theemuts 54, 85, 269
335 aan de tropische pool 215

vg   titel

mooi uitzicht & andere kurioziteiten
365-366   drift op zolder en vragende kinderen   132
379   op het gors   258
395   topkonferentie   40

'ongebundelde gedichten 1952-1963'
439   de zeer oude zingt: 38
465   hammond   284

'ongebundelde gedichten 1964-1972'
504-10   enige schetsen van scènes rond een vesting   226

'ongebundelde gedichten 1973-1974'
528-530   zomer   218
531   shall we dance   215, 218
532   het woord   175, 218
533   pastorale   218
534-535   de vrije metselaar gebonden   218
536   gedicht van de komende wereldburgeroorlog   195, 218
537-538   zombie   218
539-540   (de getrapte sneeuwbal in matrassen)   195, 218
541   trajekt   218